Spencer, Herbert

Principes de sociologie

1 - Données de la sociologie

Volume 1

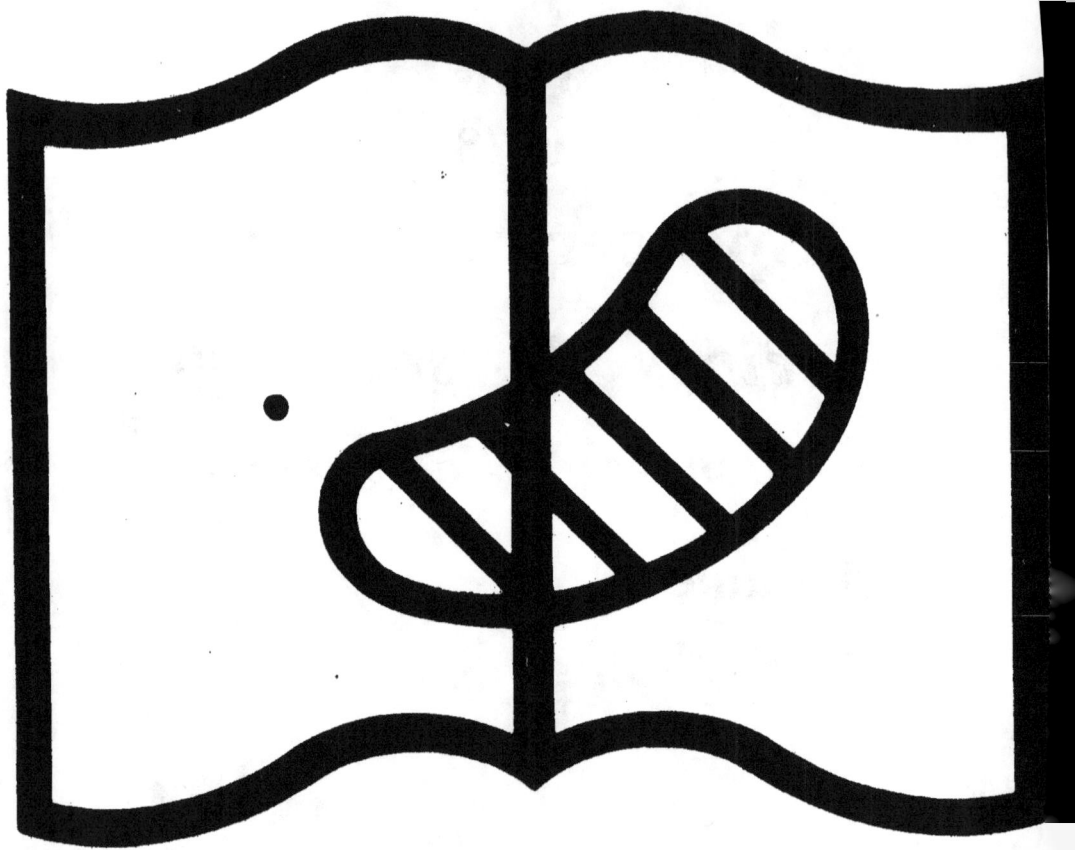

Symbole applicable
pour tout, ou partie
des documents microfilmés

Original illisible

NF Z 43-120-10

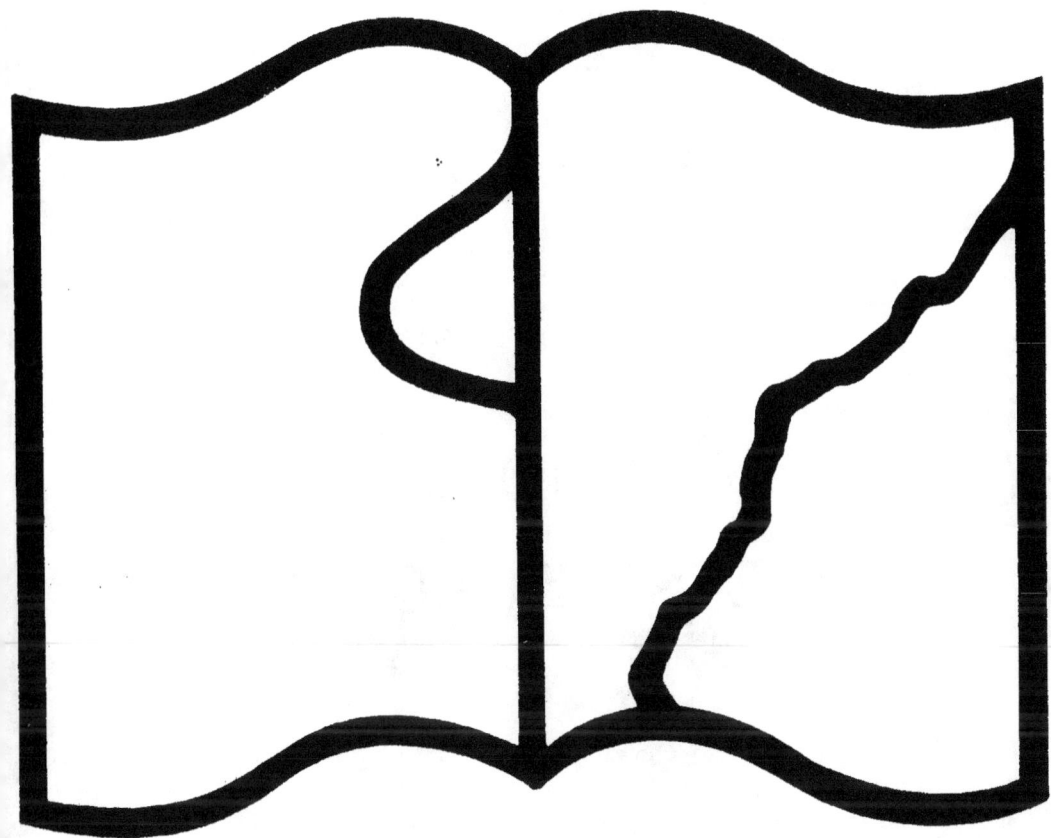

Symbole applicable
pour tout, ou partie
des documents microfilmés

Texte détérioré — reliure défectueuse

NF Z 43-120-11

PRINCIPES

DE SOCIOLOGIE

PRINCIPES

DE

SOCIOLOGIE

PAR

HERBERT SPENCER

TRADUIT DE L'ANGLAIS

PAR M. E. CAZELLES

TOME PREMIER

PARIS

LIBRAIRIE GERMER BAILLIÈRE ET Cie

108, BOULEVARD SAINT-GERMAIN, 108

Au coin de la rue Hautefeuille.

—

1878

PRÉFACE

DU PREMIER VOLUME.

Le mot de sociologie a été inventé par Aug. Comte pour désigner la science de la société. Je l'ai adopté parce qu'il était le premier occupant, et aussi parce qu'il n'existe point d'autre nom assez compréhensif. J'en ai été souvent blâmé par des gens qui voient dans ce mot un barbarisme, et qui le condamnent pour cela; mais je ne regrette pas de m'en être servi. On me conseillait de prendre le mot de politique, mais j'en ai trouvé le sens trop restreint et les connotations trop susceptibles d'égarer mes lecteurs : en y recourant, j'aurais introduit délibérément la confusion dans mon sujet, sans autre profit que d'éviter un défaut sans importance réelle. Notre langue est déjà devenue si hétérogène que presque toutes nos phrases se composent de mots dérivés de deux ou trois langues, et qu'elle possède beaucoup de mots formés irrégulièrement de racines hétérogènes. Aussi n'ai-je pas beaucoup de répugnance à en accepter un nouveau : j'estime que l'avantage que nos symboles peuvent présenter, et les idées qu'ils suggèrent, ont plus d'importance que la légitimité de leur étymologie.

On s'étonnera probablement de voir que cet ouvrage qui renferme une multitude de citations d'un grand nombre d'auteurs, ne signale ni leur nom, ni leurs livres. Je dois dire en quelques mots pourquoi je n'en ai pas fait mention. Lorsqu'on quitte le texte pour passer aux notes on perd complétement le fil du sujet, et même alors qu'on ne le quitte pas, l'idée que des notes figurent au bas de la page trouble l'attention : l'effet de la lecture et le temps se perdent. Comme je me proposais de prendre pour données des conclusions de cet ouvrage, les faits compilés et classés dans ma *Sociologie descriptive*, j'ai pensé qu'il n'était pas nécessaire de surcharger de notes le bas des pages de mon livre, puisque les faits sont arrangés, dans la *Sociologie descriptive*, de manière que le lecteur qui sait le nom de l'auteur cité et la race humaine dont il est question, peut retrouver le passage et en même temps l'indication du livre d'où il est tiré. J'ai donc pris le parti de supprimer les notes. Pour ce qui est des faits relatifs aux races non civilisées, c'est-à-dire la plus grande partie de ceux qui sont contenus dans ce volume, on peut presque toujours recourir à

ce moyen de vérification. Toutefois, j'ai cru bon de rechercher et de consigner beaucoup de faits tirés d'autres sources; et, comme je n'ai pas voulu renoncer au système que
j'avais adopté, on ne peut les vérifier. C'est un tort, et j'espère que je pourrai y porter remède. Je me propose, pour
le volume suivant, de recourir à un système de renvois qui
permettra au lecteur de consulter les autorités citées, sans
cependant déranger son attention, en l'y sollicitant.

PRINCIPES DE SOCIOLOGIE

PREMIÈRE PARTIE

DONNÉES DE LA SOCIOLOGIE

CHAPITRE PREMIER

ÉVOLUTION SUPERORGANIQUE.

§ 1. Nous arrivons au dernier des trois genres d'évolution que séparent des caractères profondément tranchés. Le
premier, l'évolution inorganique, si nous l'avions écrit, eût
occupé deux volumes, l'un traitant de l'Astrogénie, l'autre
de la Géogénie ; nous l'avons négligé, pensant qu'il ne
convenait pas d'ajourner les applications les plus importantes de la doctrine de l'évolution pour élaborer les moins
importantes qui les précèdent dans l'ordre logique. Les
quatre volumes qui ont suivi les *Premiers principes,* ont
traité de l'évolution organique ; nous en avons consacré
deux aux phénomènes physiques que nous présentent les
agrégats vivants de toutes classes, végétaux et animaux, et
les deux autres aux phénomènes plus spéciaux qu'on appelle
psychiques, que manifestent les agrégats organiques les
plus développés. Nous allons maintenant aborder le genre
d'évolution qui reste, l'évolution superorganique.

Encore que ce mot porte son sens avec lui, et que nous nous en soyons servi dans les *Premiers principes* (§ 111), dans une phrase qui l'explique, il convient d'en exposer le sens plus complétement.

§ 2. Tant que nous nous occupons des faits qu'on observe chez un organisme individuel pendant son développement, sa maturité et sa décadence, nous ne faisons qu'étudier l'évolution organique. Quand nous faisons entrer dans notre étude, comme nous le devons, les actions et les réactions qui s'opèrent entre cet organisme et les organismes appartenant à d'autres genres que sa vie met en rapport avec eux, nous ne sortons pas encore de l'évolution organique. Nous n'avons même pas à remarquer que nous dépassons ces limites quand nous arrivons aux faits que nous révèle fréquemment l'éducation du rejeton, quoique la coopération des parents nous y montre le germe d'un nouvel ordre de phénomènes. Nous reconnaissons que les actions combinées des parents en vue de leurs jeunes, annoncent des opérations d'une classe au-dessus de l'évolution organique, et nous reconnaissons dans certains produits de ces actions combinées, les nids par exemple, des préludes aux produits de l'ordre superorganique; mais nous avons le droit de ne faire commencer l'évolution superorganique que lorsque nous rencontrons des faits où il y a plus que l'action combinée des parents. Sans doute il ne saurait y avoir entre ces faits une séparation absolue. S'il y a eu évolution, la forme d'évolution que nous appelons superorganique a dû sortir insensiblement de l'organique. Mais nous pouvons sans inconvénient n'y comprendre que les opérations et les produits qui impliquent des actions coordonnées de beaucoup d'individus, actions

coordonnées qui accomplissent des effets de beaucoup au-
dessus, par leur étendue et leur complexité, de ceux que
peuvent accomplir les actions individuelles.⌐

Il existe divers groupes de phénomènes superorganiques.
Nous allons en signaler brièvement quelques-uns de
moindre importance, en manière d'exemple.

§ 3. Les plus familiers, et à quelques égards les plus
instructifs, nous sont fournis par les insectes qui vivent en
société. Dans les actes qu'ils accomplissent nous voyons le
spectacle de la coopération accompagnée, dans quelques
cas, d'une division du travail poussée très-loin; nous y
voyons aussi des produits d'une dimension et d'une complexité qui dépasse beaucoup ceux qui seraient possibles
en l'absence d'efforts combinés.

On n'a guère besoin d'entrer dans les détails des faits de
coopération que nous présentent les abeilles et les guêpes.
Tout le monde sait que ces insectes forment des sociétés
(quoique ce mot ne doive s'employer, comme nous allons le
voir, qu'en un sens restreint), sociétés où les unités et l'a-
grégat soutiennent des relations très-définies. Entre l'organisation individuelle de l'abeille et celle de l'essaim en tant
qu'agrégat ordonné d'individus pourvu d'une habitation
régulièrement formée, il existe une relation fixe. De même
que le germe d'une guêpe se développe pour former un individu complet, de même la guêpe-reine adulte, germe d'une
société de guêpes, produit une multitude d'individus pourvus d'appareils et de fonctions ajustées d'une façon définie.
En d'autres termes, la croissance et le développement de
ces agrégats sociaux ont de l'analogie avec la croissance et
le développement des agrégats individuels. Sans doute les
appareils et les fonctions que la société nous présente sont

moins spécifiques que ceux des individus, mais, cependant, ils sont passablement spécifiques. Pour prouver que l'évolution de ces sociétés s'est produite d'après la même méthode que les évolutions d'ordres plus simples, on peut ajouter que, chez les abeilles et les guêpes, elle se présente à des degrés différents chez différents genres. Des espèces où l'individu a des habitudes solitaires, on passe à des espèces où la vie sociale est peu développée, pour arriver à celles dont la sociabilité est très-grande.

Chez quelques espèces de fourmis l'évolution superorganique va bien plus loin; quelques espèces, dis-je, car nous trouvons encore chez ces insectes que des espèces différentes ont atteint des degrés de coopération différents : les sociétés qu'elles forment varient immensément, tant par les dimensions que par la complexité. Chez les plus avancées, la division du travail est portée si loin qu'il y a des classes différentes d'individus anatomiquement adaptés à des fonctions différentes. Quelquefois, comme chez les fourmis blanches, ou termites (qui appartiennent à un ordre différent), il y a outre, les mâles et les femelles, des soldats et des ouvriers; et l'on a vu récemment qu'il y a dans certains cas deux espèces de mâles et de femelles, les uns ailés, les autres non ailés : ce qui fait six formes différentes. Chez les fourmis saüba, il y a, outre les deux formes où les organes sexuels sont développés, trois formes différentes où ils ne le sont pas, à savoir une classe d'ouvrières du dedans et deux variétés d'ouvrières du dehors. Outre la division du travail entre les individus de la société dont les appareils sont différents, nous rencontrons, dans certains cas, une nouvelle division du travail qui s'opère par la réduction d'autres fourmis en esclavage. Nous voyons aussi que certains insectes en gardent d'autres, quelquefois pour s'emparer de leurs sécrétions, quelquefois pour des fins que nous ne connaissons pas ; à ce point qu'on peut dire avec sir John Lubbock, que certaines fourmis entretiennent plus d'animaux domestiques que les hommes. Ajoutons que les membres de ces sociétés ont un système de signaux qui équivaut à un langage informe, qu'ils pratiquent des opérations compliquées de sape, de terrassement, de bâtisse. On jugera de la disposition méthodique de ces bâtisses, d'après le rapport de Tuckey, qui, au Congo, « a trouvé un banza (village) complet de fourmilières rangées avec plus de régularité que les banzas des naturels ». D'après Schweinfurth, il faudrait un volume pour décrire les magasins, les chambres, les passages, les ponts que contient une levée de termites.

Mais, comme nous l'avons déjà fait sentir, quoique les insectes sociaux nous offrent une espèce d'évolution bien supérieure à l'évolution organique pure, bien que les agrégats dont ils sont membres simulent de diverses manières les agrégats sociaux ; ils ne sont pourtant pas des agrégats sociaux véritables. L'évolution, qui s'y révèle, tient, par ses traits essentiels, le milieu entre l'évolution organique et la superorganique telle que nous la comprenons dans cet ouvrage. En effet chacune de ces sociétés est en réalité une grande famille. Ce n'est pas une union d'individus semblables, au fond indépendants les uns des autres par la parenté, et de capacités à peu près égales ; c'est une union entre les rejetons d'une seule mère, produite dans certains cas pour une seule génération et dans d'autres pour plusieurs ; et cette communauté de parenté rend *possibles des classes pourvues de structures différentes et par suite de fonctions différentes.* Au lieu de se rapprocher de la spécialisation de fonctions qui s'établit dans une société proprement dite, la spécialisation de fonctions qui prend naissance dans une de ces grandes familles d'insectes, se rapproche de celle qui s'établit entre les sexes. En effet, au lieu de deux genres d'individus issus de mêmes parents, il y a plusieurs genres d'individus issus de mêmes parents, et au lieu d'une simple coopération de deux individus différenciés dans le but d'élever le rejeton, il existe une coopération compliquée de diverses classes différenciées d'individus tendant au même but.

§ 4. Les seules formes rudimentaires vraies de l'évolution superorganique sont celles qui se présentent chez certains vertébrés supérieurs.

Il y a des oiseaux qui forment des sociétés dans lesquelles, outre une simple agrégation, on observe un peu de coordination. Les freux nous en offrent l'exemple le plus connu. Avec eux, nous voyons l'intégration que suppose la réunion permanente des mêmes familles de génération en génération, et l'exclusion des étrangers. Il y a une forme grossière de gouvernement, une sorte d'idée de propriété, des châtiments, et quelquefois l'expulsion pour les coupables. Nous y trouvons aussi un rudiment de spécialisation : des sentinelles qui font le guet pendant que la communauté prend sa nourriture. Enfin il y a des habitudes et un ordre pour la société entière quand il s'agit de sortir et de rentrer. Évidemment ces oiseaux ont réalisé une coopération comparable par le degré à celle qu'on observe dans les petits groupes d'hommes, où l'on ne trouve pas de gouvernement.

Chez les mammifères de la plupart des espèces qui vivent en troupes, on rencontre quelque chose de plus qu'une simple association. Généralement le mâle le plus vigoureux du troupeau y possède la suprématie ; voilà pour nous, assurément, une première ébauche d'organisation gouvernementale. On voit déjà un rudiment de coopération pour l'offensive chez les animaux qui chassent en meute, et pour la défensive chez les animaux chassés. Suivant Ross, chez les bisons de l'Amérique du Nord, les mâles se réunissent pour garder les femelles quand elles vont mettre bas, pour les protéger contre les loups, les ours et les autres ennemis. Toutefois, certains mammifères vivant en troupes, comme les castors, poussent assez loin la coopération sociale et leur travail combiné produit des résultats remarquables, leurs habitations. Enfin, chez quelques primates, on ne trouve pas seulement la vie en troupes, on observe encore une certaine coordination, une certaine coalition, une certaine expression de sentiments sociaux. Ils obéissent à des chefs, ils combinent leurs efforts, ils placent des sentinelles pour donner l'alarme, ils ont quelque idée de la propriété ; ils pratiquent un peu l'échange des services, ils adoptent des orphelins, enfin l'inquiétude qui s'empare de la société la pousse à des efforts pour secourir ceux de ses membres qui sont en danger.

§ 5. Un écrivain qui aurait de ces faits une connaissance suffisante, pourrait s'y étendre davantage et en tirer meilleur parti. Je les ai rapportés pour plusieurs raisons. D'abord il m'a semblé nécessaire de faire remarquer qu'au delà de l'évolution organique, un ordre nouveau et supérieur d'évolution tend à se former. Ensuite j'ai tenu à faire prendre une idée compréhensive de l'évolution superorganique, à faire saisir qu'au lieu d'un seul genre, il se forme plusieurs genres d'évolution, déterminés par les caractères des divers genres d'organismes chez lesquels ils se montrent. Enfin, nous avons rapporté des faits, pour faire comprendre que l'évolution superorganique de l'ordre supérieur sort d'un ordre qui n'est pas supérieur à ceux dont nous observons les manifestations diverses dans le règne animal.

Ces observations faites, nous pouvons désormais nous borner à l'étude de la forme d'évolution superorganique qui dépasse tellement les autres en étendue, en complication, en importance, qu'elle les rend insignifiantes, trop insignifiantes peut-être pour qu'on puisse en parler en même temps. Je fais allusion, on le sent, au genre d'évolution superorganique que les sociétés humaines présentent dans leur développement, leurs structures, leurs fonctions et leurs produits. Nous allons nous occuper des phénomènes qui s'y trouvent compris, et qui se groupent sous le titre général de sociologie.

CHAPITRE II

§ 6. Le rôle que joue un simple objet inanimé dépend de la coopération de ses propres forces et de celles auxquelles il est exposé : par exemple un morceau de métal, dont les molécules conservent l'état solide ou prennent l'état liquide, en partie d'après leur nature, en partie d'après les ondes caloriques qui les frappent. Il en est de même de tous les objets inanimés. Que ce soit une charretée de briques qu'on décharge à terre, ou une brouettée de sable qu'on renverse, ou un sac de billes à jouer qu'on vide, les masses formées par l'assemblage des parties, pour les briques un tas avec des côtés à pente raide, pour le sable un tas à pentes plus ou moins inclinées, pour les billes des unités éparpillées et roulant dans tous les sens, se trouvent dans chaque cas déterminées en partie par les propriétés des membres des groupes, chacun considéré individuellement, et en partie par les forces de la gravitation, du choc et du frottement, auxquels ces membres sont soumis dans leur ensemble et chacun en particulier.

Il en est également de même quand l'agrégat discret se compose de corps organiques, tels que les membres d'une espèce. En effet une espèce augmente ou diminue de nombre, étend ou réduit l'aire de son habitat, émigre ou demeure sédentaire, continue son ancien genre de vie ou en prend un nouveau, sous l'influence combinée de sa nature intrinsèque et des actions environnantes, inorganiques et organiques.

Il en est de même des agrégats d'hommes. Rudimentaire ou avancée, toute société présente des phénomènes qu'on peut rapporter aux caractères des unités qui la composent et aux conditions sous lesquelles elles existent. Nous y retrouvons donc les deux genres de facteurs dont nous avons parlé.

§ 7. On peut subdiviser encore les facteurs des phéno·mènes sociaux. Dans chacune des deux divisions, on observe des différences marquées.

Commençant par les facteurs extrinsèques, nous voyons que, dès le début, il y en a plusieurs qui ont exercé des actions différentes. Il n'y a qu'à les énumérer. Citons le climat, qui est chaud, froid, tempéré, humide, sec, constant ou variable ; la surface du sol, dont une faible partie est utilisable, et qui, dans cette partie même, est plus ou moins fertile ; la configuration de cette surface qui est uniforme ou multiforme. Ensuite viennent les productions végétales, abondantes sur certains points par la quantité et par le nombre des espèces, et rares sur d'autres à ces deux points de vue. A côté de la flore d'une région, nous avons sa faune qui exerce une grande influence de bien des manières ; non-seulement par le nombre de ses espèces et des individus, mais par la proportion du nombre des animaux utiles au nombre des animaux nuisibles. De ces conditions, inorganiques et organiques, qui caractérisent le milieu, dépend d'abord la possibilité de l'évolution sociale.

Quand nous arrivons aux facteurs intrinsèques, nous avons à noter d'abord que, considéré comme une unité sociale, l'homme individuel a des caractères physiques capables de déterminer le développement et la structure de la société. Il se distingue dans chaque cas plus ou moins par des caractères émotionnels qui favorisent, ou empêchent, ou modifient les actions de la société, et les progrès qui les accompagnent. De même son intelligence et les tendances d'esprit qui lui sont particulières ont toujours une part dans l'immobilité ou les changements de la société.

Tel est l'ensemble des facteurs originels; il nous reste à indiquer l'ensemble des facteurs secondaires ou dérivés que l'évolution sociale met en jeu elle-même.

§ 8. Nous pouvons d'abord mentionner les modifications progressives du milieu, inorganique et organique, qui sont l'effet des actions sociales.

De ce nombre sont les changements de climat causés par les défrichements et les dessèchements. Ces changements peuvent être favorables au développement de la société, par exemple quand le déboisement rend un pays moins pluvieux qu'il n'était, ou que l'écoulement des eaux rend plus salubre et plus fertile une surface marécageuse [1]; ils peu-

1. Il est bon de dire que l'effet du drainage est d'accroître ce que nous pourrions appeler figurément la respiration terrestre; et que de la respiration terrestre dépend la vie des plantes terrestres, et par suite des animaux terrestres et de l'homme. Tout changement de pression atmosphérique produit, de jour en jour, des entrées et des sorties d'air dans les interstices du sol. La profondeur à laquelle atteignent ces inspirations et expirations irrégulières, devient plus grande quand la surface n'est pas couverte d'eau; puisque les interstices occupés par l'eau ne sauraient se remplir d'air. Ainsi le drainage permet aux décompositions chimiques dues à la présence de l'air qui se renouvelle à chaque hausse et à chaque baisse du baromètre, de s'étendre à une plus grande profondeur, ce qui facilite la vie de la plante qui dépend de ces décompositions.

vent être défavorables, par exemple quand le déboisement rend aride un pays déjà sec : témoin le siége des
antiques civilisations sémitiques, et, à un degré moindre,
l'Espagne.

Viennent ensuite les changements produits dans l'espèce
et la quantité de la vie végétale sur la surface occupée par la
société. Il y en a de trois genres : la substitution croissante
de plantes favorables au développement social, à des plantes
qui ne le sont pas ; la production graduelle des meilleures
variétés de ces plantes utiles, qui finissent, avec le temps,
par différer beaucoup des plantes primitives ; enfin l'introduction de nouvelles plantes utiles.

En même temps s'opèrent des changements analogues
que le progrès social effectue dans la faune de la région.
Nous citerons la destruction ou la réduction du nombre de
quelques espèces nuisibles, ou de beaucoup ; l'élevage des
espèces utiles dont le double effet est d'accroître le nombre
de ces espèces et de tourner toujours plus leurs qualités
au profit de la société ; enfin la naturalisation d'espèces
utiles importées du dehors.

Songeons à l'immense différence qui sépare une forêt
infestée par des loups ou une tourbière qu'habitent seulement des oiseaux sauvages, d'avec les champs couverts de
céréales et les pâturages qui finissent par occuper la même
surface ; cela suffit pour nous rappeler que le milieu, inorganique et organique, d'une société, subit une transformation
continue fort remarquable pendant que la société progresse,
et que cette transformation devient un facteur secondaire de
la plus grande importance dans l'évolution sociale.

§ 9. Un autre facteur secondaire que nous ne devons pas
négliger, c'est l'accroissement de volume de l'agrégat social,

accompagné, en général, d'un accroissement de densité.

Outre les changements sociaux dus à diverses causes, il y a des changements sociaux produits par le seul effet du développement. La masse est à la fois une condition et un effet de l'organisation dans une société. Il est évident que l'hétérogénéité de structure n'est possible qu'avec des unités multipliées. La division du travail ne saurait aller bien loin lorsqu'il n'y a qu'un petit nombre d'individus pour se partager le travail entre eux. Faute d'une multitude, il ne peut y avoir de différenciation en classes. Une coopération à mouvements compliqués, gouvernementale et industrielle, est impossible sans une population assez nombreuse pour fournir beaucoup d'agents divers et de capacités différentes. Enfin diverses formes avancées d'activité, tant guerrières que pacifiques, ne sont possibles qu'à la puissance que de grandes masses d'hommes peuvent manifester.

De là, par conséquent, un facteur dérivé qui, comme le reste, est à la fois une conséquence et une cause de progrès social : c'est le développement social, considéré uniquement au point de vue du nombre des unités sociales. Produit du concours des autres facteurs, celui-ci joint son action aux leurs pour opérer de nouveaux changements.

§ 10. Le facteur secondaire ou dérivé que nous avons à noter ensuite, c'est l'influence réciproque de la société et de ses unités, l'influence du tout sur les parties, et des parties sur le tout.

Aussitôt qu'une combinaison sociale prend quelque fixité il commence à se faire des actions et des réactions entre la société dans sa totalité et chacun de ses membres, en sorte que chaque membre affecte la nature de l'autre. L'influence de l'agrégat sur ses unités, tend sans cesse à façonner leurs manières d'agir, leurs sentiments, et leurs idées conformément aux besoins sociaux ; enfin ces manières d'agir, de sentir et de penser, dans la mesure où elles sont modifiées par le changement des circonstances, tendent à façonner de nouveau la société conformément à ce qu'elles sont.

Nous avons donc à tenir compte non-seulement de la nature primitive des individus et de la nature primitive de la société qu'ils composent, mais de la nature dérivée des individus et de la société. Les unités subissent sans cesse des modifications qui se superposent ; et, après les avoir subies, elles ne cessent d'accumuler des modifications de la structure sociale sur les modifications primitives. Finalement cette coopération de l'individu et de la société devient une cause puissante de transformation pour l'un et pour l'autre.

§ 11. Mentionnons un autre facteur dérivé qui a une importance extrême. Je veux parler de l'influence du milieu supérorganique, c'est-à-dire de l'action et de la réaction qui s'opèrent entre une société et les sociétés voisines.

Tant qu'il n'existe que des groupes d'hommes peu nombreux, errants, dépourvus d'organisation, leurs conflits ne sauraient déterminer des changements dans leur structure. Mais, quand une fois la dignité de chef de tribu que ces conflits tendent à produire, a pris naissance, et surtout quand ils ont eu pour résultat l'asservissement permanent de tribus voisines, on voit poindre les rudiments d'une organisation politique ; enfin les guerres que les sociétés soutiennent entre elles, ont dans la suite, comme elles l'ont eue dans le principe, une influence très-considérable en faveur du développement de la structure sociale, ou plutôt d'une de ses parties. Je peux, en effet, indiquer brièvement, en passant, un fait que j'aurai à développer en entier plus tard, c'est que si l'organisation industrielle d'une société est surtout déterminée par son milieu organique et inorganique, son organisation gouvernementale est surtout déterminée par son milieu superorganique, c'est-à-dire par les actions des sociétés adjacentes avec lesquelles elle soutient la lutte pour l'existence.

§ 12. Il reste encore un facteur dérivé, dont on ne saurait trop estimer la puissance. Je veux parler de l'accumulation de produits superorganiques que nous appelons communément artificiels, mais qui, pour un philosophe, ne sont pas moins naturels que tous les autres produits de l'évolution. Il y en a de plusieurs ordres.

En premier lieu viennent les instruments matériels qui, débutant par des silex grossièrement taillés, aboutissent à des instruments automatiques complexes, tels que ceux d'une usine à vapeur pour la fabrication des machines : depuis le boumirang des Australiens jusqu'au canon de trente-cinq tonnes, depuis les huttes de branchages et de gazon jusqu'aux villes ornées de palais et de cathédrales. Vient ensuite le langage, susceptible au début d'exprimer tout juste par des gestes des idées simples, mais qui parvient à exprimer avec précision des idées très-complexes. Limité d'abord à ces rudiments qui ne transmettent les idées qu'à une personne ou à un petit nombre d'individus par des sons, il s'élève en passant par la hiéroglyphie pour arriver à la presse à vapeur, multipliant à l'infini le nombre de ceux auxquels il s'adresse, et mettant à leur portée, par des littératures volumineuses, les idées et les sentiments d'un nombre immense d'individus en des lieux et dans les temps les plus divers. En même temps marche le progrès des connaissances, d'où sort la science. On commence par compter sur les doigts et l'on aboutit aux mathématiques transcendantes; l'observation des phases de la lune conduit à la longue à une théorie du système solaire ; enfin les siècles en se succédant donnent naissance à des sciences, dont on n'aurait pu dans les premiers temps découvrir même les germes. En attendant, les coutumes jadis peu nombreuses et simples, deviennent plus nombreuses, plus définies et plus fixes pour aboutir à des systèmes de législation. D'un petit nombre de superstitions grossières, naissent des mythologies, des théologies, des cosmogonies savantes. L'opinion qui s'incarne dans des croyances, s'incarne aussi dans des codes respectés qui fixent les droits de propriété, les règles de la bonne conduite, les cérémonies, et s'expriment par des sentiments sociaux dont l'autorité s'impose. Ensuite se dégagent peu à peu les produits que nous appelons esthétiques, qui seuls forment un groupe très-complexe. Des colliers d'os de poisson nous allons aux costumes savants, somptueux et variés à l'infini. Des chants de guerre discordants, on s'élève aux symphonies et aux opéras ; les cairns [1] deviennent des temples magnifiques ; aux cavernes dont les parois sont couvertes de signes grossiers, succèdent à la longue des galeries de tableaux ; enfin le récit des exploits d'un chef relevé par la mimique du conteur donne naissance aux poèmes épiques, aux drames, aux poésies lyriques, et à la masse énorme que l'on sait de poésies, de fictions, de biographies et d'histoires.

Tous ces ordres divers de produits superorganiques, qui

---

[1] Tas de pierres amoncelées, communs en Écosse et dans le pays de Galles ; ce sont souvent des sépultures. (*Trad.*)

dégagent chacun en lui-même de nouveaux genres et de
nouvelles espèces en même temps qu'il s'accroît et devient un
tout plus grand, qui agissent chacun sur les autres ordres,
et en subissent la réaction, tous ces ordres forment un système de forces d'une étendue, d'une complication et d'une
puissance immenses. Durant l'évolution sociale ces forces
ne cessent de modifier l'individu et la société et d'être modifiées par l'un et par l'autre. Elles en viennent peu à peu
à constituer un état de choses que nous pouvons appeler
la partie non-vitale de la société même, si nous n'aimons
mieux y voir un milieu adventice qui finit par acquérir plus
d'importance que les milieux originels, importance d'autant plus grande que cet état de choses permet désormais
de réaliser un type supérieur de vie sociale avec des conditions inorganiques et organiques qui dans le principe
l'auraient empêché.

§ 13. Tels sont, en gros, les facteurs sociaux ; même
sous cette forme générale on voit que leur combinaison est
compliquée.

Reconnaissant le principe fondamental que les phénomènes sociaux dépendent en partie de la nature des individus et en partie des forces qui les affectent, nous voyons
que ces deux systèmes de facteurs foncièrement distincts, et
point de départ des changements sociaux, se mêlent progressivement avec d'autres systèmes à mesure que les changements sociaux progressent. Les influences préétablies
ambiantes, inorganiques et organiques, d'abord à peu près
inaltérables, s'altèrent de plus en plus sous l'influence des
actions de la société en évolution. L'accroissement seul de
la population, tout en avançant, met en jeu de nouvelles
causes de transformation d'une importance toujours plus

grande. L'influence de la société sur ses unités, et celle des unités sur la société, travaillent sans relâche de concert à créer de nouveaux éléments. A mesure que les sociétés prennent plus de volume et une structure plus complexe, elles agissent l'une sur l'autre, tantôt par la guerre, tantôt par les relations commerciales, et se modifient profondément. Enfin les produits superorganiques toujours plus nombreux, toujours plus compliqués, ceux de la matière comme ceux de l'esprit, constituent un nouveau système de facteurs qui deviennent des causes de plus en plus influentes de changement. En sorte que chaque progrès augmente la complication de facteurs déjà si compliqués au début, et y ajoute des facteurs qui deviennent aussi plus complexes à mesure qu'ils deviennent plus puissants.

Maintenant que nous avons aperçu d'un coup d'œil les facteurs de tous les ordres, originels et dérivés, nous devons négliger pour le moment ceux qui sont dérivés et nous occuper exclusivement, ou à peu près exclusivement, de ceux qui sont originels. En traitant des données de la sociologie, que nous allons étudier, nous devrons, autant que possible, nous borner aux données primaires les plus communes des phénomènes sociaux en général, et que l'on découvre le plus vite dans les sociétés les plus simples. Respectant la grande séparation que nous avons faite au début entre les causes concourantes extrinsèques et intrinsèques, nous allons d'abord étudier les extrinsèques.

CHAPITRE III

FACTEURS ORIGINELS EXTERNES.

§ 14. Pour tracer un tableau complet, ou à peu près complet, des facteurs originels externes, il faudrait une connaissance du passé que nous n'avons pas et que nous n'aurons probablement jamais. Aujourd'hui que les géologues et les archéologues concourent à démontrer que l'existence de l'homme remonte à une date si éloignée de nous, que le mot *préhistorique* l'exprime à peine ; aujourd'hui que les débris fossiles de l'industrie humaine attestent qu'il ne s'est pas produit seulement des dépôts sédimentaires considérables et par conséquent des dénudations étendues, mais que la distribution des terres et des mers a subi d'immenses changements, depuis l'époque où les groupes sociaux les plus rudimentaires se sont formés, il est clair qu'on ne saurait retracer complétement les effets des conditions externes sur l'évolution sociale. Rappelons-nous que les 20 000 ans environ, durant lesquels l'homme a vécu dans la vallée du Nil, ne nous paraissent plus qu'un laps de temps relativement court, depuis que nous savons que l'homme a été le contemporain des grands pachydermes et d'autres mammifères éteints des terrains de transport ; rappelons-nous que

l'Angleterre a eu l'homme pour habitant à une époque où
son climat, au dire de certains savants, était glacial ; rappelons-nous qu'en Amérique, à côté des os du mastodonte
fossile des alluvions de la Bourbeuse, on a trouvé des pointes de flèches et d'autres vestiges laissés par les sauvages
qui ont tué cet animal, membre d'un ordre qui n'a plus de
représentant dans cette partie du monde ; rappelons-nous,
aussi, qu'à en juger d'après l'interprétation que le professeur Huxley donne aux faits, les immenses affaissements
qui ont fait d'un continent l'archipel mélanaisien, se sont
opérés depuis que la race nègre a pris les caractères fixes
d'une variété distincte de l'espèce humaine, et nous sommes
obligés de conclure qu'on essayerait vainement de remonter
aux sources des facteurs externes des phénomènes sociaux
pour en découvrir les premiers états.

Nous n'avons à signaler qu'une vérité importante qui
ressort des faits que nous venons de parcourir d'un coup
d'œil. Les changements géologiques et météorologiques,
comme aussi les changements survenus dans les flores et
les faunes, ont dû causer sur toutes les parties de la terre
des émigrations et des immigrations incessantes. Lorsqu'une localité devenait de moins en moins habitable
par suite de l'inclémence toujours croissante du climat,
elle devait être le point de départ d'une onde diffusive d'é-
migration; lorsqu'une localité devenait plus favorable à
l'existence de l'homme par suite de l'amélioration du
climat, ou de l'accroissement de la production des matières
alimentaires indigènes, ou par ces deux causes, elle devait
devenir le centre vers lequel une onde de concentration
s'est propagée ; les grands mouvements géologiques, tantôt
des continents qui s'affaissent, tantôt des continents qui se
relèvent, ont dû déterminer d'autres mouvements des races

humaines locales. Des faits toujours plus nombreux nous montrent que ces flux et ces reflux forcés ont eu lieu tour à tour dans certaines localités, et probablement dans la plupart. Enfin, ces flots d'émigration et d'immigration produits par des causes nombreuses extrêmement variées et complexes, revenant tantôt à de longs intervalles, tantôt après une courte période, et formés tantôt par des descendants des habitants primitifs, tantôt par des hommes d'une autre origine, n'ont jamais dû cesser de mettre les groupes épars de l'espèce humaine en contact avec des conditions plus ou moins nouvelles.

Retenons cette conception de la manière dont les facteurs externes, originels au sens le plus large, ont concouru dans le passé, et limitons l'étude que nous devons faire de leurs effets à ceux que nous avons sous les yeux encore aujourd'hui.

§ 15. En général la vie n'est possible que dans certaines limites de température ; et la vie des espèces supérieures n'est possible que dans des conditions de température dont les écarts sont relativement peu étendus, soit par des causes artificielles soit par des causes naturelles. Il en résulte que la vie sociale, qui suppose en réalité non-seulement la vie humaine, mais la vie végétale et animale dont la vie humaine dépend, est limitée par certains extrèmes de froid et de chaud.

Le froid, quoique intense, n'exclut pas rigoureusement les créatures à sang chaud, si la localité fournit en quantité suffisante des moyens d'engendrer de la chaleur. La faune arctique contient divers mammifères marins et terrestres, grands et petits ; mais leur existence dépend, directement ou indirectement, de celle d'animaux marins inférieurs, vertébrés ou invertébrés, qui cesseraient de vivre si les courants chauds partis des tropiques ne venaient pas mettre obstacle à la formation de la glace. Par suite, la vie humaine que nous rencontrons dans les régions arctiques, dépendant en réalité surtout de celle de ces mammifères, se rattache aussi par un rapport éloigné de dépendance à la même source de chaleur. Ce que nous avons à signaler pour le moment c'est que, partout où la température nécessaire aux fonctions vitales de l'homme, ne peut s'entretenir qu'avec difficulté, l'évolution sociale n'est pas possible. Il ne saurait y exister ni un excès de force chez les individus, ni un nombre suffisant d'individus. Non-seulement les Esquimaux dépensent en grande partie leurs forces à se protéger contre la perte de chaleur, et à faire des approvisionnements qui leur permettent de continuer cette œuvre pendant la durée de la nuit arctique; mais leurs actes physiologiques se modifient beaucoup dans ce but. Sans combustible, et même incapable de brûler dans sa hutte de neige autre chose que l'huile d'une lampe, de peur de fondre les parois de sa demeure, il faut que l'Esquimau conserve à son corps une chaleur que les épaisses fourrures dont il s'habille ont peine à retenir; pour cela il faut qu'il dévore de grandes quantités de graisse et d'huile, et son appareil digestif soumis à la lourde charge de lui fournir de quoi compenser les pertes excessives que lui cause le rayonnement, fournit moins de matériaux pour les autres fins vitales. Les grands frais physiologiques qu'entraîne la vie de l'individu, entravant indirectement la multiplication des individus, arrêtent l'évolution sociale. On observe une relation analogue de cause et d'effet dans l'hémisphère austral, chez les Fuégiens, race encore plus misérable que celle des Esquimaux. Presque nus dans une région battue par de continuelles tempêtes de pluies et de neige contre lesquelles leurs misérables huttes de branchages et d'herbes ne les protégent pas, et n'ayant guère à manger que des poissons et des mollusques, ces êtres, dont on dit qu'ils n'ont de l'homme que l'apparence, ont tant de peine à conserver l'équilibre de la vie contre la rapide déperdition de chaleur qu'ils subissent, que l'excès de force disponible pour le développement de l'individu se trouve renfermé dans d'étroites limites, et, par conséquent, l'excès qui servirait à produire et à élever de nouveaux individus. Aussi le nombre des membres de la race demeure-t-il trop faible pour qu'elle puisse s'élever au-dessus des premiers échelons de la vie sociale.

Quoique dans certaines régions tropicales l'extrême opposé de température empêche les actions vitales au point de mettre obstacle au développement social, il semble que cet obstacle soit exceptionnel et relativement sans importance. Dans des régions qui comptent au nombre des plus chaudes, la vie d'une manière générale, et la vie des mammifères en particulier est remarquable à deux points de vue : le nombre considérable de ses formes, et le haut degré d'intensité où elle parvient chez les individus. Sans doute l'inertie et le silence qu'on retrouve partout en plein midi dans ces régions est une preuve de l'énervement des animaux; mais, dans la partie la plus fraîche des vingt-quatre heures, il y a en compensation un grand déploiement d'activité. Enfin, s'il est vrai que les variétés de l'espèce humaine adaptées à ces localités, nous montrent, quand nous les comparons avec la nôtre, une certaine indolence, nous ne devons pas la juger plus grande que celle de l'homme primitif dans les climats tempérés. En somme, les faits ne viennent pas à l'appui de l'idée reçue que la grande chaleur met obstacle au progrès. Bien des sociétés ont pris naissance

dans les climats chauds, et y ont pris un développement
étendu et compliqué. Toutes les civilisations primitives
dont l'histoire a gardé le souvenir, appartenaient à des régions qui ne sont pas situées sous les tropiques, il est vrai,
mais dont la température s'élève aussi haut que celle des
tropiques. L'Inde et la Chine méridionale, telles qu'elles
sont aujourd'hui, sont le théâtre de grandes évolutions sociales dans les régions des tropiques. Bien plus, les débris
d'une architecture savante que l'on trouve à Java et au Cambodge prouvent que d'autres civilisations ont existé en Orient
presque sous les tropiques ; et il n'y a qu'à citer les sociétés de
l'Amérique centrale, le Mexique et le Pérou, pour démontrer
que dans le nouveau monde même, il y a eu jadis de grands
progrès sociaux dans les régions chaudes. Même résultat
quand nous comparons des sociétés plus grossières développées dans des climats chauds, avec des sociétés appartenant
à des climats plus froids. Tahiti, les îles Tonga, les îles
Sandwich, sont situées sous les tropiques et pourtant,
quand on les a découvertes, on a vu que la société y était
parvenue à un degré d'évolution digne de remarque, si l'on
songe que les populations de ces îles ne connaissaient pas
les métaux. En sorte que bien que la chaleur excessive soit
un obstacle pour les actions vitales, non-seulement de
l'homme tel qu'il est aujourd'hui constitué, mais des mammifères en général, elle n'empêche la force du corps de se
déployer que durant une partie du jour, et comme elle fait
produire en abondance des matériaux nécessaires à la vie,
elle favorise le développement social bien plus qu'elle n'y
met obstacle.

Je sais qu'aux époques récentes les sociétés se sont développées le plus, en volume et en complexité, dans les régions
tempérées ; c'est un fait dont je ne prétends pas amoindrir

la valeur. Je veux seulement mettre à côté de ce fait celui que nous venons de remarquer, à savoir que des sociétés considérables ont pris naissance dans les climats chauds, et que c'est dans ces climats que les premiers échelons du progrès social ont été atteints. Combinons ces deux faits et nous apercevrons la vérité entière, à savoir que l'homme a dû traverser les premières phases du progrès dans les régions où les résistances opposées par les conditions organiques étaient les plus faibles, et qu'une fois ces phases franchies, il a été possible aux sociétés de se développer dans des régions où les résistances étaient plus grandes; enfin, que des développements ultérieurs des arts, et de la discipline de la coopération qui les accompagne, ont permis aux sociétés héritières de ces avantages de jeter des racines et de croître dans des régions qui offraient des résistances relativement grandes, par leurs conditions climatériques et autres.

Embrassant les faits du point de vue le plus général, nous disons que le rayonnement solaire, étant la source des forces qui propagent la vie végétale et animale, et, par conséquent, des forces qui se déploient dans la vie de l'homme, et par suite dans la vie sociale, il en résulte qu'il ne saurait y avoir d'évolution sociale sur les parties de la terre où le rayonnement solaire est très-faible. Nous voyons, au contraire, que dans les parties du globe où le rayonnement solaire excède le degré le plus favorable aux actions vitales, l'obstacle qu'il oppose à l'évolution est relativement faible. De plus nous concluons qu'une condition nécessaire de l'évolution sociale durant les premières phases du progrès, alors que la vitalité sociale est faible, est l'abondance de la lumière et de la chaleur.

§ 16. Nous ne dirons rien des effets de la variabilité ou
de l'égalité de climat, ni des changements diurnes, annuels,
irréguliers qui s'y produisent, qui ont tous une influence
sur la manière d'agir de l'homme, et par conséquent sur les
phénomènes sociaux, mais nous mentionnerons un autre
état climatérique qui paraît jouer comme facteur un rôle
important. Nous voulons parler de la sécheresse et de l'humidité de l'air.

Les deux extrêmes de sécheresse et d'humidité opposent
des obstacles indirects à la civilisation : nous avons à les signaler avant de passer aux effets directs qui ont plus d'importance. Tout le monde sait que la grande sécheresse de
l'air qui durcit la surface du sol et appauvrit la végétation
qu'elle raréfie, s'oppose à la multiplication sans laquelle
une vie sociale avancée ne saurait se produire. Mais ce
qu'on ne sait pas aussi bien, c'est que l'extrême humidité,
surtout combinée avec une grande chaleur, peut opposer au
progrès des obstacles inattendus; c'est ce qui arrive, par
exemple, dans l'Afrique Orientale (Zungomero), où suivant
Burton, « les ressorts d'une poire à poudre exposés à l'humidité cassent comme une plume grillée;... où le papier
ramolli par la destruction de son enduit glacé, ne peut plus
servir que de papier buvard;... les métaux sont toujours
couverts de rouille, et la poudre quand on ne la tient pas à
l'abri de l'air, ne veut plus prendre feu. »

Mais ce qui doit surtout nous occuper, ce sont les effets
directs des différents états hygrométriques sur les actes vi-
taux et par suite sur la manière d'agir des individus, et
par elle sur les actes sociaux. Il y a de bonnes raisons, in-
ductives et déductives, de croire que les fonctions du corps
se trouvent facilitées par les conditions atmosphériques qui
permettent à l'évaporation à la surface de la peau et des

poumons de se faire assez rapidement. Il est généralement reconnu que les personnes faibles, chez qui les variations de la santé fournissent de bons signes des influences exter- nes, se trouvent moins bien, quand l'air saturé d'eau, est sur le point de la laisser précipiter, et se sentent mieux quand le temps est beau; et que ces personnes se sentent tou- jours énervées quand elles demeurent dans une localité humide, et au contraire fortifiées quand elles résident dans un pays sec. Nous pouvons supposer que cette relation de cause à effet, vraie pour les individus, l'est aussi pour les races, toutes choses égales d'ailleurs. Dans les régions tem- pérées les différences dans l'activité constitutionnelle cau- sées par des différences dans l'humidité atmosphérique sont moins appréciables que dans les régions torrides, c'est que les hommes qui les habitent, peuvent perdre rapidement de l'eau par leurs surfaces cutanées et pulmonaires, puisque l'air encore que chargé d'eau en absorbe davantage quand sa température d'abord basse s'élève au contact du corps. Mais il n'en est pas ainsi dans les régions tropicales, où le corps et l'air qui le baigne diffèrent beaucoup moins de température, et où il arrive souvent que l'air a une tempé- rature supérieure à celle du corps. La raison de l'évapora- tion y dépend presque entièrement de la quantité de vapeur ambiante. Si l'air est chaud et humide, l'issue de l'eau par la peau et les poumons est très-gênée; au contraire, elle est grandement facilitée quand l'air est chaud et humide. Par suite, dans la zone torride, nous pouvons nous attendre à voir des différences constitutionnelles entre des races d'ail- leurs parentes, qui vivent les unes sur des terrains bas, sa- turés de vapeur d'eau, et les autres en des lieux où la terre est habituellement desséchée par la chaleur. Puisque l'éva- poration par la peau et par les poumons est nécessaire pour entretenir le mouvement des fluides à travers les tissus et favoriser les changements moléculaires, il faut en conclure que, les autres circonstances demeurant les mêmes, il y aura plus d'activité chez les habitants de localités chaudes et sèches que chez les habitants de localités chaudes et humides.

Les faits, autant que nous pouvons les démêler, justifient cette conclusion. La première civilisation dont l'histoire ait consigné le souvenir s'est développée dans une région chaude et sèche, l'Égypte; c'est aussi dans des régions chaudes et sèches que prirent naissance les civilisations babylonienne, assyrienne et phénicienne. Mais les faits sont moins frappants quand nous parlons de nations que lorsque nous parlons de races. Quand on jette les yeux sur la carte des pluies du globe, on voit une surface à peu près continue, la région sans pluie, qui s'étend à travers le Nord de l'Afrique, l'Arabie, la Perse, le Thibet et la Mongolie; c'est de l'intérieur ou des frontières de cette région que sont parties toutes les races conquérantes de l'ancien monde. La race tartare, franchissant la chaîne montagneuse, limite méridionale de cette région, a peuplé la Chine et les pays qui la séparent de l'Inde, refoulant les aborigènes dans les montagnes : elle ne s'est pas bornée à diriger de ce côté les flots d'envahisseurs qui se détachaient d'elle successivement, elle en a envoyé de temps en temps dans l'occident. La race aryenne s'est répandue sur l'Inde et s'est fait jour à travers l'Europe. La race sémitique devenue dominante au nord de l'Afrique, et enflammée par le fanatisme musulman, a conquis une partie de l'Espagne. Ces trois faits prouvent qu'à l'exception de la race égyptienne, qui paraît avoir appartenu à un type inférieur, et est devenue puissante dans la vallée du Nil, il y a trois races de type profondément

différent, parlant des langues foncièrement distinctes, qui
sont parties de points différents de la région sans pluie, et
ont envahi des régions relativement humides. Ces races n'a-
vaient pas pour caractère commun d'appartenir à des types
originellement supérieurs : le type tartare est inférieur,
comme l'égyptien. Mais le caractère qui les rapprochait, et
qu'elles ont montré en subjuguant les autres races, c'est
l'énergie. Quand nous voyons ce caractère commun dans des
races d'ailleurs dissemblables toujours associé au même fait,
l'influence longtemps continuée de ces conditions climatériques spéciales ; quand nous voyons, en outre, que les premiers flots d'émigrants conquérants, partis de ces régions,
ont perdu, dans des pays plus humides, l'énergie de leurs
ancêtres, et ont été à leur tour subjugués plus tard par des
flots d'envahisseurs issus de la même race, ou de races
venant de cette région ; nous avons de fortes raisons de
penser qu'il existe un rapport entre la vigueur constitutionnelle et un air qui, par sa chaleur et sa sécheresse, facilite
les actions vitales. Nous avons sous la main un fait remarquable qui vient à l'appui de cette conclusion. Revenons à
la carte des pluies. Nous y voyons que, dans le Nouveau-
Monde, la plus grande partie des régions à peu près sans
pluie comprend l'Amérique centrale et le Mexique, où des
civilisations indigènes se sont développées, et que la seule
autre région sans pluie est celle qui faisait partie de l'ancien
empire du Pérou, la partie, ajoutons-le, où la civilisation
antérieure aux Incas a laissé les traces les plus remarquables. Les faits justifient donc par voie inductive la déduction
tirée de la physiologie. Il ne manque pas non plus de vérifications de moindre importance. La comparaison des races
africaines entre elles donne à penser que les différences de
leur constitution ont pour cause des différences analogues

dans l'état du climat. Livingstone parlant des diverses races de Nègres, remarque (*Miss. Trav. 78*) : « La chaleur seule ne noircit pas la peau, mais la chaleur combinée avec l'humidité paraît être la cause incontestable de la teinte la plus foncée. » Schweinfurth, dans son *Cœur de l'Afrique* récemment publié, fait une remarque analogue, à propos de la teinte relativement foncée des Denkas, et d'autres tribus qui vivent sur les plaines d'alluvions ; et il les oppose aux « races moins foncées et plus robustes qui habitent les collines rocheuses de l'intérieur. » (I, p. 148.) Il semble qu'on peut reconnaître d'une manière générale entre ces tribus des différences correspondantes dans l'énergie et le progrès social. Mais, si je remarque cette différence de couleur, produite dans la même race, entre les tribus soumises à une chaleur moite et celles qui sont soumises à une chaleur sèche, c'est pour indiquer qu'elle se rattache probablement à un autre fait, que les races à peau de teinte claire sont d'ordinaire les races dominantes. Nous voyons qu'il en a été ainsi en Égypte. Il en a été ainsi pour les races qui sont parties du centre de l'Asie pour se répandre sur le Sud. Les faits montrent qu'il en a été ainsi dans l'Amérique centrale et le Pérou. Enfin, si la chaleur demeurant la même, la teinte foncée de la peau accompagne l'humidité de l'air, tandis que la teinte relativement claire de la peau accompagne la sécheresse de l'air, la prépondérance habituelle des races à teint clair prouve que l'activité constitutionnelle, et, dans la même mesure, le développement social, rencontrent une circonstance favorable dans un climat qui permet à l'évaporation de marcher rapidement.

Je ne veux pas dire que l'énergie qui en résulte détermine, à elle seule, un développement social supérieur. C'est une chose que la déduction ne fait pas supposer, et que l'induction ne prouve pas. Mais la supériorité de l'activité constitutionnelle qui permet de subjuguer des races moins actives, et d'usurper les habitats plus riches et plus variés qu'elles possédaient, permet aussi de tirer parti d'habitats que les aborigènes ne pouvaient pas utiliser.

§ 17. En passant du climat à la surface, nous avons à noter d'abord les effets de sa configuration, en tant qu'elle favorise ou empêche les effets de l'intégration, qu'elle vient en aide à la subordination de l'individu à un pouvoir central, ou qu'elle y met obstacle.

Pour que les habitudes d'hommes primitivement chasseurs ou nomades se changent en habitudes du genre de celles dont les sociétés policées ont besoin, il faut que la surface occupée par la société permette aisément à la contrainte de s'exercer, et que hors d'elle les difficultés de l'existence soient grandes. Les résistances heureuses opposées par les tribus montagnardes, qui tirent parti des difficultés qu'on a à les poursuivre, se sont reproduites bien des fois en bien des pays. Les Illyriens restèrent indépendants des Grecs leurs voisins ; ils donnèrent beaucoup de peine aux Macédoniens et reconquirent leur indépendance à la mort d'Alexandre. Citons aussi les Suisses, et, plus récemment, les peuples du Caucase. Il est difficile aux habitants du désert, comme à ceux des montagnes, de se réunir en sociétés consolidées : la facilité d'échapper à la contrainte et les habitudes qui conviennent aux régions stériles opposent de grands obstacles à la subordination sociale. Dans la Grande-Bretagne, des surfaces d'ailleurs très-différentes ont retardé de la même manière l'intégration politique, quand leurs caractères physiques ont rendu difficile la tâche d'atteindre leurs habitants. L'histoire du pays de Galles nous apprend

que dans la région des montagnes il a été difficile d'établir
la domination d'un seul chef et qu'il l'a été encore plus de
faire reconnaître celle du pouvoir central. Depuis les temps
les plus reculés de l'histoire anglaise jusqu'en 1400, il a
fallu huit siècles pour dompter la résistance de la population indigène et la soumettre complétement, et il s'est encore passé du temps avant que le pays ait été définitivement
incorporé à l'Angleterre. Le pays des Fens [1], dès les plus
anciens temps repaire de maraudeurs et de gens en guerre
avec l'autorité établie, devint, à l'époque de la conquête de
l'Angleterre par les Normands, le dernier refuge de la résistance anglo-saxonne : les réfugiés y maintinrent durant
de longues années leur indépendance à l'abri des marais
qui rendaient le pays à peu près inaccessible. Nous en trouvons une dernière preuve dans l'indépendance si longtemps.
prolongée des Highlands, qui ne furent soumis à l'autorité
du pouvoir central qu'après que les routes tracées par le
général Wade eurent ouvert l'accès de leurs sauvages retraites. Par contre l'intégration sociale se trouve facilitée
dans un pays qui, tout en étant capable d'entretenir une
population nombreuse, fournit des moyens de contraindre
les unités qui la composent; surtout si, en même temps, ce
pays est borné par d'autres mal pourvus de ces moyens,
et peuplés d'ennemis. L'Égypte remplissait le mieux
ces conditions de l'intégration sociale. La surface occupée
par la nation n'opposait aucun obstacle physique à la
force gouvernementale; s'y soustraire en fuyant dans le
désert qui bornait l'empire, c'était s'exposer à mourir de
faim, ou à se voir tout ravir, et même à devenir esclave
des hordes nomades. En rapprochant ces faits, les uns ou

---

1. Jadis terres marécageuses et incultes des comtés de Lincoln et de Cam-
bridge. (*Trad.*)

certaines dispositions des surfaces font obstacle à l'intégration sociale, les autres où d'autres dispositions la favorisent, on voit qu'on peut dire figurément que l'intégration consiste en une soudure mécanique qui ne peut s'opérer avec succès qu'à deux conditions : la pression et la difficulté d'échapper à la pression. Ici même, nous nous rappelons quelle fixité, dans certains cas extrêmes, la nature de la surface donne au type social qu'elle produit. Depuis les temps les plus reculés, les régions arides de l'Orient sont peuplées par des tribus sémitiques dont le type social rudimentaire est adapté à leurs solitudes. Pareillement la description qu'Hérodote fait de la manière de vivre des Scythes et de leur organisation sociale, ressemble pour le fond à celle que Pallas a donnée des Kalmouks. Alors même que les habitants des régions qui conviennent aux Nomades seraient exterminés, elles se repeupleraient de réfugiés échappés aux sociétés voisines; et ceux-ci seraient forcés de prendre la vie nomade par la nature de leur habitat, et d'adopter une forme d'union sociale compatible avec cette nature, et aussi des idées, des sentiments et des usages appropriés. Nous en avons même dans les temps modernes un exemple très-probant : il ne s'agit pas de la re-genèse d'une société adaptée à un pays, mais d'une genèse *de novo*. Depuis la colonisation de l'Amérique du Sud, certaines parties des Pampas sont devenues le refuge de tribus pillardes ressemblant aux Bédouins.

Un autre caractère de la surface habitée qu'il faut noter ensuite, parce qu'il a de l'influence sur la genèse sociale, c'est son plus ou moins d'hétérogénéité. Toutes choses égales, les pays à peu près uniformes sont défavorables au progrès social. Laissant de côté pour le moment les effets de l'uniformité de la surface sur la faune et la flore, disons

que cette cause suppose l'absence de matériaux inorganiques, d'expériences et d'habitudes variés, et que, par conséquent, elle met obstacle au développement du commerce
et des arts usuels. Ni l'Asie centrale, ni l'Afrique centrale,
ni la région centrale du continent américain, n'ont donné
naissance à une civilisation indigène un peu avancée. Des
pays comme les steppes de la Russie, encore qu'il soit possible d'y introduire les civilisations qui se sont développées
ailleurs, ne sont point de ceux où une civilisation peut
prendre naissance : les causes de différenciation y sont
insuffisantes. L'uniformité de climat, alors même qu'elle
provient d'autres causes, a partout le même effet. Ainsi
que M. Dana le dit d'une île de corail : « De tous les arts de
la civilisation combien pourrait-il en exister dans une île
où les seuls instruments tranchants sont des coquillages, où
il y a tout juste assez d'eau douce pour les besoins domestiques, où il n'y a point de rivière, point de montagne, point
de colline? Comment la littérature et la poésie de l'Europe pourraient-elles être intelligibles pour des gens dont les
idées ne dépassent pas les limites d'une île de corail, qui
n'ont jamais conçu qu'une surface de terre eût plus d'un
demi-mille de large, qu'une pente fût plus rapide que celle
de la plage, ou qu'il pût y avoir d'autre changement de saison
qu'une variation dans la quantité de pluie qui tombe? »

Au contraire, l'effet produit par l'hétérogénéité géographique et géologique en faveur du progrès social, saute aux
yeux. Sans doute, en un sens absolu, la vallée du Nil n'offre
pas une grande variété de formes, mais elle est très-variée
si on la compare aux territoires adjacents ; on y trouve ce
qui paraît être l'antécédent le plus constant de la civilisation, la juxtaposition de la terre et de l'eau. Sans doute, les
Assyriens et les Babyloniens n'occupaient pas des habitats

distingués par leur variété, mais leur pays était varié en
comparaison des régions sans rivières, des régions qui s'é-
tendaient à l'Orient et à l'Occident. La bande de terre où la
société phénicienne a pris naissance avait tous les avantages d'une côte relativement étendue ; des rivières nombreuses l'arrosaient et leur embouchure marquait l'emplace-
ment des principales villes ; l'intérieur du pays se divisait
entre des plaines, et des vallées séparées par des collines,
et entourées dans le fond par des montagnes. On voit encore
mieux que l'hétérogénéité est le caractère du territoire où
se fit le développement de la société grecque; la terre et la
mer s'y distribuent de mille manières toujours compliquées,
la variété des contours de la surface et de la nature du sol
y est infinie. Suivant la remarque de M. Tozer, dans ses *Leçons sur la géographie de la Grèce,* récemment publiées,
« nulle autre partie de l'Europe, et ce ne serait peut-être
pas dire trop, nulle autre partie du monde, ne présente
une aussi grande variété de caractères naturels réunie
dans la même surface que la Grèce. » Les Grecs mêmes
avaient observé les effets produits dans leur propre territoire par la différence qui sépare les côtes de l'intérieur.
« Les philosophes et les législateurs de l'antiquité étaient
profondément saisis par la différence entre une ville de l'intérieur et une cité maritime : dans les premières, simplicité
et vie uniforme, fidélité aux habitudes anciennes et aversion
pour les habitudes nouvelles ou pour les étrangères, des
sentiments sympathiques exclusifs très-forts, et un esprit
garni de peu d'idées et de faible portée; dans les dernières,
variété et nouveauté des sensations, imagination expansive,
tolérance et parfois préférence pour les coutumes étrangères, activité plus grande des individus et par suite muta-
bilité de l'état. » (*Histoire de la Grèce,* II, 296.) Bien qu'on

voie nettement que les effets dont parle Grote reviennent
en grande partie au commerce avec l'étranger, comme ce
commerce dépend lui-même des rapports existants entre la
terre et la mer, il faut reconnaître dans ces rapports la
cause première de la différence. Remarquons qu'en Italie
la civilisation a pareillement trouvé un théâtre d'une complexité considérable, au double point de vue de la géologie
et de la géographie, et passons au nouveau monde où nous
voyons la même chose. L'Amérique centrale où les civilisations de ce continent ont pris naissance, est comparativement
multiforme et possède notamment une double ligne de côtes.
De même le Mexique et le Pérou. Le plateau Mexicain, entouré par des chaînes de montagnes, contenait de beaux
lacs; celui de Tezcuco, avec ses îles et ses rivages, était le
siége du gouvernement; nous voyons aussi que le Pérou
avait une surface diversement accidentée et que le centre
de la puissance des Incas était, dans les îles montagneuses
du grand lac Titicaca, irrégulièrement découpé et situé à
une grande altitude.

Il nous reste à voir comment le sol considéré au point de
vue de la fertilité ou de la stérilité, affecte le progrès. On
croit que l'abondance des substances alimentaires, obtenue
sans trop de peine, est défavorable à l'évolution sociale : il
y a du vrai dans cette croyance, mais pas autant qu'on le
pense. Les divers peuples demi-civilisés du Pacifique, les Ha-
vaïens, les Tahitiens, les Tongans, les Samoans, les Fidjiens,
sont autant de preuves que dans les lieux où une fertilité
plus grande rend la vie relativement facile, le progrès est
plus avancé. A Sumatra, où la fécondité du sol est telle que
le riz rend de 80 à 140 pour un, et à Madagascar, où il rend
de 50 à 100 pour un, et où d'autres travaux sont aussi largement rémunérés, le développement social n'a pas été

insignifiant. Sur le continent adjacent, il en est de même. Les Cafres, qui habitent un pays de pâturages riches et étendus, offrent un contraste avantageux pour eux, tant au point de vue de l'individu qu'au point de vue social, avec les races voisines qui occupent des régions relativement improductives. Enfin les régions de l'Afrique centrale où les races indigènes ont réalisé le plus de progrès sociaux, celle des Achantis et du Dahomey par exemple, vivent au milieu d'une végétation extrêmement luxuriante. Nous n'avons d'ailleurs qu'à nous souvenir de la vallée du Nil, et des inondations extraordinairement fertilisantes auxquelles elle est naturellement soumise, pour voir que la plus ancienne société de nous connue, a pris naissance dans une région qui, à tous ses autres avantages, ajoutait celui d'une grande fertilité.

Au sujet de la fertilité, nous pouvons reconnaître une vérité analogue à celle que nous avons reconnue au sujet du climat, savoir que les premières phases de la vie et du progrès social ne sont possibles qu'aux lieux où les résistances à surmonter sont relativement faibles. De même qu'il faut que les actes usuels qui empêchent ou contrebalancent la perte de chaleur, soient grandement développés avant que les régions relativement inclémentes puissent se bien peupler, de même il faut que les arts agricoles soient grandement développés avant que les territoires moins fertiles puissent nourrir des populations assez nombreuses pour que l'évolution sociale y soit facile. Comme d'ailleurs les arts de n'importe quel genre ne font de progrès qu'autant que les sociétés font des progrès en volume et en structure, il s'ensuit qu'il doit y avoir des sociétés sur des habitats où l'on peut se procurer des substances alimentaires abondantes au moyen d'arts inférieurs, avant que les arts nécessaires pour exploiter les habitats moins productifs puissent se développer. Tant qu'elles sont encore faibles et peu développées, les sociétés ne peuvent survivre qu'aux endroits où les conditions sont moins difficiles. Les sociétés plus fortes et plus développées qui descendent de celles-là et qui ont hérité de leur organisation, de leurs arts et de leur savoir, possèdent seules l'aptitude à survivre dans les endroits où les conditions sont plus difficiles.

Il faut ajouter que la variété dans la nature du sol est un facteur important, puisque c'est une cause de la multiplicité des produits végétaux qui favorise grandement le progrès social. Dans le pays des Damaras, où l'uniformité de surface va au point que quatre espèces de mimosas excluent presque toute autre espèce d'arbre ou d'arbuste, il est clair qu'indépendamment des autres obstacles qui s'opposent au progrès, la pauvreté des matériaux en opposera un considérable ; mais nous touchons à un nouvel ordre de facteurs.

§ 18. Il n'est guère besoin de dire que la composition de la flore d'un habitat le rend plus ou moins propre à entretenir une société. Toutefois, il faut montrer que, si une flore imparfaite constitue un obstacle négatif au progrès social, une flore luxuriante ne le favorise pas nécessairement, mais peut l'empêcher. Examinons rapidement ces deux groupes d'effets.

Il y a des Esquimaux qui n'ont pas de bois du tout ; d'autres n'en ont que ce que l'océan pousse sur leurs côtes. Dans cette extrémité ils se servent de neige ou de glace pour bâtir leurs maisons, ils s'ingénient pour faire des tasses en peau de phoque, des lignes de pêche et des filets avec des fanons de baleine, et même des arcs d'os ou de corne ; preuve que le progrès des arts usuels se trouve grandement gêné par le manque de produits végétaux. Chez cette race arctique, comme chez celle des Fuégiens situés dans les régions antarctiques, l'absence ou l'extrême rareté de plantes portant un produit alimentaire est un obstacle insurmontable au progrès social, puisqu'elle oblige les habitants à faire usage d'une nourriture animale, dont la quantité est nécessairement plus limitée. Mais dans ces régions l'extrême froid s'ajoute à la rareté des substances alimentaires pour mettre obstacle au progrès social. Une preuve meilleure nous est fournie par l'Australie : le climat y est en somme favorable, mais la rareté des plantes alimentaires et des plantes propres à d'autres usages, a contribué en partie à arrêter l'homme dans l'état le plus dégradé de la barbarie. En Australie, il y a des surfaces immenses où l'on ne compte qu'un habitant pour soixante milles carrés ; ces régions ne comportent pas une société dont la population ait à peu près la densité sans laquelle il ne peut y avoir de civilisation.

Réciproquement, après avoir observé comment l'accroissement de la population, qui rend possible le progrès de l'évolution sociale, se trouve favorisé par l'abondance de produits végétaux, comme on l'a vu ci-dessus quand nous avons parlé de la fertilité du sol, nous remarquerons l'influence que la variété de ces produits exerce dans le même sens. Non-seulement nous verrons que les sociétés peu développées qui vivent dans des régions couvertes par des plantes d'espèces nombreuses, pouvant compter sur diverses espèces de racines, de fruits, de céréales, etc., trouvent dans cette variété de produits alimentaires une sauvegarde contre les famines qui résulteraient de la perte d'une récolte unique; mais nous reconnaîtrons que les divers matériaux utilisables fournis par une flore hétérogène rendent possible la multiplication des résultats qu'on en peut tirer, et par

suite le progrès des arts, et le développement de l'adresse
et de l'intelligence qui l'accompagne. Les Tahitiens ont dans
leur île des bois propres à servir de charpente et de toiture
pour leurs maisons, et des feuilles de palmier pour les
recouvrir; ils y trouvent des plantes qui leur donnent des
fibres dont ils font des cordes, des lignes de pêche, des
nattes, etc.; l'écorce de tapa, bien préparée, leur fournit
une étoffe pour les diverses parties de leur habillement; la
noix de coco leur donne des coupes; ils trouvent des matériaux pour faire des paniers, des tamis, et divers ustensiles
domestiques; ils ont à leur portée des plantes d'où ils tirent
des parfums pour leurs cosmétiques, des fleurs dont ils se
font des couronnes et des colliers; ils ont des teintures dont
ils se servent pour imprimer des dessins sur leurs vêtements. De plus ils possèdent diverses plantes alimentaires,
l'arbre à pain, le taro, le yams, la patate, l'arrow-root, la
racine de fougère, la noix de coco, les bananes, le jambo,
le ti-root, la canne à sucre, etc., d'où ils tirent de nombreux aliments tout prêts. Enfin, pour utiliser tous ces matériaux il faut une éducation et un apprentisage qui contribuent de plusieurs façons au progrès social. Pour juger de
l'influence de l'hétérogénéité d'une flore au point de vue
alimentaire nous n'avons qu'à voir les résultats qu'elle a
produits chez un peuple voisin, mais très-différent par le
caractère et l'organisation politique. Les Fidjiens, cannibales féroces, gouvernés par des sentiments à bien des
égards antisociaux, sont arrivés, dans les arts, à un degré
de développement comparable à celui des Tahitiens; chez
eux la division du travail et l'organisation commerciale
sont même plus avancées, dans un habitat également remarquable par la variété de ses produits végétaux. Parmi les
mille espèces de plantes indigènes des îles Fidji, il y en a

qui fournissent aux habitants des matériaux pour tout, depuis la construction des canots de guerre pouvant porter trois cents hommes, jusqu'à la fabrication des teintures et des parfums. On pourrait objecter que les naturels de la Nouvelle-Zélande, qui présentent un développement social aussi élevé que celui de Tahiti ou des îles Fidji, ont un habitat dont la flore indigène n'est pas variée. Mais on répondrait que, par leur langue et leur mythologie, les naturels de la Nouvelle-Zélande appartiennent à une branche de la race malayo-polynésienne, qui se serait séparée du tronc après l'époque où les arts se seraient considérablement développés ; ils ont dû porter ces arts, en même temps que certaines plantes cultivées, dans une région pauvre, sans doute, en plantes comestibles, mais abondamment pourvue d'autres plantes utiles.

Ainsi que nous l'avons fait pressentir plus haut, une végétation luxuriante pourrait, dans certaines circonstances, opposer un obstacle au progrès : nous voulons parler d'une végétation qui ne fournit pas de matériaux dont on puisse tirer parti. La région inclémente habitée par les Fuégiens est, chose étrange, rendue plus mauvaise encore par la demi-végétation de bois rabougris qui en revêtent les hauteurs rocheuses. Les Andamènes, qui se trouvent pourtant dans des circonstances bien différentes, sont réduits aussi à vivre aux bords de la mer par les impénétrables halliers qui couvrent le pays. Il y a dans les régions équatoriales des pays à peu près inutiles même pour des races à demi civilisées, grâce aux jungles et aux forêts impénétrables qui les couvrent, et dont les indigènes ne peuvent absolument tirer aucun parti parce qu'ils n'ont pas d'outils pour déblayer le sol. Il n'y avait pour l'homme primitif, armé seulement de grossiers outils de pierre, qu'un petit nombre de points sur

la terre, dont il pouvait tirer parti, parce qu'ils n'étaient
ni trop inféconds, ni trop riches : preuve nouvelle que les
sociétés rudimentaires sont à la merci des conditions
ambiantes.

§ 19. Il nous reste à parler de la faune de la région occupée par une société. Évidemment la faune a une influence considérable, tant sur le degré que sur le type du
développement social.

L'existence ou la non-existence d'animaux sauvages bons
à manger, qui détermine le genre de vie que mène l'individu, détermine par conséquent l'espèce d'organisation sociale. Lorsqu'il y a, comme dans l'Amérique du Nord, assez
de gibier pour entretenir des races indigènes, la chasse
demeure l'occupation principale de l'homme; la peuplade
obligée de courir après le gibier prend des habitudes plus
ou moins nomades, cause permanente qui fait délaisser
l'agriculture, et qui gêne l'accroissement de la population
ainsi que le progrès industriel. Il suffit de regarder les
races polynésiennes pour y voir l'exemple du contraire :
comme la faune n'est pas considérable dans les îles de la
Polynésie, l'homme s'est trouvé contraint à l'agriculture et
à la vie sédentaire qui l'accompagne; la population s'y est
accrue, et les arts y ont fait des progrès; preuve de l'effet
considérable que l'espèce et la quantité de vie animale utilisable d'une localité ont sur la civilisation. Un coup d'œil
sur un type social qui existe encore, le type pastoral, qui a
joué dans le passé un si grand rôle dans le progrès, nous
fait voir que sur de grandes régions la faune indigène a été
la principale cause de la forme d'union sociale. D'une part
sans chevaux, sans chameaux, sans bœufs, sans moutons,
sans chèvres, en un mot sans mammifères susceptibles de

supporter la domestication, les trois grandes races conquérantes n'auraient pu vivre dans leurs habitats primitifs ; et,
d'autre part, cette manière de vivre, portant avec elle les
relations sociales qui lui conviennent, empêcha, tant
qu'elle dura, la formation d'unions sédentaires plus étendues, condition nécessaire des relations sociales supérieures. Rappelons-nous le parti que les Lapons ont tiré de
leurs rennes et de leurs chiens, les Tartares de leurs chevaux et de leurs troupeaux, les Américains du Sud de leurs
lamas et de leurs cabiais, et nous verrons encore mieux que
chez eux aussi la nature de la faune, combinée avec celle de
la surface, demeure encore une cause d'arrêt à une certaine période de l'évolution.

Si une faune est un facteur important de l'évolution par
l'abondance ou la rareté des animaux utiles à l'homme
qu'elle peut contenir, elle l'est aussi par l'abondance ou la
rareté des animaux dangereux qu'elle renferme. Les grands
carnivores sont, en certains endroits, des obstacles à la vie
sociale ; à Sumatra, par exemple. Dans cette île, en effet, il
n'est pas rare que des villages soient dépeuplés par les tigres.
Dans l'Inde, « une seule tigresse a causé la destruction de
treize villages, et l'abandon des cultures sur une surface de
plus de deux cent cinquante-six milles carrés ; » et, « en
1869, un de ces animaux a tué cent vingt-sept personnes et
intercepté une route pendant plusieurs semaines. » Nous
n'avons qu'à nous rappeler le mal que les loups ont fait
jadis en Angleterre, et celui qu'ils font encore dans le nord
de l'Europe, pour voir que les bêtes de proie peuvent
mettre obstacle à l'une des conditions du progrès social, la
liberté d'aller et venir hors des habitations et la liberté des
relations. Nous ne devons pas davantage oublier quel obstacle les reptiles opposent à la conquête du sol, cette condi-

tion essentielle du progrès de l'agriculture; dans l'Inde, par
exemple, selon le docteur Frayrer, vingt mille personnes
meurent par an de morsures de serpents, et des rapports
officiels portent ce chiffre à vingt-cinq mille six cent soixante-
quatre. A ces maux que causent directement à l'homme les
animaux supérieurs, il faut ajouter les maux indirects que
causent les insectes, qui détruisent les récoltes. Il semble
quelquefois que les dommages de ce genre affectent considérablement le mode de la vie individuelle et par conséquent de la vie sociale ; dans la Cafrerie, par exemple, où
les récoltes sont exposées aux déprédations des mammifères,
des oiseaux et des insectes, et où ces désastres retardent la
transformation de l'état pastoral en un genre de vie supérieur, et aussi chez les Béchuanas, dont le pays, « peuplé
d'innombrables troupes d'animaux que l'on chasse, se
trouve quelquefois désolé par des nuées de sauterelles. »
Évidemment, quand le penchant qui porte les hommes vers
l'industrie est encore faible, l'incertitude de voir rémunérer
leur travail doit les empêcher de s'y abandonner, et les
ramener promptement à leur ancien genre de vie, si le retour est possible.

Bien d'autres dommages, spécialement causés par des
insectes, apportent des obstacles sérieux au progrès social.
L'expérience que tout le monde a faite en Écosse, où les
moucherons forcent quelquefois à rentrer, suffit pour montrer jusqu'où doit aller, dans les régions tropicales, la
« plaie des mouches » pour ôter à des hommes déjà peu
portés au travail le courage de s'occuper au dehors. Sur les
rives de l'Orénoque, par exemple, les gens se saluent le
matin par ces paroles : « Comment les moustiques vous ont-
ils traités ? » et le tourment que ces insectes infligent est
tel qu'un prêtre ne voulait pas croire que Humboldt s'y

soumît volontairement dans le seul but de voir le pays ;
aussi le désir du repos doit-il l'emporter sur le motif déjà
faible qui porte au travail. Les effets des piqûres des mouches sur le bétail modifient aussi d'une manière indirecte
la vie sociale : par exemple, chez les Kirguises, qui sont
obligés par les essaims de mouches qui les attaquent de
ramener leurs troupeaux vers les montagnes, au mois de
mai, alors que les steppes sont couvertes de riches pâturages ; ou encore, en Afrique, où le tsetsé interdit la vie
pastorale dans certaines localités. Ajoutons qu'ailleurs les
termites provoquent un profond découragement ; dans certaines parties de l'Afrique, ils dévorent tout, habits,
meubles, lits, etc. — « Les ravages des fourmis blanches
peuvent ruiner un homme riche du jour au lendemain, »
disait un négociant portugais à Livingstone. Et ces animaux
font bien d'autres dommages. D'après la remarque de
Humboldt, « dans un pays où les termites détruisent tous
les documents, il ne saurait y avoir de civilisation avancée. »

Il y a donc une relation intime entre le type de vie sociale indigène d'une localité et le caractère de la faune
indigène. La présence ou l'absence d'espèces utiles, et la
présence ou l'absence d'espèces dangereuses, ont des effets
favorables ou nuisibles sur la civilisation. Ces effets varient
suivant les caractères particuliers et les proportions de ces
causes et leur résultat n'est pas seulement l'avancement ou
le retard du progrès social, considéré en général, c'est aussi
un amoindrissement ou une augmentation des différences
spécifiques qui séparent les organes et les fonctions de la
société.

§ 20. Il ne saurait être question d'énumérer complète-
ment ces facteurs originels externes avec leurs innombra-

bles combinaisons. Il faudrait des années pour rendre
compte à peu près complétement des facteurs que nous
venons de signaler sommairement ; et il faudrait y ajouter
un grand nombre d'actions spéciales qu'exercent des conditions environnantes dont nous n'avons encore rien dit.

Il faudrait par exemple dire les effets que produisent les
différents degrés et les différents modes de distribution de la
lumière, par exemple dans la vie et les usages casaniers des
Islandais par suite de la longueur de la nuit arctique ; il
faudrait aussi parler des effets d'ordre moins important
que les différences d'éclat de la lumière du jour, dans les
climats lumineux et dans les climats brumeux, produisent
sur l'état mental, et par conséquent sur les actions des
habitants. Tout le monde sait que le beau temps, quand
il est habituel, favorise les relations sociales en plein
air, et que l'inclémence du ciel, quand elle est habituelle,
porte à la vie de famille à l'intérieur du logis, et que
ces causes exercent par conséquent une influence sur le
caractère des citoyens : il faudrait tenir compte de ces
deux causes. Il ne faudrait pas oublier, non plus, les modifications des idées et des sentiments populaires qui surviennent par l'effet de phénomènes météorologiques et géologiques imposants. Outre les effets, auxquels Buckle a
attribué une grande importance, que les manifestations
grandioses et inattendues des forces naturelles produisent sur l'imagination des hommes et par suite sur leur
conduite, il faudrait encore noter les effets d'autres genres
qu'elles entraînent, ceux par exemple que produisent sur le
type de l'architecture d'un pays les tremblements de terre qui
le désolent fréquemment, qui font donner la préférence à des
maisons basses et légèrement bâties, et qui modifient à la
fois les arrangements domestiques et les mœurs esthétiques.

Ce n'est pas tout ; la nature du combustible que fournit une localité a des conséquences qui s'étendent en divers sens : nous les voyons dans le contraste existant entre la ville de Londres, d'une part, où l'on brûle du charbon, où les rangées de maisons noircies par la fumée doivent leur aspect triste et sombre à la poussière de charbon qui absorbe la lumière, et les villes du continent, d'autre part, où l'on brûle du bois, où l'atmosphère est claire, et où l'usage des couleurs brillantes produit un état de sentiment différent, et par suite des résultats différents. A-t-on besoin de dire que la minéralogie d'une région en affecte la civilisation et l'industrie ? Que les métaux manquent absolument et la civilisation pourra bien ne pas franchir l'âge de la pierre ; la présence du cuivre peut amener un progrès ; qu'il y ait de l'étain sur place ou dans le voisinage, l'on peut faire du bronze, et par suite réaliser un progrès nouveau, et, s'il s'y trouve du minerai de fer, on peut franchir un pas de plus. De même aussi les dimensions et le type des bâtiments dépendront de l'existence ou de la non-existence de la chaux à bâtir dans le pays ; les habitudes domestiques et sociales aussi bien que la culture esthétique en seront influencées. L'existence de sources chaudes, qui dans l'ancienne Amérique centrale ont été le point de départ d'une fabrique de poteries, est certainement une condition peu importante du progrès ; elle nous rappelle pourtant que chaque combinaison particulière des conditions peut avoir une influence propre qui détermine l'industrie qui prévaudra, et par conséquent le type d'organisation sociale du pays où elle existe.

Mais un exposé détaillé des facteurs originels externes, soit des plus importants que nous avons indiqués à grands traits dans les pages qui précèdent, soit des moins importants que nous venons de rappeler, appartient à la science que nous appellerons sociologie spéciale. Qui voudrait, au nom des principes généraux de la science, essayer d'expliquer l'évolution de chaque société, aurait à donner un exposé complet de ces diverses causes locales, et devrait en énumérer les genres et les degrés divers. Il faut laisser cette entreprise aux sociologistes de l'avenir.

§ 21. Je me suis proposé simplement de donner dans ce chapitre une idée générale des facteurs originels externes, d'en indiquer les ordres et les classes, de façon à faire sentir au lecteur la vérité que je n'avais fait qu'énoncer dans le chapitre précédent, à savoir que la nature du milieu concourt avec la nature des hommes pour déterminer les phénomènes sociaux.

En énumérant ces facteurs originels externes, et en faisant remarquer le rôle important qu'ils jouent, nous avons obtenu, entre autres résultats, celui de mettre en lumière un fait qu'on pourrait ne pas apercevoir : c'est qu'aux premiers temps de l'évolution sociale, le progrès dépend bien plus des conditions locales qu'aux temps plus avancés. Sans doute les sociétés que nous connaissons le mieux aujourd'hui, celles dont l'organisation est le plus complexe, qui disposent d'un plus riche appareil de moyens, qui possèdent les plus grandes connaissances, peuvent, grâce à divers artifices, prospérer dans des habitats défavorables. Comme il en est ainsi des types sociaux inférieurs actuellement existants, nous pouvons en conclure que l'influence des facteurs originels externes a été encore plus grande sur les types sociaux bien moins développés qui ont précédé les types actuels.

Il faut remarquer aussi que nous trouvons dans cette étude sommaire une réponse à des questions que l'on soulève parfois pour en faire des objections à la doctrine de l'évolution sociale. Comment se fait-il, dit-on, que tant de tribus sauvages n'aient fait aucun progrès manifeste durant la longue période sur laquelle s'étend l'histoire de l'humanité? S'il est vrai que l'espèce humaine existât déjà avant les dernières périodes géologiques, pourquoi, durant cent mille ans ou plus, n'y a-t-il eu aucune civilisation appréciable? Je dis que l'on peut répondre d'une manière satisfaisante à ces questions. Dès que nous jetons les yeux sur les classes et les ordres où nous avons rangé les facteurs sociaux déjà mentionnés, et que nous remarquons la rareté de la combinaison de circonstances favorables et défavorables qui peut seule aider le développement des germes d'une société ; dès que nous nous rappelons que dans la mesure où les instruments sont rares et grossiers, la connaissance faible, et la faculté de coopération peu développée, il faut au milieu de pareilles difficultés un temps fort long pour réaliser le moindre progrès ; dès que nous songeons à la détresse même des groupes sociaux qui les laisse en butte à tous les changements défavorables, et par conséquent les expose à perdre fréquemment les faibles conquêtes qu'ils auraient pu faire, il nous est possible de comprendre pourquoi, pendant un laps de temps énorme, il ne s'est point développé de société considérable.

Maintenant que nous avons fait une revue générale de ces facteurs originels externes; que nous avons reconnu l'extrême importance du rôle qu'ils jouent dans l'évolution sociale, surtout aux premières périodes ; et que nous avons indiqué comment on peut expliquer pourquoi la civilisation a tant tardé à paraître, et pourquoi sur une grande partie du globe elle n'a point encore apparu, nous pouvons les laisser; il ne nous appartient point de nous en

occuper en détail. En effet, en traitant des principes de
sociologie, ce que nous allons faire, nous aurons à nous
occuper de la structure et des fonctions des sociétés en
général, en les séparant autant que possible des faits spéciaux dus aux circonstances spéciales. Désormais nous nous
occuperons des caractères des sociétés qui dépendent surtout de la nature intrinsèque de leurs unités, plutôt que
des caractères déterminés par des influences externes particulières : nous en reconnaîtrons l'existence, mais seulement de temps en temps ou tacitement.

CHAPITRE IV

§ 22. De même que pour les facteurs originels externes, il faudrait, pour exposer convenablement les facteurs originels internes, beaucoup plus de connaissance du passé que nous n'en avons. D'une part, à la vue d'ossements humains et d'objets qui décèlent des actions humaines, que l'on a découverts dans des formations géologiques et dans les dépôts de cavernes, et qui remontent à des époques antérieures, depuis lesquelles il s'est opéré de grands changements dans le climat et dans la distribution des terres et des mers, nous sommes obligés de conclure que les habitats du genre humain n'ont jamais cessé de subir des modifications, sans pouvoir pourtant former que des conjectures vagues sur la nature de ces modifications. D'autre part, les modifications que les habitats n'ont pas cessé de subir, supposent que les races qui y ont été exposées, ont subi des changements de fonction et de structure, dont nous ne savons le plus souvent qu'une chose, c'est qu'ils ont eu lieu.

Les faits de l'expérience fragmentaire que nous avons pour le moment ne nous permettent pas de tirer des conclusions nettes sur la question de savoir en quoi et jusqu'à quel point les hommes des temps passés différaient des hommes d'aujourd'hui. Il existe, sans doute, des vestiges qui, seuls, donnent à penser que le type des races primitives était inférieur. Nous citerons, entre autres, le crâne du Néanderthal, et d'autres qui lui ressemblent, avec leurs énormes saillies susorbitaires, caractère éminemment simien. Il y a aussi le crâne trouvé récemment par M. Gillman dans une levée sur la rivière de Détroit, dans le Michigan, et qu'il décrit comme un crâne semblable à celui du chimpanzé par la largeur des surfaces d'insertion des muscles temporaux. Mais, comme on a trouvé ce crâne remarquable à côté d'autres qui ne l'étaient pas, et comme il n'est pas prouvé que les crânes du genre de celui de Néanderthal sont d'une époque plus ancienne que ceux qui ne dévient pas beaucoup des formes communes, on n'en saurait tirer aucune conclusion décisive.

Il en est de même des autres parties du squelette. Un os qu'on a découvert à Settle dans une caverne, où il aurait été déposé, selon M. Geikie, avant la dernière période interglaciaire, et que le professeur Busk a reconnu pour un os humain, est, d'après ce savant, un péroné exceptionnellement massif et semblable à un autre péroné que l'on a trouvé dans une caverne à Menton. Toutefois, il dit en même temps qu'il existe dans le musée du Collége des chirurgiens un péroné récent tout aussi massif. Tout ce que nous aurions le droit de dire, ce semble, c'est qu'une forme qui dans ces temps reculés n'était pas rare, et qui était probablement dans la règle, est aujourd'hui très-rare. Un fait analogue, mais peut-être plus positif, c'est l'extrême aplatissement des tibias de certaines races anciennes, qu'on désigne sous le nom de *platycnémiques*. Ce caractère, signalé d'abord par le professeur Busk et M. Falconer, comme propre à une

race d'hommes qui avaient laissé leurs os dans les cavernes
de Gibraltar, trouvé plus tard par M. Broca dans les restes
des troglodytes de France, vient d'être de nouveau rencontré
par M. Busk sur les restes humains des cavernes du Denbighshire; et, plus récemment, M. Gillman a montré qu'il
appartient aux tibias trouvés à côté des plus grossiers outils
de pierre dans les levées de la rivière St-Clair, dans le
Michigan. Comme on ne connaît aucune race actuelle qui
possède ce caractère, qui existait chez des races qui ont vécu
dans des régions aussi éloignées les unes des autres que
Gibraltar, la France, le pays de Galles, et l'Amérique du
Nord, on a le droit d'en conclure qu'une race antique,
répandue sur une surface immense, différait par ce point
de structure des races qui ont survécu.

Il semble que les faits connus actuellement n'autorisent
que deux conclusions générales. La première, c'est qu'à des
époques éloignées de nous, aussi bien qu'aujourd'hui, il y
avait des hommes qui différaient entre eux par des différences
considérables dans la structure osseuse, et probablement par
d'autres; et la seconde, que certains traits d'animalité ou
d'infériorité que présentent quelques-unes de ces variétés
anciennes, ont disparu ou ne se rencontrent plus qu'à titre
d'exception.

§ 23. Ainsi donc, nous ne savons pas grand'chose des
facteurs originels internes, au sens étendu qui comprend les
caractères de l'homme préhistorique. Mais ce point reconnu
nous avons le droit de conclure, d'après les recherches des
géologues et des archéologues, que, durant les périodes depuis longtemps écoulées, comme depuis le commencement de
l'histoire, il n'a cessé de s'opérer une continuelle différenciation de races, que les races les plus puissantes et les mieux

adaptées ont toujours empiété sur les moins puissantes et les moins adaptées, qu'elles ont constamment refoulé dans les habitats les moins désirables les races inférieures, et que, quelquefois, elles les ont anéanties.

Maintenant que nous sommes en possession de cette conception générale de l'homme primitif, nous devons nous borner à la compléter, autant que nous pourrons, par l'étude des races existantes qui, à en juger par leurs caractères physiques et leurs instruments, se rapprochent le plus de l'homme primitif. Au lieu d'enfermer dans un chapitre toutes les classes et les sous-classes des caractères que nous avons à exposer, nous ferons mieux de les grouper dans trois chapitres. Nous étudierons d'abord le caractère physique, puis l'émotionnel, enfin l'intellectuel.

CHAPITRE V

§ 24. Quand on voit qu'au nombre des races non-civilisées, il faut comprendre à la fois les Patagons, dont la taille est de six à sept pieds de haut, et les restes qu'on retrouve encore en Afrique d'un peuple barbare qu'Hérodote appelait pygmées, on ne saurait dire qu'il existe une relation directe entre l'état social et la taille de l'homme. Parmi les Indiens de l'Amérique du Nord, il y a des races de haute taille qui s'adonnent à la chasse; mais, ailleurs, on trouve d'autres races de chasseurs à taille ramassée, les Boschimans par exemple. Chez les peuples pasteurs, aussi, on trouve des races trapues comme les Kirguises, et d'autres de grande taille, comme les Cafres. Parmi les races agricoles on rencontre des différences analogues.

Néanmoins, pris en masse, les faits font supposer qu'il existe une relation moyenne entre la barbarie et l'infériorité de stature. Dans l'Amérique du Nord, les Chinouks et diverses races voisines sont de petite taille; et l'on dit que la taille des Chochones est « vraiment exiguë ». Parmi les races de l'Amérique du Sud, l'Indien de la Guyane ne s'élève guère à 5 pieds 5 pouces, et la moyenne de la taille chez les Araouaks est de 5 pieds 4 pouces ; celle des Guaranis atteint rarement 5 pieds. De même chez les peuples non-civilisés de l'Asie septentrionale. Selon Pallas, les Ostiaks sont petits ; les Kirguises n'ont en moyenne que 5 pieds 3 ou 4 pouces, et nous lisons dans les récits des voyageurs que les Kamtscha-dales « sont de petite taille en général ». Il en est de même dans l'Asie méridionale. En général, les Tamouls, indigènes de l'Inde, sont plus petits que les Hindous. D'après un autre auteur qui écrit sur les tribus des montagnes, chez les Puttouahs, « la taille des hommes ne dépasse pas 5 pieds 2 pouces, et celle des femmes 4 pieds 4 pouces. » Un autre écrivain estime que les Lepchas ont en moyenne 5 pieds. Enfin les Juangs, la plus dégradée peut-être des tribus qui habitent les montagnes de l'Hindoustan, n'auraient pas, les hommes 5 pieds, et les femmes 4 pieds 8 pouces. On aper-çoit clairement la relation qui rattache la barbarie et la petitesse de la taille dès qu'on rapproche les unes des autres les races les plus inférieures. Certaines tribus de Fuégiens, nous dit-on, n'auraient « pas plus de 5 pieds ». Chez les Andamènes, les hommes varient de 4 pieds 10 pouces à près de 5 pieds ; chez les Veddahs, l'écart va de 4 pieds 1 pouce à 5 pieds 3 pouces, et la taille ordinaire est d'environ 4 pieds 9 pouces. Ajoutons que la taille ordinaire des Boschimans est de 4 pieds 4 1/2 pouces, ou, suivant Barrow, 4 pieds 6 pouces, pour l'homme de taille moyenne, et 4 pieds pour la moyenne de la femme. Une race voisine, celle des Akkas, récemment découverte au centre de l'Afrique par Schwein-furth, présente une taille qui varie entre 4 pieds 1 pouce et 4 pieds 10 pouces : les femmes, qu'il n'a pas vues, sont probablement plus petites.

Jusqu'à quel point la petitesse de la taille est-elle un

caractère des races inférieures, et jusqu'à quel point ce caractère est-il un effet des habitats défavorables où les races supérieures les ont reléguées? Evidemment la taille de nain des Esquimaux et des Lapons a pour cause en partie, sinon en totalité, les grands frais physiologiques du genre de vie que leur impose le climat rigoureux qu'ils ont à subir; et l'exiguïté de leur taille ne prouve pas plus que les hommes primitifs étaient petits, que la petitesse des poneys des îles Shetland ne prouve que les chevaux primitifs étaient petits. Il en est de même des Boschimans, errants sur un territoire « si nu et si aride, que la plus grande partie de cette région ne saurait être habitable pour aucune race humaine », et l'on peut admettre qu'une mauvaise nutrition chronique a eu pour résultat chez eux un type de croissance peu élevé. Evidemment, comme les plus faibles sont toujours refoulés par les plus forts dans les pires localités, la différence originelle de stature et de force qui distinguait les deux races a dû toujours tendre à devenir plus prononcée. Par conséquent, il est possible que la petitesse de ces hommes dégradés ait été originelle; il est possible aussi qu'elle soit acquise, ou qu'elle soit en partie l'un et l'autre. Il est pourtant une race chez laquelle, d'après une autorité sérieuse, la petitesse de la taille est probablement originelle. Les faits n'autorisent pas à penser que les Boschimans, les Akkas et les races analogues que l'on rencontre en Afrique soient des variétés de la race nègre, dont la taille se serait rapetissée; ils donnent à penser au contraire que ce sont les débris d'une race que les nègres ont dépossédée. Enfin cette conclusion, que les différences physiques de ces races autorisent, se trouve appuyée par les probabilités et l'analogie. Sans trop compter sur la race de nains dont on a tant parlé, qui habiterait les régions centrales de l'île de Madagascar, ou sur celle de l'intérieur de Bornéo, nous n'avons qu'à rappeler les tribus montagnardes de l'Inde, débris des indigènes, que l'invasion des Aryens a confinées en les isolant, ou les tribus situées plus à l'est que le flot des Mongols a pareillement isolées, ou les Mantras de la presqu'île de Malacca, pour voir qu'il est probablement arrivé en Afrique la même chose que dans la Grande-Bretagne préhistorique, quand s'est éteinte la race des hommes petits qui ont laissé leurs os dans les cavernes du Denbighshire, et aussi pour comprendre que ces tribus d'hommes de taille exiguë sont les débris d'un peuple primitivement petit, et qui ne doit pas sa petitesse aux conditions du milieu.

On peut citer encore d'autres faits pour montrer que nous n'avons pas le droit de penser que l'homme primitif était réellement de plus petite taille que l'homme appartenant à un type avancé. Les Australiens, qui sont très-inférieurs aussi bien comme individus qu'au point de vue social, n'ont qu'une taille médiocre ; il en était de même des Tasmaniens, race aujourd'hui éteinte. Les os des races disparues n'apportent pas une preuve évidente que l'homme préhistorique était, en moyenne, beaucoup plus petit que l'homme historique. Néanmoins, tout en reconnaissant que parmi les races qui ne sont pas complétement sauvages, telles que les Fidjiens, les Cafres, certaines tribus de Nègres, etc., il y a de très-beaux hommes, j'ai pour moi l'opinion d'un naturaliste anthropologiste éminent qui pense que les races les plus inférieures en général n'ont pas une taille aussi grande que les races civilisées de l'Europe septentrionale.

Nous ferons probablement bien de conclure que durant le passé, comme dans le présent, et que, pour l'homme comme pour les autres espèces, la grandeur de la taille n'est qu'un point de l'évolution, qui peut exister ou ne pas exister en

même temps que d'autres ; et que, dans certaines limites,
elle est déterminée par des conditions locales, qui favorisent
sur un point la conservation des plus grands, et sur un autre,
quand une grande taille ne sert à rien, amène l'extension
d'une race à petite taille relativement plus prolifique. Mais
nous pouvons conclure que puisque, dans la lutte pour
l'existence entre les races, la supériorité de la taille donne
l'avantage, il s'est produit une tendance à l'accroissement
de la taille qui s'est exprimée quand les conditions l'ont
permis ; et que l'homme primitif, en moyenne, était un peu
moins grand que l'homme civilisé en moyenne.

§ 25. Comme taille, la différence de structure n'est pas
très-marquée. Passons sur les traits distinctifs de moindre
importance que nous trouvons chez certaines races humaines
inférieures, tels que la différence dans la forme du bassin,
et l'os plein qui occupe la place marquée chez l'homme
civilisé par le sinus frontal, et bornons-nous à indiquer
des traits qui ont pour le moment un sens pour nous.

Il semble que les hommes de types inférieurs soient généralement caractérisés par un développement relativement
défectueux des membres inférieurs. Ce trait est assez prononcé pour avoir attiré l'attention des voyageurs qui ont
visité des races diverses sans lien de parenté, et nous n'aurons
probablement pas tort de le compter au nombre des caractères primitifs. Pallas dit que les Ostiaks ont « les jambes
minces et grêles ». Je trouve deux autres auteurs qui parlent
des « jambes courtes » et « des jambes grêles » des Kamtschadales. Parmi les tribus montagnardes de l'Inde, les
Koukis, au rapport de Stewart, ont les jambes « courtes relativement à la longueur de leur corps, et les bras longs ». On
a remarqué la même chose chez diverses races d'Amérique.

Les Chinouks ont les jambes « courtes et torses » ; les Guaranis ont « les bras et les jambes relativement courts et épais ; » on dit même que les gigantesques Patagons n'ont pas « dans les membres des muscles aussi gros ni des os aussi grands que leur taille élevée et leur volume apparent l'auraient donné à croire ». On peut dire la même chose des Australiens. Fût-il vrai que les os des jambes des Australiens sont de même grandeur que ceux des Européens, il est incontestable que la masse musculaire de leurs jambes est inférieure : la partie inférieure de la conformation est plus faible que la supérieure. Je ne trouve rien qui s'applique directement aux Fuégiens sur cette question ; cependant, puisqu'on dit qu'ils sont petits et que leur corps a un volume comparable à celui des races supérieures, on peut supposer que ce qui leur manque pour avoir la même taille qu'elles, vient du peu de longueur de leurs jambes. Enfin, la description que Schweinfurth donne des Akkas, montre non-seulement qu'ils ont « des jambes courtes et torses », mais qu'en dépit de leur extrême agilité (leur petite taille leur donnant l'avantage d'une activité relative), ils n'ont qu'une faculté de locomotion défectueuse : « chaque pas qu'ils font s'accompagne d'un sautillement, » et Schweinfurth en cite un qui demeura avec lui plusieurs mois, et ne put jamais porter un plat plein sans répandre une partie de son contenu. Les vestiges de races éteintes auxquelles nous venons de faire allusion, semblent venir en aide à la croyance que l'homme primitif avait les membres inférieurs plus petits que les nôtres : « le péroné exceptionnellement massif » trouvé dans la caverne de Settle, et celui qu'on a découvert à Menton, aussi bien que le tibia platycnémique, jadis si généralement normal, le feraient supposer. Tout en admettant les différences, nous avons le droit de dire que ce caractère constitué par des jambes relativement plus courtes est suffisamment prononcé; et c'est un caractère, légèrement simien, qui se trouve reproduit par l'enfant de l'homme civilisé.

Il est évident que l'équilibre de force qui existait entre les jambes et les bras, dans le principe mieux adaptés aux habitudes de grimpeurs, s'est probablement modifié dans le cours du progrès. Pendant les luttes des races, qui se précipitaient sans cesse sur les territoires les uns des autres, les hommes qui avaient les jambes un peu plus développées aux dépens du corps en général ont dû posséder un avantage. Je ne veux pas dire un avantage de vitesse ou d'agilité, mais un avantage dans la lutte corps à corps. Dans le combat, la force que le corps et le tronc peuvent exercer a pour limite celle que les jambes peuvent fournir pour soutenir l'effort qui leur est imposé. Aussi, indépendamment des avantages au point de vue de la locomotion qu'elles devaient à leur structure, les races d'hommes à jambes fortes ont tendu, toutes choses égales, à devenir dominantes.

Parmi les caractères anatomiques de l'homme primitif que nous avons à noter, le plus prononcé est le grand volume des mâchoires et des dents. On ne l'aperçoit pas seulement dans la forme prognathe qui caractérise les races inférieures, et au plus haut point les Akkas; on le reconnaît chez des races qui présentent d'autres types : les anciens crânes bretons avaient des mâchoires relativement volumineuses. On a le droit de supposer que ce trait de conformation se rattache à l'habitude de se nourrir d'aliments grossiers, durs, coriaces, et souvent crus, peut-être aussi à ce que les hommes prognathes faisaient plus fréquemment usage de leurs dents en guise d'outils, ainsi que nos enfants le font sous nos yeux. Une diminution de l'intensité de la fonction a amené une diminution de volume de l'organe, des mâchoires aussi bien que des muscles qui s'y attachent. D'où, aussi, par une conséquence plus éloignée, la diminution des arcades zygomatiques sous lesquelles passent certains de ces muscles, effet qui a produit une différence nouvelle dans les traits de la face de l'homme civilisé.

Il vaut la peine de signaler ces changements parce qu'ils sont des exemples, sur le sens desquels on ne saurait se tromper, de la réaction que le développement social, avec tous les instruments qui en sont les effets, exerce sur la structure de l'unité sociale. Et, puisque nous reconnaissons les changements visibles à l'extérieur qui proviennent de cette cause, nous ne saurions douter que des changements internes importants, ceux du cerveau par exemple, ne se soient produits sous l'influence de la même cause.

§ 26. Il y a un autre caractère de structure qu'on peut examiner dans les rapports directs qu'il soutient avec les caractères physiologiques. Je veux parler des organes digestifs.

Sur ce point le témoignage des faits est très-insuffisant. Faute de quelque modification visible de forme extérieure causée par les grandes dimensions de l'estomac et des intestins, il était probable que les voyageurs n'en diraient rien ; il se peut qu'une différence considérable de capacité des organes internes ait existé sans attirer l'attention, et sans qu'on y ait vu une particularité caractéristique. Néanmoins nous avons quelques faits relatifs à ce sujet. Grieve nous dit que les Kamtschadales ont le « ventre pendant, les jambes et les bras grêles ». Chez les Boschimans, d'après Barrow, « le ventre fait une saillie considérable. » Schweinfurth parle du ventre gros et gonflé, des jambes courtes et torses des Akkas ;

et ailleurs, en décrivant la structure de ce type humain dégradé, il ajoute : « La région supérieure de la poitrine est
plate, très-resserrée, mais elle s'élargit en bas pour porter
un ventre énorme et pendant. » Nous trouvons un témoignage indirect dans la conformation de l'enfant, aussi bien
chez les races civilisées que chez les sauvages. Sans doute,
l'abdomen de l'enfant de l'homme civilisé, avec sa grosseur
relative, est en somme un trait embryonnaire. Mais comme
l'enfant des races inférieures présente ce trait d'une manière plus accusée que nos propres enfants, nous avons des
raisons de penser que l'homme moins développé se distinguait par là de l'homme plus développé. Schweinfurth nous
apprend que les enfants des Arabes d'Afrique ressemblent
en cela aux Akkas. Tennant nous dit que les enfants des
Veddahs ont l'estomac proéminent. Galton, après nous avoir
dit que les enfants des Damaras « ont tous l'estomac bal-
lonné d'une manière effrayante », exprime son étonnement
de voir qu'ils soient si bien conformés dans l'âge mûr.
Enfin, d'après Hooker, il en est de même dans tout le Bengale.

On pourrait, à la rigueur, supposer que les hommes des
races inférieures ont un appareil alimentaire d'une grandeur relativement plus considérable, comme conséquence
de la prodigieuse capacité qu'ils ont de contenir et de digérer des aliments. Les voyageurs nous ont beaucoup parlé de
cette capacité. Wrangel dit que chacun des Yakoutes qui
l'accompagnaient mangeait en un jour six fois plus de poisson qu'il n'en pouvait manger lui-même. Cochrane parle
d'un enfant de cette race, âgé de cinq ans, qui dévora trois
chandelles, plusieurs livres de beurre aigre gelé et un gros
morceau de savon jaune; et il ajoute : « J'ai vu à plusieurs
reprises un Yakoute, ou un Tongouse, dévorer quarante

livres d'aliments en un jour. » Schoolcraft nous dit que les
Comanches, « après un jour d'abstinence, mangent avec voracité, et sans en paraître incommodés. » Thompson remarque que les Boschimans ont « l'estomac semblable à celui
des bêtes féroces, tant par la voracité que par l'aptitude à
supporter la faim. » Enfin la conséquence à tirer des récits
de gloutonnerie racontés par le capitaine Lyon sur les
Esquimaux, et par sir G. Grey sur les Australiens n'est
pas moins évidente.

Cette conformation de l'appareil alimentaire paraît nécessaire. Il ne semble guère possible qu'un appareil digestif
assez grand pour un homme civilisé, qui renouvelle ses
repas à des intervalles courts et réguliers, soit assez grand
pour un sauvage dont les repas, quelquefois très-réduits,
quelquefois très-abondants, se suivent, tantôt rapidement,
tantôt après un laps de plusieurs jours. L'homme qui dépend des hasards de la chasse tirera profit d'une aptitude à
digérer une grande quantité de nourriture quand il peut se
la procurer, il compensera par là les intervalles où il meurt
quasi de faim. Un estomac qui ne peut digérer qu'un repas
médiocre, doit constituer un désavantage pour celui qui le
possède en comparaison d'un homme dont l'estomac est
susceptible de réparer par un énorme dîner l'omission d'un
grand nombre de repas. Cette raison n'est pas la seule qui
rende nécessaire un grand appareil alimentaire; il y en a une
autre, c'est la qualité inférieure des aliments. Il faut beaucoup de fruits, de noix, de baies, de racines, de pousses, etc.,
pour fournir à l'homme la quantité d'aliments azotés, de
graisses et d'hydrogènes carbonés qu'il lui faut pour s'entretenir; quant à la nourriture animale, les insectes, les
larves, les vers, les petits animaux de tous genres, et les
objets de rebut que le sauvage consomme à défaut d'une-

proie plus grosse, contiennent beaucoup de matière perdue pour la nutrition. D'ailleurs les mâchoires massives et les dents usées des sauvages montreraient, à elles seules, qu'ils mâchent et avalent beaucoup de matières indigestes. Par conséquent le développement abdominal de l'Akka, si grand qu'il rappelle un caractère simien, peut passer pour un trait de l'homme primitif, conséquence plus ou moins nécessaire des conditions primitives.

Disons qu'un désavantage mécanique résulte pour le sauvage de la nécessité où il est de porter avec lui un estomac et des intestins relativement plus grands, et voyons, avant tout, les effets physiologiques qui accompagnent naturellement une conformation anatomique adaptée à de telles conditions de vie. Au moment où il faut digérer d'énormes repas, la réplétion doit s'accompagner d'inertie; et au moment où, faute de nourriture, les forces tombent, les actions, à l'exception de celles qui ont la faim pour excitant, n'en trouvent plus à leur disposition. Évidemment, une force qui se produit et se répand régulièrement, est une condition favorable à la durée du travail, mais une telle force suppose une alimentation régulière. L'alimentation irrégulière, condition que l'homme primitif avait à subir, était un obstacle au travail continu : elle l'empêchait, d'autre manière encore, de faire les choses nécessaires pour sortir de son état primitif.

§ 27. Il y a des faits qui montrent qu'indépendamment de la taille et même du développement musculaire, l'homme non civilisé est moins fort que l'homme civilisé. Il est incapable de donner soudainement une aussi grande somme de force, comme aussi d'en soutenir la dépense aussi longtemps. En voici quelques preuves.

Perron a dit des Tasmaniens, race aujourd'hui éteinte, qu'en dépit de leur apparence vigoureuse, le dynamomètre prouvait qu'ils étaient inférieurs en force. Il en est de même des Papous, race voisine : « quoique bien constitués, » ils nous sont, dit-on, « inférieurs en force musculaire ». Pour les aborigènes de l'Inde les faits ne sont pas aussi concluants. Selon Mason, chez les tribus montagnardes, celles des Karens par exemple, la force fléchit bientôt; mais, selon Stewart, les enfants Koukis se montrent très-durs à la fatigue : différence qui vient peut-être, comme nous allons le voir, de ce que Stewart n'a pas mis cette qualité à l'épreuve plusieurs jours de suite. En même temps que Galton nous dit que les Damaras ont « un immense développement musculaire », il ajoute : « Je n'en ai jamais trouvé un qu'on pût comparer à la moyenne de mes hommes » pour la force; et Anderson fait la même remarque. Galton remarque encore que « dans un voyage long et réglé les sauvages (Damaras) sont vite éreintés à moins qu'ils n'adoptent certains de nos usages. » De même pour les races d'Amérique. King a trouvé les Esquimaux relativement faibles; et Burton remarque que les Dacotahs, « comme tous les autres sauvages, manquent de force corporelle. »

Il y a probablement deux causes de cette différence entre le sauvage et l'homme civilisé, un défaut relatif de nutrition et un développement relativement plus faible du système nerveux. Un cheval au vert augmente de volume tout en perdant de son aptitude au travail continu; et pour le rendre de nouveau propre à la chasse on le met à un régime plus nourrissant qui lui fait perdre de son volume pendant qu'il gagne de la force : cela nous fait comprendre qu'un sauvage ait les membres gros tout en étant relativement faible, et que sa faiblesse soit encore plus prononcée quand ses muscles, nourris par un sang assez pauvre, sont en même temps petits. Les hommes qui s'exercent à des tours de force sont la preuve qu'il faut des mois pour donner aux muscles leur plus grande force, soit pour un effort soudain soit pour un travail prolongé. On peut en conclure que le défaut de force, sous ces deux formes, sera l'effet d'une alimentation pauvre quant à l'espèce et irrégulière. L'autre cause de la différence qui nous occupe est de nature à n'être pas négligée. Nous avons vu dans les *Principes de Psychologie* (ch. I) que le système nerveux donne plutôt que le système musculaire la mesure de la force dégagée. Dans toute l'étendue du règne animal, le développement du système nerveux, initiateur de tout mouvement, varie en partie comme la quantité de mouvement engendrée, et en partie comme la complexité de ce mouvement. La force musculaire fléchit sous l'empire des émotions déprimantes ou après que les désirs se sont effacés dans un état d'indifférence, et au contraire, une passion ardente donne une puissance immense qui, chez le fou par exemple, dépasse de beaucoup celle d'un homme ordinaire soumis à une excitation ordinaire, preuves du rapport direct de dépendance qui rattache la force aux états d'esprit. Après cela nous comprendrons pourquoi, toutes choses égales, le sauvage dont le cerveau plus petit produit moins d'activité mentale, n'est pas aussi fort.

§ 28. Au nombre des caractères physiologiques qui distinguent l'homme à l'état primitif de l'homme civilisé, nous pouvons compter avec certitude une vigueur corporelle relative. Opposez l'épreuve que la grossesse et la parturition font subir à la constitution d'une femme civilisée, à l'insignifiance des troubles fonctionnels que cette fonction entraîne

pour la femme sauvage. Demandez-vous ce qui arriverait à
la mère et à l'enfant au milieu des conditions de la vie sauvage, s'ils n'avaient pas plus de dureté physique que la
mère et l'enfant civilisés. Vous verrez de suite que ce
caractère existe et qu'il est nécessaire.

Inévitablement, la loi de la survie des plus aptes a dû
produire et conserver une constitution capable de supporter
les misères et les souffrances, cortége nécessaire d'une vie
livrée à la merci des actions du milieu, puisqu'il faut
admettre que les constitutions qui n'étaient pas assez
fortes pour les supporter ont été détruites. Le Fuégien qui
supporte tranquillement le grésil sur son corps nu, doit être
le produit d'une discipline qui a fait périr tous ceux dont la
vie n'était pas extrêmement dure. Lorsque nous apprenons
que les Yakoutes, appelés *hommes de fer*, à cause de leur
aptitude à supporter le froid, dorment quelquefois, sous le
climat rigoureux où ils vivent, « sans aucun abri, à peine
vêtus, et le corps couvert d'une épaisse couche de givre »,
comment ne pas penser que l'adaptation qui les rend capables de supporter les rigueurs de leur climat, est le résultat
de la destruction incessante de tous ceux qui n'étaient pas
doués au plus haut point de la force d'y résister. Nous
dirons la même chose pour une autre influence fâcheuse.
M. Hodgson remarque « que l'aptitude à respirer la malaria
comme si c'était de l'air ordinaire, est le caractère de tous
les indigènes de race tamoule dans l'Inde » ; l'aptitude des
races nègres à vivre dans les régions pestilentielles est une
preuve qu'il s'est formé aussi, chez elles, une faculté
constitutionnelle de résister aux vapeurs délétères. Il en
est de même de la faculté de supporter les coups et les
blessures. On sait que les Australiens et les autres races
inférieures se rétablissent très-vite. Ils guérissent prompte-

ment de blessures qui amèneraient promptement la mort d'un Européen.

Nous n'avons pas de preuve directe que cet avantage entraîne des désavantages d'autres côtés. On sait que les rejetons les plus vigoureux des animaux domestiques sont plus petits que les moins vigoureux; et l'on peut dire qu'une constitution adaptée aux perturbations extrêmes acquiert peut-être cette adaptation au prix de son volume, ou de son activité. Il paraît même très-probable que cet avantage physiologique s'achète au prix de certains désavantages physiologiques, auxquels échappent les races supérieures qui peuvent se défendre par leurs arts usuels contre les actions désorganisatrices du milieu. Dès lors l'aptitude à supporter les conditions primitives apporte un certain obstacle à l'établissement de conditions plus avancées.

§ 29. A ce caractère nous en devons ajouter un qui s'en rapproche de très-près. En même temps qu'il est plus capable de supporter les maux, le sauvage fait preuve d'une indifférence relative aux sensations désagréables ou douloureuses qui en sont les effets; disons plutôt que chez lui ces sensations sont moins aiguës. Il y en a beaucoup de preuves; il suffira d'en citer quelques-unes. D'après Lichtenstein, les Boschimans ne « semblent point sentir les changements les plus vifs de température. » Gardiner appelle les Zoulous « de vraies salamandres », ils arrangent avec le pied les fagots qui brûlent, et plongent leurs mains dans le contenu bouillant de leurs vases de cuisine. On dit que les Abipones « supportent parfaitement l'inclémence du ciel. » Il en est de même des impressions causées par les blessures. Les voyageurs expriment leur surprise de voir que les hommes des races

inférieures paraissent indifférents à la douleur. Le calme
avec lequel ils subissent des opérations graves, nous oblige
à croire que les souffrances qu'ils endurent sont bien moindres que celles que ces opérations produiraient chez les
hommes des types supérieurs.

Cette indifférence à la douleur est un caractère que nous
aurions pu prédire *à priori*. La douleur, de quelque genre
qu'elle soit, ne fût-ce que l'irritation produite par l'affliction,
impose une perte physiologique qui est un dommage pour
l'individu. S'il est certain qu'une douleur cruelle qui dure,
amène un épuisement de l'organisme, qui peut être funeste
pour les personnes d'une constitution faible, il ne l'est pas
que des souffrances moindres, entre autres les impressions
pénibles du froid et de la faim, minent les forces, et peuvent
détruire la balance vitale dans les circonstances où elle se
soutient difficilement. Il a dû arriver toujours chez les
races primitives, que les individus dont les sensations sont
les plus vives, se sont usés plus que les autres à supporter
les rigueurs du climat ou la douleur des blessures, et ont
succombé, alors que les autres survivaient. L'avantage a
dû demeurer du côté des plus durs quand il a fallu supporter
des maux irrémédiables; et la survie des plus aptes a dû
rendre constitutionnelle l'insensibilité relative.

Ce caractère physiologique de l'homme primitif a un sens
pour nous. Des souffrances positives et négatives, qui proviennent de nerfs stimulés à l'excès, et les appétits qui
naissent des parties du système nerveux empêchées de
remplir leurs fonctions normales, étant dans tous les cas des
stimulants de l'action, il en résulte qu'une constitution qui a
l'insensibilité pour caractère, obéira moins à l'aiguillon qui
pousse à agir. Un mal physique qui porte un homme d'une
sensibilité relative à chercher un remède, laissera un homme

d'une insensibilité relative à peu près ou complétement inerte : soit qu'il se soumette passivement au mal, soit qu'il se contente de quelque remède insuffisant, ou d'un palliatif.

On peut donc dire qu'outre les divers obstacles positifs qui s'opposent au progrès il se dresse au début un obstacle négatif, qui consiste en ce que les sentiments les plus simples qui portent à l'effort et sont la cause des améliorations, sont moins vifs.

§ 30. En tête du résumé de ces caractères physiques, je dois nommer le plus général d'entre eux, la précocité, l'âge mûr. Toutes choses égales, les types d'organismes les moins développés demandent moins de temps pour arriver à leur forme complète que les types les plus développés; et cette différence, évidente quand on compare l'homme aux animaux les plus inférieurs, se retrouve quand on compare les diverses races humaines entre elles. Il y a lieu de la rapporter à une différence de développement cérébral. Les frais plus grands qu'entraîne la complète formation d'un cerveau plus grand, qui retardent si longtemps la maturité de l'homme comparée à celle des mammifères en général, retardent pareillement la maturité de l'homme civilisé au delà de l'âge où se fait celle du sauvage. Sans en rechercher la cause, il est certain que, sous les mêmes conditions, climat et autres, les races inférieures arrivent à la puberté plus tôt que les supérieures. On fait partout la remarque que les femmes fleurissent plus tôt et se fanent plus tôt ; et l'on trouve naturellement chez les hommes une précocité analogue. L'achèvement de la croissance et de la structure dans une période plus courte, nous intéresse parce qu'elle implique l'existence d'une nature moins plastique : la vie chez l'adulte a une rigidité et une immutabilité qui apportent de meilleure

heure des obstacles aux modifications. Nous verrons plus
tard que ce caractère entraîne des conséquences remarquables. Pour le moment contentons-nous de remarquer
qu'il tend à augmenter les obstacles que les caractères dont
nous avons déjà parlé opposent au progrès : obstacles
déjà grands, nous allons le voir en les énumérant.

Si l'homme primitif était en moyenne plus petit que
l'homme que nous connaissons aujourd'hui, il a dû pendant
les périodes primitives, où il n'y avait que de faibles groupes
d'hommes incapables de s'unir pour d'autres fins que celles
que pouvait réaliser la forme la plus rudimentaire de coopération, pourvus d'armes inefficaces, rencontrer des difficultés plus grandes qu'à des époques postérieures, pour
venir à bout des grands animaux, ses ennemis ou sa
proie. Avec des membres inférieurs à la fois plus petits et
moins forts, l'homme primitif a dû être moins capable
de se mesurer avec des animaux vigoureux et agiles, soit
qu'il voulût leur échapper, soit qu'il voulût s'en emparer.
A l'embarras mécanique causé par son appareil digestif
plus grand, adapté à un genre de vie où l'alimentation était
très-irrégulière, où les aliments étaient le plus souvent de
basse qualité, malpropres et crus, s'ajoutait nécessairement
chez l'homme primitif une autre infériorité : sa force nerveuse se produisait en quantité variable, mais, en somme
plus faible que celle qui résulte d'une bonne alimentation.
L'insensibilité, caractère constitutionnel, qui à elle seule
aurait mis obstacle au progrès, a dû, combinée avec ce
défaut d'énergie continue, empêcher tout nouveau changement dans le sens du mieux. De sorte que les obstacles
qu'apportait la constitution physique ont été de trois façons
plus grands au début que plus tard. Par sa structure l'homme
n'était pas aussi propre à surmonter ces difficultés : les forces

dont il disposait pour les vaincre étaient plus petites, et plus irrégulières dans le cours de leur production; enfin il était moins sensible aux maux qu'il avait à subir. Alors que rien dans son milieu ne lui était encore asservi, il était moins en état et moins désireux de l'asservir. Alors que la résistance que rencontrait le progrès était le plus grande, la force et le stimulant nécessaire pour la vaincre étaient le plus petites.

CHAPITRE VI

L'HOMME PRIMITIF-ÉMOTIONNEL.

§ 31. Un signe qui peut servir de mesure à l'évolution des choses vivantes, c'est le degré de correspondance que les changements survenus dans l'organisme soutiennent avec les groupes de faits coexistants et les séries de faits successifs qui composent le milieu. Dans les *Principes de Psychologie* (§§ 139-176) nous avons fait voir que le développement mental est « un ajustement des relations internes aux externes, ajustement qui s'étend peu à peu dans l'espace et le temps, qui devient de plus en plus spécial et complexe, et dont les éléments se coordonnent toujours avec une précision plus grande et s'intègrent plus complétement. » Nous n'avons donné cette définition dans les passages indiqués que pour exprimer la loi du progrès intellectuel, mais elle exprime également la loi du progrès émotionnel. Les émotions se composent de sentiments simples, ou plutôt de leurs idées ; les émotions supérieures se composent d'émotions inférieures, ce qui constitue une intégration progressive. C'est aussi pour cette raison qu'une complexité progressive se réalise : tout agrégat consolidé plus grand d'idées, de sentiments, com-

prend des groupes d'éléments constituants plus variés comme
aussi plus nombreux. On peut encore affirmer que la correspondance en question s'étend dans l'espace et dans le temps,
bien que par des effets moins manifestes : témoin la différence
qui sépare le sentiment de la propriété chez les sauvages,
qui n'a pour objet qu'un petit nombre d'objets matériels à
la portée de l'homme, ses armes, ses décorations, ses
aliments, le lieu qui lui sert d'abri, etc., et le sentiment de
la propriété chez l'homme civilisé qui possède des terres au
Canada, des actions d'une mine d'Australie, des valeurs
égyptiennes et des titres hypothécaires sur un chemin de
fer de l'Inde. Enfin on verra qu'on peut aussi affirmer que
ce rapport de correspondance s'étend dans le temps quand
il s'agit des émotions plus complexes, si l'on se rappelle
que le sentiment de la possession trouve sa satisfaction dans
des actes dont l'homme ne peut profiter qu'après bien des
années, et même qu'il tire du plaisir d'un pouvoir idéal de
disposer d'une propriété transmise en héritage, et enfin
que le sentiment de la justice cherche sa satisfaction dans
des réformes dont les générations futures auront le profit.

Ainsi que nous l'avons fait voir plus loin dans les *Principes de Psychologie* (§§ 479-483) un signe qui peut servir
plus particulièrement de mesure au développement mental
c'est le degré de représentativité des états de conscience.
Nous avons classé les cognitions et les sentiments dans
un ordre ascendant, en présentatifs, présentativo-repré-
sentatifs, représentatifs, re-représentatifs. Nous avons dû
adopter cet ordre général, puisque la présentation a dû précéder la représentation, et que la représentation a dû avoir
lieu avant la re-représentation. Nous avons montré aussi
que ce signe plus spécial s'accorde avec le signe plus général ;
puisque la représentativité croissante des états de cons-

cience se fait voir dans l'intégration plus étendue des idées,
dans la netteté plus grande avec laquelle elles sont représentées, dans la complexité plus grande des groupes inté-
grés, aussi bien que dans l'hétérogénéité plus grande de
leurs éléments ; et l'on peut ajouter maintenant que la représentativité plus grande se révèle aussi par les distances plus
grandes d'espace et de temps où les représentations s'étendent.

Il y a un autre signe qui peut aussi servir de mesure uti-
lement à côté des deux autres. Nous avons vu dans les
Principes de Psychologie (§ 253) que « l'évolution mentale,
tant intellectuelle qu'émotionnelle, peut se mesurer d'après
le degré d'éloignement de l'action réflexe primitive. La formation de conclusions soudaines, irrévocables, sur l'indication
la plus légère, se rapproche plus de l'action réflexe que la
formation de conclusions délibérées et modifiables d'après
de nombreux témoignages. Pareillement, entre les actions
réflexes et le mouvement rapide qui fait passer des émotions
simples aux démarches spéciales qu'elles suscitent il y a
moins de distance qu'entre l'action réflexe et le mouvement
comparativement hésitant qui fait passer des émotions composées à des démarches déterminées par l'instigation combinée de ces éléments multiples. »

Voilà donc les signes qui guideront l'étude que nous
allons faire de l'homme primitif, comme être émotionnel.
Puisque nous le considérons comme moins développé, nous
devons nous attendre à trouver qu'il manque des émotions
complexes qui répondent aux probabilités et aux possibilités
les plus distantes. Sa faculté d'aperception diffère de celle de
l'homme civilisé, en ce qu'elle se compose bien davantage de
sensations et de sentiments représentés simples, associés
directement avec les sensations, et qu'elle contient moins de

sentiments impliquant des représentations de conséquences plus éloignées que celles qui sont immédiates, et que celles qu'elle contient sont plus faibles. Enfin la faculté d'aperception des émotions relativement simples que nous venons de caractériser se trouvera, nous pouvons nous y attendre, caractérisée par voie de conséquence par un degré moindre de cette cohérence et de cette continuité que nous voyons apparaître quand l'impulsion des désirs immédiats se trouve arrêtée par des sentiments qui répondent à des effets définitifs, et par un degré plus élevé de l'irrégularité qui existe lorsque chaque désir, à mesure qu'il prend naissance, se décharge sous forme d'action, avant que des désirs en sens contraire n'aient été éveillés.

§ 32. En revenant de ces déductions à l'examen des faits pour tirer des inductions, nous rencontrons des difficultés semblables à celles du dernier chapitre. De même que par les dimensions et la structure les races inférieures diffèrent entre elles assez pour jeter quelque indécision dans l'idée que nous nous faisons de l'homme primitif physique ; de même, par leurs passions et leurs sentiments, les races inférieures présentent des différences qui obscurcissent les traits essentiels de l'homme primitif émotionnel.

Cette dernière difficulté, comme la première, est sans doute de celles qu'on pouvait prévoir. En même temps que le genre humain, durant les périodes écoulées, se répandait sur des habitats innombrables et séparés par des différences profondément tranchées, ce qui donnait lieu à des modes d'existence très-différents, il a dû subir une spécialisation émotionnelle aussi bien qu'une spécialisation physique : Enfin aux différenciations portant sur le caractère et causées directement par les différences des circonstances naturelles et des habitudes auxquelles ces circonstances ont donné lieu, il faut ajouter celles qu'ont produites chez les races humaines inférieures les différences de degré et de durée de la discipline sociale à laquelle ces races ont été soumises. C'est à propos de ces différences que M. Wallace fait remarquer « qu'il y a, en fait, presque autant de différence entre les races sauvages qu'entre les peuples civilisés. »

Pour concevoir l'homme primitif, tel qu'il existait au moment où l'agrégation sociale a pris naissance, il faut que nous généralisions aussi bien que nous le pourrons les faits embrouillés et en partie contradictoires que nous possédons : en nous attachant surtout aux traits communs aux races inférieures, et en nous laissant guider par les conclusions *à priori* que nous venons de formuler.

§ 33. Il est un trait fondamental qui consiste à agir d'après le premier mouvement (l'impulsivité) : il faut le regarder comme universel chez les races inférieures, mais on ne l'aperçoit pas partout. Pris en masse, les aborigènes du Nouveau-Monde semblent impassibles au prix de ceux de l'ancien : il en est même qui l'emportent sur les peuples civilisés par la faculté de dominer leurs émotions. On sait par les récits relatifs aux Indiens de l'Amérique du Nord qu'ils possèdent cette faculté, et les renseignements que nous devons aux voyageurs récents confirment ceux des anciens. On dit que les Dacotahs supportent patiemment les douleurs physiques et morales. Les Criks montrent « une froideur et une indifférence flegmatiques. » Il en est de même des peuples de l'Amérique du Sud. Selon Burnand, l'Indien de la Guyane, « quoiqu'il témoigne de fortes affections, perdra les parents les plus chers, comme il supporte les douleurs les plus cruelles, avec une insensibilité stoïque apparente. »

Humboldt parle de la résignation de ces peuples. Il en est de même des Uaupes : Wallace parle de l'apathie de l'Indien, qui « n'exprime presque jamais un sentiment de regret à son départ, ou de plaisir à son retour. » Les récits relatifs aux Mexicains, aux Péruviens et aux peuples de l'Amérique centrale d'autrefois, qui n'étaient pas impulsifs, font supposer que ce trait de caractère se retrouvait chez un très-grand nombre de peuples. Néamoins il existe chez ces races des traits d'un genre opposé, plus en harmonie avec ceux des races civilisées en général. En dépit de leur contenance d'ordinaire impassible, les Dacotahs entrent dans des accès effrayants de fureur sanguinaire quand ils tuent des bisons ; et chez les flegmatiques Criks, il y a « très-fréquemment des suicides causés par des désappointements sans importance. « Il y a même des indigènes en Amérique qui ne montrent point cette apathie : dans le Nord, par exemple, l'Indien Serpent, qui, dit-on, n'est qu'un « enfant qui s'irrite et s'amuse d'une bagatelle » ; et dans le Sud, le Tupis dont on dit que « si un sauvage vient à heurter du pied contre une pierre, il entre en fureur contre elle et la mord comme un chien. Il se peut que si les races américaines ne se montrent pas promptes à agir d'après le premier mouvement, ce défaut provienne d'une inertie constitutionnelle. Il y a parmi nous des gens dont l'égalité habituelle d'humeur vient d'un défaut de vitalité : ils ne sont qu'à moitié éveillés, et les émotions que les irritations produisent en eux, ont moins d'intensité que chez les autres. Ce qui peut faire croire que l'apathie due à l'inertie est la cause de l'apathie des indigènes d'Amérique, c'est un autre caractère qu'on leur attribue, la froideur sexuelle.

En faisant la part de l'anomalie que ces faits peuvent constituer nous retrouvons partout dans le reste du monde une ressemblance générale. Si nous passons d'Amérique en Asie, nous rencontrons les Kamtschadales, qui, à ce qu'on rapporte, sont « excitables, pour ne pas dire hystériques (il s'agit des hommes). Un rien les rend fous, ou leur fait commettre un suicide. » Puis nous trouvons les Kirguises qui, dit-on, sont « volages et inconstants ». Passons aux Asiatiques du sud, et nous trouvons les Bédouins dont Burton nous dit qu'ils ont la valeur « variable et inconstante ». Enfin, tandis que Denham remarque que les Arabes « paraissent dans leurs conversations ne cesser de se quereller, » Palgrave nous dit qu'ils « marchanderont une demi-journée pour un penny, mais qu'ils jetteront plusieurs livres sterling au premier solliciteur venu. » Chez les races africaines nous rencontrons le même caractère. Burton nous dit que l'Africain de l'est est, « comme tous les autres barbares, un étrange mélange de bien et de mal, » et il en fait la description suivante : « Il a à la fois un bon caractère et un cœur dur ; il est batailleur et circonspect ; bon à un moment, cruel, sans pitié et violent à un autre moment ; sociable et sans affection ; superstitieux et grossièrement irréligieux ; brave et lâche ; servile et oppresseur ; têtu et pourtant volage et amoureux du changement ; attaché au point d'honneur, mais sans aucune trace d'honnêteté en parole ou en action ; aimant la vie, quoique pratiquant le suicide ; avare et économe et pourtant irréfléchi et imprévoyant. » Il en est de même des peuplades du sud à l'exception des Béchuanas dont on vante le caractère et l'empire qu'ils ont sur eux-mêmes. Ainsi Galton dit que, chez le Damara, le sentiment de la vengeance est très-passager, « qu'il fait place à l'admiration pour l'oppresseur. » Burchell dit que les Hottentots passent de l'extrême paresse à l'extrême activité. Enfin, Arbousset, résumant le caractère émotionel des Boschimans, les dépeint comme généreux, prompts, opiniâtres, vindicatifs ; on assiste chaque jour chez eux à des querelles bruyantes, « le père et le fils chercheront à se tuer l'un l'autre. » Parmi les sociétés éparpillées qui habitent les îles de l'Archipel oriental, celles qui appartiennent à la race malaie, ou chez qui le sang malai prédomine, ne présentent pas ce trait de caractère. Chez les Malgaches, dit-on, « les passions ne sont jamais violemment excitées. » Ils ne ressentent pas vivement les injures, mais ils gardent le désir de se venger ; enfin on dit que le Malai pur n'est pas démonstratif. Chez les autres, toutefois, on trouve la variabilité ordinaire. Parmi les Négroïdes, le Papou est « impétueux, irritable, bruyant ; » les Fidjiens ont « les émotions facilement excitables, mais peu durables, » et « leurs dispositions sont extrêmement variables ; » les Andamènes sont « tous effroyablement passionnés et vindicatifs ; » et on nous dit que les Tasmaniens sont, « comme tous les sauvages, prompts à passer du rire aux larmes. » Il en est encore de même des autres races inférieures : les Fuégiens ont « le caractère prompt », ils « parlent avec bruit et emporte-ment; » les Australiens dont l'impulsivité se trouve impliquée dans les termes que Sturt emploie quand il dit que « la *jin* (femme de l'Australien) en colère fait plus de fracas que l'Européenne, » et qu'un homme « remarquable pour sa superbe et sa réserve, sanglota longtemps quand on lui arracha son neveu. » Puisque les Malais chez qui existe un défaut d'impulsivité, sont une race parvenue à un degré remarquable de civilisation, et que les races inférieures, les Andamènes, les Tasmaniens, les Fuégiens, les Australiens, trahissent au contraire, de la manière la plus décisive, leur impétuosité à obéir à leur premier mouvement, nous

avons bien le droit d'affirmer que ce caractère existait
en réalité chez l'homme primitif, et probablement plus
prononcé que les citations que nous venons de faire ne le
donneraient à penser. Nous pouvons nous faire la meilleure
idée de ce qu'était le caractère de l'homme primitif en lisant
la description suivante où nous trouvons un portrait vivant
d'un Boschiman. Lichtenstein, qui en est l'auteur, affirme
qu'il ressemble au singe, et continue en ces termes : « Ce
qui donne le plus de vérité à cette comparaison, c'est la
vivacité de ses yeux, et la mobilité de ses sourcils, qu'il
faisait mouvoir en haut et en bas chaque fois qu'il chan-
geait d'attitude. Même ses narines, et les coins de sa bouche, même ses oreilles, remuaient involontairement, exprimant le passage rapide qui le portait d'un désir ardent
à une méfiance soupçonneuse... Quand on lui donnait un
morceau d'un aliment, il se levait à demi, étendait une
main défiante, s'en emparait en hâte, et le jetait dans le
feu, promenant autour de lui ses petits yeux perçants,
comme s'il craignait qu'on ne le lui enlevât de nouveau :
tout cela accompagné de regards et de gestes qu'on aurait
juré copiés absolument sur un singe. »

Le contraste qu'on observe parmi nous entre l'enfant et
l'adulte est une preuve indirecte que l'homme primitif
différait de l'homme d'une époque postérieure en ce qu'il
possédait cette extrême variabilité émotionnelle. En effet,
dans l'hypothèse de l'évolution, l'homme civilisé, traversant
des phases qui représentent celles que la race a parcourues,
décélera dans les premiers temps de sa vie l'impulsivité
que possédait l'espèce humaine primitive. L'aphorisme qui
dit que le sauvage a l'esprit d'un enfant avec les passions
d'un homme, ou plus correctement, des passions d'adulte
qui s'expriment par des actes d'enfant, cet aphorisme a un

sens plus profond qu'il ne semble au premier abord. Il y a rapport d'origine entre les deux natures, si bien qu'en tenant compte des différences d'espèce et de degré des émotions, nous pouvons regarder leur coordination dans l'enfant, comme représentant assez bien la coordination qui existait chez l'homme primitif.

§ 34. Les traits les plus spéciaux du caractère émotionnel dépendent en grande partie de celui dont nous venons de parler et en sont des témoignages nouveaux. Cette impétuosité relative, cet état plus rapproché de l'action réflexe primitive, ce défaut d'émotions re-représentatives qui tiennent les émotions plus simples en échec, s'accompagne d'imprévoyance.

Les Australiens sont, dit-on, « incapables de tout travail persévérant qui ne doit avoir sa récompense que dans l'avenir. » Selon Kolben, les Hottentots sont « les gens les plus paresseux qu'éclaire le soleil ; » et on nous raconte que chez les Boschimans « c'est toujours régal ou famine ». Passons aux indigènes de l'Inde. Les Todas, dit-on, sont « indolents et fainéants » ; les Bhils « ont le mépris et l'horreur du travail, » ils aiment mieux mourir de faim que de travailler ; les Santals, au contraire, n'ont pas « l'invincible paresse des anciennes tribus des montagnes ». De même, dans l'Asie du Nord, on peut prendre les Kirguises comme exemple de la paresse, et, en Amérique, aucun des peuples aborigènes, à moins de subir la contrainte, ne montre la moindre aptitude au travail. Dans le nord, les Indiens, à qui la vie de chasseur est interdite, sont incapables de se plier à une autre ; ils diminuent et disparaissent ; dans le sud, les races jadis soumises à la discipline des Jésuites, sont retombées dans leur état primitif ou même dans un

état pire, dès que les causes qui les stimulaient ou leur
imposaient un frein ont cessé d'exister. On peut rapporter
tous ces faits pour une partie à une cause, une aperception
insuffisante de l'avenir, un esprit impuissant à bien saisir
les conséquences éloignées. Lorsque nous rencontrons la
pratique du travail bien établie, chez les naturels des îles
Sandwich, par exemple, et chez divers peuples malayo-
polynésiens, c'est à côté d'un état social qui suppose que
le peuple a été soumis pendant longtemps à une discipline :
les conditions l'ont fait dévier beaucoup de la nature primitive. Il est vrai qu'on trouve souvent chez les sauvages
de la persévérance en vue d'un profit éloigné. Ils consacrent
beaucoup de temps et de travail à leurs armes, etc. : six
mois pour faire autant de flèches, une année pour creuser
une tasse, et plusieurs pour percer un trou dans une pierre.
Mais dans ces cas, outre que les profits sont simples,
directs, visibles, il faut remarquer qu'il ne faut qu'un
faible effort, et que l'activité se porte sur des facultés de
perception qui sont constitutionnellement actives [1].

Un trait du caractère qui marche avec cette incapacité
de concevoir que l'avenir puisse être modifié par l'intelligence, c'est l'allégresse enfantine, la joie que ne tempère
point l'idée de ce qui va arriver. Sans doute, il y a dans
le Nouveau-Monde des races, en général impassibles et qui

---

1. Il faudrait remarquer un fait qui diminue l'importance de cette généralisation, et qui a de l'intérêt au point de vue physiologique aussi bien qu'au point
de vue sociologique ; on nous dit quelquefois que les caractères des hommes
et des femmes diffèrent par la faculté d'application. Chez les Bhils, les
hommes haïssent le travail, mais beaucoup de femmes sont industrieuses.
Chez les Koukis, les femmes « sont aussi travailleuses et infatigables que
les femmes Nagas » ; tandis que dans ces deux tribus les hommes sont paresseux. De même en Afrique. Dans le Loango, bien que les hommes soient
inertes, les femmes « s'occupent d'agriculture avec une ardeur infatigable »,
et ce que nous avons appris récemment de la Côte d'Or nous montre qu'il
y a dans ce pays une différence analogue. La fixation de cette différence fait
supposer que le sexe impose une limite à l'hérédité.

se montrent peu portées à la gaîté, et quoique la gravité soit le signe du caractère des Dayaks et des Malais, en général il en est autrement. On raconte que les indigènes de la Nouvelle-Calédonie, les Fidjiens, les Tahitiens, les habitants de la Nouvelle-Zélande, sont toujours à rire ou à faire des bouffonneries. Dans toute l'étendue de l'Afrique, le nègre offre le même trait de caractère. Les voyageurs nous disent que d'autres races, en d'autres pays, sont « pleines d'une gaîté folle, et d'allégresse », « pleines de vie et d'ardeur », « joyeuses et bavardes », « folâtres », « d'une gaîté bruyante », « riant sans mesure de riens ». On dit même que les Esquimaux, en dépit des privations qu'ils endurent, « sont un peuple heureux ». Nous n'avons qu'à nous rappeler avec quelle force l'inquiétude habituelle que l'homme éprouve en songeant aux événements à venir, tempère les éclats de la gaîté, nous n'avons qu'à opposer le caractère vif mais imprévoyant de l'Irlandais au caractère grave mais prévoyant de l'Écossais, pour voir qu'il existe entre ces traits du caractère une relation chez l'homme incivilisé. Un caractère relativement impulsif, qui suppose que l'homme s'absorbe complétement dans le plaisir du moment, est en même temps la cause de ses excès de gaîté et de son inattention pour les maux qui le menacent.

A côté de l'imprévoyance marche, à la fois comme cause et comme conséquence, un sentiment rudimentaire de la propriété. Quand nous songeons au caractère du sauvage, nous ne tenons pas compte de ce qu'il manque d'une notion avancée de la propriété individuelle, et que, dans les conditions où il est, il lui est impossible de l'avoir. Établi seulement, comme il peut l'être, par l'expérience des satisfactions que la possession procure, répétée un grand nombre de fois, et durant plusieurs générations, le sentiment de la propriété individuelle ne saurait prendre naissance quand les circonstances ne permettent pas ces expériences. En dehors des grossiers engins qui lui servent à satisfaire ses besoins physiques, l'homme primitif n'a rien qu'il puisse amasser, chez lui il n'y a pas place pour une faculté acquisitive. Dans les régions où il s'est élevé à la vie pastorale, il trouve la possibilité de tirer profit d'un accroissement de sa propriété ; il le tire en multipliant ses troupeaux. Néanmoins, tant qu'il reste nomade, il lui est difficile de fournir à ses troupeaux, s'ils sont grands, une nourriture assurée, et il subit des pertes toujours plus grandes par le fait des ennemis ou des bêtes féroces ; en sorte que les profits de l'accumulation de sa richesse se trouvent resserrés dans d'étroites limites. Ce n'est que lorsqu'il est parvenu à l'état agricole, et seulement lorsque la tenure du sol est devenue individuelle après avoir passé par la forme collective de la tribu, et plus tard par la forme collective de la famille, que la sphère où peut se développer le sentiment de la propriété s'élargit.

Aussi l'homme primitif, avec son imprévoyance, et encore avec son incapacité de désirer ce qui pourrait la corriger, est-il, par l'effet même des circonstances au milieu desquelles il vit, privé des expériences qui développent ce désir et diminuent son imprévoyance.

§ 35. Passons maintenant aux caractères émotionnels qui affectent d'une manière directe la formation des groupes sociaux. Les diverses fractions du genre humain, telles que nous les voyons aujourd'hui, sont sociales à des degrés différents ; en outre, elles se distinguent par plus ou moins d'indépendance ; tantôt elles supportent des freins, tantôt elles n'en tolèrent point. Évidemment la proportion d'après laquelle ces deux caractères se trouvent unis, doit avoir une grande influence sur l'union sociale.

Dans sa description des Mantras, indigènes de la presqu'île de Malacca, le père Bourien dit que « la liberté paraît être pour eux une condition nécessaire de leur existence ;... chacun vit comme s'il était seul dans le monde ; » s'ils viennent à se disputer, ils se séparent. De même, les sauvages de l'intérieur de Bornéo « ne s'associent pas entre eux » ; et leurs enfants arrivés à « l'âge où ils peuvent se tirer d'affaire, se séparent d'ordinaire et ne pensent plus jamais les uns aux autres ». Ce genre de caractère est un obstacle manifeste au développement social ; on en voit les effets dans les familles solitaires des Veddahs des bois, ou des Boschimans, qui, nous dit Arbousset, « sont indépendants et pauvres au delà de toute expression, comme s'ils avaient fait vœu de demeurer toujours libres et sans rien posséder. » On a retrouvé ce trait de caractère chez les diverses races attardées dans un état inférieur ; par exemple dans l'Amérique du Sud, chez les Araucaniens, « le Mapuché ne peut souffrir la contradiction, et ne supporte point le commandement ; » et, selon Bates, « chez les Indiens du Brésil, assez traitables tant qu'ils sont jeunes, mais qui commencent à montrer leur impatience de tout frein à l'âge de la puberté ; » chez les Caraïbes, qui ne « supportaient pas la moindre atteinte à leur indépendance. » Plusieurs tribus montagnardes de l'Inde présentent aussi un caractère du même genre. Les sauvages Bhils ont une passion naturelle pour l'indépendance ; le Bodo et le Dhimal résistent avec une opiniâtreté bourrue aux ordres qui ne sont pas donnés d'une manière judicieuse ; enfin les Lepchas « supportent de grandes privations plutôt que de se soumettre à l'oppression ». Nous rencontrons encore le même obstacle à l'évolu-

tion sociale chez quelques races nomades. « Un Bédouin, dit
Burckhardt, ne se soumettra à aucun commandement, mais
il cédera vite à la persuasion ; » et, selon Palgrave, il possède « une haute idée de la liberté nationale et individuelle, » et se montre « affranchi de tout sentiment de
caste en ce qui concerne les familles et les dynasties au
pouvoir. » Ce trait du caractère moral est nuisible durant les
premières périodes du progrès social ; des voyageurs l'ont
bien reconnu ; Earl, par exemple, pense que « l'impatience
de l'autorité » chez les peuples de la Nouvelle-Guinée s'oppose à toute organisation sociale. Nous ne voulons pas dire
que le défaut d'indépendance causera un résultat opposé.
Selon Grieve, les Kamtschadales montrent « de la servilité à
l'égard de ceux qui les maltraitent » et « du mépris pour
ceux qui en usent avec douceur avec eux. » Galton dit que
les Damaras n'ont « aucune indépendance », qu'ils « encou-
ragent la servilité », que « l'admiration et la crainte » sont les
seuls sentiments vifs qu'ils aient. Il semble que le caractère
que l'évolution sociale réclame ~~se compose~~ d'un certain mélange de sentiments, les uns qui portent à l'obéissance, les
autres qui portent à la résistance. Les Malais, qui ont formé
plusieurs sociétés demi-civilisées, sont, dit-on, soumis à l'autorité ; et pourtant chacun d'eux se montre « susceptible à
l'endroit d'un empiétement sur la liberté individuelle, la
sienne ou celle d'autrui. » Toutefois, quelle que soit la
cause de la soumission, que ce soit faute d'indépendance
de cœur, ou crainte, ou respect de la supériorité, qui,
séparément ou ensemble, favorisent l'établissement d'une
subordination, on retrouve partout chez les hommes qui
composent des agrégats sociaux d'étendue considérable, un
caractère moral où l'esprit de subordination joue un rôle
plus ou moins grand. Dans les sociétés demi-civilisées que

contient l'Afrique tropicale, on le rencontre partout ; on le reconnaissait chez les peuples qui composaient les sociétés de l'Orient et aussi chez ceux qui formaient les sociétés éteintes du Nouveau-Monde.

Si l'impatience des freins sociaux s'unit au défaut de sociabilité, comme chez les Mantras par exemple, l'union sociale rencontre un double obstacle : il y a là une cause de dispersion qui n'est contrebalancée par aucune cause d'agrégation. Du moment qu'un homme, chez les Todas par exemple, peut demeurer assis sans rien faire des heures entières, « sans rechercher la compagnie de personne », il est moins tenté de souffrir des restrictions qu'on impose à son indépendance que si la solitude lui était insupportable. Évidemment le féroce Fidjien, chez qui, quelque étrange que cela paraisse, « le sentiment de l'amitié est fortement développé », se trouve porté par ce sentiment, aussi bien que par la fidélité parfaite qu'il garde à son chef, à supporter un état de société où un despotisme fondé sur le cannibalisme ne rencontre aucun obstacle.

Quand nous prenons un terme moyen entre les faits que nous présentent, d'une part, les hommes les plus inférieurs, qui forment les groupes sociaux les moins étendus, et d'autre part les hommes plus avancés, qui forment des agrégats plus grands, nous nous trouvons autorisés à dire que les hommes primitifs, qui, avant le progrès des arts usuels, vivaient d'une nourriture sauvage, et se dispersaient pour la trouver sur de grandes surfaces et en petits groupes, étaient d'un côté fort peu habitués à la vie des associations, et d'autre part tout à fait habitués à s'abandonner sans frein à leurs désirs, ce qui arrive toujours dans la vie d'isolement. En sorte que, tandis que la force d'attraction était faible, la force de répulsion était grande. Ce n'est que lorsque les hommes primitifs ont été forcés de former des groupes plus nombreux par des circonstances locales qui favorisaient la conservation de beaucoup d'individus sur une surface peu étendue, ce n'est qu'alors qu'a pu se produire l'accroissement de sociabilité nécessaire pour faire échec à l'indépendance effrénée de l'action. Ici nous apercevons une nouvelle difficulté qui s'élevait dès le début sur le chemin de l'évolution sociale.

§ 36. Les émotions d'un ordre exclusivement égoïste nous amènent donc à d'autres émotions impliquant la présence d'autres individus ; nous allons commencer par les égo-altruistes. (*Principes de Psychologie*, § 519-523.) Avant que les sentiments qui trouvent leur satisfaction dans le bonheur d'autrui existent à des degrés considérables, d'autres sentiments qui trouvent leur satisfaction dans l'admiration qu'on inspire à autrui, existent à des degrés considérables. Les animaux même montrent de la satisfaction de se voir applaudis, et chez les hommes la vie en société ouvre de bonne heure et agrandit cette source de plaisir.

Si grande que soit la vanité de l'homme civilisé, celle de l'homme non civilisé la surpasse de beaucoup. La couleur rouge et les coquillages marins percés de trous, découverts dans les cavernes de la Dordogne, prouvent qu'à l'époque reculée où le renne et le mammouth habitaient le midi de la France, les hommes recouraient à des peintures et à des ornements pour attirer sur eux des regards d'admiration. Un chef sauvage donne encore plus de sa pensée à l'ornement de sa personne que ne le fait parmi nous une femme à la mode. Ce qui le prouve c'est l'art de peindre la peau, pour lequel on se donnait tant de mal avant que l'usage des habits se fût établi. Une autre preuve, c'est le tatouage et les tortures prolongées et répétées qu'il imposait; c'est la patience avec laquelle certains sauvages supportent la douleur et l'incommodité de la distension de leur lèvre inférieure où ils introduisent un morceau de bois, ou celles qu'occasionnent les pierres qu'ils portent passées dans des trous qu'ils se font aux joues, ou les plumes qu'ils se passent au travers du nez. L'universalité de la mode dans chaque tribu, et la rigueur avec laquelle elle s'impose, prouve bien dans ces exemples la force du désir d'acquérir l'approbation. Une fois l'âge venu, il n'y a pas moyen pour le jeune sauvage d'éviter la mutilation prescrite par la mode. Le vaillant Indien de l'Amérique du Nord, souffrant les tortures de l'initiation, ne conteste pas l'autorité de l'usage. La crainte du mécontentement de ses compagnons et de leurs outrages, comme aussi le désir d'obtenir leurs éloges, constitue un motif assez fort pour qu'il y ait peu d'exemples de dissidence.

Il en est de même encore, pour beaucoup, dans les usages qui règlent la conduite. Les préceptes de la religion de l'inimitié trouvent, dans les premiers temps du progrès social, l'appui de ce sentiment égo-altruiste. L'opinion de la tribu donne un caractère impératif au devoir d'exercer une vengeance sanglante. On applaudit à l'homme qui, après la perte d'un parent, n'abandonne jamais la poursuite de celui qu'on accuse du meurtre ; au contraire, les regards menaçants et les railleries de ses compagnons rendent la vie insupportable à l'homme qui manque à ce devoir. Même chose pour l'accomplissement des divers devoirs dont l'usage s'est établi. Dans certaines sociétés civilisées il n'est pas rare qu'un homme se ruine pour subvenir aux frais d'un banquet de funérailles ; dans d'autres le désir d'éviter les dépenses à venir des fêtes d'un mariage, est un motif de

tuer un enfant du sexe féminin, chez des peuples où l'amour
de l'ostentation rend cette dépense énorme.

Nous avons mentionné ce sentiment égo-altruiste, qui
probablement met longtemps à augmenter en force pendant que l'agrégation sociale progresse, et nous avons dû
en parler parce qu'il joue dès le premier moment un
rôle important comme frein, et qu'il continue à le jouer.
Combiné avec le sentiment de la sociabilité, il a toujours été une force tendant à réunir les unités de chaque
groupe, et à cultiver une conduite qui favorise le bonheur
de ce groupe. Il est probable que ce sentiment avait déjà
produit une certaine subordination, avant qu'il existât
aucune subordination politique; et, même dans certains
cas, il contribue de nos jours à assurer l'ordre social. « J'ai
vécu, dit M. Wallace, dans les sociétés de sauvages de
l'Amérique du Sud et de l'Orient, où n'existe aucune loi,
aucun tribunal autre que l'opinion publique du village qui
s'exprime librement. Chacun respecte scrupuleusement les
droits de son compagnon, et il est rare, si jamais, qu'une
infraction soit faite à ces droits. Dans ces sociétés tous les
hommes sont égaux. »

§ 37. Il nous reste à examiner les traits du caractère
primitif qui doivent l'existence à la présence et à l'absence
de sentiments altruistes. Comme ils ont la sympathie pour
racine, ils doivent, dans l'hypothèse de l'évolution, se dévo-
lopper dans la mesure où les circonstances donnent à la
sympathie l'occasion d'agir, c'est-à-dire selon qu'elles favorisent la conservation des relations conjugales et familiales,
qu'elles favorisent également la sociabilité, et qu'elles n'entretiennent pas les tendances agressives.

Jusqu'à quel point les faits justifient-ils cette conclusion *à priori?* il n'est pas aisé de le dire : c'est une chose très-difficile que de dégager un fait et de le généraliser. Bien des causes concourent à nous égarer : nous admettons que les manifestations du caractère de chaque race offriront une ressemblance passablement constante ; mais cela n'est pas. Les individus aussi bien que les groupes diffèrent beaucoup ; en Australie, par exemple, au dire de Sturt, une tribu se montre « décidément paisible » et une autre « décidément turbulente ». Nous admettons que les traits du caractère que l'observation relève seront semblables dans toutes les occasions l'une après l'autre ; et cela n'est pas : la conduite qu'une tribu tient à l'égard d'un voyageur ne ressemble pas à celle qu'elle tient à l'égard d'un autre. Il arrive aussi, le plus souvent, que les manifestations du caractère qu'on observe chez une race aborigène à une seconde visite, sont déterminées par le traitement qu'elle a reçu de ses premiers visiteurs : des épreuves douloureuses changent ses dispositions bienveillantes en sentiments hostiles. C'est ainsi que les voyageurs qui ont visité l'Australie anciennement, parlent plus favorablement des naturels que ne le font les voyageurs modernes. C'est ainsi qu'Earl nous apprend qu'à Java, les indigènes habitant les parties de l'île où les Européens vont peu « ont une moralité supérieure à celle des naturels de la côte septentrionale » qui ont eu avec les Européens des relations plus étendues. Le capitaine Erskine nous dit, comme résultat de ce qu'il a vu dans le Pacifique, « qu'il n'est point improbable que le commerçant étranger y soit obligé de reprendre des habitudes d'honnêteté et de décence par les mêmes gens qu'il s'est habitué à appeler les perfides et incorrigibles sauvages des Iles-du-bois-de-Sandal ». Nous apprenons que dans une des îles de la Nouvelle-Calédonie, à Vaté, les naturels appellent les

blancs « les scélérats de la mer ». Enfin nous savons bien
que les pires appellations n'ont été que trop méritées par
les agissements des Européens dans ces régions. Mais nous
comprendrons comment, en diverses occasions, la conduite
qu'on voit tenir à des naturels, peut être très-différente,
et comment il peut en résulter des rapports contradictoires
sur leur caractère.

Outre la difficulté que ces différences élèvent, il en existe
une autre provenant de l'impulsivité dont nous avons déjà
parlé, et qui nous met en présence d'une variabilité fort
embarrassante, quand nous voulons nous faire une idée de
ce qu'est en moyenne le caractère du sauvage. Il ne serait
pas difficile, dit Livingstone, parlant des Makololos, de faire
voir que ce peuple est excessivement bon ou exceptionnellement mauvais. » Et les traits incompatibles que nous
avons cités, d'après le capitaine Burton, supposent une expérience analogue. En sorte que, pour ces traits, comme
pour tous les autres qui entrent dans la composition du caractère émotionnel, nous avons à rechercher une moyenne
entre des manifestations qui nous offrent naturellement
l'aspect d'un chaos, et que viennent en outre déformer les
diverses relations qui ont existé entre les témoins et les
naturels.

Le meilleur guide pour nous sera de prendre, au lieu
des sentiments altruistes proprement dits, le sentiment qui
concourt d'ordinaire avec eux, l'instinct parental, l'amour
pour l'être sans appui. (*Principes de Psychologie*, § 532.) Il
est de toute nécessité que les races humaines les plus inférieures, comme les animaux inférieurs, en soient largement douées, puisqu'il suffirait qu'elles en manquassent
pour que le résultat inéluctable de ce défaut fût la disparition de l'espèce ou de la variété. En moyenne, ceux-là seuls

peuvent survivre dans une postérité, que l'amour de leur
rejeton porte à lui donner les soins convenables ; et chez les
sauvages, le sacrifice est aussi grand et peut-être plus
grand que chez les peuples civilisés. De là la tendresse en
faveur des enfants que manifestent même les hommes des
rangs les plus bas de l'espèce, quoique, avec l'impétuosité
qui leur est habituelle, ils y joignent une grande cruauté.
Ainsi les Fuégiens qu'on nous dit « très-tendres pour leurs
enfants » ne laissent pas de les vendre comme esclaves aux
Patagons. On parle du grand amour que les naturels de la
Nouvelle-Guinée ont pour leurs enfants, et néanmoins chacun en donnera « un ou deux » au marchand en échange
de ce dont il a besoin. Eyre rapporte que les naturels
d'Australie ont pour caractère une affection parentale profonde ; et pourtant, outre qu'on les accuse d'abandonner
les enfants malades, Angas affirme que, dans le Murray, il
leur arrive quelquefois de tuer un enfant pour en employer
la graisse à amorcer des hameçons. Encore qu'on ait dit
que l'instinct parental était très-puissant chez les Tasmaniens, l'infanticide existait chez eux, et on enterrait vivant
l'enfant nouveau-né à côté de sa mère morte. Sans doute
les Boschimans élèvent leurs enfants au milieu de grandes
difficultés qui supposent que les parents font pour eux de
grands sacrifices, mais Moffat rapporte qu'ils « tuent sans
remords leurs enfants en diverses circonstances ». Sans accumuler davantage les preuves d'amour pour le rejeton d'un
côté, et de l'autre les exemples de violence qui vont jusqu'à faire mourir un enfant parce qu'il a laissé tomber un
objet qu'il portait, nous avons le droit de dire que la philo-
progénitivité de l'homme primitif est forte, mais qu'elle
agit, comme toutes ses autres émotions en général, irrégulièrement.

Ne perdons pas de vue cette irrégularité d'action et nous trouverons plus facile de concilier les témoignages contradictoires qui affirment son égoïsme excessif et son sentiment de sympathie, sa cruauté et sa bonté. Nous apprenons que les Fuégiens sont pleins d'affection les uns pour les autres, et pourtant qu'aux époques de disette ils tuent les vieilles femmes pour les manger. Mouat, qui dit que les Andamènes sont « sans pitié », ajoute néanmoins que l'Andamène qu'il emmena avec lui à Calcutta avait un caractère très-bon et très-aimable. On peut reprocher aux Australiens de commettre souvent des actes de cruauté atroce. Cela n'empêche pas que Sturt et Eyre ne soient d'accord pour attester leur bonté, leur abnégation, même leur générosité chevaleresque. On peut dire la même chose des Boschimans. Selon Lichtenstein, aucun sauvage ne « porte la brutalité aussi loin » ; mais Moffat s'est trouvé « profondément touché par les sentiments sympathiques de ces mêmes Boschimans ; » Burchell nous raconte qu'ils se montrent les uns à l'égard des autres « extrêmement hospitaliers et généreux ». Ainsi on ne trouve pas chez les races les plus inférieures l'extrême brutalité dont le nom de sauvage nous suggère l'idée; et, quand nous nous élevons à des races qui occupent dans l'échelle sociale un rang supérieur, nous rencontrons en abondance des faits qui attestent l'existence des bons sentiments. On dit que les naturels de la Nouvelle-Calédonie ont « un caractère doux et bon... une disposition à la douceur ». Si nous quittons les Négritos pour les Malayo-Polynésiens, nous observons les mêmes traits du caractère émotionnel. Les épithètes qu'on accole au nom des naturels des îles Sandwich sont « doux, dociles »; à celui des Tahitiens, « gais et bons »; à celui des Dayaks, « enjoués »; à celui des Dayaks du littoral, « sociables et aimables »; aux Javanais

« doux... gais, et de bonne humeur » ; aux Malais du nord
de l'île Célèbes, « tranquilles et de mœurs douces ». Mais,
dans d'autres cas, les portraits qu'on nous fait des sauvages sont tout autres. Chez les Tupis de l'Amérique du Sud,
la vengeance est, dit-on, la passion dominante ; quand ils
ont pris un animal dans un piége, ils le font mourir à petits
coups « afin de le faire souffrir autant que possible ». Le
trait dominant que l'on attribue aux Fidjiens est « une méchanceté passionnée et vindicative ». Galton flétrit les Damaras des épithètes de « vils, voleurs, et meurtriers », et
Anderson les appelle des « gredins fieffés ». Quelquefois des
tribus parentes nous présentent ces caractères opposés ;
par exemple les aborigènes de l'Inde. Tandis que les Bhils
passent pour très-cruels, très-vindicatifs, prêts à commettre
un assassinat pour une récompense insignifiante, on dit que
les Nagas sont « bons et honnêtes », les Bodos et les Dhimals
« pleins de qualités aimables », « honnêtes et véridiques »,
« sans arrogance, sans esprit de vengeance, sans cruauté » ;
enfin le Dr Hooker dit que le caractère des Lepchas « est
réellement aimable, paisible, nullement querelleur », ce
qui « les distingue fort de leurs voisins de l'est et de
l'ouest. »

On n'a pas besoin d'autres détails pour voir assez clairement que l'homme primitif, s'il n'a qu'une faible bienveillance active, ne se distingue pas, comme on le croit souvent,
par une malveillance active. Bien plus, il suffit d'un coup
d'œil pour voir au contraire que, si l'on ne rencontre pas
souvent chez les hommes non civilisés la cruauté pour la
cruauté, on la trouve fréquemment chez les hommes plus
civilisés. Les sanguinaires Fidjiens ont atteint un développement social considérable. « La cruauté, dit Burton, semble, chez le Fan, une nécessité de la vie ; et pourtant les

Fans possèdent des arts développés, ils vivent dans des villages, dont quelques-uns ont jusqu'à quatre mille habitants. Dans le Dahomey, où il existe une population nombreuse, fortement organisée, le goût des spectacles sanglants est souvent la cause d'horribles sacrifices ; enfin le système social des anciens Mexicains, basé qu'il était sur le cannibalisme, et pourtant si avancé à tant d'égards, prouve que les races les plus inhumaines ne sont pas les plus inférieures.

Une chose qui peut nous aider à estimer la nature morale de l'homme primitif, c'est la remarque de M. Bates, que « la bonté de ces Indiens, comme celle de la plupart de ceux parmi lesquels il vivait, consistait peut-être plus en ce qu'ils ne possédaient pas de qualités actives mauvaises, qu'en ce qu'ils en possédaient de bonnes ; en d'autres termes, c'était plutôt une qualité négative qu'une qualité positive... Les bons rapports que nos Cucamas entretenaient entre eux, paraissaient provenir moins d'une sympathie chaleureuse, que de ce qu'ils n'avaient pas pour les petites choses d'ardents sentiments d'égoïsme. »

Il nous sera encore plus facile de concilier des traits de caractère qui paraissent contradictoires, en observant comment le chien en qui s'unissent la faculté de s'attacher d'une affection profonde, la sociabilité, et même la sympathie d'une part, et un égoïsme habituel et une férocité emportée d'autre part, passe aisément d'une disposition amicale à l'hostilité, s'il est capable à un moment donné de ravir à un autre chien, son compagnon, son repas, à un autre moment il viendra à son secours.

Il est toutefois un genre de faits qui, au milieu de ces témoignages contradictoires, nous offre un guide assez sûr, c'est le traitement que reçoivent les femmes. L'état des femmes chez un peuple, et la conduite qu'on tient à leur égard, indique assez bien la force *moyenne* des sentiments altruistes, et l'indication qu'il nous fournit n'est pas en faveur de l'homme primitif. Il arrive souvent que le sexe fort, chez des nations civilisées, traite avec brutalité le sexe faible ; en général, on traite le plus faible comme une chose qu'on possède, sans tenir aucun compte de ses aspirations et de ses droits, et même ce qu'il a de mieux à attendre c'est qu'on se borne à ne lui pas témoigner de sympathie. Cet esclavage de la femme, qu'on traite souvent avec cruauté et toujours avec indignité, condition normale chez les sauvages, tenu pour juste non-seulement par les hommes mais encore par les femmes elles-mêmes, cet esclavage est la preuve qu'en dépit des manifestations accidentelles de sentiments altruistes chez les sauvages, le courant de ces sentiments est faible.

§ 38. Avant de résumer ce que nous avons dit de ces traits principaux du caractère émotionnel, je dois en ajouter un qui a une influence sur tous les autres, je veux parler de la fixité de l'habitude : c'est un trait qui se rattache au trait physique de la précocité de l'âge mûr dont nous avons parlé à la fin du dernier chapitre. L'homme primitif est conservateur au plus haut degré. Bien plus, si nous comparons les races supérieures entre elles, et même les diverses classes d'une même société, nous observons que les moins développées ont le plus d'aversion pour le changement. Il est difficile d'introduire chez le peuple une méthode perfectionnée ; il repousse même un nouvel aliment ; il ne l'aime pas. Cette aversion de la nouveauté est éminemment le caractère de l'homme non-civilisé. Son système nerveux plus simple, perdant sa plasticité de meilleure heure, est

encore moins capable de se faire à de nouvelles manières
d'agir. De là à la fois une adhésion inconsciente, et une
adhésion avouée, aux coutumes établies. « Parce que même
chose fait pour mon père, même chose fait pour moi »,
disent les nègres Houssas. Les Indiens Cricks se mirent à
rire quand on leur proposa de changer « des coutumes et
des genres de vie depuis longtemps en vigueur. » En parlant de certains Africains, Livingstone rapporte qu'il « a
souvent offert à ses amis des cuillères de fer, et qu'il était
curieux de voir combien l'habitude de manger avec les
doigts l'emportait chez eux bien qu'ils eussent beaucoup de
plaisir à se servir d'une cuillère. Ils prenaient un peu de
lait avec cet ustensile, puis ils le versaient dans leur main
gauche et la portaient à leur bouche. » Un récit qu'on nous
fait des Dayaks montre bien de quelle façon cette tendance
rend les usages sociaux immuables. Selon M. Tylor, les
Dayaks « montrent leur aversion pour toute innovation en
frappant d'une amende tous ceux d'entre eux qu'on prend
à couper du bois à la façon des Européens. »

Pour récapituler les traits émotionnels, que rend plus
marqués cette fixité relative des habitudes, nous avons
d'abord à noter l'impulsivité, qui domine la conduite des
hommes primitifs et oppose un obstacle si considérable à
la coopération. Cette « disposition mobile et inconstante »
qui d'ordinaire rend « impossible de compter sur aucune
de leurs promesses », est la négation de cette confiance en
l'observation des obligations mutuelles sur laquelle repose
en grande partie le progrès social. Obéissant à des émotions
despotiques qui se supplantent l'une l'autre, au lieu de
suivre la détermination d'un conseil d'émotions où toutes
joueraient leur rôle, l'homme primitif tient une conduite
explosive, chaotique, sur laquelle on ne peut fonder aucun

calcul, qui rend l'action combinée très-difficile. Un des traits spéciaux du caractère primitif, qui dépend en partie de l'impulsivité, est l'imprévoyance. Le désir immédiat, qu'il tende à procurer à l'agent la satisfaction de ses appétits ou des applaudissements en échange d'un acte de générosité de sa part, exclut la crainte des maux à venir ; au contraire les maux et les plaisirs à venir, ne faisant pas sur la conscience une forte impression, l'homme n'a vraiment aucun motif qui l'aiguillonne et le pousse à l'effort, si ce n'est la passion étourdie et insouciante qui l'absorbe en faveur du présent. La sociabilité, forte chez l'homme civilisé, l'est beaucoup moins chez le sauvage. Chez les types les plus inférieurs, les groupes sociaux sont très-faibles, et les liens unissant leurs unités, sont relativement lâches. A côté d'une tendance à la rupture du lien social, résultat des passions mal réglées des individus, n'existe guère le sentiment qui cause la cohésion : chacun de ces traits du caractère émotionnel tend en réalité à perpétuer l'existence de l'autre. De sorte que, dans les conditions qui fournissent des causes incessantes de dissension entre des hommes poussés d'un extrême à l'autre par des transports de sentiment, entre des hommes rendus encore plus irritables par la faim, qui, suivant la remarque de Livingstone, « a une grande influence sur le caractère, » il existe une tendance plus faible à s'unir en vertu d'une affection mutuelle, et une tendance plus forte à résister à une autorité qui, ailleurs, deviendrait une cause de cohésion. Il est vrai qu'avant que la sociabilité n'ait reçu un accroissement, aucun des sentiments, qui supposent comme leur condition nécessaire la présence d'autres personnes, ne saurait être fort, et qu'il ne saurait exister un amour vif de l'approbation ; mais ce sentiment, le plus simple de tous les senti-

ments élevés, se développe dès qu'un progrès médiocre s'est
produit dans le groupement social. Les grands et rapides
avantages que le sauvage tire de l'approbation de ses semblables, et de graves dommages, prompts effets de leur
colère ou de leur mépris, sont les premiers faits saisissants
de son expérience qui élèvent à la prépondérance le sentiment égo-altruiste. C'est ce sentiment qui assure une certaine obéissance à l'opinion de la tribu, et prescrit en
conséquence une règle de conduite, même avant qu'il existe
un rudiment de frein politique. Dans les groupes sociaux
une fois formés d'une manière permanente, le lien social,
formé tantôt par l'amour de la société, tantôt par une subordination inspirée par l'admiration d'une puissance supérieure, ailleurs par la crainte de pénalités imminentes, et
le plus souvent par le concours de ces trois causes, le lien
social peut exister avec des doses très-variables du sentiment altruiste. Sans doute la sociabilité nourrit la sympathie, mais l'activité quotidienne de l'homme primitif
la réprime. La sympathie qui résulte de l'amour instinctif
pour les êtres sans défense, sentiment qu'il partage avec
les animaux, le sauvage la révèle en des occasions où
l'antagonisme, c'est-à-dire un sentiment égoïste puissant,
n'entre pas en jeu. Mais la sympathie, toujours agissante,
toujours en lutte contre l'égoïsme qu'elle tient en échec,
n'est pas un trait du caractère du sauvage; le traitement
qu'il fait subir aux femmes en est une preuve décisive.
Enfin la forme la plus haute du sentiment altruiste que
nous appelons sentiment de la justice, qui implique une
aperception claire et d'une longue portée des effets que la
conduite peut faire subir aux autres, est très-peu développé
chez le sauvage.

Ces traits du caractère émotionnel de l'homme primitif,

qu'on peut induire de la moyenne des faits, s'accordent avec ceux que nous avons déduits des principes de la psychologie, et que nous avons présentés par avance comme les caractères de son esprit imparfaitement développé. On observe dans tous ces traits des rapports de correspondance moins étendus et moins variés de l'esprit avec le milieu, le jeu d'une moindre faculté représentative, des manières d'agir moins éloignées de l'action réflexe. Le caractère cardinal de l'impulsivité suppose le passage subit, presque réflexe, d'une passion unique à la conduite qu'elle produit ; il implique, par l'absence même de sentiments opposés, que la conscience se compose de représentations moins nombreuses et plus simples ; il implique que l'ajustement des actions internes aux actions externes ne tient pas compte des conséquences lointaines, qu'il ne s'étend pas aussi loin dans l'espace et le temps. Il en est de même de l'imprévoyance qui est le résultat de cette impulsivité : le désir se porte d'un coup à l'objet qui doit le satisfaire ; l'imagination représente faiblement les résultats secondaires de la satisfaction du désir ; nul besoin lointain ne vient présenter des objections. Laissant de côté l'impatience de l'autorité et le défaut de sociabilité,. traits spéciaux qui peuvent ou non coexister avec un caractère émotionnel inférieur par d'autres éléments, arrivons au sentiment égo-altruiste de l'amour de l'approbation. Ce sentiment, qui grandit à mesure que s'accroît l'agglomération sociale, implique un plus grand développement de la faculté représentative : en effet, au lieu d'une satisfaction égoïste directe, l'homme contemple la satisfaction que cause indirectement la conduite des autres ; au lieu de résultats immédiats, il contemple des résultats qui ne se réaliseront qu'à une époque ultérieure ; au lieu d'actions provoquées par des désirs isolés, il en fait qui combattent et modifient des désirs secondaires. Mais, encore que la présence de ce sentiment égo-altruiste rende le caractère émotionnel, où il a la prépondérance, moins réflexe, plus représentatif, adapté à des rapports de correspondance avec les conditions ambiantes plus étendus et plus hétérogènes, il demeure néanmoins, à ce point de vue, au-dessous de la nature émotionnelle développée de l'homme civilisé en qui agissent les sentiments altruistes. Manquant de ces sentiments, l'homme primitif manque de la bienveillance qui ajuste la conduite pour la faire servir au profit d'autrui au loin dans l'espace et le temps, de l'équité qui implique la représentation de relations très-complexes et très-abstraites entre les actions des hommes, de l'abnégation qui fait fléchir l'égoïsme alors même qu'il n'y a personne pour applaudir au sacrifice.

A l'accord des conclusions *à priori* et *à posteriori* s'ajoute l'harmonie de ces conclusions avec deux autres que l'hypothèse de l'évolution nous suggère. L'enfant de l'homme civilisé est impulsif, imprévoyant; dans les premiers temps de la vie, il n'a aucun amour de l'approbation, et n'en montre que dans les premières années de l'enfance, et ce n'est que plus tard qu'il commence à montrer un sentiment de justice : voilà des faits qui vérifient les conclusions que nous avons tirées précédemment au sujet du caractère émotionnel de l'homme primitif. Nous en trouvons une autre vérification en observant que les principaux traits du caractère émotionnel qui distinguent l'homme civilisé de l'homme primitif, n'ont pu se produire qu'à mesure que la société faisait des progrès. L'impulsivité ne pouvait s'affaiblir qu'à mesure que l'autorité sociale s'établissait; l'imprévoyance ne pouvait décroître qu'à mesure que la consolidation d'un état social réglé donnait un peu lieu de compter sur des avantages de la prévoyance ; enfin, la sympathie, avec les sentiments altruistes qui en résultent, ne pouvait se fortifier que dans la mesure où les hommes se trouvaient maintenus d'une façon continue en des relations étroites, comprenant la coopération, des profits mutuels, et des plaisirs mutuels qui en sont la conséquence.

CHAPITRE VII

§ 39. Les trois mesures de l'évolution mentale qui nous ont servi, dans le dernier chapitre, à tracer le tableau du caractère émotionnel de l'homme primitif, vont nous servir, dans celui-ci, à tracer celui de son caractère intellectuel. Le degré d'intelligence se révèle par le degré de correspondance entre les idées et les choses; par le degré de la représentativité dans la constitution de ces idées ; par le degré de l'écart qui les distingue des opérations intellectuelles relativement automatiques, c'est-à-dire par la distance qui les sépare de l'action réflexe. Avant de passer les faits en revue pour en tirer des inductions, il est bon d'examiner, sous leurs formes les plus concrètes, les traits intellectuels qui caractérisent une évolution inférieure et qui la distinguent d'une évolution supérieure. Nous les avons exposés tout au long dans les *Principes de Psychologie* (§ 484-493); nous allons les récapituler en les rapprochant des mesures que nous avons employées.

Uniquement familiarisé avec les faits particuliers qui rentrent dans le cadre étroit de son expérience, l'homme pri-

mitif n'a aucune conception des *faits généraux*. Une vérité
générale possède quelque élément commun à beaucoup de
vérités particulières, elle implique donc une correspondance plus étendue et plus hétérogène que les vérités particulières ; elle implique une représentativité supérieure,
puisqu'elle rassemble nécessairement des idées plus nombreuses et plus variées dans l'idée générale ; elle est plus
éloignée de l'action réflexe, puisqu'à elle seule, elle n'excite
point l'action. N'ayant pour mesurer le temps que les unités
de mesure sans précision que les saisons fournissent, sans
autre souvenir des choses que des phrases faites sans soin
et répétées au hasard, dans un langage très-imparfait,
l'homme à l'état non-civilisé ne peut reconnaître de longues séries de faits. Il peut saisir parfaitement des séries
où les antécédents et les conséquents sont assez proches,
mais nulle autre. Par suite *la prévision des résultats lointains*, qui est possible dans une société réglée qui possède
des unités de mesure et un langage écrit, est impossible
pour lui. En d'autres termes, la correspondance dans le
temps se trouve renfermée dans d'étroites limites.

Les représentations renferment peu de relations de phénomènes, et celles qu'elles renferment ne sont pas compré-
hensives. La vie intellectuelle ne s'écarte pas beaucoup de
la vie réflexe où le stimulus et l'acte sont en rapport immédiat. Le milieu de l'homme primitif étant tel que les rapports que l'homme soutient avec les choses sont relativement restreints dans l'espace et le temps, aussi bien que
dans la variété, il arrive que les associations d'idées qu'il
forme, sont peu susceptibles d'être changées. A mesure que
les expériences, dont le nombre augmente, qu'on recueille
sur une aire plus étendue, accrues encore par celles que
les autres rapportent, deviennent plus hétérogènes, les

notions étroites de première formation, qui se sont fixées
alors que des expériences contradictoires n'existaient pas,
sont ébranlées, deviennent plus plastiques; c'est alors que
les croyances deviennent plus modifiables. Dans la rigidité
relative de la croyance, caractère d'une intelligence non-
développée, nous voyons une correspondance moins étendue avec un milieu qui contient des faits ruineux de cette
croyance ; nous voyons moins de cette représentativité qui
saisit simultanément beaucoup de faits et en dégage la
moyenne ; enfin, nous voyons un écart plus faible qui éloigne l'intelligence de cet état mental du plus bas degré où
les impressions causent, avec une force irrésistible , les
mouvements appropriés. Tant que les expériences sont peu
nombreuses et ne se distinguent que par de légères différences, la nature concrète des idées correspondantes n'est
que faiblement affectée par le développement d'*idées abstraites.* Une idée abstraite, se tirant de beaucoup d'idées
concrètes, on ne peut la détacher de ces idées concrètes
qu'autant que leur multiplicité et leur variété amènent l'esprit à effacer leurs différences, et à ne laisser subsister que
ce qu'elles ont en commun. Evidemment une idée abstraite
ainsi engendrée, suppose que la correspondance des idées
et des choses est devenue plus étendue et plus hétérogène ;
elle suppose que la représentativité des nombreux concrets
d'où l'idée est abstraite, est augmentée dans la conscience ;
enfin, elle suppose que la vie mentale s'est un peu plus
éloignée de l'action réflexe. On pourrait ajouter que les
idées abstraites, celles de *propriété* et de *cause*, par exemple, supposent que ce genre de connaissance des objets et
des actions est déjà parvenu à un degré supérieur. En effet,
ce n'est qu'après que l'esprit a dégagé par abstraction un
grand nombre de propriétés spéciales et de causes spéciales,

que peuvent se former des idées re-abstraites de propriété
en général et de cause en général. La conception d'*uniformité* dans l'ordre des phénomènes, se développe en même
temps que ce progrès en généralisation et en abstraction.
Le trait dominant du cours de la nature, tel que l'homme
primitif le constate, n'est pas l'uniformité, c'est la multi-
formité. Qu'il s'agisse de lieux, d'hommes, d'arbres, de
rivières, de pierres, de jours, de tempêtes, de querelles, il
n'y a jamais deux objets qui soient semblables. C'est seulement avec l'usage des *mesures*, quand le progrès social le
permet, que se développent les moyens de constater l'uniformité ; et c'est seulement après qu'il s'est accumulé une
grande quantité de résultats mesurés que l'idée de *loi* devient possible. Ici encore les indices de l'évolution mentale
vont nous servir. La conception de l'ordre naturel présuppose une correspondance avancée ; elle implique une re-
représentativité qui s'élève très-haut ; et la divergence
d'avec les actions réflexes, que ces résultats supposent, est
extrême. Tant que les idées générales et les idées abstraites
ne se sont pas développées, et que la notion d'uniformité
n'a pas grandi avec l'emploi des mesures, la pensée ne
saurait avoir une *nature* bien *définie*. Comme l'inégalité et
la dissemblance sont les signes caractéristiques des expériences primitives, il y a peu de chose pour fournir l'idée
de ressemblance ; enfin, tant qu'on n'a qu'un petit nombre
d'expériences attestant une exacte égalité entre des objets,
ou une conformité parfaite entre les formules et les faits,
ou une vérification plus complète des prévisions par les
résultats, la notion de *vérité* ne saurait devenir claire. C'est
une notion très-compliquée qui ne prend naissance qu'après
que l'antithèse de l'accord défini avec le désaccord défini
est devenue familière à l'esprit ; et les expériences de

l'homme primitif ne tendent pas à cet effet. Consultons encore une fois notre critérium général. La conception de la
vérité étant la conception d'une correspondance entre les
idées et les choses, implique le progrès de cette correspondance ; elle implique des représentations qui soient supérieures, en ce qu'elles sont mieux ajustées aux réalités ;
enfin le développement de la conception de vérité cause une
décroissance de la crédulité primitive qui tenait de l'action
réflexe ; qui tenait, disons-nous, parce que des suggestions
isolées produisaient des croyances subites qui aboutissaient
sur-le-champ à l'action. En outre, il faut remarquer, que
c'est seulement le progrès de cette conception de la vérité,
et par conséquent de la conception corrélative de la non-
vérité, qui peut permettre l'apparition du *scepticisme* et de
la *critique*. Enfin, le genre d'imagination que l'homme
primitif possède, resserrée dans des bornes étroites, et peu
hétérogène, n'est que *reminiscente*, et non constructive.
(*Princ. de Psych.*, § 492.) Tant que le développement mental
est arriéré, l'esprit ne fait que recevoir, et répéter, il ne
peut créer, il manque d'originalité. Une imagination qui
invente, nous fait voir l'extension qui porte la correspondance des idées et des choses du domaine de l'actuel dans
celui du potentiel ; elle nous fait voir une représentativité
qui ne reste plus limitée à des combinaisons qui ont existé,
ou qui existent, dans le milieu, mais qui comprend des
combinaisons non existantes auxquelles l'homme donnera
plus tard l'existence, enfin elle nous montre l'écart le plus
extrême d'avec l'action réflexe, puisque le stimulus qui
aboutit au mouvement ne ressemble à aucun de ceux qui
avaient agi auparavant.

Maintenant que nous avons énuméré les traits principaux
de l'évolution intellectuelle dans ses derniers degrés, tels

qu'ils se déduisent de principes psychologiques, nous sommes préparés à observer les faits tels que les voyageurs les
décrivent et à voir leur signification. Nous commencerons
par ceux d'entre les plus généraux qui sont le plus en
harmonie avec les conclusions précédentes, s'ils ne sont
pas directement impliqués par elles.

§ 40. Presque tous les témoins qui nous parlent des
sauvages nous attestent l'acuité de leurs sens et la rapidité
de leurs perceptions.

Prenons en premier lieu les sens. D'après Lichtenstein
les Boschismans ont la vision télescopique, et Barrow nous
dit que leurs « yeux perçants sont toujours en mouvement ».
Parmi les Asiatiques on peut citer les Karens qui voient
aussi bien à l'œil nu que nous le pouvons avec le secours
de lorgnettes ; on vante également « la vue longue et parfaite » des habitants des steppes de la Sibérie. Pareillement
en Amérique. « Les Indiens, nous dit Herndon, à propos des
Brésiliens, les Indiens ont des sens vifs ; ils voient et entendent des choses imperceptibles pour nous. » Southey fait la
même remarque sur les Tupis. Après avoir remarqué que
les Abipones « sont toujours en mouvement, comme les
singes, » Dobrizhoffer affirme qu'ils discernent des choses
qui échapperaient à l'Européen doué de la vue la plus perçante. Pour l'ouïe nous connaissons des faits analogues,
sinon aussi abondants. Nous avons tous entendu parler des
tours de force des Indiens de l'Amérique du Nord pour
découvrir les bruits les plus faibles, et nous avons la preuve
de l'extrême finesse de l'ouïe des Veddahs dans l'habitude
qu'ils ont de découvrir les nids d'abeilles rien qu'au bour-
donnement.

Les témoignages relatifs à l'observation active et délicate

dont cette finesse de l'ouïe et de la vue est l'instrument,
sont encore plus abondants. Nous en tirons de tous les
points du globe. « Excellents observateurs superficiels, »
c'est ainsi que Palgrave caractérise les Bédouins. Burton
parle de « l'organisation supérieure des facultés de perception » de ces nomades. Petherick a mis à l'épreuve leur
merveilleuse aptitude à suivre une piste. Pareillement dans
le sud de l'Afrique, les Hottentots montrent « une finesse
étonnante pour saisir tout ce qui se rapporte au bétail » ;
et Galton dit que les Damaras « ont une facilité merveilleuse à se souvenir d'un bœuf qu'ils ont vu une fois. » Même
chose chez les naturels de l'Amérique du Nord. Burton fait
des remarques sur « le développement des perceptions »
des Indiens des Prairies, « qui est produit par l'observation
constante et détaillée d'un nombre limité d'objets. » On
cite des faits qui prouvent avec quelle rigoureuse exactitude
les Chippeouais se rendent compte des lieux ; et l'on dit la
même chose des Dacotahs. Toutefois les témoignages les
plus remarquables que nous ayons, portent sur les races
sauvages de l'Amérique du Sud. Bates remarque l'extraordinaire « sens des lieux » des Indiens du Brésil. « Où un
Européen ne peut découvrir aucune indication, un Ara-
ouak, nous dit Hillhouse, indiquera les traces d'un nombre
quel qu'il soit de noirs, et dira le jour précis de leur passage, et même l'heure si le passage a eu lieu ce jour-là. »
Brett affirme qu'un Indien d'une tribu de la Guyane « dira
combien d'hommes, de femmes et d'enfants ont passé en
un endroit où l'Européen ne pourrait voir que des traces
confuses sur le sol. » — « Quelqu'un qui n'est pas de notre
village a passé par ici », disait un naturel de Guyane, qui
cherchait des traces ; et Schomburgh, qui cite ce fait, déclare
que cette faculté chez ces sauvages « touche à la magie ».

En même temps que cette finesse de perception, le sauvage possède naturellement une très-grande adresse dans l'accomplissement des actions simples qui dépendent immédiatement de la perception. Les Esquimaux se montrent « inventifs et habiles dans les travaux manuels. » Kolben affirme que « les Hottentots sont très-habiles à se servir de leurs armes. » On dit que les Fuégiens sont « d'une adresse remarquable à la fronde. » L'Andamène ne manque jamais son coup avec une flèche à quarante ou cinquante mètres. On nous dit que les naturels des îles Tongas « sont très-expérimentés dans l'art de diriger leurs canots. » L'Australien lance son épieu ou son bâton avec une précision remarquable ; tout le monde a entendu parler des tours de force qu'il exécute avec son boumirang. Parmi les tribus montagnardes de l'Inde, on peut distinguer les Santals pour « leur grande habileté au maniement de l'arc » ; ils tuent des oiseaux au vol, et tirent les lièvres à la course.

Nous ne devons pas omettre de signaler qu'il existe quelques exceptions et que tous les sauvages ne sont pas aussi adroits ; par exemple, les Tasmaniens, aujourd'hui éteints, et les Veddahs de Ceylan. Nous devons remarquer cette exception, et en faire resssortir la valeur, puisque la survie des plus aptes a dû toujours tendre à établir ces qualités chez les hommes dont la vie dépendait à chaque instant de la finesse de leurs sens, de la rapidité de leurs observations, et des effets qu'ils savaient tirer de leurs armes. En effet l'antagonisme qui existe entre le jeu de facultés plus simples et celui de facultés plus complexes, est cause que cette prédominance de la vie intellectuelle inférieure met obstacle à la vie intellectuelle supérieure. En raison de ce que les forces mentales se dépensent en des perceptions incessantes et innombrables, elles ne peuvent se dépenser en des pensées

calmes et délibérées. Nous allons examiner cette vérité
sous un autre aspect.

§ 41. Le ver qui n'a pas de sens spécial pour s'éclairer,
avale en bloc le moule qui contient la matière végétale en
partie décomposée : il laisse à son canal alimentaire la
tâche d'absorber la faible quantité de nourriture qu'il peut,
et de rejeter, sous forme de petites masses vermiculaires
pelotonnées, les quatre-vingt-quinze centièmes environ de la
masse, qui ne sont point nutritifs. Par contre, les annelés
supérieurs, doués de sens spéciaux et d'intelligence, les
abeilles par exemple, choisissent dans les plantes les sucs
concentrés des substances nutritives concentrées dont elles
nourriront leurs larves, ou, comme l'araignée par exemple,
sucent les sucs nutritifs tout préparés dans le corps des
mouches arrêtées dans leur toile. Sans rechercher dans les
vertébrés inférieurs un contraste analogue, il nous suffira
de dire qu'en remontant du moins intelligent à celui qui
l'est davantage, et à celui qui l'est le plus, on trouve une
aptitude toujours plus grande à choisir la nourriture. Les
mammifères herbivores, par exemple, sont obligés de dévorer en grande quantité des parties non nutritives de
plantes, tandis que les carnivores, la plupart plus sagaces,
vivent d'une nourriture concentrée dont une petite quantité
suffit. Bien que le singe et l'éléphant ne soient pas carnivores, ils possèdent des facultés dont ils font certainement
usage l'un et l'autre pour choisir les parties nutritives dés
plantes quand ils le peuvent. L'homme peut se procurer les
aliments sous la forme la plus concentrée ; mais le sauvage, à la merci de son milieu, les choisit moins que
l'homme civilisé. Nous avons encore à remarquer que
l'homme le plus civilisé fait subir à la substance la plus

nutritive qu'il emploie, une préparation qui la sépare des
matières inutiles : au point même qu'à table il ne touche
pas aux morceaux de qualité inférieure.

En attirant l'attention sur ces faits qui ne paraissent pas
appartenir à mon sujet, j'ai voulu faire sentir qu'il y a une
analogie entre le progrès de la nutrition du corps et le progrès de la nutrition mentale. Les types supérieurs d'esprit,
comme les types supérieurs du corps, sont plus capables
de choisir les matériaux bons pour l'assimilation. De
même que l'animal supérieur se dirige dans le choix de ses
aliments, et n'avale que les choses qui contiennent une
assez grande quantité de matière organisable ; de même
l'intelligence supérieure, aidée d'une faculté à laquelle nous
donnerions le nom figuré de flair intellectuel, passe au milieu d'une multitude de faits qui ne sont pas susceptibles
de s'organiser, mais y découvre d'un coup les faits qui ont
de la valeur, et les prend comme autant d'éléments qui lui
serviront à élaborer les vérités cardinales. Les intelligences
moins développées, incapables de décomposer les faits plus
complexes et d'en assimiler les parties constituantes, par
conséquent dénuées d'appétit pour ces parties, dévorent
avidement des faits la plupart sans valeur; dans cette masse
énorme, elles absorbent très-peu de matériaux utiles pour
la construction de conceptions générales. Le régime d'alimentation concentrée que fournissent les expériences du
physicien, les recherches de l'économiste, les analyses du
psychologue, leur est insupportable ; ils ne peuvent digérer
cette nourriture : en revanche, ils se montrent friands et
avides de détails triviaux, de bavardages de table, des
faits et gestes des personnes à la mode ; ils font curée des
affaires de police ou des procès en séparation ; ils ne lisent
que des romans de rebut, des mémoires de personnages

médiocres, des volumes de correspondances où il n'y a que
des cancans, quelquefois un livre d'histoire, où ils ne voient
que les batailles et les démarches des hommes marquants.
Pour des esprits de cette trempe, dépourvus d'appareils
d'analyse et de systématisation, ce genre de fourrage est le
seul utile; les nourrir d'aliments plus relevés serait tout
aussi impraticable que de nourrir une vache avec de la
viande.

Allez plus loin dans cet ordre de supposition, agrandis-
sez la différence, supposez qu'après la filiation qui relie
les intelligences supérieures aux intelligences inférieures
parmi nous, on doive suivre une autre filiation de même
genre, et vous arrivez à l'intelligence de l'homme primitif.
Une attention encore plus grande pour de petits détails sans
valeur, une faculté encore plus faible pour choisir les faits
d'où l'on peut tirer des conclusions utiles, tels sont les caractères de l'esprit du sauvage. Il fait de moment en moment des multitudes d'observations simples; et le petit
nombre d'entre elles qui ont une valeur réelle, perdues
dans la masse de celles qui n'en ont point, traversent son
esprit sans y laisser de matériaux pour des idées dignes de
ce nom. Déjà, dans une autre partie de ce livre, nous avons
donné des exemples de l'extrême activité de la faculté de
perception des races inférieures, et nous pouvons en ajouter quelques-unes qui montrent l'inactivité de la faculté de
réflexion, qui existe tout à côté. M. Bates remarque, en
parlant de l'Indien du Brésil, « qu'il ne pense à rien qu'à
ce qui concerne immédiatement ses besoins matériels de
chaque jour. » — « Il observe bien, mais il ne peut rien
déduire de profitable de ses perceptions », dit Burton, de
l'Africain oriental ; et il ajoute que l'esprit de l'Africain
« n'échappe point, et apparemment ne peut échapper au

cercle des sens, et ne peut s'occuper d'autre chose que du présent. » Le témoignage de Galton sur les Damaras est encore plus précis : « ils ne généralisent jamais », et ils paraissent d'une stupidité exceptionnelle. Ainsi, dit-il, « un Damara qui saurait parfaitement la route de A à B, et encore celle de B à C, n'aurait pas l'idée d'une ligne droite coupant court de A à C : il n'a pas la carte du pays dans son esprit, mais il possède une infinité de détails locaux. » Le Bédouin même, qui appartient pourtant à un type supérieur, d'après M. Palgrave, « juge des choses comme il les voit présentes sous les yeux, non dans leurs causes ou leurs conséquences. » Quelques peuples à demi civilisés, les Tahitiens, les naturels des îles Sandwich, les Javanais, les Sumatrans, les Malgaches, etc., manifestent, il est vrai, « une intelligence vive, de la pénétration et de la sagacité ». Mais cette aptitude ne porte que sur les choses simples, comme le prouve l'affirmation de M. Ellis sur les Malgaches. « Les faits, dit-il, les anecdotes, les événements, les métaphores, les fables, qui se rapportent à des objets sensibles ou visibles et qui en dérivent, semblent former la base de la plus grande partie de leurs exercices mentaux. » Ce qui prouve combien ce défaut de faculté de réflexion chez les races inférieures est général, c'est ce que nous raconte le Dr Pickering, qui, après bien des essais, n'avait trouvé qu'un seul peuple sauvage, les Fidjiens, qui pussent donner des raisons, et avec qui il fût possible d'avoir une conversation suivie.

§ 42. L'*excentricité* est une expression reçue impliquant que tout le monde sait par expérience que les hommes doués de facultés originales sont susceptibles d'agir autrement que tout le monde. Faire comme tout le monde, c'est donner

l'imitation pour guide à sa conduite, s'écarter des usages
du monde, c'est refuser d'imiter. Chose remarquable, à
mesure qu'on est plus capable de dégager des idées nouvelles, on est moins capable d'imiter. Nous pouvons suivre
cette proposition retournée en remontant les âges de la civilisation primitive. Il n'y avait pas beaucoup d'originalité
au moyen âge, et il y avait alors très-peu de tendance à
s'écarter des habitudes, des manières de vivre, des costumes, que l'usage imposait aux divers rangs. C'était bien
pis encore dans les sociétés éteintes de l'Orient. Les idées
y étaient fixes, et la puissance de la prescription irrésistible.

Nous trouvons chez les races inférieures imparfaitement
civilisées la faculté d'imitation profondément marquée.
Tout le monde a entendu parler de la façon grotesque dont
les nègres, quand ils en ont l'occasion, s'habillent à la
manière des blancs et marchent d'un air important en imi-
tant leurs gestes. On dit que les insulaires de la Nouvelle-
Zélande ont une grande aptitude pour l'imitation. Les
Dayaks montrent, aussi, « beaucoup de goût pour l'imitation », et on raconte la même chose d'autres Malayo-Polynésiens. Selon Mason, « les Karens, qui ne savent rien
créer, ont une aussi grande facilité que les Chinois pour
imiter. » Nous lisons dans les récits des voyageurs que les
Kamtchadales ont « un talent particulier pour contrefaire
l'homme et les animaux » ; que les populations du détroit
de Vancouver sont « très-ingénieuses à imiter » ; que les Indiens Serpents des montagnes « imitent les cris des animaux à la perfection ». Même témoignage rendu par l'Amérique du Sud. Herndon fut étonné de l'habileté mimique
des Indiens du Brésil. Wilkes dit que les Patagons sont des
« mimes admirables ». Enfin Dobrizhoffer remarque que

les Guaranis peuvent imiter avec exactitude, et il ajoute
qu'ils se comportent comme des idiots dès qu'on laisse
quelque chose à faire à leur intelligence. Mais c'est chez les
races inférieures que l'on est frappé le plus vivement de
cette aptitude à l'imitation. Plusieurs voyageurs nous ont
parlé de « l'extraordinaire penchant à l'imitation » des Fuégiens. « Ils répètent avec une correction parfaite tous les
mots d'une phrase que vous leur adressez, » en contrefai-
sant votre ton et votre attitude. L'Andamène montre aussi,
selon Mouat, une grande aptitude à imiter; et, comme le
Fuégien, il répète une question au lieu d'y répondre :
Fytche a vérifié le dire de Mouat. Mitchell rapporte la même
chose des Australiens, qui possèdent, dit-il, un talent particulier pour l'imitation et « font preuve d'une étrange per-
versité... en répétant des mots »...; qu'ils « savent exprimer
une question ».

Cette faculté d'imitation que les membres supérieurs des
races civilisées possèdent le moins, et que les races sauvages les plus inférieures possèdent le plus, nous offre
l'expression de l'antagonisme qui existe entre l'activité per-
ceptive et l'activité réflective. En général, chez les animaux
grégaires, les freux par exemple, qui se lèvent en foule dès
que l'un d'eux se lève, ou les moutons, qui sautent après
leur meneur, nous voyons une répétition presque automatique des actions d'un autre animal; ce caractère, qu'on
retrouve chez toutes les races humaines inférieures, c'est-
à-dire cette tendance à *singer* autrui, suivant le nom expressif que nous lui donnons, est le signe que ces races ne
s'écartent que faiblement du type d'esprit des bêtes. C'est
la preuve d'une action mentale qui se détermine d'un moment à l'autre, principalement par l'influence des incidents
ambiants, et qui par conséquent obéit mal aux causes qui

supposent dans l'esprit une faculté de se transporter à distance, l'imagination, des idées originales.

§ 43. Notre conception de l'homme primitif intellectuel deviendra plus claire quand, à l'aide des inductions déjà obtenues, nous examinerons les faits qui démontrent la faible portée de sa pensée.

Le langage vulgaire ne parvient pas à distinguer les produits de l'activité mentale qui ne sont pas du même degré. Quand un enfant saisit rapidement des idées simples, on dit qu'il est intelligent; et quand il a de la peine à apprendre par cœur, bien qu'il saisisse peut-être les vérités abstraites plus vite que son maître, on le traite de stupide. Il faut reconnaître les différences de ce genre, si nous voulons interpréter les témoignages contradictoires qu'on nous apporte au sujet de l'homme non civilisé. Des Fuégiens même, on nous dit qu'ils « ne manquent pas ordinairement d'intelligence ». Les Andamènes aussi, dit-on, sont « extrêmement vifs et habiles », et l'on a affirmé que les Australiens sont en somme aussi intelligents que la moyenne de nos paysans. Mais la capacité à laquelle on fait allusion, que posséderaient même les hommes des types les plus inférieurs, ne demande que les facultés simples et, comme nous le verrons, s'allie fort bien avec l'incapacité de répondre aux demandes qui s'adressent aux facultés complexes. Un passage que sir John Lubbock cite, d'après les récits de M. Sproat sur les Ahts de l'Amérique du Nord, peut servir d'exemple de ce qu'est en moyenne la capacité intellectuelle du sauvage : « L'esprit naturel, chez l'homme fait, semble généralement endormi... Quand on éveille son attention, il montre souvent beaucoup de vivacité dans ses réponses et d'habileté dans le raisonnement; mais une con-

versation même courte le fatigue, particulièrement si les
questions qu'on lui pose exigent de lui des efforts de mémoire ou de pensée. Il semble donc que l'esprit du sauvage
se balance dans une sorte de va-et-vient sans sortir de la faiblesse. » Il en est de même dans l'Amérique du Sud. Spix et
Martius nous rapportent « qu'on n'a pas plus tôt commencé
à questionner l'Indien du Brésil sur sa langue, qu'il montre
de l'impatience, se plaint de mal à la tête, et prouve qu'il
est incapable de supporter le travail d'esprit. » Au sujet des
mêmes Indiens, M. Bates nous dit : « Il est difficile d'arriver à savoir les idées qu'ils se font de sujets qui demandent
un peu d'abstraction. » Dobrizhoffer fait remarquer de
même, que les Abipones, « lorsqu'ils sont incapables de
comprendre quelque chose à première vue, se montrent
bientôt fatigués de l'examiner et s'écrient : « Qu'est-ce
après tout que cela ? » On cite des faits analogues observés
chez des races nègres plus avancées. « Dix minutes, nous
dit Burton, parlant des Africains orientaux, suffisent pour
fatiguer le plus intelligent d'entre eux, quand on le ques-
tionne sur leur système de numération. » On observe
même qu'une race aussi supérieure que celle des Malgaches
ne paraît pas posséder les qualités d'esprit qu'il faut pour
penser avec rigueur et suite.

Rappelons-nous que, pour construire l'idée d'une espèce,
de la truite par exemple, il est nécessaire de penser aux
caractères communs aux truites de diverses grandeurs ; que,
pour concevoir le poisson en tant que classe, il faut que
nous imaginions plusieurs genres de poissons diversement
conformés, et que sous leur dissemblance nous apercevions
par l'esprit la ressemblance qui les unit ; dès lors nous verrons que lorsque nous nous élevons de l'aperception d'objets
individuels à celle des espèces, puis à celle des genres, des

ordres et des classes, chaque échelon que nous gravissons
suppose que nous possédons une aptitude supérieure à
grouper par la pensée des choses nombreuses, en nous les
représentant à peu près simultanément. Ce point reconnu,
nous pouvons comprendre pourquoi, manquant de la représentativité voulue, l'esprit du sauvage se trouve tôt épuisé
par toute pensée qui s'élève un peu au-dessus des plus
simples. Sans parler des idées qui se rapportent aux individus, les propositions qui nous sont le plus familières, des
propositions aussi simples que celles-ci : « les plantes sont
vertes, » ou : « les animaux grandissent, » ne prennent jamais une forme définie dans sa conscience, par la raison
qu'il n'a aucune idée d'une plante ou d'un animal, en dehors d'une espèce. Naturellement, tant qu'il n'est pas familiarisé avec les idées générales et les idées abstraites des
rangs les plus inférieurs, celles d'un rang supérieur en
généralité et en abstraction sont inconcevables pour lui. Un
exemple que nous empruntons à Galton fera voir plus clairement la nature de l'intelligence primitive que nous venons
d'exposer analytiquement. Parlant des Damaras, il fait voir
que lorsqu'on se sert du concret pour lui faire jouer le rôle
de l'abstrait autant que possible, il ne peut pas longtemps
servir et laisse l'esprit incapable de pensées d'un ordre plus
élevé : « Ils sont très-embarrassés, dit-il, de compter après
cinq, parce qu'ils n'ont plus de main pour prendre et tenir
les doigts qui figurent les unités. Il leur arrive rarement
de perdre des bœufs ; mais ce n'est pas par la diminution
du nombre de leurs bêtes qu'ils s'aperçoivent de leur perte,
c'est parce qu'il y manque une figure qu'ils connaissent.
Quand ils trafiquent, il faut leur payer leurs moutons un
par un. Si on leur donne deux carottes de tabac pour prix
d'échange d'un mouton, on les embarrasserait cruellement

en leur prenant deux moutons et en leur donnant quatre
carottes. » (*Tropical S. Africa*, p. 132.)

Une remarque de M. Hodgson sur les tribus montagnardes de l'Inde est encore un exemple de l'état mental
qui résulte de l'incapacité de s'élever au-dessus du concret.
« La lumière, dit-il, est une abstraction supérieure qu'aucun de ceux qui me donnaient des informations ne pouvait
saisir, encore qu'ils pussent donner des équivalents pour le
soleil, une chandelle ou la flamme du feu. » Nous en trouvons encore un exemple dans Spix et Martius. On chercherait en vain, disent-ils, dans la langue des Indiens du Brésil,
« des mots pour exprimer les idées abstraites de plante,
d'animal, et pour les notions encore plus abstraites de couleur, de ton, de sexe, d'espèce, etc. ; la seule trace d'une
généralisation d'idées qu'on trouve chez eux, c'est celle
qui s'exprime dans les infinitifs de verbes, dont ils font un
usage fréquent, marcher, manger, boire, danser, chanter,
écouter, etc. »

§ 44. Tant qu'il ne s'est pas formé une idée générale, par
suite du rapprochement de plusieurs idées spéciales qui
présentent un trait commun au milieu de leurs différences,
tant que cette opération n'a pas rendu possible la liaison
dans la pensée de ce trait commun avec quelque autre trait
possédé aussi en commun, l'idée de la relation causale ne
saurait naître; et tant que beaucoup de relations causales
n'auront pas été observées, la conception de relation causale
abstraite ne pourra se former. Aussi l'homme primitif ne
pourra-t-il faire la distinction que nous reconnaissons entre
ce qui est naturel et ce qui ne l'est pas. Avant que la comparaison de diverses expériences ait donné naissance à la
notion d'un ordre constant dans les phénomènes, la notion

antithétique de désordre ne saurait exister. De même que
l'enfant, qui ne sait rien du cours des choses, donne créance
aussi promptement à une fiction impossible qu'à un fait
familier, de même le sauvage, qui n'a pas plus que l'enfant de savoir classé et systématisé, ne trouve rien d'incom-
patible entre une fausseté absurde qu'on lui présente et
une vérité générale établie : il n'y a pas pour lui de vérité
générale établie.

Par suite, une crédulité, qui serait en nous contre nature,
est, en lui, parfaitement naturelle. Quand nous voyons un
jeune sauvage prendre pour totem, et ensuite tenir pour
sacré, le premier animal qui s'offre à lui en rêve pendant
qu'il jeûne ; quand nous voyons le nègre, ainsi que Bosman
le raconte, engagé dans une importante entreprise, choisir
pour dieu et pour aide le premier objet qu'il aperçoit au
moment où il sort, lui offrir des sacrifices et le prier ; quand
nous voyons le Veddah qui vient de manquer son coup
attribuer son échec non à ce qu'il a mal visé, mais à ce qu'il
n'a pas su gagner la faveur de son dieu, il faut que nous
tenions les conceptions que ces actes et ces idées supposent
pour les conséquences d'un état mental où l'organisation
des expériences n'est pas assez avancée pour que l'idée de
causation naturelle puisse se dégager.

§ 45. Nous avons à spécifier une conséquence visible de
cet état mental et à en donner des exemples. Il n'y a pas
d'idée de causation naturelle, donc pas de surprise fondée
en raison.

Tant que l'esprit n'est pas arrivé à la croyance que certains rapports des choses sont constants, il ne saurait y
avoir d'étonnement en présence de faits qui semblent en
désaccord avec cette croyance. On le voit par la conduite

des gens sans culture qui sont parmi nous. Montrez à un paysan une expérience remarquable, l'ascension des liquides dans un tube capillaire, ou l'ébullition spontanée de l'eau dans un récipient où l'on fait le vide, et, au lieu de l'étonnement profond que vous attendez, vous trouvez une indifférence distraite. Le fait qui vous a frappé d'étonnement la première fois que vous l'avez vu, parce qu'il ne semblait pas s'accorder avec les idées générales que vous aviez des phénomènes physiques, ne lui semble point étonnant, parce qu'il ne possède point ces idées. Si maintenant nous supposons le paysan dénué des idées générales qu'il a, et les causes capables de le surprendre encore plus rares, nous arrivons à l'état mental de l'homme primitif.

Les voyageurs sont à peu près unanimes à attribuer aux races les plus inférieures le dédain des nouveautés. Selon Cook, les Fuégiens montraient la plus complète indifférence en présence de choses absolument nouvelles pour eux. Le même voyageur observa chez les Australiens la même particularité ; d'autres ont dit qu'ils conservaient une impassibilité remarquable quand on leur montrait des objets étranges. Suivant Dampier, les Australiens qu'il avait à son bord « ne firent attention à rien dans le vaisseau » qu'à ce qu'ils avaient à manger. Le chirurgien de Cook disait aussi que les Tasmaniens ne témoignaient aucune surprise de rien. Le capitaine Wallis affirme que les Patagons « montrèrent l'indifférence la plus inexplicable pour tout ce qui les entourait (à bord) ; même le miroir, qui les amusa beaucoup, n'excita point leur étonnement ; » et le capitaine Wilkes assure la même chose. Je trouve aussi raconté que deux Veddahs « ne montrèrent aucune surprise à la vue d'un miroir ». Enfin Pinkerton raconte « qu'un miroir fut la seule chose qui pût causer un moment de surprise aux Samoyèdes ; encore ne fut-ce qu'un instant, et il cessa bientôt d'attirer leur attention. »

§ 46. Quand un esprit ne peut éprouver de surprise, il est naturel qu'il ne puisse éprouver de curiosité intelligente ; et quand la faculté de la pensée est le plus faible, l'étonnement même peut se produire sans donner lieu à un examen. Burchell, qui affirme que les Boschimans « n'expriment aucune curiosité », dit qu'il « leur montra un miroir ; qu'à cette vue ils se mirent à rire ; ils écarquillèrent leurs yeux avec un air de surprise indifférente et s'étonnèrent d'y voir leurs propres figures ; mais ils ne témoignèrent à ce sujet aucune curiosité. » Quand on nous parle de la curiosité des sauvages, c'est qu'on l'a observée chez des races un peu moins dégradées. Cook en avait remarqué chez les naturels de la Nouvelle-Calédonie, Earl et Jukes chez ceux de la Nouvelle-Guinée. L'esprit d'examen est encore plus prononcé chez une race relativement plus avancée, les Malayo-Polynésiens. Selon Boyle, les Dayaks montrent une curiosité insatiable. Les Samoans, aussi, « sont ordinairement très-curieux ; » enfin des Tahitiens « sont remarquablement curieux et désireux de savoir », à quoi s'ajoute comme commentaire que l'on a trouvé que l'étonnement paraissait plus grand chez eux que chez les races inférieures.

Évidemment, le défaut de désir d'information sur les choses nouvelles, qui, nous le voyons, est le signe caractéristique de l'état mental le plus inférieur, est lui-même un obstacle à l'acquisition de la connaissance généralisée qui donne lieu à la surprise de la raison, et par suite rend possible la curiosité de la raison. S'il « manque absolument de curiosité, » dit M. Bates de l'Indien Cucama, c'est qu'il

« s'embarrasse peu des causes des phénomènes naturels
qui se passent autour de lui ». Incapable de penser et
dépourvu du désir de savoir, le sauvage n'a aucune tendance spéculative. Il voit des choses qui s'imposent sans
cesse à son attention et ne fait aucun effort pour les expliquer. De sorte que lorsqu'on lui pose les questions que
Park a souvent faites aux nègres : « Que devient le soleil
pendant la nuit? Est-ce le même soleil que nous voyons le
lendemain, ou un autre? » il ne fait aucune réponse. « J'ai
vu qu'ils trouvaient la question très-puérile :... ils n'avaient
jamais hasardé une conjecture ni formé une hypothèse sur
cette question. »

Nous ferons bien de ne pas oublier le fait général dont
nous venons de donner les exemples qui précèdent. Il est
tout à fait d'accord avec les idées reçues sur les notions de
l'homme primitif. On nous le représente d'ordinaire comme
se perdant en théories sur les phénomènes qui l'entourent,
tandis qu'en réalité il ne sent pas le besoin de les expliquer.

§ 47. Il est encore un caractère de cette forme rudimentaire d'intelligence dont il est bon de donner brièvement
des exemples : je veux parler du défaut d'imagination constructive. Ce défaut se rencontre naturellement dans l'esprit
qui vit de perceptions simples, qui est doué de la faculté
imitative, qui se contente d'idées concrètes, et qui est incapable d'idées abstraites, tel qu'est l'esprit de l'homme primitif.

La collection d'outils et d'armes que le colonel Lane Fox
a classée, montre les rapports qu'ils soutiennent avec les
originaux des types les plus simples, et donne à penser
qu'il ne faut pas faire honneur aux hommes primitifs de
l'esprit d'invention que leurs simples outils semblent indi-

quer. Ils sont le résultat de petites modifications apportées aux types primitifs, et le choix de ces modifications a produit insensiblement les divers genres d'instruments, sans qu'on ait voulu intentionnellement les produire. Sir Samuel Baker nous fournit une preuve d'un autre genre, mais de même signification, dans son article sur les *Races du bassin du Nil* (*Ethn. Trans*, 1867) : il y dit que les habitations des diverses tribus suivent un type avec autant de constance que les nids des oiseaux : chaque tribu a un type particulier, comme chaque espèce d'oiseau. Baker nous fait voir aussi dans cet article qu'il y a des différences permanentes analogues entre leurs couvre-chefs ; il affirme même que les couvre-chefs, les chapeaux par exemple, diffèrent de forme dans la proportion où les langues diffèrent. Tous ces faits nous montrent que, dans ces races, les idées, confinées dans des limites resserrées imposées par l'usage, n'ont pas la liberté nécessaire pour entrer dans de nouvelles combinaisons, et par là de donner naissance à de nouvelles manières d'agir et à des produits de forme nouvelle.

Quand nous voyons attribuer un esprit inventif à des races inférieures, c'est aux Tahitiens, aux Javanais, etc., qui sont parvenus à une civilisation avancée, qui possèdent une provision considérable d'idées et de mots abstraits, qui montrent la surprise et la curiosité rationnelles, et qui font preuve d'un développement intellectuel supérieur.

§ 48. Nous voici naturellement arrivés à une vérité générale analogue à celles que nous avons rencontrées, dans les deux chapitres précédents, au moment de résumer les résultats de notre étude. L'intelligence primitive, relativement simple, se développe plus rapidement et atteint de meilleure heure ses limites.

Dans les *Principes de Psychologie*, § 165, j'ai rapporté des témoignages relatifs aux Australiens, aux nègres des États-Unis, aux nègres du Nil, aux Andamènes, aux naturels de la Nouvelle-Zélande et à ceux des îles Sandwich, qui prouvent que les enfants de ces races ont l'esprit plus éveillé que les enfants européens, qu'ils saisissent plus promptement les idées simples, mais qu'ils ne tardent pas à s'arrêter court par incapacité de saisir les idées complexes que les enfants européens saisissent rapidement, quand on les leur présente. Je peux ajouter quelques exemples de plus. M. Reade a remarqué que dans l'Afrique équatoriale les enfants ont une « précocité absurde ». Le capitaine Burton affirme que les Africains de l'ouest sont « d'une vivacité d'esprit remarquable avant l'âge de la puberté, comme si cette époque physiologique, de même que chez les Hindous, troublait leur cerveau ; » enfin, « l'on instruit facilement jusqu'à un certain point les Aléoutes de l'Alaska. » Ce précoce arrêt de développement, ce changement qui transforme une réceptivité active tant qu'il n'y a que des idées simples à recevoir, en une réceptivité lente dès qu'il faut recevoir des idées un peu générales, suppose en même temps un caractère intellectuel inférieur et un obstacle considérable au progrès intellectuel, puisqu'il s'oppose aux modifications que de nouvelles expériences apporteraient à la plupart des idées. Quand nous lisons dans les voyageurs que l'Africain de l'est « unit l'incapacité de l'enfance à l'inflexibilité de l'âge, » quand nous voyons affirmer que chez les Australiens « la vigueur mentale semble décliner après l'âge de vingt ans, et paraît à peu près éteinte à l'âge de quarante », nous ne saurions manquer de voir la force de l'obstacle que cet arrêt de l'évolution mentale oppose au progrès, alors que le progrès est le plus nécessaire.

Nous pouvons maintenant récapituler les traits du caractère intellectuel du sauvage, que leur nature rend peu aptes
à changer, et en même temps nous remarquerons que ces
mêmes traits se retrouvent chez l'enfant des civilisés.

Dans la première et la seconde enfance, il se fait une
absorption de sensations et de perceptions semblable à celle
qui caractérise le sauvage. L'enfant qui casse ses joujoux,
qui fait des pâtés de terre, qui porte les yeux sur toutes les
choses et toutes les personnes qui s'offrent à lui, fait preuve
de beaucoup de perceptivité et d'une réflectivité relativement faible. Même analogie dans la tendance à l'imitation.
Les enfants répètent dans leurs jeux des scènes de la vie
des adultes, et les sauvages, entre autres actes d'imitation, répètent les actions de leurs hôtes civilisés. L'esprit
de l'enfant manque de la faculté de distinguer entre les faits
inutiles et ceux qui sont utiles, de même que l'esprit du
sauvage. Bien plus, quand on remarque que l'enfant n'apprend les faits, soit sous forme de leçon, soit sous forme
d'observation spontanée, que pour eux-mêmes, sans se
douter de la valeur qu'ils peuvent avoir comme matériaux
d'une généralisation, il devient évident que cette incapacité
de faire le triage des faits nutritifs est un caractère d'un
développement inférieur, puisque, tant que la généralisation n'a pas fait de progrès et que l'habitude de généraliser ne s'est pas établie, l'esprit ne saurait s'élever à l'idée
qu'un fait possède une valeur à échéance lointaine, indépendamment de la valeur à échéance immédiate qu'il peut
avoir. En outre, nous voyons que l'enfant de notre race est,
comme le sauvage, incapable de concentrer son attention
sur quelque chose de complexe ou d'abstrait. L'esprit de
l'enfant, comme celui du sauvage, ne tarde pas à divaguer
par pur épuisement, quand il a à s'occuper de généralités

et de propositions compliquées. Nécessairement, les facultés intellectuelles supérieures étant faibles chez l'un comme chez l'autre, ils manquent des idées que l'on ne saisit qu'à l'aide de ces facultés, ou n'en possèdent qu'un petit nombre. L'enfant, comme le sauvage, a dans sa langue quelques mots de l'abstraction la moins relevée et n'en a aucun de la plus relevée. De bonne heure, il sait fort bien ce qu'est le chat, le chien, le cheval, la vache, mais il n'a aucune idée de l'animal indépendamment de l'espèce; il se passe des années avant que les mots en *ion* ou en *té* entrent dans son vocabulaire. Ainsi, chez l'enfant comme chez le sauvage, les instruments même d'une pensée développée manquent. Avec un esprit qui n'est pas approvisionné d'idées générales et qui manque de la conception de l'ordre naturel, l'enfant civilisé, tant qu'il est encore tout jeune, et le sauvage, durant toute sa vie, ne montrent pas beaucoup de surprise ni de curiosité rationnelles. Une chose qui réveille les sens, l'éclair soudain d'une explosion, lui fait ouvrir de grands yeux hagards, ou peut-être lui arrache un cri; mais montrez-lui une expérience de chimie, ou attirez son attention sur un gyroscope, et l'intérêt qu'il y prendra ne sera pas plus grand que celui qu'il pourrait montrer en apercevant un nouveau joujou. Quelque temps plus tard, sans doute, quand les facultés intellectuelles supérieures qu'il a héritées de ses ancêtres civilisés commencent à agir, et quand le degré de développement mental auquel il est parvenu, représente celui des races à demi civilisées, celle des Malayo-Polynésiens par exemple, la surprise rationnelle et la curiosité rationnelle des causes se montrent en lui pour la première fois. Mais, même alors, l'extrême crédulité de l'enfant civilisé, comme celle du sauvage, nous fait voir ce que peuvent produire des idées grossières de

cause et de loi. Il croit tout ce qu'on lui raconte, quelque
absurde que ce soit ; toute explication, si inepte qu'elle
soit, il l'accepte comme satisfaisante. Faute de connaissance
généralisée, rien ne paraît impossible ; la critique et le scepticisme font défaut.

Pour terminer la série de nos éclaircissements sur les
caractères intellectuels de l'homme primitif, nous pouvons
en dire, comme nous l'avons fait pour les caractères émotionnels, qu'ils ne pouvaient être autres qu'ils ne sont en
l'absence des conditions qui sont le résultat de l'évolution
sociale. Nous avons vu (*Principes de Psychologie*, § 484-
493) de diverses manières que ce n'est qu'à mesure que la
société croît, s'organise et acquiert de la stabilité, que peuvent se produire les expériences dont l'assimilation est le
facteur principal du développement des idées. Demandons-
nous seulement ce qui nous arriverait si la masse entière
de la connaissance venait à disparaître et que les enfants
restassent sans autre bagage que leur langage enfantin et
grandissent sans recevoir des adultes aucune direction,
aucune instruction, et nous apercevons qu'aujourd'hui
même les facultés intellectuelles supérieures seraient
presque sans effet, faute des matériaux et des secours que
la civilisation passée a accumulés pour nous. En conséquence, nous ne saurions manquer de reconnaître que le
développement des facultés intellectuelles supérieures a
marché *pari passu* avec le progrès social, à la fois comme
cause et comme effet ; qu'il n'était pas possible que l'homme
primitif développât ces facultés intellectuelles supérieures
faute d'un milieu convenable ; et qu'en cela, comme à
d'autres points de vue, son progrès se trouvait retardé
faute de facultés que le progrès pouvait seul faire naître.

CHAPITRE VIII

§ 49. Avant de commencer à interpréter les phénomènes sociaux, nous avons besoin d'une nouvelle préparation. Ce n'est pas assez d'avoir appris à connaître les facteurs externes, et ensuite ceux des facteurs internes dont nous avons parlé dans les trois chapitres précédents, où nous avons décrit l'homme primitif, physique, émotionnel et intellectuel. La manière dont l'unité sociale se comporte au milieu des conditions ambiantes, inorganiques, organiques et superorganiques, dépend en partie de certaines autres propriétés. En effet, outre les particularités visibles d'organisation que le corps nous présente, outre les particularités cachées d'organisation impliquées par le type mental, il y a des particularités de même genre, encore moins faciles à découvrir, impliquées par les croyances acquises. De même que les facultés mentales sont des produits héréditaires d'expériences accumulées qui ont façonné les appareils nerveux, de même les idées élaborées par ces facultés durant la vie de l'individu, sont les produits des expériences personnelles auxquelles correspondent certaines

modifications délicates des appareils héréditaires. Pour
rendre complétement compte de ce qu'est une unité sociale,
il ne faut pas les omettre, ou plutôt il faut mentionner les
idées corrélatives qui les supposent. En effet, il est évident que
les idées que l'homme se fait de lui-même, des autres êtres
et du monde qui l'entoure, affectent beaucoup sa conduite.

Il est très-difficile de se faire une idée de ces trois modifications finales, ou des idées qui leur sont corrélatives.
Qu'on veuille les interpréter par voie inductive ou par voie
déductive, on rencontre de grands obstacles. Avant tout,
nous devons jeter un coup d'œil sur ces méthodes.

§ 50. Il serait assez facile de dire quelles conceptions
sont vraiment primitives, si nous avions l'histoire de
l'homme primitif. Mais il y a des raisons qui permettent
de penser que les hommes de types inférieurs existant
aujourd'hui, et qui forment des groupes sociaux de l'ordre
le plus simple, ne sont pas des spécimens de l'homme tel
qu'il fut dans le principe. Il est probable que la plupart
d'entre eux, sinon tous, eurent des ancêtres qui étaient
parvenus à un état supérieur, et l'on retrouve au nombre
de leurs croyances des idées qui ont été élaborées durant
ces états supérieurs. Si la théorie de la dégradation, telle
qu'on la présente d'ordinaire, est insoutenable, la théorie
de la progression, dans sa forme la plus absolue, me semble
tout aussi insoutenable. Si d'une part on ne peut mettre en
harmonie avec les faits la notion qui fait venir l'état sauvage
d'une chute de l'homme à l'état de civilisation, d'autre part
rien ne nous autorise à penser que les degrés les plus bas
de la sauvagerie aient toujours été aussi bas qu'aujour-
d'hui. Il est bien possible et, selon moi, très-probable, que
le recul ait été aussi fréquent que le progrès.

On conçoit ordinairement l'évolution comme effet d'une tendance *intrinsèque* en vertu de laquelle tout devient supérieur ; c'est s'en faire une idée erronée. Partout l'évolution est le produit de deux ordres de facteurs, les internes et les externes. Le concours de ces facteurs opère des changements qui continuent jusqu'au moment où se trouve établi un équilibre entre les actions ambiantes et celles que l'agrégat leur oppose, c'est-à-dire un équilibre complet si l'agrégat n'est pas vivant et un équilibre mobile si l'agrégat est vivant. Par suite, l'évolution, continuant à ne se montrer que dans l'intégration en progrès qui aboutit à la rigidité, cesse en réalité. Si, chez les agrégats vivants formant une espèce, les actions ambiantes demeurent constantes de génération en génération, l'espèce demeure constante. Si les actions ambiantes changent, l'espèce change, jusqu'à ce qu'elle se remette en équilibre avec elles. Mais cela ne veut pas dire que le changement survenu dans l'espèce constitue un pas dans la voie de l'évolution. D'ordinaire, il n'y a ni progrès ni recul, et souvent le résultat est la production d'une forme plus simple, parce que certains appareils précédemment acquis deviennent superflus dans les nouvelles conditions. Ce n'est que çà et là que les changements ambiants amènent dans l'organisme une nouvelle complication, et produisent en conséquence un type un peu supérieur. Il en résulte que si, durant des périodes dont on ne peut dire la durée, certains types n'ont ni avancé ni reculé, et s'il s'est produit dans d'autres types un progrès dans l'évolution, il y a divers types où un recul a eu lieu. Je ne fais pas seulement allusion à des faits auxquels appartient l'exemple des céphalopodes tétrabranchiés, qui renfermaient jadis des espèces très-nombreuses, dont quelques-unes étaient très-grosses, et qui n'ont plus aujourd'hui

qu'un seul représentant de taille médiocre. Je ne veux pas
parler des ordres supérieurs des reptiles, les *Ptérosaures* et
les *Dinosaures*, qui comprenaient jadis plusieurs genres
d'une structure supérieure et de taille gigantesque, et qui
sont éteints aujourd'hui, tandis que les ordres inférieurs
des reptiles ont survécu ; je ne songe pas non plus à ces
nombreux genres de mammifères qui contenaient jadis des
espèces plus grandes que celles qui existent de nos jours. Je
veux surtout attirer l'attention sur ce fait que nous rencontrons parmi les parasites d'innombrables espèces qui sont
des modifications dégradées d'espèces supérieures. Parmi
les espèces d'animaux qui existent aujourd'hui, en y comprenant les parasites, nous pouvons dire que le plus grand
nombre a perdu, par un mouvement rétrograde, la structure à laquelle leurs ancêtres étaient parvenus. Souvent
même, le progrès de certains types *implique* le recul
d'autres types. En effet, le type le plus développé, victorieux, grâce à sa supériorité acquise, tend à refouler les
types rivaux dans des habitats moins favorables, et à les
réduire à des manières de vivre moins avantageuses : ce
qui implique d'ordinaire jusqu'à un certain point la désuétude et la perte de leurs facultés supérieures.

Ce qui est vrai de l'évolution organique l'est aussi de
l'évolution superorganique. Si l'on peut, dans la totalité de
l'ensemble des sociétés, considérer l'évolution comme inévitable, à titre d'effet définitif des facteurs coopérants, intrinsèques et extrinsèques, qui agissent sur eux durant des
périodes d'une longueur indéfinie, on ne peut pourtant pas
la considérer comme inévitable dans chaque société particulière, ou même comme probable. Un organisme social,
comme un organisme individuel, subit des modifications
tant qu'il ne se trouve pas en équilibre avec les conditions

ambiantes, et ensuite il demeure stable, sans subir de nouveaux changements de structure. Quand les conditions sont
changées par des modifications de l'état météorologique
ou géologique, ou de la faune, ou de la flore, ou par une
migration occasionnée par la pression de la population ou
par la fuite devant une race usurpatrice, un changement
social s'introduit. Mais ce changement n'implique pas nécessairement un progrès. Il arrive souvent qu'il ne se fait ni
dans le sens d'une structure supérieure, ni dans le sens
d'une structure inférieure. Lorsque l'habitat impose une
manière de vivre d'un ordre inférieur, une dégradation
s'ensuit. Quelquefois, seulement, la nouvelle combinaison
de facteurs est capable de causer un changement qui constitue un mouvement dans le sens de l'évolution sociale et
crée un type de société qui s'étend et supplante les types
inférieurs. En effet, pour les agrégats superorganiques,
comme pour les organiques, le progrès des uns produit le
recul des autres ; les sociétés plus avancées refoulent les
sociétés moins avancées dans des habitats défavorables, et,
par suite, leur font subir une diminution de grandeur ou
un abaissement de structure.

Cette conclusion nous est directement imposée par les
faits. Nous savons dès l'école que des nations sont descen-
dues de civilisations supérieures à des civilisations inférieures, et nous en rencontrons d'autres exemples à mesure
que notre savoir s'étend. Égyptiens, Babyloniens, Assyriens,
Phéniciens, Perses, Juifs, Grecs, Romains, on n'a qu'à
nommer ces peuples pour se rappeler qu'un grand nombre
de sociétés puissantes et très-avancées ont disparu, ou dégé-
néré jusqu'à ne plus former que des hordes de barbares,
ou ont traversé des siècles d'une longue décadence. Des
ruines nous attestent qu'il a existé jadis à Java une société

plus avancée que celle d'aujourd'hui. Les ruines du Cambodje nous rendent le même témoignage. Le Pérou et le Mexique furent autrefois le siége de sociétés puissantes et savamment organisées, dont la conquête a brisé l'organisation. Aux lieux de l'Amérique centrale où s'élevaient jadis des cités qui renfermaient une population nombreuse cultivant des industries et des arts divers, on ne trouve plus aujourd'hui que des tribus sauvages éparses. Il n'est pas douteux que des causes comme celles qui ont produit ces reculs, ont agi depuis que l'homme existe. Toujours il s'est accompli des changements cosmiques et terrestres, qui ont eu pour effet de rendre certains habitats meilleurs et d'autres pires ; toujours il s'est produit des excès de multiplication ; toujours il y a eu des races qui se sont étendues, qui sont entrées en lutte avec d'autres ; toujours les vaincus se sont réfugiés dans des lieux qui ne convenaient point à l'état social avancé auquel ils étaient parvenus ; toujours, aux lieux où l'évolution n'a point été troublée par une intervention extérieure, il y a eu de ces décadences et de ces dissolutions qui achèvent le cycle des changements sociaux. Le spectacle que nous voyons aujourd'hui se dérouler avec une si grande activité, des races qui en supplantent d'autres, des races inférieures qui sont refoulées dans des régions reculées, quand elles ne sont pas exterminées, ce spectacle que l'humanité a donné depuis les origines de l'histoire, elle a dû le donner toujours ; et ce que nous devons en conclure, c'est que les débris des races inférieures, réfugiées dans des régions inclémentes, nues, ou d'ailleurs impropres à favoriser une vie sociale avancée, ont rétrogradé.

Ainsi, donc, les races qui occupent aujourd'hui les derniers rangs doivent offrir certains phénomènes sociaux qui ne sont pas l'effet de causes actuelles, mais qui provien-

nent de causes qui ont agi durant un état social passé supérieur à l'état présent. C'est une conclusion *à priori* qui
est d'accord avec les faits, et que suggèrent même des
faits sans cela inexplicables. Voyez, par exemple, les Australiens. Divisés en tribus qui errent sur un vaste territoire,
ces sauvages ont, en dépit de leur antagonisme, un système
complet de relations de parenté, et par suite des usages
qui interdisent le mariage dans certains cas, qui ne saurait
être le résultat d'un accord établi entre ces tribus telles
qu'elles sont aujourd'hui. Mais on les comprend dès qu'on
admet que ces usages sont des vestiges d'un état où ces
tribus étaient unies par un lien plus étroit et soumises à
une loi commune. Tel est, aussi, l'état que nous permet de
supposer l'usage de la circoncision et de l'arrachement des
dents, que nous trouvons chez ces tribus, comme chez
d'autres races aujourd'hui placées aux plus bas degrés de
l'échelle sociale. En effet, quand nous aurons plus tard à
parler des mutilations, nous verrons qu'elles impliquent
toutes un état de subordination, politique ou religieuse, ou
l'une et l'autre à la fois, que l'on ne retrouve pas aujour-
d'hui chez ces races.

De là, par conséquent, une difficulté de constater induc-
tivement quelles sont les idées primitives. Parmi les idées
qui règnent aujourd'hui chez les hommes qui composent
les sociétés les plus rudimentaires, il en est sans doute
qu'ils ont reçues par tradition, et qui ont pris naissance
dans un état social supérieur. Il faut les distinguer de celles
qui sont vraiment primitives : c'est une tâche que l'induction seule ne saurait remplir.

§ 51. L'emploi de la méthode inductive rencontre des
obstacles d'un autre genre, mais également grands. On ne

saurait comprendre les idées engendrées en l'homme primitif par ses relations avec le monde qui l'entourait, qu'à
la condition de le regarder avec les mêmes yeux que lui. Il
faut mettre de côté tout ce qui s'est accumulé de connaissances, tout ce que l'éducation a lentement fixé d'habitudes
mentales ; il faut se défaire de conceptions auxquelles
l'hérédité pour une part et la culture individuelle pour
l'autre ont imprimé le caractère de nécessité. Nul ne saurait le faire complétement, et bien peu parviennent à le
faire en partie.

On n'a qu'à voir les méthodes mauvaises qu'adoptent les
gens qui donnent l'éducation, pour se convaincre que, même
chez les gens instruits, la faculté de concevoir des idées
très-différentes des leurs est extrêmement faible. A voir
assujettir l'esprit de l'enfant à des généralités avant qu'il
possède aucun des faits concrets auxquels elles se rapportent, à voir présenter les mathématiques sous leur forme
purement rationnelle, au lieu de la forme empirique par où
l'enfant devrait commencer, comme l'espèce en effet a
commencé ; à voir une matière aussi abstraite que la gram-
maire placée au début des études au lieu d'être placée à la
fin, et enseignée par la méthode analytique au lieu de l'être
par la méthode synthétique ; nous avons plus de preuves
qu'il n'en faut de l'incapacité où nous sommes tous de concevoir les idées des esprits non développés. Enfin, si les
hommes ont tant de peine, encore qu'ils aient été enfants
eux-mêmes, à repenser les idées de l'enfant, combien ne
doit-il pas être plus difficile pour eux de repenser les idées
du sauvage ! Il est au-dessus de nos forces de nous défaire
des interprétations automorphiques. Pour regarder les
choses avec les yeux d'une ignorance absolue, et pour
observer comment leurs attributs et leurs actes se grou-

paient originellement dans l'esprit, il faudrait supprimer sa personne, ce qui est impraticable.

Néanmoins, nous devons faire de notre mieux pour concevoir le monde ambiant tel qu'il apparut à l'homme primitif, pour nous mettre à même d'interpréter déductivement le mieux possible les faits dont l'induction peut se servir. Encore que nous ne soyons pas en état d'arriver à notre but par une méthode directe, nous pouvons nous en rapprocher par une méthode indirecte; guidés par la théorie de l'évolution en général et par la doctrine plus spéciale de l'évolution mentale, nous pouvons arriver à tracer les linéaments principaux des idées primitives. Une fois que nous aurons remarqué, *a priori*, à quels signes on peut reconnaître ces idées, nous serons aussi bien préparés que possible à les imaginer, et ensuite à les discerner dans leur existence actuelle.

§ 52. Nous devons partir du postulat que les idées primitives sont naturelles, et, dans les conditions où elles se produisent, rationnelles. Dans notre enfance, on nous a appris que la nature humaine est partout la même. Cela nous a fait considérer les croyances des sauvages comme des croyances entretenues par des esprits comme le nôtre; nous nous étonnons de les trouver si étranges, et nous jugeons pervers ceux qui y adhèrent. Il faut rejeter cette erreur et y substituer le principe que les lois de la pensée sont partout les mêmes, et que, en admettant qu'il connaisse les données de ses conclusions, l'homme primitif tire des conclusions raisonnables.

Du plus bas au plus haut degré, l'intelligence procède par classement d'objets et classement de rapports : en réalité, deux faces différentes de la même opération (*Principes de psychologie*, § 309-316, 381). D'une part, la perception d'un objet suppose que l'esprit classe chacun des attributs de cet objet avec les attributs semblables préalablement connus, et les relations que ces objets soutiennent entre eux avec les relations semblables préalablement connues ; tandis que l'objet lui-même, du moment qu'il est connu, est classé avec les objets semblables. D'autre part, chaque pas qu'on fait dans le raisonnement suppose que l'objet dont on affirme quelque chose est classé avec les objets du même genre préalablement connus ; il suppose que l'attribut, la faculté, les actes objets de la proposition, sont classés en tant que semblables à d'autres attributs, facultés, actes, préalablement connus ; enfin il suppose que la relation entre l'objet et l'attribut, la faculté, l'acte, affirmés, est classée avec les relations semblables préalablement connues. L'assimilation des états de conscience de tout ordre avec les états semblables de l'expérience passée, qui est l'opération intellectuelle universelle, animale autant qu'humaine, produit des résultats dont la rectitude dépend de la faculté que l'homme possède d'apprécier les ressemblances et les dissemblances. Lorsque des termes simples sont unis par des relations simples, directes, étroites, des esprits simples peuvent effectuer correctement le classement ; mais, si les termes sont complexes et les relations qui les unissent compliquées, indirectes, lointaines, il n'y a que les esprits dont le développement y correspond par sa complexité qui peuvent en opérer correctement le classement. Faute de cette complexité de l'esprit, les termes des relations se groupent avec ceux auxquels ils paraissent ressembler, et les relations se groupent de la même manière. Mais ces groupements donnent lieu à l'erreur, puisque les traits les plus apparents ne sont pas toujours ceux qui établissent la ressemblance d'une chose avec une autre, que les traits les plus apparents des relations n'en sont pas toujours les plus essentiels.

Remarquons les grandes erreurs qui en résultent chez ceux de nos semblables qui sont sans instruction, et passons ensuite aux erreurs plus grandes que commettent les sauvages, plus ignorants encore, et dont les facultés sont moins perfectionnées. Dans les anciens livres d'histoire naturelle, on appelait les baleines des poissons ; ces animaux vivent dans l'eau, ils ont une conformation pisciforme ; que seraient-ils s'ils n'étaient pas des poissons ? Sur dix passagers de première classe il y en a neuf, et sur cent de seconde il y en a quatre-vingt-dix-neuf, qu'on étonnerait profondément, si on leur disait que les marsouins qu'ils voient se jouer autour du navire à vapeur qui les porte se rapprochent plus du chien que de la morue. Dans l'opinion du peuple, les crustacés et les mollusques aquatiques sont des poissons. On suppose en premier lieu qu'il y a entre ces animaux et les poissons une parenté, parce qu'ils vivent dans l'eau, et en second lieu le poissonnier comprend sous le nom de coquillages (shell-fish) les huîtres et les crabes, deux genres d'animaux plus éloignés l'un de l'autre qu'une anguille ne l'est de l'homme, mais qui se ressemblent en ce que leurs parties molles sont renfermées dans une coque dure. Nous souvenant de ces erreurs, où nos gens du peuple se trouvent conduits parce qu'ils font leurs classifications d'après des caractères qui se présentent d'abord aux yeux, nous verrons que les erreurs où les hommes non civilisés sont conduits par la même pratique sont bien naturelles. Hayes ne pouvait pas faire comprendre à des Esquimaux qu'un vêtement de laine n'est pas une peau. Ils « prenaient le verre pour de la glace, et le biscuit pour de la chair desséchée du bœuf musqué. Connaissant si peu les choses qu'on leur montrait, ils en faisaient le groupement le plus rationnel pour eux, tout aussi rationnel que ceux dont je viens de donner des exemples. Si l'Esquimau, pour avoir fait un classement erroné, arrive à la conclusion erronée que le verre doit fondre dans sa bouche, il n'est pas plus loin de la vérité que le passager qui range les marsouins parmi les poissons, et qui, au lieu d'y trouver des caractères de poisson, y découvre un sang chaud et des poumons pour respirer. Rappelons-nous aussi que les Fidjiens ne connaissaient point les métaux, et nous ne trouverons rien d'irrationnel dans la question que certains d'entre eux posèrent à Jackson pour savoir « comment nous pouvions avoir des haches assez dures, dans un *pays naturel,* pour couper les arbres dont sont faits les canons de fusil. » En effet, les cannes n'étaient-elles pas pour eux les seuls objets auxquels des canons de fusil ressemblent. Ajoutons encore un exemple. Des Indiens de certaines tribus montagnardes avec lesquelles le Dr Hooker se mit en rapport, qui venaient de voir étendre sur le sol le ruban d'une roulette à ressort dont on se servait pour prendre des mesures, n'eurent pas plus tôt aperçu les replis du ruban rentrer dans la boîte, qu'ils s'enfuirent en courant et poussant des cris; il est évident qu'ils regardaient le ruban, à cause du mouvement qu'il exécutait spontanément, comme un être vivant, et, à cause de sa forme et de ses mouvements tortueux, comme une espèce de serpent. Ignorant les artifices de la mécanique, et ne voyant point le ressort placé à l'intérieur de la boîte, leur croyance était parfaitement naturelle; toute autre aurait été pour eux irrationnelle. Passons maintenant du classement des objets au classement des relations. Nous pourrons encore, pour faciliter notre tâche, analyser quelques erreurs qui ont cours parmi nous. Quand on veut recommander un remède contre la brûlure, on dit vulgairement qu'il « attire le feu au dehors » : ce qui implique qu'il y a entre le remède appliqué et la chaleur que l'on suppose logée dans les tissus un rapport semblable à celui qui existe entre deux objets dont l'un tire l'autre avec force. Autre exemple. Après une gelée, quand l'air saturé de vapeur d'eau vient au contact d'une surface lisse froide, un mur peint par exemple, l'eau qui s'y condense se ramasse pour former des gouttes et descend en ruisselant ; il nous arrive d'entendre dire que « le mur sue ». De ce que l'eau, qu'on ne voit pas arriver du dehors, apparaît sur le mur comme la perspiration sur la peau, on suppose qu'elle sort du mur comme la perspiration de la peau. Dans ce cas, comme dans les autres, nous voyons classer une relation avec une autre qui lui ressemble superficiellement, mais à laquelle elle est entièrement étrangère. Si, nous souvenant de ces faits, nous regardons ce qui doit se passer lorsque l'ignorance est encore plus grande, nous ne nous étonnerons plus des explications primitives. Les Indiens de l'Orénoque disent que la rosée est « crachée par les étoiles ». Observez la genèse de cette croyance. La rosée est un liquide limpide avec lequel la salive a quelque ressemblance. C'est un liquide qui, par sa position sur les feuilles, paraît être descendu d'en haut, comme la salive descend de la bouche de la personne qui crache. Puisqu'elle est descendue pendant une nuit sans nuages, il faut qu'elle vienne des seules choses qui soient visibles au-dessus de nos têtes, à savoir les étoiles. Ainsi le produit lui-même, la rosée, et la relation qui l'unit à sa source supposée, se trouvent respectivement assimilés avec les objets et les relations qui leur ressemblent par les caractères apparents ; enfin nous n'avons qu'à nous rappeler l'expression communément usitée en Angleterre : *It spits with rain* (littéralement : Il crache de la pluie), pour voir combien cette interprétation est naturelle.

Il est un autre caractère des conceptions du sauvage qu'on parvient à comprendre dès qu'on observe ce qui arrive lorsqu'on pense les objets et les relations complexes à la façon des objets et des relations simples. Ce n'est qu'à mesure que la connaissance fait des progrès et que l'on commence à observer volontairement et avec critique, que l'on aperçoit pour la première fois que le pouvoir qu'un agent a de produire son effet particulier peut dépendre d'une propriété à l'exclusion des autres, ou d'une partie à l'exclusion des autres, ou bien ne dépendre d'aucune propriété ou d'aucune partie en particulier, mais de la combinaison de toutes. On ne peut savoir quelle est entre les propriétés d'un tout complexe celle qui lui donne son efficacité, qu'après que l'analyse a fait quelques progrès ; et jusqu'alors on croit nécessairement que l'efficacité appartient au tout indistinctement. De plus, quand un objet n'a pas été soumis à l'analyse, on croit qu'il soutient, avec un certain effet qui n'y a pas non plus été soumis, une relation qui ne l'a pas subie davantage. L'importance du rôle que cette propriété joue dans la détermination du caractère des conceptions primitives est assez grande pour que nous devions l'examiner plus attentivement. Représentons les divers attributs d'un objet, une coquille de mer par exemple, par A, B, C, D, E, etc., et les relations de ces attributs par v, x, y, z. La propriété que possède cet objet de produire l'effet particulier de concentrer les sons dans l'oreille est due en partie au poli de sa surface interne (que nous appellerons C), et en partie aux relations existantes entre

les parties de cette surface, qui constituent sa forme (que
nous appellerons *y*). Or, pour qu'on puisse comprendre que
cette disposition est la cause de la propriété qu'a la coquille
de concentrer le son, il faut que l'on sépare dans la pensée
C et *y* des autres attributs. Jusque-là, on ne peut savoir si la
propriété de multiplier le son qu'a la coquille ne dépend
pas de sa couleur, ou de sa dureté, ou des rugosités de sa
surface (à supposer que l'on puisse penser ces qualités
séparément en tant qu'attributs). Évidemment, avant d'avoir
distingué les attributs les uns des autres, on ne peut connaître cette propriété de la coquille que comme lui appartenant en général, comme résidant en elle conçue comme
un tout. Mais, comme nous l'avons vu (§ 43), les attributs
ou propriétés, comme nous les comprenons, un sauvage ne
peut les reconnaître ; ce sont des abstractions que ses
facultés ne peuvent saisir, pas plus que son langage ne peut
les exprimer. Ainsi, de toute nécessité, il associe cette propriété particulière à la coquille prise en masse, il la regarde
comme soutenant avec la coquille la même relation que le
poids avec une pierre, il la conçoit comme inhérente à
toute partie de la coquille. De là certaines croyances que
l'on retrouve partout chez les sauvages. Une propriété
spéciale qu'un objet ou une partie d'un objet manifeste
appartient à cet objet, de telle façon qu'on peut se l'appro-
prier en consommant l'objet ou cette partie, ou en s'en
emparant. Par exemple, on suppose qu'on acquiert la force
d'un ennemi vaincu en le dévorant : le Dacotah mange
le cœur d'un ennemi tué pour augmenter son propre courage; le sauvage de la Nouvelle-Zélande avale les yeux de
son ennemi pour accroître la portée de sa propre vue; l'Abipone mange la chair du tigre, croyant se donner la force et
la valeur de cet animal. On trouve dans les croyances des

Guaranis un trait analogue : par exemple, les femmes enceintes s'abstiennent de manger de la chair des Antas, de peur que leur enfant n'ait un gros nez, ou des petits oiseaux, de peur qu'il ne naisse trop petit. On le retrouve encore dans les croyances en vertu desquelles les Caraïbes aspergent un enfant mâle du sang de son père, pour lui donner son courage, ou encore dans celles des Timmanais et des Bulloms, qui soutiennent que la possession du corps d'une personne heureuse leur donne « une partie de son bonheur ». Évidemment, la manière de penser que ces croyances révèlent, qui se montrait même dans les prescriptions médicales du passé et qui s'est perpétuée jusqu'à nos jours dans la croyance que l'enfant suce le caractère de sa mère avec le lait de celle-ci, est une manière de penser qui persiste nécessairement tant que l'analyse n'a pas découvert la nature complexe des relations causales.

Tant que l'esprit ne s'est fait aucune conception des relations physiques, ou n'en a que de très-vagues, un antécédent quelconque peut servir à expliquer un conséquent quelconque. Demandez au carrier ce qu'il pense des fossiles que son pic met à découvert ; il vous dira que ce sont des « jeux de la nature » : la tendance qui porte son esprit à passer de l'existence de fossiles, en tant qu'effet, à un agent qui le produit, est satisfaite, et sa curiosité cesse. Le plombier à qui l'on demande la raison des effets d'une pompe qu'il répare dit que l'eau s'y élève par succion. Il a rapproché le jeu de la pompe de celui qu'il peut produire en appliquant l'action des muscles de sa bouche à un tube, et il croit le comprendre ; jamais il ne se demande quelle force fait monter l'eau dans sa bouche quand il accomplit ces actions musculaires. Il en est de même d'une explication que nous entendons souvent donner dans la société éclairée, à propos d'un fait qui n'est pas familier ; « il est, dit-on, causé par l'électricité. » La tension mentale reçoit un soulagement suffisant, dès qu'au résultat présenté par l'observation la pensée ajoute quelque chose avec un nom, encore qu'on ne sache pas ce qu'est cette chose et qu'on n'ait pas la plus faible idée de la manière dont elle peut produire le résultat. Reconnaissant, même en nous, un penchant à accepter toute relation dont on nous affirme l'existence entre une action et une force, pourvu que l'expérience de tous les instants ne la contredise pas, nous n'aurons pas de peine à voir comment le sauvage, avec moins d'expérience et avec des faits groupés d'une manière plus vague, adopte, comme parfaitement suffisante, la première explication que suggèrent les associations familières, et ensuite n'y pense plus. Quand les naturels de Sibérie trouvent des mammouths pris dans la glace et des os de mammouth dans la terre, ils disent que ce sont des tremblements de terre qui ont enseveli ces énormes animaux ; des sauvages qui vivent au voisinage de volcans croient que les feux de ces montagnes sont ceux que leurs ancêtres avaient allumés pour leur cuisine ; les Sibériens et ces sauvages ne font que donner des exemples plus frappants de la tendance qui porte tous les hommes à combler la lacune de la relation causale en y mettant la première force qui se présente à l'esprit. En outre, on peut observer que l'esprit ne se borne pas à accepter facilement toute explication fournie par des expériences familières ; il se contente parfaitement de la première explication qu'il a sous la main ; il n'a aucun penchant à demander rien de plus. Ainsi, les Africains nient d'avoir aucune obligation envers Dieu, en disant que « c'est la terre et non Dieu qui leur a donné l'or, qu'on extrait de ses entrailles ; que la terre leur fournit le maïs et le riz... ;

qu'ils doivent les fruits aux Portuguais, qui ont planté les arbres, » et ainsi de suite ; preuve que, lorsqu'une relation entre le dernier conséquent et son antécédent immédiat s'est établie dans la pensée, tout est fini. L'esprit n'a pas assez la faculté de se porter en avant pour soulever une question touchant un antécédent plus éloigné.

Un autre trait, conséquence des précédents, doit s'ajouter ici. Dans la mesure où l'esprit conçoit des objets et des relations complexes d'après les objets et les fonctions simples auxquels ils ressemblent superficiellement, il doit former des conceptions inconsistantes et confuses. La confusion où s'unissent chez nous deux modes d'explication des épidémies, celui qui leur assigne pour cause des conditions mauvaises et celui qui en fait les ministres de la vengeance divine, doit, chez les hommes primitifs, unir des croyances encore plus incompatibles. Les voyageurs ont généralement remarqué que leurs croyances présentent une opposition extrême. Certaines idées fondamentales que l'on trouve chez les Iroquois sont, d'après Morgan, « vagues et diversifiées » ; d'autres, qu'on observe chez les Criks, sont, pour School-craft, « confuses et irrégulières » ; d'autres, recueillies chez les Karens, sont appelées par Mason « confuses, sans précision et contradictoires ». On rencontre partout de grandes inconséquences qui viennent de ce qu'on néglige de comparer les propositions ; par exemple, « presque au même moment, un Malgache dira qu'il cesse d'exister au moment où il meurt..., et n'en confessera pas moins qu'il a l'habitude de prier ses ancêtres », inconséquence particulière qu'on rencontre chez divers peuples. Si nous voulons savoir ce qui rend possible des procédés aussi illogiques, nous n'avons qu'à reporter notre esprit sur quelques-uns des nôtres. C'est, par exemple, une opinion populaire qu'une manière de préserver de tout danger une personne qu'un chien enragé vient de mordre, c'est de tuer l'animal; par exemple encore, l'absurdité où tombent d'ordinaire les gens qui croient aux revenants, qui admettent que les esprits se montrent habillés; ils admettent implicitement qu'il y a aussi des revenants d'habits, et ils ne s'aperçoivent pas de cette croyance implicite. Chez les hommes de races inférieures bien plus ignorantes et beaucoup moins capables de penser, nous devons nous attendre à rencontrer un chaos de notions et à les voir accepter facilement des doctrines qui nous paraissent monstrueuses.

Maintenant, nous voilà préparés autant que la chose est possible à comprendre les idées primitives. Nous avons vu que, pour en donner une explication vraie, il faut reconnaitre que, dans les conditions où elles se sont produites, elles étaient naturelles. L'esprit du sauvage, comme l'esprit de l'homme civilisé, n'a pas d'autre méthode que de classer les objets et les relations de l'expérience présente avec les objets et les relations de l'expérience passée qui leur ressemblent. Un classement bien fait implique une faculté assez complexe pour saisir par la pensée les groupes d'attributs qui les caractérisent et les modes d'action de ces attributs. Faute d'une aptitude suffisante, l'esprit opère un classement simple et vague d'après des ressemblances qu'on aperçoit tout d'abord, tant pour les objets que pour les actions; de là des notions grossières trop simples et d'espèces trop peu nombreuses pour représenter les faits. En outre, ces notions grossières sont incompatibles au plus haut point. Voyons maintenant les groupes d'idées que cette méthode forme et auxquels elle donne leur caractère.

§ 53. Dans le ciel, clair il n'y a qu'un moment, le sauvage aperçoit un petit nuage qui grandit à vue d'œil. Une autre fois, l'œil fixé sur une de ces masses mouvantes, il en voit des parties s'effiler et s'évanouir ; bientôt, la masse entière disparaît à ses yeux. Quelle pensée ces spectacles font-ils naître en lui ? Il ne sait rien de la précipitation ni de la dissolution de la vapeur ; personne ne s'est trouvé là pour mettre fin à sa recherche en lui disant : « Ce n'est qu'un nuage. » Le fait essentiel qui s'impose à son attention, c'est qu'une chose qu'il ne pouvait pas voir auparavant est devenue visible, et qu'une chose qui était visible s'est évanouie. La cause, le lieu, la fin de cette dernière chose, il ne saurait les dire ; mais le fait existe.

Dans ce même espace qui s'étend au-dessus de sa tête, d'autres changements s'opèrent. Quand le jour baisse, des points brillants se montrent çà et là et deviennent plus brillants et plus nombreux à mesure que l'obscurité s'épaissit ; puis, à l'aube du jour, ils pâlissent et s'éteignent peu à peu, jusqu'à ce qu'enfin il n'en reste plus un seul. Ces objets diffèrent complétement des nuages par leurs dimensions, leur forme, leur couleur, etc. ; ils en diffèrent aussi continuellement, en ce qu'ils reparaissent sans cesse, à peu près à la même place, dans les mêmes positions les uns par rapport aux autres, et en ce qu'ils ne se meuvent que très-lentement et toujours dans le même sens ; mais ils leur ressemblent en ce qu'ils sont tantôt visibles et tantôt invisibles. Sans doute, une lumière brillante offusque entièrement des lumières moins intenses, et les étoiles ne laissent pas de briller pendant le jour, quoique le sauvage ne les voie pas ; mais ce sont des faits au-dessus de son imagination. La vérité, comme il la perçoit, c'est que tantôt ces êtres se montrent et que tantôt ils se cachent.

Bien que le soleil et la lune diffèrent beaucoup des nuages et des étoiles par la manière dont ils se comportent, ils se montrent, comme eux, tour à tour visibles et invisibles. Le soleil se lève de l'autre côté des montagnes ; de temps en temps, il passe derrière un nuage et ne tarde pas à reparaître ; puis il finit par se cacher au-dessous du niveau de la mer. La lune, de même, grandit d'abord lentement, d'une nuit à l'autre, puis elle diminue et disparaît ; mais peu à peu elle reparaît sous forme d'un croissant mince et brillant, et alors le reste de son disque est si peu visible qu'elle paraît n'exister qu'à moitié.

A ces faits d'occultation et de manifestation, les plus communs de tous, s'en ajoutent divers autres, encore plus frappants, des comètes, des météores, l'aurore avec son arc et ses jets intermittents, l'illumination de l'éclair, l'arc-en-ciel, les halos. Tous ces faits diffèrent des précédents et diffèrent les uns des autres ; mais ils ont tous un caractère commun : ils apparaissent et disparaissent. De sorte que malgré son ignorance, et parce qu'il est capable de se souvenir et de grouper ensemble les choses dont il se souvient, il doit regarder le ciel comme une scène où un grand nombre d'êtres entrent et sortent, les uns par un mouvement graduel, les autres par un mouvement soudain, mais tous semblables en ce qu'on ne peut dire d'où les êtres viennent ni où ils vont.

Ce n'est pas le ciel seulement, c'est aussi la surface de la terre qui nous offre de nombreux exemples d'une disparition de choses dont l'apparition avait été inexplicable. Voici que le sauvage aperçoit de petits amas d'eau formés par des gouttes de pluie venant d'une source qu'il ne peut atteindre, et voilà qu'en quelques heures ce liquide rassemblé redevient invisible. Voici, encore, un brouillard,

peut-être étendu, isolé, dans un bas-fond, peut-être enve-
loppant tout, venu il n'y a qu'un instant, et qui va s'en
aller sans laisser trace de sa présence. Au loin, on aperçoit
de l'eau, un grand lac en apparence ; mais, à mesure qu'on
en approche, il semble que le lac s'éloigne, et on ne peut
le trouver. Ce qu'on appelle, dans le désert, un tourbillon
de sable, et sur la mer une trombe, sont pour l'homme
primitif des choses qui se meuvent, qui apparaissent et qui
s'évanouissent. S'il regarde sur l'Océan, il reconnaît une île
qu'il sait très-éloignée, et généralement invisible, mais qui
vient de s'élever au-dessus de l'eau ; le lendemain, juste
au-dessus de l'horizon, il voit une image renversée d'un
bateau, peut-être seule, peut-être unie à une image droite
placée au-dessus. Quelquefois, il aperçoit des objets terrestres à la surface de la mer, ou dans l'air au-dessus de
sa tête : un mirage ; et d'autres fois, en face de lui, dans
la brume, il voit apparaître une image gigantesque qui
lui ressemble : un spectre du Brocken. Ces faits, les uns
familiers, les autres très-rares, sont la répétition de la
même expérience : ils montrent des transitions du visible à
l'invisible.

Demandons-nous encore ce que doit être la conception
originelle du vent. Envisageons les faits en dehors de toute
hypothèse, et nous voyons que chaque souffle de la brise,
chaque rafale donne lieu à la conception d'une force qui
n'est ni visible ni tangible. Rien dans les premières expériences ne donne l'idée de l'air, celle qui nous est familière
aujourd'hui ; et la plupart d'entre nous peuvent se rappeler
la peine qu'on a à penser le milieu ambiant comme une
substance matérielle. L'homme primitif ne saurait y voir
une chose agissant à la manière de celles qu'il voit et qu'il
touche. Dans l'espace vide en apparence qui l'entoure, ap-

paraît de temps en temps un agent invisible qui courbe les arbres, chasse les feuilles, trouble le miroir des eaux ; il sent ses cheveux s'agiter, ses joues se rafraîchir, et par moments son corps poussé avec une force qu'il a peine à surmonter. Quelle est la nature de cet agent ? Rien ne peut le lui dire ; mais il y a une chose qui s'impose irrésistiblement à sa conscience : c'est qu'un être qu'on ne peut ni saisir ni voir peut produire des sons, mouvoir les objets autour de lui, et le souffleter lui-même.

Quelles sont les idées primitives qui naissent des expériences dérivées du monde inorganique ? Faute d'hypothèse (chose étrangère à la pensée à ses débuts), quelle est l'association mentale que ces événements innombrables, qui se produisent les uns à de longs intervalles, d'autres chaque jour, d'autres à chaque heure, d'autres de minute en minute, tendent à établir ? Ils offrent sous des formes nombreuses un rapport d'un mode d'existence perceptible avec un mode d'existence imperceptible. Comment le sauvage pense-t-il cette relation ? Ce ne peut être sous la forme d'une substance qui se dissipe en vapeur, ou qui naît d'une vapeur qui se condense, ni sous forme d'une relation optique produisant des illusions, ni sous aucune des formes que nous enseigne la physique. Comment donc l'exprime-t-il ? Rappelons-nous les remarques des enfants, et nous aurons une clef qui nous fera trouver la réponse. En voyant disparaître de l'écran où elle se projetait l'image d'une lanterne magique, au moment où l'on retire le verre de la coulisse, ou bien en voyant la lumière réfléchie qu'on faisait promener sur un mur ou sur le plafond, à l'aide d'un miroir, s'évanouir au moment où l'on change la position du miroir, l'enfant demande ce qu'elle est devenue. L'idée qui naît dans son esprit n'est pas qu'une chose qu'on ne voit plus n'existe plus, mais qu'elle n'est plus apparente ; et ce qui l'amène à le penser, c'est qu'il observe chaque jour que des personnes disparaissent quand elles passent derrière des objets du voisinage, que des choses passent hors de vue, et qu'il lui arrive quelquefois de retrouver un jouet perdu ou caché. Pareillement, l'idée primitive est que ces divers êtres se montrent et se cachent tour à tour. Lorsqu'un animal blessé se cache dans les broussailles, le sauvage qui l'a frappé, ne pouvant le retrouver, suppose qu'il s'est échappé d'une manière incompréhensible, mais qu'il existe encore ; de même, faute de connaissances accumulées et organisées, toutes les expériences dont nous venons de parler font supposer que bon nombre des choses qui nous entourent et qui sont au-dessus de nos têtes passent souvent d'un état visible à un état invisible, et réciproquement. Les effets du vent sont la preuve qu'il y a une forme invisible d'existence, qui montre sa puissance ; donc cette croyance est plausible.

Il ne nous reste plus qu'à indiquer qu'à côté de cette conception d'une condition visible et d'une invisible qui appartiennent à chacune de ces nombreuses choses, se forme la conception de la dualité. Chacune de ces choses est double en un sens, puisqu'elle possède deux manières d'être complémentaires.

§ 54. Notons ensuite des faits significatifs d'un autre ordre, que l'homme primitif découvre de temps en temps, faits qui impriment en lui avec une force irrésistible la croyance que les choses sont succeptibles de subir une transmutation d'un genre à un autre. Je fais allusion aux faits que les restes fossiles d'animaux et de plantes imposent à son attention.

Occupé à chercher de quoi manger sur le rivage de la mer, il aperçoit, en saillie sur un rocher, une coquille, qui n'est peut-être pas de même forme que celle qu'il ramasse, mais qui lui ressemble assez pour qu'il la classe avec elle. Seulement, au lieu d'être libre, elle tient au roc et fait partie d'une masse solide ; il la brise et trouve que le contenu en est aussi dur que le moule. Voici donc deux formes analogues, l'une qui se compose de coquille et de chair, et l'autre de coquille et de pierre. Tout près de là, dans la masse des débris argileux détachés d'une falaise, il recueille une ammonite fossile. Peut-être, comme dans le *Gryphœa* qu'il vient d'examiner, y trouvera-t-il une enveloppe testacée avec un contenu pierreux. Peut-être, comme cela arrive pour certaines ammonites du lias dont la coquille dissoute a disparu, laissant les masses d'argile indurée qui remplissaient ses chambres mal attachées ensemble, l'objet qu'il aperçoit lui donnera-t-il l'idée d'une suite de vertèbres articulées et enroulées ; ou bien, comme chez d'autres ammonites du lias dont la coquille se trouve remplacée par des pyrites de fer, y verra-t-il un chatoiement semblable à celui d'une peau de serpent. Comme il y a des endroits où l'on appelle ces fossiles serpents pétrifiés, et qu'on les prend en Irlande pour les serpents bannis par saint Patrick, nous ne nous étonnerons pas que le sauvage dénué d'esprit critique, qui classe ces objets avec ceux auxquels ils ressemblent le plus, les prenne pour des serpents métamorphosés, autrefois de chair, aujourd'hui de pierre. Ailleurs, dans un ravin creusé par un torrent dans le grès, il observe à la surface d'une table de pierre le dessin d'un poisson, il y regarde de plus près et reconnaît les écailles et les nageoires ; en un autre endroit, il trouve également engagés dans la roche des crânes et des os qui ne diffèrent pas beaucoup de ceux des animaux qu'il tue pour les manger ; il en reconnaît même qui ressemblent assez à ceux de l'homme.

Les transmutations·des plantes qu'il lui arrive de découvrir sont encore plus frappantes. Je ne parle pas des empreintes de feuilles sur des schistes, ni des tiges fossiles trouvés dans les couches carbonifères ; je veux parler spécialement d'arbres pétrifiés qu'on rencontre çà et là. Ils conservent non-seulement leur forme générale, mais les détails de leur structure, au point que les années y sont marquées par des anneaux colorés, comme dans les troncs d'arbres vivants, ce qui fournit au sauvage une preuve décisive de transmutation. Avec tout notre savoir, nous avons peine à comprendre comment la silice peut remplacer les parties constitutives du bois au point d'en conserver l'apparence aussi parfaitement. L'homme primitif, qui ne sait rien de l'action moléculaire et qui est incapable de concevoir la manière dont une substitution s'opère, ne peut avoir qu'une idée : c'est que le bois est changé en pierre [1].

Ainsi, si nous laissons de côté les idées de cause physique, qui ne se sont formées qu'à mesure que l'expérience s'organisait lentement pendant le cours de la civilisation, nous verrons que, en leur absence, rien ne pourrait nous empêcher de donner à ces faits les interprétations que l'homme

---

1. On me permettra de donner un exemple de la manière dont les faits de ce genre peuvent faire impression sur les croyances des hommes. Dans son ouvrage intitulé *Deux Ans chez une famille levantine,* M. Saint-John, parlant de l'extrême crédulité des Égyptiens, cite à l'appui un récit très-répandu et très-accrédité d'après lequel des villageois avaient été métamorphosés en pierres. Cette croyance nous semble étonnante ; mais elle le paraît moins dès qu'on en connaît toutes les circonstances. A quelques milles du Caire existe une grande forêt pétrifiée ; les troncs d'arbres brisés et couchés y sont en grand nombre. Si des arbres ont pu être changés en pierre, pourquoi pas des hommes ? Pour l'homme étranger à la science, l'un est aussi probable que l'autre.

primitif y attache. Si nous regardons les faits par ses yeux, nous sentons que la croyance qu'il en tire est inévitable, et que pour lui les choses changent de substance.

N'oublions pas de remarquer qu'à cette notion de transmutation s'attache celle de dualité. Ces choses paraissent avoir deux états d'existence.

§ 55. Bien des faits imposent à l'homme primitif l'idée que les choses peuvent changer de forme aussi bien que de substance. Si nous n'avions pas admis à la légère que les vérités que l'éducation a rendues évidentes pour nous sont naturellement évidentes, nous verrions qu'une croyance sans limites aux métamorphoses est de celles que le sauvage ne peut éviter. Dès la première enfance, nous entendons faire des remarques impliquant que certaines transformations que les choses vivantes subissent sont toutes naturelles, tandis que d'autres sont impossibles. Nous supposons que cette différence a été évidente dès le début. Mais, au début, les métamorphoses qu'on observe suggèrent la croyance que toute métamorphose peut arriver.

Voyez l'immense différence qui sépare, pour la forme comme pour la substance, la graine et la plante. Regardez cette noix à la coque brune et dure et à l'amande blanche; quelle raison a-t-on de prévoir qu'il va en sortir une pousse de consistance molle et ornée de feuilles vertes? Dans notre enfance, on nous dit que l'un devient l'autre par *croissance;* la formule explicative remplit le blanc de notre connaissance, et nous cessons de nous étonner et de faire de plus amples recherches. Il n'y a pourtant qu'à considérer l'idée qui se serait formée en nous, si personne ne se fût trouvé là pour nous donner cette solution purement verbale, et l'on reconnaîtra que cette idée aurait été celle de transformation. Hypothèse à part, il n'y a qu'un fait à savoir : qu'une chose de dimension, de forme et de couleur données, est devenue une chose de dimension, de forme et de couleur toutes différentes.

Il en est de même des œufs des oiseaux. Il y a à peine quelques jours que le nid que voilà contenait quatre ou cinq corps arrondis, lisses, tachetés, et aujourd'hui, à leur place, il y a un nombre égal de petits oiseaux bayant à leur nourriture. On nous a élevés dans l'idée que les œufs ont été couvés, et nous nous contentons de ce semblant d'explication. On reconnaît que ce changement total de caractères visibles et tangibles se reproduit constamment dans l'ordre de la nature; on n'y voit donc rien de remarquable. Mais un esprit qui ne serait encore possédé par aucune généralisation empirique, soit de son cru, soit transmise par autrui, ne trouverait pas plus étrange de voir un petit oiseau sortir d'une noix que de le voir sortir d'un œuf; une métamorphose que nous jugeons impossible reposerait sur la même base qu'une métamorphose que nous trouvons naturelle parce qu'elle nous est familière. Si nous nous rappelons qu'il existe encore parmi nous, ou du moins qu'il existait naguère une croyance populaire qui faisait naître un palmipède, le barnache, d'un mollusque, l'anatife; si nous lisons, dans les premières *Transactions de la Société Royale*, un article où se trouve la description de l'anatife, où l'on reconnaissait des caractères ébauchés de l'oiseau qu'il allait produire, nous verrons que les progrès de la science ont seuls établi la différence qui sépare les transformations organiques naturelles des transformations qui semblent à l'ignorant tout aussi probables.

Le monde des insectes fournit des exemples de métamorphoses encore plus décevants. Le sauvage a vu il y a quelques jours, à une branche qui ombrage son wigwam, une chenille pendant la tête en bas. Maintenant il voit à la même place une chose de forme et de couleur différentes, une chrysalide. Au bout d'une ou de deux semaines, il en sort un papillon, qui laisse vide une coque mince. Ces métamorphoses d'insectes, comme nous les appelons, et que nous expliquons aujourd'hui par des opérations d'évolution présentant certaines phases nettement marquées, sont, aux yeux de l'homme primitif, des métamorphoses au sens originel. Il les prend pour des changements réels d'une chose en une autre chose toute différente.

Une chose nous fera comprendre comment le sauvage est si prompt à confondre les métamorphoses réelles avec les métamorphoses apparentes, encore qu'impossibles : c'est l'examen de quelques exemples d'imitation que nous offrent les insectes, et des conclusions qu'ils suggèrent. Bon nombre de chenilles, de scarabées, de phalènes, de papillons, simulent des objets parmi lesquels ils passent leur vie. L'*Onichocerus scorpio* ressemble exactement, « par la couleur et la rugosité, » à un morceau d'écorce de l'arbre sur lequel il vit, « au point que, tant qu'il ne bouge pas, il est parfaitement invisible » : cela fait naître l'idée qu'un morceau d'écorce est devenu vivant. Un autre scarabée, l'*Ontophilus sulcatus*, « ressemble à la graine d'une ombellifère » ; un autre « ne peut se distinguer à l'œil des excréments des chenilles » ; certaines cassidées ressemblent à de « brillantes gouttes de rosée déposées sur des feuilles » ; enfin il existe un charançon d'une couleur et d'une forme telles que, en se roulant sur lui-même, il devient une petite masse ovale brune qu'on chercherait en vain au milieu de petites pierres de même couleur, ou des petites boules de terre parmi lesquelles il gît sans mouvement, mais qui en sort dès qu'il n'a plus peur, de sorte qu'on dirait d'un gravier devenu animé. Aux exemples que nous empruntons à M. Wallace, nous pouvons ajouter les « insectes baguettes, » ainsi nommés « d'après la ressemblance singulière qu'ils ont avec les rameaux et les branches ». — « Il y en a d'un pied de long et de l'épaisseur du doigt ; leur couleur, leur forme, leur rugosité, la disposition de leur tête, de leurs pattes et de leurs antennes sont tels, que l'animal paraît absolument identique à une baguette de bois mort. Il reste suspendu lâchement à des arbustes dans les forêts, et a l'habitude extraordinaire d'étendre ses pattes d'une manière non symétrique, ce qui rend l'illusion encore plus complète. » Les personnes qui ont vu, dans la collection de papillons de M. Wallace, le genre *Kallima* à côté des objets qu'il simule, se feront une idée exacte des ressemblances étonnantes qui existent dans la nature entre des êtres vivants et des objets morts, et des illusions que ces ressemblances peuvent faire naître. Le papillon du genre *Kallima*, habituellement posé sur des branches qui portent des feuilles mortes, a non-seulement la forme, la couleur, les marques de ces feuilles, mais il se pose de telle sorte que les processus de ses ailes inférieures s'unissent pour former une image d'un pétiole. Quand il prend son vol, l'impression qu'il produit est qu'une des feuilles s'est changée en papillon. Qu'on s'empare de l'animal et l'impression devient plus forte encore. A la face intérieure des ailes closes, on voit nettement marquée la nervure médiane dirigée en droite ligne du pétiole au sommet ; il y a même les veines latérales. Ce n'est pas tout encore. « Nous trouvons, dit M. Wallace, des papillons qui représentent des feuilles à tous les états de destruction, diversement tachés et rouillés et per-

cés de trous, et, dans bien des cas, irrégulièrement couverts
de petits points noirs pulvérulents réunis par plaques et
ressemblant de si près aux diverses espèces de champignons
ténus qui croissent sur les feuilles mortes, qu'on ne saurait
s'empêcher de penser au premier abord que les papillons
eux-mêmes ont été attaqués par de vrais champignons. »

Nous n'avons pas oublié que, il y a quelques générations
à peine, chez les peuples civilisés, tout le monde croyait,
et beaucoup le croient encore, que la chair en décomposition se transforme en vers ; nous n'oublions pas que, parmi
nos paysans, on dit que le ver d'eau appelé *Gordius* est un
crin de cheval tombé dans l'eau et devenu vivant; cela doit
nous montrer que ces ressemblances parfaites ne pouvaient
manquer de suggérer l'idée qu'elles provenaient de métamorphoses réelles. Cette idée, une fois suggérée, devient
une croyance; c'est un fait prouvé. A Java et dans les régions voisines habitées par l'insecte merveilleux appelé « la
feuille qui marche », on affirme positivement que cet insecte
est une feuille qui s'est animée. Quelle autre chose pourrait-il être? On ne peut point imaginer de cause naturelle
pour expliquer ces merveilleuses ressemblances entre des
choses qui n'ont rien autre de commun, tant qu'on ne possède pas l'explication si heureusement indiquée par M. Bates,
l'idée de l'imitation. Tant qu'on ne possède pas la connaissance généralisée, rien ne saurait empêcher d'admettre que
ces transformations apparentes sont des transformations
réelles; et même les transformations apparentes ne sauraient
être distinguées des réelles tant que la critique et le scepticisme n'ont pas fait quelque progrès.

Une fois établie, la croyance aux transformations s'étend
sans résistance à d'autres classes de choses. Entre un œuf
et un oiseau jeune, il y a une bien plus grande différence

dans l'apparence et la structure qu'entre un mammifère et
un autre. Le têtard, qui a une queue et n'a aucun membre,
diffère d'une grenouille jeune, qui a quatre membres et n'a
point de queue, c'est-à-dire plus qu'un homme d'une hyène,
car l'homme et l'hyène ont quatre membres, et ils rient
l'un et l'autre. Evidemment, les métamorphoses naturelles,
qu'on trouve en si grande abondance unies aux métamorphoses apparentes, que l'homme primitif ne peut manquer
de confondre avec elles, donnent naissance à la conception
de métamorphose en général, qui s'élève au rang d'une explication que rien ne contredit nulle part.

Ici encore, nous aurons à remarquer qu'en donnant
naissance à l'idée que des choses de tout genre peuvent
changer subitement leur forme, et en l'entretenant, les
faits de transformation confirment la notion de dualité.
Chaque objet est non-seulement ce qu'il paraît, mais il est
en puissance quelque autre chose.

§ 56. Qu'est-ce qu'une ombre? La vie au milieu de la
civilisation nous a tellement familiarisés avec les ombres,
et nous les rappportons à des causes physiques d'un mouvement si automatique, que nous ne nous demandons pas ce
qu'elles ont dû apparaître aux yeux d'individus d'une ignorance absolue.

Ceux qui gardent encore dans leur esprit des traces des
idées de l'enfance se rappelleront l'intérêt qu'ils prenaient
jadis à regarder leur ombre, à remuer les jambes, les bras
et les doigts pour voir de quelle manière se mouvaient les
parties correspondantes de leur ombre. Pour l'enfant, l'ombre est un être. Je ne l'affirme pas sans preuve. J'ai noté,
en 1858-59, à propos des idées douteuses dans le livre de
Williams sur les Fidjiens, qu'on venait de publier, et que

je voulais éclaircir, le fait d'une jeune fille d'environ sept ans, qui ne savait pas ce que c'est qu'une ombre et à qui je n'en pouvais faire comprendre la vraie nature : si nous laissons de côté les idées acquises, nous verrons que cette difficulté est toute naturelle. Une chose qui a un contour et qui diffère des choses qui l'entourent par la couleur, et tout spécialement une chose qui se meut, est, dans d'autres cas, une réalité. Pourquoi l'ombre n'est-elle pas une réalité ? L'idée qu'une ombre n'est qu'une pure négation de la lumière ne peut se former tant qu'on n'a pas un peu compris la manière dont la lumière se comporte. Il est vrai que les ignorants qui sont parmi nous, sans comprendre nettement que la lumière, parce qu'elle marche en ligne droite, laisse nécessairement des espaces obscurs derrière des objets opaques, n'en arrivent pas moins à regarder une ombre comme l'accompagnement naturel d'un objet exposé à la lumière et comme quelque chose qui n'a rien de réel. Mais c'est un des innombrables exemples où l'esprit de recherche se laisse tranquilliser par une explication verbale. « Ce n'est qu'une ombre, » telle est la réponse qu'on donne de bonne heure à l'enfant, et cette réponse, qu'on lui répète chaque jour, éteint son étonnement et l'empêche d'y penser davantage.

Mais l'homme primitif, à qui personne ne fait de réponse quand il pose ces questions, qui n'a aucune idée des causes physiques, arrive nécessairement à la conclusion qu'une ombre est un être réel, appartenant de quelque manière à la personne qui la projette. Il se borne à accepter les faits. Chaque fois que le soleil ou la lune sont visibles, il voit cette chose qui l'accompagne et qui a avec lui une ressemblance grossière, qui se meut quand il se meut, qui marche tantôt devant lui, tantôt à ses côtés, tantôt derrière; qui s'allonge ou se raccourcit selon que le sol s'incline dans tel ou tel sens, et qui prend des formes étranges lorsqu'il marche sur des surfaces irrégulières. Il est vrai qu'il ne peut voir cette chose par un temps nuageux; mais, comme la physique ne lui donne aucune explication, ce fait lui prouve simplement que le quelque chose qui l'accompagne ne sort que les jours où le soleil brille et pendant les nuits claires. Il est vrai aussi que cette chose ne lui ressemble et ne se sépare à peu près de lui que lorsqu'il est debout; s'il se penche sur le sol, elle n'a plus qu'une forme vague, et, s'il se couche à terre, elle disparaît et semble rentrer en lui en partie. Mais cette observation confirme l'homme primitif dans l'idée que l'ombre est un être réel. L'écartement plus ou moins grand qui le sépare de son ombre lui rappelle des cas où l'ombre est entièrement séparée. S'il vient à suivre, par un beau jour, les mouvements d'un poisson dans l'eau, il aperçoit une forme sombre semblable à un poisson, à une assez grande distance de l'animal, mais qui ne cesse pas de l'accompagner de ci et de là. Levant les yeux, il voit des taches sombres qui se meuvent sur les flancs des montagnes; et qu'il rattache ou non ces taches aux nuages qui les projettent, elles lui paraissent sans rapport avec aucun objet. Ces faits lui montrent que les ombres, souvent si étroitement unies avec leurs objets qu'on ne saurait guère les en distinguer, peuvent néanmoins s'en séparer nettement et s'en éloigner.

Ainsi, des esprits qui commencent à généraliser doivent concevoir les ombres comme des êtres rattachés à des choses matérielles, mais susceptibles de s'en séparer. C'est ainsi qu'ils les conçoivent : nous en avons des preuves nombreuses. Nous lisons dans Bastian que les nègres de Bénin regardent les ombres des hommes comme leur âme; il ajoute que

les Ouanikas ont peur de leur ombre : peut-être pensent-
ils, comme d'autres nègres, que leurs ombres épient toutes
leurs actions et portent témoignage contre eux. Chez les
Groënlandais, selon Crantz, l'on croit que l'ombre d'un
homme est une de ses deux âmes, celle qui quitte son corps
la nuit. Les Fidjiens, aussi, appellent l'ombre « l'esprit
sombre », pour la distinguer d'un autre esprit que l'homme
possède. Enfin la communauté de signification que nous
aurons à signaler plus tard, et que diverses langues, qui ne
sont point de la même famille, attestent entre les mots
ombre et esprit, démontre la même chose.

Ces exemples qui nous montrent qu'on regardait originellement une ombre comme un être attaché à un autre
être, suggèrent plus d'idées que je n'en veux indiquer ici.
Les idées du sauvage, telles que nous les observons, ont subi
un développement qui les a fait passer de leurs premières
formes vagues en des formes plus cohérentes et plus définies.
Nous devons négliger les caractères spéciaux de ces idées et
ne considérer que le caractère le plus général qu'elles ont
au début. C'est celui que nous avons trouvé plus haut. Les
ombres sont des êtres, toujours intangibles et souvent invisibles, mais qui appartiennent néanmoins chacune à l'objet
visible et tangible qui est leur corrélatif; enfin les faits
qu'on peut observer à leur sujet, fournissent de nouveaux
matériaux et pour la notion d'états apparents et d'états
inapparents et pour celle d'une dualité dans les choses.

§ 57. D'autres phénomènes qui, à d'autres points de vue,
seraient de même famille, présentent ces notions sous un
jour encore plus matériel. Je veux parler des faits de réflexion.

Si la ressemblance grossière qui existe entre les contours

et les mouvements d'une ombre et ceux d'une personne qui
la projette, suggère l'idée d'un second être, à bien plus
forte raison doit la suggérer la ressemblance exacte des
images réfléchies. Cette image qui répète tous les détails de
forme, de lumière, d'ombre, de couleur, qui imite même les
grimaces de l'original, cette image ne saurait s'expliquer au
début autrement que par la supposition qu'elle est un être.
L'expérimentation seule constatera que les impressions
visuelles ne sont pas, dans ce cas, celles qui correspondent
aux impressions tactiles fournies par la plupart des autres
choses. Qu'en résulte-t-il? Simplement l'idée d'un être
qu'on peut voir, mais qu'on ne peut toucher. L'explication
par l'optique est impossible. Tant que la science de la physique n'existe pas, l'esprit ne saurait concevoir que l'image
est formée par des rayons de lumière réfléchis ; et, comme
rien n'affirme avec autorité que la réflexion n'est qu'une
apparence, on la prend forcément pour une réalité, réalité
qui appartient de quelque manière à la personne dont elle
simule les traits et dont elle singe les actions. En outre, ces
doubles que l'on voit dans l'eau fournissent à l'homme primitif des vérifications toutes prêtes de certaines autres
croyances que suggèrent les objets environnants. Au fond
de l'étang aux eaux claires, ne voit-on pas les nuages qui
ressemblent à ceux du ciel? Ce n'est pas tout : pendant la
nuit, des étoiles aussi brillantes que celles du firmament
scintillent à des profondeurs immenses au-dessous de la
surface des eaux. Y a-t-il donc deux lieux pour les étoiles?
celles qui disparaissaient pendant le jour descendent-elles
dans le lieu où les autres se font voir? Et encore, au-dessus
de l'étang, l'homme primitif voit se pencher l'arbre mort
dont il casse les branches pour les brûler. N'existe-t-il pas
aussi une image de cet arbre? Et la branche qu'il brûle,

qui s'évanouit et passe au néant en brûlant, n'y a-t-il pas quelque rapport entre son état invisible et cette image qui est dans l'eau et qu'on ne peut toucher, pas plus qu'on ne peut toucher la branche consumée?

Les images réfléchies engendrent donc une croyance confuse et inconsistante peut-être, mais pourtant une croyance d'après laquelle chaque individu a un double, ordinairement invisible, mais qu'on peut voir cependant en allant au bord de l'eau et en y regardant. Il n'y a pas là seulement une conclusion déduite *à priori* : il y a des faits qui la vérifient. D'après Williams, certains Fidjiens « disent que l'homme a deux esprits. Son ombre, *l'esprit sombre*, qui, disent-ils, va dans l'Hadès. L'autre est son image réfléchie dans l'eau ou dans un miroir, et l'on croit que celle-ci demeure près de l'endroit où un homme meurt. » On peut dire même que cette croyance à deux esprits est la chose la plus logique du monde. En effet, l'ombre et l'image réfléchie d'un homme ne sont-elles pas séparées? N'existent-elles pas en même temps, et en même temps que lui? Ne peut-il pas, au bord de l'eau, voir que l'image réfléchie dans l'eau et l'ombre projetée sur le rivage se meuvent en même temps que lui? Evidemment, tout en lui appartenant l'une et l'autre, elles sont indépendantes de lui, comme elles sont indépendantes l'une de l'autre; en effet, elles peuvent manquer toutes les deux, et chacune peut être présente en l'absence de l'autre.

Les théories primitives de ce double ne rentrent pas dans la question qui nous occupe, et nous devons les négliger. Nous n'avons à retenir qu'une chose, c'est que ce double avait une existence réelle. Pour l'esprit primitif, qui s'essaye à expliquer le monde qui l'entoure, il existe une autre classe de faits qui confirment l'idée que les êtres ont des états

visibles et des états invisibles, et fortifient la supposition
qui prête une dualité à chaque existence.

§ 58. Que chacun se demande ce qu'il croirait si, dans
un état d'ignorance enfantine, il venait à passer par un certain endroit et à y entendre répéter un cri qu'il aurait
poussé. N'en conclurait-il pas inévitablement que le cri de
réponse vient d'une autre personne? De nouveaux cris,
répétés l'un après l'autre, avec des mots et un ton pareils
aux siens, et pourtant sans qu'on puisse voir d'où ils viennent, feraient naître l'idée que cette personne se moque et
en même temps se cache. Une vaine recherche dans le bois
ou sous le rocher aboutirait à la conviction que la personne qui se cache est très-adroite ; surtout si l'on remarque
que, à l'endroit même d'où la réponse venait auparavant,
nulle réponse ne se fait plus entendre, évidemment parce
que cela aiderait à découvrir le gîte du moqueur. Si, au
même endroit, en d'autres occasions, ce cri de réponse,
par une cause qui échappe à toute recherche, se fait entendre de tout passant qui appelle à haute voix, on en viendra
à penser qu'en cet endroit demeure un de ces êtres invisibles, un homme qui a passé à l'état invisible, ou qui peut
se rendre invisible quand on le cherche.

L'homme primitif ne saurait rien concevoir qui ressemble à une explication physique d'un écho. Que sait-il de la
réflexion des ondes sonores? Ce que sait à ce sujet la
masse du peuple d'aujourd'hui. N'était l'extension des
connaissances qui a modifié les idées dans toutes les classes
et qui a incliné tout le monde à accepter ce que nous
appelons interprétations naturelles et à admettre qu'il y a
des interprétations naturelles pour les événements que
l'on ne comprend pas, on expliquerait encore aujour-

d'hui l'écho en l'attribuant à une action d'êtres invisibles.

Les faits prouvent que l'écho se présente de cette manière à l'esprit primitif. Les Abipones, nous dit Southey, « ne savent pas ce qu'est devenu le Lokal (esprit du mort), mais ils en ont peur et croient que l'écho est sa voix. » Les Indiens de Cumana (Amérique centrale), nous dit Herrera, « croient que l'âme est immortelle, qu'elle mange et boit dans une plaine où elle réside, et que l'écho est la réponse qu'elle envoie à celui qui parle ou qui appelle. » Lander, dans le récit de son voyage le long du Niger, dit que « de temps en temps, au détour d'une crique, le capitaine du canot criait au fétiche, et, lorsqu'un écho lui répondait, il jetait dans l'eau un demi-verre de rhum et un morceau d'igname et du poisson. Quand on lui demandait pourquoi, il répondait : « N'entendez-vous pas le fétiche? »

Ici, comme je l'ai déjà fait, il faut que je demande au lecteur de mettre de côté les explications spéciales, dont l'acceptation préjuge la question. J'attire l'attention sur le fait qui confirme la conclusion tirée plus haut, qu'en l'absence de toute explication physique on conçoit l'écho comme la voix d'une personne qui évite de se laisser voir. Nous retrouvons donc ici la croyance implicite d'une dualité, d'un état invisible aussi bien que d'un état visible.

§ 59. C'est ainsi que la nature offre, à un esprit dépourvu d'autres idées que celles qu'il peut rassembler de lui-même, des faits innombrables, tous attestant un changement en apparence arbitraire, tantôt léger et lent, tantôt graduel et grand, tantôt soudain et extrême. Dans le ciel et sur la terre, les choses paraissent et disparaissent, et rien ne nous montre pourquoi il en est ainsi. Tantôt à la surface du sol, tantôt dans ses profondeurs, il y a des choses dont la subs-

tance a été transmuée, changée de chair en pierre, de bois
en caillou. Les corps vivants présentent partout des métamorphoses, assez merveilleuses pour l'homme instruit et
tout à fait incompréhensibles pour l'homme primitif. Enfin
la nature protéenne que tant de choses ambiantes présentent, et qui le familiarise avec l'idée qu'il y a deux états, ou
même un plus grand nombre d'existences, qui passent l'un
à l'autre, fait une impression nouvelle sur lui quand il aperçoit les phénomènes des ombres, des réflexions et des échos.

Si nous ne commettions pas la légèreté d'admettre comme
innées des idées qui se sont lentement élaborées durant le
cours de la civilisation et que nous avons acquises, sans
nous en apercevoir, pendant les premiers moments de notre
vie, nous verrions du même coup que les idées formées par
l'homme primitif sont des produits inévitables de son
esprit. Les lois d'association mentale rendent ces notions
primitives de transmutation, de métamorphose, de dualité,
nécessaires, et, tant que l'expérience n'a pas été systématisée,
on n'y connaît ni limites ni réserve. Eclairés par un savoir
avancé, nous voyons dans la neige une forme particulière
d'eau cristallisée, et dans la grêle des gouttes de pluie qui
se congèlent en tombant. Quand elles se fluidifient, nous
disons qu'elles ont dégelé, et nous regardons le changement
survenu comme un effet de la chaleur; il en est de même
quand la gelée blanche qui borde de franges les rameaux
d'un arbre se change en gouttes qui tombent, ou quand la
surface d'un étang se solidifie pour se liquéfier ensuite.
Mais, aux yeux d'un homme d'une ignorance absolue, ces
changements sont des transmutations de substance, des
faits attestant le passage d'un genre d'existence à un autre.
Tous les autres changements énumérés plus haut sont
nécessairement conçus de la même manière.

Demandons-nous maintenant ce qui arrive dans l'esprit primitif quand il s'y est accumulé cet assemblage hétérogène d'idées grossières qui présentent au milieu de leurs différences certaines ressemblances. Conformément à la loi d'évolution, tout agrégat tend à s'intégrer et à se différencier en s'intégrant. L'agrégat des idées primitives doit passer par ces changements. D'après quelle manière y passera-t-il? Au début, ces innombrables notions vagues forment une masse lâche, sans ordre. Il s'y fait une désagrégation lente ; le semblable s'unit au semblable, pour former des groupes marqués de caractères peu définis. Quand ces groupes commencent à former un tout consolidé, constituant une conception générale de la façon dont les choses se passent en général, cela doit se faire de la même manière : la cohérence qui s'établit entre les groupes doit provenir de quelque ressemblance existant entre les membres de tous les groupes. Nous avons vu qu'il y en a une, le caractère commun de dualité uni à l'aptitude à passer d'un mode d'existence à un autre. L'intégration doit commencer par la reconnaissance de quelque fait type. C'est une vérité qui se vérifie toujours que des faits accumulés, en désordre, commencent à s'arranger dans un certain ordre dès qu'on jette au milieu d'eux une hypothèse. Lorsque, dans un chaos d'observations détachées, s'introduit une observation qui leur ressemble, mais où l'on peut distinguer une relation causale, celle-ci se met incontinent à s'assimiler dans ce monceau de faits tous ceux qui lui sont conformes et tend à faire entrer dans la même union tous ceux dont la conformité n'est pas évidente. On dirait que de même que le protoplasme qui forme un germe non fécondé demeure inerte jusqu'au moment où il subit le contact de la matière d'une cellule spermatique, mais qu'il commence à s'organiser dès

que cette conjonction s'est produite, de même un agrégat
aussi lâche d'observations demeure non systématisé faute
d'une hypothèse, mais que, du moment qu'il en subit le
stimulant, il parcourt une série de changements aboutissant
à une doctrine systématique cohérente. Quel est donc
l'exemple particulier de cette dualité, qui joue le rôle de
principe organisateur de l'agrégat des idées primitives? Ce
que nous avons à demander, ce n'est pas une hypothèse
proprement dite : l'hypothèse est un engin de recherche que
l'esprit primitif ne sait pas fabriquer. Nous devons chercher une expérience où cette dualité s'impose avec force à
l'attention. De même qu'une hypothèse admise avec pleine
conscience repose d'ordinaire sur quelque fait qui met
vivement en lumière un certain rapport et auquel d'autres
faits sont réputés semblables, de même la notion primitive
particulière qui va servir d'hypothèse inconsciente, pour
inaugurer l'organisation dans cet agrégat de notions primitives, doit être une notion qui mette fortement en saillie
leur trait commun.

Nous déterminerons d'abord cette notion typique, puis
nous ferons l'examen des conceptions générales qui en sont
le résultat. Nous serons obligés de pousser notre étude dans
divers sens, au risque de paraître nous écarter de notre
sujet; nous aurons aussi à considérer le sens d'un grand
nombre de faits fournis par des hommes qui ont dépassé
l'état sauvage. Mais cette méthode discursive est inévitable.
Tant que nous ne pouvons nous faire une image appro-
chante du système primitif des idées, nous ne saurions
comprendre complétement la conduite primitive; et, pour
bien concevoir le système primitif des idées, nous sommes
obligés de comparer entre eux les systèmes observés dans
un grand nombre de sociétés : nous nous servirons des faits

que fournit l'observation de leurs formes avancées, pour
vérifier les conclusions que nous tirerons de leurs formes
rudimentaires [1].

1. Le lecteur qui s'étonnerait de trouver dans les chapitres suivants tant
d'espace consacré à la genèse des *superstitions* (comme nous les appelons),
qui constituent la théorie des choses de l'homme primitif, en trouvera la raison
dans la première partie de l'essai sur « les mœurs et la mode », publié pour
la première fois en 1854 (v. *Essays, etc.*, t. I). J'ai depuis cette date élaboré
entièrement l'idée qui s'y trouve indiquée sommairement de la manière dont
l'organisation sociale est affectée par les croyances ; et les chapitres suivants
la présentent sous une forme complète. A part un article sur « l'Origine du
culte des animaux » (mai 1870), je n'ai rien fait pour faire connaître le développement que je donnais à cette idée : d'autres sujets me réclamaient. Pendant ce temps, les ouvrages importants de M. Tylor et de sir John Lubbock
ont établi, à l'aide de faits nombreux, des idées à quelques égards semblables
aux miennes. On verra cependant que, tout en restant d'accord avec plusieurs
de leurs conclusions, je diffère d'eux au point de vue de l'ordre de genèse et
du mode d'après lequel les superstitions primitives dépendent les unes des
autres.

CHAPITRE IX

IDÉES DE L'ANIMÉ ET DE L'INANIMÉ.

§ 60. A première vue, la différence qui sépare un animal d'une plante paraît plus grande que celle qui sépare une plante d'un objet sans vie..Un quadrupède et un oiseau se distinguent des choses inertes par les mouvements fréquents qu'ils exécutent; mais une plante, inerte à tant d'égards, ne se distingue pas de cette manière; seuls, les êtres capables de faire une comparaison entre le passé et le présent, qui révèle leur croissance, et mette en évidence le cycle de leurs changements reproductifs, peuvent reconnaître que les plantes sont plus proches des animaux que du reste des choses. La classification primitive met donc les animaux dans un groupe et le reste des choses dans un autre.

Aussi, dans l'étude que nous allons faire de la manière dont se produit dans la conscience la distinction entre le vivant et le non-vivant, nous pouvons, pour un instant, négliger les phénomènes de la vie végétale et ne nous occuper que de ceux de la vie animale.

Pour bien comprendre en quoi consistait cette distinction pour l'aperception de l'homme primitif, nous en devons ob·

server le développement dans les formes inférieures de conscience.

§ 61. Quand on se promène par un jour de soleil sur le rivage de la mer, parmi les falaises couvertes de lépas, et qu'on s'arrête de temps en temps pour examiner quelque chose, on peut entendre un léger sifflement. En y regardant bien, on verra que ce bruit vient des lépas. Durant l'intervalle des marées, ils demeurent les valves imparfaitement closes ; mais ceux sur lesquels une ombre vient subitement se projeter se ferment, et c'est la fermeture simultanée du grand nombre de lépas atteints par l'ombre qui produit ce petit bruit. Ce que nous avons à noter ici, c'est que ces cirrhipèdes, crustacés transformés, dont les yeux sont emprisonnés dans les tissus, et dont la faculté visuelle ne va qu'à distinguer la lumière des ténèbres, ferment la porte de leur loge dès qu'il se produit une obscurité subite. D'ordinaire, c'est un être vivant qui projette une ombre ; et l'ombre est le signe qu'il y a dans le voisinage une cause de danger. Mais, comme l'ombre peut provenir d'un nuage découpé à angles aigus, qui masque le soleil soudainement, il arrive souvent que la cause de l'obscurité n'est pas dans un être vivant du voisinage : la valeur de ce signe est donc très-imparfaite. Nous voyons pourtant que, même chez des animaux placés aussi bas dans l'échelle des êtres dépourvus d'intelligence, on peut apercevoir une vague réponse générale à un signe indiquant la présence d'un être vivant dans le voisinage : signe qui consiste en un changement impliquant l'existence d'un corps qui se meut.

Divers animaux inférieurs, dont la vie ne se compose que d'actions réflexes, ne se montrent pas beaucoup plus avancés dans la manière de distinguer le vivant du non-vivant d'après les impressions visuelles. Plus avant sur le rivage, dans les flaques d'eau laissées par le reflux, nagent des crevettes qui s'élancent subitement de çà et de là quand un corps volumineux se rapproche d'elles ; quand un tas d'algues en décomposition amoncelées se trouvent dérangées, quelle que soit la cause du dérangement, les puces de mer qui s'y trouvent se mettent à sauter. De même, dans le voisinage, les insectes qui ne distinguent pas la forme des objets en mouvement, ni le genre de leur mouvement, s'envolent ou sautent quand ils reçoivent l'impression visuelle de grands changements subits, puisque chaque changement implique la proximité d'un corps vivant. Dans tous ces cas, comme dans le mouvement des chenilles qui s'envolent quand on les touche, l'action est automatique. Après un vif stimulus nerveux vient une forte décharge motrice, qui aboutit à un élan ou à une contraction convulsive des muscles.

Généralement parlant, nous pouvons dire que, dans ces cas, il se produit une erreur qui confond le mouvement qui implique la vie et le mouvement qui ne l'implique pas. L'acte mental qui s'y produit ressemble à celui qui existe en nous lorsque quelque gros objet passe subitement très près devant nous. Il se fait en nous un soubresaut involontaire, avant que nous ayons le temps de décider si l'objet est vivant ou mort, s'il est ou n'est pas pour nous une cause de danger. La première idée que cette impression nous suggère est, comme pour les animaux inférieurs dont nous avons déjà parlé, que le *mouvement* implique la vie ; mais, tandis que chez nous l'observation consciente repousse ou vérifie cette idée, chez ces animaux il n'en est rien.

§ 62. Quelle est la première notion par laquelle cette aperception primaire commence à se spécialiser ? Comment les animaux supérieurs commencent-ils à limiter cette association du mouvement avec la vie, de·façon à exclure de la classe des êtres vivants ceux qui se meuvent, mais qui ne vivent pas? Dès que l'intelligence s'élève au-dessus de la phase où elle est purement automatique, elle commence à distinguer le mouvement qui implique la vie d'avec l'autre mouvement par sa spontanéité. Les corps vivants passent soudainement du repos au mouvement, ou du mouvement au repos, sans que rien d'extérieur les ait frappés ou poussés. Les freux, qui guettent sans doute l'homme qui passe à distance, s'élèvent dans l'air dès qu'il s'arrête ; ou, s'ils ne bougent pas à ce moment, ils partent dès qu'ils le voient se remettre à marcher ou même remuer les bras sans changer de place.

Ce qui montre bien que la spontanéité du mouvement sert de signe, c'est la conduite des animaux apprivoisés, et même des animaux sauvages, en face d'un train de chemin de fer. Dans les premiers temps des chemins de fer, ils se montraient très-effrayés ; mais après quelque temps, familiarisés avec le tapage et le mouvement rapide de cet objet qui, se montrant de loin, passe devant eux emporté par une course précipitée et s'enfonce dans le lointain où il disparaît, ils n'y font plus attention : les vaches continuent à paître, et même les perdrix qui se trouvent sur la pente des remblais lèvent à peine la tête.

Comme pendant de ces faits, on peut citer l'attitude d'un chien dont parle M. Darwin. Comme les autres animaux de cette espèce et comme les animaux supérieurs en général, il ne prenait pas garde au mouvement des fleurs et des feuilles frôlées par la brise d'été. Mais il arriva un jour qu'il vit un parasol ouvert planté sur la pelouse. De temps en temps, la brise l'agitait, et alors le chien se mettait à aboyer

furieusement ou à gronder. Il savait par son expérience depuis longtemps que la force bien connue dont il sentait
l'effet quand elle agitait ses poils, suffisait aussi pour faire
mouvoir autour de lui les feuilles, et qu'en conséquence le
mouvement des feuilles n'était pas spontané; mais il n'avait
jamais vu qu'un objet aussi grand qu'un parasol fût mis en
mouvement par cette cause. De là l'idée d'une force vivante,
d'un intrus.

Ajoutons que les phénomènes qui d'abord suggèrent fortement l'idée de vie ne tardent pas à passer au nombre de
ceux qui suggèrent des idées d'objets non vivants, si la spontanéité manque. Nous en avons la preuve dans la conduite
d'un chien devant un miroir. D'abord, se figurant que l'image
réfléchie est un autre chien, il est excité; et, s'il peut passer
derrière le miroir, il essaye d'arriver sur l'animal qu'il
juge étranger. Mais lorsque le miroir est placé de sorte qu'il
y voie souvent la même image, sur un chiffonnier par
exemple, il y devient indifférent. Pourquoi? C'est que
l'image ne se meut pas spontanément. Tant qu'il est immobile, l'image ne bouge pas; et tous les mouvements qu'il y
voit suivent les siens.

§ 63. Il y a encore un signe auquel les animaux intelligents distinguent le vivant du non-vivant : c'est l'*adaptation*
du mouvement à des fins. Quand un chat s'amuse d'une
souris qu'il a attrapée, s'il la voit demeurer longtemps immobile, il la touche du bout de sa griffe pour la faire courir.
Evidemment le chat pense qu'un être vivant qu'on dérange
cherchera à s'échapper, et que ce sera pour lui un moyen
de recommencer la chasse. Non-seulement il s'attend à un
mouvement spontané, en ce sens que c'est la souris qui le
produira; mais il s'attend à voir ce mouvement dirigé dans

un sens qui éloigne la souris du danger. Chez les animaux qui ne parviennent pas à juger par l'odeur si l'objet qu'ils sentent est vivant ou non, on peut observer ordinairement qu'ils attendent qu'un dérangement de cet objet le fera courir pour s'échapper, s'il est vivant. On peut même, à la conduite de certains oiseaux qui vivent en société, lorsqu'un des leurs a été tué d'un coup de fusil, juger que, en voyant que leur compagnon ne fait aucune réponse aux cris et aux mouvements de tous, ils reçoivent l'impression qu'il n'appartient plus à la classe des objets animés.

§ 64. Ainsi, en nous élevant dans l'échelle animale, nous voyons que la faculté de distinguer l'animé de l'inanimé augmente. D'abord extrêmement vagues, les actes discriminatifs deviennent peu à peu plus définis; d'abord très-généraux, ils deviennent ensuite plus spéciaux; enfin les actes de classification deviennent moins souvent erronés. D'abord le *mouvement*, puis le mouvement *spontané*, puis le mouvement spontané *adapté*, tels sont les signes auxquels l'intelligence a successivement recours à mesure qu'elle progresse.

Sans doute elle se sert aussi d'autres caractères. Rien qu'en aspirant l'air par ses naseaux, le daim s'aperçoit, à quelque chose qui s'y trouve, de la proximité d'un ennemi. Souvent un carnivore suit sa proie d'après l'odeur qu'elle laisse. Mais les odeurs, quoique phénomènes concomitants de la vie dans certains objets adjacents, ne servent pas de signe à la vie; en effet, l'objet d'où émane une odeur n'est pas réputé vivant, si, après qu'il a été trouvé, il ne fait pas les mouvements attendus. Les sons aussi servent d'indication; mais, quand ils sont causés par des animaux, ils sont le résultat de mouvements spontanés, et ils ne sont tenus

pour des signes de la vie que parce qu'ils accompagnent
d'autres mouvements spontanés.

Il faudrait ajouter que l'aptitude à classer à peu près
correctement l'animé et l'inanimé se développe inévitablement dans le cours de l'évolution ; puisque c'est un moyen
essentiel de conservation de soi-même, sous peine de mort
par la faim ou par l'ennemi, il faut que l'animal cultive sa
faculté de distinguer l'animé de l'inanimé, et par conséquent
que cette faculté se perfectionne.

§ 65. Dirons-nous que l'homme primitif est moins intelligent que les animaux inférieurs, moins intelligent que les
oiseaux et les reptiles, moins même que les insectes ? A
moins de cela, il faut dire que l'homme primitif distingue
le vivant du non-vivant, et, si nous lui accordons plus d'intelligence qu'aux bêtes, il faut conclure qu'il le distingue
mieux qu'elles. Les signes dont les animaux se servent, et
dont les animaux supérieurs se servent bien presque toujours, il doit aussi s'en servir : la seule différence, c'est
qu'il évite les erreurs de classification où tombent les animaux les plus intelligents.

Il est vrai que le sauvage, tel que nous le trouvons aujour-
d'hui, fait d'ordinaire des erreurs de classification quand on
lui montre certains produits des arts de la civilisation, conformés et agissant à la ressemblance des êtres vivants. Les
Esquimaux crurent que les vaisseaux de Ross étaient des
êtres vivants, puisqu'ils se mouvaient sans rames. Thomson
raconte que les naturels de la Nouvelle-Zélande, « lorsque
le navire de Cook parut en vue, le prirent pour une baleine
à voiles. » Anderson raconte que les Boschimans supposaient qu'une voiture était un être animé et qu'il lui fallait
de l'herbe; la complexité de sa structure, la symétrie de ses

parties, ses roues mobiles, ne pouvaient se concilier avec
l'expérience qu'ils avaient des choses inanimées. « C'est vivant, » disait un Arraouak à Brett, en voyant une boussole
de poche. On a souvent dit que les sauvages prenaient une
montre pour un être vivant. Ajoutons que, au dire des explo-
rateurs des régions arctiques, des Esquimaux crurent qu'une
boîte à musique et un orgue de Barbarie étaient des êtres
vivants, et que la boîte était l'enfant de l'orgue. C'est que les
instruments automatiques qui émettent des sons variés ressemblent par là, d'une manière frappante, à beaucoup de
corps animés. Les mouvements d'une montre, qui ne paraissent pas produits par une cause extérieure, semblent
spontanés ; aussi est-il tout naturel d'attribuer la vie à la
montre. Nous ne devons pas tenir compte des erreurs que
fait l'homme en classant les objets produits d'arts perfec-
tionnés et qui simulent des objets vivants, puisqu'ils font
tomber l'homme primitif dans l'erreur, autrement que ne le
font les objets naturels qui l'entourent. Si nous ne dépassons
pas les idées qu'il se fait de ces objets naturels, nous ne
pouvons éviter de conclure qu'au fond il ne se trompe pas
dans la classification qu'il en fait en objets animés et en
inanimés.

Pour conclure, nous sommes obligés de nous écarter au
début de certaines interprétations qu'on donne généralement des superstitions de l'homme primitif. L'hypothèse,
tacite ou avouée, que l'homme primitif a une tendance à assigner la vie à des choses non vivantes, n'est pas soutenable.
La perception des différences qui les séparent, toujours
plus nette à mesure que l'intelligence se développe, doit
être chez lui plus nette que chez tous les animaux. Supposer que, sans cause, il se mette à les confondre, c'est supposer le cours de l'évolution interverti.

§ 66. On dit, il est vrai, que l'intelligence humaine non
développée tend à les confondre. On cite des faits impliquant que les enfants ne font pas la distinction. Ils auraient
quelque valeur s'ils n'étaient viciés par les idées que les
adultes suggèrent aux enfants. Une mère ou une bonne qui
veulent calmer un enfant qui s'est fait mal en heurtant quelque objet inanimé n'affectent-elles pas de prendre parti pour
l'enfant contre cet objet. « Méchante chaise, disent-elles,
qui fait mal à bébé; bats-la ! » On se prend alors à soupçonner que l'idée ne se produit pas chez l'enfant, mais qu'on
la lui enseigne. La conduite habituelle des enfants à l'égard
des objets qui l'entourent ne donne pas lieu de croire qu'il
commet une telle confusion. A moins qu'un objet inanimé
ne ressemble à un objet animé au point d'en imposer pour
une créature vivante sans mouvement, mais qui va se mouvoir, l'enfant ne s'en montre pas effrayé. Il est vrai qu'il
s'effraye quand il voit une chose inanimée se mouvoir, sans
apercevoir la force extérieure qui la met en mouvement.
En quoi qu'un objet diffère des choses vivantes, pourvu
qu'il manifeste la spontanéité caractéristique des êtres vivants, il éveille l'idée de vie et peut provoquer un cri. Sans
cela, l'enfant n'attribue pas plus le cri à l'objet que ne le
font un petit chien ou un petit chat. Dira-t-on que, porté
comme il l'est à tout dramatiser, un enfant plus âgé dote
d'une personnalité chacun de ses joujoux, qu'il en parle et
qu'il les choie comme s'ils étaient vivants? Nous répondrons
qu'il ne s'agit pas ici d'une croyance, mais d'une fiction dé-
libérée. L'enfant peut bien prétendre que ces choses sont
vivantes, mais il ne le croit pas réellement. Si la poupée venait à mordre, il ne serait pas moins stupéfait qu'un adulte.
Dans les jeux, ces actions agréables de facultés inoccupées,
beaucoup d'animaux intelligents dramatisent de même;

faute des objets vivants qu'il leur faudrait, ils acceptent, pour les représenter, des objets non vivants, surtout si ces objets sont faits de manière à simuler la vie. Seulement le chien qui court après un bâton ne le croit pas vivant. S'il le met en pièces après l'avoir attrapé, il ne fait que jouer la comédie de la chasse : s'il croyait le bâton vivant, il le mordrait avec autant d'ardeur avant qu'on l'ait jeté qu'il le fait après. On allègue encore que l'homme adulte lui-même trahit quelquefois une tendance intime à se représenter les objets inanimés comme animés. Irrité par la résistance qu'un objet inanimé oppose à ses efforts, il peut, dans un accès de rage, jurer après cet objet, le jeter à terre ou le frapper du pied. Mais ces actes trouvent une explication toute simple : la colère, comme toute émotion forte, tend à se décharger sous forme de violentes actions musculaires qui doivent prendre telle ou telle direction ; lorsque la cause de la colère est, ce qui arrive souvent, un être vivant, les actions musculaires ont été dirigées de manière à lui faire du mal ; et, quand l'objet n'est pas vivant, l'association établie dirige les décharges musculaires dans le même sens, si nulle autre cause ne les détourne dans un autre. Mais on ne peut pas dire que l'homme qui donne cours à sa fureur par des actes de ce genre, croit que l'objet est vivant, bien que, par cette manière de décharger son irritation, il ait l'air de le penser.

Donc aucun de ces faits ne suppose une confusion réelle entre l'animé et l'inanimé. La faculté de distinguer l'un de l'autre, une des premières dont on aperçoive les traces, même chez les animaux dépourvus de sens spéciaux, qui grandit à mesure que l'intelligence se développe et qui devient complète chez l'homme civilisé, cette faculté, nous devons la regarder comme à peu près complète chez l'homme non civilisé. On ne saurait admettre qu'il confonde des idées que l'on voit, dans toutes les formes intérieures de l'esprit, devenir de plus en plus claires.

§ 97. Comment donc expliquerons-nous ses superstitions? va-t-on nous demander. « On ne saurait nier qu'elles n'impliquent, d'ordinaire, que l'homme assigne la vie à des choses qui ne sont pas en vie. Si l'homme primitif n'a pas de penchant à commettre cette confusion, comment expliquer l'extrême diffusion, sinon l'universalité, de croyances qui attribuent la personnalité, et tacitement la vie, à une multitude de choses inanimées? »

C'est que ces croyances ne sont point primaires, qu'elles sont nécessairement secondaires, et que l'homme y est entraîné quand il fait ses premières tentatives pour comprendre le monde qui l'enveloppe. La phase du début de la spéculation doit venir après une phase où il n'y avait pas de spéculation du tout, où il n'existait pas encore de langue propre à faire avancer la spéculation. A cette époque, l'homme primitif n'a pas plus de tendance que les animaux à confondre l'animé avec l'inanimé. Si, dans ses premiers efforts d'interprétation, il forme des conceptions en désaccord avec cette distinction préétablie de l'animé d'avec l'inanimé, il faut que ce soit par suite d'une illusion causée par une expérience saisissante, qui a introduit dans son esprit le germe d'une erreur qui grandit et donne lieu à tout un groupe d'interprétations erronées. Quelle est l'erreur qui constitue ce germe? Il faut la chercher parmi les expériences qui marquent la distinction de l'animé d'avec l'inanimé. Il y a des états qui reviennent sans cesse, où des êtres vivants simulent des choses non vivantes, et nous trouverons dans certains phénomènes qui en dépendent la semence du système de superstitions que l'homme primitif crée.

CHAPITRE X

IDÉES DE SOMMEIL ET DE RÊVES.

§ 68. Il est une conception qui nous devient tellement familière durant notre éducation, que nous la prenons à tort pour une idée originelle et nécessaire : c'est la conception de l'esprit, en tant qu'être intérieur distinct du corps. L'hypothèse d'une unité sentante, pensante, habitant un corps, a maintenant si profondément pénétré nos croyances et notre langage, que nous avons peine à nous figurer qu'elle soit une idée que l'homme primitif n'avait pas et qu'il ne pouvait avoir.

Nous n'avons pourtant qu'à nous demander ce qu'il y a dans l'expérience d'un homme ignorant, pour voir qu'il ne s'y trouve rien qui lui atteste une telle entité. A tout moment, il voit les choses qui l'entourent, il les touche, il les manie, il les meut çà et là. Il ne connaît ni sensation ni idées, il n'a pas de mots pour ces choses. Encore moins possède-t-il un mot ou une conception assez abstraits pour la conscience. Il ne pense pas la pensée : ni ses facultés ni sa langue n'y suffiraient. Aux premières périodes il pense simplement, sans observer qu'il pense, et, par conséquent, il ne se demande jamais comment il pense, ni quelle est la chose qui pense. Les sens le mettent seulement en rapport avec les choses qui existent au dehors de lui et avec son propre corps, et, s'il dépasse la portée de ses sens, ce n'est que juste autant qu'il faut pour tirer des conclusions concrètes relativement aux actions de ces choses. Une entité invisible, intangible, telle qu'on se figure l'Esprit, est une haute abstraction qu'il ne peut penser et que son vocabulaire ne peut exprimer.

Cette impossibilité, évidente *à priori*, se vérifie *à posteriori*. Le sauvage ne peut parler d'intuition interne qu'en termes empruntés à l'intuition externe. Nous-mêmes, en disant que nous *voyons* la chose qu'on a expliquée *clairement*, ou que nous *saisissons* un argument d'une vérité *palpable*, nous exprimons des actes mentaux par des mots dont on se sert d'ordinaire pour exprimer des actes corporels. Quant à nous, nous faisons usage de ces mots, qui supposent la vision et le tact, en un sens métaphorique, mais le sauvage s'en sert en un sens qu'il ne distingue pas du sens littéral. Il fait de son œil le symbole de son esprit (*Principes de psychologie*, § 104).

Mais tant que la conception de l'Esprit, en tant que principe intérieur d'activité, n'existe pas, la conception des rêves, telle que nous l'avons, ne saurait exister. Tant que l'existence de l'entité pensante n'est pas reconnue, il est impossible d'interpréter les faits de vision, les paroles, les actes, dont l'homme a conscience pendant son sommeil, en les considérant comme des manières d'agir de cette entité. C'est pour cela qu'il faut rechercher quelle explication reçoivent les rêves avant que la conception de l'Esprit existe.

§ 69. Les états de faim et de réplétion, très-communs
l'un et l'autre chez l'homme primitif, excitent les rêves puis-
samment. Le voici, après une chasse infructueuse et un long
jeûne, qui se couche épuisé de fatigue ; puis, tandis qu'il est
plongé dans le sommeil, il fait une chasse heureuse ; il tue,
il dépouille sa proie, il la fait cuire, et, au moment où il va
porter à sa bouche le premier morceau, il se réveille subitement. Supposer qu'il se dit : « tout cela n'est qu'un rêve, »
c'est supposer qu'il est déjà en possession de l'hypothèse
que nous voyons qu'il ne peut avoir. Il prend les faits
comme ils se présentent. Il se rappelle, avec une netteté
parfaite, les choses qu'il a vues et les actions qu'il a accomplies ; il accepte sans hésitation le témoignage de sa mémoire. Il est vrai qu'au même moment il se trouve couché
immobile. Il ne comprend pas comment le changement s'est
opéré ; mais, comme nous l'avons vu il n'y a pas longtemps,
le monde où il est le familiarise avec des faits inexplicables
d'apparition et de disparition. Pourquoi donc ce qu'il vient
de voir et de faire ne serait-il pas un de ces phénomènes ?
Si, à un autre moment, tandis qu'il dort gorgé de nourriture, le dérangement de sa circulation donne lieu à un cau-
chemar ; si, essayant d'échapper au danger et s'en trouvant
incapable, il se figure pris sous la griffe d'un ours et se
réveille avec un cri perçant ; pourquoi en conclurait-il que
son cri n'a pas été provoqué par un danger réel ? Sa femme
est bien là pour lui dire qu'elle n'a point vu d'ours, mais elle
a entendu le cri, et, comme lui, elle est fort loin de penser
qu'un état purement subjectif peut produire un tel effet,
et même elle n'a pas de mot pour exprimer cette idée.

Après qu'il a interprété le rêve, en le considérant comme
une expérience réelle, l'homme primitif confirme son interprétation en la racontant dans un langage imparfait. Il

nous est facile d'oublier que des distinctions qui sont un jeu
pour nous sont impossibles pour des hommes qui n'ont à
leur service qu'un petit nombre de mots, tous de sens concret, et seulement des formes grammaticales grossières
d'après lesquelles ils combinent ces mots. Quand nous lisons que, dans la langue d'un peuple aussi avancé que les
anciens Péruviens, le mot *huaca* veut dire « idole, temple,
lieu sacré, tombe, figures d'hommes, animaux, montagne, »
nous pouvons nous faire une idée de l'extrême imprécision
des phrases que les hommes les plus grossiers peuvent composer avec leur vocabulaire. Quand on nous parle d'une
tribu de l'Amérique du Sud encore existante, où la proposition : « Je suis Abipone, » peut s'exprimer seulement sous
la forme vague : « Je, Abipone, » nous ne pouvons nous empêcher de conclure que ces formes grammaticales rudimentaires ne peuvent expliquer convenablement que les idées
les plus simples. Quand nous apprenons encore que les
hommes les plus inférieurs prononcent imparfaitement les
mots insuffisants qu'ils possèdent et qu'ils combinent sans
précision, comme l'Akka par exemple, dont la langue a
frappé Schweinfurth par son défaut d'articulation, nous
apercevons une troisième cause de confusion. Après cela,
nous ne serons pas surpris d'apprendre que les Indiens
Zunis ont besoin de recourir « à beaucoup de contorsions
faciales et de gesticulation pour faire comprendre parfaitement leurs phrases; » que la langue des Boschimans a besoin de tant de signes pour étendre le sens de ses mots,
qu'elle est « inintelligible dans l'obscurité » ; enfin que les
Arapahos « ne peuvent guère causer entre eux dans l'obscurité ». Si, maintenant, nous rappelant tous ces faits, nous
voulons savoir ce qui arrive quand un sauvage raconte un
songe, nous verrons que, à supposer même qu'il soupçonne

quelque différence entre des actions idéales et des actions réelles, il ne saurait l'exprimer. Son langage ne lui permet pas de dire : « j'ai rêvé que je voyais, » au lieu de : « j'ai vu. » Aussi chacun raconte-t-il ses rêves comme autant de réalités, et par là fortifie dans chacun de ses auditeurs la croyance que ses propres rêves sont des réalités.

Quelle notion en résulte-t-il ? Des témoins ont vu que le dormeur était au repos. En se réveillant, il se rappelle divers événements et les raconte à d'autres. Il croit qu'il a été ailleurs ; les témoins le nient, et leur témoignage se vérifie par ce fait que l'auteur du récit se trouve au même endroit où il s'est endormi. Il prend le parti le plus simple, qui est de croire à la fois qu'il est resté et qu'il est allé ailleurs, qu'il a deux individualités, dont l'une quitte l'autre et ne tarde pas à revenir. Lui aussi, il a une double existence, comme tant d'autres choses.

§ 70. Partout nous trouvons des preuves que telle est la conception que les sauvages se font réellement des rêves, et que cette conception se conserve même après que la civilisation a fait des progrès considérables. Voici quelques-uns des témoignages que nous avons recueillis.

Schoolcraft nous dit que les Indiens de l'Amérique du Nord en général croient « qu'il y a deux exemplaires d'âmes, dont l'un demeure avec le corps, tandis que l'autre est libre de le quitter pour faire des excursions pendant le sommeil. » Selon Crantz, les Groënlandais croient « que l'âme peut oublier le corps durant l'intervalle du sommeil. » Thompson dit que les naturels de la Nouvelle-Zélande croyaient « que, durant le sommeil, l'esprit quitte le corps, et que les rêves sont les objets qu'il voit durant ses pérégrinations. » Dans les îles Fidjis, « on croit que l'esprit d'un homme qui vit

encore, quitte son corps pour aller tourmenter d'autres
personnes, pendant qu'il dort. » Même croyance à Bornéo.
D'après Saint-John, les Dayaks sont convaincus que « l'âme
durant le sommeil va toute seule en expédition ; qu'elle voit,
entend et parle ; » enfin le rajah Brooke dit aussi que « les
Dayaks croient que les choses qui se sont fortement présentées à leur esprit dans des *rêves* ont *réellement* eu
lieu. » Chez les tribus montagnardes de l'Inde, les Karens
par exemple, la même doctrine a cours ; ils disent, ainsi
que le rapporte Mason, que « dans le sommeil il (le Là,
esprit ou spectre) se transporte aux extrémités de la terre,
et que nos rêves sont ce que le Là voit et éprouve dans ses
voyages d'exploration. » Les anciens Péruviens eux-mêmes,
si avancé que fût l'état social où ils étaient parvenus, donnaient aux faits la même interprétation. Ils croyaient, dit
Garcilaso, que « l'âme quitte le corps pendant le sommeil.
Ils affirmaient que l'âme ne peut dormir, et que les choses
que nous rêvons sont celles que l'âme voit dans le monde
tandis que le corps dort. »

Les faits de somnambulisme, chose assez rare, servent
peut-être, quand il s'en présente, à confirmer la même interprétation. En effet, pour un esprit dénué de critique, un
somnambule paraît un exemple de la persistance de l'activité de l'homme pendant son sommeil, que suppose la conception primitive des rêves. Chaque phase du somnambulisme en fournit une preuve. Souvent, l'homme endormi se
lève, accomplit diverses actions et revient se coucher sans
s'éveiller ; quelquefois, il se rappelle ces actions et les regarde comme des imaginations du rêve, et ne laisse pas
d'être surpris quand des témoins lui affirment qu'il a réellement fait les choses qu'il croit avoir rêvées. Que va bâtir
sur cette expérience l'homme primitif ? Le somnambule y

voit la preuve qu'il peut s'en aller et mener une vie active pendant son sommeil, et néanmoins se retrouver à l'endroit où il s'était couché. Les témoins y voient une preuve non moins décisive que les hommes vont et viennent durant leur sommeil, qu'ils font réellement les choses qu'ils font dans leurs rêves, et que quelquefois même on peut les leur voir faire. Il est vrai qu'un examen attentif des faits montrerait que, dans ce cas, le corps de l'homme serait absent de la place où il s'était couché pour dormir. Mais le sauvage n'examine pas les faits avec cette précision. En outre, dans les cas où le somnambule n'a pas le souvenir des choses qu'il a faites, il reste le témoignage d'autrui pour lui montrer qu'il ne se reposait pas; enfin, dans certains cas, il y a davantage. Lorsque, comme cela arrive quelquefois, sa promenade nocturne le met en contact avec un obstacle qui l'éveille, il y trouve la démonstration de ce qu'on lui affirmait, à savoir : qu'il se promène pendant son sommeil. En revenant à sa couche, il est vrai qu'il n'y trouve pas un second soi; mais cette découverte, inconciliable d'ailleurs avec l'idée généralement admise, ne fait qu'accroître la confusion de ses idées sur ces questions. Dans l'incapacité où il est de nier qu'il se promène pendant son sommeil, il y voit une vérification de la croyance régnante, sans s'appesantir davantage sur l'incompatibilité qui l'en devait séparer.

En considérant ce que la tradition, avec ses exagérations, va probablement faire de ces phénomènes anormaux, qui se produisent de temps en temps, nous verrons que l'interprétation primitive des rêves y doit trouver un puissant appui.

§ 71. A côté de cette croyance va naturellement celle d'après laquelle on rencontre réellement les personnes dont on rêve. Si l'homme qui rêve croit que ses propres actions sont réelles, il croit réel tout ce qu'il voit, le lieu, la chose, l'être vivant. De là un groupe de faits qu'on retrouve également partout.

Morgan raconte que les Iroquois croient les rêves réels et obéissent à leurs injonctions, qu'ils font ce que leur racontent les gens qu'ils voient en rêve. Keating affirme que les Chippeouais jeûnent afin de « se donner des rêves, ce qu'ils estiment par-dessus tout. » D'après Drury, les Malgaches « attachent une idée religieuse aux rêves; ils croient que le bon *démon*...... vient à eux, pour leur dire, dans leurs rêves, quand ils doivent faire une chose, ou pour les prémunir contre quelque danger. » Ellis nous dit que les naturels des îles Sandwich croient que les membres défunts d'une famille « apparaissent quelquefois en rêve à ceux qui survivent et veillent sur leurs destinées »; il ajoute que les Tahitiens croyaient que l'esprit du mort apparaissait quelquefois en rêve aux survivants. En Afrique, c'est la même chose. Les peuples du Congo, dont parle Reade, « croient que ce qu'ils voient et ce qu'ils entendent en songe leur vient d'esprits; » et Krapf, qui écrit sur les Africains orientaux, dit que « les Ouanikas croient que les esprits des morts apparaissent aux vivants dans des songes ». Les Cafres aussi, nous dit Shooter, « paraissent attribuer, d'une manière générale, les rêves aux esprits. » Callaway nous cite, au sujet des Zulus, des faits nombreux de la même croyance; il a recueilli leurs idées de leur bouche même. Comparativement intelligents, les Zulus ont un état social assez avancé; leur langue permet de distinguer entre les impressions du rêve et celles de l'état de veille; néanmoins ils croient (non sans en douter quelquefois) à la réalité des personnes qui apparaissent en songe. Parmi tant d'exemples, je choisis celui d'un homme qui se plaint d'avoir été battu par l'esprit de son frère. Il dit à ses voisins : « J'ai vu mon frère. » On lui demande ce que son frère lui a dit. « J'ai rêvé, répond-il, qu'il me battait et qu'il me disait : Comment se fait-il que tu ne saches plus qui je suis? — Si je sais qui tu es, comment puis-je faire pour te montrer que je le sais ? Je sais que tu es mon frère. J'avais à peine prononcé ces paroles, qu'il me demanda : Pourquoi, lorsque tu sacrifies un bœuf, ne m'invoques-tu pas?—Je t'invoque, lui répondis-je, et je te loue par tes titres de louange. Dis-moi quel bœuf j'ai tué sans t'invoquer. Quand j'ai tué un taureau, je t'ai invoqué; quand j'ai tué une génisse, je t'ai invoqué. — Je veux manger, me dit-il. Je lui refusai, disant : Non, mon frère, je n'ai pas de bœuf; en vois-tu dans le parc au bétail ? —Quoiqu'il n'y en ait point, j'en veux, dit-il. Quand je me réveillai, j'éprouvai une douleur au côté, etc. »

Sans doute, cette idée, parfaitement définie, d'un frère mort, représenté comme une personne vivante qui demande à manger, et fait subir une peine corporelle à celui qui n'obtempère pas à sa volonté, est si éloignée de nos croyances, qu'elle ne paraît guère possible; mais nous savons qu'elle est possible en nous rappelant combien elle diffère peu des croyances des premières races civilisées. Au commencement du second chant de l'*Iliade*, nous trouvons le rêve envoyé par Jupiter pour tromper les Grecs, représenté comme un personnage réel qui reçoit des indications sur ce qu'il a à dire à Agamemnon endormi. C'est ainsi que l'âme de Patrocle apparut à Achille pendant son sommeil, « en tout semblable à lui-même, » et lui dit : « Donne-moi promptement la sépulture, pour que je puisse passer les portes de l'Hadès. » Quand Achille la saisit, « elle s'évanouit comme une fumée en poussant un cri. » Achille prenait

cette apparence pour une réalité et la demande de cette âme
pour un ordre impérieux. Les écrits hébreux nous apprennent la même chose. Quand nous lisons dans la Genèse que
« la parole du Seigneur se fit entendre à Abraham dans une
vision », que « Dieu apparut à Abimélech dans un songe
pendant la nuit, » que « le Seigneur apparut, se tint debout
et appela, comme d'autres fois : Samuel, Samuel; » nous
y reconnaissons la preuve que les Hébreux avaient une
croyance aussi absolue que les Grecs à la réalité objective
des êtres vus en rêve. Dans le cours de la civilisation, cette
foi n'a perdu du terrain qu'avec lenteur; elle survit encore,
comme le prouvent les récits qu'on entend de temps en
temps, de gens qui ont apparu peu après leur mort à des
parents éloignés, et comme on le voit par les superstitions
des *spirites*.

Après ce dernier mot, nous n'avons qu'à imaginer que
nous sommes dépouillés de notre civilisation, à supposer
que nos facultés ont baissé, que notre savoir s'est perdu,
que notre langage est vague, que nous n'avons ni doute ni
critique, pour comprendre que l'homme primitif ne peut
manquer de concevoir comme réels les personnages des
rêves qui n'ont pour nous qu'une existence idéale.

§ 72. Les croyances relatives au rêve exercent une action
réflexe sur d'autres croyances. Outre qu'elle entretient tout
un système d'idées erronées, cette erreur fondamentale discrédite les idées vraies que l'expérience en s'accumulant
tend sans cesse à établir.

En effet, tant qu'on accepte les événements du rêve
comme des événements qui ont eu réellement lieu, tant
qu'on prend pour un ordre réel l'ordre des phénomènes qui
s'y montrent, que doit-on penser de l'ordre des phénomènes

que l'on observe pendant qu'on veille ? La constance qui y
règne et qu'une répétition de chaque jour nous fait apercevoir ne saurait faire naître ce sentiment de certitude
qu'elle pourrait produire si l'homme ne connaissait autre
chose ; en effet, cette constance ne dure pas dans les rêves.
Sans doute, les arbres et les pierres que l'on voit dans l'état
de veille, ne cèdent point leur place à d'autres choses qui
changent comme un panorama, mais cela arrive quand on
a les yeux fermés la nuit. Quand on a les yeux fixés sur un
homme en plein jour, on ne le voit pas se transformer ;
mais, durant le sommeil, un objet où l'on vient de reconnaître un semblable se change en bête furieuse et mena-
çante ; ce qui était il n'y a qu'un moment un lac charmant
est devenu un fouillis de crocodiles et de serpents. Eveillés,
tout ce que nous pouvons faire pour nous détacher de la
surface de la terre, c'est un saut de quelques pieds ; mais,
endormis, il nous semble quelquefois que nous franchissons
d'un vol aisé d'immenses régions. L'expérience acquise
dans les rêves contredit sans cesse l'expérience acquise
pendant le jour ; elle va même jusqu'à annuler les conclusions tirées de l'expérience diurne. Il serait encore mieux
de dire qu'elle tend à confirmer les conclusions erronées
suggérées par l'expérience diurne, plutôt que d'en appuyer
les conclusions correctes. En effet, les apparitions et les disparitions qui ont lieu subitement dans les rêves ne prou-
vent-elles pas, comme beaucoup de faits observés pendant
l'état de veille, que des choses peuvent, sans qu'on puisse
l'expliquer, passer d'un état visible à un état invisible, et
vice versa? Enfin ces transformations aperçues en rêves
sont complétement d'accord avec ces autres transformations,
les unes réelles, les autres apparentes, qui font que l'homme
croit qu'il n'y a aucune limite à la possibilité des métamor-

phoses. Lorsque, en rêve, il a ramassé un objet où il voyait
une pierre, et que cet objet devient vivant, la chose ne
paraît-elle pas en harmonie avec la découverte qu'il a faite
de fossiles qui ont la dureté de la pierre, mais qui ont aussi
la forme d'êtres vivants ? Enfin, dans la métamorphose où il
voit en rêve un tigre quitter sa forme pour celle d'un
homme, n'y a-t-il pas de l'analogie avec la métamorphose
des insectes qu'il a remarquée, et avec les transformations
apparentes des feuilles en animaux qui se meuvent ?

Evidemment, il suffit d'admettre que les actes perçus en
rêve sont des actes réels, pour que l'erreur fondamentale
qui en résulte fortifie des erreurs de même genre produites
d'une autre manière. L'appui qu'elle leur prête est à la fois
négatif et positif : elle jette du discrédit sur cette partie de
l'expérience acquise pendant l'état de veille qui est la source
des croyances vraies ; et elle vient en aide à la partie de
l'expérience acquise pendant la veille qui suggère de fausses
croyances.

§ 73. On voit maintenant que la conception que l'homme
primitif se fait du rêve est naturelle et même nécessaire.
Cette idée nous paraît étrange, parce que, lorsque nous y
réfléchissons, nous ne prenons pas garde que nous ne laissons pas de côté la théorie de l'esprit que la civilisation a
lentement fixée et incarnée dans la langue, théorie que nous
nous assimilons si complétement dès le début de la vie que
nous la prenons à tort pour une notion originelle. Mais l'esprit n'est pas une chose que les sens découvrent, ce n'est
pas non plus une chose qui nous soit révélée comme une
entité située au dedans de nous : il n'y a pas d'état de conscience où l'esprit soit représenté. Aujourd'hui encore, il y a
des métaphysiciens qui soutiennent qu'on ne peut connaître

l'existence de rien au delà des impressions et des idées, mais il en est d'autres qui prétendent que les impressions et les idées impliquent l'existence d'une chose dont elles sont des états et qui les relie ensemble pour former un tout continu, preuve que l'esprit tel que nous le concevons n'est pas une intuition, mais une supposition, et par conséquent qu'on n'a pu le concevoir tant que le raisonnement n'avait pas fait certains progrès.

Même en y regardant de plus près, nous découvrons qu'il ne saurait y avoir de conception de l'esprit, proprement dit, tant que la différence qui existe entre une impression et une idée n'est pas nettement reconnue. Comme l'enfant, l'homme primitif passe par une phase d'intelligence durant laquelle n'existe point encore la faculté d'intuition qu'impliquent les mots : « je pense, j'ai des idées. » Longtemps les observations qu'il généralise sont exclusivement celles qui concernent la nature et les propriétés des objets, et celles qui se rattachent aux forces et aux impressions actives et réactives de l'organisme même. Eveillé, les idées qui accompagnent perpétuellement ses sensations et les perceptions auxquelles ses sensations donnent lieu, sont si obscures et passent si rapidement, qu'il ne les remarque pas : pour les remarquer il faudrait qu'il pût faire une critique de l'esprit impossible à cette phase primitive. Les états faibles de conscience qui, durant le jour, sont obscurcis par les états vifs, ne deviennent apparents que la nuit, quand les yeux sont fermés et les autres sens émoussés. Alors seulement les fonctions subjectives se révèlent clairement, comme les étoiles se révèlent quand le soleil est couché. Cela veut dire que l'expérience acquise par le rêve précède nécessairement la conception d'un soi mental, et que c'est *l'expérience avec laquelle la conception d'un soi mental finit par se constituer.* Remarquez l'ordre de l'enchaînement : on ne saurait interpréter les rêves comme nous le faisons, puisqu'on ne possède pas l'hypothèse de l'esprit comme entité distincte ; l'hypothèse de l'esprit comme entité distincte ne saurait exister avant l'expérience qui la suggère ; l'expérience qui la suggère est celle que donne le rêve, à savoir une expérience qui semble impliquer deux entités ; enfin, dans sa forme première, la supposition de deux entités implique la notion que la seconde diffère de la première uniquement en ce qu'elle s'absente et agit pendant la nuit, tandis que l'autre se repose. Ce n'est qu'après que ce prétendu double, que l'on croyait jadis semblable en tout à l'original, s'est peu à peu modifié en perdant des caractères physiques inconciliables avec les faits, que l'hypothèse d'un soi mental, telle que nous le comprenons, s'établit.

Nous tenons le principe qui sert de germe à l'organisation dont les vagues observations de l'homme primitif sont susceptibles. Cette croyance en un autre soi qui lui appartient est en harmonie avec tous les faits qui attestent la dualité que les choses ambiantes lui présentent ; elle l'est aussi avec ces faits nombreux où des choses passent d'états visibles à des états invisibles et réciproquement. De plus, par la comparaison, il découvre une analogie entre son propre double et ceux des autres objets. En effet, ces objets n'ont-ils pas leur ombre ? Lui-même n'en a-t-il pas une ? son ombre ne devient-elle pas invisible la nuit ? N'est-il pas évident alors que cette ombre qui accompagne son corps pendant le jour est cet autre soi qui pendant la nuit voyage et rencontre des aventures. Evidemment, les Groënlandais, qui, nous l'avons vu, professent cette croyance, ont quelque raison de l'adopter.

CHAPITRE XI

§ 74. Le sauvage observe chaque jour que le repos du
sommeil ordinaire se change rapidement en activité quand
un accident force l'homme endormi à se réveiller; un bruit,
une secousse, le forcent à ouvrir les yeux, à parler, à se
lever. Il peut même observer des différences dans l'intensité
de la cause qui provoque le réveil. Tantôt il suffit du son
ou de l'attouchement les plus légers, tantôt il faut un grand
bruit, une secousse brutale, la douleur que cause un pin-
cement. L'expérience lui montre encore que, lorsque le
corps d'un homme gît immobile et insensible, il suffit de
l'appeler par son nom pour le ranimer.

Mais, quelquefois, les choses se passent tout autrement.
Tantôt c'est un individu qui donne des signes d'une douleur
extrême, qui, tout d'un coup, tombe dans un état d'inertie;
tantôt c'est une personne faible qui fait un effort violent,
ou qui a une grande peur, qui subit un changement analogue. Chez ces gens, la sensibilité ordinaire ne saurait se
rétablir immédiatement. Dans ces circonstances, le Fidjien

appelle le patient par son nom et se trouve conduit, en le voyant à la fin se réveiller, à croire qu'on peut ramener en lui son autre soi rien qu'en l'appelant; mais il ne laisse pas de reconnaître que cette fois l'absence de l'autre soi ne ressemble pas à ses absences ordinaires. Evidemment, la production de cette insensibilité particulière, qui dure communément moins d'une minute, mais qui parfois persiste plusieurs heures, vient à l'appui de la croyance primitive en un double qui quitte le corps pour y revenir : dans ce cas, l'abandon du corps est plus marqué que d'ordinaire, et il s'accompagne de silence sur ce qui a été fait ou vu dans l'intervalle.

Une expression familière du langage montre comment la syncope fournit une vérification apparente de la notion primitive de dualité. Nous disons d'un individu qui sort d'un évanouissement, qu'*il revient à lui*. L'expression est significative. Bien que nous n'expliquions plus l'insensibilité par une absence de l'entité qui sent, nos expressions ne laissent pas de témoigner qu'il fut un temps où l'insensibilité s'expliquait ainsi.

§ 75. L'apoplexie « peut être confondue avec la syncope ou la défaillance et avec le sommeil naturel ». Si un savant médecin parle ainsi, nous pouvons en conclure que le sauvage ne pouvait guère les distinguer.

L'individu frappé d'apoplexie tombe subitement et trahit une « perte totale de conscience, de sentiment et de mouvement volontaire ». Quelquefois, la respiration est naturelle, comme dans un sommeil tranquille; quelquefois le patient est couché, « ronflant bruyamment, comme dans un sommeil profond. » Dans les deux cas, cependant, il arrive bientôt que le dormeur ne peut *revenir à lui*, comme

d'ordinaire : le bruit et les secousses qu'on lui imprime
n'ont aucun effet.

Qu'est-ce qu'un sauvage qui se rappelle l'expérience de
ses rêves doit penser d'un autre sauvage tombé dans cet
état, qui dure peut-être quelques heures, mais quelquefois
plusieurs jours ? Evidemment sa croyance à la dualité est
fortifiée. Le second soi est parti pour quelque temps, et il
est trop loin pour qu'on puisse le rappeler ; et lorsqu'enfin
il revient, on ne peut rien apprendre de l'expérience qu'il
a acquise pendant son absence.

Si, comme il arrive d'ordinaire, après des mois ou des
années, il se produit chez le même individu une chute semblable, une insensibilité prolongée semblable et un rétablis-
sement semblable, il garde encore le silence sur ce qu'il a
fait. Ensuite, à un troisième accident, l'absence est plus
longue qu'auparavant, les parents attendent et attendent
encore, personne ne revient ; le retour paraît ajourné indéfiniment.

§ 76. L'état d'insensibilité appelé catalepsie ressemble, par
la soudaineté de ses débuts, mais rien que par là, à l'apoplexie ; il dure aussi tantôt quelques heures et tantôt quelques jours. La perte instantanée de connaisance s'accompagne d'un état où le patient « a l'air d'une statue plutôt
que d'un être animé. » Ses membres demeurent immobiles
dans la position où on les place : l'agent qui les gouvernait
paraît absent ; et le corps est passif dans les mains de ceux
qui l'entourent.

Le retour à l'état ordinaire est aussi instantané que la
cessation de cet état. Comme dans l'apoplexie et la syncope,
« nul souvenir de rien de ce qui s'est passé dans l'accès. »
Si l'on voulait interpréter les faits en s'attachant au sens

qu'on leur donnait primitivement, il faudrait dire que l'autre soi, le voyageur, ne raconte rien de ses aventures.

Cette idée, d'accord avec celle qu'ils ont de leurs rêves, les sauvages l'ont, nous en avons la preuve directe. Les Chippeouais, nous raconte Keating, croient que, parmi les âmes qui voyagent, il y en a qui « appartiennent aux personnes en léthargie ou en catalepsie ». On peut affirmer qu'une idée de ce genre a été généralement admise, si l'on tient compte du fait rapporté par M. Fiske dans son ouvrage intitulé *les Mythes et les faiseurs de mythes*, que, « dans le moyen âge, les phénomènes de catalepsie passaient pour des preuves de l'opinion que l'âme peut quitter le corps et y rentrer. »

§ 77. Il nous reste encore à citer une autre forme d'insensibilité dont le témoignage est susceptible d'une semblable interprétation. Je veux parler de l'extase. En même temps que le sujet extatique donne à penser qu'il « n'est pas lui-même, » parce qu'il ne fait aucune réponse aux causes d'excitation ordinaires, il semble qu'il ait des perceptions vives de choses situées ailleurs.

L'extase « suscitée par une contemplation profonde et longtemps soutenue » a quelquefois pour caractère « une forte excitation mentale, unie à un état de conscience des choses environnantes. » En même temps que les muscles sont « rigides, le corps droit et inflexible, » il y « a une suspension totale de sensibilité et de mouvement volontaire. » Durant cet état, qui, dans certains cas, revient chaque jour, « il se produit des visions d'une nature extraordinaire, » qui « peuvent être racontées dans les plus grands détails après l'accès. »

Il est évident que la constatation de tels phénomènes tend à fortifier encore la croyance primitive à la double existence de chaque homme; et nous avons des faits qui prouvent qu'elle la fortifie en effet. Dans le récit que Callaway nous fait des croyances des Zulus, nous apprenons que Undayéni est capable de voir « des choses qu'il ne verrait pas s'il n'était pas dans un état d'extase » : ce fait, rapproché de l'interprétation que les Zulus donnent du rêve, prouve qu'ils regardent les visions de l'état extatique d'Undayéni comme l'expérience de son autre soi qui voyage.

§ 78. Je n'ai pas à décrire en détail toutes les phases du coma, dont le caractère commun est un état d'inconscience plus ou moins différent de celui du sommeil. Il y en a de tous les degrés, depuis « un état de léger assoupissement et de torpeur jusqu'à un état de stupeur profonde et permanente, accompagné de paralysie complète du sentiment et du mouvement. » De la léthargie simple, qui diffère du sommeil naturel, « surtout parce qu'elle est plus prolongée, » de la perte de connaissance temporaire de l'asphyxie, et de la stupeur causée par les narcotiques, nous passons par degrés aux formes extrêmes dont nous avons donné plus haut des exemples : et l'on peut les interpréter tous à l'aide de la même hypothèse primitive.

Mais il est un autre genre d'insensibilité, d'une grande importance par les conséquences qu'on en peut tirer, et dont il nous reste à parler : c'est celle qui est produite par les lésions organiques causées par des coups portés directement. Il y en a deux variétés : les unes qui viennent après une perte de sang, et les autres qui suivent la commotion cérébrale.

Quand nous parlions de l'insensibilité bien connue, appelée syncope, je me suis abstenu à dessein de com-

prendre la perte de sang parmi les causes que j'ai nommées : cette cause en effet ne se rattache pas visiblement
aux autres. Dans la vie de violence qu'il mène, dans ses
luttes tantôt contre les animaux qu'il chasse, tantôt contre
ses ennemis, animaux ou hommes, l'homme primitif éprouve
souvent, ou constate chez autrui, l'évanouissement par
perte de sang. Ce n'est pas qu'il unisse la cause et l'effet
d'une manière aussi nette. Voici ce qu'il sait et ce qu'il voit
alors : après une blessure sérieuse une perte subite de connaissance se produit; les yeux du blessé se ferment, il
reste immobile et ne parle pas. Pendant quelque temps,
il ne fait aucune réponse quand on le secoue ou qu'on
l'appelle. Bientôt le blessé « revient à lui, » ouvre les yeux
et parle. Que, de nouveau, le sang coule de sa blessure, et
au bout de quelques moments le voilà derechef absent. Peut-
être se réveille-t-il et ne perd-il plus connaissance; peut-
être aussi, après s'être réveillé encore, se trouve-t-il plongé
une troisième fois dans cet état d'immobilité, cette fois si
prolongé qu'on perd tout espoir de l'en voir sortir.

Quelquefois, l'insensibilité a un antécédent un peu différent. Dans un combat, un coup de ouadie abat un guerrier,
ou un coup de massue asséné avec force sur la tête d'un
ennemi le réduit à l'état d'une masse immobile. Il se peut
qu'ils ne soient l'un et l'autre qu'étourdis, et qu'après un
court intervalle, durant lequel ils ne font point de réponse
aux paroles ou aux secousses, ils se « raniment ». Ou bien
le coup a été peut-être assez violent pour causer une commotion du cerveau, ou une fracture du crâne et par suite
une pression sur la substance cérébrale. C'est-à-dire qu'il
peut en résulter une insensibilité prolongée, accompagnée
de paroles incohérentes et de faibles mouvements; après
quoi peut venir une seconde chute dans l'état d'incons-

cience, qui finit peut-être après un autre intervalle de
temps, ou qui peut être continue indéfiniment.

§ 79. Combiné avec les témoignages fournis par le sommeil et les rêves, celui que nous fournissent les états anormaux d'insensibilité donne naissance à un groupe de notions
touchant les absences temporaires de l'autre soi. Une syncope, interprétée comme nous l'avons vu, se trouve souvent
précédée chez le patient par des sentiments de faiblesse et,
pour le spectateur, par des signes de cet état. Aussi ces
signes font-ils naître le soupçon que l'autre soi est sur le
point de décamper, et un désir inquiet de l'en empêcher. Il
est souvent arrivé qu'une personne évanouie s'est ranimée
pendant qu'on l'appelait. De là la question de savoir si on
ne ramène pas l'autre soi, prêt à décamper, rien qu'en
l'appelant. Il y a des sauvages qui tirent cette conclusion.
D'après Williams, on peut quelquefois entendre le Fidjien
crier à tue-tête à son âme de revenir à lui. Le Karen est
dans une crainte perpétuelle que son autre soi ne le quitte :
la maladie ou la langueur sont pour lui des signes de l'absence de l'autre soi : on lui apporte des offrandes ; on lui
adresse des prières pour le ramener. Mason fait la description d'une pratique particulièrement bizarre que cette
croyance a introduite dans la cérémonie des funérailles :
« En revenant du tombeau, chacun se pourvoit de trois
petits crochets faits de branches d'arbre et invite son
esprit à le suivre ; de temps en temps, il se retourne et fait
un mouvement comme pour l'accrocher, puis il enfonce le
crochet dans le sol. C'est pour empêcher l'esprit du vivant
de demeurer en arrière avec l'esprit du mort. » Même
chose pour les formes les plus graves d'insensibilité. Le
plus souvent, elles surviennent chez les personnes qui se

trouvaient déjà malades ; ce sont l'apoplexie, la catalepsie, l'extase ; alors il s'établit dans l'esprit une association entre les absences prolongées, qui existent dans ces états, avec les absences dont le patient est menacé à d'autres époques. Chez les peuples du nord de l'Asie, on attribue la maladie au départ de l'âme. Les Algonquins regardent l'homme malade comme un individu dont « l'ombre est délogée ou détachée de son corps ». Dans certains cas, les Karens supposent que lorsqu'un homme tombe malade et va mourir, c'est que son âme a été transférée à un autre par sorcellerie.

Il se forme naturellement d'autres croyances relativement aux faits et gestes de l'autre soi durant ces longues absences. Chez les Dayaks, « les anciens et les prêtresses affirment souvent que dans leurs rêves ils ont visité la demeure de Tapa (le dieu suprême) et vu le Créateur habiter une maison semblable à celle d'un Malais, et ornée à l'intérieur d'une quantité innombrable de fusils, de gongs et de jarres. Tapa lui-même est vêtu comme un Dayak. » Hind parle d'un Indien Crie qui prétendait qu'il avait été mort et qu'il avait rendu visite au monde des esprits : sa prétendue visite, faite d'après Hind, pendant un rêve, est probablement, comme celle des Dayaks, une vision qui a eu lieu durant un état d'insensibilité anormale. En effet, en divers endroits, on explique ces longues absences de l'autre soi en supposant qu'il fait un voyage au monde des esprits. A l'appui de cette explicaton, M. Tylor cite des faits qu'il emprunte aux Australiens, aux Khonds, aux Groënlandais, aux Tartares ; il cite même les légendes grecques et scandinaves comme impliquant la même idée.

J'ajouterai, comme l'exemple le plus étrange de ces croyances dérivées, celle de certains Groënlandais qui,

d'après Crantz, croient que l'âme peut « s'éloigner du corps
pendant un temps considérable. Il y en a même qui prétendent que, lorsqu'ils partent pour un long voyage, ils laissent
leur âme à la maison et n'en restent pas moins en bonne
santé. »

Ainsi des expressions qui n'ont chez nous qu'un sens
figuré ont conservé chez les hommes d'une civilisation inférieure un sens littéral. Les Australiens du Sud disent d'un
individu sans connaissance qu'il est « sans âme » ; et nous-
mêmes, nous disons qu'il est « inanimé ». De même, bien
que nos idées sur l'état d'une personne débilitée ne ressemblent plus à celles des sauvages, les mots dont nous
nous servons pour les exprimer supposent la même origine ;
nous disons qu'elle a « perdu ses esprits ».

§ 80. Les croyances actuelles que nous venons de rapporter, comme celles dont nous avons parlé dans les chapitres
précédents, nous portent un peu plus loin que le but. L'évolution a donné aux superstitions que nous rencontrons
aujourd'hui des caractères plus spécifiques que ceux des
idées primitives d'où elles proviennent. Je dois donc, comme
je l'ai fait plus haut, demander au lecteur de négliger les
détails de ces interprétations et de ne s'attacher qu'à ce
qu'elles ont de commun. Le fait à observer, c'est que les
formes anormales d'insensibilité constatées en tels et tels
moments reçoivent inévitablement la même interprétation
que la forme normale d'insensibilité constatée chaque jour :
les deux interprétations se soutiennent mutuellement.

Le sauvage est témoin d'états d'insensibilité de durée
variable et d'intensité variable. Il connaît le somme, où le
réveil s'opère subitement dès que la tête tombe sur la poitrine ; le sommeil ordinaire, qui finit au bout de quelques

minutes ou dure plusieurs heures, dont la profondeur varie
depuis l'état auquel on peut mettre fin rien qu'en prononçant le nom de la personne endormie, jusqu'à l'état qu'on
ne peut interrompre sans la secouer et sans lui crier aux
oreilles; la léthargie, où le sommeil est encore plus long,
le réveil court et imparfait; la syncope, tantôt de quelques
secondes, tantôt de plusieurs heures, d'où il semble quelquefois qu'on peut tirer le patient en l'appelant à plusieurs
reprises, mais où aussi d'autres fois il reste obstinément
plongé; l'apoplexie, la catalepsie, l'extase et d'autres
genres de perte de connaissance, états qui durent longtemps, qui se ressemblent par la persistance de l'insensibilité, quoiqu'ils ne se ressemblent pas par les récits que fait
le patient en revenant à lui. En outre, ces divers états
comateux diffèrent en ce qu'ils finissent quelquefois par un
réveil et quelquefois par une immobilité qui devient complète et qui se continue indéfiniment : l'autre soi reste
alors si longtemps absent que le corps se refroidit.

Mais l'expérience la plus significative est celle qu'on
acquiert en voyant des états d'insensibilité survenir après
de graves blessures et des coups violents. Le sauvage n'a
point reconnu d'antécédent aux autres pertes de conscience; mais, pour chacune de ces deux dernières, l'antécédent apparent est le coup porté par l'ennemi. Ce coup produit des résultats variables. Tantôt le blessé ne tarde pas à
« revenir à lui » et ne s'en va plus ensuite; tantôt, revenant
à lui après une longue absence, il va bientôt quitter son
corps pour un temps indéfini. Enfin, au lieu de ces retours
temporaires suivis d'une absence finale, il arrive parfois
qu'un coup violent a pour effet, dès le premier moment,
l'absence continue, un état où l'on ne voit pas le retour de
l'autre soi.

CHAPITRE XII

IDÉES DE LA MORT ET DE LA RÉSURRECTION.

§ 81. Nous admettons sans hésitation qu'il est facile de distinguer la mort d'avec la vie; et nous ne doutons point qu'on a dû toujours savoir comme aujourd'hui que la fin naturelle de la vie est la mort. Sur ces deux points, nous sommes dans l'erreur. « Rien de plus certain que la mort; rien parfois de plus incertain que la réalité de la mort; on cite de nombreux exemples de personnes ensevelies prématurément, ou déjà portées en terre avant qu'on eût découvert qu'elles vivaient encore; il en est même, dit-on, qui seraient ressuscitées sous le couteau de l'anatomiste. » A la suite de ce passage, que j'emprunte à la *Cyclopædia of Practical Medicine* de Forbes et Tweedie, on lit un examen des signes de la mort tenus communément pour décisifs, suivi de la conclusion qu'ils sont tous trompeurs. Si donc, avec l'expérience accumulée que la civilisation nous a léguée, et aussi avec l'expérience de la mort naturelle que l'on acquiert par l'observation directe dans chaque famille, nous ne saurions être sûrs que le mort reprendra ou ne reprendra pas ses sens, quel jugement devons-nous attendre de l'homme

primitif, qui, manquant de toute connaissance transmise,
manque aussi des nombreuses occasions que nous avons de
voir la mort naturelle? Tant que les faits ne l'ont pas
prouvé, il ne peut savoir que la tranquillité persistante
qu'il observe est la fin naturelle de l'état d'activité; sa vie
errante et déprédatrice le tient éloigné de la plupart des
faits qui démontrent cette vérité.

Dans les circonstances où il se trouve, quelles idées
l'homme primitif se fait-il de la mort? Voyons le cours de
sa pensée, et la conduite qui en résulte.

§ 82. Il constate des états d'insensibilité variant par la
durée et par l'intensité. Il voit l'homme en sortir et reprendre ses sens dans l'immense majorité des cas : chaque jour
après le sommeil, souvent après une syncope, quelquefois
après un état de coma, parfois aussi après des coups ou des
blessures. Que va-t-il penser de cette autre forme d'insensibilité? ne sera-t-elle pas suivie aussi d'une ré-animation? Ce
qui permet de compter sur ce résultat et qui fortifie cette
espérance, c'est que l'homme fait quelquefois l'épreuve que
la vie revient alors qu'on avait cessé de l'attendre. Un individu qu'on allait enterrer, ou qu'on allait brûler, revient
soudainement à lui. Pour le sauvage, ce fait ne veut pas
dire, comme pour nous, que le prétendu mort n'était pas
mort; c'est un événement qui l'aide à se convaincre que
l'insensibilité de la mort est, comme toutes les autres, temporaire. Fût-il capable de critique, au lieu d'en être incapable, les faits concourraient à l'autoriser à croire que
dans ces cas la ré-animation n'est qu'ajournée à un temps
plus éloigné.

Cette confusion, qu'on devait naturellement prévoir,
existe en effet; nous en avons la preuve directe. Arbousset

et Daumas citent le proverbe des Boschimans : « La mort n'est qu'un sommeil. » Bonwick, qui nous parle des Tasmaniens, écrit : « Quand je demandai à Mungo pourquoi on fichait un épieu dans la tombe du mort, il me répondit tranquillement : « Afin qu'il s'en serve pour·combattre quand il se réveillera. » Les Dayaks mêmes, cette race si supérieure, ont, au rapport de Saint-John, une grande difficulté à distinguer le sommeil de la mort. Perceval dit que, lorsqu'un Toda meurt, les siens « entretiennent encore l'espérance que la réanimation peut avoir lieu, tant que la putréfaction n'a pas commencé. » L'idée d'un réveil se voit encore plus clairement au fond des raisons alléguées pour justifier les pratiques de deux tribus, l'une de l'ancien monde, l'autre du nouveau, chez qui l'on voit le plus complet mélange de brutalité et de stupidité.

Galton rapporte que chez les Damanas on coud le cadavre « dans une vieille peau de bœuf » et qu'on l'enterre ensuite dans un trou, puis que « les spectateurs sautent en avant et en arrière sur le tombeau pour empêcher le mort d'en sortir». Southey nous apprend que chez les Tupis « on liait serrés les membres du cadavre, afin que le mort ne pût sortir et ennuyer ses amis de ses visites. »

Indépendamment des convictions avouées et des raisons qu'on en donne, nous trouvons d'abondantes preuves de la vérité de notre opinion dans la conduite qui résulte de ces convictions, celles par exemple qui sont attestées par les faits que nous venons de rapporter. Examinons les divers actes provoqués par la croyance que le mort revient à la vie.

§ 83. En premier lieu, nous rencontrons les efforts qu'on fait pour ranimer le cadavre, pour rappeler l'autre soi. Il y en a de très-ardents quelquefois, et de très-horribles. Alexandre raconte que chez les Araouaks un homme qui avait perdu ses deux frères « coupa des branches épineuses et se mit à battre leurs cadavres, en criant : Aïe! Aïe! comme s'*il* sentait la douleur de la flagellation. Voyant qu'il était impossible de ranimer l'argile sans vie qu'il frappait, il leur ouvrit les paupières et leur fouetta les yeux et la figure avec ses épines. » Nous lisons aussi dans Sparman que les Hottentots injurient et maltraitent les mourants et ceux qui viennent de mourir, en leur reprochant leur départ.

Ces usages nous amènent en présence d'un autre usage très-répandu, qui consiste à parler au cadavre : c'est d'abord en vue d'engager le double voyageur à revenir, mais c'est aussi dans un autre but : on veut se le rendre favorable. Les Fidjiens croient qu'un mot d'appel ramène quelquefois l'autre soi au moment de la mort. On nous apprend que les Moundis, ou Hos, crient même à l'esprit du cadavre qu'ils ont brûlé, de revenir. Cruickshank dit que les Fantis parlaient au corps « quelquefois sur un ton de reproche, parce qu'il les quittait; d'autres fois, ils suppliaient son esprit de veiller sur eux et de les préserver de tout mal. » Dans leurs lamentations, les Caraïbes demandaient « au mort de dire pourquoi il quittait le monde ». Dans le Loango, les parents d'un mort lui adressent des questions deux ou trois heures durant pour lui faire dire pourquoi il est mort. Sur la Côte d'Or, « on interroge le défunt lui-même, » sur la cause de sa mort : Beecham nous l'apprend, et Winterbottom le confirme. On le fait encore quand on dépose des aliments auprès du cadavre, etc. Chez les Todas, le sacrificateur parle au mort; il nomme la vache qu'il vient d'immoler et « dit qu'il l'envoie pour lui servir de compagne ». Chez les Béchuanas, nous dit Moffat, une vieille femme qui apporte des objets sur la tombe adresse au cadavre ces mots : « Voilà pour vous ! » Selon Hall, les Innuits visitent les tombeaux, parlent aux morts, offrent des aliments, des fourrures, etc., disant : « Voilà, Nukerton, quelque chose à manger et quelque chose pour vous tenir chaud. »

Comme ce dernier fait permet de le supposer, cette conduite, adoptée dans le principe envers ceux qui viennent de mourir, s'étend aussi à ceux qui sont morts depuis quelque temps. Chez les Bagos, dit Caillé, après qu'on a enterré le mort, « ses parents viennent et lui parlent, dans l'idée qu'il fait attention à ce qu'ils disent. » Quelquefois, la même chose arrive après qu'on a brûlé le cadavre : chez les anciens Koukis, « les amis du mort lui parlent et rapportent ses belles qualités. » Enfin les Malgaches ne se bornent pas « à parler au mort d'un ton passionné » : ils entrent dans le lieu de sépulture et apprennent aux morts qui les entourent qu'un parent vient les rejoindre et leur demandent de le bien recevoir. Des peuples relativement avancés, tels que ceux de l'Amérique ancienne, conservent cet usage et l'ont même grandement perfectionné. Les Mexicains donnent au mort certains papiers; au premier, ils disent : « Avec ceci, vous passerez sans danger entre les deux montagnes qui combattent l'une contre l'autre; » au second : « Avec ceci vous marcherez sans rencontrer d'obstacle sur la route défendue par le grand serpent; » au troisième : « Avec ceci, vous traverserez en sécurité l'endroit où se trouvent le crocodile et l'ochitonal. » Chez les Péruviens, les jeunes chevaliers, au moment de leur initiation, s'adressaient à leurs ancêtres embaumés, leur demandant « de rendre leurs descendants aussi heureux et aussi braves qu'ils le furent eux-mêmes ».

Du moment que nous avons reconnu qu'on a d'abord vu dans la mort une sorte de vie temporairement arrêtée, ces usages ne semblent pas absurdes. D'abord simple mot d'appel efficace quand il s'agit d'éveiller un homme endormi, et quelquefois pour ranimer un individu évanoui, l'acte de parler au mort prend du développement dans divers sens ; il reste à l'état de coutume, alors qu'on n'en attend plus le retour du mort à la vie.

§ 84. La croyance que la mort est une vie longtemps suspendue a un autre effet, déjà signalé dans quelques-unes des citations que nous avons faites. Je veux parler de la coutume de donner des aliments au cadavre, dans certains cas de le nourrir, et dans la plupart de déposer pour son usage des comestibles et des boissons.

Il arrive quelquefois, dans l'état de catalepsie, que le patient, tout insensible qu'il est, avale des morceaux qu'on lui met dans la bouche. Or il existe un usage provenant ou non de l'expérience de ce fait, qui implique la croyance que la mort est un état voisin de la catalepsie. Earl raconte que les insulaires d'Alsu, qui sont des Papous, essayent à plusieurs reprises de faire manger le cadavre durant quelques jours après la mort ; « et quand ils s'aperçoivent qu'il ne touche pas à ce qu'on lui sert, ils lui emplissent la bouche d'aliments, de siri et d'arrack, jusqu'à ce que le liquide se répande au delà du corps et qu'il recouvre le sol. » Chez les Tahitiens, « si le mort était un chef illustre, on désigne un prêtre ou une autre personne pour servir le corps et porter des aliments à sa bouche à divers moments du jour. » Même usage chez les Malais de Bornéo : quand un chef meurt, ses esclaves pourvoient à ses besoins imaginaires ; ils agitent un éventail sur lui et lui donnent du siri

et de la noix de bétel. Harkness raconte que les Bagadas
« laissent tomber fréquemment une petite graine dans la
bouche du mort dans l'intervalle qui sépare le décès de
l'incinération du corps ».

Mais, le plus souvent, ce qu'on veut, c'est de fournir au
mort des aliments dont il puisse se servir s'il arrive qu'il en
ait besoin. Dans certains cas, on les lui offre en attendant
l'ensevelissement. Chez les Fantis par exemple, on place
« des viandes et du vin pour l'usage de l'esprit du mort »
près du sofa où le corps est déposé; chez les Karens, « on
dépose des aliments auprès du cadavre pour qu'il s'en
nourrisse » avant l'ensevelissement et après. Les Tahitiens
et les Hawaïens, qui exposent leurs morts sur des estrades,
placent des fruits et de l'eau auprès d'eux; et les naturels
de la Nouvelle-Zélande, qui offrent aussi des provisions à
leurs morts, « affirment que durant la nuit l'esprit du mort
vient se nourrir du contenu des calebasses sacrées. » Herrera
nous parle de certains Brésiliens qui déposent le mort dans
« le filet ou hamac où il avait l'habitude de dormir, et, pendant les premiers jours qui suivent sa mort, ils lui apportent à manger, comme s'il reposait dans son lit. » Enfin on
trouve chez les Péruviens un autre exemple de la croyance
que les corps privés de sépulture ont besoin de rafraîchissements : ils faisaient un banquet funèbre, « attendant l'âme
du mort, qui, disent-ils, doit venir pour manger et boire. »

L'usage de déposer des aliments sur ou dans le tombeau
est si général, qu'il serait fatigant d'en donner tous les
exemples que je connais. Il suffira d'en rapporter quelques-
uns. On peut citer en Afrique les Cherbros, qui, nous dit
Schœn, « ont l'habitude de porter du riz et autres comestibles aux tombeaux de leurs amis morts; » les Loangos, qui,
au dire de Proyart, déposent des aliments sur la tombe;

les nègres de l'intérieur, qui, selon Allen, placent des mets
et du vin sur les tombes ; enfin les sanguinaires Daho-
meyens, qui, d'après Burton, déposent sur la tombe un *asen*
de fer, sur lequel on verse « l'eau ou le sang, comme boisson
pour le mort ». En Asie, nous trouvons le même usage chez
les races montagnardes de l'Inde. Les Bhils font cuire du
riz et en laissent un peu à l'endroit où le corps a été enseveli ; ils déposent le reste « au seuil de sa dernière habitation, comme provision pour l'esprit ; » enfin on observe
des coutumes analogues chez les Santals, les Koukis, les
Karens. En Amérique, parmi les races sauvages, on peut
nommer les Caraïbes, qui mettent le cadavre « dans une
caverne ou sépulcre » avec de l'eau et des comestibles.
Mais c'est chez les races civilisées aujourd'hui éteintes que
cet usage a été le plus perfectionné. Les Chibchas, qui enfer-
maient les morts dans des cavernes artificielles, les enve-
loppaient de beaux manteaux et disposaient autour d'eux
des gâteaux de maïs et des *mucuras* de chicha (c'est une
boisson) ; enfin les Péruviens, nous dit Tschudi, « avaient
l'habitude de placer en face des cadavres deux rangées de
pots remplis de guiana, de maïs, de pommes de terre, de
chair de lama desséchée, etc., recouverts par des pots plus
petits. Des deux côtés étaient rangés en demi-cercle des
vases de cuisine... et des pots remplis d'eau et de *chicha*,
couverts de vases à boire. »

Le même usage existe même dans les pays où la crémation est en honneur. Butler nous apprend que, chez les
Koukis, la veuve place « du riz et des légumes sur les cendres de son mari ». Les anciens indigènes de l'Amérique
centrale ont une habitude analogue. « Quand nous sommes
sur le point de brûler un cadavre, disait un Indien dont
Oviedo rapporte les paroles, nous mettons un peu de maïs

bouilli dans une calebasse que nous attachons au cadavre, que nous brûlons en même temps. » Sans doute, nous sommes obligés de supposer que chez les peuples qui ont l'habitude de détruire les corps par le feu, l'idée que le mort reprend vie dans sa forme première n'existe plus; mais, puisque l'usage de fournir des aliments aux morts persiste, c'est une preuve qu'à une certaine époque ces peuples concevaient le retour à la vie en un sens littéral. Nous n'en pouvons guère douter quand nous voyons que les Koukis chez qui les uns enterrent leurs morts, tandis que d'autres les brûlent, leur apportent les uns et les autres des comestibles.

§ 85. Après un certain temps a lieu le retour de l'autre soi; quelle est la durée extrême de ce temps? Des heures se sont écoulées, et des individus frappés d'insensibilité se sont ranimés; les morts se ranimeront-ils après des semaines et des mois, et alors auront-ils besoin d'aliments? L'homme primitif ne saurait le dire. La réponse qu'il se fait prête au moins au doute; aussi prend-il le moyen le plus sage : il renouvelle ses offrandes d'aliments.

Voilà ce qui se passe chez les indigènes de l'Inde. Chez les Bodos et les Dhimals, l'aliment et la boisson déposés sur le tombeau sont renouvelés au bout de quelques jours, « et l'on adresse la parole au mort ». Chez les Koukis, on « dépose le corps sur une estrade, sous un hangar; on y apporte chaque jour et on place devant lui » des aliments et des boissons. Certaines races d'Amérique poussent cette habitude beaucoup plus loin. « Chaque fois, nous dit Hall, que les Innuits reviennent dans le voisinage du tombeau d'un parent, ils y font une visite et apportent la meilleure nourriture qu'ils possèdent », comme un présent. Les Dacotahs,

dit Schoolcraft, « rendent pendant une année visite au lieu
où le mort est déposé ; ils y apportent des aliments et font
un festin pour le mort, afin de nourrir son esprit. Mais en
ceci, comme en d'autres matières, les races civilisées éteintes
d'Amérique ont apporté plus de soin. Motolinia raconte que
les Mexicains, après l'enterrement du mort, reviennent à la
tombe pendant vingt jours et y déposent des aliments et des
roses ; ils y reviennent encore après quatre-vingts jours, et
ainsi de suite tous les quatre-vingtièmes jours. » Cieza nous
apprend que les Péruviens des vallées de la côte avaient jadis l'habitude d'ouvrir les tombeaux et de renouveler les
vêtements et les aliments qui y avaient été placés. Plus
tard, on continua cet usage à l'égard des cadavres embaumés des Incas. On leur apportait des provisions, en disant :
« Quand vous viviez, vous aviez l'habitude de boire et de
manger de ceci ; que votre âme le reçoive et s'en nourrisse,
où que vous soyez. » On peut mettre ce passage de Molina à
côté de celui de P. Pizarro, qui nous dit qu'on sortait les
corps tous les jours et qu'on les plaçait dans une rue, rangés d'après leur antiquité. Quand les serviteurs se réga-
laient, ils mettaient les aliments du mort sur le feu et po-
saient devant eux leur vase à *chicha ;* morts et vivants se
faisaient raison les uns aux autres à ce genre de banquet.

Nous voyons dans cet exemple que la pratique primitive
de laisser des aliments auprès du cadavre et de renouveler
les offrandes, dans le doute de savoir combien de temps le
réveil peut être retardé, s'est développée de manière à produire un système d'observances très-différentes des usages
primitifs.

§ 86. On peut citer après cela d'autres conséquences de
la croyance à la ré-animation. Si le corps est encore vivant,

de quelque façon que ce soit, de même que le corps d'un homme en catalepsie, ne doit-il pas respirer, n'a-t-il pas besoin de chaleur? A ces questions, diverses races ont effectivement répondu par l'affirmative.

Les Guaranis, écrit Southey, « croient que l'âme ne quitte pas le corps dans la tombe; aussi se montraient-ils attentifs à lui faire une place »..., à enlever « une partie de la terre, de peur qu'elle ne pesât lourdement sur le corps »..., « et quelquefois ils le recouvraient d'un vase concave, pour que l'âme ne fût pas étouffée. » C'est une croyance des Esquimaux qu'un poids qui presserait sur le cadavre « ferait mal au mort ». Enfin, Arriaga raconte que les anciens Péruviens, après la conquête, avaient coutume de déterrer les morts ensevelis dans les églises, parce que, disaient-ils, les corps étaient très-mal à l'aise quand le sol pressait sur eux, et qu'ils aimaient mieux rester en plein air.

Le feu sert et à donner de la chaleur et à cuire les aliments. Aussi voyons-nous, dans certains cas, qu'on procurait aux morts l'un ou l'autre de ces avantages. Morgan rapporte que les Iroquois « faisaient du feu sur la tombe du mort pendant la nuit, afin de permettre à l'esprit de préparer ses aliments. » Chez les Brésiliens, d'après Burton, « existe l'habitude d'allumer des feux auprès des tombes nouvelles... pour le bien du défunt. » Schœn dit que « les Cherbros (nègres de la Côte) allument souvent du feu par les nuits froides et humides sur les tombes de leurs amis défunts. » Les Australiens occidentaux entretenaient aussi des feux auprès des tombes pendant quelques jours, et, lorsque le mort était un personnage de marque, on les allumait pendant le jour durant trois ou quatre ans.

§ 87. La résurrection, telle qu'on la concevait dans le principe, ne peut avoir lieu, à moins qu'il ne reste un corps à ressusciter. Toutefois, encore que l'on trouve chez l'homme primitif la croyance au retour de l'autre soi associée à des usages funèbres, quant à la manière de traiter les cadavres, de nature à rendre le retour de la vie impossible, l'attente de la résurrection s'accompagne naturellement de l'idée qu'il est nécessaire de préserver le corps de toute injure. C'est pour cela que les diverses observances destinées à assurer le bien-être du corps inerte, tandis que son double demeure absent, et celui du corps ressuscité quand le double est revenu, se trouvent toutes associées à d'autres qui tendent à empêcher la destruction du corps.

Remarquez d'abord divers faits qui attestent la croyance que, si le corps est détruit, il ne peut y avoir de retour à la vie, c'est-à-dire que l'individu est anéanti. Bruce nous conte que chez les Abyssiniens on enterrait rarement les criminels; Simon nous apprend que, chez les Chibchas, on laissait les corps des grands criminels sans sépulture, en plein champ; enfin, nous pouvons nous rappeler les soins que l'on prend ordinairement parmi nous des corps, dans la pensée avouée qu'ils ressusciteront. On peut conclure de ces usages la croyance que le retour de la vie est empêché quand le corps est détruit. Nous en trouvons ailleurs l'expression. Les naturels de la Nouvelle-Zélande prétendent qu'un homme qu'ils ont mangé a été complétement détruit par eux. D'après Chapman, les Damaras croient que les morts, s'ils sont enterrés, « ne peuvent demeurer dans la tombe... Il faut, disent-ils, les jeter et les laisser dévorer par les loups; alors ils ne viennent pas nous tourmenter. » D'après Bastian, les négresses matiambas croient que, en jetant les corps de leurs maris dans l'eau, elles noient leur âme, qui sans cela viendrait les tourmenter. C'est peut-être en vertu d'une semblable croyance que les Kamtschadales donnent les cadavres « à manger à leurs chiens ».

Quand le but qu'on se propose n'est pas l'anéantissement du mort, mais au contraire quand on veut assurer son bien-être, on veille attentivement à tenir le corps à l'abri de toute injure. Cette attention suggère des moyens qui diffèrent suivant les idées qu'on se fait de l'existence du mort.

Dans certains cas, on cherche à s'assurer la sécurité en gardant le secret du lieu de la sépulture ou en le rendant inaccessible. Les Chibchas plantaient des arbres sur certains sépulcres pour les cacher. Après un certain temps, les prêtres « déposaient secrètement » les restes des chefs néo-zélandais « dans des sépulcres sur des collines, dans des forêts ou dans des cavernes. » Les Muruts de Bornéo placent les os de leurs chefs dans des coffres, sur le sommet des plus hautes collines, à ce que nous dit Saint-John. Enfin Ellis nous apprend que les Tahitiens, pour empêcher qu'on ne dérobât les ossements, les portaient sur le sommet des montagnes les plus inaccessibles. Chez les Cafres, on jette les corps des gens du commun pour que les loups les dévorent, mais on ensevelit ceux des chefs dans leur parc à bestiaux; enfin Livingstone nous dit qu'on enterre les chefs béchuanas « dans leur parc à bestiaux, et que l'on pousse tout le bétail pendant une heure ou deux autour et au-dessus de la tombe, de manière à l'effacer presque entièrement. » La précaution que l'on prenait à l'égard du chef de Bogota est encore plus étrange. En prévision de la mort du cacique, des serviteurs spéciaux, qui gardaient un secret absolu sur leur mission, préparaient sa dernière demeure en un lieu très-sûr. « Ils détournent, dit Simon, le cours d'une rivière, et ils creusent la fosse dans son lit.....

Aussitôt que le cacique est enterré, ils laissent la rivière reprendre son cours primitif. »

Si, dans certains cas, le désir de cacher le corps et ce qui lui appartient à la vue des ennemis, animaux ou hommes, l'emporte, dans d'autres c'est le désir de le protéger contre des maux qui le menaceraient. Nous avons déjà noté les moyens qu'on emploie quelquefois pour lui rendre facile la respiration, qui, à ce qu'on croit, continue ; probablement enfin, c'est l'idée d'atteindre un but analogue qui a donné naissance à l'usage suivi par diverses races d'élever les corps à une certaine hauteur au-dessus du sol. Il y a des peuples polynésiens qui placent les corps morts sur une estrade. En Australie et dans les îles Andaman, on met quelquefois le corps sur un échafaud. Chez les Zulus, quelques-uns le brûlent, d'autres l'enterrent, d'autres l'exposent sur des arbres ; enfin les Dayaks et les Kayans ont un usage semblable. Mais c'est en Amérique, où les naturels, comme nous l'avons vu, trahissent par d'autres usages le désir de mettre les cadavres à l'abri de toute pression, que l'on trouve le plus communément celui de les exposer sur des plates-formes. Burton nous dit que les Dacotahs adoptent cette méthode. Morgan raconte que tel était autrefois l'usage chez des Iroquois. Catlin dit que les Mandans ont des estrades sur lesquelles « leurs morts vivent, comme ils disent », et remarque que, par ce moyen, ils les mettent à l'abri des loups et des chiens ; enfin Schoolcraft affirme la même chose des Chippeouays. Chez les tribus de l'Amérique du Sud, on cherchait le même résultat, et, pour cela, on se servait de fentes de rochers et de cavernes comme lieux de sépulture. C'est ce que faisaient les Caraïbes. Humboldt nous dit que les Indiens de la Guyane enterrent leurs morts, mais seulement quand ils n'ont pas de cavités dans leurs rochers. Les Chibchas enterraient les

leurs dans des espèces de *bobedas* ou cavernes, faites pour
cet usage. Enfin, les diverses manières de traiter le cadavre adoptées par les anciens Péruviens assuraient toutes
deux fins, la protection et la suppression de tous les inconvénients qu'on redoutait pour le corps. Quand ils n'avaient
pas de fentes naturelles dans les rochers, ils faisaient « de
grands trous et des excavations qu'ils fermaient par des
portes » ; ou bien ils gardaient les cadavres embaumés dans
des temples.

Laissons le nouveau-monde, où l'idée primitive de la
mort comme une vie longtemps suspendue semble avoir
partout été particulièrement puissante ; nous trouvons ailleurs qu'on ne croit pas autant que les morts sont sensibles
à la pression ou au manque d'air : on se borne à reconnaître la nécessité d'empêcher les animaux de les détruire et
les hommes ou les démons de leur faire du mal. Tel est le
motif apparent de l'usage de couvrir les cadavres, et quelquefois le motif avoué. Quelquefois, la terre ne suffit pas ; on
y ajoute un autre moyen de protection. Park dit que les
Mandingues déposent sur la tombe « des buissons épineux
pour empêcher les loups de déterrer le cadavre ». Les
Yolofs, tribu de la Côte, ont recours au même artifice. Dans
d'autres cas, on les couvre de pierres. Les Arabes éloignent
les bêtes féroces de cette manière, et très-généralement nous
trouvons des pierres et de la terre, ou des pierres seules,
qui sont évidemment d'un effet plus sûr. Crantz nous raconte que les Esquimaux protègent le cadavre avec des
pierres lourdes. Les Bodos et les Dhimals empilent des
pierres « sur la tombe pour empêcher que les chacals ne
viennent la fouiller », etc. Dans le pays des Damaras, la
tombe d'un chef est formée d'un grand tas de pierres entouré de broussailles épineuses. Voyez maintenant une con-

séquence remarquable de cet usage. Les parents du mort, par affection réelle ou supposée, et d'autres par crainte de ce qu'il pourrait faire quand son double sera revenu, s'unissent pour augmenter la masse qui le protége. Park nous raconte que, chez les nègres de l'intérieur, on trouve en certains endroits de grands amas de pierres sur des tombes, parce que les parents du mort, quand ils viennent à passer par là, ne cessent d'ajouter des pierres au tas. Enfin, Urrutia nous apprend que, chez certains peuples de l'Amérique centrale, existe encore la coutume de jeter une poignée de terre ou une pierre sur la tombe des morts de qualité, comme un tribut qu'on paye à leur mémoire. Evidémment, on va plus loin dans la mesure de l'amour, du respect ou de la crainte qu'on porte au mort. Par suite, l'augmentation du tas formé pour protéger le cadavre amène un autre accroissement, motivé cette fois par la puissance et la richesse du mort. Ainsi Ximénès nous apprend que les naturels de l'Amérique centrale « élevaient des remblais de terre auxquels ils donnaient une hauteur en rapport avec l'importance du mort. » Cieza nous dit que les Chibchas entassent de telles masses de terre pour faire leurs tombeaux, qu'ils ressemblent à de petites collines. Enfin Acosta, qui nous parle de certains autres tumulus funéraires des mêmes régions, nous dit qu'ils sont « élevés pendant la durée du deuil », et il ajoute « que, le deuil se prolongeant tant qu'on donne à boire, les dimensions du tumulus sont une marque de la fortune du mort. » Ulloa fait une remarque analogue à propos des monuments des Péruviens.

Ainsi, à commencer par le petit tumulus, qui résulte nécessairement du déplacement de la terre par le corps enterré, pour arriver à la longue aux constructions gigantesques, comme les pyramides d'Egypte, toute la série des monuments funèbres tire son origine du désir de préserver le cadavre des mutilations qui l'empêcheraient de ressusciter.

§ 88. Il faut mentionner un autre groupe de coutumes qui ont le même but. Je veux parler de l'emploi de méthodes destinées à arrêter la décomposition du cadavre. A côté de la croyance d'après laquelle la résurrection sera empêchée si le retour de l'autre soi trouve un corps mutilé ou n'en trouve point, existe la croyance d'après laquelle il faut arrêter la putréfaction pour assurer la résurrection. Naturellement, on conclut que si la destruction du cadavre par les animaux empêche le retour à la vie, la décomposition l'empêche aussi. Si cette idée ne laisse aucune trace chez les hommes très-inférieurs, c'est probablement parce qu'ils n'ont découvert aucune méthode d'arrêter la décomposition. Mais, chez les races plus avancées, il y a des preuves que l'idée prend naissance et qu'elle devient un motif d'action.

Pour ce qui est du motif qui fait agir, nous avons le témoignage d'Herrera, qui nous apprend que, dans certaines parties du Mexique, les indigènes croyaient que « les morts ressusciteraient; et, quand les os des morts étaient secs, on les mettait dans un panier et on les suspendait à une grosse branche d'un arbre, pour qu'ils n'eussent pas à les rechercher au moment de la résurrection ». De même, les Péruviens qui expliquaient les observances de leur pays à Garcilaso disaient : « Afin donc, de n'avoir pas à chercher nos cheveux et nos ongles, en un moment où il y aura beaucoup de précipitation et de confusion, nous les mettons à une certaine place, afin de pouvoir les rassembler plus commodément, et, toutes les fois que la chose est possible, nous faisons attention à cracher au même endroit. »

Avec ces indications pour nous guider, nous ne pouvons douter du sens qu'il faut attacher à la peine qu'on prend pour empêcher la décomposition. En apprenant qu'en Afrique les Loangos fument leurs cadavres et qu'en Amérique quelques Chibchas « desséchaient les corps de leurs morts dans des barbacoas à feu doux », nous devons conclure qu'ils se proposent d'en conserver les chairs dans un état d'intégrité jusqu'au moment de la résurrection. Chez les mêmes Chibchas, comme aussi dans quelques parties du Mexique et chez les Péruviens, on embaumait les corps des rois et des caciques. Nous devons donc conclure que l'on a adopté l'embaumement uniquement comme un moyen efficace de parvenir à la même fin, surtout quand nous voyons qu'on s'attachait d'autant plus à conserver le corps que le rang du mort était plus élevé. Nous en avons la preuve dans la remarque faite par Acosta que « le corps (de l'Inca Yupanqui) était si complet et si bien conservé, au moyen d'une espèce de bitume, qu'il semblait vivant ».

Nous n'avons pas besoin de donner les faits qui montrent que des idées analogues suggéraient des usages analogues aux Egyptiens.

§ 89. Nous devons signaler ici d'autres rites funéraires qui impliquent indirectement la croyance à la résurrection. Nous le devons, ne fût-ce que parce qu'ils sont le point de départ de coutumes que nous aurons à expliquer plus tard. Je veux parler des mutilations et d'autres usages qui sont si souvent des signes de deuil.

Nous lisons dans l'*Iliade* qu'aux funérailles de Patrocle les Myrmidons « couvrirent le corps du héros de leurs chevelures, qu'ils coupèrent et jetèrent sur lui »; de plus, qu'Achille plaça sa propre chevelure dans les mains du ca-

davre, et qu'il accomplit cet acte en se consacrant lui-même
à la vengeance de Patrocle et en promettant d'aller ensuite
le rejoindre. La chevelure figure ici un gage : une partie
du corps sert de symbole au don du corps tout entier. Cet
acte, témoignage d'affection ou moyen de propitiation, ou
l'un et l'autre à la fois, se retrouve chez la plupart des
races non civilisées.

Pour mieux indiquer la signification de ce rite, je com-
mencerai par le témoignage de Bonwick, qui nous apprend
que les femmes tasmaniennes « se coupaient les cheveux
en signe de douleur et les jetaient sur la tombe ». Ajoutons
que Winterbottom raconte qu'on voyait, chez les Sousous,
une tombe, celle d'une femme, sur laquelle était déposée
la chevelure de sa fille aînée. Lorsque nous ne savons pas
ce que les cheveux deviennent, nous n'en apprenons pas
moins qu'ils sont coupés. Chez les nègres de la Côte, les
veuves d'un homme mort se rasent la tête, et chez les Damaras on fait parfois la même chose à la mort d'un ami
auquel on tenait beaucoup. De même chez les Mpongwes,
les Cafres et les Hottentots. Dans les îles Hawaï et Samoa,
on se coupe ou on s'arrache les cheveux. Les Tongans se
rasent la tête. Les naturels de la Nouvelle-Zélande, dans
certaines circonstances, se coupent court la moitié des cheveux. Chez les Tannais, « les cheveux coupés sont un signe
de deuil. » A la mort de la reine de Madagascar, « tout
le monde, à l'exception d'environ vingt des officiers du
plus haut rang, dut se couper les cheveux. » En Amérique,
même chose. La veuve d'un Groënlandais fait le sacrifice de ses tresses. Les proches parents d'un Chinouk mort
coupent leurs chevelures. Enfin nous voyons que les Chippeouays, les Comanches, les Dacotahs, les Mandans, les
Tupis font la même chose. Divers faits attestent que ce rite

est un symbole de subordination et un moyen de se concilier la faveur du mort, quand il reviendra à la vie. Ainsi Shortt nous apprend que chez les Todas, lorsque quelqu'un meurt, on se coupe les cheveux, « mais ce sont seulement les gens plus jeunes qui témoignent par là de leur respect pour leurs anciens. » Burckhardt nous dit que, chez les Arabes, « à la mort d'un père, les enfants des deux sexes coupent leurs... tresses en signe de douleur. » Les peuples de l'Amérique du Sud témoignent par cet acte de leur subordination politique et domestique. Nous apprenons de Dobrizhoffer que, chez les Abipones, « à la mort d'un cacique, tous les hommes soumis à son autorité rasaient leur longue chevelure en signe de douleur. » De même chez les Péruviens. Cieza nous dit que « les Indiens de Llacta-Cunya faisaient de grandes lamentations sur leurs morts, et qu'on coupait les cheveux aux femmes qu'on ne tuait pas. » Cela veut dire que les épouses qui ne se donnaient pas tout entières pour suivre le mort donnaient leur chevelure comme gage.

D'autres usages qui consistent à verser son propre sang et à se mutiler, ont le même sens. Aux funérailles, les Tasmaniens « se déchiraient le corps avec des coquilles et des pierres tranchantes ». Les Australiens se font des entailles, et Cook rapporte la même chose des Tahitiens et des Néo-Zélandais. Mariner attribue la même coutume aux Tongans. Nous apprenons que, chez les Groënlandais, les hommes se balafrent « quelquefois le corps », et que les Chinouks « se défigurent ». Schoolcraft assure que les veuves des Comanches « se font des balafres aux bras, aux jambes et au corps, jusqu'à ce qu'elles soient épuisées par la perte du sang, et que souvent elles se donnent la mort. » Enfin Burton dit que les Dacotahs « se balafrent souvent eux-mêmes et se coupent un ou plusieurs doigts ». Dans ce dernier exemple, nous avons

devant nous la preuve que ce n'est pas seulement le sang,
mais quelquefois une partie du corps que l'on sacrifie pour
donner un profond témoignage de respect ou d'obéissance.
C'est ainsi que Cook nous apprend que, aux îles Tonga, à
la mort du grand prêtre, on se coupe la première phalange
du petit doigt; et nous savons par Ellis que, à la mort d'un
roi ou d'un chef des îles Sandwich, ses sujets se soumet-
taient à certaines mutilations; ils se faisaient tatouer une
partie de la langue, couper les oreilles ou arracher une des
dents de devant. Nous savons que l'on offre du sang et des
parties du corps en sacrifice religieux. On nous dit que le
peuple de Dahomey arrose de sang humain la tombe de ses
anciens rois, pour obtenir l'assistance de leurs esprits dans
la guerre. Nous voyons que les Mexicains donnaient leur
sang à boire à leurs idoles; que des prêtres se saignaient
chaque jour, et qu'on saignait même de petits enfants mâles.
On nous raconte que le même usage existait au Yucatan, au
Guatémala et à San-Salvador, et que les populations de la
côte du Pérou offraient du sang pareillement aux idoles et
aux sépulcres. Ces faits ne nous permettent pas de douter
que les rites funèbres n'aient été primitivement destinés à
gagner la faveur du mort. Le sacrifice du sang est un des
résultats indirects de la croyance à une résurrection prochaine, quand on le trouve associé au cannibalisme, qu'il
soit encore en vigueur ou qu'il l'ait été jadis.

Ajoutons que nous avons un fait où cette signification est
nettement affirmée. Turner nous dit qu'il y a chez les
Samoans une cérémonie qu'on accomplit à l'occasion d'un
décès : « On se frappe la tête avec des pierres jusqu'à ce que
le sang coule; et on appelle cela *offrir du sang* au mort. »

§ 90. Toutes ces observances si variées supposent donc la conviction que la mort est une vie longtemps suspendue. Les efforts tentés pour rappeler le cadavre à la vie par de mauvais traitements, les appels qu'on adresse au mort en prononçant son nom, en lui faisant des reproches ou des questions, les essais qu'on tente pour le nourir, la nourriture et la boisson qu'on lui apporte, les mesures qu'on prend pour empêcher qu'il ne soit incommodé par la pression et que sa respiration ne soit gênée, le feu qu'on entretient pour cuire ses aliments ou pour le garantir du froid, enfin les soins qu'on prend pour empêcher les bêtes féroces de lui faire du mal ou pour arrêter la décomposition de son cadavre, et même les divers maux que les survivants s'infligent en signe de subordination, tous ces usages concourent à démontrer l'existence de cette croyance. Enfin nous en trouvons l'aveu formel.

Ainsi, en Afrique, selon Bastian, les Ambabas pensent qu'un homme demeure trois jours à l'état de mort, mais que quelques morts sont emportés par le fétiche dans les bois et restent morts des années ; dans les deux cas, ils reviennent à la vie. Lander, parlant d'un homme mort quelques jours auparavant chez les nègres de l'intérieur, dit que « l'on fit une déclaration publique portant que son dieu tutélaire l'avait ressuscité. » Un chef Zambési croyait que Livingtone était un italien « Siriatomba, ressuscité de la mort. » Revenant à la Polynésie, nous rencontrons parmi les croyances incompatibles des Fidjiens une tradition qui sert de passage entre l'idée primitive du renouvellement de la vie ordinaire et l'idée d'une autre vie qui s'accomplit ailleurs : ils pensent que la mort est devenue universelle, parce que les enfants du premier homme ne l'ont pas déterré, comme un de leurs dieux le commandait. Le dieu

disait que, s'ils l'avaient fait, tous les hommes seraient revenus à la vie après quelques jours d'ensevelissement. Au
Pérou, où l'on prenait un si grand soin des cadavres, la résurrection était un article de foi. « Les Incas, dit Garcilaso,
croyaient à une résurrection universelle, non pour la
gloire ou pour le châtiment, mais comme un retour à la
vie terrestre. »

Signalons les témoignages que nous offre le passé des
races supérieures en faveur de cette croyance, par exemple
le fait que « dans la loi musulmane on suppose que les prophètes, les martyrs et les saints ne sont pas morts, et que
ce qui leur appartenait continue à être leur propriété; » et
cet autre fait que, dans l'Europe chrétienne, on a attendu le
retour de certains hommes illustres depuis Charlemagne
jusqu'à Napoléon. Signalons, pour finir, la forme sous laquelle cette croyance existe encore. La distance qui la sépare de la forme primitive est moindre que nous le supposons. Je ne veux pas seulement dire que le passage : « par
un seul homme le péché est entré dans le monde, et par le
péché la mort, » fait affirmer par la croyance régnante que
la mort n'est pas un événement naturel, aussi clairement
que le font les croyances des sauvages qui dérivent la mort
d'une différence d'opinion entre les dieux, ou du peu de
cas que l'homme a fait de leurs ordres. Je ne me borne pas
non plus à faire allusion à l'affirmation catégorique de la
résurrection des corps, qu'on trouve dans le Livre de prières
officiel de l'Eglise anglicane, et aux descriptions détaillées
de résurrections qu'on trouve dans des poëmes plus récents.
Je songe à des faits qui montrent que, même aujourd'hui,
bien des gens avaient cette croyance aussi nettement que
l'avouait récemment un éminent ecclésiastique. Le 5 juillet 1874, l'évêque de Lincoln prêchait contre la crémation,

qu'il accusait de tendre à ruiner la foi des hommes à la résurrection des corps. Non-seulement le Dr Wordsworth soutient avec l'homme primitif que le corps de toute personne enterrée sera ressuscité; il va plus loin, il soutient encore, avec l'homme primitif, que la destruction du corps empêchera la résurrection [1].

Voyons, en finissant, les modifications grâce auxquelles la croyance civilisée à la résurrection diffère en partie de la croyance sauvage. On ne l'abandonne pas, on ne fait qu'ajourner l'événement qu'on prédit. Le surnaturalisme, peu à peu discrédité par la science, reporte ses événements surnaturels à des distances plus lointaines dans le temps et l'espace. De même que les partisans des créations spéciales supposent qu'elles arrivent non aux lieux où nous sommes, mais en des parties du monde situées loin de nous, de même que les partisans des miracles, qui ne croient plus qu'il s'en fasse aujourd'hui, admettent qu'ils ont eu lieu sous un régime de providence qui n'existe plus, de même aussi, ceux qui n'attendent plus le retour des corps à la vie sur-le-champ, l'attendent néanmoins après un temps d'une durée indéfinie. L'idée de mort se différencie de plus en plus de l'idée d'insensibilité temporaire. D'abord on attendait la ré-animation au bout de quelques heures, ou de quelques jours, ou de quelques années; peu à peu, à mesure qu'on se fait une idée plus juste de la mort, on n'attend plus la ré-animation qu'à la fin de toutes choses.

---

1. Placé dans les mêmes circonstances, l'évêque aurait sans doute agi comme l'inca Atahualpa, qui se fit chrétien pour être pendu au lieu de brûlé, parce que (disait-il à ses femmes et aux Indiens), si son corps n'était pas brûlé, son père, le Soleil, le ressusciterait.

CHAPITRE XIII

IDÉES D'AMES, DE REVENANTS, D'ESPRITS, DE DÉMONS, ETC.

§ 91. Le voyageur Park nous raconte la rencontre qu'il fit subitement de deux nègres à cheval qui s'enfuirent au galop, emportés par la terreur, et il ajoute : « un mille plus loin à l'ouest, ils rencontrèrent ma suite, à laquelle ils firent un récit effrayant. Dans leur effroi ils m'avaient vu revêtu de la robe flottante des esprits redoutables ; l'un deux affirma que, lorsque je lui étais apparu, il s'était senti enveloppé d'une bouffée de vent froid venu du ciel qui lui avait causé l'impression d'un jet d'eau glacée. »

Je cite ce passage pour rappeler au lecteur la force avec laquelle la peur, unie à une croyance préétablie, produit des illusions qui viennent à l'appui de cette croyance, et pour montrer combien l'homme primitif est, par conséquent, enclin à découvrir la preuve des apparitions des morts.

Avant d'aller plus loin, encore un fait. Je connais un ecclésiastique qui accepte pleinement la doctrine de l'évolution naturelle des espèces, mais qui professe néanmoins que « Dieu a formé l'homme de la poussière de la terre, et

qu'il lui a soufflé dans les narines un souffle de vie; »
croyances incompatibles et qui peuvent faire pendant à celles
des catholiques qui voient, touchent et goûtent un morceau
de pâte qui n'a subi aucun changement, et qui néanmoins
soutiennent que c'est de la chair.

Je rapporte ces exemples d'une adhésion à des notions
irréconciliables de la part de personnes cultivées appartenant à des sociétés civilisées, parce qu'elles font comprendre comment les hommes primitifs, d'une intelligence peu
développée et ignorants, peuvent entretenir des notions qui
se ruinent mutuellement. Il paraît difficile de leur attribuer
la croyance que les morts, tout ensevelis qu'ils sont, reviennent sous des formes sensibles. Quand ils affirment que le
double s'en va, laissant le corps derrière lui, il semble qu'il
soit illogique à y joindre la supposition que le double a
besoin des aliments et des boissons qu'ils lui apportent, ou
bien de vêtements et de feu. En effet, s'ils conçoivent ce
double sous une forme aérienne ou éthérée, comment peuvent-ils supposer qu'il consomme des aliments solides, ce
que beaucoup d'entre eux croient à la lettre? Et, s'ils le
croient matériel, comment peuvent-ils concevoir qu'il existe
en même temps que le corps, et qu'il quitte la tombe sans
rien déranger à ce qui la recouvre?

Mais, rappelons-nous jusqu'où peut aller la crédulité et
le manque de logique, même chez les hommes instruits
des races avancées; disons, pour conclure, que l'homme
primitif pouvait bien entretenir les idées qu'il avait de
l'autre soi, si impossible que cela nous paraisse.

§ 92. Je dois commencer par la notion des Australiens,
parce qu'elle est typique. On l'a souvent citée, et elle s'exprime nettement dans la forme que lui a donnée un criminel

après sa condamnation : il disait qu'il allait d'un saut devenir un blanc et qu'il aurait alors tant qu'il voudrait des pièces de six pences. On a beaucoup parlé de ce qui arriva à sir George Grey, qu'une femme australienne caressa comme s'il était son propre fils mort qui fût revenu à la vie. Le fait de Mme Thomson est également significatif : on la regardait comme l'autre soi d'une personne défunte appartenant à la tribu, et les Australiens avec qui elle vivait disaient d'elle : « Ce n'est pas grand'chose, ce n'est rien, ce n'est qu'un revenant ! » Bonwick raconte qu'un pionnier qui avait un bras rétracté, en qui l'on crut reconnaître un naturel mort depuis peu qui avait la même infirmité, fut salué par ces mots : « O mon cher Balludie, vous êtes devenu blanc ! » Après avoir cité d'autres exemples, Bonwick rapporte l'explication que Davis donne de cette croyance australienne; elle viendrait de ce que les noirs, qu'on écorche avant de les manger, paraissent blancs; et que par suite on prend les blancs pour les revenants des noirs. Mais nous retrouvons ailleurs la même croyance sans la même explication. « Les insulaires de la Nouvelle-Calédonnie, dit Turner, croient que les blancs sont les esprits des morts, et qu'ils apportent des maladies. » Autre exemple : « à l'île Darnley, aux îles du Prince-de-Galles et au Cap-York, le mot dont on se sert pour désigner les blancs signifie aussi esprit. » Burton nous apprend que les Krumans appellent les Européens « la tribu des revenants »; une nation du vieux Calabar, « hommes esprits », et les Mpongwes du Gabon, « revenants ».

Tous ces faits ne permettent pas de douter que l'on n'ait d'abord conçu le double comme non moins matériel que son original; chez d'autres peuples, d'autres faits le prouvent tout aussi clairement, mais d'une autre manière.

Ainsi les Karens disent que « le Là (esprit) apparaît quelquefois après la mort, et qu'on ne peut le distinguer de la personne même. » Les Araucaniens croient que « l'âme, séparée du corps, remplit dans une autre vie les mêmes fonctions qu'elle remplissait pendant celle-ci, sans autre différence que de n'y trouver ni fatigue ni satiété. » — « Les habitants de Quimbaya, dit Piedrahita, reconnaissaient qu'il y avait quelque chose d'immortel dans l'homme, mais ils ne distinguaient pas l'âme du corps. » Enfin Herrera affirme la même chose. Les anciens Péruviens disaient expressément que « les âmes doivent sortir du tombeau avec tout ce qui appartenait à leurs corps ». Suivant Acosta, ils y ajoutaient la croyance que « les âmes des morts étaient errantes, qu'elles subissaient le froid, la soif, la faim et la fatigue. »

Ce n'est pas seulement par des mots que cette croyance s'exprime, elle inspire des actes. L'usage conservé chez quelques habitants du Pérou de répandre « de la farine de maïs ou de quinua autour de l'habitation, pour voir, disent-ils, aux traces des pas, si les morts ont erré aux environs, » trouve de l'analogie ailleurs : chez les Juifs même, on se servait de cendres tamisées pour découvrir les traces des démons ; et quelques-uns, mais pas tous, regardaient les démons comme des esprits des méchants décédés. Il faut qu'une idée semblable existe chez ces nègres dont parle Bastian, qui mettent des épines dans les sentiers qui conduisent à leurs villages pour en éloigner les démons. Ailleurs, les prétendues demandes de provisions pour les morts supposent la même croyance. « Donnez-nous à manger, que nous mangions et que nous partions, » disent des esprits amazulus qui se donnent pour des ennemis d'esprits d'un autre endroit qu'ils vont combattre. Chez les Indiens

de l'Amérique du Nord, on suppose que les esprits fument;
et, dans les îles Fidji, on dit que les dieux « mangent les
âmes de ceux que les hommes détruisent » et qu'ils commencent par les *rôtir*. Les Fidjiens croient aussi que « les
hommes tuent des âmes », c'est-à-dire que le second soi
peut avoir à combattre comme le premier. Les Amazulus
« croient que l'Amatonga, ou le mort, peut mourir de nouveau... Nous possédons des récits qui font allusion à leur
mort sur le champ de bataille, ou qui nous les montrent
emportés par la rivière. » Enfin les anciens Hindous, les
Tartares et les Européens d'autrefois partageaient cette
croyance à la matérialité du double.

§ 93. On ne saurait suivre avec netteté la transition qui
mène de cette conception originelle, et la plus grossière de
toutes, à des conceptions moins grossières qui se produisent
plus tard ; mais nous rencontrons des signes d'une modification progressive.

Les idées des Tahitiens qu'Ellis appelle « vagues et indé-
finies » impliquent la croyance à une demi-matérialité de
l'âme. En effet, en même temps qu'ils croient que la plupart
des esprits morts sont « mangés par les dieux », non pas à
la fois, mais peu à peu, ce qui suppose que ces esprits sont
formés de parties séparables, ils disent que les autres ne
sont pas mangés, et qu'ils apparaissent quelquefois en rêve
aux survivants ; et c'est probablement à cause de ces apparitions qu'on a conclu qu'ils n'étaient pas mangés. En outre,
la croyance qui attribue aux revenants des organes des sens
par où ils ont des perceptions ordinaires, suppose la matérialité partielle sinon complète de l'âme. Les Yakoutes laissent des signaux pour montrer aux esprits l'endroit où ils
ont déposé leurs offrandes ; et, selon Orosco y Berra, les

Indiens du Yucatan soutiennent « que l'âme du mort revient dans le monde ; et, pour qu'au sortir du tombeau elle ne perde pas le chemin qui mène au foyer domestique, ils marquent-à la craie la voie qui conduit de la hutte au tombeau. La matérialité impliquée dans la faculté physique de voir est un attribut de l'âme, d'après le peuple de Nicobar, qui pense que l'on « parvient réellement à empêcher les esprits malins (ceux des morts) de prendre leur demeure dans le village, au moyen d'un écran fait d'un morceau d'étoffe qui cache à leurs regards funestes l'endroit où les maisons sont situées. »

Il semble que l'idée que les Grecs se faisaient des revenants ait quelque chose d'analogue. « Ce n'est, dit Thirlvall, qu'après que leur force a été refaite par le sang d'une victime immolée, qu'ils recouvrent la raison et la mémoire pour un temps, qu'ils peuvent reconnaître leurs amis vivants et éprouver quelque intérêt pour ceux qu'ils ont laissés sur la terre. » Deux faits donnent à penser que les habitants de l'Adès avaient quelque chose de matériel : c'est qu'ils se rassemblaient pour boire le sang des sacrifices, et qu'Ulysse les fait reculer en les menaçant de son épée. Ce n'est pas tout, dans ce royaume des morts, le héros contemple Titye, dont les vautours déchirent le foie ; il parle d'Agamemnon dont l'âme « répand des larmes amères », et raconte que l'ombre de Sisyphe suait par les efforts qu'elle faisait pour remonter le rocher qui retombait toujours. Je peux renvoyer à un passage de l'*Iliade* qui montre d'une manière tout à fait claire comment la notion primitive s'est modifiée. En s'éveillant, au sortir d'un rêve où il avait revu Patrocle, qu'il cherche en vain à embrasser, Achille s'écrie : « Hélas, dans les demeures de l'Adès, il y a bien un esprit, une image, mais il n'y a point de corps. » Pourtant, l'ombre

de Patrocle parle et se lamente ; elle possède donc la matérialité que ces actes supposent. Ainsi, dans l'esprit de l'âge
homérique, le rêve, continuant à fournir des preuves
d'une existence ultérieure, fournit des faits qui, introduits
dans le raisonnement, nécessitaient un changement dans
l'idée de l'autre soi : on en arrivait à nier la matérialité
complète.

Les conceptions régnantes chez les Hébreux ne paraissent pas avoir été bien différentes. Nous y voyons tantôt la
matérialité, tantôt l'immatérialité, et tantôt quelque chose
entre les deux. On représente le Christ ressuscité comme
portant des blessures dont on pouvait constater l'existence
matérielle, et cependant on nous dit qu'il passait sans
obstacle à travers les portes closes et les murailles. Les
êtres surnaturels des Hébreux, bons ou mauvais, ressuscités
des morts ou non, se présentent avec les mêmes attributs.
Tantôt ce sont des anges qui dînent avec Abraham ou qui
font rentrer Loth dans sa maison ; ils ont une corporéité
complète. Tantôt on parle d'essaims d'anges et de démons
qui parcourent les airs, invisibles et par conséquent incor-
porels. Ailleurs, on dit qu'ils ont des ailes, ce qui suppose
qu'ils se meuvent par un moyen mécanique, et on les représente comme venant se frotter contre les habits des rabbins
dans la synagogue, au point de les user.

Evidemment les récits de revenants, auxquels on croyait
universellement chez nous autrefois, supposaient la même
idée. Pour ouvrir des portes, secouer des chaînes et faire
d'autres bruits, il faut posséder une substance assez dense ;
on était bien forcé de l'admettre, mais on ne l'avouait pas.

On trouvera beaucoup d'exemples de cette croyance à une
demi-matérialité dans le premier volume de l'ouvrage de

M. Tylor, intitulé *Civilisation primitive*. J'y renvoie le
lecteur.

§ 94. Comme nous l'avons pressenti déjà, nous trouvons,
mêlées à ces idées de doubles demi-matériels, et illogique-
ment associées avec elles, les idées de doubles à forme
aérienne ou d'ombres. La différence qu'il y a entre un
homme mourant et un homme qui vient de mourir a
nécessairement donné lieu à une idée du défunt qui
exprime cette différence : toute différence tranchée engendre une conception corrélative.

Le cœur cesse de battre. Le cœur est-il l'autre soi qui
s'en va ? Il y a des races qui le croient ; on le voit dans les
réponses aux questions que Bobadilla a posées aux Indiens
du Nicaragua. « Ceux qui sont en haut, demande-t-il à l'un
d'eux, y vivent-ils comme ici-bas, avec le même corps, la
même tête et tout le reste? » On lui répond : « Le cœur seul
y va. » De nouvelles questions mettent en lumière une idée
confuse de l'existence de deux cœurs, et la croyance que
« le cœur qui s'en va est celui qui fait vivre ». Chez les
Chancas du vieux Pérou, nous dit Cieza, « on appelait
l'âme *sonccon,* mot qui veut dire aussi cœur. » La cessation de la respiration est plus apparente que la cessation
de l'action du cœur ; aussi est-elle cause de la croyance
bien plus répandue qui identifie l'autre soi qui s'est retiré
avec la respiration qui a cessé. Les mêmes Américains du
centre admettaient cette identification en même temps
que la précédente. « Quand on va mourir, répondait un
Indien à une des questions de Bobadilla, quelque chose de
semblable à une personne, appelé *yulio,* sort de la bouche
et va à l'endroit où cet homme et cette femme demeurent;
il y demeure comme une personne et ne meurt pas, et le

corps y reste. » On sait trop bien que des races supérieures ont admis la même idée pour qu'il soit besoin d'en donner des preuves. Je n'en mentionnerai qu'une : je veux parler de la représentation graphique de cette idée dans les ouvrages d'Eglise ornés d'estampes d'autrefois, par exemple dans le *Mortilogus*, etc., du prieur Conrad Reitter, publié en 1508, qui renferme des bois représentant des hommes mourants, de la bouche desquels s'échappent de petites images d'eux-mêmes que l'on voit reçues tantôt par un ange, tantôt par un diable. Il y a aussi beaucoup d'exemples de l'identification de l'âme avec l'ombre ; en voici un : les Groënlandais, nous dit Crantz, « croient à deux âmes, à savoir l'ombre et le souffle. » Il suffira de citer, à l'appui des faits fournis par l'antiquité, l'exemple tout moderne tiré des Amazulus que nous tenons de Callaway. Il voit des faits avec des yeux de missionnaire et par suite intervertit l'ordre de leur genèse. « Rien, dit-il, ne saurait mieux prouver la dégradation où sont tombés les naturels que de voir qu'ils ne comprennent pas que le mot *isitunzi* signifie l'esprit, et non-seulement l'ombre projetée par le corps, car on trouve chez eux l'étrange croyance que le corps mort ne projette aucune ombre. »

La conception de l'autre soi qui résulte de cette identification, tend à supplanter la conception qui lui attribue une matérialité totale ou partielle, parce qu'elle est moins en désaccord avec l'expérience, et que par suite elle conduit à des observances impliquant la croyance que les esprits ont besoin d'espace pour passer, encore qu'ils ne soient pas de grande taille. Ainsi les Iroquois laissent une petite ouverture à la tombe, pour que l'âme puisse rentrer dans ce monde ; et ailleurs, pour le même motif, on perce des trous au cercueil. Chez les Ansayriis, dit Walpole, on laisse

aux chambres destinées à l'hospitalité plusieurs petits trous
carrés, pour que chaque esprit puisse entrer et sortir sans
heurter les autres. On rencontre ailleurs beaucoup de faits
de même valeur.

§ 95. N'y eût-il aucune preuve directe que les conceptions de l'autre soi ont cette origine, la preuve indirecte
tirée du langage suffirait. Nous en trouvons dans toutes les
parties du monde, et chez des peuples à tous les degrés de
civilisation.

Chez les Tasmaniens, dit Milligan, « on donne aux esprits
gardiens le nom générique de *ou-arraouah*, terme indigène... qui signifie ombre, revenant ou apparition. » Dans
la langue astèque et les langues de même famille, le mot
ehecatl veut dire à la fois vent, âme, ombre. Les tribus de
la Nouvelle-Angleterre appelaient l'âme *chemung*, ombre.
Dans la langue quiché le mot *natub*, et dans celle des Esquimaux le mot *tarnak*, expriment ces deux idées. Enfin, dans
le dialecte mohauk, le mot *atouritz*, l'âme, vient du mot
atourion, respirer. On trouve dans les vocabulaires des
Algonquins, des Araouaks, des Abipones et des Bassoutos,
des mots qui expriment aussi des rapports d'identité semblables. Nous savons tous que les langues civilisées identi-
fient par certains mots l'âme avec l'ombre et par d'autres
avec le souffle. Je n'ai pas besoin de répéter ici les faits
présentés en détail par M. Tylor, qui prouvent que les
langues sémitiques et aryennes présentent des conceptions
originales analogues.

§ 96. Abordons maintenant certaines conceptions dérivées très-significatives. Prenons d'abord celles qui sont les
plus apparentes.

On observe que les quadrupèdes et les oiseaux respirent, comme les hommes respirent. Ils ont des ombres comme les hommes en ont; et ces ombres, qui leur sont attachées, les suivent et les imitent, comme font les ombres des hommes. Si donc le souffle de l'homme ou son ombre est cet autre soi qui s'en va au moment de la mort, l'ombre de l'animal ou son souffle, qui s'en va aussi au moment de la mort, doit être son autre soi : l'animal a donc un esprit. L'homme primitif qui fait par le raisonnement un pas au delà des faits qui se présentent directement à son attention, ne saurait éviter de tirer cette conclusion. Aussi la trouvons-nous ouvertement ou tacitement incorporée dans les croyances primitives, et survivant dans les croyances des premières races civilisées.

Le sauvage le moins avancé et le plus dépourvu d'idées s'arrête là ; mais, en même temps que la faculté du raisonnement fait des progrès, une nouvelle idée révèle son existence. Bien qu'elles diffèrent des hommes et des animaux les mieux connus en ce qu'elles n'ont pas de respiration visible (à moins qu'on ne regarde leur parfum comme une haleine), les plantes ressemblent aux hommes et aux animaux en ce qu'elles croissent et se reproduisent : elles fleurissent, dépérissent et meurent comme eux, après avoir produit des rejetons. Mais les plantes projettent des ombres ; et comme leurs feuilles frémissent sous la brise, et que leurs branches sont agitées par le vent, leur ombre montre une agitation semblable. Aussi, pour être conséquent, doit-on étendre aux plantes le principe de dualité : donc les plantes aussi ont des âmes. Cette idée, reconnue par des races quelque peu avancées, les Dayaks par exemple, les Karens, et certaines peuplades polynésiennes, produit chez eux des observances qui consistent en des actes de propitiation envers les esprits des plantes. Enfin elle traverse sous des formes bien connues plusieurs périodes de l'évolution sociale.

Mais ce n'est pas tout. Parvenu là, l'homme marche, et, comme il devient plus logique, il fait un pas de plus. En effet, ce ne sont pas seulement les hommes, les animaux et les plantes qui possèdent des ombres ; d'autres choses en ont. Donc, si les ombres sont des âmes, ces choses doivent avoir une âme. Remarquez que rien ne nous apprend que cette croyance existe chez les races les plus inférieures. Les Fuégiens ne la connaissent pas, ni les Australiens, ni les Tasmaniens, ni les Andamènes, ni les Boschimans ; ou, s'ils l'ont, elle n'est pas assez prononcée pour attirer l'attention des voyageurs. Mais c'est une croyance qui prend naissance et se développe chez les races plus intelligentes. Mason dit que les Karens pensent « que tout objet de la nature a son seigneur ou dieu, ce qui veut dire un esprit qui le possède ou qui y préside » : même les choses inanimées utiles à l'homme, les instruments, ont chacune son Là ou esprit. Keating, qui nous expose l'idée que les Chippeouays se font des âmes, écrit : « Ils croient que les animaux ont une âme, et même que les substances inorganiques, un chaudron par exemple, ont en elles une essence semblable. » Chez les Fidjiens, qui, nous l'avons vu (§ 41), sont de tous les barbares ceux qui raisonnent le mieux, cette doctrine a subi une élaboration complète. Seemann nous raconte qu'ils attribuent une âme « non-seulement à tous les hommes, mais aux animaux, aux plantes, et même aux maisons, aux canots et à toutes les inventions mécaniques. » T. Williams dit la même chose, et croit que cette opinion vient de la cause que nous donnons. « Il est probable, dit-il, que cette doctrine des ombres a quelque chose de commun avec la doctrine qui attribue des esprits aux objets inanimés. » Des peuples plus avancés sont arrivés à la même conclusion. Les Mexicains, selon Pierre de Gand, « supposaient que tout objet a un dieu », et ce qui nous autorise à penser que cette supposition reposait sur le fait que chaque objet a une ombre, c'est que nous trouvons la même croyance expliquée ouvertement de cette manière par un peuple voisin, les Chibchas. C'est sur eux que Piedrahita écrit le passage suivant : « Les *Lachès* adoraient chaque pierre comme un dieu, parce qu'ils disaient qu'elles avaient toutes été des hommes, et que tous les hommes étaient convertis en pierres après leur mort ; enfin qu'un jour viendrait où toutes les pierres reprendraient la forme humaine. Ils adoraient aussi leur ombre propre, de sorte qu'ils avaient toujours leur dieu avec eux et qu'ils le voyaient quand il faisait jour. Enfin, bien qu'ils sussent que l'ombre était produite par la lumière et par un objet interposé, ils répliquaient qu'elle était créée par le soleil pour leur donner des dieux... Quand on leur montrait les ombres des arbres et des pierres, cela ne les émouvait pas, parce qu'ils regardaient les ombres des arbres comme les dieux des arbres, et les ombres des pierres comme les dieux des pierres, et par conséquent les dieux de leurs dieux. »

Ces faits, le dernier surtout, indiquent bien que la croyance à l'existence d'âmes d'objets inanimés est une croyance à laquelle l'homme est parvenu à une certaine période de l'évolution intellectuelle, en la déduisant d'une croyance préétablie touchant les âmes des hommes. Sans attendre les preuves plus spéciales que nous devons donner plus loin, le lecteur comprendra ce que nous avons voulu dire (§ 65) quand nous avons nié que l'homme primitif ait

pu se dégrader au point de descendre par l'intelligence au-
dessous des bêtes, et de confondre l'animé avec l'inanimé.
Il verra aussi des raisons d'affirmer en même temps que,
lorsque l'homme primitif construit ses conceptions, il est
entraîné à les confondre par les conclusions qu'il tire d'une
croyance naturelle, mais erronée, à laquelle il est arrivé
préalablement.

§ 97. En fermant cette parenthèse, il est utile, avant de
finir, de noter les diverses classes d'âmes et d'esprits que
crée ce système d'interprétation.

D'abord nous avons les âmes des parents décédés. Celles-
ci prennent dans l'esprit des survivants des formes nettes, ce
qui les distingue des âmes des ancêtres, qui, à leur tour, à
cause de leur éloignement, deviennent vagues : de là vient
l'idée d'âmes individualisées plus ou moins. Nous avons
encore les doubles voyageurs des personnes endormies ou
plongées dans une insensibilité profonde. Ce que Schweinfurth nous dit des Bongos montre qu'on ne confond point
ces esprits avec les autres. Ce peuple, en effet, croit que les
vieilles gens, « encore qu'elles paraissent couchées paisiblement dans leur hutte, peuvent néanmoins tenir conseil
avec les esprits du mal » dans les bois. Il faut ajouter
encore, quelquefois, les âmes de personnes éveillées qui les
quittent pour un temps : par exemple, les Karens croient
que « tout être humain a son esprit gardien qui marche à
ses côtés ou qui le quitte pour aller chercher des aventures de rêve ; et que, s'il reste absent trop longtemps, on
peut le rappeler par des offrandes. » Nous trouvons chez les
Malgaches la preuve que ces distinctions sont effectivement
admises, puisqu'ils ont des noms différents pour désigner
l'esprit d'un vivant et celui d'un mort.

Nous avons à indiquer une autre classification des âmes ou esprits : d'une part ceux des amis, de l'autre ceux des ennemis, ceux des membres de la tribu, et ceux qui appartiennent aux membres des autres tribus. Naturellement, ces groupes ne sont pas respectivement identiques ; il y a en effet les revenants de méchants hommes appartenant à la tribu, aussi bien que des revenants d'ennemis implacables qui n'en font point partie ; il y a aussi, dans certains cas, les esprits malfaisants d'individus demeurés sans sépulture. Mais on peut dire d'une manière générale que telle est l'origine des bons et des mauvais esprits : la bienveillance ou la malveillance qu'on leur attribue après la mort n'est qu'une continuation de la bienveillance ou de la malveillance qu'ils montraient pendant leur vie.

A ces esprits, il faut ajouter les âmes des autres choses, des bêtes, des plantes, des objets inanimés. Clavigero nous dit que, selon les Mexicains, « les âmes des animaux jouissent de l'immortalité. Les Malgaches croient que les esprits des hommes comme aussi ceux des animaux résident sur une grande montagne située dans le sud. » Mais, bien qu'on admette assez fréquemment l'existence d'âmes d'animaux, et que les Fidjiens et d'autres peuples croient que les âmes des ustensiles brisés vont dans l'autre monde, il n'y a guère de faits qui prouvent que l'on regarde ces âmes comme susceptibles d'intervenir fréquemment dans les affaires humaines.

§ 98. Il ne reste plus à noter que la différenciation progressive des conceptions du corps et de l'âme, dont les faits nous donnent la preuve. Comme, dans le dernier chapitre, nous avons vu que, à mesure que l'intelligence se développe, l'idée de l'insensibilité permanente appelée

mort se différencie par degrés des idées des divers genres
d'insensibilité temporaire qui la simulent, jusqu'à ce qu'à
la fin elles paraissent d'une nature radicalement différente,
de même, ici, nous voyons que les idées d'un soi matériel
et d'un soi non matériel n'acquièrent que peu à peu les
différences qui les mettent en opposition tranchée, et que
c'est l'accroissement du savoir, uni à celui de la puissance
de la faculté critique, qui détermine ce changement.

Par exemple, les Bassoutos croient à la matérialité de
l'autre soi, et ils sont conduits à penser « que, lorsqu'un
homme marche sur le bord d'une rivière, un crocodile
peut saisir l'ombre que l'homme projette dans l'eau et y
entraîner l'homme lui-même. » Nous voyons bien que leurs
idées sont tellement inconciliables que le progrès des connaissances physiques doit les modifier et leur faire concevoir l'autre soi sous une forme moins matérielle. Autre
exemple : d'un côté, le Fidjien croit l'âme matérielle à ce
point que, dans le voyage qu'elle accomplit après la mort,
un dieu peut la saisir et la tuer en la fracassant contre un
rocher ; et d'un autre côté, il croit que chaque homme a
deux âmes, son ombre et son image réfléchie ; il est manifeste que ses croyances sont très-peu d'accord et que la critique doit en définitive les changer. A mesure que la pensée
devient plus réfléchie, l'esprit s'aperçoit plus clairement de
ce désaccord ; de là une suite de compromis. Le second soi,
primitivement conçu sous une forme aussi matérielle que
celle du premier, devient de moins en moins matériel :
tantôt demi-solide, tantôt aérien, tantôt éthéré. Arrivé à ce
point, on ne lui attribue plus aucune des propriétés qui
sont pour nous le signe de l'existence : il ne reste plus
qu'à affirmer la réalité d'un être entièrement dépourvu
d'attributs;

CHAPITRE XIV

IDÉES D'UNE AUTRE VIE.

§ 99. La croyance à la ré-animation suppose la croyance à une vie subséquente. L'homme primitif, incapable de penser avec réflexion, manquant d'une langue qui permette de penser avec réflexion, concevra cette vie comme il pourra. De là le chaos des idées qui se rapportent à l'état des individus après leur mort. Chez les tribus qui croient que la mort est l'anéantissement, nous trouvons, néanmoins, des croyances incompatibles avec celle-là, par exemple chez certains peuples d'Afrique que Schweinfurth a visités, on évite certaines cavernes, par crainte des esprits malfaisants des fugitifs qui y sont morts.

Puisque les idées d'une vie future sont nécessairement incohérentes au premier moment, il faut que nous en démêlions les traits principaux et que nous recherchions les états par où elles ont passé pour arriver à un état de plus grande cohérence. Originellement, la croyance est bornée et partielle. Nous avons vu dans le dernier chapitre que certains peuples croient que la résurrection dépend du traitement que le corps a subi; et que la destruction du corps amène l'anéantissement de l'individu. En outre, la seconde vie, une fois commencée, peut finir violemment; il peut arriver que le double du mort soit tué de nouveau dans une bataille, ou qu'il périsse dans le chemin qui mène à la terre des morts ou que les dieux le dévorent. Dans certains cas, les idées de caste apportent encore une restriction à la croyance : aux îles Tonga, on suppose que les chefs seuls ont des âmes. Ailleurs, on dit que la résurrection dépend de la conduite et des résultats qu'elle peut entraîner. Certains peuples croient que la seconde vie est le prix de la bravoure; les Comanches, par exemple, en font le privilége des braves, de ceux qui montrent de l'audace à enlever des chevelures et à dérober des chevaux. Par contre, au dire de Brinton, une tribu douce et pacifique du Guatémala.... était persuadée que toute mort qui n'est pas naturelle fait perdre toute espérance d'une vie à venir, et, par conséquent, on laissait les corps des individus tués aux bêtes et aux vautours. Ajoutons encore que la seconde vie dépend du bon plaisir des dieux : chez les anciens Aryens, par exemple, qui demandaient dans leurs prières une autre vie, et offraient des sacrifices pour l'obtenir. Enfin, dans certains cas, on trouve une croyance implicite que la seconde vie finit après quelque temps par une seconde mort, celle-ci définitive.

Avant d'étudier la conception primitive de la vie future, examinons ce dernier caractère, sa durée.

§ 100. Parmi les faits qui suggèrent l'idée d'une autre vie, il en est un qui suggère une limite à cette vie, à savoir l'apparition des morts dans les rêves. Sir John Lubbock est, je crois, le premier qui l'ait indiquée. Évidemment les personnes mortes qui se font reconnaître dans des rêves doivent être des personnes qui étaient connues de celles qui les voient en rêve, par conséquent, les personnes mortes depuis longtemps, cessant par là même d'apparaître en rêve, n'existent plus pour personne. Les sauvages qui, à l'exemple des Manganjas, « basent expressément leur croyance à une vie future sur le fait d'expérience que leurs amis les visitent pendant leur sommeil, » en concluent naturellement que, lorsque leurs amis cessent de les visiter dans leur sommeil, c'est qu'ils ont cessé d'exister. De là le contraste que sir John Lubbock rapporte d'après du Chaillu. Demandez à un nègre « où est l'esprit de son arrière-grand-père : il ne le connaît pas, dit-il; il n'existe plus. Parlez-lui de l'esprit de son père ou de son frère, morts d'hier, vous le voyez saisi de terreur. » Enfin, comme nous le verrons plus loin en traitant d'une autre question, les faits que les rêves nous présentent, établissent dans l'esprit des Amazulus une distinction tout aussi profonde entre les âmes des gens morts récemment et celles des gens morts il y a longtemps : celles-ci, dans leur opinion, sont mortes tout à fait.

Comment la notion d'une vie d'outre-tombe temporaire devient-elle, en se développant, l'idée d'une vie d'outre-tombe perpétuelle? Nous n'avons pas à nous en occuper. Pour le moment, il nous suffit de faire sentir que l'on arrive par degrés à la notion d'une vie d'outre-tombe perpétuelle.

§ 101. Quel est le caractère de cette vie d'outre-tombe, à laquelle on croit tantôt d'une croyance vague et dont on se fait des idées variables, et qu'on se représente tantôt comme temporaire et tantôt comme éternelle?

Si l'on s'en rapportait à divers rites funèbres dont nous avons parlé dans le dernier chapitre, on admettrait que la vie qui suit la mort ne diffère en rien de celle-ci; les

besoins et les occupations des hommes restent les mêmes.
Les Chinouks affirment que, la nuit venue, les morts « s'éveil-
lent et se mettent en quête de nourriture ». C'est sans doute
en vertu de la même croyance à la nécessité qui astreint les
morts à satisfaire leurs besoins matériels, que les Comanches admettent « que les morts ont le loisir de visiter la
terre de nuit, mais qu'ils sont obligés de rentrer au point
du jour » : superstition qui nous rappelle une croyance
admise autrefois en Europe. Nous sommes autorisés à
penser que les tribus de l'Amérique du Sud conçoivent la
seconde vie comme une continuation ininterrompue de la
première qu'elle réproduit exactement, la mort n'étant, au
dire des Indiens du Yucatan, que « l'un des accidents de la
vie ». C'est ainsi que Southey nous apprend que les Tupis
enterraient les personnes mortes, dans la maison, « assises
et des aliments devant elles, car il y en avait qui croyaient
que l'esprit des morts allait s'amuser dans les montagnes et
revenait ensuite à la maison manger et se reposer. »

Chez les peuples qui pensent que la vie future est séparée
de la vie présente par une démarcation plus profonde, on
voit pourtant que les différences qui l'en distinguent ne
sont rien ou peu de chose. On peut dire de tous ce qu'on
dit des Fidjiens. Après la mort, « ils plantent, vivent en
famille, combattent, et font tout comme les gens de ce
monde. » Signalons l'accord général qui existe sur ce point.

§ 102. Les provisions alimentaires sur lesquelles on
compte pour se nourrir dans l'autre vie sont différentes de
celles auxquelles on est habitué. Les Innuits espèrent faire
des festins de viande de renne. Après la mort, les Creeks
vont en des lieux où « le gibier est très-abondant, les
denrées à bon marché, où le grain mûrit toute l'année, où

jaillissent des sources d'eau pure qui ne tarissent jamais. »
Les Comanches songent à des bisons toujours abondants et
gras ; les Patagons espèrent « jouir de la félicité d'une
ivresse perpétuelle ». L'idée ne diffère qu'autant que l'aliment habituel diffère. Le peuple des Nouvelles-Hébrides
croit que, dans la vie à venir, « les noix de coco et le fruit
de l'arbre-à-pain seront de plus belle qualité, et tellement
abondants qu'ils ne s'épuiseront jamais. » Arriaga rapporte
que les Péruviens « ne connaissent, ni dans cette vie ni
dans l'autre, de plus grand bonheur que d'avoir une bonne
ferme qui leur donne à manger et à boire en abondance. »
Enfin les peuples ont des croyances également en rapport
avec leurs usages : les Todas croient qu'après la mort leurs
buffles les rejoignent, pour leur donner du lait comme
auparavant.

Naturellement, quand on a la même nourriture et les
mêmes boissons, on a les mêmes occupations. Les Tasmaniens espéraient « se livrer à la chasse avec une ardeur infatigable et un succès certain ». Parmi les Indiens de l'Amérique du Nord, les Dacotahs ne se bornent pas à tuer sans
fin du gibier dans leurs « bienheureux territoires de chasse ».
Mais ils se flattent « de faire la guerre à leurs anciens ennemis ». Nous n'avons qu'à nous rappeler que les Scandinaves espéraient passer leur vie future en des festins et des
combats chaque jour renouvelés, pour voir que ces idées
régnaient chez des peuples de races et d'habitats très-différents. Nous verrons à quel point ces idées étaient vives,
en nous rappelant les pratiques auxquelles elles donnaient
lieu.

§ 103. Les livres de voyages ont familiarisé tous les lecteurs avec la coutume d'enterrer les biens meubles d'un

individu avec lui. Cette coutume se perfectionne à mesure que le développement social traverse ses premières étapes. Voici quelques exemples de ces coutumes, que nous rapportons en y ajoutant un commentaire.

Le sauvage mort aura à chasser et à combattre; il sera donc armé. De là un dépôt d'armes et d'engins auprès de son cadavre. Chez les Tongouses, on place des armes et d'autres objets « sur la tombe, pour que le mort les trouve sous sa main et s'en serve au moment où il se réveillera de l'état qu'on regarde comme un repos temporaire. » Pour ce motif, exprimé ou non, les Kalmouks font la même chose; de même les Esquimaux, les Iroquois, les Araucaniens, les nègres de l'intérieur, les Nagas, et des races sauvages ou demi-civilisées, trop nombreuses pour qu'on les cite toutes. Il en est qui vont jusqu'à reconnaître les besoins des femmes et des enfants et qui enterrent avec les femmes les instruments de leurs travaux domestiques et avec les enfants leurs jouets.

L'autre soi aura besoin de vêtements. C'est pour cela que les Abipones « suspendent un habillement complet à un arbre près du tombeau, pour qu'il (le mort) le mette s'il veut sortir du tombeau; » c'est encore pour cela que les habitants du Dahomey enterrent, entre autres objets avec le mort, « des vêtements de rechange qu'il mettra en arrivant dans la terre des morts. » La coutume de fournir aux morts des objets d'habillement (quelquefois leurs « plus beaux habits », dont on les revêt au moment de les ensevelir, quelquefois des vêtements qu'on dépose chaque année sur leurs os, chez les Patagons par exemple), cette coutume va jusqu'à placer auprès d'eux des joyaux et d'autres objets précieux. Souvent, nous trouvons indiqué d'une manière générale qu'on enterre avec le mort « ce qu'il possédait »;

c'est ce qui arrive chez les Samoyèdes, les Australiens occidentaux, les Damaras, les nègres de l'intérieur, les indigènes de la Nouvelle-Zélande. Avec le mort, les Patagons
enterrent « tout ce qu'il possédait » ; les Nagas, « tous ses
meubles » ; les peuples de la Guyane, « les principaux trésors qu'il possédait durant sa vie » ; les Papous de Nouvelle-Guinée, « ses armes et ses ornements ». Au Pérou, on
enterrait avec l'Inca « sa vaisselle d'argent et ses joyaux » ;
dans l'ancien Mexique, « les habillements et les pierres précieuses » du mort ; chez les Chibchas, son or, ses éme-
raudes et ses autres trésors. Le corps de la dernière reine
de Madagascar « a été emmaillotté dans près de 500 *lambas*
de soie, dans les plis desquels on avait roulé vingt montres
d'or, cent chaînes de même métal, des anneaux, des bro-
ches, des bracelets et autres objets de joaillerie, et encore
cinq cents pièces d'or. » Chez les Michmis, « on place dans
une maison bâtie sur la tombe toutes les choses nécessaires
à une personne pendant sa vie. » Enfin Burton raconte que,
dans le vieux Calabar, on bâtit une maison sur le rivage
pour y loger « ce que le mort possédait », et qu'on y met
« un lit pour que l'esprit ne couche pas sur le sol ». Souvent
même, les arrangements qu'on fait pour la vie future des
morts sont poussés si loin, qu'ils deviennent la cause de
grands dommages pour les survivants. Sur la Côte d'Or, il y
a des races chez qui, dit Beecham, « des funérailles ruinent
absolument une famille pauvre. » Low nous apprend que les
Dayaks, outre ce qui appartenait au mort, « enterrent avec lui
de grandes sommes d'argent et d'autres objets précieux ; »
de sorte qu'un père qui a eu le malheur de perdre beaucoup de membres de sa famille se trouve réduit à la pauvreté. Enfin, dans certaines sociétés éteintes d'Amérique, il
ne restait à la veuve et aux enfants qu'une seule chose, les

terres du mort, qu'on ne pouvait point enfermer avec lui dans la tombe.

Les peuples barbares, poussant avec logique cette conception qui fait de la seconde vie une répétition de la première suspendue pour un temps par la mort, ont conclu que le défunt aurait besoin non-seulement des objets inanimés qu'il possédait, mais aussi des objets animés. De là l'usage de mettre à mort tous les êtres vivants qui lui appartiennent. A côté du chef kirguis, on enterre « ses chevaux favoris »; il en est de même chez les Yakoutes, les Comanches, les Patagons. Avec le Borghou, on enterre son cheval et son chien, avec le Bédouin son chameau, avec le Damara ses bestiaux, avec le Toda « le troupeau entier qu'il possédait ». Enfin, au moment où un Vatéen va mourir, on commence par lui attacher au poignet ses cochons avec une corde, puis on les tue. Evidemment, les crânes d'animaux que l'on trouve si souvent placés autour d'un tombeau montrent le nombre de bêtes que les morts ont prises avec eux pour leur usage dans la seconde vie. Lorsque la race mène ici-bas une vie agricole au lieu d'une vie pastorale ou d'une vie de chasse, la même idée donne lieu à un usage analogue. Tschudi nous dit qu'au Pérou « on laisse auprès du mort un petit sac contenant des cocos, du maïs, du quinua, etc., pour qu'il y trouve de quoi semer ses champs dans l'autre monde. »

§ 104. Dans son développement logique, la croyance primitive implique quelque chose de plus, à savoir que le mort n'a pas seulement besoin de ses armes et de ses outils, de ses habits, de ses parures et d'autres objets mobiliers, et encore de ses animaux domestiques, mais qu'il a encore besoin de compagnons humains et de leurs services. Il faut entretenir après sa mort la suite qu'il avait durant sa vie.

De là ces immolations plus ou moins nombreuses dont l'usage a existé et existe encore en tant d'endroits, les sacrifices de veuves, d'esclaves, d'amis. C'est un fait trop connu pour que j'en donne des exemples ; je me bornerai à faire remarquer que cet usage se développe à mesure que la société parcourt les premières périodes de la civilisation et que la théorie d'une autre vie devient plus définie. Chez les Fuégiens, les Andamènes, les Australiens, les Tasmaniens, dont l'organisation sociale est rudimentaire, le sacrifice des femmes à la suite de la mort du mari, s'il y en a, n'est pas d'un usage assez général pour que les récits des voyageurs en fassent mention. Mais c'est un usage que nous rencontrons chez des peuples plus avancés : dans la Polynésie, chez les naturels de la Nouvelle-Calédonie, chez les Fidjiens, et quelquefois chez les Tongans les moins barbares ; en Amérique, chez les Chinouks, les Caraïbes, les Dacotahs ; en Afrique, chez les peuples du Congo, les nègres de l'intérieur, les nègres de la Côte ; il est très-répandu dans le Dahomey. Les Caraïbes, les Dacotahs et les Chinouks sacrifient des prisonniers de guerre, pour donner une suite dans l'autre monde au mort dont ils font les funérailles. Sans énumérer les peuples sauvages et demi-sauvages qui font la même chose, je me bornerai à citer là survie de cet usage chez les Grecs homériques, qui égorgent (bien qu'il en soit donné un autre motif) douze Troyens sur le bûcher funèbre de Patrocle. Il en est de même des domestiques. Les Kayans égorgent les esclaves d'un mort ; les Milaniens de Bornéo font la même chose. Les Zulus tuent les serviteurs d'un roi. Les nègres de l'intérieur de l'Afrique tuent ses eunuques pour donner des gardiens à ses femmes. Les nègres de la Côte empoisonnent ou décapitent ses serviteurs

favoris. Ce n'est pas tout : il y a des cas où l'on immole les
amis du mort. Dans les îles Fidji, on sacrifie à la mort d'un
chef son meilleur ami, pour lui donner un compagnon; et
l'on trouve un usage analogue dans les sociétés sanguinaires de l'Afrique tropicale.

Mais ce fut dans les sociétés très-avancées de l'ancienne
Amérique que l'on mit le plus de soin à prendre des arrangements pour le bien-être à venir des morts. Au Mexique
on égorgeait le chapelain d'un grand pour qu'il allât accomplir pour lui les cérémonies religieuses dans l'autre vie,
comme il avait fait dans celle-ci. Chez les Indiens de Vera-
Paz, nous dit Ximénès, « quand un seigneur allait mourir,
on tuait sur-le-champ tous les esclaves qu'il avait, pour
qu'ils le précédassent et préparassent le logis de leur maître. » Outre ses autres serviteurs, selon Clavigero, « les
Mexicains sacrifiaient quelques-uns des hommes à conformation monstrueuse, que le roi avait réunis dans son palais
pour se divertir; on voulait, en les lui envoyant, lui procurer le même plaisir dans l'autre monde. » Naturellement,
les précautions savantes qu'on prenait pour éviter que le
défunt manquât d'aucun des avantages dont il avait joui
durant sa vie nécessitaient d'énormes effusions de sang. Chez
les Mexicains, le nombre des victimes était proportionné à
la grandeur des funérailles et s'élevait quelquefois, comme
divers historiens l'affirment, « à deux cents » ; enfin, au
Pérou, quand un inca mourait, « on immolait sur sa tombe
ses serviteurs et ses concubines favorites, dont le nombre
s'élevait quelquefois, dit-on, à mille. »

Ce qui nous fait bien comprendre l'ardeur de la foi qui
nourrit de telles coutumes, c'est que nous avons la preuve
que les victimes souffrent la mort volontairement et que
quelquefois elles la désirent vivement. Chez les Guaranis,

jadis, les guerriers fidèles « se sacrifiaient sur la tombe d'un chef ». Garcilaso raconte que les femmes d'un inca décédé « demandaient la mort, et leur nombre était souvent si grand que des officiers étaient obligés d'intervenir, disant qu'il y en avait assez pour le moment. » Selon Cieza, « des femmes désireuses de faire admirer leur fidélité, et jugeant qu'on tardait à combler le tombeau, s'étranglaient avec leurs propres cheveux, et mouraient ainsi de leurs propres mains. » Il en était de même chez les Chibchas : au rapport de Simon, « on enterrait à côté du mort les femmes et les esclaves qui le désiraient le plus. » En Afrique, même usage. Chez les Yorubans, non-seulement on égorge des esclaves aux funérailles des grands, mais « beaucoup de leurs amis avalent du poison », et on les place dans la même tombe. Autrefois, au Congo, « quand on ensevelissait le roi, une douzaine de jeunes filles sautaient dans la tombe... et on les enterrait vivantes pour le servir dans l'autre monde. Ces jeunes filles étaient si empressées d'entrer au service de leur prince défunt que, dans leurs efforts pour arriver les premières, elles se tuaient l'une l'autre. » Enfin, dans le Dahomey, « immédiatement après la mort du roi, ses femmes commencent à détruire tous ses meubles et tout ce qu'il possédait de précieux, aussi bien que ce qu'elles ont à elles; puis elles se tuent l'une l'autre. Une fois, deux cent vingt-cinq femmes moururent ainsi avant que le nouveau roi pût l'empêcher [1].

Il arrive quelquefois que des immolations de ce genre ont lieu à la mort de personnes jeunes. Kane dit qu'un chef

---

1. Ce fait peut nous faire comprendre l'origine de l'usage anormal qui existe dans certains royaumes d'Afrique, où l'on abandonne tout à piller et à tuer après la mort du roi. Ce qui se passe chez les Achantis, où les parents du roi commettent eux-mêmes ces actes de destruction, montre que ces excès sont bien des conséquences du prétendu devoir qu'ils ont d'aller servir le roi dans une autre vie.

chinouk voulait tuer sa femme, pour qu'elle accompagnât
son fils dans l'autre monde; enfin, à Anityum, à la mort
d'un enfant chéri, on étrangle sa mère, sa tante ou sa grand'-
mère, pour qu'elles l'accompagnent au monde des esprits.

Ce qui rendra plus rigoureuse l'interprétation que nous
avons à donner des coutumes sanguinaires de ce genre,
c'est que ce ne sont pas seulement des inférieurs et des
serviteurs qu'on immole aux funérailles, avec ou sans leur
aveu, mais que dans certains cas des personnes d'un rang
supérieur même se décident à mourir. Les îles Fidji ne
sont pas le seul endroit où les gens déjà avancés en âge sont
ensevelis vivants par leurs enfants, qui leur témoignent par
là leur soumission : le même usage existe à Vate, où un
chef âgé demande à ses enfants de le faire périr de cette
manière.

§ 105. De même que la conception de la seconde vie
l'assimile à la première dans ses besoins et ses occupations,
de même elle l'assimile à la première dans les arrangements
sociaux qui la caractérisent. On veut y trouver les mêmes
conditions de hiérarchie sociale et domestique qu'ici-bas.
Nous allons en donner quelques exemples.

Cook raconte que les Tahitiens divisaient les morts en
deux classes semblables à celles qui existaient chez eux;
et Ellis nous répète la même affirmation en d'autres termes :
« Ceux, dit-il, qui avaient été rois ou arioys dans ce monde,
le demeuraient à jamais. » La croyance des Tongans range
les personnes mortes dans une hiérarchie composée d'après
le système en vigueur dans leurs îles. La même chose existe
aux îles Fidji : « l'esprit du pays ne saurait tolérer l'idée »
qu'un chef arrive dans l'autre monde sans suite. Les Chibchas pensent que dans la vie future « ils auront un cortége

de serviteurs, comme dans celle-ci. » Il en est encore de
même chez les peuplades montagnardes de l'Inde : le ciel
des Karens « a ses maîtres et ses sujets ». Enfin, dans le
ciel des Koukis, l'esprit de l'ennemi qu'un guerrier a tué
devient son esclave. Mêmes croyances chez les peuples
africains. Selon Forbes, les croyances du Dahomey affirment que les classes demeurent, dans la seconde vie, dans
le même ordre que dans la première. Shooter, qui décrit
les croyances des Cafres, dit qu'elles supposent que les
relations sociales demeurent après la mort les mêmes qu'auparavant. On peut admettre qu'il existe une conception
analogue chez les nègres Akkras, puisqu'ils affirment que,
durant la saison des pluies, leurs dieux gardiens rendent
visite à la cour du dieu suprême.

Est-il besoin de dire que les conceptions des races élevées
conservent cette analogie? La légende de la généalogie
d'Ishtar, la Vénus assyrienne, montre que la résidence des
morts assyriens avait, comme l'Assyrie, son souverain des-
potique, et des officiers pour lever des tributs. Même chose
dans le monde infernal des Grecs. Nous y trouvons le
redouté Aïdès, avec son épouse Perséphoné, souverains de
cet empire; Minos, « qui donne des lois aux morts, y était
assis sur un trône, mais les autres autour de lui, le roi,
plaidaient leurs causes »; enfin à Achille, honoré « de son
vivant à l'égal des dieux, » on disait : « maintenant que
tu es descendu parmi les morts, tu jouiras au milieu d'eux
d'une grande puissance. » Enfin, il n'y a pas que les morts
qui conservent des relations sociales et politiques semblables
à celles des vivants; il en est de même des personnages
célestes. Zeus est au-dessus de tous « exactement dans le
même rapport qu'un monarque absolu au-dessus d'une
aristocratie dont il est la tête ». L'idée que les Hébreux se

faisaient d'une autre vie ne manque pas de nous offrir de semblables analogies [1]. Le mot Sheol, qui, dans l'origine, ne voulait dire que la tombe, ou, d'une manière vague, le lieu ou l'état du mort, finit par acquérir le sens plus défini d'un lieu de malheur pour les morts : c'est l'Hadès hébraïque. Plus tard, il devient, par une nouvelle transformation, un lieu de tourments, la Géhenne, et nous présente le spectacle d'une sorte de gouvernement diabolique hiérarchisé. Enfin, quoique la conception de la vie dans le ciel hébraïque se compliquât à mesure que la vie terrestre des Hébreux se compliquait, et que les arrangements qu'on lui assignait n'eussent pas, comme ceux des Grecs, d'analogie avec les relations domestiques, ils en avaient une avec les relations politiques. D'après l'autorité de certains commentateurs, on peut admettre qu'il y avait une *cour* d'êtres célestes, une hiérarchie d'anges et d'autres personnages, de rang et de fonctions différentes. Quelquefois, au sujet d'Achab par exemple, on voit Dieu tenir conseil avec ses serviteurs et accueillir un avis. Il y a une armée céleste, divisée en légions. On décrit la distribution des pouvoirs dans le royaume des cieux. Il y a des archanges préposés à divers éléments et à divers peuples : en cela, ces dieux émissaires ont de l'analogie avec les dieux inférieurs du Panthéon grec. La principale différence, outre celle de leur origine, consiste en ce que la puissance qu'ils possèdent porte un caractère plus tranché de délégation et que leur subordination est plus grande. Mais, ici encore, la subor-

---

1. Les premières idées des Hébreux sur l'état d'outre-tombe ressemblaient probablement à celles qu'on trouve chez les peuples barbares, qui, sans professer ouvertement la croyance à une vie future, ont grand'peur des esprits des morts. Il est sûr que les Hébreux croyaient aux esprits. On attribua d'abord une existence temporaire aux esprits, et de cette croyance sortit à la fin chez les Hébreux, comme chez d'autres peuples, la croyance à une vie future permanente.

dination est incomplète : on nous raconte qu'il y a eu des
guerres dans le ciel, que des anges se sont révoltés et qu'ils
ont été précipités dans le Tartare. Cette analogie a persisté sous le régime du christianisme jusqu'à ces derniers
temps ; c'est prouvé par des faits nombreux. En 1407,
maître Jean Petit, docteur en théologie de l'Université de
Paris, représentait Dieu comme un souverain féodal, le ciel
comme un royaume féodal, et Lucifer comme un vassal
rebelle. « Il déçut, disait-il, une grande partie des anges,
et les attrahit à son opinion, c'est à savoir qu'ils lui feraient
obéissance, honneur et révérence par manière d'hommage,
comme à leur souverain seigneur, et ne seraient de rien
sujets à Dieu, mais à icelui Lucifer, lequel tiendrait sa
majesté pareillement comme Dieu la sienne, exempte de
toute la seigneurie de Dieu et de toute sa soumission...
Sitôt que saint Michel aperçut cela, il s'en vint à lui et lui
dit que c'était trop mal fait... Brièvement bataille se mut,
et une grande partie des anges furent de l'accord et aide
d'icelui Lucifer, et l'autre partie, et la plus grande partie,
fut du côté d'icelui saint Michel. » (Monstrelet, liv. I,
ch. xxxix.) On sait que le protestant Milton entretenait des
idées analogues.

§ 106. A côté de cette analogie entre les systèmes sociaux
des deux vies, il convient de faire ressortir l'étroite communion qui les relie. La seconde vie se rattache à la première
par un commerce fréquent et direct. C'est ainsi que dans
le Dahomey les immolations qu'on ne cesse de faire sont
légitimées par la raison « qu'elles envoient périodiquement
de nouveaux serviteurs au monarque défunt dans le monde
des ombres » et que « tout ce que fait le roi, même l'action
la plus ordinaire, doit être fidèlement rapporté à son sei-

gneur dans le royaume sombre. » Chez les Cafres, l'usage
d'adresser des invocations aux supérieurs s'étend même à
ceux qui ont passé dans l'autre vie : « on invoque quelquefois l'esprit d'un chef mort, pour qu'il fasse bénir un individu par ses ancêtres. » A côté de ces faits, on en peut citer
de plus étranges encore : les transactions de commerce se
prolongent d'une vie dans l'autre ; on emprunte de l'argent
« dans cette vie, pour le payer dans l'autre avec un gros
intérêt ».

A ce point de vue comme à d'autres, les idées des races
civilisées ne se sont séparées que lentement de celles des
races sauvages. Quand nous lisons que, lorsque les tribus
amazulues sont en guerre, les esprits des ancêtres de l'une
vont combattre ceux de l'autre, nous nous rappelons les
êtres surnaturels qui se mêlaient aux combats des Grecs et
des Troyens ; nous songeons aussi que les Juifs croyaient
que « les anges des nations combattaient dans le ciel quand
les peuples auxquels ils présidaient étaient en guerre sur
la terre ». En outre, nous nous rappelons que la foi des
chrétiens, dans sa forme la plus répandue, implique une
étroite communion entre les hommes d'une vie et ceux de
l'autre. Le vivant prie pour le bonheur des morts ; et on
demande aux morts canonisés d'intercéder en faveur des
vivants.

§ 107. Comme la seconde vie est dans les idées primitives
la répétition de la première à d'autres égards, elle la répète
aussi dans la conduite , dans les sentiments et dans le code
éthique.

Suivant la cosmogonie thibétaine, les dieux combattaient
entre eux. Les dieux fidjiens « sont orgueilleux et vindicatifs ; ils font la guerre, se tuent les uns les autres ; ils

sont en réalité des sauvages. » Ils se font honneur du surnom « d'adultères, de ravisseurs de femmes, de mangeurs
de cervelle, de meurtriers. » Enfin l'esprit d'un Fidjien, en
arrivant dans l'autre monde, se fait valoir en se vantant
« d'avoir détruit beaucoup de villes et tué beaucoup de
guerriers à la guerre ». L'analogie que nous observons
entre les normes de conduite dans les deux vies, expression
type de l'analogie qu'on retrouve répétée partout aux premières étapes du progrès, nous rappelle les analogies semblables des règles des races primitives dont les littératures
sont arrivées jusqu'à nous.

Les traits de la vie d'outre-tombe des Grecs morts, au
point de vue éthique, sont mal définis. Mais ceux que nous
pouvons démêler ressemblent à ceux de la vie usuelle des
Grecs. Dans l'Hadès, Achille songe à la vengeance et se
réjouit au récit des victoires de son fils et de la mort de ses
ennemis. Ajax garde sa colère contre Ulysse, qui l'a vaincu ;
et l'on voit l'ombre d'Hercule menacer et effrayer les ombres
qui l'entourent. Dans le monde supérieur, c'est la même
chose : « la lutte sur terre n'est que le pendant de la lutte
dans le ciel. » On honore Mars par les titres de « tueur
d'hommes », de « teint de sang ». La jalousie et la vengeance sont les motifs dominants. Les immortels se trom-
pent les uns les autres ; ils égarent de plus les hommes par
de fausses apparences ; ils s'entendent même, comme Zeus
et Athéné l'ont fait, pour rompre des traités solennellement
jurés. Prompts à s'offenser et implacables, on les craignait
tout autant que l'homme primitif redoutait ses démons.
L'acte qu'ils ne manquaient pas de ressentir comme une
grave offense, c'est l'oubli des observances qui expriment
la subordination. C'est ainsi que de nos jours, chez les
Amazulus, on ne redoute la colère des ancêtres que lors-

qu'ils n'ont pas été convenablement loués ou qu'on les a
oubliés quand on tuait des bœufs. Chez les Tahitiens, « les
seuls crimes qui attiraient le déplaisir de leurs divinités
étaient la négligence de certains rites ou cérémonies, ou la
négligence à fournir les sacrifices requis. » Le caractère
traditionnel des Olympiens consistait à voir une offense
inexpiable dans l'oubli des actes de propitiation. Néanmoins, il faut remarquer que la brutalité sans compensation
que les légendes des anciens dieux leur attribuent, se trouve
bien adoucie dans celles des dieux nouveaux. L'accord qui
existe entre les règles éthiques de la vie actuelle et celles
dont on fait l'attribut des êtres d'une autre vie (que ce
soient des morts ou non), se révèle dans la conduite des
dieux grecs, telle que nous la voyons dans les chants de
l'*Iliade :* les motifs de leurs actions sont plus élevés dans
la mesure où la conduite des Grecs homériques révèle des
motifs élevés.

Nous retrouvons encore une ressemblance analogue,
moins parfaite peut-être, dans le type moral de la vie d'outre-tombe dans les croyances hébraïques, autant que nous
pouvons l'induire de la conduite que l'on nous donne pour
celle qui obtient l'approbation divine. La subordination est
encore la vertu suprême. Qu'on fasse preuve de cette vertu,
et tout le mal qu'on a pu faire est pardonné ou n'est plus
réputé mal. L'obéissant Abraham mérite des éloges pour sa
promptitude à immoler Isaac : pas un signe de blâme pour
son empressement à obéir à la suggestion sanguinaire qu'il
a reçue en rêve et qu'il prend pour un ordre du ciel. Le
massacre des Amalécites par l'ordre divin est exécuté sans
miséricorde par Samuel; au contraire, Saül, plus clément,
est tacitement condamné. Toutefois il ne faut pas oublier que,
si la Bible nous montre le Dieu des Hébreux endurcissant

le cœur de Pharaon et envoyant un esprit de mensonge à Achab par ses prophètes, les codes éthiques du ciel et du paradis, encore qu'ils réfléchissent le code d'un peuple barbare à certains égards, sont l'expression de celui d'un peuple à d'autres égards supérieur par les idées morales. La justice et la clémence pénètrent dans les règles morales des deux vies (dans la bouche des prophètes, du moins), comme on n'en trouve point d'exemple chez les peuples inférieurs.

§ 108. Nous voici arrivés au fait qui nous reste à mentionner, la divergence qui sépare de plus en plus l'idée civilisée de l'idée sauvage. Naturellement, la conception primitive qui fait de la seconde vie une copie de la première devient de moins en moins admissible à mesure que les connaissances s'accumulent et que l'intelligence, en s'éclairant, peut en apercevoir mieux les caractères incompatibles : de là les modifications qu'elle subit. Voyons les principales différences qui séparent l'idée sauvage de l'idée civilisée.

Les faits que nous avons rapportés sont des preuves évidentes que les premières conceptions des hommes représentaient la seconde vie comme complétement matérielle, par une conséquence nécessaire de la conception qui représentait l'autre soi comme tout à fait matériel. Le défunt devenu invisible, mange, boit, chasse, combat, comme pendant sa vie. Ce qui prouve que l'on tient sa vie pour matérielle, c'est que, chez les Cafres, par exemple, « on brise ou on fausse les armes du mort, de peur que son esprit ne revienne quelque nuit sur terre et ne s'en serve pour faire du mal à quelqu'un. C'est encore pour cela que les Australiens coupent le pouce à l'ennemi qu'ils ont tué pour que son esprit ne puisse plus lancer un épieu. Mais la destruction du corps par le feu ou autrement tend à produire une notion restreinte de l'autre vie, c'est-à-dire qu'elle fortifie l'idée d'un autre soi moins matériel que suggèrent certaines expériences du rêve, et qu'elle engendre l'idée d'une autre vie moins matérielle. Nous voyons naître cette idée restreinte dans la coutume de brûler ou de détruire par d'autres moyens les choses consacrées à l'usage du mort. Nous avons déjà noté (§ 84) qu'en certains endroits on brûlait avec le corps les aliments déposés auprès de lui; et qu'ailleurs, conformément à la même idée, on brûlait ce qui lui appartenait. En Afrique, cet usage est commun. Chez les Kousas, les veuves « brûlent tous les ustensiles domestiques » du mort. Les Bagos (Côte de Guinée) font la même chose et détruisent en même temps toutes ses provisions alimentaires; « le riz même n'échappe pas aux flammes ». C'est la coutume des Comanches de brûler les armes du mort. Ailleurs, on brise les engins et les meubles du mort. Chez les Chippeouais, dit Franklin, « quand un individu vient à mourir, ses malheureux parents n'épargnent rien de ce qui se trouve dans la maison; on met en pièces ses tentes et ses habits; on brise les fusils, et on met hors de service ses autres armes. » Evidemment, l'on suppose que les esprits des objets qui ont appartenu au mort accompagnent le sien; une croyance en résulte, d'après laquelle la seconde vie diffère matériellement de la première, et quelquefois cette croyance s'exprime formellement : on dit que les âmes du mort consomment les essences des sacrifices qu'on leur fait, et non la substance même de ces sacrifices. L'usage bizarre de détruire des modèles des objets que le défunt possédait indique l'idée d'une différence encore plus marquée. Cet usage, qui existait chez les Chinois, a été récemment constaté par M. J. Thomson. Il parle, dans son ouvrage intitulé *Straits of Malacca, etc.*, de deux veuves désolées d'un mandarin qu'il vit livrer aux flammes « d'énormes modèles de papiers représentant des maisons, des meubles, des bateaux, des chaises à porteurs, des dames d'honneur, des pages nobles. » Assurément, une autre vie où l'on suppose que des images brûlées sont utiles ne saurait être, pour ceux qui y croient, qu'une vie très-immatérielle.

On concevait d'abord les manières d'agir et les satisfactions de la seconde vie comme identiques à celles de la première; dans le cours du temps, on arrive à les concevoir comme plus ou moins différentes. Non-seulement en premier lieu, les races déprédatrices attendent des occupations déprédatrices suivies d'un meilleur succès, et les races qui vivent d'agriculture espèrent planter et récolter, comme dans la vie terrestre; mais dans l'état social avancé, où l'usage de l'argent est connu, l'usage d'enterrer des pièces de monnaie avec le corps est un signe de croyance que dans la seconde vie il y a lieu d'acheter et de vendre, et enfin la même croyance inspire ceux qui brûlent de la fausse monnaie faite de clinquant. Seulement la ressemblance fait place à la différence. Sans essayer de suivre les changements qui marquent le passage, il suffira de passer d'un seul coup à l'espèce d'autre monde auquel on croit parmi nous, où nos occupations et nos amusements de chaque jour n'ont point de place et où l'on ne se marie pas. Pourtant, cette vie, toute composée de dimanches passés en exercices pieux qui ne finissent pas, est encore une image de la vie actuelle, encore qu'elle ne ressemble pas à ce qui en somme la constitue.

Ajoutons que la forme de l'ordre social que l'on suppose régner dans l'autre vie se met à différer en partie de la forme connue. On a d'abord pris le type du gouvernement des castes, des distinctions, des institutions serviles, emprunté à la vie d'ici-bas, et on l'a transporté dans les images de la vie à venir. Mais quoique, dans les conceptions des races les plus civilisées, l'analogie qui rapproche les ordres sociaux de la première et de la seconde vie ne disparaisse pas entièrement, la dernière s'écarte passablement de la première. Quoique la gradation que suppose l'existence d'une hiérarchie d'archanges, d'anges, etc., ait quelque rapport avec la gradation qui existe autour de nous, on ne laisse pas de lui donner un autre fondement ; on imagine que ces inégalités ont une origine différente.

Il en est de même des conceptions éthiques et des sentiments qu'elles supposent. En même temps qu'il s'est opéré au cours de la civilisation des modifications dans les passions, il s'en est produit de grandes dans les croyances relatives aux règles de conduite et à la mesure de la bonté dans la vie à venir. La religion de haine qui fait de la vengeance internationale un devoir, et des représailles heureuses une gloire, se trouve complétement délaissée ; la religion de l'amour règne sans partage. Néanmoins, à certains égards, les sentiments et les motifs qui dominent ici-bas, règnent encore dans l'autre vie. Le désir de l'approbation, passion dominante dans la vie terrestre, est encore la passion maîtresse de la vie à venir. On se figure que les principales sources du bonheur consistent dans l'approbation qu'on donne ou qu'on reçoit.

Enfin nous remarquons que le lien qui rattache les deux vies se relâche beaucoup. D'abord, on croit qu'il y a sans cesse commerce entre les êtres de la vie terrestre et ceux de la vie d'outre-tombe. Le sauvage recherche journellement la faveur des morts, et suppose que les morts prêtent leur assistance aux vivants, ou mettent obstacle à leurs actes. Cette étroite communion, qui dure pendant les premières périodes de la civilisation, devient graduellement moins étroite. Sans doute l'usage de payer des prêtres pour dire des messes en faveur des âmes des trépassés, et les prières qu'on adresse aux saints pour obtenir leur assistance, prouvent d'une manière générale que cet échange de services a existé et qu'il existe encore ; mais l'abandon de ces usages par les hommes les plus avancés fait supposer que le lien qui rattachait ensemble les deux vies s'est complétement rompu dans leur pensée.

Ainsi donc, de même que l'idée de la mort s'est peu à peu distinguée de l'idée de la suspension de la vie, et que l'attente de la résurrection se trouve peu à peu rejetée dans un avenir plus lointain, de même aussi la différence de la seconde vie et de la première s'accentue peu à peu. La seconde s'écarte du type de la première en ce qu'elle devient moins matérielle, que les occupations qui la remplissent sont plus différentes de celles de la première, qu'elle ne reproduit pas le même ordre social, qu'elle offre des plaisirs d'une autre nature que ceux des sens, enfin qu'elle fait prévaloir un type plus noble de conduite. En se différenciant de la première par sa nature, la seconde vie s'en sépare plus profondément : l'union qui les rattachait diminue ; entre la fin de l'une et le commencement de l'autre se place un intervalle de plus en plus grand.

CHAPITRE XV

§ 109. Tout en décrivant, dans le dernier chapitre, les idées d'une autre vie, j'ai cité des passages qui impliquent des idées d'un autre monde. Les deux systèmes d'idées sont si étroitement rattachés ensemble, qu'on ne saurait traiter de l'un sans faire de temps en temps allusion à l'autre. J'ai cependant réservé avec intention les secondes pour les étudier à part, et j'ai pour cela deux raisons : d'abord la question du lieu où l'on suppose placé le théâtre d'une autre vie est une question à part, et ensuite les idées que les hommes se font de ce lieu subissent des modifications dont il est instructif de suivre l'ordre et de rechercher les causes.

Nous reconnaîtrons que le lieu de résidence des morts s'éloigne graduellement du lieu de résidence des vivants, par une méthode analogue à celles que nous avons déjà observées

§ 110. Au début, ces deux résidences n'en font qu'une. La doctrine primitive des âmes oblige le sauvage à penser

que ses parents morts sont à portée de sa main. S'il renouvelle les offrandes d'aliments sur leur tombe, s'il tâche par
d'autres moyens de se les rendre favorables, c'est qu'ils ne
sont pas bien loin ou qu'ils vont revenir. Le sauvage le
croit.

Ellis nous apprend que les Hawaïens croient que « l'esprit du mort voltige autour des lieux où il avait passé sa
vie ». A Madagascar, on croit que les esprits des ancêtres
fréquentent leurs tombes. Bernau raconte que, chez les
tribus de Guyane, on croit que « tout endroit où quelqu'un
est mort est hanté par son esprit ». C'est la même chose
dans toute l'Afrique. Sur la côte d'Or, d'après Cruickshank,
« on suppose que l'esprit reste près de l'endroit où le corps
a été enseveli. » Enfin les Africains orientaux « paraissent
s'imaginer que les âmes sont toujours près des lieux de
sépulture ». On pousse même plus loin, dans certains cas,
la croyance qui confond l'habitat de l'âme avec celui du
corps. Dans le pays au nord du Zambèse, nous dit Livingstone, « tout le monde croit que les âmes des morts se mêlent encore aux vivants et prennent d'une manière ou d'une
autre leur part de la nourriture de ceux-ci. » Pareillement,
selon Bastian, « aux îles Aléoutiennes, les âmes invisibles
des morts errent parmi leurs enfants. »

Il y a des usages funèbres qui amènent à croire que la
résidence des morts est tout proche, à savoir la maison
abandonnée ou le village désert dans lesquels le défunt avait
passé sa vie. Les Kamtschadales « vont souvent s'établir
ailleurs lorsque quelqu'un est mort dans la hutte, sans
traîner le corps après eux. » Chez les Chipchas « les survivants abandonnent presque toujours » la maison où il y a
eu un décès. La raison en est évidente, mais quelquefois
on l'exprime. Lorsqu'un Indien Creek décédé « a été un

homme éminent, la famille s'éloigne immédiatement de la maison où on l'a enterré; elle en bâtit une nouvelle, dans la croyance que le lieu où sont déposés les os de leurs morts est toujours hanté par des gobelins. » Le même usage existe chez divers peuples d'Afrique. Dans le Balonda, « l'homme abandonne la hutte et le jardin où sa femme favorite est morte; et, s'il y revient, c'est pour lui adresser des prières ou des offrandes. » Kobben dit que les Hottentots changent leur kraal de place « quand un habitant y est mort. » Selon Bastian, les Boubis de Fernando-Pô abandonnent un village dès que quelqu'un y est mort. Enfin Tompson nous apprend que les Béchuanas «abandonnèrent la ville de Lattakou, à la mort de Mallahaouan, selon l'usage du pays. »

Dans ces cas, la logique de l'usage est complète. Des idées primitives que nous avons décrites naît l'idée primitive que la seconde vie se passe dans le lieu où s'est écoulée la première.

§ 111. Sur d'autres points, nous trouvons cette idée légèrement modifiée : la région qu'on dit habitée par les âmes des morts devient plus vaste. Sans doute elles reviennent visiter leurs anciennes demeures, mais d'ordinaire elles en restent éloignées de quelque distance.

Dans la Nouvelle-Calédonie, on croit que « les esprits des morts vont dans les bois »; et Turner dit « qu'aux îles Samoa on suppose que les esprits errent dans les bois ». Chez les Africains, nous trouvons cette croyance avec une différence. Les nègres de la Côte croient qu'il y a des sauvages dans les bois qui appellent leurs âmes pour en faire des esclaves; et les Bulloms croient que les démons de l'ordre inférieur ont leur résidence dans les bois près de la ville, et que ceux de l'ordre supérieur résident plus loin.

Ailleurs, le monde des morts, sans s'éloigner beaucoup, est une montagne voisine. On aperçoit clairement l'origine de cette croyance. Les Caraïbes enterraient leurs chefs sur des collines; les Comanches les ensevelissent sur « la plus haute colline du voisinage. » Les Patagons, dit Fitzroy, enterraient leurs morts sur les sommets des plus hautes collines; enfin, dans l'Arabie orientale, d'après Burckhardt, les terrains consacrés aux ensevelissements « sont en général sur le sommet des montagnes ou tout près. » Cet usage et la croyance qui l'accompagne sont quelquefois unis par un lien sur le sens duquel on ne peut se méprendre. Nous avons vu qu'à Bornéo on dépose les os des morts sur les pics et les sommets les plus inaccessibles. De là la croyance des Dayaks montagnards, rapportée par Low, que les sommets des plus hautes montagnes sont peuplés d'esprits; et, nous dit Saint-John, « quand on demande à un Dayak (de la plaine) où se passe la vie à venir, il montre les plus hautes montagnes qu'on peut apercevoir et ajoute que c'est là qu'est la résidence des amis défunts. » Dans bien des pays, on trouve des montagnes qui passent pour être l'autre monde. Ellis nous dit qu'à Tahiti « le ciel dont on parlait le plus communément était situé près de... la glorieuse Tamahani, séjour des esprits des morts, fameuse montagne située au nord-ouest de Raiatea. » Comme nous venons de le voir (§ 97), il existe une croyance semblable à Madagascar. Enfin j'ajouterai le passage de Dubois cité par sir John Lubbock, que « les auteurs hindous placent le séjour des bienheureux sur de hautes montagnes au nord de l'Inde. »

Il faut mentionner un habitat des morts plus rapproché. Quand on se sert de cavernes pour lieu de sépultures, on ne tarde pas à supposer qu'elles sont le séjour des morts; de là se forme la notion d'un autre monde souterrain. L'ensevelissement ordinaire, joint à la croyance à un double qui ne cesse d'errer et qui revient au tombeau, peut suggérer une idée du genre de celle des Khonds, dont les divinités (esprits des ancêtres) ne dépassent pas les limites de la terre, « au sein de laquelle on croit qu'elles résident, d'où elles sortent et où elles rentrent à volonté. » Mais évidemment l'usage d'ensevelir dans des cavernes tend à donner une forme plus développée à cette conception. Le professeur Nilsson, dans son *Age de la pierre*, après avoir montré que les débris des cavernes vérifient les traditions et les allusions qu'on retrouve partout en Europe et en Asie, parle des villages faits de cavernes artificielles que les hommes ont creusés au sein des montagnes, quand ils se sont trouvés trop nombreux pour les cavernes naturelles, et il nous rappelle qu'en même temps qu'on vivait dans des cavernes on y enterrait. Puis il remarque que « cette coutume, comme toutes les coutumes religieuses… a survécu longtemps après que les hommes se furent mis à habiter des maisons. » On peut reconnaître en plusieurs parties du globe le rapport qui relie ces usages, mais on le voit surtout en Amérique, depuis la Terre de Feu au sud jusqu'au Mexique au nord, comme nous l'avons indiqué déjà (§ 87). A côté de ces usages, nous trouvons l'idée d'une région souterraine où les morts se retirent. Les Patagons, par exemple, croient « que certains d'entre eux après la mort retournent aux cavernes divines où ils ont été créés et où résident leurs dieux particuliers. »

§ 112. Mais, pour bien comprendre la genèse de cette dernière croyance, nous devons y joindre la genèse de la croyance d'après laquelle les morts habiteraient des localités

plus éloignées. Comment passer, de l'idée d'un autre monde
tout à côté des vivants, à l'idée d'un autre monde lointain ?
La réponse est simple, c'est à l'aide d'une migration.

Nous n'avons qu'à penser aux formes que prennent probablement les rêves chez les peuples qui viennent d'émigrer,
pour voir qu'il en résultera des croyances qui établiront la
demeure de la vie à venir en des lieux auxquels on n'arrive
qu'après de longs voyages. Attachés à des parents qu'ils
ont laissés derrière eux, sujets à la nostalgie (quelquefois
au point d'en mourir, au rapport de Livingstone), les sauvages, que la guerre ou la famine ont chassés de chez eux,
doivent souvent rêver aux personnes et aux lieux qu'ils ont
quittés. Leurs rêves, racontés et accueillis à la façon primitive, comme des faits réels, leur font croire que, durant
leur sommeil, ils sont allés visiter leurs antiques demeures.
Ce rêve, que tous font tour à tour, leur rend familière l'idée
de revoir durant leur sommeil la terre de leurs pères.
Qu'arrive-t-il donc à la mort, comprise comme l'homme
primitif l'interprète ? L'autre soi est absent depuis longtemps. Où a-t-il été ? Evidemment aux lieux où il allait
souvent et d'où d'autres fois il revenait. Maintenant il
n'est pas revenu. Il aspirait à retourner dans ces lieux, et
souvent il disait qu'il y retournerait. Maintenant il a fait ce
qu'il disait qu'il voulait faire.

Nous rencontrons cette interprétation partout, dans certains cas nettement formulée, dans d'autres assurément
entendue d'une façon implicite. Chez les Péruviens, à la
mort d'un Inca, on disait qu'il « avait été rappelé dans les
demeures de son père le Soleil ». Lewis et Clarke nous
apprennent que, « lorsque les Mandans meurent, ils s'attendent à retourner au pays primitivement habité par leurs
aïeux ». « Ne croyez pas, disait un chef de la Nouvelle-

Zélande, que je vienne de la terre. Je viens des cieux; mes ancêtres y sont tous. Ils sont dieux, et je retournerai près d'eux..» Quand un Santal meurt loin de la rivière, un parent y porte une partie de son corps, « la place dans le courant pour qu'elle soit entraînée vers le lointain orient, d'où ses ancêtres sont venus ». Dans des pays voisins, c'est avec cette intention avouée qu'on livre le corps tout entier au courant. Pareillement, on affirme que « les races teutoniques se faisaient de la vie future une idée qui la réduisait à un *retour dans la patrie*, un retour auprès du Père ». Voyons comment les conditions de cette croyance correspondent avec les faits.

Il y a eu des migrations dans tous les sens; par suite, dans cette hypothèse, il a dû se former diverses croyances sur le point de l'horizon où était situé l'autre monde. Il s'en est formé en effet. Je ne veux pas dire seulement que les croyances diffèrent dans les parties du monde qui sont séparées les unes des autres par de grandes distances. Elles diffèrent dans toutes les régions d'une surface étendue, et souvent la différence est celle qu'on aurait pu prévoir d'après les routes que les émigrations devaient prendre pour arriver au nouvel habitat, et celle qui se trouve d'accord avec les traditions. Ainsi, dans l'Amérique du Sud, les Chonos, selon Inow, « font remonter leur origine à des nations venues de l'ouest à travers l'Océan; » et ils espèrent aller après leur mort dans ce pays. Thomson nous dit que les Araucaniens, leurs voisins, « après leur mort, vont du côté de l'ouest en traversant la mer ». Les Péruviens de la race dominante qui espéraient aller à l'est, tournaient la face du corps de ce côté; mais les Péruviens de la race inférieure indigène, qui vivaient sur la côte, n'avaient point cet usage. Le paradis des Ottomacks de Guyane est situé dans l'ouest; au contraire, celui des Indiens de l'Amérique centrale était situé « où le soleil se lève ». Dans l'Amérique du Nord, les Chinouks, qui habitent dans une latitude élevée, ont leur ciel dans le sud, les Chippeouays aussi; tandis que les races qui habitent les parties méridionales du continent ont leurs « bienheureux territoires de chasse » dans l'ouest. En Asie, le paradis des Kalmouks est à l'ouest, celui des Koukis au nord, celui des Todas « où le soleil se couche »; enfin on trouve des différences analogues dans les croyances des naturels de la Polynésie. Dans l'île Eromanga, on croit que « les esprits des morts vont du côté de l'est »; au contraire, dans l'île Lifou, « on suppose que l'esprit va à l'ouest après la mort, en un lieu appelé Locha. » Ainsi que nous l'avons vu dans quelques-uns des faits cités plus haut, la position que l'on donne au cadavre en l'ensevelissant dépend évidemment de la direction que le mort est censé prendre; souvent même, l'usage populaire s'affirme explicitement. C'est ainsi que, au rapport de Smith, les Araucaniens placent les cadavres assis, la face tournée vers l'ouest, où est située la terre des Esprits. Anderson raconte que les Damaras tournent la face des cadavres du côté du nord, « pour leur rappeler (aux naturels) le lieu d'où leur race est venue. » Enfin « les Béchuanas, leurs voisins, placent leurs cadavres dans la même position. »

A côté de ces idées, qui diffèrent selon la différence des antécédents de ces tribus émigrées, on trouve des idées différentes sur le voyage qu'il faut faire après la mort, et des idées qui diffèrent aussi et d'une manière correspondante des préparatifs qu'il faut faire pour ce voyage. Tantôt c'est un voyage vers un monde souterrain; tantôt un voyage sur terre; tantôt l'itinéraire suit en descendant le cours d'une rivière, tantôt il faut passer la mer. De chacune de ces idées dépendent des croyances et des observances différentes.

Comme nous l'avons déjà dit, une généalogie qui remonte à des troglodytes, attestée par des ossements qu'on retrouve dans les cavernes et aussi par les traditions, donne lieu à certaines croyances sur l'origine de l'homme et (quand elles sont unies à l'espérance du retour après la mort dans le séjour des ancêtres) à d'autres croyances sur le lieu de l'autre monde. « Une moitié au moins des tribus de l'Amérique du Nord, dit Catlin, croient que l'homme a été créé sous terre ou dans les cavernes des rochers des grandes chaînes de montagnes. » C'est une notion qui ne pouvait manquer de naître chez des hommes dont les ancêtres vivaient dans des cavernes. Dépourvus de savoir, sans idées générales, sans langage en état d'exprimer la différence qui sépare l'acte de laisser sortir de celui de créer, ils doivent nécessairement avoir des traditions qui les font naître de cavernes ou, d'une façon plus vague, de la terre. Selon que les légendes demeurent spéciales (ce qui arrivera nécessairement dans les pays où les cavernes autrefois habitées ne sont pas éloignées), ou qu'elles deviennent générales (ce qui arrive probablement quand la tribu émigre vers d'autres régions), la croyance peut prendre l'une ou l'autre forme. Dans le premier cas, il se constituera des légendes du genre de celle qui existe chez les Bassoutos, où il y a une caverne d'où les naturels disent qu'ils sont tous sortis; ou du genre de celle que Livingstone a citée et qui se rattache à une caverne proche du village de Séchélé, qui, dit-on, est « la demeure de la Divinité ». Dans l'autre cas, il se formera des idées du genre de celles qui existent chez les Todas, qui croient que leurs ancêtres sont nés de la terre, et de celles des anciennes races historiques, qui regardaient la « Terre-mère » comme la source de tous les êtres. Quoi qu'il en soit, nous trouvons réellement, à côté de la croyance à une origine souterraine, une croyance à un monde souterrain, où les morts vont rejoindre leurs ancêtres. Sans insister sur l'effet qu'a dû produire sur les hommes primitifs la vue de vastes cavernes ramifiées, comme celle du Mammouth dans le Kentucky, ou celle de Bellamar en Floride, nous n'avons qu'à rappeler que, dans les formations calcaires sur toute la surface du globe, l'eau a creusé de longues galeries ramifiées, qui mènent l'explorateur tantôt à un gouffre infranchissable, où gronde une rivière souterraine, tantôt à d'étroites crevasses, et cela suffit pour faire sentir que la croyance à un monde souterrain d'une étendue indéterminée ne peut guère manquer de naître. Songeons à la crédulité de nos paysans partout où ils vivent près d'une mare ou d'un étang profonds ; on dit qu'il n'y a pas de fond. Il est clair qu'on croit la même chose pour les cavernes qui n'ont pas une grande étendue, mais dont l'extrémité n'a pas été explorée, et qu'on se laisse aisément aller à les regarder comme des ouvertures qui conduisent par des routes ténébreuses aux tristes régions des enfers. Enfin, dans les pays où une caverne, primitivement habitée, a été employée au moment même ou plus tard comme lieu de sépulture, et que par suite on s'est mis à croire qu'elle est peuplée par les âmes des ancêtres, on a bientôt eu des raisons de croire que le voyage d'outre-tombe que l'âme fait au séjour des aïeux consiste en une descente dans l'Hadès [1].

1. J'ai rencontré une confirmation de cette idée depuis que ce morceau a été mis sous presse. Il existait primitivement chez les Hébreux un usage d'ensevelir les morts dans les cavernes. L'achat d'une caverne par Abraham le prouve. Rapprochons de cet usage le sens du mot *chéol*, qui veut dire caverne, et nous serons en droit de conclure que le même procédé de développement qui a fait de l'esprit revenant une âme douée d'une existence permanente a fait aussi de la caverne un monde souterrain.

Quand un voyage qui aboutit aux enfers ou ailleurs doit durer longtemps, il nécessite des préparatifs. De là vient l'usage de laisser des objets auprès du corps : une massue dans la main du Fidjien pour qu'il soit prêt à se défendre; un javelot dans celle du Néo-Calédonien; le soulier des enfers que les Scandinaves déposaient auprès des morts; le sacrifice d'un cheval ou d'un chameau pour épargner au défunt les fatigues de la route; les passeports au moyen desquels les Mexicains se mettaient à l'abri du danger; la tête de chien déposée par les Esquimaux sur la tombe d'un enfant pour lui servir de guide vers la terre des âmes; l'argent du péage et les présents destinés à apaiser les démons qu'on rencontre sur la route.

Naturellement, il faut s'attendre à trouver un certain air de famille entre les difficultés qu'ont présentées ces voyages de retour au pays des ancêtres, lorsque les migrations en avaient rencontré jadis de semblables. Le ciel des nègres de la côte d'Or, dit Bosman, est situé dans « un pays de l'intérieur appelé Bosmanque », et, pour y arriver, il faut traverser une rivière. Un passage de rivière est naturellement l'événement principal du récit d'un voyage, chez les peuples du continent. Il est rare qu'une émigration par terre ne rencontre sur son passage une grande rivière qu'il faut traverser. Les émigrants n'ont point de bateaux; la tradition fera donc de la rivière un obstacle énorme, et le passage de ce cours d'eau deviendra la principale difficulté du voyage des morts. Quelquefois, chez certaines tribus de l'Amérique du Nord, on dit que la raison du retour d'une âme, c'est qu'elle n'a pu passer la rivière. C'est ainsi qu'on explique la fin d'un accès de catalepsie; l'autre soi, ne pouvant franchir la rivière, est revenu. Il n'est pas impossible que l'idée qu'on se fait du danger de ce passage,

danger si grand qu'après y avoir échappé le défunt ne veut
plus l'affronter, donne lieu à la croyance que les esprits ne
peuvent traverser une eau courante.

Lorsqu'une tribu émigrante, au lieu d'arriver à son
nouvel habitat par une route directe, y est parvenue en
remontant une rivière, la tradition et l'idée d'un voyage
de retour au pays des ancêtres, qui en est la conséquence,
prend d'autres formes et suggère de nouveaux préparatifs.
En certains pays où la végétation est extrêmement luxuriante, les rivières sont, nous ne dirons pas le seul moyen
d'arriver dans l'intérieur, mais assurément le moyen le plus
aisé. Humboldt nous apprend que, dans l'Amérique du Sud,
les tribus s'étendent le long des rivières et de leurs affluents,
et que les forêts qui les séparent sont impénétrables. On
retrouve à Bornéo une distribution analogue ; on trouve
dans cette île les envahisseurs étrangers établis sur les
rivières et les bords de la mer, et l'on voit clairement que
l'invasion a suivi le cours des fleuves. De là viennent les
rites funèbres en usage à Bornéo. Saint-John raconte que les
Kanaouits ont la coutume de charger un léger canot des
biens d'un chef défunt et de l'abandonner à la dérive sur
la rivière. Le rajah Brooke raconte que « les Malanais
avaient coutume de pousser le corps de leurs chefs du côté
de la mer, dans un bateau, avec son épée, des aliments, des
habits, etc., et souvent avec une femme esclave enchaînée
à la barque. » Il est bon de remarquer qu'il donne cette
coutume comme ancienne, mais il ajoute qu'à présent « on
dépose ces objets auprès des tombeaux » : exemple de la
manière dont ces observances se modifient et dont leur sens
s'efface. Les Chinouks nous offrent un exemple analogue
que je puis ajouter : ils placent le cadavre dans un canot près
du bord de la rivière, la proue tournée du côté du courant.

Un voyage qui conduit à l'autre monde en descendant une rivière nous amène presque sans transition à la dernière espèce de voyage, une traversée par mer. Nous la rencontrons d'ordinaire dans les pays habités par une race qui s'y est établie après une émigration d'outre-mer. Le ciel des Tongans est une île éloignée. On ne sait pas bien, il est vrai, où est situé Boulou, le séjour des bienheureux des îles Fidji ; mais « on ne peut s'y rendre qu'en canot, ce qui prouve qu'il est séparé de ce monde par de l'eau. » Turner, qui nous apprend que l'enfer de Sawoa est situé « à l'extrême occident de Savaïi », nous dit que, « pour y arriver, l'esprit (s'il appartient à une personne qui vit dans une autre île) voyageait en partie par terre et en partie à travers la mer ou les mers qui l'en séparaient. » Il nous raconte aussi que les Samoans « disent d'un chef mort, qu'*il a mis à la voile* ». Ailleurs à côté de ces croyances ou à leur place, nous trouvons des usages suffisamment significatifs. Ellis nous apprend qu'on trouve quelquefois aux îles Sandwich une partie d'un canot auprès d'une tombe. Dans la Nouvelle-Zélande, peuplée par des immigrants polynésiens, on trouve souvent, nous dit Angas, un canot, et quelquefois aussi des voiles et des rames, ou une partie d'un canot, à côté ou dans l'intérieur des tombeaux. D'autre part, Thompson nous apprend que l'on enveloppait les corps des chefs néo-zélandais et qu'on les plaçait dans des coffres en forme de canots, modification qui jette du jour sur d'autres modifications analogues. Quand nous rencontrons ces observances dans des habitats où l'on n'a pu arriver que par des bateaux, nous ne pouvons douter de la signification d'observances semblables que nous trouvons ailleurs. On a déjà fait voir que les Chonos, ou Patagons occidentaux, qui prétendent descendre d'un peuple occidental situé par delà l'Océan, espèrent aller les rejoindre après leur mort; et il faut y ajouter qu'ils enterrent leurs morts dans des canots, près de la mer. Chez les Araucaniens aussi, dont les traditions et les espérances sont analogues, on ensevelit quelquefois un chef dans un bateau. Bonwick affirme qu'autrefois, chez les Australiens de Port Jackson, on abandonnait les cadavres à la dérive dans un canot d'écorce; ce n'est pas tout : Angas, qui veut montrer comment une observance dont le sens est d'abord d'une clarté parfaite passe sous une forme dont le sens est moins distinct, dit que les peuplades de la Nouvelle-Galles-du-Sud enterrent leurs morts dans un canot d'écorce.

Nous trouvons des faits analogues dans l'hémisphère septentrional. On raconte que chez les Chinouks « on met tout le monde, à l'exception des esclaves, dans des canots ou sépulcres de bois; » Bastian nous apprend que les Ostyaks « ensevelissent les morts dans des bateaux »; enfin les anciens Scandinaves avaient des usages analogues.

§ 113. Une nouvelle explication se présente après ces faits. Nous voyons comment, dans la même société, peuvent se former et se forment effectivement, sous certaines conditions, des croyances à deux autres mondes ou à un plus grand nombre. Lorsqu'à l'émigration vient se joindre la conquête, et que des peuples à traditions différentes s'organisent en une seule société, ils ont des séjours d'ancêtres différents où se rendent leurs morts respectifs. D'ordinaire, lorsque nous rencontrons des dissemblances physiques et mentales, signes qui attestent que la race gouvernante et la race gouvernée n'ont pas la même origine, chacune d'elles croit à un autre monde différent. On croit aux îles Samoa que les chefs « ont une place séparée,

appelée Poulotou. » Angas nous apprend que chez les Néo-
Zélandais il n'y a que les chefs qu'on enterre dans un canot,
dans l'espérance qu'ils retourneront au pays des ancêtres.
Dans l'opinion des Tongans, mais non de tous, les chefs
seuls ont des âmes et retournent à Bolotou, leur ciel :
ce qui tient probablement à ce que les traditions des plus
récents immigrants qui ont conquis le pays, sont relativement distinctes et qu'elles prédominent. A l'aide de cette
clef, nous pouvons comprendre comment il se fait que des
autres mondes différents destinés à des castes sociales différentes, et qui n'ont dans le principe rien à faire avec l'éthique, deviennent des autres mondes pour les bons et pour les
méchants respectivement. Rappelons-nous seulement que
le mot *vilain*, aujourd'hui expression énergique de la bassesse, voulait seulement dire autrefois serf, tandis que le
mot noble ne se rapportait dans le principe qu'à l'éminence
que procurait une position sociale élevée, et nous ne pourrons mettre en doute que l'opinion publique primitive ne
tende à identifier la sujétion avec la méchanceté et la possession du pouvoir avec la bonté. Rappelons-nous aussi que
les conquérents constituent d'ordinaire la caste militaire,
et que les conquis deviennent des esclaves, qui ne combattent pas; enfin que, dans les sociétés constituées sur ces
bases, la dignité de l'individu se mesure à la bravoure, et
nous apercevons une raison nouvelle pour que les autres
mondes des conquérants et des conquis, encore que dans
l'origine ils ne fussent que le séjour de leurs ancêtres respectifs, deviennent dans l'idée populaire l'un, le séjour des
bons, l'autre celui des mauvais. C'est donc une chose naturelle que, dans les pays où les descendants indigènes de
peuplades troglodytes ont été subjugués par une race
envahissante, il arrive que les lieux respectifs où les deux

races espèrent retourner se distinguent, en ce que l'un devient le séjour des mauvais et l'autre le séjour des bons. Une croyance semblable à celle qu'on observe au Nicaragua prendra naissance. Les peuples de ce pays pensent que les mauvais, c'est-à-dire ceux qui sont morts dans leur maison, vont sous la terre à Miqtanteot, mais que les bons, c'est-à-dire ceux qui ont péri sur le champ de bataille, vont servir les dieux aux lieux où le soleil se lève, et d'où le maïs a été importé. Nous trouvons chez les Patagons la preuve que les descendants subjugués d'une race de troglodytes ne regardent pas le monde souterrain comme un lieu de misère. Au contraire, ils retournent, disent-ils, après leur mort, aux « cavernes divines », pour y mener une vie agréable avec les dieux qui règnent aux pays de boissons fortes. Mais lorsque, comme au Mexique, il y a eu des conquêtes, le monde souterrain passe, sinon pour un lieu de punition, du moins pour un lieu où l'on n'est pas bien.

Sans doute les notions qui se forment de cette manière varieront dans chaque cas avec les antécédents. Les croyances relatives à ces autres mondes peuvent subir des modifications sans fin ; il peut s'y introduire des impossibilités qui les rendent illogiques. Mais ce qu'il faut remarquer, c'est que le séjour des enfers, tel que les Grecs concevaient l'Hadès, qui n'était pas un lieu horrible pour les premiers descendants d'une race de troglodytes, peut subir une modification qui accentue la différence pour devenir un séjour sombre, et enfin un lieu de châtiment, par le seul fait du contraste qui l'oppose aux lieux meilleurs où d'autres âmes se rendent, à savoir les îles de l'Occident destinées aux braves, et les demeures célestes pour les favoris des dieux. Enfin, il faut noter encore que les régions inhospitalières

où les rebelles sont relégués donnent une origine analogue
au Tartare et à la Géhenne [1].

§ 114. On peut interpréter de la même manière la conception d'un autre monde dont il nous reste à parler, qui
serait placé au-dessus ou en dehors de celui-ci. La transition d'un séjour sur une montagne à un séjour dans le ciel,
tel que les hommes primitifs conçoivent le ciel, ne présente
aucune difficulté.

Beaucoup de peuples ont l'usage d'ensevelir sur des
montagnes, et nous avons déjà vu qu'il y a des endroits, à
Bornéo par exemple, où la coutume de déposer les restes
d'un chef sur un sommet d'accès difficile existe à côté de
la croyance que les esprits des morts habitent les sommets
des montagnes. Il est probable que, dans ces cas, la coutume
est la cause de la croyance; mais nous allons bientôt voir
qu'une croyance en apparence semblable peut avoir dans
d'autres cas une autre origine. Ici, cependant, bornons-
nous à remarquer que « la plus haute montagne en vue »
passe pour un monde peuplé par les morts, et que la langue rudimentaire des sauvages confond ces deux choses, le
séjour sur un pic élevé dans les cieux et le séjour dans les
cieux. N'oublions pas que, dans le principe, l'homme prend
le ciel pour un dôme soutenu par ces pics sourcilleux, et
nous comprendrons qu'on ait dû en conclure que les habitants de ces hauteurs ont un accès facile dans le firmament.

1. Ce passage était déjà sous presse quand j'ai trouvé, dans la plus ancienne des légendes connues, le récit babylonien du déluge, la preuve que le
ciel, tel qu'on le concevait, était le territoire d'où était venue la race conquérante. La résidence des dieux où Xisuthrus est transporté en récompense de
sa piété, est « située dans le golfe Persique, près des bouches de l'Eu-
phrate; » et M. Smith indique que c'était la région sacrée d'où étaient
venus les êtres qui avaient enseigné les arts aux Babyloniens et à qui ceux-ci
adressaient un culte.

Une fois cette croyance établie, elle se développe. Il peut même en sortir une idée nouvelle, à savoir qu'il y a des cieux distincts les uns des autres et habités par des populations hiérarchisées d'esprits.

Mais, comme nous l'avons déjà fait pressentir, l'origine qui fait descendre les hommes d'en haut, qui entraîne à croire que les morts vivent sur des sommets ou dans les cieux, n'est pas la seule origine possible; il y en a une autre, qui est même probable et qui ne mène pas à la même conclusion; au contraire, elle réserve cette demeure céleste à une race d'êtres différents à l'exclusion de toute autre. Voyez par quels faits cette autre croyance se trouve suggérée. Nous pouvons retrouver, depuis les temps les plus reculés jusqu'aux époques de barbarie, la preuve que l'on choisissait les lieux les plus élevés pour y établir des défenses : témoin les châteaux de la Grande-Bretagne, les forteresses modernes et anciennes du Rhin, les villes et les villages datant du moyen âge qui couronnent les hauteurs en Italie, enfin les places fortes perchées au sommet de pics à peu près inaccessibles dans tout l'Orient; témoin encore les défenses qu'on rencontre partout où l'homme, sorti de la sauvagerie primitive, a trouvé des lieux favorables à la résistance. Godoï décrit une forteresse bâtie sur une hauteur par les anciens Mexicains. Les Chibchas construisent des retranchements sur les hauteurs; enfin les Péruviens fortifient le sommet des montagnes par des fossés et des murs. C'est ainsi qu'envahisseurs et envahis tirent parti des éminences qui commandent les environs. Les débris des campements romains qui existent sur les collines de l'Angleterre rappellent cet usage. Evidemment, durant les luttes armées et les conquêtes qui se sont succédé sans relâche, il est arrivé souvent que la race conquérante s'est emparée

d'une position élevée. Un récit que nous devons au rajah
Brooke, où il raconte la lutte prolongée qu'il a soutenue
contre un chef montagnard de Bornéo, nous apprend ce
qui devait probablement arriver quand la position demeurait aux mains de la race supérieure. Son adversaire avait
fortifié un rocher à peu près inaccessible au sommet du
Sadok, montagne d'environ 5,000 pieds de haut et entourée
de montagnes plus basses. Le rajah Brooke l'appelle « sombre et grandiose »; les légendes des Dayaks la désignent
sous le nom « du Grand-Mont, où aucun ennemi n'ose se
hasarder. » La première tentative de prendre cette forteresse échoua complétement; la seconde, où l'on avait fait
usage d'un petit mortier, manqua aussi; et ce ne fut que
grâce à un obusier qu'on y put traîner au prix des efforts et
au milieu des hurlements d'une centaine de Dayaks, que
la troisième réussit. Le chef que la puissance des engins
d'une race civilisée avait pu chasser de son repaire se faisait naturellement redouter du voisinage. « Grand-père
Rentap, » comme on l'appelait, était d'une violence dange-
reuse : il tuait quelquefois ses propres hommes ; il ne tenait
aucun compte des coutumes établies : entre autres méfaits,
il avait pris une seconde femme dans une peuplade qui
refusait son alliance; il l'avait enlevée et conduite dans son
aire ; il avait rejeté la vieille et fait de la jeune la reine de
Sadok. Aidé de ses lieutenants Layang, Nonang et Loyioh,
qui tenaient pour lui les postes avancés, il demeurait invincible pour tous les potentats indigènes. Déjà, il devenait
l'objet de croyances superstitieuses. « On disait qu'un rapport
mystérieux unissait les serpents aux aïeux de Rentap, ou
que les âmes de ces derniers résidaient dans ces dégoûtants
animaux. » — Or, si, au lieu d'un chef indigène, vivant de
la sorte dans les nuages (qui gênèrent la dernière attaque),

qui descendît de temps en temps pour accomplir quelque
acte de vengeance, qui tînt tout à l'entour le pays dans la
terreur, et qui donnât lieu à des récits déjà passés à l'état
de croyances superstitieuses, nous supposons des chefs
appartenant à une race d'envahisseurs, importateurs de connaissances, de métiers, d'arts, d'engins, inconnus aux indigènes, passant pour des êtres d'un ordre supérieur, comme les
hommes civilisés le sont aujourd'hui aux yeux des sauvages,
avouons qu'il se serait certainement produit des légendes à
la louange de cette race supérieure établie dans le ciel.
Puisque ces Dayaks croient les dieux si peu différents des
hommes, qu'ils supposent que le Dieu et créateur suprême
Tapa « demeure dans une maison semblable à celle d'un
Malais... qu'il est même vêtu à la mode des Dayaks; il nous
paraît certain que le peuple aurait attribué un caractère
divin à un conquérant placé dans ces conditions. Enfin, si
le pays était de ceux où la sécheresse favorise la croyance
aux faiseurs de pluie et aux « troupeaux célestes », si,
comme chez les Zulus, on croyait aux docteurs ès eaux, qui
ont le pouvoir de « lutter contre l'éclair et la grêle » et de
« lancer l'éclair à un autre docteur pour l'éprouver », le
chef qui vivrait sur un pic autour duquel les nuages se
formeraient, et d'où partiraient les orages, serait sans hésitation regardé comme l'auteur de ces changements, comme
un dieu qui tient dans sa main la foudre et les éclairs [1]. On
ne se bornerait pas à lui attribuer cette puissance, on

---

1. Il y a une croyance des anciens Mexicains qui sert d'exemple à cette
idée que des êtres qui vivent dans les lieux où les nuages se rassemblent en
sont les auteurs. *Tlaloc*, autrement dit *Tlalocateucli* (maître du paradis), était
le dieu de l'eau. On l'appelait le dieu qui fertilise la terre... le dieu qui réside
sur les plus hautes montagnes, où les nuages se forment d'ordinaire... Les
anciens croyaient que d'autres dieux résidaient dans toutes les hautes montagnes, et qu'ils étaient soumis à Tlaloc. On les révérait non-seulement comme
les dieux de l'eau, mais aussi comme les dieux des montagnes. (*Clairgero*,
liv. VI, ch. 4 et 5.)

raconterait qu'il est quelquefois descendu de cette demeure
céleste, qu'il s'est montré parmi les hommes, et qu'il a eu
des relations d'amour avec leurs filles. Qu'un peu de temps
passe sur ces légendes, qu'elles s'exagèrent et s'idéalisent,
que les faits s'amplifient comme l'exploit que Samson
accomplit avec une mâchoire d'âne, comme les prouesses
d'Achille, comme les hauts faits de Ramsès, qui tua cent
mille ennemis à lui seul, et nous arrivons à l'idée que le ciel
est la demeure d'êtres surhumains qui commandent aux
forces de la nature et qui châtient les hommes [1].

Je sais bien qu'on me reprochera mon évhémérisme, et
que les mythologues dont les idées sont aujourd'hui à la
mode croiront en avoir fini par là avec mes explications. Je
ne présente ici cette idée qu'incidemment et sans preuves.
Peu à peu, après que j'aurai montré qu'elle est d'accord avec
tous les témoignages directs que nous avons sur les modes
primitifs de pensée, j'espère montrer que les faits nombreux
que les races civilisées ou à demi civilisées nous présentent
ne donnent aucun appui aux théories régnantes des mythologues, et que ces théories sont pareillement en désaccord
avec les lois de l'évolution mentale.

§ 115. La conclusion générale à laquelle nous arrivons,
c'est que les idées d'un autre monde passent par diverses
périodes de développement. D'abord, on conçoit l'habitat
des morts comme identique à celui des vivants; mais peu à
peu les deux séjours s'écartent l'un de l'autre; le séjour des

---

[1]. On peut ajouter que, une fois formée, cette idée ne demeure pas limitée à
la localité originale. Des orages éclatant dans le ciel loin de cette forteresse
de rochers seraient des preuves que le dieu foudroyant a accès en d'autres
parties du ciel; par suite, la race venant à émigrer, l'émigration de ce dieu
serait démontrée par les orages qui éclatent à la suite de la race, et on finirait
par lui donner pour demeure les montagnes d'où les orages descendent ordinairement.

morts recule jusqu'aux forêts voisines, jusqu'aux forêts
éloignées, jusqu'aux collines et aux montagnes qui se perdent dans le lointain. La croyance d'après laquelle le mort
va rejoindre les ancêtres donne lieu à de nouveaux écarts
qui varient entre eux comme les traditions des peuples. Les
descendants sédentaires d'une peuplade de troglodytes
croient que les morts retournent à un autre monde souterrain, d'où ils sont sortis; mais les races émigrantes
placent leur autre monde dans la patrie des ancêtres où
l'âme doit se rendre après la mort, par un voyage sur
terre, ou en descendant le cours d'une rivière, ou en
traversant la mer, selon la situation de cette patrie. Les
sociétés composées de conquérants et de conquis, qui
n'ont pas sur leurs origines la même tradition, ont plusieurs
autres mondes distincts; ceux-ci se différencient : l'un est
supérieur, l'autre inférieur selon la situation respective des
deux races. Que ces peuples mêlés soient conquis par des
immigrants plus puissants, et de nouvelles complications
s'introduisent dans les idées de l'autre monde; il s'en établit
de nouveaux, plus ou moins dissemblables. Enfin, dans les
pays où le lieu des morts de la classe supérieure est situé
sur des sommets de montagnes, une transition facile transporte la demeure des morts dans les cieux, d'abord dans
un lieu du ciel voisin des montagnes, plus tard partout
indistinctement. De sorte que la prétendue résidence des
morts, d'abord identique à celle des vivants, s'éloigne peu
à peu dans la pensée; la distance qui l'en sépare et la
direction qui y mène deviennent de plus en plus vagues;
et, à la fin, l'esprit cesse de lui assigner un lieu dans l'espace.

Toutes ces conceptions, qui ont leurs racines dans l'idée
qu'on s'est faite primitivement de la mort, subissent simultanément des modifications progressives analogues à celles

de l'idée de mort. La résurrection, regardée au début comme immédiate, est ajournée indéfiniment ; l'esprit, conçu dans le principe comme tout à fait substantiel, s'efface pour devenir une chose éthérée ; l'autre vie, qui d'abord reproduisait exactement le type de la première, s'en écarte de plus en plus, et la place qu'elle occupe passe d'un lieu tout à fait voisin, à un quelque part dont on ne sait rien et qu'on n'imagine point.

CHAPITRE XVI

IDÉES D'AGENTS SURNATURELS.

§ 116. Les mots dont nous nous servons, dont le sens spécialisé correspond à nos idées, ne représentent pas fidèlement celles des sauvages, et souvent ils les représentent à contre-sens. Le mot supernaturel n'a de sens que par antithèse avec le mot naturel, et, tant que l'esprit n'est point arrivé à posséder l'idée de causation ordonnée que nous appelons naturelle, il ne saurait exister aucune idée de ce que nous appelons surnaturel. Je suis pourtant obligé de me servir de ce mot, n'en ayant pas de meilleur; mais je dois prévenir le lecteur qu'il doit se garder d'attribuer à l'homme primitif une conception du genre de celle que le mot emporte pour nous.

Cette précaution prise, essayons, autant que nous le pourrons, de faire un tableau du milieu imaginaire que l'homme primitif produit pour lui-même, avec les interprétations que nous avons présentées dans les quatre derniers chapitres. Sans doute, les idées qu'il se fait des actions qui se passent autour de lui ne s'accordent pas dans les détails; mais elles s'accordent, dans leur *ensemble*, avec les notions que nous avons présentées comme un produit nécessaire de leur esprit.

§ 117. Dans chaque tribu, chaque fois qu'un décès a lieu, un revenant nouveau s'ajoute aux revenants nombreux des individus qui sont déjà morts. Nous avons vu que, dans le principe, ces esprits ou revenants étaient censés demeurer tout près des vivants, hanter leur ancienne demeure, errer tristement autour du lieu de leur sépulture, voyager dans les bois voisins. Leur nombre s'augmentant sans cesse, ils forment une population répandue à l'entour, ordinairement invisible, mais qui se montre quelquefois. En voici quelques exemples.

Les Australiens supposent que des êtres surnaturels de cette origine existent partout : ils pullulent dans tout le pays, dans les fourrés, les cours d'eau, les rochers. Les Veddahs, qui pensent « aux ombres de leurs ancêtres et de leurs enfants, croient que l'air est peuplé d'esprits, que tout rocher, tout arbre, toute forêt, toute colline, en un mot tout objet de la nature, a son *genius loci*. » Les Tasmaniens imaginaient « une armée d'esprits malveillants et de gobelins malfaisants », hantant les cavernes, les forêts, les fentes de rochers, les sommets des montagnes. Dans les pays où l'on a coutume d'enterrer les morts dans les maisons, on croit que les esprits des morts touchent les vivants coude à coude ; et lorsqu'il y a, chez les Uaupes par exemple, « jusqu'à des centaines de tombes dans une maison, » on doit croire que les esprits ne cessent de coudoyer leurs descendants. Alors même qu'on n'enterre pas dans les maisons, cette idée existe, par exemple chez les Karens, au rapport de Mason. « Au dire des Karens, le monde est plus peuplé d'esprits que d'hommes...; les esprits

des morts sont rassemblés en foule autour des vivants. »
Même croyance chez les Tahitiens : « ils croyaient vivre
dans un monde d'esprits qui les entouraient nuit et jour,
épiant toutes les actions. » Tantôt réputés amis, tantôt
traités en artisans de dommages, quelquefois les esprits
des ancêtres sont chassés. Barbe nous raconte que chez
les naturels des îles Nicobar, « une fois par an, et quelquefois pendant qu'une grave maladie sévit, on construit un
immense canot que le Minloven, ou prêtre, amène auprès
de chaque maison, et là, à force de tapage, il contraint tous
les mauvais esprits à quitter la place et à se jeter dans
le canot; les hommes, les femmes et les enfants l'assistent
dans cet exorcisme. On ferme les portes de la maison;
on enlève l'échelle qui y mène (les maisons sont bâties
sur des poteaux de huit ou neuf pieds de haut); puis
on tire le bateau sur le rivage de la mer, où les flots
s'en emparent pour l'emporter avec sa cargaison de
diables. »

Bastian raconte qu'il existe une coutume analogue aux
îles Maldives. En Californie, il y a des Indiens qui ont
coutume de se débarrasser par une expulsion annuelle des
esprits qui se sont accumulés durant l'année.

Cette quantité innombrable d'hommes sans corps sont
des agents toujours disponibles, des antécédants que l'intelligence rapporte à toutes les actions ambiantes qui récla-
ment une explication. Il n'est pas nécessaire qu'on recon-
naisse toujours ces esprits sous une même forme; pour
beaucoup d'entre eux, il n'en est rien. Les nuées de démons
dont les Juifs se croyaient entourés passaient, aux yeux
de certains, pour les esprits des méchants décédés, mais ils
ne tardèrent pas à devenir pour d'autres les rejetons des
anges déchus et des filles des hommes. Une fois les généa-

logies d'une multitude qui s'accroît toujours, perdues, nul
obstacle ne s'oppose plus aux théories qu'on peut présenter
pour en expliquer l'origine. L'Arabe, qui croit le désert
rempli d'une population d'esprits si dense, que, en jetant
quelque chose devant lui, il demande pardon à ceux qu'il
a pu frapper, ne les considère pourtant pas comme les
doubles errants des morts ; mais une fois que la croyance
à des doubles errants des morts qui, d'après l'homme
primitif, existent partout autour de lui, se trouve admise,
nous y trouvons les germes d'agents surnaturels en nombre
illimité et susceptibles de varier à l'infini.

§ 118. C'est pour cela que les interprétations que le sauvage donne des phénomènes ambiants sont naturelles et
inévitables. A mesure que la doctrine des esprits se développe, nous trouvons une solution aisée de tous les changements que les cieux et la terre ne cessent de présenter.
Les nuages qui s'amassent et qui vont s'évanouir, les étoiles
filantes qui se montrent et disparaissent, la surface de l'eau
qui perd soudain son luisant sous l'haleine d'un vent léger,
les métamorphoses des animaux, les transmutations de
substances, les orages, les tremblements de terre, les érup-
tions de volcans, tout devient explicable. Les êtres auxquels
on attribue la puissance de se rendre tantôt visibles et
tantôt invisibles, et dont les autres pouvoirs ne rencontrent
pas de limite connue, sont partout présents. Comme ils
rendent compte de tous les changements inattendus, leur
propre existence se trouve toujours vérifiée. On ne connaît,
on ne conçoit aucune autre cause à ces changements ; par
conséquent, il faut que les âmes des morts soient les
causes de ces changements ; par conséquent, il est manifeste que les âmes survivent ; cercle vicieux où bien

d'autres que des sauvages trouvent une preuve suffisante.

Les interprétations de la nature qui précèdent les interprétations scientifiques sont donc les meilleures que le sauvage puisse former. Quand les Karens attribuent, nous dit Mason, ce qu'ils entendent et ce qu'ils voient d'inexplicable dans les jungles, aux esprits des méchants, ils ne font qu'admettre une cause, la seule imaginable faute d'une connaissance généralisée. Si, comme Bastian nous l'apprend, les insulaires de Nicobar ont une religion qui consiste à attribuer aux mauvais esprits les événements malheureux qu'ils ne sont pas capables d'expliquer par des causes ordinaires, ils ne font que se rabattre sur les causes qu'ils peuvent concevoir. Comment en pourrait-il être autrement ? Livingstone nous parle de certains rochers qui, après avoir été fortement échauffés par le soleil, se refroidissent brusquement le soir et se brisent avec une bruyante détonation ; les naturels attribuent cette détonation aux esprits mauvais. A quoi l'attribueraient-ils ? Les sauvages sont bien loin d'avoir l'idée qu'une pierre peut se briser parce que la masse ne se contracte pas également ; et, faute de cette conception, quelle cause peuvent-ils assigner à ce phénomène, sinon l'un de ces démons malfaisants qui existent partout ? Le major Harris nous raconte que chez les Danakils « un tourbillon de poussière ne traverse jamais la route qu'une douzaine de sauvages ne se mettent à sa poursuite le criss à la main ; ils criblent de coups le centre du tourbillon pour en chasser l'esprit qu'ils croient chevaucher dans le coup de vent. » Si risible que cette idée paraisse, nous n'avons qu'à nous rappeler l'explication que la physique donne d'un tourbillon de sable, pour voir qu'une pareille interprétation ne saurait entrer dans l'intelligence du sauvage, et que la seule qu'il puisse concevoir est celle qu'il donne. Parfois, aussi, son expérience lui suggère l'idée que ces agents sont nombreux et partout présents.

« La surface du sable, échauffée par les rayons du soleil, raconte Humboldt dans un récit d'une scène tropicale, paraît ondoyante comme celle d'un liquide... le soleil anime le paysage et donne de la mobilité à la plaine de sable, aux troncs des arbres, et aux rochers qui s'avancent dans la mer comme des promontoires. » Qu'est-ce qui ébranle les troncs des arbres et fait osciller les rochers ? Il n'y a pas moyen de ne pas supposer que des êtres innombrables et invisibles sont répandus partout. On ne peut pas s'imaginer que ces phénomènes soient des illusions causées par la réfraction de la lumière.

Quelques-uns des exemples que nous avons rapportés prouvent directement que, chez les races arrêtées encore aux premières phases de la civilisation, les esprits des morts sont les agents qu'on assigne aux phénomènes qui ne sont pas habituels : et il y en a d'autres exemples. Ainsi, d'après Thompson, les Araucaniens croient les tempêtes causées par les combats que les esprits de leurs compatriotes engagent contre leurs ennemis. Ce genre d'interprétation diffère de celles des races plus avancées par un seul point : c'est qu'elle présente sous sa forme primitive l'individualité des amis et des ennemis morts : cette individualité, finissant par s'effacer, laisse subsister des agents personnels d'une nature moins définie. Un remous dans la rivière, où des bâtons flottant tourbillonnent et s'engloutissent, n'est pas loin de l'endroit où un sauvage de la tribu s'est noyé pour ne plus reparaître. N'est-il donc pas évident que le double de ce noyé, malfaisant comme tous les morts demeurés sans sépulture, demeure en cet endroit, qu'il attire ces objets sous la surface, et que, pour se venger, il saisit et entraîne les

personnes qui s'aventurent dans son voisinage? Lorsque
tous ceux qui connaissaient le noyé sont morts ; quand,
après bien des générations, les détails du récit de sa mort,
supplanté par des récits plus récents, se sont perdus, tout ce
qui reste, c'est une croyance à un démon des eaux qui
hante ce lieu, surtout quand vient s'établir dans le pays
une tribu conquérante dans les histoires de laquelle les légendes locales n'ont aucune racine. C'est ainsi que les
choses se passent partout. Il n'y a rien qui conserve dans la
tradition la ressemblance des esprits avec les individus d'où
ils sont dérivés ; non-seulement d'innombrables points de
dissemblance s'établissent, et les traits individuels s'effa-
cent, mais aussi, à la longue, tous les traits humains disparaissent. Pour les êtres surnaturels la variété se fond dans
l'espèce, l'espèce dans le genre, le genre dans l'ordre.

§ 119. Naturellement, si les esprits des morts primitivement conçus dans leur forme individuelle et qui, peu à peu,
à mesure qu'ils deviennent plus nombreux et se différencient,
passent par beaucoup de formes moins distinctes, mais encore
personnelles , si ces esprits sont les agents auxquels les
croyances attribuent tous les effets remarquables qui se produisent dans le monde ambiant, ils sont aussi les agents auxquels on rapporte la cause de notables effets dans les affaires
humaines. Ils sont toujours là, ils obéissent toujours à des sentiments d'amitié ou de haine ; il est donc incroyable qu'ils n'in-
terviennent pas dans les actions humaines. Évidemment ils
ne cessent de prêter leur concours ou de créer des embarras.
L'âme d'un ennemi mort vous guette pour vous causer un
accident fâcheux ; l'âme d'un parent est prête à vous aider
et à vous garder si elle est de bonne humeur, ou, si on la
blesse, à faire mal tourner quelque affaire.

De là des explications applicables à tous les succès comme
à tous les échecs. Dans toutes les races, depuis la plus basse
jusqu'à la plus élevée, ces explications ont trouvé faveur : la
seule différence qu'elles présentent, vient de ce que l'esprit
qui prête secours, ou qui suscite des obstacles, a perdu
plus ou moins les traits humains. Au bas de l'échelle
humaine, le Veddah attend de l'ombre de son parent ou de
son enfant mort le succès qu'il souhaite à la chasse, et, s'il
tire mal, il croit que c'est parce qu'il a manqué de l'invoquer.
Au même niveau, l'Australien « qui voit un homme tomber
d'un arbre et se rompre le cou, » croit que c'est l'effet d'un
charme lancé par le boyala d'une autre tribu. Les Achantis
« croient que les esprits de leurs parents morts les protégent
avec vigilance » et que « les esprits des ennemis morts sont
des esprits mauvais » qui portent malheur. Chez une race
plus élevée, les héros d'Homère accomplissent des exploits
attribués à l'assistance d'êtres surnaturels qui prennent part
au combat. « Un dieu au moins se tient toujours » auprès
d'Hector « et écarte de lui la mort ». « Ménélas est vainqueur
par le secours de Minerve. » Diomède demeure sain et sauf,
parce qu'un immortel « a changé la direction de la flèche
rapide qui allait l'atteindre ». Pâris, saisi par son casque,
eût succombé sans Vénus qui « s'aperçut vite du danger
qu'il courait et coupa pour le sauver la courroie qui retenait
le casque. » Idéus ne s'échappa que parce que « Vulcain
l'enleva ». Que ce soit l'Araucanien qui rapporte ses succès
au secours de sa fée particulière ; que ce soit le chef africain
cité par Livingstone, qui croyait avoir assuré la mort de
l'éléphant qu'il attaquait en vidant sa tabatière en sacrifice
au Barimo ; que ce soit le Grec, dont la lance s'enfonce
dans le flanc d'un Troyen parce que la main d'une divinité
favorite la guide ; que ce soit l'ange secourable du Juif, ou

le saint patron du catholique ; partout les mêmes éléments
essentiels existent, et la différence plus ou moins grande des
croyances ne porte que sur la forme. La question consiste
seulement à savoir jusqu'où cette évolution qui a transformé
les esprits des morts en agents surnaturels s'est étendue.

§ 120. Enfin, et par-dessus tout, nous avons à remarquer
que ce mécanisme de causation que l'homme primitif est
conduit à former d'une manière inévitable remplit son
esprit à l'exclusion de tout autre mécanisme. Pour bien comprendre le développement de la pensée humaine à tous ses
points de vue, nous ne devons pas manquer d'observer que
cette hypothèse de l'action des esprits a l'avantage d'occuper
la première le terrain, et bien longtemps avant que l'homme
ait le pouvoir ou l'occasion de rassembler et d'organiser les
expériences qui donnent naissance à l'hypothèse de la causation physique. Même de notre temps, avec l'immense accumulation de connaissances exactes et les facilités que nous
avons pour les répandre, il est difficile qu'une nouvelle
doctrine en remplace une ancienne. Jugez donc de la difficulté qu'il y a pour les remplacer quand les faits que
l'homme connaît n'ont point encore été généralisés , ni
classés, ni mesurés ; quand les vraies notions d'ordre, de
cause, de loi, manquent ; quand la critique et le scepticisme
ne font que de naître ; et quand l'homme n'a pas encore
acquis la curiosité, cause indispensable de l'enquête. Si,
parodiant un vieil adage, nous pouvons dire que le droit du
premier occupant entre pour neuf dans la valeur d'une
croyance, et s'il en est ainsi pour l'esprit relativement plastique de l'homme civilisé , pour combien entre-t-il dans la
valeur d'une croyance dans l'esprit relativement rigide du
sauvage?

Aussi la surprise qu'on éprouve en présence de ces interprétations primitives n'est-elle point justifiée ; elle ne vient que de ce qu'on néglige de songer à la nature et aux conditions de l'intelligence primitive. Si, comme nous le dit M. Saint-John, les Dayaks n'ont jamais accepté l'explication naturelle d'un phénomène tel qu'un accident, si au contraire « ils recourent toujours à leurs suppositions », c'est qu'ils ont recours au seul genre d'explication qui existe encore pour eux. Ce qui est absurde, c'est de supposer que le sauvage possède au début l'idée d'*explication naturelle*. C'est seulement à mesure que la société grandit, que les arts se multiplient, que les expériences s'accumulent, qu'on reconnaît les relations constantes des phénomènes, qu'on les classe, qu'on se familiarise avec elles, que la notion d'explication naturelle devient possible. C'est seulement alors que peut naître le doute à l'égard de ces conclusions primitives. C'est seulement alors que peut commencer la lente opération qui doit leur donner des remplaçants.

Maintenant que nous reconnaissons cette croyance inébranlable que l'homme primitif a en ces agents dits surnaturels, mais qui sont d'abord les seuls agents imaginables, examinons d'autres genres d'interprétation qu'il construit. Nous avons vu comment il en vient à penser que les faits de son milieu sont soumis à l'autorité des esprits des morts; voyons comment il se trouve pareillement conduit à penser que les esprits des morts régissent les phénomènes de son propre corps et du corps des autres hommes.

CHAPITRE XVII

DES AGENTS SURNATURELS CAUSES PRÉSUMÉES D'ÉPILEP-
SIE, DE CONVULSIONS, DE DÉLIRE, DE FOLIE, DE MALA-
DIES ET DE MORT.

§ 121. On ne saurait ranger dans un ordre sériaire les phénomènes de l'évolution. Toujours il se fait entre eux des écarts qui les éloignent de plus en plus de cet ordre. Nous sommes partis des idées primitives d'insensibilité, de mort et de revenant; nous avons étudié le développement des idées d'une autre vie et d'un autre monde, en suivant certaine direction; puis, suivant d'autres directions, nous avons étudié le développement de l'idée d'agents surnaturels, que nous retrouvons partout. Revenons maintenant à notre point de départ, au corps insensible, et voyons comment une nouvelle classe d'idées s'est développée simultanément à l'aide de celles que nous avons étudiées.

Dans le sommeil, la syncope, la catalepsie, l'apoplexie, il y a presque toujours immobilité complète; à la mort, l'immobilité devient absolue. D'ordinaire, pendant l'absence prétendue de l'autre soi, le corps ne fait rien. Mais il y a des circonstances où le corps, étendu sur le sol et les yeux fermés, s'agite avec violence, et où, après avoir repris son état ordinaire, le patient nie de s'être agité et déclare ne rien savoir des actions de son corps, dont tant d'autres ont été témoins. Évidemment, c'est que, dans ces cas, son autre soi s'en est allé. Mais comment se fait-il que son corps se soit comporté d'une si étrange façon dans l'intervalle ?

La réponse que l'homme primitif a faite à cette question est la plus rationnelle qu'il pût donner.

§ 122. Si, durant ces états d'insensibilité, l'âme voyage, et qu'à son retour elle rende au corps son activité ; si l'âme peut non-seulement sortir du corps mais y rentrer, pourquoi une autre âme n'entrerait-elle pas dans le corps ? Le sauvage croit la chose possible.

De là l'interprétation de l'épilepsie. Reade nous dit que les habitants du Congo attribuent l'épilepsie à une possession démoniaque. Chez les Africains orientaux, le haut mal est très-commun, et, dit Burton, il a sans doute donné naissance à l'opinion régnante de la possession. Parmi les peuplades asiatiques, on peut citer les Kalmoucks, qui, selon Pallas, regardent les épileptiques comme des possédés. Enfin Bastian remarque que la langue arabe se sert du même mot pour exprimer l'épilepsie et l'état de possession par des diables. Il n'est pas nécessaire de montrer par des exemples que cette explication était généralement acceptée aux premières périodes de la civilisation, et qu'elle s'est maintenue jusqu'à des temps relativement récents.

Donc on ne doute pas de la conclusion primitive que, lorsque l'autre soi du patient est parti, un esprit dépourvu de corps n'usurpe sa place et ne se serve de son corps pour accomplir des actes violents. Cet esprit dépourvu de corps n'est pas défini dans les faits de l'Écriture qu'on pourrait citer, ni dans les cas que nous avons rapportés. Mais, lorsque nous rencontrons une mention spécifique de cette corruption dans son état primitif, nous voyons que le prétendu agent surnaturel est un revenant. De l'interrogatoire que le docteur Callaway a fait subir à un Amazulu, on peut conclure que, lorsqu'un devin se trouve possédé par l'Itongo (esprits ancêtres), « il a de légères convulsions ». Ce n'est pas tout : un témoin qui « s'enquérait familièrement d'un enfant... qui avait eu des convulsions » reçut cette réponse : « Il est affecté par les esprits ancêtres. »

§ 123. Une nouvelle question se pose à l'esprit primitif, qui tire un nouveau corollaire rationnel et le développe sous forme d'idées curieuses, mais conséquentes avec elles-mêmes.

Il arrive quelquefois qu'une personne, encore consciente, ne peut plus dominer les actions de son corps. Elle fait quelque chose sans le vouloir, ou même en dépit de sa volonté. Une autre âme n'est-elle pas entrée dans cette personne, alors même que sa propre âme ne l'a point quittée? Telle est la seule explication imaginable. Si, durant l'absence de l'autre soi, les contorsions du corps proviennent de quelque esprit intrus qui en a pris possession et lui fait faire des choses dont le soi à qui ce corps appartient n'est point la cause, et si, d'autres fois, le corps fait des choses dont le soi à qui il appartient, bien que présent, n'est point la cause, est-ce que ces choses ne seraient pas causées par un esprit intrus? Une réponse affirmative est inévitable.

De là une explication de l'hystérie avec ses violentes convulsions, ses éclats de rire, ses sanglots et ses cris incoercibles et que rien ne motive. Chez les Amazulus, on regarde les symptômes hystériques comme des phénomènes propres à l'individu qui devient inyanga, ou devin, c'est-à-dire qui devient possédé. La remarque que Parkins a faite chez les Abyssiniens, que « la plus grande partie des *possédés* sont des femmes », est la preuve qu'on donne de leur état une explication analogue : on sait que les femmes sont plus exposées à l'hystérie que les hommes. Enfin, quand nous lisons dans Mariner que, chez les Tongans, l'inspiration n'est pas le privilége des seuls prêtres, mais aussi d'autres personnes, particulièrement des femmes, nous en concluons avec raison que les accès des hystériques sont les signes de la possession dont on parle. N'y a-t-il pas d'ailleurs un des symptômes de l'hystérie qui peut servir de preuve décisive de cette opinion ? Qu'est-ce que le *globus hystericus*, la boule qui fait subitement sentir sa présence dans le corps, si ce n'est ce prétendu esprit qui possède ?

Il faut pousser encore plus loin l'explication. Si ces actions du corps, plus violentes que de coutume, accomplies en dépit de la volonté, peuvent être attribuées à un démon, il doit en être de même des actions moins violentes du même genre. De là la théorie primitive de l'éternument et du bâillement. Dans ces actions, que l'on ne peut empêcher qu'avec peine, si toutefois on le peut, l'Amazulu voit un acte de l'Itongo, un signe de possession. Quand un homme devient un Inyanga, « sa tête commence à donner des signes de ce qui va arriver. Il montre qu'il va devenir devin en bâillant à plusieurs reprises et en éternuant sans cesse. Alors on dit : En vérité, il semble que cet homme va être possédé par un esprit. »

Dans d'autres cas, on voit la preuve non d'une possession permanente, mais d'une possession temporaire, dans l'éternument. Les Khonds répandent des vases pleins d'eau sur le prêtre quand ils veulent le consulter. Il éternue et se

trouve inspiré. Naturellement il n'y a pas moyen de décider
si c'est un esprit ami ou un ennemi qui le possède : peut-
être est-ce, comme chez les Zulus, un esprit ancêtre, ou,
comme chez d'autres peuplades, un démon malfaisant.
Mais que l'éternument soit pour le musulman une occasion
de demander la protection d'Allah contre Satan, qui en est
la cause présumée ; qu'il soit pour le chrétien une occasion
de dire : « Dieu vous bénisse ! » à celui qui éternue ; ou qu'il
soit une raison d'ajouter foi à une parole censée inspirée ;
tout cela suppose, et c'est la seule chose qui doive nous
occuper, que l'on regarde des actions involontaires de ce
genre comme la preuve qu'un intrus a fait faire au corps
ce que l'esprit auquel il appartient ne voulait pas.

On peut ajouter deux interprétations du même genre.
Cochrane nous apprend que, chez les Yakoutes, on croit
qu'un hoquet violent « est causé par la présence d'un diable
dans le corps du patient ». Un peuple voisin, les Kirguises,
nous offre des exemples encore plus étranges. Mme Atkinson
nous apprend qu'une femme en couches est censée possédée
par un diable ; et on a même coutume de la battre, dans le
but de le chasser.

Dans le hoquet, comme dans toutes les autres convulsions, il y a des contractions musculaires. On peut avec
raison les attribuer à une possession, puisqu'on attribue à
cette cause celles de l'épilepsie ; enfin nous voyons que
l'explication de l'épilepsie par une possession est une conséquence de la théorie spiritiste primitive.

§ 124. Des phénomènes d'un genre voisin, susceptibles
de la même explication ou d'une explication différente,
viennent confirmer encore la doctrine de la possession. Je
veux parler du délire et de la folie.

Qu'est-il arrivé à cet homme que nous voyons étendu, qui refuse de manger et qui ne reconnaît personne? Tantôt il murmure des propos incohérents et dépourvus de sens; tantôt il s'adresse à quelqu'un que des assistants ne peuvent apercevoir; tantôt il s'éloigne avec terreur d'un ennemi invisible; tantôt il rit sans cause. Comment se fait-il que quelques jours après, alors qu'il a repris son calme et qu'il parle à tous à sa manière ordinaire, il ne sache plus rien des actes bizarres qu'il a faits, ou qu'il raconte des choses que personne n'a constatées? Évidemment l'un de ces esprits ou revenants qui pullulent tout à l'entour, sans doute guettant l'occasion de faire du mal, est entré de nuit dans son corps, en son absence, et en a abusé ainsi. Les sauvages interprètent-ils ainsi ce genre de faits? Nous n'en avons pas beaucoup de preuves. C'est probablement parce que les voyageurs observent rarement chez eux des troubles de ce genre. Pourtant Petheric dit que les Arabes pensent que, « dans l'ardeur de la fièvre, une personne prise de délire, est possédée par le diable. » Enfin nous avons le témoignage de Southey sur les Tupis : il reconnaît que le délire est une des origines de leurs superstitions.

Mais, lorsque de la folie temporaire nous passons à la folie prolongée ou permanente, nous trouvons partout la même interprétation. Turner nous apprend que les Samoans attribuaient la folie à la présence d'un mauvais esprit. Mariner dit la même chose des Tongans. Selon Marsden, les habitans de Sumatra considèrent les fous comme possédés. Chez les peuplades plus avancées, l'interprétation a été et demeure encore la même. Quand l'auteur de l'ouvrage intitulé *Rambles in Syria* nous apprend qu'en « Orient, le mot folie est synonyme d'inspiration, nous nous rappelons que, s'il y a une différence entre cette idée et celles qui nous ont été transmises de l'antiquité, elle ne porte que sur la nature de l'esprit qui possède, non sur son existence. Les plus anciens souvenirs attestent que la forme primitive de la croyance était celle qu'on devait supposer. Au temps de l'historien Josèphe, sans doute, un petit nombre de Juifs seulement croyaient que les démons qui entrent dans le corps des hommes « ne sont autre chose que les âmes des méchants »; mais l'on disait que les possédés fréquentaient les cimetières, et l'on croyait que les démons faisaient des tombeaux leurs demeures favorites; bonne raison de croire que l'on voyait primitivement dans l'esprit qui possédait les fous un revenant.

On conçoit aisément que cette façon de comprendre la folie ait traversé le moyen âge et duré jusqu'à l'époque où le 72e canon de l'Église se l'appropria tacitement en défendant de chasser les démons sans une licence spéciale. Ce fut seulement après que le développement des sciences eût familiarisé l'esprit avec l'idée que l'état mental résulte des fonctions nerveuses, que des causes physiques peuvent troubler, qu'il fut possible de voir dans les idées étonnantes de l'aliéné, de même que dans ses passions bizarres, autre chose que l'expression des idées et des passions d'un être autre que lui.

Nous ne devons pas négliger de montrer que la conduite du fou fournit une vérification à la croyance que des esprits ou revenants hantent nos alentours. Le sauvage ou l'homme à demi civilisé est complétement incapable de concevoir les visions d'un maniaque comme des illusions subjectives. Il en est à une distance immense : ni son intelligence, ni sa langue, ni ses connaissances ne le permettent. Que doit-il donc conclure quand il entend un maniaque parler avec fureur à une personne qu'on ne voit pas, ou

jeter un projectile à quelqu'un que personne n'aperçoit,
mais qu'il veut chasser? Tout cela, le fou le fait avec un
sérieux effrayant. A ses gestes frénétiques, à ses regards
furibonds, à sa voix criante, on ne saurait douter de la force
de sa croyance. Il est donc évident que le fou est entouré
de démons malfaisants; il les voit, mais les assistants
ne les aperçoivent point. Si l'un d'eux doutait encore de
l'existence d'agents surnaturels, ses doutes cesseraient
aussitôt.

De là, pour l'homme primitif, une nouvelle idée digne de
remarque. Dans leurs accès, les fous sont extrêmement
forts, assez pour lutter seuls contre plusieurs hommes. Qu'en
conclure? C'est que le démon qui possède le fou a une
force exceptionnelle. La croyance que ce fait suggère donne
lieu à des développements que nous allons suivre.

§ 125. Une fois établie, cette façon d'expliquer les actions
insolites, mentales et corporelles, s'étend d'elle-même. Insensiblement elle passe des phénomènes anormaux dont nous
venons de parler, à d'autres. On ne tarde pas à étendre aux
maladies cette explication. On voit qu'un dérangement
physique existe souvent en même temps que le dérangement
mental (comme dans la fièvre que le délire accompagne), et
l'on en conclut que le même agent est la cause des deux
dérangements. Enfin, puisque certains états sont produits
par des démons introduits dans le corps, d'autres états ont
la même cause. Un esprit intrus s'est logé dans le corps, ou
voltige tout autour, et lui inflige du mal, sinon par l'effet
de sa propre volonté malfaisante, au moins par les ordres
d'un ennemi.

Nous trouvons chez les Amazulus la forme primitive de
cette interprétation. Ils expliquent de cette façon jusqu'à un

point de côté : « Si la maladie dure longtemps », ils disent
que le malade « est affecté par l'Itongo. Il est affecté par les
siens qui sont morts. » Selon Turner, les Samoans supposaient que les esprits des morts « avaient le pouvoir de
revenir et de causer la maladie et la mort chez d'autres
membres de leur famille. » Comme nous l'avons vu plus
haut (§ 92), les Néo-Calédoniens « croient que les blancs
sont les esprits des morts et apportent des maladies. » Les
Dayaks, qui, comme les Australiens, attribuent toutes les
maladies aux esprits, les imitent aussi en personnifiant les
maladies. Ils ne nomment pas la variole par son nom; mais
ils demandent : « Vous a-t-elle quitté? » Quelquefois ils l'appellent « le chef ». Dans ces cas, ils supposent que les esprits
sont les causes du mal; et dans quelques-uns on affirme ou
l'on suppose implicitement que le patient est possédé. Dans
d'autres, on ne spécifie pas l'origine de l'agent surnaturel; il
semble qu'on le croie placé hors du patient. Les Arraouaks
appellent la douleur « la flèche de l'esprit du mal ». Les
Dayaks de la plaine croient que la maladie est quelquefois
« causée par des esprits qui infligent aux gens des blessures
invisibles avec des lames invisibles ». Mais partout la cause
qu'on suppose est une personne. En Asie, des Karens « attribuent les maladies à l'influence d'esprits invisibles ». Les
Lepchas regardent toute indisposition « comme une œuvre
des diables ». Enfin les Bodos et les Dhimals croient aussi
que ces maux sont l'œuvre de démons. En Afrique, les
nègres de la Côte attribuent les maladies à la sorcellerie ou
à l'opération des dieux; les Cafres y voient l'œuvre d'esprits
ennemis et mauvais. Enfin, chez les Zulus, on voit un
ancêtre offensé menacer en ces termes : « Je ferai sentir ma
puissance par une maladie. » En Amérique, les Comanches
croient qu'une maladie a pour cause le souffle empesté d'un

ennemi ; et les Mundurucus y voient l'effet d'un sort jeté par un ennemi inconnu.

Au lieu d'*esprit* ou *revenant*, lisons *agent surnaturel*, et du coup la théorie du sauvage devient celle des hommes demi-civilisés. Le premier héros connu des Babyloniens, Izdubar, est frappé d'une maladie grave par la déesse Ishtar, qu'il a offensée. Dans le premier chant de l'*Iliade* les Grecs meurent d'une maladie épidémique ; le poëte nous les représente percés de flèches par Apollon. Nous retrouvons là l'analogue d'une idée que nous avons déjà remarquée chez les sauvages. Les Juifs croyaient que la mutité et la cécité cessaient quand les diables qui la causaient étaient chassés. Plus tard, les Pères de l'Eglise affirmèrent que les démons envoient des maladies. Ce qui nous montre à quel point ce genre d'interprétation est demeuré persistant, c'est que les gens sans instruction affirment encore aujourd'hui que les sorcières infligent des maladies, en faisant agir des démons ; et les gens instruits eux-mêmes favorisent encore la croyance que la maladie est l'œuvre du diable. En Angleterre, les prêtres répètent souvent des mots consacrés par l'autorité de l'Etat, où cette théorie s'exprime. Le service de la visitation des malades contient une prière où il est dit : « Ne permet pas que l'ennemi l'emporte sur lui ; » et dans une autre se trouvent ces mots : « Fais renaître en lui… tout ce que la fraude et la malice du diable y ont détruit. »

§ 126. Après cette étude des croyances dont nous venons de parler, que nous avons vu naître naturellement, nous ne serons plus surpris de la croyance de l'homme primitif sur les causes de la mort : elle en est une conséquence nécessaire.

On a vu l'insensibilité temporaire ou prolongée se pro-

duire à la suite d'un coup de massue; on en conclut que
l'insensibilité permanente de la mort est le résultat d'une
blessure faite par un ennemi invisible. Sous une forme ou
sous une autre, on retrouve partout cette conception. Les
Uaupès, dit Wallace, « ne paraissent guère croire que la
mort puisse arriver naturellement »; Hearne dit que les
Chippeouays attribuent la mort de leurs chefs à la sorcellerie,
ce que font tous les Esquimaux. Les Kalmoucks croient que
«la mort est causée par un esprit aux ordres du dieu ». Les
Koukis attribuent la mort, aussi bien que tous les maux terrestres, à des causes surnaturelles. Enfin les Khonds soutiennent « que la mort n'est pas le sort nécessaire et prédestiné
de l'homme, mais qu'elle n'est que la pénalité spéciale
encourue pour des offenses aux dieux. » Arbousset affirme
que les Boschismans croient que la mort est principalement
due à la sorcellerie ; Burchell dit que les Béchuanas vont jusqu'à attribuer à la sorcellerie la mort qui survient dans la
vieillesse. Les nègres de la Côte, écrit Winterbottom, pensent
« qu'aucune mort n'est naturelle ni accidentelle ». La croyance
des Fans, telle que Burton la rapporte, est que « nul homme,
si vieux qu'il soit, ne meurt de mort naturelle. » Enfin Astley
affirme que les peuples du Loango ne croient pas à la mort
naturelle, fût-ce même par submersion ou par un autre accident. Les Tahitiens voyaient dans les effets des poisons « bien
plus ceux du mécontentement des dieux.... que ceux des poisons mêmes.... On supposait que les guerriers qui suc-
combaient sur le champ de bataille mouraient sous les
coups des dieux. » On retrouve les mêmes idées chez les
Hawaïens, les Tannais, les Australiens, etc.

Il est une conséquence de ces idées qu'il faut mentionner.
L'individualité des démons spéciaux auxquels on attribue la
cause de la mort finit par se fondre dans une individualité

générale, une mort personnifiée : il est probable que la personnification de la mort a partout son origine dans une légende transmise par la tradition, attestant l'existence d'un ennemi d'une férocité exceptionnelle dont on aurait diversement constaté les innombrables actes de vengeance et à qui, par la suite, on aurait rapporté des actes de vengeance invisibles toujours plus nombreux. Quoi qu'il en soit, nous pouvons suivre l'évolution de ces notions primitives dans celles qui existaient aux époques classiques et au moyen âge. Butler nous dit que, lorsqu'on ensevelit un Naga, ses amis s'arment et défient l'esprit qui cause sa mort. Chez les Tasmaniens, raconte Davis, « pendant la nuit qui suit la mort d'un membre de la tribu, les survivants s'assoient autour du corps, chantant rapidement à voix basse un récitatif continu, pour empêcher l'esprit de s'en aller. Cet esprit est un revenant ennemi. » Ailleurs, chez les Hottentots, l'idée a subi une généralisation partielle : ils personnifient la mort, dit Lichtenstein; ils disent « la Mort te voit. » Dans ces faits, nous pouvons reconnaître le germe de la croyance impliquée dans la légende de la mort d'Alceste, qui ne fut arrachée des bras de la Mort que par la force d'Hercule; et aussi le germe de la croyance impliquée dans l'antique habitude qu'on avait de représenter la Mort sous forme d'un squelette, tenant un dard ou une autre arme. Tout en observant la filiation de cette idée, nous remarquerons que, dans l'esprit d'un grand nombre de gens, la notion primitive persiste encore. Nous sommes étonnés d'apprendre que des sauvages qui ne reconnaissent pas de mort naturelle attribuent toute mort à une action surnaturelle, et nous oublions qu'aujourd'hui même on invoque une cause surnaturelle dans des circonstances où les causes de la mort ne sont pas apparentes, et quelquefois même quand elles le sont. De temps en temps, nous lisons dans les verdicts du coroner la formule : « Mort par visitation de Dieu » ; et nous rencontrons des gens qui attribuent certaines morts (par exemple celle des noyés qui sont montés en canot le dimanche) à la vengeance directe de Dieu : croyance qui ne diffère de celle des sauvages que par la modification de l'idée qu'on se fait de l'agent surnaturel.

§ 127. Considérées comme conséquences de l'interprétation primitive des rêves et de la théorie des revenants, âmes ou esprits, qui en résulte, ces conclusions sont parfaitement logiques.

Si les âmes peuvent quitter leurs corps et y rentrer, pourquoi des âmes étrangères ne rentreraient-elles pas dans le corps des premières, tandis que celles-ci sont absentes ? Du moment que le corps accomplit, dans l'épilepsie par exemple, des actes que l'individu auquel il appartient nie d'avoir fait, il n'y a pas moyen de ne pas admettre cette cause. Du moment qu'il existe des mouvements incoercibles, ceux de l'hystérie, et d'autres plus familiers, ceux de l'éternument par exemple, du bâillement et du hoquet, qui se font sans que le patient le veuille, il faut en conclure, encore, qu'un esprit usurpe son corps et en dirige les actes en dépit de lui-même.

Cette hypothèse explique aussi l'étrange conduite des délirants et des fous. La preuve que le corps d'un maniaque est devenu la possession d'un ennemi, c'est qu'il est poussé à se faire du mal. Son propriétaire légitime ne le ferait pas mordre et déchirer par lui-même. En outre, on entend le démon possesseur parler et s'entretenir avec d'autres démons, qu'il voit, mais que les assistants ne peuvent apercevoir.

Enfin, si telle est la cause de ces remarquables dérange-

ments du corps et de l'esprit, la conclusion manifeste qu'il
en faut tirer est que les maladies et les désordres d'un
genre moins remarquable ont la même cause. Si ce n'est pas
un démon logé dans le corps qui opère les bizarres perturbations qui s'y produisent, il faut au moins que ce soit un
ennemi invisible à portée du corps.

La mort survient souvent après un dérangement longtemps
continué ou une maladie; il faut donc que la mort soit l'effet
de ce qui cause la maladie. Toutes les fois que la mort n'a
pas d'antécédent visible, il n'y a pas d'autre supposition possible, et même, quand il y a un antécédent visible, il est
encore probable qu'il y a eu aussi quelque intervention
démoniaque. Que le sol se dérobe sous les pas d'un individu,
qu'il tombe dans un précipice, ou qu'un mouvement particulier pousse une lame à travers son cœur, c'est toujours
un esprit mauvais d'un ennemi qui en est la cause.

Ainsi ces interprétations sont partout d'accord. L'idée
initiale une fois admise, toute la série en découle.

CHAPITRE XVIII

INSPIRATION, DIVINATION, EXORCISME, SORCELLERIE.

§ 128. Si « l'âme méchante d'un ennemi mort » peut pé-
nétrer dans le corps d'un homme, une âme amie ne le peut-
elle? Si l'agitation de l'épileptique, la fureur du délirant,
les blessures que le fou se fait à lui-même ont pour cause
un démon qui hante un malheureux, est-ce qu'un esprit
bienfaisant n'entrerait dans le corps d'un homme, et ne
serait pas la cause des facultés extraordinaires et de l'habi-
lité merveilleuse que cet homme manifeste parfois? Si,
alors même que l'individu conserve toute sa conscience,
l'esprit d'un ennemi peut s'établir à côté du sien, dans son
corps, et en diriger les actions malgré lui-même, de manière
à produire l'hystérie, l'éternument, le bâillement, l'esprit
d'un ancêtre ne peut-il pas faire de même, coopérer avec
le propre esprit du patient, au lieu de le contrarier, et lui
communiquer par cette union une force, un savoir, une
habileté extraordinaires?

A ces questions, le sauvage répond logiquement par l'affirmative. Il en résulte les idées que nous allons passer en
revue.

§ 129. Un fait que nous avons cité dans le dernier chapitre et qui suggère des idées curieuses, c'est que les ma-
niaques, au paroxysme de leur excitation, sont plus forts que
les hommes à l'état normal. Aussi les partisans de la théorie
de la possession affirment-ils que les agents surnaturels ont
des forces surhumaines.

Les traditions primitives nous fournissent la preuve qu'on
a expliqué par là les manifestations d'une force corporelle
extraordinaire. Minerve dit à Diomède pour l'encourager :
« Dans ton âme j'ai envoyé cette force et cette intrépidité
de tes ancêtres que possédait habituellement Tydée, le héros
brandissant son bouclier. » Ces paroles supposent une
certaine espèce d'inspiration, quelque chose comme l'insuf-
flation d'une âme que le père de Diomède avait exhalée. On
aperçoit encore mieux cette idée dans certaines légendes
d'une plus grande antiquité, celle des Égyptiens. Dans la
traduction que le prof. Lushington nous a donnée du troisième papyrus de Sallier, récit de conquêtes, Ramsès II, le
conquérant, invoque « son père Ammon » et obtient cette
réponse : « Ramsès Miamon, je suis avec toi, je suis Na, ton
père... Je vaux pour toi 100,000 hommes. » Puis, quand
Ramsès, abandonné de sa propre armée, taille en pièces à
lui seul l'armée ennemie, on lui fait dire : « Ce n'est point
un mortel que celui qui est avec nous. »

Ici, nous pouvons observer plusieurs points très-signifi-
catifs. L'ancêtre revenant était l'esprit possesseur, qui donnait la force surhumaine. A mesure que l'évolution faisait de
cet ancêtre revenant un dieu, agrandi et idéalisé, cette force,
d'abord un peu supérieure à la force humaine, s'est trans-
formée en une force immensément supérieure. L'idée commune à toutes les races anciennes , aux Égyptiens, aux
Babyloniens, aux Assyriens, aux Hébreux, aux Grecs, était

que les dieux, d'ailleurs très-semblables aux hommes, s'en distinguaient par une force qui dépassait de beaucoup celle de ces derniers. Cette idée, que rien ne venait contredire, s'exprima bientôt, en s'agrandissant, dans la notion d'omnipotence. En outre tout acte d'énergie physique qui dépassait l'ordinaire, faisait naître naturellement dans l'esprit des observateurs l'idée que l'auteur de cet acte était possédé par un être surnaturel, ou qu'ils avaient devant les yeux un être surnaturel déguisé.

§ 130. Naturellement, il faut expliquer de la même manière la manifestation d'une puissance d'esprit extraordinaire. Si un esprit, en entrant dans un corps, qu'il ait le caractère primitif d'un revenant ancêtre ou bien le caractère transformé ou modifié d'une divinité, peut donner au corps une force surhumaine, il peut donner aussi une intelligence et une passion surhumaine. De là un corollaire : la doctrine générale de l'inspiration.

Nous sommes maintenant si loin de cette doctrine, que nous avons de la peine à concevoir qu'on ait pu l'accepter à la lettre. Les races primitives actuelles, les Tahitiens par exemple, nous montrent encore, dans sa forme originelle, la croyance d'après laquelle le prêtre, une fois inspiré, « cesse d'agir et de parler comme agent volontaire, agit et parle absolument sous l'influence surnaturelle; » ils réalisent pour nous l'antique croyance que les prophètes et d'autres personnes inspirées étaient les canaux par où se répandaient les paroles divines. Mais nous ne voyons pas aussi clairement que l'on concevait de la même manière l'inspiration du poëte. Le vers d'Homère : « Chante, déesse, la colère meurtrière d'Achille ! » n'était pas, comme les invocations des Muses de ces derniers temps, une forme de rhétorique ;

c'était une prière qui implorait effectivement une divinité,
lui demandait l'inspiration. C'était la croyance homérique,
selon les propres termes du professeur Blackie, que « toutes
les idées grandes et glorieuses... venaient d'un dieu ». Naturellement, cette façon d'interpréter les idées et les sentiments peut s'étendre et varier à l'infini. Il n'y a pas moyen
de décider de quelle quantité l'esprit doit s'élever au-dessus
de son état et de sa force habituelle pour qu'on puisse
affirmer avec certitude l'existence d'une intervention surnaturelle ; par suite, on prend l'habitude d'admettre cette
influence, au plus léger signe. Dans l'*Iliade*, nous voyons
Hélène éprouver une émotion ordinaire; mais c'est Iris qui
l'a excitée en elle : « La déesse lui inspira un tendre désir
de revoir son premier mari, sa patrie et ses parents. » Ce
genre d'interprétation ne se borne pas aux états exaltés de
l'émotion et de l'intelligence. Dans les idées homériques,
comme le professeur Blackie nous le fait voir, « les vrais
criminels ne sont pas les hommes qui font une mauvaise
action, mais les dieux qui inspirent le dessein de la faire. »
Les Grecs primitifs expliquaient même une erreur vulgaire
de jugement en disant : « Un dieu m'a trompé pour me faire
faire cette chose. »

Il est inutile de descendre à des détails qui montreraient
comment cette théorie, commençant par cette forme que
nous retrouvons encore chez des sauvages, au Congo par
exemple, où l'on attribue les contorsions du prêtre à l'inspiration du fétiche, se différenciant ensuite en deux ordres
d'inspirations, l'une divine, l'autre diabolique, a duré et
s'est développée. Il nous suffira de reconnaître qu'elle
existe encore dans les idées sacrées et dans celles du siècle.
On peut même dire qu'entre les idées primitives et les idées
modernes la différence est bien moindre qu'on ne le

suppose. Brinton nous apprend que « chez les Tahkalis le prêtre a coutume de mettre la main sur le plus proche parent du mort et de lui insuffler l'âme du défunt, qui doit revenir à la vie, à ce que l'on suppose, dans le premier enfant qui naîtra à ce parent. » Nous savons tous que, dans la cérémonie de l'ordination, on prononce les mots : « Recevez le Saint-Esprit pour remplir la charge et accomplir l'œuvre de prêtre dans l'Église de Dieu, charge qui vous est conférée par l'imposition de nos mains. » Non-seulement nous reconnaissons, dans la théorie de la succession apostolique, cette forme modifiée de la croyance du sauvage à l'inspiration, mais nous l'apercevons, sauf quelque différence, dans la moins sacerdotale de toutes les sectes, celle des quakers. L'action que l'esprit exerce sur eux, dans leurs idées, c'est une possession ou une inspiration temporaire. Ajoutons que dans des idées du siècle on retrouve la notion primitive, sous les distinctions qualitatives que certaines personnes font encore entre le génie et le talent.

§ 131. Il n'y a guère qu'une différence nominale entre les faits que nous venons de grouper sous le nom d'inspiration et ceux qui doivent se grouper sous celui de divination. Le devin n'est autre chose qu'un homme inspiré qui se sert de son pouvoir surnaturel pour des fins particulières.

Nous pouvons prendre les idées des Amazulus, qu'on a si bien constatées, et si clairement spécifiées, pour types des idées primitives. Remarquez, en premier lieu, que le préliminaire habituel de la divination est un dérangement corporel qui mène à une perturbation mentale. Le jeûne est une préparation nécessaire. « Le corps qu'on bourre continuellement d'aliments, dit-on, ne peut voir les choses secrètes. » En outre, « un homme qui commence à devenir Inyanga... ne dort pas... il ne dort que par accès... il devient la demeure des rêves. » Remarquez ensuite que la perturbation mentale qui s'élève à un certain point passe pour une preuve d'inspiration. Quand la preuve n'est pas forte : « il est des gens qui contestent et disent : Non. Il est simplement fou. L'Itongo (l'ancêtre revenant) n'est pas en lui. D'autres disent : Il y a un Itongo en lui, il est déjà Inyanga. » Remarquez encore que la preuve de la prétendue possession, c'est le succès qu'elle obtient. « Nous pourrions accorder qu'il est Inyanga, disent les incrédules, si vous aviez caché ce qu'il avait à trouver, et qu'il eût découvert ce que vous aviez caché. »

L'idée que nous trouvons ici clairement imprimée se retrouve dans tous les cas, avec moins de clarté peut-être, mais pourtant avec une clarté suffisante. La principale différence gît dans la nature qu'on attribue à l'agent surnaturel qui réside dans le devin. Le jeûne et d'autres pratiques propres à produire une excitation anormale sont les moyens auxquels on a partout recours pour se préparer à l'office de devin. Partout aussi, on attribue cette excitation à l'esprit qui possède, démon ou dieu ; et les mots que le devin prononce, c'est cet esprit qui les dicte. « Toutes ses paroles, dit William en parlant du prêtre fidjien, toutes ses actions ne sont plus censées les siennes ; ce sont celles de la divinité qui est entrée en lui... Quand le prêtre donne la réponse, ses yeux sortent de leur orbite et roulent comme dans un accès de fureur, sa voix n'est pas naturelle, son visage est pâle, ses lèvres sont livides, sa respiration est courte, il a tout à fait l'air d'un fou furieux. » Nous retrouvons chez les santals les mêmes éléments de cette croyance. Le prêtre Saztal jeûne plusieurs jours, ce qui le met dans un état de demi-folie. C'est alors qu'il répond aux questions en vertu de la puissance du dieu qui le possède. Dans un cas cité par Sherwill, ce dieu était « jadis un chef du pays ».

Il suffit de mentionner les idées des peuples à demi civilisés ou même civilisés pour faire reconnaître la parenté qui les unit à l'idée primitive. Selon Homère, « les dieux entretiennent un commerce avec les hommes ; c'est en partie par là que s'exerce leur providence, et ce commerce consiste principalement en révélations de la volonté divine, et spécialement des événements à venir, apportées aux hommes par la voix des oracles, » etc. Ne l'oublions pas, et nous apercevrons qu'il y a une ressemblance de nature, quoique avec quelque différence de forme, entre les révélations de l'oracle grec et celles de l'Inyanga Zulu à qui l'ancêtre revenant dit : « Vous ne parlerez point au peuple ; je lui dirai tout ce qu'il veut savoir. » Dans le christianisme, les éléments non essentiels diffèrent davantage encore ; mais les éléments essentiels de la notion sont restés les mêmes ; on parle des « écrivains inspirés », dont les paroles sont censées dictées par le Saint-Esprit, qui les possédait, et l'on arrive au pape, qui professe que ses divinations infaillibles ont une origine analogue.

§ 132. Ces idées subissent inévitablement un nouveau développement. Quand l'esprit d'un ennemi est entré dans le corps d'un homme, ne peut-on pas l'en chasser ? ne peut-on pas l'effrayer ou lui rendre ce corps inhabitable ? Si l'on ne peut obtenir ce résultat autrement, ne peut-on y arriver par un secours surnaturel ? S'il y a des gens qui soient, pour leur malheur, possédés par des esprits du mal, tandis que d'autres sont possédés, pour leur plus grand avantage, par des esprits bienfaisants, aussi puissants ou plus puissants que les premiers, n'est-il pas possible avec le secours des bons esprits de défaire le mal fait par les mauvais, peut-être de les vaincre et de les chasser? On peut raisonnablement admettre que la chose est possible. De là l'exorcisme.

A côté de la croyance que les dérangements de l'esprit et du corps sont causés par des démons qui s'introduisent dans les individus, a existé partout la croyance qu'on pouvait chasser ces démons, avec ou sans le secours de démons supérieurs. Le sorcier du sauvage est d'abord un exorciste. Rowlat nous apprend que chez les Michmis, dans un cas de maladie, on envoie un prêtre pour chasser le mauvais esprit; nous retrouvons le même usage explicitement ou implicitement dans une foule de cas. Quand on ne fait pas appel à l'assistance d'un agent surnaturel ami, la méthode à laquelle on a recours consiste à faire du patient une résidence si désagréable que le démon ne veuille plus y demeurer. Dans quelques cas, on adopte des moyens très-héroïques pour y arriver; par exemple, selon Marsden, les habitants de Sumatra, dans les cas de folie, essayent de chasser l'esprit en enfermant le fou dans une hutte à laquelle on met le feu, en laissant le patient s'échapper comme il peut. D'autres moyens extrêmes dont on a parlé ont probablement pour but de dégoûter l'intrus : c'est ainsi qu'on fait avaler au patient des choses horribles et qu'on lui fait sentir des odeurs insupportables. Généralement, l'exorciste essaye de faire peur à l'hôte dangereux par du bruit, des gestes et des mines effroyables. Chez les tribus californiennes, « le docteur s'accroupit en face du patient et aboie après lui à la manière d'un chien enragé, pendant plusieurs heures. » Un docteur koniaga se fait assister d'une femme qui gémit et qui hurle. Quelquefois, on ajoute à ces moyens la force physique. Chez les Okonagans, l'homme de médecine « s'évertue à chasser le mauvais esprit du corps du malade, en lui enfonçant de toute sa force ses deux points fermés dans le creux de l'estomac. » L'opération qu'Herrera attribue aux Indiens de Cumana peut être prise pour type des opérations de ce genre. Si la maladie s'accroît, ils disent que le patient est possédé par des esprits, ils le frappent sur tout le corps, ils ont recours à des paroles magiques, ils lui lèchent certaines jointures et les sucent, disant qu'ils tirent les esprits au dehors ; ils prennent une baguette d'un certain arbre dont personne que le médecin ne connaît la vertu et s'en servent pour chatouiller leur propre gosier, jusqu'à vomir et le faire saigner ; ils sanglotent, rugissent, tremblent, tapent du pied, font mille grimaces, suent plusieurs heures durant, et, à la fin, ils jettent une sorte de phlegme épais où se trouve une petite boule dure et noire que les proches du patient vont jeter dans les champs, en disant : « Diable, va-t'en. » Mais, dans la forme la plus développée d'exorcisme, on se sert d'un démon pour en chasser un autre. Le sorcier ou prêtre se rend maître du démon logé dans le patient avec l'aide d'un autre démon qui le possède lui-même, ou bien il appelle à son aide une puissance surnaturelle bienfaisante.

Chacun sait que, dans cette dernière forme, l'exorcisme prolonge son existence au sein de la civilisation. Aux premiers temps de leur histoire, les Hébreux recouraient à quelque moyen physique, de la nature de ceux que nous retrouvons chez les sauvages ; par exemple, ils produisaient une odeur effroyable en brûlant le cœur et le foie d'un poisson : c'est grâce à cet exorcisme enseigné par l'ange Raphaël que le démon Amodée fut chassé et s'enfuit en

Égypte dès qu'il eut *senti l'odeur* de la fumée. Mais plus tard, comme par exemple dans les exorcismes de Jésus, les moyens physiques furent remplacés par la contrainte d'une force surnaturelle supérieure. C'est une forme d'exorcisme qui existe encore dans l'Église catholique romaine, qui possède des exorcistes créés en vertu d'une ordination spéciale; enfin, on la mit en pratique dans l'Église d'Angleterre jusqu'en 1550, chez les enfants, qu'on exorcisait avant de les baptiser. « Je t'ordonne, disait-on, esprit impur, au nom du Père, du Fils et du Saint-Esprit, de sortir et de quitter cet enfant. » On a continué à pratiquer l'exorcisme jusqu'en 1665, sinon plus tard. A cette époque, il y avait un ecclésiastique du nom de Ruddle que l'évêque d'Exeter avait autorisé à exorciser et qui se vantait d'avoir réussi à apaiser un esprit qui agitait une femme, en faisant usage des moyens qui servaient à entretenir commerce avec les démons, le cercle magique, le *pentacle*, etc. [1]. Ce n'est pas tout. On a conservé l'usage dans l'Église, jusqu'après l'établissement du protestantisme, d'exorciser l'eau qui servait au service divin, usage qui supposait la croyance primitive que des essaims de démons invisibles voltigent partout autour de nous.

Dans ce cas, comme dans d'autres, nous pouvons découvrir la nature de l'agent surnaturel. Des esprits malins qui vexent les vivants parce que leurs corps ont été maltraités diffèrent peu des esprits malins qui vexent les vivants en prenant possession de leur corps. L'exemple que nous avons donné plus haut montre clairement que l'apaisement des esprits et l'exorcisme des démons ne sont que des modifications de la même chose. L'Amazulu nous les montre l'un et

---

1. *Glimpse of the Supernatural*, vol. I, p. 59-69.

l'autre en des formes qui ne se distinguent pas. A propos d'une femme que l'esprit de son cher mari défunt persécutait, Canon Callaway nous dit : « Si elle est tourmentée pour avoir été avec un autre homme sans avoir été encore mariée, si elle a quitté les enfants de son mari, le mari défunt la suit et lui demande : A qui avez-vous laissé mes enfants ? Que venez-vous faire ici ? Retournez vers mes enfants. Si vous n'y consentez pas, je vous tue. L'esprit s'est tout d'un coup calmé dans ce village, parce qu'il tourmente une femme. » Naturellement, à mesure que la civilisation avance, les idées et les méthodes diffèrent ; de sorte que, tandis que des esprits malins, nettement considérés comme ennemis, sont sommés d'obéir et conjurés, les esprits considérés comme moins malfaisants sont apaisés par des actes qui font droit à leurs demandes. Mais, puisque les mots revenant, esprit, démon, diable, ange ont originellement le même sens, nous pouvons en conclure que l'acte qui est devenu à la fin l'expulsion d'un démon a été dans l'origine l'expulsion du double malfaisant d'un homme mort.

§ 133. La puissance sur les esprits que les exorcistes ont possédée prend une plus grande importance et sert à d'autres fins. Un sorcier qui, aidé par des esprits bienveillants, chasse les esprits ennemis, se demande naturellement s'il ne peut employer à d'autres fins le secours des esprits. Ne pourrait-il par leur assistance se venger de ses ennemis, ou arriver à des fins qui ne seraient pas possibles autrement ? Dès que l'on croit qu'il le peut, la sorcellerie est née.

Nous trouvons chez les Cafres une forme de cette croyance : ils pensent que « les cadavres sont rendus à la vie par des personnes mauvaises, et qu'ils deviennent des lutins dont

elles se servent pour faire du mal. » Nous trouvons dans ce
fait l'identification directe du démon familier avec l'homme
mort. En lisant dans la *Polynesia* d'Ellis que les Tahitiens
croient que la maladie et la mort sont produites par les
enchantements des prêtres, qui sollicitent les esprits malins
à entrer dans le corps des malades ; ou quand on nous
apprend que les Australiens attribuent la plupart des
malheurs au pouvoir que des tribus ennemies possèdent
sur les démons qui infestent tous les coins du pays, nous
reconnaissons la même idée formulée d'une façon moins
spécifique. Les auteurs juifs « définissaient le nécromancien
un homme qui jeûne et demeure la nuit parmi les tombeaux,
afin que l'esprit du mal vienne à lui ; » signe d'une croyance
analogue chez une des premières races historiques. Enfin
nous reconnaissons le rapport qui unit ces formes originelles
de l'idée aux formes dérivées qui ont survécu chez les peuples plus civilisés.

Les opérations du sorcier qui ont pour fin principale
l'acquisition d'une puissance sur une personne vivante,
et pour fin secondaire (mais qui finit par devenir la principale) l'acquisition d'une puissance sur les âmes des morts,
ou sur les agents surnaturels, conçus sous une autre forme,
ces opérations ont pour guide une notion qu'il est instructif
de considérer.

Déjà (§ 52) nous avons montré que, avant les progrès
d'analyse, on croyait que la puissance spéciale, ou propriété
particulière d'un objet, résidait dans toutes ses parties, et
qu'on pouvait l'obtenir en s'emparant d'une partie de cet
objet. Nous avons vu les effets de cette manière de penser ;
je dois en donner de nouveaux exemples. A l'appui de l'idée
qu'on s'approprie les qualités d'un individu en le man-

geant, je citerai ce que Stanbridge dit des Australiens : lorsqu'ils tuent un enfant, ils en font manger d'abord à un enfant plus âgé, croyant « qu'en lui faisant manger le plus possible de l'enfant rôti il acquerra la force de deux personnes ». Ailleurs, on mange les parents décédés, conformément à une croyance analogue, fait remarquable à l'appui duquel je puis citer des témoignages. Les Cucamas, dit Garcilasso, « se réunissent aussitôt qu'un de leurs parents est mort et le mangent rôti ou bouilli, selon qu'il est maigre ou gras. » Wallace écrit que chez certaines peuplades voisines, les Tarianos et les Tucanos, qui boivent les cendres de leurs parents, « on croit que ce breuvage fait passer en eux les vertus du défunt. » Une autre race de même famille, les Arraouaks, nous dit Waitz, considèrent comme « la plus haute marque d'honneur dont ils puissent payer le tribut aux morts, de boire la poudre de leurs os mêlée à de l'eau. » Une coutume des Koniagas, pêcheurs de baleines, est également significative. « Quand un baleinier vient à mourir, on coupe son corps en petits morceaux que l'on distribue à ses compagnons de pêche ; chacun d'eux frotte à ce morceau la pointe de sa lance, puis le fait sécher, et le conserve comme un talisman. Ou bien on dépose le corps dans une caverne éloignée, où, avant de partir pour une chasse, les baleiniers se réunissent tous ; ils sortent le cadavre, le portent à un ruisseau, l'y plongent et ensuite boivent l'eau où ils l'ont baigné. » Ce n'est pas tout : la vertu particulière possédée par un agrégat n'est pas seulement censée adhérer à toutes ses parties, mais elle s'étend à tous les objets qui y sont associés. On regarde même le simulacre de cet objet comme une propriété qui ne saurait exister seule séparée des autres. De là le déplaisir que montrent les sauvages quand on fait leur portrait. Ils

pensent qu'avec cette image frappante on va emporter une
part de leur vie. La croyance des Chinouks, qui s'imaginaient, quand on les photographiait, « que leur esprit passait par cette opération au pouvoir d'autres personnes, qui
pourraient les tourmenter à volonté ; » ou celle des Mapu-
chés, qui croient que la possession d'un portrait donne une
puissance funeste sur l'original, seront l'objet d'une étude
approfondie dans un autre chapitre. Pour le moment, il
suffit de les ci ter comme preuve des effets que produisent
les conceptions des choses formées sans esprit d'analyse.
Nous devons mentionner un autre de ses effets. Non-seulement le portrait, mais le nom de la personne se trouve insé-
parable de sa vie. La croyance que trahissent les gens ignorants de nos pays, d'après laquelle il existe un rapport intrinsèque entre le mot et la chose (croyance dont les Grecs instruits n'ont même pas pu se débarrasser), se trouve encore
plus profondément marquée chez certains sauvages. De
tous les points du monde nous recevons des témoignages du
désir de garder le secret d'un nom. Burton remarque qu'en
général l'Américain du Nord n'aime pas à faire savoir son
nom. Dans l'Amérique du Sud, nous dit Smith, le Mapuché
montre la même répugnance, dans l'idée que la connaissance de son nom donne une puissance fatale sur sa personne. Le motif de ce secret est clairement exprimé par le
Chinouk, qui croyait que le désir qu'avait Kane de savoir
son nom venait du désir de le lui voler. « Chez eux, nous dit
Bancroft, le nom prend une personnalité ; c'est l'ombre ou
l'esprit, ou l'autre soi ; c'est la chair et le sang de la personne. » Chez les Dayaks de l'intérieur, même interprétation :
ils changent souvent le nom de leurs enfants, surtout s'ils
sont maladifs ; « ils s'imaginent tromper les esprits ennemis en suivant cette pratique. » On retrouve cette

croyance, mais avec un autre effet, dans la répugnance qu'ont certains peuples à prononcer le nom des morts. Dove raconte que les Tasmaniens craignaient « de prononcer le nom sous lequel était connu un ami décédé, comme si cela eût pu offenser son ombre. Les voyageurs nous apprennent que la même crainte existe dans bien des pays différents, qu'ils en disent ou non le motif.

Ainsi présentés, les faits montrent assez clairement la genèse des croyances et de la pratique du sorcier. Partout il commence par se procurer une partie du corps de sa victime ou quelque objet qui touchait immédiatement son corps, ou bien il en reproduit une image ; ensuite il fait à cette partie ou à cette image quelque chose qu'il s'imagine faire à sa victime par ce moyen. Les Patagons, au rapport de Fitzroy, pensent que, du moment que le magicien a en sa possession des cheveux ou des ongles d'un individu, il peut lui faire du mal ; telle est la conception générale de la sorcellerie. C'est pour cette raison que les Néo-Zélandais « craignent tous de se couper les ongles ». Canon Callaway dit formellement que chez les Amazulus « on croit que les sorciers font périr leur victime en prenant une partie de son corps, ses cheveux ou ses ongles, ou quelque chose qu'elle a porté sur elle, un morceau de vêtement par exemple ; qu'ils y ajoutent certaines médecines, et qu'ils enterrent le tout en un lieu secret. » Les anciens Péruviens faisaient mourir leur victime en opérant sur du sang qu'on avait tiré d'elle. Chez les Néo-Calédoniens, ce pouvoir fatal s'exerce sur les restes du repas des personnes qui en doivent être les victimes. Probablement, on croit que ces restes demeurent unis par quelque rapport avec les parties que le vivant a déjà mangées et qui sont déjà devenues des parties de sa propre personne. On croit que « les hommes peuvent donner la maladie et la mort en brûlant l'objet appelé *nahak*. Ce mot veut dire débris, mais il désigne surtout les parties des aliments que l'on rejette. On enterre ces objets ou on les jette à la mer, de peur que les faiseurs de maladies ne s'en emparent... Le sorcier croyait aussi fermement à la pratique de brûler le nahak que le peuple même. Si un faiseur de maladies tombait malade, il était assuré que quelqu'un avait brûlé son nahak. » On pourrait prouver, par des exemples empruntés aux sociétés parvenues à une civilisation plus ou moins élevée, que les charmes sont le produit de la croyance qui assigne un rapport matériel entre une image et l'objet représenté. Keating nous apprend que, chez les Chippeouais, un sorcier transfère une maladie en faisant « une image de bois de l'ennemi de son malade », en perçant le cœur de cette figurine et en y introduisant certaines poudres. Nous n'avons pas à prouver que cette méthode est identique à celles que nous trouvons décrites dans les récits de sorcellerie en Europe.

En passant de cette forme simple de magie à celle dans laquelle on met en jeu des agents surnaturels, nous rencontrons des questions intéressantes. Quel rapport y a-t-il entre les deux. La seconde provient-elle de la première ? Il y a des raisons de le croire. Si nous nous rappelons la faible différence qui existe pour l'homme primitif entre le vivant et le mort, nous pouvons comprendre comment il pense qu'on peut agir pareillement sur l'un et sur l'autre. Si la possession d'une partie d'un être vivant donne une puissance sur le vivant, la possession d'une partie d'un mort ne donnera-t-elle pas aussi puissance sur le mort? Nous avons déjà vu que, d'après les croyances de certains peuples, les morts ont besoin de toutes leurs parties. Nous avons vu (§ 88) que les Mexicains avaient soin de déposer les os des morts en des lieux où ils pensent aisément les trouver au moment de leur résurrection, et que, dans la même intention, les Péruviens conservaient en un même lieu leurs cheveux et leurs ongles. Selon Bastian, la même chose se passe chez les nègres de l'intérieur de l'Ardrah, et ils donnent la même raison de leur coutume. Ne faut-il pas admettre alors qu'à la base de ces coutumes existe la croyance que celui qui peut prendre possession de ces reliques acquiert une puissance sur le mort auquel elles appartiennent, comme il l'aurait acquise sur la même personne si elle avait été vivante? Admettez ce point, et le sens des enchantements devient clair. D'ordinaire, on se sert de feu; d'ordinaire les choses brûlées et bouillies sont des fragments de choses mortes, appartenant à des animaux ou à des hommes, mais surtout à des hommes. Chez les anciens Péruviens, Arriaga dit qu'un sorcier « stupéfie tous les habitants d'une maison au moyen d'une certaine poudre faite avec les os pulvérisés des morts. » Dans les temps primitifs, on trouvait qu'il y avait danger à « abandonner les corps sans gardien; on craignait que les sorcières ne vinssent les mutiler, pour y prendre les ingrédients les plus propres à fabriquer leurs charmes ». Des parties de l'homme mort furent d'abord les éléments dont on se servit, et, comme ces portions sont particulièrement dégoûtantes, on en vint à croire que les choses dégoûtantes étaient en général les plus propres à donner de la force au « bouillon infernal ». Partant de l'idée qu'on peut exercer une contrainte sur le mort à l'aide de quelque chose qui lui appartient, nous pouvons voir que, à côté de la différenciation des esprits en divers ordres de génies et de démons, il doit se faire une différenciation des charmes et des enchantements. Si l'on avait à conjurer des âmes d'animaux ou des âmes d'hommes métamorphosés, on pourrait recourir aux bizarres mixtures « d'yeux de petits lézards et de pattes de grenouilles », etc., que la sorcière jetait dans son chaudron [1]. La prétendue puissance des noms est pour nous une nouvelle raison de soupçonner qu'il existe une relation de ce genre entre les artifices du nécromancien et les idées du sauvage. L'idée primitive d'après laquelle un nom possède une vertu intrinsèque, et l'idée dérivée qu'on émeut les morts en les appelant par leurs noms et qu'on peut les offenser, cette idée donne naissance à l'idée que le nécromancien se fait de l'invocation. Partout, depuis la légende hébraïque de Samuel, dont l'ombre demande pourquoi on vient troubler son repos, jusqu'à la saga d'Islande, où l'on voit des esprits sommés nominativement de répondre à l'évocation, nous rencontrons la preuve que l'on supposait que la possession du nom donnait sur le mort une puissance semblable à celle qu'il était censé donner sur le vivant. La formule magique : « Sésame, ouvre-

---

1. Ce passage était sous presse, quand j'ai rencontré une vérification frappante de la conclusion qui en ressort. J'avais fait entendre à M. Bancroft, dans une lettre de remercîments que je lui écrivais après la réception du premier volume de ses *Native Races of the Pacific States*, que je me promettais de tirer grand parti pour mes travaux personnels de sa laborieuse compilation. M. Bancroft a été assez bon pour m'envoyer sur-le-champ les épreuves de la plus grande partie des volumes suivants. Dans celles du troisième volume se trouve (p. 147) décrite l'imitation d'un chaman chez les Thlinkits. Il se rend dans les bois et ne se nourrit pendant quelques semaines que « des racines du *panax horridum* » ; il attend que le « chef des esprits » (qui est un chaman ancêtre) lui envoie « une loutre d'eau douce, dans la langue de laquelle on suppose que se trouvent enfermés toute la puissance et tout le secret du chamanisme. ... Mais si les esprits ne viennent pas visiter l'aspirant chaman, ni lui offrir l'occasion de s'emparer de la langue de loutre, le néophyte se rend à la tombe d'un chaman mort ; il y veille avec respect pendant plusieurs nuits, tenant dans sa bouche, à lui vivant, un doigt ou une des dents du mort ; et cette pratique a une très-grande puissance pour obliger des esprits à envoyer la loutre indispensable. »

Dans ce cas, mieux qu'ailleurs, je peux signaler le fait qui explique les amulettes. Sans doute on ne se sert pas exclusivement de portions d'hommes ou d'animaux morts pour composer des charmes, mais on en fait usage habituellement. Par application de l'idée que nous avons exposée plus haut, on admettait que ces parties donnaient à celui qui en devenait possesseur quelque faculté qui appartenait au mort, ou quelque puissance sur lui, ou ces deux avantages à la fois. Le moyen que le sorcier emploie comme instrument de coercition passe, quand c'est un talisman, pour un moyen d'assurer les bons toi ! » des *Mille et une Nuits* suppose que la connaissance d'un nom donne une puissance ; et le dicton encore en usage, bien que détourné, dans un sens de badinage : « Quand on parle du diable, on est sûr de le voir apparaître, » est un témoin du prétendu effet produit par l'appel d'un nom.

Sans nous arrêter aux interprétations spéciales, l'interprétation générale nous paraît assez évidente. La théorie spiritiste primitive, qui n'implique que de faibles différences entre les morts et les vivants, prête son appui à l'idée que l'on peut agir sur le mort au moyen d'artifices semblables à ceux qu'on emploie sur les vivants ; d'où cette espèce de magie qui, dans sa première forme, est un appel aux morts en vue de tirer d'eux des informations, comme la sorcière d'Endor, qui évoque l'ombre de Samuel, et qui dans sa dernière forme fait appel aux démons et leur demande leur secours pour le mal.

offices de l'esprit ou une protection contre lui. La coutume, commune chez les sauvages, de porter des os de parents décédés, a probablement la même signification ; et nous avons vu en effet que les baleiniers koniagas y attachent ouvertement ce sens, eux qui portent comme talismans de petits morceaux de la chair de leur compagnon défunt. Cette idée se trouve évidemment impliquée dans le fait qui nous est raconté par Beecham ; il s'agit d'un souverain Achanti qui portait sur lui en guise de talisman, dans les batailles, la tête de son prédécesseur. Les Néo-Calédoniens conservent « comme talismans les ongles et les dents des morts », indice de la même idée. Les peuplades exposées aux ravages des animaux féroces font souvent usage d'amulettes formées des parties de ces animaux que l'on peut conserver ». Anderson dit que les amulettes des Damaras sont en général « des dents de hyènes, de lions, des entrailles de ces animaux, » etc. Ailleurs, il dit que les amulettes des Namaquois se composent ordinairement « de dents ou de griffes de lions, de hyènes, et d'autres bêtes féroces, de morceaux de bois, d'os, de viande ou de graisse desséchés, de racines de plantes, etc. » De même, Boyle décrit de la manière suivante des charmes dont se sert le sorcier dayak : quelques dents d'alligator et d'ours, des défenses de sanglier, des éclats de corne de cerf, des nœuds de fils de couleur, des griffes d'animaux, enfin de petits bouts d'articles d'Europe. Évidemment, la première place appartient aux parties d'animaux qu'on peut conserver. Ailleurs, on nous donne le motif de ces pratiques. Spix et Martius, énumérant des amulettes de l'Indien du Brésil, parlent « des dents, de l'œil d'onces et de singes, » et ils disent que l'Indien croit que ses amulettes, entre autres avantages, « le protégeront contre les attaques des bêtes féroces. »

§ 134. De l'exorcisme et de la sorcellerie, on passe insensiblement au miracle. La différence qui les sépare se rapporte moins à la nature des effets produits qu'au caractère des agents qui les produisent. Si les résultats merveilleux sont rapportés à un être surnaturel hostile à ceux qui observent ces effets, ils appartiennent à la sorcellerie ; mais si on les attribue à un être surnaturel ami, les résultats merveilleux sont des miracles.

Telle est la relation que soutiennent ensemble la sorcellerie et le miracle ; la lutte engagée entre les prêtres hébreux et les magiciens d'Egypte le prouve. Aux yeux de Pharaon, Aaron était un enchanteur qui opérait avec le secours d'un esprit hostile au roi ; au contraire, les prêtres de l'Egypte opéraient avec le secours de ses dieux favoris. Mais, au point de vue des Israélites, les œuvres de leurs propres chefs étaient divines, et celles de leurs antagonistes diaboliques. Pourtant tout le monde s'accordait à penser qu'il fallait se soumettre à l'agent surnaturel le plus puissant.

Il se fait chaque jour dans l'Afrique méridionale de prétendus miracles qui ont la même signification que les prétendus miracles anciens d'un autre ordre que celui dont nous venons de parler. Les Béchuanas voient dans les missionnaires un autre genre de *faiseurs de pluie*. Chez les Yorubans, « un vieux cultivateur, voyant un nuage, dira au missionnaire : Je vous prie de faire pleuvoir. » Dans ces régions arides, la pluie est synonyme de bénédiction ; aussi y voyons-nous s'élever des contestations entre les docteurs ès pluie, « comme celle qui eut lieu entre Elie et les prophètes de Baal. » On les y voit aussi faire assaut de puissance, et le vaincu s'y soumet à une pénalité. Une fois que « le ciel était ardent et sec, un docteur ès pluie, Umkquekana, dit : Qu'on regarde au ciel à tel moment, il pleuvra... Quand la pluie tomba, le peuple s'écria : C'est vrai, c'est un docteur. L'année suivante, que le ciel était rigoureux et qu'il ne plut pas, le peuple le persécuta avec violence ; on dit même qu'il fut empoisonné. » Nous rencontrons habituellement des exemples de cette façon de concevoir le docteur ès temps : par exemple, nous dit Canon Callaway, « c'est un prêtre auquel est confié le don d'une médiation efficace. » Habituellement aussi, nous voyons que sa puissance médiatrice et la puissance de l'agent surnaturel sur lequel il agit sont l'une et l'autre attestées par le résultat. C'est ainsi que, dans le récit que nous fait de sa captivité chez les Indiens du Brésil le vieux voyageur Hans Hade, il dit : « Dieu a fait un miracle pour moi. » Il raconte comment, à la demande de deux sauvages, il arrêta par une prière une tempête qui allait éclater et qui menaçait de mettre obstacle à leur pêche. C'est ainsi encore que « le sauvage Parouaa disait : Maintenant je vois que vous avez parlé avec votre Dieu » ; le païen et le chrétien s'accordent ainsi dans la même interprétation.

La seule différence importante gît dans l'écart qui sépare l'esprit ancêtre primitif de la nature assignée à l'agent qui produit l'effet miraculeux à l'instigation du sorcier, du faiseur de pluie, du prophète, du prêtre.

§ 135. Nous approchons maintenant d'un autre ordre de phénomènes qui s'est développé en même temps que les ordres décrits dans ce chapitre et dans celui qui précède.

La croyance primitive est que les esprits des morts, en entrant dans le corps des vivants, produisent des actions convulsives, la folie, la maladie et la mort ; à mesure que cette croyance se développe, ces agents surnaturels primitifs auxquels on attribue ces maux se différencient en agents surnaturels de divers genres et de diverses puissances. Nous avons examiné plus haut certaines conséquences de cette théorie de la possession. A côté de la croyance à une possession malfaisante se forme une croyance à une possession bienfaisante, que l'on implore sous les formes de force d'inspiration, de savoir surnaturels. En outre, de l'idée que si les démons malfaisants peuvent entrer, il est possible de les chasser, résulte l'exorcisme. Enfin, à la suite de l'idée qu'il est possible de chasser les démons vient l'idée qu'il est possible de les dominer d'une autre manière, qu'on peut, par exemple, les appeler au secours de l'homme : d'où les enchantements et les miracles.

Mais si les esprits des morts, ou des agents surnaturels dérivés connus sous d'autres noms, peuvent infliger des maux aux hommes qu'ils haïssent, ou assister et protéger les hommes qu'ils aiment, ne serait-il pas sage de se conduire de manière à s'assurer leur bonne volonté ? Plusieurs lignes politiques se présentent. Supposé que ces âmes ou esprits ressemblent aux hommes par la perception et l'intelligence, et telle est la croyance primitive, on peut leur échapper et les tromper. Ou bien, comme dans les méthodes que nous avons rappelées, on peut les traiter en ennemis, les chasser et les braver. Au contraire, on peut adopter une autre marche, les apaiser s'ils sont irrités, et leur plaire s'ils sont bienveillants.

Cette dernière conduite est la source des observances religieuses en général : nous allons en faire notre étude. Nous verrons que l'agrégat total d'idées et de pratiques qui constituent un culte, a la même racine que l'agrégat d'idées et de pratiques déjà décrites, et qu'il s'en sépare peu à peu.

CHAPITRE XIX

LIEUX SACRÉS, TEMPLES, AUTELS, SACRIFICES, JEUNES, PROPITIATION, LOUANGE, PRIÈRE, ETC.

§ 136. Sur les pierres tumulaires, on voit souvent des inscriptions commençant par ces mots : « Consacré à la mémoire de ». Le caractère sacré attribué à un tombeau s'étend à tout ce qui est ou qui a été étroitement lié à la personne du mort. On entre avec le moins de bruit possible dans la chambre à coucher où repose le corps ; on n'y parle qu'à voix basse ; on témoigne par une attitude soumise un sentiment variable peut-être quant aux autres éléments, mais qui comprend toujours celui du respect.

Ce sentiment que le mort excite en nous, et qu'excitent aussi le lieu qu'il occupe et les objets qui lui appartenaient, diffère sans doute en partie de celui de l'homme primitif, mais il lui ressemble au fond. Quand on nous dit que les sauvages en général, les Dacotahs par exemple, « ont un profond respect pour les morts », et que beaucoup de tribus, les Hottentots par exemple, croyant que les esprits des morts hantent les lieux du décès, « laissent debout les huttes où des personnes sont mortes », avec tout ce qu'elles

contiennent, sans y rien toucher, nous reconnaissons que la
crainte est un des principaux éléments du sentiment. La répugnance que nous voyons autour de nous éloigner certaines personnes d'une chambre où quelqu'un est mort , de
même que l'aversion qui en empêche d'autres de traverser
un cimetière pendant la nuit, provient en partie d'une
crainte vague. Commun à tous les peuples sauvages ou
civilisés, ce sentiment colore toutes les idées que le souvenir
du mort peut éveiller.

Quoi qu'il en soit, des faits nombreux prouvent que le
lieu où les morts sont déposés excite chez le sauvage une
émotion de crainte, voisine du respect, et qui prend le caractère sacré. Mariner dit qu'aux îles Tonga les cimetières
qui contiennent les grands chefs sont regardés comme sacrés.
Angas écrit que, lorsqu'on enterre un chef néo-zélandais
dans un village, le village tout entier devient immédiatement
tabou : personne, sous peine de mort, n'en peut approcher.
Les Tahitiens, d'après Cook, ne demeurent jamais dans la
maison d'un mort; cette maison et tout ce qui lui appartenait sont *tabou*. Les Néo-Zélandais laissent des aliments
pour les morts dans des « calebasses sacrées ». A Aniteyum,
où l'on adresse « un culte aux esprits des ancêtres », les
bosquets où l'on dépose pour eux des offrandes alimentaires
sont des « bosquets sacrés ». Enfin, chez les Achantis, on
regarde la ville Bantama comme sacrée, parce qu'elle contient la maison du fétiche, qui n'est autre que le mausolée
achanti...

Ce que nous devons remarquer ici, c'est que le respect
inspiré par le mort devient un sentiment du même genre
que celui qu'inspirent les lieux et les choses consacrés à des
usages religieux. La parenté de ces deux sentiments s'impose
à notre attention quand nous lisons certains passages de

Cook, relativement aux Hawaïens, où nous voyons que le *morai* paraît être leur panthéon aussi bien que leur cimetière, et d'autres où il dit que les *morais* ou champs funèbres des Tahitiens sont aussi des lieux de culte. Mais nous apercevrons mieux cette relation en remontant à la genèse des temples et des autels.

§ 137. Bailey nous apprend que chez les Veddahs troglodytes, jusqu'à une époque qui n'est pas éloignée de nous, on laissait le mort dans le lieu où il avait expiré : les survivants cherchaient une autre caverne et laissaient à l'esprit du défunt celle où la mort l'avait frappé. Schweinfurth rapporte un fait dont nous avons déjà parlé à propos d'une autre croyance. Les Bungos, nous dit-il, ne pouvaient entrer dans une certaine caverne, qui, prétendaient-ils, était hantée par l'esprit des fugitifs qui y étaient morts. Ailleurs, Livingstone nous dit que « personne n'osait entrer dans le Lohaheng, ou caverne, car on croyait communément que c'était l'habitation de la divinité. » Rappelons-nous que les hommes primitifs vivaient dans des cavernes, en même temps qu'ils y enterraient leurs morts ; ajoutons que, lorsqu'ils cessèrent de faire des cavernes leur résidence, ils continuèrent à s'en servir comme de cimetières ; et enfin songeons que c'était une coutume générale de porter souvent des offrandes aux lieux où reposaient les morts ; dès lors, nous voyons se former la caverne sacrée, ou le temple caverne. Il n'est guère douteux que les temples cavernes de l'Egype ont cette origine. Dans plusieurs parties du monde, on trouve des cavernes naturelles dont les parois sont barbouillées de peintures grossières ; de même, les cavernes artificielles où certains rois égyptiens étaient ensevelis avaient leurs longues galeries et leurs chambres sépulcrales couvertes de peintures. Si nous suppo-

sons qu'on faisait des offrandes aux corps embaumés de ces
rois, comme à ceux des Egyptiens en général, il faut en
conclure que la caverne funèbre sacrée est devenue une
caverne temple. Enfin, quand on apprend qu'en d'autres
lieux d'Egypte on trouvait des temples cavernes plus compliqués et qui n'étaient pas destinés aux sépultures, on peut
les considérer comme des dérivés des premiers; en effet,
comment supposer que l'homme se soit mis à tailler ses
temples dans le roc, s'il n'avait pas auparavant une habitude qui lui en suggérât l'idée ?

Il est un autre genre de temples qui ont une autre origine : ils proviennent d'une méthode d'ensevelissement.
Nous avons déjà fait allusion à une coutume extrêmement
répandue, celle d'enterrer un mort dans sa propre maison.
Les Arraouaks, nous dit Schomburgk, mettent le corps dans
un « petit corial (bateau) et l'enterrent dans la hutte ». Humboldt nous apprend que chez les peuplades de la Guyane
« on creuse un trou dans la hutte et qu'on y dépose le cadavre ». Chez les Criks, on enterre le guerrier mort dans
son habitation. De même en Afrique. Les Fantis « enterrè-
rent les morts dans leur propre maison ». Au Dahomey, on
les ensevelit dans leurs « propres maisons ou dans la demeure
de quelque ancêtre ». Chez les Fulahs, il y a une maison
funèbre ; de même chez les Bogos et les peuplades de la
Côte d'Or. La question de savoir si la maison consacrée à
cet usage deviendra ou non un temple dépend de l'usage
qui prescrit ou non de l'abandonner. Dans certains cas,
ceux, par exemple, dont nous avons parlé (§ 117), où les
survivants continuent à habiter la maison dans laquelle
une ou plusieurs personnes sont déjà enterrées, le lieu de
sépulture ne peut acquérir le caractère sacré. Landa nous
dit des Américains du Yucatan que, « en règle générale, ils

quittaient la maison et la laissaient inhabitée après qu'on y avait enseveli un mort, à moins qu'il n'y eût au nombre de ses habitants plusieurs personnes capables de surmonter la crainte d'avoir la mort pour compagne. » Nous voyons dans ce passage la naissance du sentiment et aussi les effets qu'il produit quand il n'est pas combattu. Nous apprenons encore que les Caraïbes « enterrent le mort au centre de sa propre demeure » s'il était le maître de la maison, et qu'alors ses parents « la quittent tous et en bâtissent une autre en un lieu éloigné ». Chez les Indiens du Brésil, on enterre un mort « dans la hutte, et si le mort était arrivé à l'âge adulte, on abandonne la hutte et l'on en bâtit une autre. » — « Les anciens Péruviens enterraient souvent leurs morts dans leurs demeures et ensuite l'abandonnaient. Au fond de tous ces faits, il y a un caractère commun, l'abandon de la maison, qui se trouve abandonnée à l'esprit du mort et devient un lieu auquel s'attache une crainte respectueuse. En outre, comme on y apporte itérativement des offrandes alimentaires, et qu'en les y déposant on accomplit certains actes de propitiation, la maison qui était jadis la demeure des vivants devient une demeure mortuaire et prend enfin les attributs d'un temple.

Dans les pays où n'existe pas l'usage d'ensevelir dans les maisons, l'abri qu'on élève sur le tombeau, ou sur l'échafaud qui supporte le corps, est le germe du bâtiment sacré. Earl raconte que chez les peuplades de la Nouvelle-Guinée « on élève un toit d'atass au-dessus » du lieu de sépulture. Lorsque Cook découvrit Tahiti, les habitants de cette île plaçaient les corps de leurs morts sur une espèce de bière soutenue par des piquets et abritée par un toit. Ils avaient encore, quand Ellis a décrit leurs mœurs, l'usage de protéger les morts par un toit. Même chose à Sumatra, où « on

élève un hangar sur » la tombe; de même aussi aux îles
Tonga, où le lieu de sépulture comprend le tombeau, le tertre
où il est enterré, et une espèce d'appentis qui le recouvre.
Naturellement, cet appentis est plus ou moins grand, plus
ou moins fini. Brooke nous dit que les Dayaks bâtissent en
quelques endroits pour les morts des monuments qui ressemblent à des maisons, hauts de dix-huit pieds, ornés de sculptures, et contenant à l'intérieur les biens des morts, leur
épée, leur bouclier, leurs rames, etc. D'après le compte
rendu de l'expédition d'exploration des Etats-Unis, les Fidjiens déposent les corps de leurs chefs et les personnes de
marque dans de petits *nebures* ou temples. Nous ne nous
tromperons donc pas en concluant que ces prétendus temples
ne sont que des constructions plus développées destinées à
abriter les sépultures. Les observances qu'on peut reconnaître dans la construction de ces bâtiments funèbres nous
fournissent des témoignages qui en prouvent bien la nature
essentielle. Ellis, décrivant les rites funèbres d'un chef tahitien placé sous un abri, dit que le corps était habillé « et
assis, avec un petit autel élevé devant lui, sur lequel des
parents ou des prêtres préposés au service du corps déposent
leurs offrandes, des fruits, des aliments et des fleurs. »
Voilà le hangar devenu un lieu de culte.

Les usages des Péruviens montrent plus nettement encore
que la construction érigée sur le corps du mort devient, par
un véritable développement, un temple. Ce que les premiers
voyageurs espagnols nous racontent des Péruviens, les
anciens voyageurs grecs nous l'ont raconté des Egyptiens.
Cieza s'étonne « de voir que les Collas s'occupaient fort peu
d'avoir des maisons grandes et commodes pour les vivants,
tandis qu'ils prenaient beaucoup de soin des tombeaux où
les morts étaient enterrés. » De même, Diodore de Sicile,

pour expliquer la petitesse des demeures des Egyptiens, qui contrastait avec la splendeur de leurs tombeaux, dit : « Ils appellent les maisons des vivants des hôtelleries, parce qu'ils n'y demeurent que peu de temps ; mais ils appellent les sépulcres des morts des habitations perpétuelles. » Comme les tombeaux égyptiens, ressemblant aux maisons par la forme, tout en les dépassant par la richesse, étaient des lieux où l'on venait apporter les offrandes destinées aux morts, ils étaient en réalité des temples. Il n'est pas rare en Orient que ces bâtiments mortuaires réunissent les caractères du temple caverne et ceux du temple habitation. De même que dans certaines parties de l'Egypte, à Pétra, à Cyrène, de même aussi en Etrurie, on disposait les tombeaux sur les flancs d'un rocher, « comme les maisons d'une rue, et chaque tombeau était fait à l'imitation d'une chambre d'habitation. » De même, aussi, le tombeau de Darius, taillé dans le roc, « est une reproduction exacte » de son palais sur la même échelle. Cette variation signalée, je finirai par la remarque de M. Fergusson, qui, à propos des peuples chaldéens, signale la ressemblance du tombeau de Cyrus avec ces monuments et ajoute : « L'exemple le plus fameux de cette forme s'appelle aussi souvent (chez les anciens auteurs) tombe que temple de Bélus, et chez une peuplade touranienne on peut dire qu'une tombe et un temple sont une seule et même chose. »

Dans ces derniers temps, il s'est produit une tendance à créer ainsi le temple *de novo*. Dans les oasis du Sahara, on rencontre des chapelles bâties sur les restes de marabouts ou saints mahométans ; les gens pieux s'y rendent en pèlerinage et y déposent des offrandes. Evidemment aussi, une chapelle qui abrite la tombe d'un saint, dans une cathédrale catholique romaine, est un petit temple dans un grand. Tout mausolée isolé qui renferme les os d'un homme éminent, et qu'on visite en y apportant des sentiments presque religieux, est le germe d'un lieu de culte.

§ 138. Si de l'origine de la chambre sacrée, caverne, maison abandonnée, ou maison funéraire construite exprès, nous passons à celle de la construction sacrée qui y est renfermée, l'autel, nous rencontrons d'abord quelque chose qui tient le milieu entre le peuple et l'autre. Dans l'Inde, il y a des bâtiments sacrés très-développés qui unissent les attributs des deux.

Le tas de terre qui recouvre la tombe grandit et devient un tertre, qui augmente de volume avec la dignité du mort; il se développe et passe de l'état de simple remblai à celui d'un tertre fait de pierre et de terre, et finalement à celui de construction en pierre, qui conserve la solidité et quelquefois la forme d'un tertre, mais avec une architecture savante. Au lieu d'un édifice sacré issu par évolution de la chambre sépulcrale, nous trouvons dans le *tope* indien un édifice sacré sorti par évolution du tas de terre de la tombe. « Le *tope* descend en droite ligne du tombeau, » dit M. Fergusson; ou, selon la définition de M. Cuningham, c'est « un amas de pierres *régulièrement bâti* ». Dans ces *topes* indiens, on trouve quelquefois des reliques de Sakya-Mouni; dans d'autres, des reliques de ses principaux disciples, prêtres et saints : il n'y a que des reliques, parce que les restes de Sakya-Mouni ont été portés en divers lieux et parce que les bouddhistes ayant adopté l'usage de brûler les corps, « le tombeau ne recevait pas le corps, mais une relique.» Donc, autant que le changement d'usage le permet, le *tope* est un tombeau; et les prières offertes aux *topes*, les processions qu'on fait à l'entour, les adorations dont ils sont l'objet et

qu'attestent les sculptures qui les couvrent, prouvent que
ce sont simplement des temples massifs et non des temples
creux. La parenté que nous admettons se trouve impliquée
dans un fait significatif : le nom que l'on donne à certains
d'entre eux, *chaitya*, veut dire, en sanscrit, « un autel, un
temple, aussi bien qu'un monument élevé sur l'emplace-
ment du monceau funéraire. »

Retournons de ce développement spécial du tas de terre
funéraire, au tas de terre dans sa forme primitive, et rappelons-nous (§ 85) que, chez les sauvages qui ensevelissent le
mort et qui lui apportent des vivres, le tas de terre devient
nécessairement une saillie sur laquelle on dépose les offrandes.
Faite tantôt de terre ou de gazon, tantôt de pierres et de
terre, tantôt de pierres seulement, cette saillie a le même
rapport avec les offrandes destinées aux morts qu'un autel
avec les offrandes destinées à une divinité.

Dans les pays où les corps sont posés sur des plates-formes,
qui supportent aussi les rafraîchissements préparés pour le
mort, ces plates-formes sont effectivement des autels ; et nous
avons la preuve que, dans certains cas, les autels consacrés
au culte des dieux en dérivent. Cook nous apprend qu'à
Tahiti les autels où les naturels déposent leurs offrandes
aux dieux ressemblent aux bières sur lesquelles ils placent
leurs morts : l'autel et la bière sont de petits tréteaux, portés
sur des piliers de bois, de cinq à sept pieds de haut. Aux îles
Sandwich, on se servit d'une construction de ce genre pour
porter les provisions déposées sur le tombeau d'un des marins
de Cook. Ailleurs, ce n'est plus le simple tas de terre, ni le
tréteau élevé qui joue le rôle de saillie destinée à recevoir les
offrandes. Chez les Américains du centre, nous dit Ximenès,
« si, après qu'on avait placé les esclaves dans le sépulcre
auprès de leur maître, il restait une place, on la comblait

avec de la terre, et on nivelait le tout. Puis on élevait sur le tombeau un autel d'une coudée de haut, fait de chaux et de pierres, et en général on y brûlait de l'encens et on y faisait des sacrifices. » Enfin, chez les peuples qui agrandissent le tas de terre funéraire, on élève à côté la construction destinée à recevoir les aliments et les boissons. On en voit une au devant du vaste tumulus élevé sur la tombe d'un empereur chinois.

Chez les anciens Orientaux, l'autel a la même origine. Une cérémonie en usage dans les fêtes égyptiennes consistait « à couronner de fleurs la tombe d'Osiris » ; on plaçait aussi des guirlandes sur les sarcophages des morts. De plus, nous lisons dans Wilkinson que les Egyptiens avaient des autels « en dehors des portes des catacombes à Thèbes ». Sur ces autels se trouvent sculptées en bas-relief les diverses offrandes qu'on y portait et qui sont les mêmes que celles qu'on voit représentées dans les peintures des tombeaux. Ce fait montre que, dans les pays où l'autel s'est transformé en un support destiné aux offrandes présentées au mort, l'autel conserve encore des traces de son ancienne destination, celle de recevoir le mort lui-même. Un fait encore. Autant qu'on peut en juger par leurs plus anciennes traditions, les Hébreux ne nous présentent que des formes modifiées de leurs premières habitudes; mais quoique, avec les progrès qu'ils ont pu faire au delà de l'état pastoral, ils se soient probablement écartés de leurs observances primitives des ensevelissements et des sacrifices, leurs autels, tels qu'ils nous sont décrits, rappellent l'origine que nous indiquons. Ils étaient de gazon, et à peu près en forme d'un tas de terre sur un tombeau, ou de pierres brutes, et par là aussi ils ressemblaient à un tumulus funéraire. N'oublions pas que les usages religieux sont ceux qui résistent le plus longtemps au changement, témoin l'usage d'opérer la circoncision avec un couteau de silex, et nous soupçonnerons le motif qui portait les Hébreux à n'employer que des pierres non taillées : c'est que cet usage s'était conservé depuis l'époque où ces pierres formaient le tumulus primitif. Il est vrai que les premières légendes hébraïques parlent de cavernes sépulcrales, et que les ensevelissements se faisaient aux dernières époques de leur histoire, dans des cavernes artificielles ou des sépulcres ; mais des tribus pastorales, errant sur d'immenses plaines, ne pouvaient faire constamment usage de ce mode de sépulture. La méthode ordinaire était probablement celle qu'emploient encore les Sémites sauvages, tels que les Bédouins, qui « entassent des pierres sur les tombes de leurs morts », au dire de Burckhardt, et qui, nous dit Palgrave, « font des sacrifices où ils immolent dévotement des moutons et des chameaux sur les tombes de leurs parents. » On voit bien que le tas de pierres forme un autel.

Les usages des races européennes nous présentent aussi des exemples de la transformation du tombeau en autel. Nous en empruntons quelques-uns au *Dictionnaire de théologie* de Blunt et quelques-uns à d'autres sources. Le plus ancien autel connu est « un coffre creux, sur le couvercle ou *mensa* duquel on célébrait l'eucharistie. » A cette forme était associée « la coutume des premiers chrétiens de déposer les reliques des saints martyrs » sous des autels ; et, dans l'Église catholique, on a encore pour règle d'enfermer les reliques des saints dans un autel. Des conciles du quatrième siècle ont prescrit de faire les autels de pierre en commémoration du sépulcre du Christ. En outre, « les premiers chrétiens tenaient généralement leurs assemblées sur les tombes des martrys et célébraient les mystères de la religion sur ces tombes. » Enfin M. Fergusson établit

qu'au « moyen âge, en Europe, le sarcophage est devenu
un autel de pierre, » et on peut ajouter que nos églises
contiennent encore des « tombes-autels ».

Ainsi, ce que les pratiques des hommes primitifs nous
montrent clairement nous est aussi indiqué par celles des
hommes civilisés. L'autel primitif est l'objet qui supporte
les aliments offerts au mort; de là les diverses formes qu'il
prend, tertre de gazon, tas de pierres, tréteau élevé, cercueil de pierre.

§ 139. Les autels impliquent des sacrifices, et nous passons naturellement de la genèse de l'un à celle des autres.

Déjà (§ 84), nous avons donné longuement des exemples
de l'usage de laisser des aliments pour les morts, et nous
pourrions en doubler le nombre si nous en avions le temps.
Nous pourrions aussi donner des exemples des motifs des
divers peuples : par exemple, les naturels de la basse Californie, chez qui « les prêtres demandent des vivres pour
le voyage de l'esprit » ; les Coras du Mexique, qui après le
décès d'un homme « plaçaient des aliments sur des piquets,
dans les champs, de peur qu'il ne vînt en chercher dans les
troupeaux qui lui appartenaient auparavant; » les Damaras,
qui apportent des vivres au tombeau d'un parent, lui
demandent « de manger et de se tenir en joie », et en
retour « invoquent sa bénédiction et son secours ». Mais il
suffira de rappeler au lecteur que les races sauvages,
encore qu'elles ne donnent pas les mêmes raisons de leurs
usages, s'accordent toutes à faire des offrandes d'aliments
et de boissons aux morts. Un fait dont nous avons donné
déjà des exemples (§ 85), mais que nous devons rappeler ici,
parce qu'il touche à notre sujet actuel, c'est la répétition
périodique de ces offrandes, en certains lieux à des inter-

valles assez courts, en d'autres après un temps assez long.
On raconte que chez les naturels de l'île de Vancouver « les
parents du mort brûlent du saumon ou de la venaison
quelques jours après le décès ». Chez les Mosquites, « la
veuve est tenue de fournir pendant un an des vivres au
tombeau de son mari ». Voilà des extrêmes entre lesquels
il y a toute une échelle. Enfin, quant aux usages de ce
genre, nous joignons ceux des Karens, par exemple, et les
raisons qu'ils en donnent, à savoir : qu'ils se croient entourés par les esprits des trépassés, « qu'on doit apaiser par
des offrandes variées et incessantes; » nous ne pouvons
manquer de reconnaître le passage par où les présents funéraires touchent aux sacrifices religieux.

La parenté de ces usages devient évidente quand on
observe que, dans l'un et l'autre cas, en même temps que
les offrandes ordinaires, il est fait des offrandes commémo-
ratives. Les Karens, dont nous venons de parler, qui font
habituellement des offrandes, célèbrent aussi des fêtes en
l'honneur des morts, et alors ils invitent les esprits à boire
et à manger. Il en est de même des Bodos et des Dhimals :
Hodgson nous apprend qu'à « la moisson ils offrent des
fruits et de la volaille à leurs parents trépassés ». L'usage
de ces offrandes annuelles existe en beaucoup de pays; on
les renouvelle au mois de novembre chez les naturels de
la vallée du Mexique, qui à cette époque déposent des
animaux, des comestibles, des fleurs, sur les tombeaux de
leurs parents et de leurs amis; on les renouvelle en août
chez les Pueblos, qui placent alors du grain, du pain, de la
viande, etc., « aux endroits fréquentés par les morts. » Il
existe encore chez les Chinois, comme il existait chez les
anciens Péruviens et les anciens Aztèques.

Outre les offrandes aux morts à diverses époques après

le décès, outre ces fêtes annuelles en l'honneur des trépassés, il est d'autres offrandes qu'on renouvelle en des
circonstances qui en font naître l'idée. Saint-John nous dit
que, « lorsqu'un Dayak du littoral traverse un cimetière, il
y jette un objet qu'il juge agréable aux morts. » Selon
Anderson, les Hottentots qui traversent un lieu de sépulture y jettent une offrande et demandent la protection de
l'esprit. Aux îles Samoa, où l'on croit que les esprits des
morts rôdent dans les bois, « les gens qui vont au loin dans
l'intérieur pour leur travail jettent des aliments çà et là,
comme une offrande de pain, et prononcent un ou deux
mots de prière pour implorer leur protection. » Nous
voyons les offrandes funèbres se rapprocher un peu plus,
dans le sens des sacrifices habituels, dans l'usage qui consiste à mettre à part pour le mort une portion de chaque
repas. Chez les Fidjiens, nous dit Leeman, « il arrive souvent que les naturels, lorsqu'ils mangent ou boivent quelque
chose, en jettent des parties, disant qu'ils l'envoient à leurs
ancêtres morts. » Malcome dit que les Bhils ne manquent
jamais, quand on leur donne d'une liqueur, d'en verser une
partie sur le sol avant de boire. Comme leurs ancêtres
trépassés sont leurs dieux, le sens de cet usage n'est pas
douteux. C'est ainsi que Smith nous apprend que les
Araucaniens versent un peu de leur boisson et jettent un
peu de leurs aliments avant de manger et de boire. Enfin,
selon Drury, les Virzimbers de Madagascar, en s'asseyant
pour manger, « prennent un morceau de viande et le jettent
par-dessus leur tête en disant : Voilà pour l'esprit. » Les
antiques races historiques avaient des usages analogues.

Souvent on trouve l'aveu du motif pour lequel on a
d'abord fait des offrandes au cadavre, et plus tard au tombeau, pour lequel on célèbre de temps en temps des fêtes, et

on met de côté chaque jour une portion du repas. Nous lisons dans Livingstone qu'un Berotsé, qui souffrait de la tête, disait : « Mon père me gronde, parce que je ne lui donne rien de ce que je mange. » Je lui demandai, ajoute le narrateur, où était son père. « Chez les Borimos (les dieux) », répliqua-t-il. Les Cafres, selon Gardiner, attribuent tout événement fâcheux à l'esprit d'un mort et « immolent une bête pour se concilier sa faveur ». Les Amazulus font la même chose. « Voici de quoi manger pour vous, disent-ils; vous tous esprits de notre race, rassemblez-vous. Je ne dis pas : Un tel, voici de quoi manger pour vous, parce que vous êtes jaloux. Mais je dis : Toi, un tel, tu rends cet homme malade, appelle tous les esprits; et venez tous manger ces aliments. »

Par le motif comme par le procédé, l'offrande d'aliments et de boissons aux morts a son analogue dans l'offrande d'aliments et de boissons à une divinité. Remarquez les points de ressemblance. Au mort comme au dieu on donne une portion du repas. Cook nous dit que dans les îles Sandwich, avant de commencer à manger, les prêtres adressent une espèce de prière, et ensuite ils offrent des provisions au dieu. Il en était chez les Grecs d'Homère comme chez les Polynésiens de Cook : « la part offerte aux dieux du vin qui coule et de la viande qui fume sur la table du festin » correspond à la part que les sauvages offrent à leurs esprits ancêtres. Il en est de même des sacrifices plus considérables qu'on faisait en des circonstances spéciales. Les sacrifices que l'on fait pour obtenir des faveurs, pour se mettre à l'abri de maux, on les fait ici aux esprits, là aux dieux. Quand nous voyons un chef cafre tuer un taureau afin d'obtenir pour la guerre qu'il entreprend le secours d'un ancêtre mort, nous nous souvenons que « le

roi Agamemnon offrit un bœuf gras, de cinq ans, au puissant fils de Saturne. » Lorsque, chez les Amazulus, après
« une abondante moisson, il arrive que le chef du village
entend dans un rêve une voix qui lui adresse ces paroles :
Comment se fait-il que, après avoir été gratifiés d'une
si grande quantité d'aliments, vous ne m'en fassiez aucun
remerciment? et qu'au réveil il sacrifie aux Amatongos
(esprits des morts), son sacrifice ne diffère point de l'offrande des prémices qu'on fait ailleurs aux divinités. Une
autre fois, il raconte son rêve en ces termes : Sacrifions un
pécheur, de peur que l'Itonga ne s'irrite et ne nous fasse
mourir. » Et cela nous rappelle que chez divers peuples on
a immolé les pécheurs pour détourner la colère divine.
L'identité n'est pas moins complète entre les sacrifices qu'on
fait à des époques fixes. Comme nous l'avons vu plus haut,
parmi les oblations aux morts, il y en a d'annuelles, qui
correspondent aux fêtes instituées en l'honneur des dieux.
En outre, dans les deux cas, on se règle d'après les événements astronomiques. L'identité se révèle aussi dans les
objets offerts : ce sont les mêmes, autant que le pays le
comporte. Dans l'un et l'autre cas, ce sont des bœufs, des
chèvres, etc. ; dans l'un et l'autre cas, on retrouve du pain
et des gâteaux; dans l'un et l'autre cas, on fait des libations
de la boisson locale, le vin où il existe, le chicha chez
les peuples américains, la bière chez diverses peuplades
d'Afrique ; dans l'un et l'autre cas, on brûle de l'encens, on
offre des fleurs. Bref, on offre tout ce qu'on a de plus précieux, y compris du tabac. Nous avons déjà vu un chef
africain chercher à gagner l'aide des dieux en vidant en
leur honneur sa tabatière. Chez les Cafres, quand « on invite
les esprits à manger, on met à part pour eux de la bière et
du tabac à priser. » Nous ne trouvons même pas une diffé-

rence dans la préparation qu'on fait subir à l'offrande. Nous voyons offrir aux esprits comme aux dieux des aliments crus et d'autres cuits. Il est encore une ressemblance à noter. On dit que les esprits et les dieux tirent profit des sacrifices de la même manière et y prennent un égal plaisir. Dans l'*Iliade*, le motif que donne Jupiter pour favoriser Troie, c'est que ses autels n'y ont jamais manqué des banquets des libations qui lui sont dus. Dans l'*Odyssée*, Minerve vient en personne recevoir la génisse rôtie qu'on lui offre et récompense l'auteur du sacrifice. Ainsi les aliments destinés aux dieux et les aliments destinés aux ancêtres sont offerts de même et ont les mêmes effets. Enfin, chose significative, il arrive quelquefois qu'on ne peut distinguer aucune différence dans la forme des sacrifices offerts aux esprits et aux dieux. Les Hawaïens placent des vivres devant le mort, comme devant les images des dieux. Chez les Egyptiens, « les offrandes présentées aux morts étaient semblables aux oblations ordinaires en l'honneur des dieux. » On gardait les momies dans des cabinets, d'où des officiers de rang inférieur les tiraient pour les amener devant un autel, où le prêtre sacrifiait. Sur cet autel, on « offrait des libations et de l'encens, des gâteaux, des fleurs et des fruits. »

Il existe donc une relation qui ne se dément jamais entre les rafraîchissements déposés auprès des morts, et les sacrifices religieux en général. On voit assez bien que les derniers dérivent des premiers par des gradations qu'on peut suivre, on le voit mieux encore par la persistance des mêmes traits essentiels dans le sacrifice.

§ 140. Il y a des raisons de penser qu'une autre observance religieuse prend naissance incidemment à côté des

observances précédentes. Il est difficile sans doute de
remonter jusqu'à l'origine du jeûne ; mais certains faits
donnent à penser que le jeûne, comme rite religieux, est
une conséquence des rites funèbres. Il est probable que
l'usage s'en est établi de plus d'une manière. Comme il
arrive souvent que sans le vouloir l'homme primitif se passe
de nourriture, et que cette privation lui cause des rêves
saisissants, le jeûne passe à l'état de procédé auquel on a
recours délibérément pour avoir des entrevues avec les
esprits. Chez les diverses races sauvages, comme jadis chez
les Juifs aux temps talmudiques, cette raison est un des
motifs du jeûne. Dans d'autres circonstances, il y en a un
autre, mais de même ordre : on veut se donner l'excitation
extra-naturelle que l'on appelle inspiration. Mais, outre les
jeûnes qui reviennent à ces motifs, il en est d'autres qui
proviennent de ce qu'on a fait en faveur du mort des provisions excessives. Le jeûne, alors, devient implicitement
un signe reconnu de respect pour le mort, et finalement un
acte religieux.

Nous avons vu (§ 103) jusqu'où l'on pousse, dans certains
cas, la destruction des biens du mort, bétail, provisions,
sur la tombe. J'ai cité des faits empruntés aux usages des
Dayaks, où l'on voit des rites funèbres avoir pour conséquence
la pauvreté des survivants, et d'autres empruntés aux mœurs
de la Côte d'Or, où « il arrive ordinairement que les funérailles ruinent complétement une famille pauvre ». Si,
comme dans certaines sociétés éteintes de l'Amérique, on
apportait sur la tombe du mort tout ce qu'il possédait
excepté ses terres ; si, à la mort d'un Toda, on sacrifie « son
troupeau tout entier », il faut nécessairement que sa veuve
et ses enfants souffrent d'une grande gêne. Quand on nous dit
que les Chippeouais n'épargnent rien quand un de leurs pa-

rents meurt et que, chez les Bagos, la veuve d'un chef brûle toutes ses provisions alimentaires aux funérailles de son mari, nous ne pouvons manquer de conclure que son sacrifice aura pour résultat de la priver d'aliments. C'est ainsi que les choses se passent. Bancroft nous dit que « les Indiens des montagnes Rocheuses brûlent avec le mort tous ses effets et même ceux de ses plus proches parents, de sorte qu'il n'est pas rare que sa famille soit réduite à un dénuement absolu. » Chez les Bagos, dont nous venons de parler et qui brûlent ce qui appartenait au mort, « la famille du mort, nous dit Caillé, ruinée par cet acte de superstition, demeure à la charge des habitants du village jusqu'à la moisson nouvelle. » Rapprochons de ces faits, dont le rapport de cause à effet est si évident, quelques autres faits, d'abord celui de Cruikshank, que les peuplades de la Côte d'Or ajoutent le jeûne à leurs autres observances de deuil, et ensuite celui que rapporte Burton, qu'au Dahomey « les parents en deuil doivent jeûner » ; comment ne pas conclure que le jeûne, d'abord résultat du grand sacrifice fait au mort, devient un usage qui signifie ce sacrifice et qui persiste alors même qu'il n'est plus nécessité par l'appauvrissement des survivants ? Nous trouverons une autre raison d'adopter cette conclusion, en observant que le jeûne était un rite funèbre chez des peuples éteints qui consacraient aux morts des pratiques très-compliquées. D'après Landa, les naturels du Yucatan « jeûnaient pour l'amour des morts ». Même usage chez les Égyptiens : pendant le deuil qui suivait la mort d'un roi, « un jeûne solennel était ordonné. » Chez les Hébreux même, le jeûne et les habits de deuil allaient ensemble.

Le rapport qui unit ces pratiques et ces idées se trouve affermi par le rapport analogue qui ressort des offrandes

qu'on fait journellement aux morts. L'habitude de jeter
une portion de chaque repas pour les esprits doit souvent
associer dans la pensée le sacrifice et le jeûne. A court d'aliments, comme il arrive souvent au sauvage imprévoyant de
l'être, l'abandon qu'il fait d'une partie de son repas aux esprits ancêtres diminue le peu qu'il en a et l'affame ; la
faim qu'il se donne ainsi par un acte de sa volonté s'imprime dans son esprit comme un symbole saisissant de
devoir envers les morts. Comment passe-t-elle de là à
l'état d'idée d'un devoir envers les dieux? Nous le voyons
clairement dans la légende polynésienne de Maui et de ses
frères. Ayant fait une pêche très-heureuse, Maui dit à ses
frères : « Puisque j'ai été courageux et patient, ne mangez
pas jusqu'à mon retour; qu'on ne découpe pas le poisson,
mais qu'on le laisse jusqu'à ce que j'aie fait une offrande aux
dieux pour ce beau coup de filet... Je vais revenir, et nous
pourrons découper le poisson en toute sûreté. » La suite de
l'histoire raconte la catastrophe envoyée par la colère des
dieux, parce que les frères s'étaient mis à manger avant que
le sacrifice fût fait.

Naturellement, le jeûne, qui a cette origine et qui fournit
des occasions à l'homme de se maîtriser lui-même, devient
une pratique de discipline volontaire après que le but primitif est tombé en oubli. Mais il ne perd pas absolument
tout lien avec l'idée que c'est un moyen d'obtenir l'approbation d'une puissance surnaturelle, et la persistance de
cette idée vient à l'appui de la conclusion que nous avons
d'ailleurs trouvée probable.

§ 141. Laissons là ce résultat indirect, que nous n'avons
examiné que sous forme de parenthèse, et reprenons notre
étude des développements qui transforment les offrandes

funéraires en offrandes religieuses : nous arrivons à des observances à peine distinctes de celles dont nous venons de nous occuper, mais qu'il convient d'étudier à part. Je veux parler des actes de propitiation qui consistent à sacrifier aux morts des personnes humaines, et des actes où les personnes qui ne se sacrifient pas sacrifient pourtant une partie d'elles-mêmes.

Nous avons vu que l'immolation de victimes humaines aux funérailles repose sur deux motifs : l'un, la nécessité de fournir des vivres au mort ; l'autre, celle de lui fournir des serviteurs pour la vie future. Nous allons nous occuper de ces motifs dans cet ordre. N'oublions pas que le cannibalisme règne chez les hommes primitifs, et qu'on suppose que l'autre soi d'un homme aime l'aliment dont il se délectait pendant sa vie ; dès lors, chez les cannibales, l'offrande de chair humaine aux morts comme moyen de propitiation est une chose inévitable. Les Fidjiens, ces anthropophages féroces, qui font enterrer des victimes avec eux et dont les chefs divinisés vont rejoindre des dieux « pour qui la chair humaine est encore l'offrande la plus agréable », les Fidjiens nous montrent la série entière des conséquences : le cannibalisme pendant la vie, des esprits cannibales, des divinités cannibales, et des sacrifices humains devenus des rites religieux. Il en était ainsi chez les anciens Mexicains. Les habitudes cannibales de la race qui dominait au Mexique avaient pour cortége le meurtre des esclaves, etc., aux funérailles, aussi bien que celui des prisonniers devant les dieux ; sans doute, pendant la dernière période de la domination de cette race, on ne professait pas ouvertement que les sacrifices humains sur les tombeaux avaient pour but de fournir des vivres aux morts ; mais nous pouvons croire qu'il en était ainsi dans les premiers temps, à voir à quel point on prenait à la lettre

l'idée qu'une victime immolée aux dieux était une offrande
alimentaire : en effet, on arrachait le cœur de la victime,
on le plaçait dans la bouche de l'idole, et on teignait de
sang les lèvres du dieu. Lors donc que Piedrahita nous
raconte que les Chibchas offraient aux Espagnols des hommes
en guise de nourriture, et qu'Acosta, après avoir remarqué
que les Chibchas n'étaient pas cannibales, demande comment « ils pouvaient croire que les Espagnols, ces fils du
soleil (comme ils les appelaient), dussent se délecter des
holocaustes barbares qu'ils offraient à cet astre , nous
devons penser que les sacrifices humains qu'ils faisaient
aux funérailles, comme ceux qu'ils offraient au soleil,
étaient les restes d'un cannibalisme éteint. Nous avons
d'autres faits qui ne nous permettent pas de douter que les
sacrifices humains sur les tombeaux avaient primitivement
pour but de fournir de la chair humaine avec d'autres
aliments à l'âme des morts, et que les sacrifices humains
en tant que rites religieux en sont la conséquence. Il y a
des Khonds qui croient que leurs dieux mangent les hommes
qu'on leur immole; les Tahitiens croyaient que leurs dieux
se nourrissaient des esprits des morts, et c'est pour cela
qu'ils leur en fournissaient par de fréquents massacres;
enfin les Tongans offraient des enfants à leurs dieux, qui
étaient des chefs divinisés. On peut dire la même chose
de l'usage d'immoler des hommes pour en faire des serviteurs du mort. Nous avons déjà vu (§ 104) combien, chez
les sociétés non civilisées ou à demi civilisées, l'usage de
tuer des prisonniers, des esclaves, des femmes et des amis,
pour former un cortége au mort, est commun. Dans quelques pays, on renouvelle ce sacrifice. Chez les Mexicains,
on égorgeait de nouveaux esclaves le cinquième jour après
les funérailles, le vingtième, le quarantième, le soixantième

et le quatre-vingtième. Au Dahomey, les décollations sont fréquentes; on veut que les victimes aillent dans l'autre monde servir le roi défunt et lui porter des messages de la part de son descendant resté sur cette terre. Des sacrifices humains, ainsi répétés en vue de gagner la faveur des esprits des morts, passent évidemment sans solution de continuité à l'état de ces sacrifices humains périodiques, qu'on retrouve communément dans les religions primitives.

Nous avons cité (§ 89), en les empruntant à toutes les parties du monde, des exemples de sacrifices sanglants aux morts. Si ces offrandes n'ont pas de sens à un autre point de vue, elles en ont un en ce qu'elles sont l'œuvre des cannibales primitifs. Que des hommes, comme les bêtes les plus féroces, se plaisent à boire du sang, et le sang de leurs semblables, c'est une chose presque incroyable pour nous. Mais quand on lit dans les récits des voyageurs qu'en Australie « les vengeurs du sang mangent toute crue » la chair humaine; que le chef fidjien Tanoa trancha le bras de son cousin, en but le sang, fit cuire le membre et le mangea en présence de celui à qui il appartenait; que les Vatéens cannibales exhument, font cuire et mangent des corps enterrés quelquefois depuis plus de trois jours; que, chez les Haidahs des États du Pacifique, le taamish, le sorcier inspiré, « saute sur la première personne qu'il rencontre, la mord et avale une ou deux bouchées de chair vivante, arrachée de l'endroit où il a pu planter ses dents, puis qu'il court à d'autres; » que, chez les Noutkas de l'île de Vancouver, le sorcier, au lieu de mordre les vivants, « se contente de ce que ses dents peuvent arracher aux cadavres des cimetières, » nous voyons que des horreurs dont l'imagination ne représente même pas la possibilité se commettent chez les hommes primitifs, et que de

ce nombre est celle de boire du sang humain tout chaud.
Nous pouvons même en conclure que les histoires de vam-
pires des légendes rurales tirent probablement leur origine de faits qui se rapportent à des cannibales primitifs. Enfin nous ne pourrons plus douter que les offrandes
de sang aux morts dont nous avons parlé (§ 89) étaient dans
le principe, comme Burton nous dit qu'elles le sont encore
au Dahomey, « une boisson pour les morts, » D'ailleurs,
comme il n'y a pas beaucoup plus de différence entre boire
du sang des animaux et boire du sang humain qu'il n'y en
a entre manger de la chair d'animaux et manger de la chair
humaine, toute hésitation cesse quand on apprend que
même aujourd'hui les Samoyèdes se délectent à boire du
sang d'animal tout chaud ; on se souvient qu'Ulysse dépeint
les ombres de l'Hadès grec, se pressant en foule pour boire
le sang des sacrifices qu'il leur offre, et y trouvant un
rafraîchissement. Si donc le sang répandu aux funérailles
était primitivement versé pour rafraîchir l'ombre, si, répandu plus tard, comme chez les sanguinaires naturels du
Dahomey, pour obtenir à la guerre l'assistance de l'esprit
d'un roi mort, il est devenu une offrande de sang à un être
surnaturel en vue d'une propitiation spéciale, on ne saurait
douter que l'offrande de sang humain à un dieu pour un
pareil motif ne soit qu'un nouveau développement de cet
usage. Ce qui se passait chez les Mexicains en est une
preuve. Leurs races dominantes descendaient de cannibales
qui avaient fait la conquête du pays : elles avaient des dieux
cannibales dont on nourrissait les idoles avec des cœurs
d'homme ; quand il n'y avait pas eu de sacrifice depuis
longtemps, les prêtres rappelaient aux rois que les idoles
« mouraient de faim » ; on faisait la guerre pour avoir des
prisonniers, « parce que les dieux demandaient à manger ; »

et pour cette raison on sacrifiait chaque année des milliers de victimes. Ajoutons qu'on offrait le sang des victimes séparément; que « les Indiens donnaient à boire à leurs idoles leur propre sang, tiré de leurs oreilles »; « que les prêtres et autres personnes de qualité se tiraient aussi du sang des jambes et en barbouillaient les temples »; enfin que « certains prêtres donnaient de leur sang souvent ou même tous les jours » : tous faits qui montrent la filiation de l'usage. Dans les monuments même des anciennes nations de l'Orient, nous trouvons des offrandes sanglantes communes aux deux ordres de rites. Il y avait chez les Hébreux l'usage de l'effusion volontaire de sang aux funérailles, usage non indigène, du moins emprunté à des voisins. Ce qui le prouve, c'est que le Deutéronome défend aux Hébreux de se faire des incisions en l'honneur des morts. Enfin l'effusion volontaire de sang était une cérémonie religieuse chez les voisins des Hébreux; nous en avons la preuve dans le récit où l'on nous montre les prêtres de Baal se faisant des entailles « jusqu'à ce que le sang en jaillît », pour se rendre leur dieu favorable.

La seule question qui se pose est celle de savoir jusqu'à quel point cette espèce d'offrande propitiatoire a passé dans celle que nous avons maintenant à examiner : le sacrifice d'une partie du corps comme marque de subordination. Nous avons signalé (§ 89) beaucoup d'exemples de mutilation comme rite funèbre, et on n'aurait pas de peine à en rapporter davantage. Chez les Natéotétains de l'Amérique du Nord, une femme s'ampute une phalange d'un doigt à la mort d'un proche parent; aussi voit-on, en conséquence de cet usage, de vieilles femmes n'avoir plus qu'une phalange à chaque doigt des deux mains. A la mort d'un chef salich, c'est la coutume que la femme la plus

courageuse et l'homme qui doit succéder au chef se coupent l'un à l'autre des morceaux de chair et les jettent au
feu avec de la viande et une racine. Pour faire pendant à
ces mutilations, nous trouvons ailleurs, en Amérique, des
mutilations qui sont des observances religieuses. Une
partie des populations du Mexique pratiquaient la circoncision (ou quelque chose d'analogue), et même des mutilations beaucoup plus graves que la circoncision. Les Guan-
cavilcas, peuplade mexicaine, arrachaient trois dents de
chaque mâchoire à leurs jeunes enfants, et ils croyaient
que ce sacrifice était « très-agréable à leurs dieux »;
ailleurs, nous avons vu que l'avulsion d'une dent de devant
est un rite qu'on accomplissait aux funérailles d'un chef
aux îles Sandwich.

Il est un autre genre de mutilation qui se retrouve dans
les deux genres d'observances. On a donné en abondance
des preuves que l'usage de se couper les cheveux aux funérailles est habituel chez les sauvages; on le retrouve aussi
comme sacrifice religieux. Aux îles Sandwich, à l'occasion
de l'éruption volcanique de 1799, après qu'on eut vainement fait plusieurs offrandes aux dieux pour les apaiser,
le roi Tamehameha, dit-on, coupa une partie de sa chevelure, qu'on regardait comme sacrée, et la jeta dans un
torrent, comme l'offrande la plus précieuse. Chaque jour,
les Péruviens offraient des poils par dévotion. « En faisant
une offrande, dit Garcilaso, ils s'arrachaient un poil des
sourcils; et Jos. d'Acosta parle également de sacrifices de
sourcils ou de cils en l'honneur des dieux. Chez les Grecs
même, nous remarquons une semblable observance; en se
mariant, la fiancée sacrifiait une mèche de ses cheveux à
Aphrodite.

Ainsi donc, qu'il s'agisse du sacrifice de victimes humaines, de l'offrande de sang qui coule des blessures du vivant aussi bien que de celles du mourant, de l'offrande de partie du corps, et même des cheveux, nous voyons que les rites funèbres ont pour pendant des rites religieux [1].

§ 142. N'y a-t-il pas d'autres moyens de s'assurer la bonne volonté de ces êtres invisibles? Si les sauvages en général pensent, comme les naturels des îles Aléoutiennes, que l'on doit gagner la faveur des ombres des morts « qui sont capables de faire du bien et du mal », ne se poseront-ils pas cette question et ne trouveront-ils pas une réponse affirmative? Leurs parents aimaient, de leur vivant, à se voir applaudir; et maintenant, quoique invisibles, ils errent autour des vivants; souvent ils les écoutent, et ils aiment toujours à s'entendre louer. De là un autre groupe d'observances.

1. Comme il s'écoulera au moins quelques années avant que je publie la partie de cet ouvrage qui traitera du gouvernement cérémoniel, je crois devoir indiquer brièvement les conclusions où j'arrive au sujet des mutilations corporelles en général, qui s'appuient sur un grand nombre de faits concordants.

Toutes les mutilations ont pour origine les trophées de guerre, que le guerrier vainqueur emporte pour attester ses prouesses. Quand le vaincu a été tué, soit qu'on l'abandonne ou qu'on le mange, on lève naturellement le trophée sans avoir égard au danger que la mutilation peut faire courir à la vie. Mais quand le vaincu est réduit en esclavage, il ne faut pas, pour lever le trophée, tuer le prisonnier, ni diminuer l'utilité de ses services. Ainsi les mutilations infligées aux prisonniers, d'abord conséquence du trophée, impliquent nécessairement la persistance d'une marque portée par le vaincu, c'est-à-dire un signe de subordination. Ces marques, qui ne servent d'abord qu'à distinguer les prisonniers de guerre, deviennent des signes de subordination des tribus assujetties et des individus nés dans l'esclavage. Une fois établies comme signes de soumission à un conquérant et comme signes de la soumission d'une classe, elles deviennent des signes de soumission aux morts, que les vivants s'infligent volontairement pour se rendre les esprits favorables : en premier lieu, l'esprit d'un chef féroce qui inspirait de son vivant une profonde terreur, pour passer ensuite aux esprits de personnes moins importantes, en suivant la marche de tous les usages cérémoniels. A la fin, ils deviennent des rites politico-ecclésiastiques, qui portent avec eux de vagues idées de soumission et d'un caractère sacré, après qu'ils ont perdu leur signification spéciale. Enfin, comme on le voit arriver chez les peuples civilisés, ces marques de subordination deviennent des motifs d'orgueil et prennent le caractère d'une décoration. On se fait des balafres pour réaliser un arrangement de cicatrices qu'on admire, et le tatouage, en prenant de l'extension, devient un ornement.

Dans un ouvrage intitulé *Races indigènes des États du Pacifique*, Bancroft cite, d'après un témoin oculaire, le récit de funérailles où un homme qui portait sur son dos le corps de sa femme à la caverne sépulcrale exprime le sentiment que lui fait éprouver cette perte en célébrant les vertus de la défunte ; d'autres membres de la tribu le suivent en répétant ses paroles. Cet usage, où entre pour une grande partie l'expression naturelle de la privation, contient aussi l'idée de propitiation. Southey nous dit que chez les Tupis, à une fête funèbre, « on chantait à la louange des morts. » Chez les indigènes de la basse Californie, entre autres honneurs rendus au mort, « un quama ou prêtre chante ses louanges ; et chez les Chippeouais on rend cet hommage perpétuel en plaçant sur le tombeau un poteau où « des légendes indiquent le nombre des batailles où le défunt a figuré, et celui des chevelures qu'il a enlevées » : c'est ainsi que, chez nous, on perpétue les louanges des morts par des inscriptions sur la pierre sépulcrale. Certains peuples civilisés d'Amérique ont poussé plus avant l'éloge funéraire. Palacio nous apprend qu'à San-Salvador « on chantait la généalogie et les exploits du mort » pendant quatre jours et quatre nuits. Le Père Simon raconte que les Chibchas « chantaient des hymnes funèbres et les hauts faits du défunt ». De même, en décrivant les funérailles des Péruviens, Cieza rapporte que le cortége traverse le village « en proclamant dans des chants les exploits du chef mort ». On rencontre des observances analogues en Polynésie. Ellis raconte qu'à l'occasion d'une mort, à Tahiti, il entendit des « ballades élégiaques, composées par des bardes, et qu'on chantait pour consoler la famille. » Nous retrouvons le même usage en Afrique. Selon Caillié, les Mandingues font, à l'enterrement, l'éloge du mort. Enfin, chez le grand peuple historique d'Afrique, le même usage avait pris un développement proportionné à l'élaboration de sa vie sociale. Non-seulement les Égyptiens chantaient des hymnes commémoratifs à la mort de leur roi, mais ils prononçaient des louanges du même genre en général pour tout le monde. Il y avait des pleureurs salariés pour dénombrer les vertus du défunt; et quand dans l'antiquité on déposait dans sa tombe un Égyptien de marque, le prêtre donnait lecture d'un papyrus où les exploits du mort étaient relatés, et la multitude, joignant ses louanges à celles du prêtre, faisait entendre une espèce de répons.

Souvent, l'éloge ne finit pas avec les funérailles. Hériot remarque que les Indiens du Brésil « chantent en l'honneur de leurs morts toutes les fois qu'ils passent auprès de leurs tombeaux ». De même, Bancroft écrit que, « pendant long-temps après un décès, les parents se rendent au lever et au coucher du soleil dans le voisinage du tombeau pour chan-ter des hymnes de deuil et de louange. » Garcilaso nous dit qu'au Pérou, pendant un mois après la mort, « on chantait à haute voix les exploits guerriers de l'Inca défunt et le bien qu'il avait fait aux provinces.... Après le premier mois, on répétait la même cérémonie tous les quinze jours, à chaque phase de la lune, et cela durait une année entière. » Prescott raconte que « des bardes et des ménestrels étaient chargés de consigner ses hauts faits, et l'on continuait de répéter leurs chants dans les banquets. »

Le motif de l'usage funèbre est le pendant du motif reli-gieux. Chez les Amazulus, on répète les louanges des morts dans le but avoué de se concilier leur faveur et d'échapper à des châtiments. Un Zulu, répondant aux reproches que lui adresse l'esprit irrité de son frère, lui dit : « Je vous invoque, je vous loue en vous donnant des noms de

louange. » Ce n'est pas tout : « s'il se produit une maladie
dans le village, le fils aîné le loue (le père) en lui donnant
des noms de louange qu'il avait mérités en combattant
contre l'ennemi, et en même temps il loue tous les autres
amatongas » (esprits ancêtres). Les croyances attribuent
aux esprits l'amour des louanges. Après une bonne moisson
pour laquelle le peuple croit devoir beaucoup de reconnaissance aux esprits, le chef du village se sent obligé à un
acte religieux, de peur que les esprits ne lui disent en rêve :
« Comment se fait-il que, après avoir été gratifié d'une si
grande quantité d'aliments, vous ne m'en fassiez aucun
remercîment? » Enfin nous avons la preuve que ce désir
de louage tient à ce que les esprits ancêtres sont jaloux.
Canon Callaway nous montre que lorsqu'on est parvenu à
déterminer, grâce à un devin, celui des esprits ancêtres qui
a infligé une maladie, on lui fait une place à part dans les
louanges qu'on leur adresse. Voici les paroles d'un Zulu
appelé Umpengula Mbanda : « On l'appelle donc le premier, et
on lui dit : Un tel, fils d'un tel, en lui donnant ses noms de
louange; puis on passe à son père, qu'on nomme aussi en
le rattachant à la maladie; on arrive ainsi jusqu'au dernier; et, quand on est au bout, on dit : Vous, gens de
Gouala, vous qui avez fait telles choses (les exploits déjà
mentionnés), venez tous. »

Ainsi, on commence par l'éloge des morts, c'est-à-dire
par un rite funèbre, et l'on passe aux louanges qu'on
répète une fois, puis aux louanges qu'on répète de temps
en temps à des époques fixes, et enfin on s'élève aux
louanges religieuses. Ces deux genres de rites se ressemblent
en ce que les êtres surnaturels les exigent, en ce qu'ils contiennent l'un et l'autre le récit de hauts faits, enfin en ce que
leur motif est d'obtenir des avantages et d'éviter des maux.

§ 143. Une autre analogie se présente, étroitement unie à la précédente. A côté de ces louanges des morts, il y a des prières qu'on leur adresse. Livingstone nous dit que les Banyais « prient les chefs et leurs parents trépassés » ; et Reade nous apprend que dans l'Afrique équatoriale, en temps de détresse, le peuple se rend à la forêt et appelle à grands cris les esprits des morts. Les Amazulus, qui louent les esprits pour les motifs que nous venons de voir, joignent des prières à leurs sacrifices. « Le propriétaire du bœuf, dit l'un d'eux, priait l'Amatonga, disant : Voici un bœuf pour vous, esprits de notre peuple ; et, en priant, il nommait les grands-pères et les grand'mères morts, disant : Voici des vivres pour vous ; je vous prie de me donner la santé du corps, une vie heureuse ; toi, un tel, traite-moi avec miséricorde ; et il appelait par son nom chacun des membres de la famille qui étaient morts. » De même, chez les Veddahs. Ils se croient gardés par les esprits de « leurs ancêtres et de leurs enfants ; à chaque calamité, chaque fois qu'ils ont besoin de quelque chose, ils les appellent à leur aide. » Ils « invoquent leurs ancêtres décédés en les appelant par leur nom. Viens, disent-ils, prends ta part de ceci, protége-nous comme tu faisais de ton vivant ! » D'après Schoolcraft, un Dacotah, partant pour la chasse, prie en ces termes : « Esprits, ayez pitié de moi, et montrez-moi où je pourrais trouver un daim. » Turner dit que les Vatéens, qui « adorent les esprits de leurs ancêtres, les implorent sur la terre de Kava, pour en obtenir la santé et la prospérité. » A propos des Néo-Calédoniens, leurs voisins, il dit qu'ils sacrifient les prémices de leurs fruits à leurs morts et à leurs chefs divinisés, que le chef vivant prie à haute voix en ces termes : « Tendre père, voici des vivres pour vous ; mangez ; en conséquence, soyez bon pour nous. »

Le seul point de différence qui distingue les prières de ce genre de celles que les races plus civilisées adressent à leurs dieux, c'est l'origine ou la nature supposée des êtres surnaturels auxquels les prières s'adressent. Dans l'*Iliade*, Chrysès, prêtre d'Apollon, s'écrie : « O Sminthius, si jamais j'ai décoré d'un toit ton temple charmant, et si j'ai brûlé pour toi des cuisses grasses de taureaux et de chèvres, exauce ma demande. Fais payer mes larmes aux Grecs par tes flèches. » De même, Ramsès, invoquant le secours d'Ammon dans la bataille, lui rappelle les trente mille taureaux qu'il lui a immolés. Cette demande de secours en retour des biens qu'on a donnés est au fond d'une ressemblance parfaite avec la demande déjà citée. Entre le Troyen ou l'Égyptien, et le Zulu ou le Néo-Calédonien, nulle différence dans le sentiment ou dans l'idée.

Naturellement, à mesure que marche l'évolution mentale, des modifications s'introduisent dans les prières, comme dans les idées qui s'y associent. Les prophètes hébreux qui, dans les derniers temps, nous disent que le Dieu hébreu ne prend aucun plaisir au parfum des offrandes, étaient évidemment assez avancés pour renoncer à ce genre grossier de maquignonnage religieux qui veut des profits matériels proportionnés aux sacrifices matériels. Mais il est clair aussi, d'après les protestations de ces prophètes, que le peuple hébreu en général n'avait pas abandonné ses croyances et ses usages primitifs. Mais, si l'idée que les peuples à demi civilisés attachent à ces usages ne revêt pas la même forme que celle des peuples sauvages, elle est la même au fond. Le chevalier du moyen âge, qui implore le secours de la Vierge ou d'un saint, et fait vœu de bâtir une chapelle s'il échappe au danger, suit la même politique que le sauvage qui trafique avec l'esprit ancêtre et échange une protection contre des vivres.

§ 144. Il y a entre ces deux ordres de rites d'autres analogies que je ne peux exposer complétement faute d'espace. Je ne donnerai qu'un paragraphe à chacune d'elles.

Les Africains orientaux, rapporte Livingstone, croient « que les esprits des morts savent ce que font ceux qu'ils ont laissés ici-bas, qu'ils sont contents ou non, selon que les actes de ces derniers sont bons ou mauvais. » Selon Schoolcraft, les Dacotahs, au milieu de leurs lamentations funèbres, promettent à l'esprit du défunt de se bien conduire. Ces promesses attestent la crainte de la réprobation de l'esprit ancêtre, de même que chez les races civilisées la crainte de la réprobation de Dieu en fait faire de semblables ; on recherche par les mêmes motifs l'approbation de l'esprit ancêtre comme celle de Dieu.

Il y a aussi des faits qui montrent que la repentance a pour cause la réprobation des esprits. Vambéry, qui nous fait connaître les idées et les sentiments des Turcomans, nous dit « qu'il n'est pas pour le vivant de plus grand châtiment que celui d'être accusé devant l'ombre de son père ou d'un ancêtre. Pour dénoncer l'accusation, on plante une lance sur la tombe… Oraz ne vit pas plus tôt la lance fixée sur le yorka de son grand-père, qu'il profita du silence de la nuit suivante pour ramener le cheval à la tente du mollah, et il l'attacha à la place qu'il occupait auparavant. Cet acte de restitution, me disait-il lui-même, lui sera dur pendant longtemps. Mais cela vaut mieux que de troubler le repos d'un de ses ancêtres. »

Nous lisons dans les récits de Morgan sur les Iroquois qu'une « partie importante des cérémonies de deuil en l'honneur des Sachems consistait à répéter leurs anciennes lois ». Nous retrouvons là une analogie avec la répétition des injonctions divines qui prend place dans certains services religieux.

Il n'est pas rare d'observer un rite funèbre qui consiste à allumer un feu sur le tombeau, pour l'avantage du mort ; quelquefois on voit le feu entretenu, ou rallumé pendant un laps de temps considérable. Rapprochons de ces faits les usages des Egyptiens et des Romains, qui entretenaient des lampes sur les tombeaux et dans les sépulcres, et nous verrons dans l'entretien du feu sacré dans un temple un nouvel exemple de la transformation des rites funèbres en rites religieux.

Un caractère naturel des funérailles consiste en des expressions de douleur émises spontanément par les personnes qui perdent un parent ; ces expressions deviennent des rites funèbres : quelquefois, dans les sociétés avancées, on les renforce par les cris de pleureurs salariés. Il en était ainsi chez les anciens Egyptiens ; chez le même peuple, les gémissements étaient aussi un rite religieux. Une fois par an, ils offraient les prémices de leurs fruits à l'autel d'Isis avec « des lamentations plaintives ». A Busiris, où, dit-on, se trouvait la sépulture d'Osiris, il y avait une fête annuelle, où les fidèles, ayant jeûné et mis des habits de deuil, se lamentaient autour de l'autel où fumait le sacrifice ; le sujet des lamentations était la mort d'Osiris. Naturellement, les partisans de la théorie des mythes naturalistes trouvent un sens symbolique dans cette observance ; mais les autres trouveront très-significative cette nouvelle ressemblance entre les rites funèbres et les rites religieux chez un peuple qui offrait à ses morts vulgaires des sacrifices aussi étudiés et qui tenait à ses coutumes avec une fidélité dont il n'existe pas un autre exemple.

Si le sauvage n'aime pas à révéler son nom, parce qu'il craint de tomber sous la puissance de celui qui l'apprend, il n'aime pas davantage à dire le nom des morts : il suppose

que leur colère serait éveillée si quelqu'un venait à exercer
sur eux la puissance que donne la connaissance de leur
nom. Ce sentiment est tellement fort chez les Malgaches,
que, d'après Dury, « ils font un crime de nommer les morts
du nom qu'ils portaient de leur vivant. » De même, les diverses races à demi civilisées ont interdit, comme inconve-
nant, de nommer les dieux par leur vrai nom. Il en est ainsi
chez les Hindous, qui évitent de prononcer le nom sacré Om ;
il en était ainsi chez les Hébreux, et c'est pour cela que la
prononciation du mot Jéhovah n'est pas connue ; enfin Hérodote évite avec soin de nommer Osiris.

Chez les Cafres, la tombe d'un chef est un asile. Dans les
récits de Mariner sur les îles Tongas, nous lisons que les cimetières où l'on ensevelit les grands chefs sont sacrés, au
point que les ennemis qui s'y rencontrent doivent se regarder comme des frères. Nous trouvons là le germe du droit
d'asile que possédaient les temples des dieux chez les peuples plus avancés.

Les visites aux tombeaux pour y porter des vivres, pour
y répéter les louanges, pour implorer des secours, impliquent un voyage ; et ce voyage, court si le tombeau n'est
pas éloigné, devient, s'il est loin, un pèlerinage. La preuve
que telle est l'origine du pèlerinage, nous la trouvons dans
la description que nous fait Vambéry de certaines tribus de
Turcomans, qui regardent comme un martyr un de leur
membre qui a été tué, ornent son tombeau, « vont en pèlerinage au saint lieu, et y implorent avec des larmes de con-
trition l'intercession d'un brigand canonisé. » La piété
filiale revêt une forme plus étendue à mesure que l'esprit de
l'ancêtre cède le pas à l'esprit de l'homme éminent, et le
pèlerinage à la sépulture d'un parent se transforme en un
pèlerinage religieux. C'est toujours un tombeau qui est le

terme du voyage : la cité où Mahomet a été enseveli aussi
bien que celle où il est né ; la tombe de Baha-Eddin, considéré comme un second Mahomet ; le tope qui contient des
reliques de Bouddha ; le sépulcre du Christ. Le pèlerinage
de Cantorbéry nous rappelle que les tombeaux des saints
ont été et sont encore sur le continent des buts de pèlerinage chez les chrétiens.

Ajoutons un autre point d'analogie. Quelquefois, les vivants mangent une partie du mort et cherchent par là à s'inspirer à eux-mêmes les qualités du défunt ; et nous avons
vu (§ 133) que l'on suppose que les morts sont honorés par
cet acte. On a vu qu'au fond de cette notion il y en avait une
autre d'après laquelle la nature d'un être, inhérente à tous
les fragments de son corps, l'est aussi à la partie non consommée d'un objet incorporé en lui ; c'est-à-dire qu'une
opération accomplie sur les restes de ses aliments devient
une opération accomplie sur les aliments qu'il a avalés et
par conséquent sur sa personne même. Il y a autre chose
encore : c'est qu'il s'établit quelque chose de commun entre
ceux qui avalent des parties différentes d'une même nourriture. De là des croyances du genre de celles que Bastian
attribue à certains nègres qui pensent « que, en mangeant et
en buvant des aliments consacrés, ils mangent et boivent le
dieu même, » un dieu qui est un ancêtre et qui a pris sa
part de l'aliment. Il existe chez certains sauvages des cérémonies qui reposent sur cette conception, par exemple
celle du choix d'un Totem. Chez les Indiens Mosquites, « la
manière usitée pour obtenir ce gardien consistait à aller en
quelque lieu écarté pour offrir un sacrifice : une bête sauvage, ou un oiseau apparaissait ensuite en rêve ou en réalité
au suppliant, qui s'engageait dans une alliance pour la vie,
en se tirant du sang de diverses parties du corps. » L'ani-

mal choisi aurait bu ce sang, gage de l'alliance, et la vie de l'animal « devenait tellement unie à celle du Mosquite, que la mort de l'un entraînait celle de l'autre [1]. » Remarquez maintenant que dans les mêmes régions cette idée reparaît sous forme d'une observance religieuse. Sahagun et Herrera parlent d'une cérémonie qu'ils appellent « manger le dieu ». Mendieta, qui décrit cette cérémonie, dit qu'ils « avaient aussi une espèce d'eucharistie. Ils fabriquaient de petites idoles avec des graines... et les mangeaient comme si c'était les corps de leurs dieux, ou en mémoire d'eux. » Comme les graines étaient en partie unies par le sang d'enfant qu'on immolait, et que leurs dieux étaient cannibales; comme Huitzilopochtli, au culte duquel ce rite appartenait, était le dieu à qui l'on sacrifiait le plus de victimes humaines, il est clair que le but qu'on voulait atteindre était une communion avec le dieu en prenant la même nourriture que lui. De sorte que l'usage qui, chez certaines peuplades américaines de même famille, était un rite funèbre, par où les survivants cherchaient à s'inspirer les vertus du mort et à se lier au dieu, s'est transformé, chez les peuples plus civilisés, en une observance au fond de laquelle était l'idée d'inspiration par un dieu et de fidélité à ce dieu.

§ 145. Nous venons de voir que des faits nombreux et de genres divers justifient ce que nous avons avancé à la fin du

---

1. Nous avons une clef de diverses cérémonies étranges dont les hommes se servent pour s'attacher les uns aux autres. « Boire le sang l'un de l'autre, écrit Michelet dans les *Origines du droit français*, c'était pour ainsi dire se faire me me chair. » Ce symbole si expressif se retrouve chez un grand nombre de peuples ! » Et l'auteur cite des faits empruntés à divers peuples anciens; mais, comme nous le voyons, cet usage n'était pas primitivement un symbole (nul usage ne *commence* par être un symbole); mais c'était le résultat de la croyance que l'on établissait par là une communauté de nature, qu'on se donnait une puissance pour agir l'un sur l'autre. Évidemment, l'usage d'échanger les noms entre sauvages provient d'une croyance de même ordre.

dernier chapitre. Nous avons indiqué que les âmes des morts, que les sauvages se représentaient tantôt comme des agents bienfaisants, mais surtout comme des causes de maux, pouvaient être l'objet de traitements divers ; qu'on pouvait les tromper, leur résister, les chasser ou les traiter de manière à s'assurer probablement leur bon vouloir et apaiser leur colère. Nous avons dit que toutes les observances religieuses tiraient leur origine de cette dernière méthode. Nous avons vu qu'il en est ainsi.

Le lieu sacré primitif est celui où sont les morts et que leurs esprits sont censés fréquenter ; la caverne, la maison, la construction qui abrite le mort devient la chambre ou le temple sacré. Le lieu où l'on dépose des offrandes pour le mort devient le support sacré des offrandes, l'autel. Les aliments, les boissons et les autres choses que l'on dépose pour le mort sur sa tombe, deviennent des sacrifices et des libations pour les dieux ; d'autre part, les victimes immolées, les offrandes de sang, les mutilations, le sacrifice de la chevelure en usage primitivement sur les tombeaux, deviennent plus tard, devant les idoles, des signes de fidélité aux dieux. Le jeûne, rite funèbre, passe à l'état de rite religieux ; l'usage des lamentations se retrouve aussi sous les deux formes. Les louanges des morts chantées aux funérailles et plus tard en d'autres occasions, notamment à certains jours de fête, se transforment en des louanges qui font partie du culte religieux ; les prières adressées aux morts pour en obtenir des secours, des bénédictions, deviennent des prières adressées aux dieux pour en obtenir les mêmes avantages. On se concilie également par des sacrifices spéciaux la faveur des esprits ancêtres censés causes de maladies, et celle des dieux qui envoient des épidémies : les motifs qu'on attribue aux esprits et aux dieux sont du même genre, et la manière de faire appel à ces motifs est la même. Le parallélisme se retrouve dans tous les détails. La surveillance de la conduite des vivants appartient aux esprits comme aux dieux; on fait aux premiers comme aux seconds des promesses de se bien conduire ; on fait pénitence devant les uns comme devant les autres. On répète dans certaines circonstances les injonctions laissées par les morts, comme on répète les injonctions divines. On entretient des feux sur les tombes et dans les chambres sépulcrales, comme on en entretient dans les temples. Quelquefois les lieux de sépulture servent de lieux de refuge, comme les temples. On garde pour le nom du mort le secret, comme pour le nom d'un dieu, dans certains cas. On fait des pèlerinages aux tombeaux des parents; on en fait aussi aux tombeaux des personnes réputées divines. En Amérique, enfin, des peuplades peu civilisées cherchaient à unir le vivant et le mort, par une méthode qui fît participer le premier des qualités de l'esprit du mort ; une race américaine plus civilisée a cherché par une méthode analogue à unir l'homme à la divinité par une cérémonie analogue qui établit entre eux une communauté de nature.

Des ressemblances si nombreuses et si variées ont-elles pu naître autrement que par l'effet d'une genèse ? Supposez que les deux groupes de faits n'ont aucun rapport entre eux; supposez que les hommes primitifs aient, comme certains le pensent, la conscience d'une Puissance universelle, d'où eux-mêmes et toutes les autres choses procéderaient. Est-il probable qu'ils accomplissent à l'égard de cette Puissance un acte semblable à celui qu'ils font à l'égard du cadavre d'un de leurs frères sauvages comme eux? Si cela n'est pas probable, est-il probable qu'ils en fassent deux, quatre ou tel nombre qu'on voudra ? S'il n'y a pas entre les deux ordres de rites une relation de cause à effet,

il y a l'infini à parier contre un que cette correspondance
n'existera pas.

De plus, si les deux séries de rites ont une racine commune, nous pouvons voir comment il se fait qu'elles existent en même temps sous les mêmes formes sans autre
différence qu'une élaboration plus ou moins grande. Mais,
sans cela, comment se ferait-il que les deux séries de rites
aient été ou soient simultanément observées d'une manière
semblable ? En Égypte, aux funérailles, et plus tard sur les
tombeaux, on louait les morts et on leur offrait des sacrifices, de la même manière qu'on louait les dieux et qu'on
leur offrait des sacrifices. Chaque jour, au Mexique, on
faisait des oblations funèbres d'aliments et de boissons ;
on égorgeait des serviteurs ; on offrait des fleurs, exactement comme il y avait des observances de même genre
en l'honneur des dieux. Les Péruviens versaient le sang
humain sur les sépulcres et l'offraient aux idoles ; ils sacrifiaient des victimes au chef mort et des victimes aux
dieux ; ils coupaient leurs cheveux en l'honneur du mort, et
ils offraient leur chevelure au soleil ; ils louaient et priaient
des cadavres embaumés, comme ils louaient et priaient
leurs divinités ; ils se prosternaient devant les uns comme
devant les autres. Si, entre le père considéré comme ancêtre et le père considéré comme divinité, il n'y a rien qui
serve de lien, cette communauté d'observances ne saurait
s'expliquer.

Et ce n'est pas tout. Si les rites religieux ne dérivaient
pas des rites funèbres, il n'y aurait pas moyen de comprendre la genèse de cérémonies en apparence aussi absurdes. Comment des hommes ont-ils pu en venir à penser,
comme les Mexicains, qu'une tasse de pierre pleine de
sang humain serait agréable au soleil ? ou que le soleil

prendrait plaisir à la fumée de l'encens, comme le croyaient les Égyptiens ? Par quelle voie peut-on imaginer que les Péruviens en sont venus à croire qu'on pouvait acquérir la faveur du soleil en soufflant vers lui des poils arrachés aux sourcils, ou qu'en faisant la même chose du côté de la mer on apaiserait sa colère ? De quel antécédent est venue une idée aussi étrange que celle des Santals, qui adorent « la grande montagne » et lui sacrifient des bêtes, des fleurs et des fruits ? Comment un peuple de l'antiquité a-t-il pu penser qu'il plairait au créateur du monde en déposant sur un autel du pain, du vin et de l'encens, choses qu'un autre peuple de l'antiquité, voisin du premier, déposait sur des autels devant des momies ? On ne saurait du tout admettre l'hypothèse que l'homme primitif agit gratuitement d'une manière irrationnelle. Mais si ces rites religieux, en apparence aussi irrationnels, proviennent de rites funèbres, nous ne pouvons plus nous étonner de leur absurdité.

Nous avons donc de nombreux témoignages qui convergent tous comme vers un foyer, et suffisent par eux-mêmes à dissiper les doutes qui pouvaient s'élever au sujet de cette genèse naturelle des observances religieuses. On peut suivre sur plusieurs voies la transformation évolutive des rites funèbres en culte des morts et enfin en culte religieux, et on l'aperçoit clairement. Nous la verrons plus clairement encore en examinant d'autres faits à d'autres points de vue.

CHAPITRE XX

§ 146. Il existe des peuplades complétement dépourvues d'idées d'êtres surnaturels ou qui n'en ont que des idées très-vagues. Des témoignages qui nous viennent de toutes les parties du monde, et que nous apportent des voyageurs appartenant à des nations et à des croyances différentes, nous en donnent la preuve. « Lorsque le P. Junipero Serra fonda la mission de Dolorès, en 1776, les rivages de la baie de San-Francisco portaient une population dense formée d'Ahouashtis, d'Ohlones, d'Altahmos, de Romanons, de Tuolomos et d'autres tribus. Le bon père trouva le champ libre, car, dans le vocabulaire de ces peuples, il n'y a pas de mot pour signifier dieu, ange ou diable ; ils n'ont aucune théorie de notre origine ou de notre destinée. » Ce témoignage, rapporté par Bancroft au sujet des Indiens de Californie, correspond à ceux des anciens auteurs espagnols au sujet des peuples de l'Amérique du Sud. Garcilaso a dit que « les Chirihouanas et les indigènes du cap de Pasaou... n'avaient aucun penchant à adorer rien d'élevé ou de bas, ni pour des motifs d'intérêt ni pour des motifs de crainte.

Balboa parle de tribus sans aucune religion que l'Inca Yupanqui aurait rencontrées; et Avendagno affirme que de son temps les Antis n'avaient aucun culte. Sir John Lubbock cite beaucoup de faits de ce genre, et on peut en chercher d'autres dans la *Civilisation primitive* de M. Tylor. Seulement je suis d'accord avec M. Tylor à penser que les faits impliquent d'ordinaire quelque idée, vague et inconsistante si l'on veut, d'un retour à la vie de l'autre soi. Quand cette idée n'est pas parvenue à l'état de croyance arrêtée, elle est du moins la substance d'une croyance, ce que prouvent les rites funèbres et la crainte qu'on a des morts.

Sans résoudre la question de savoir s'il y a des hommes chez qui les rêves n'ont pas donné lieu à la notion d'un double errant, et l'idée qui est la conséquence de celle-ci, qu'à la mort le double errant est parti pour un long voyage, il est incontestablement vrai que la première conception d'un être surnaturel qu'on puisse découvrir est celle d'un esprit. Cette idée existe partout où nulle autre idée du même ordre n'existe, et elle existe encore quand une quantité innombrable d'idées du même ordre existent.

Cette croyance à un double qui survit, se produit chez les sauvages et se reproduit perpétuellement chez les peuples civilisés. Voilà un fait d'une grande signification. Fût-il seul, il suffirait à montrer que l'esprit revenant est le type primitif de l'être surnaturel. Tout ce qu'il y a de commun aux esprits des hommes à tous les degrés de civilisation doit avoir dans la pensée des racines plus profondes que ce qu'il y a de particulier aux esprits des hommes aux degrés supérieurs; et, s'il arrive que l'on puisse obtenir le dernier produit par des modifications et l'expansion du produit primitif, il faut admettre qu'il s'est formé de cette ma-

nière. Ce point admis, nous allons voir que les faits sur
lesquels portera notre examen justifient cette conclusion.

§ 147. A mesure que la notion d'esprit revenant sort de
cet état primitif de vague et de variabilité que nous avons
indiqué plus haut, pour devenir une foi définie et déclarée,
le désir de se concilier la faveur de l'esprit, et les tentatives
pour l'obtenir, naissent naturellement ; aussi pouvons-nous
nous attendre à rencontrer un culte des ancêtres plus ou
moins développé, presque aussi répandu que la croyance
à des esprits revenants. C'est en effet ce que nous trouvons.

Déjà, dans les chapitres précédents et surtout dans le
dernier, nous avons donné un grand nombre de faits qui
prouvent indirectement que le culte des ancêtres existe
non-seulement dans les sociétés non civilisées appartenant
à des races de types très-différents, mais aussi dans des
sociétés civilisées sans lien de parenté, ou qu'il y a existé.
Ajoutons, sous une forme rapide, les faits qui le prouvent
directement.

Lorsque le niveau de l'intelligence et du progrès social
est très-bas, nous ne trouvons pas d'idées religieuses en
général, et en même temps nous ne trouvons pas de culte
des ancêtres, ou il n'en existe qu'une forme très-peu développée. Un exemple type est celui des Juangs, peuplade
sauvage du Bengale qui, dit-on, n'a pas de mot pour désigner Dieu, ni aucune idée d'une vie future, ni cérémonies
religieuses, et qui « n'auraient non plus aucune idée d'une
vie future ». Cook, qui raconte l'état des Fuégiens avant
que le contact des Européens eût introduit parmi eux des
idées étrangères, dit qu'il n'existait pas chez eux l'ombre
d'une religion ; mais il raconte, et d'autres nous l'appren-

nent comme lui, que les Fuégiens avaient le culte des ancêtres. Autant qu'on peut se fier à de rares témoignages, il
semble qu'il en est de même des Andamènes. Les Australiens, dont les idées se sont sans doute altérées au contact
des hommes civilisés, mais qui ont évidemment une
croyance indigène à l'existence d'esprits revenants, ne paraissent pas persévérer dans la coutume de gagner la faveur des esprits. Les Tasmaniens, qui croyaient à l'intervention malfaisante ou bienfaisante des esprits, ne paraissaient pas avoir fait beaucoup d'efforts pour se concilier
luer bon vouloir. Chez les Weddahs, encore que cette race
soit très-inférieure, un culte des ancêtres actifs, quoique
simple, est la seule ou à peu près la seule religion ; seulement nous pouvons croire que le contact des Weddahs avec
des Cingalais plus civilisés a probablement modifié leurs
idées.

Mais quand, au lieu de groupes errants toujours prêts à
laisser derrière eux les lieux où leurs membres sont ensevelis, nous considérons les groupes fixes, qui gardent au
milieu d'eux leurs lieux de sépulture, ce qui permet aux
rites funèbres de se développer, nous reconnaissons que
la propitiation des esprits y est un usage établi. Toutes
les variétés du genre humain nous le montrent. Voyons
d'abord les Négritos. « Chez les Fidjiens, aussitôt que des
parents chéris rendent le dernier soupir, ils prennent place
dans la famille des dieux. On élève à leur mémoire des
bures ou temples, etc. Même croyance chez les Tannais.
« Le nom général de leur langue pour désigner les dieux,
dit Turner, paraît être Arunba, ce qui veut dire un
homme mort. » On nous raconte la même chose d'autres
peuplades néo-calédoniennes. Chez les Malayo-Polynésiens, plus avancés, c'est la même chose ; mais, à côté du

simple culte des ancêtres, existe réellement chez eux un
culte plus développé d'ancêtres plus lointains devenus des
dieux. En sacrifiant à leurs dieux, les Tahitiens sacrifient
aussi aux esprits de leurs chefs ou de leurs parents morts.
On dit la même chose des naturels des îles Sandwich, des
Samoans, des Malgaches et des indigènes de Sumatra. Ce
dernier peuple, nous dit Marsden, encore qu'il n'ait aucun
culte, de dieu, de diable ou d'idoles, ne laisse pas de
« vénérer presque au point de les adorer les tombes ou
mânes de leurs ancêtres morts ». Même chose en Afrique.
Livingstone affirme que le peuple d'Angola « est sans cesse
occupé à détourner la colère des âmes trépassées » ; il ajoute
que les Bambiris « prient pour les chefs et les parents
morts ». C'est ainsi que, d'après Shooter, chez les Cafres,
« on élève au rang des dieux » les esprits des morts. On
fait des récits du même genre sur le peuple de Balonda, les
Wanika et ceux du Congo. Encore qu'appartenant à un type
tout différent, les races asiatiques inférieures nous présentent des exemples analogues. Nous entendons affirmer que
le culte des ancêtres existe chez les Bhils, les Bghais, les
Karens, les Khonds. D'après Hunter, le culte des Santals
« est basé sur la famille », et « chaque maison, outre le dieu
familial, adore les esprits des ancêtres. » Si nous pouvions
avoir quelque doute sur la question de savoir comment le
dieu familial s'est formé, il tomberait devant les renseignements que Macpherson nous donne sur le culte des ancêtres
chez les Khonds. Les pères les plus distingués de la tribu,
de ses branches, ou de ses subdivisions, sont tous représentés par des prêtres ; leur sainteté grandit à mesure que
l'époque de leur mort s'éloigne. Nous rencontrons d'autres
exemples chez les peuples asiatiques du Nord, et naguère
encore on citait les Turcomans comme un témoignage de la

persistance du culte des morts à côté d'un monothéisme nominal. En Amérique, nous rencontrons le même fait de l'extrême nord à l'extrême sud, depuis les Esquimaux jusqu'aux Patagons : et, chez les anciennes races civilisées, ainsi que nous l'avons vu, le culte des ancêtres était très-développé.

Nous avons déjà vu comment, dans le monde ancien, le culte des ancêtres s'était établi et développé d'une façon très-compliquée, chez le peuple de la vallée du Nil, qui fit faire le premier de grands progrès à la civilisation. Il n'est pas besoin de dire comment, dans l'extrême Orient, une autre grande société, qui s'est élevée aussi à une hauteur remarquable dans la civilisation, à une époque où l'Europe n'était couverte que de barbares, a pratiqué et pratique encore le culte des ancêtres. Ce culte a toujours été le caractère de la civilisation indoue ; mais c'est un fait qu'on sait moins. A côté du système religieux très-compliqué de l'Inde, des hommes morts fournissent incessamment à une nouvelle genèse de dieux. Ainsi que M. A. C. Lyall le montre dans son travail intitulé : *Religion d'une province de l'Inde* (Fortnightly Review, f. 1872), l'apothéose est une chose normale qu'on peut constater partout dans ce pays. « Aussi loin, dit-il, que j'ai pu remonter à la recherche des origines des mieux connues d'entre les divinités mineures des provinces, j'ai trouvé que des hommes appartenant à des générations passées ont gagné, par suite de quelque acte particulier comme aussi de quelque accident de leur vie ou de leur mort, l'honneur d'être rangés au nombre des esprits dépourvus de corps... Les Bunjaras, tribu tout adonnée au brigandage, adorent un bandit fameux... M. Raymond, le commandant français mort à Haïderbad, y a été canonisé à la mode du pays... Parmi les nombreux dieux locaux connus pour avoir été des hommes vivants, la partie de beaucoup la plus grande provient de la canonisation qu'on accorde d'ordinaire aux saints personnages... Le nombre des autels élevés dans le Bérar aux anachorètes seuls et aux personnages morts en odeur de sainteté est immense et s'accroît sans cesse. Il en est même qui se sont déjà élevés à l'importance de véritables temples. »

Maintenant que nous avons observé la genèse naturelle du culte des ancêtres, la place immense qu'il occupe sur le globe, la persistance avec laquelle il dure encore chez les races civilisées à côté de formes de culte plus développées, laissons le point de vue externe de cette question et passons au point de vue interne. Étudions-le, autant que nous le pourrons, en nous plaçant au point de vue de ceux qui pratiquent ce culte. Heureusement, nous avons sous la main deux exemples, l'un de la forme la plus rudimentaire, l'autre de la forme la plus avancée, exprimés dans la langue même de peuples qui pratiquent ce culte.

§ 148. Les Amazulus, dont les idées ont été recueillies avec soin, de leurs propres lèvres, par Canon Callaway, nous donnent le premier. Voici les rapports ressemblants, malgré de légères différences, que nous devons à divers témoins.

« Les anciens disent que ce fut Unkulunkulu qui donna naissance aux hommes et à tout ce qui existe, bétail et animaux sauvages.

« On dit qu'Unkulunkulu est l'auteur du soleil et de la lune, comme de toutes les choses de ce monde : nous disons aussi qu'Unkulunkulu a fait le ciel lointain.

« Quand les blancs disent Unkulunkulu, ou Uthlanga [1],

---

1. Canon Callaway nous dit qu'*Uthlanga* est un roseau, rigoureusement parlant, qui est capable d'*émettre des rejetons*. Il pense que c'est en vertu de

ou le Créateur, ils veulent dire une seule et même chose.

« On dit : Unkulunkulu est devenu un être, et il a engendré les hommes : il leur a donné l'être; il les a engendrés.

« Il a engendré les anciens il y a longtemps; ils sont morts et ont laissé après eux des enfants; ils en ont engendré d'autres, leurs fils; ils sont morts : ils en ont engendré d'autres; c'est ainsi qu'à la fin nous avons entendu parler d'Unkulunkulu.

« Unkulunkulu n'est plus connu; c'est lui qui fut le premier homme; il sortit au commencement.

« Unkulunkulu parla aux hommes, disant : Moi aussi, je suis sorti d'un lit de roseaux.

« Unkulunkulu était noir, car nous croyons que tous ceux dont nous sommes sortis sont noirs, et leur poil est noir. »

Remarquons que, dans ce passage et dans d'autres que nous ne citons pas, il y a des inconséquences; par exemple, on dit tantôt que c'est un roseau, et tantôt un lit de roseaux, d'où est sorti Unkulunkulu; notons ensuite que depuis l'arrivée des immigrants européens ce *credo* primitif a varié. On voit dans une phrase qu'il y avait d'abord deux femmes dans un lit de roseaux; l'une donna naissance à un homme blanc et l'autre à un homme noir. Maintenant, voyons ce que veut dire Unkulunkulu. D'après Canon Callaway, ce mot « exprime l'antiquité, la vieillesse, littéralement le très-vieux, à peu près le sens que les Anglais donnent au mot arrière-arrière-grand-père. » De sorte que, en quelques mots, la croyance des Amazulus est que, d'un

---

cette métaphore qu'il en est venu à « signifier une source d'être ». Nous trouverons plus tard une bonne raison de croire que la tradition ne prend pas naissance dans une métaphore aussi forcée, mais d'une manière plus simple.

roseau ou d'un lit de roseaux, est venu l'ancêtre le plus lointain qui a créé toutes les autres choses. Ajoutons pourtant que les Amazulus ne font que reconnaître nominalement cet ancêtre lointain ; ils se bornent à pratiquer la propitiation à l'égard de leurs ancêtres plus proches, qui sont des Unkulunkulus secondaires, qu'ils appellent quelquefois par le changement d'une lettre Onkulunkulus. Les idées qu'ils se font de leurs ancêtres éloignés et proches, comme aussi de leur conduite à l'égard de ces ancêtres, peuvent se déduire des passages suivants :

« On dit qu'Unkulunkulu, qui est sorti du lit de roseaux, est mort.

« Par là, il est évident qu'Unkulunkulu n'a plus de fils qui puisse l'adorer... ceux qui donnent des noms de louange à Unkulunkulu ne sont plus.

« Toutes les nations (lisez peuplades) ont leur Unkulunkulu. Chacun a le sien.

« Utchange est le nom de louange de notre maison ; c'est le premier nom de notre famille, notre Unkulunkulu, qui a fondé notre maison.

« Nous adorions ceux que nous avions vus de nos yeux, que nous avions vus vivre et mourir parmi nous.

« Tout ce que nous savons, c'est que les jeunes et les vieux meurent, et que l'ombre nous quitte. Notre Unkulunkulu, à nous noirs, est celui que nous prions en faveur de notre bétail, que nous adorons, en lui disant : Père ! Nous lui disons Udhlamini ! Ubhadebe ! Umutimkulu ! Uthlomo ! Que j'aie ce que je désire, Seigneur ! Que je ne meure pas, et que je marche longtemps sur la terre. Les vieilles gens le voient de nuit dans leurs rêves. »

Dans ce passage, nous trouvons le culte des ancêtres sous une forme légèrement développée : c'est un culte d'ancêtre non historique. Il ne s'est pas produit de personnage assez saillant pour conserver durant plusieurs générations son individualité distincte et pour subordonner à la suprématie les individualités traditionnelles moindres.

§ 149. Les peuples plus sédentaires et plus avancés nous présentent une forme supérieure du culte des ancêtres. A côté du culte des ancêtres récents et locaux se forme un culte d'ancêtres morts à une époque plus reculée, qui, grâce au souvenir de leur puissance ou de leur situation, ont acquis la suprématie dans l'opinion générale. Il ne faut pas beaucoup de faits pour montrer la vérité de ce que nous disons, car nous la connaissons parfaitement d'après les usages des anciens, tels que l'histoire les décrit ou les fait supposer, dit Grote : « Dans les croyances des anciens sur le passé, les idées de culte et celles des ancêtres se fondaient ensemble : toute association, grande ou petite, où il existait un sentiment d'union actuelle, faisait remonter cette union à quelque ancêtre commun, et cet ancêtre était dès lors le dieu que les membres de cette union adoraient, ou un être semi-divin très-étroitement uni à ce dieu. » Enfin, nous trouvons en d'autres pays, au Pérou par exemple, cette forme développée du culte des ancêtres, où, à côté du culte rendu à des ancêtres dont l'existence ne remonte pas au delà d'un certain nombre de générations, il s'est formé un culte plus répandu de certains ancêtres dont les liens de parenté se sont perdus dans la nuit des temps. Le culte du soleil et le culte des Incas existaient au Pérou à côté d'un culte local très-vivant des aïeux. Avendagna, qui reproduit les réponses affirmatives qu'on faisait à ses questions, dit : « Chacun de nos ancêtres... adorait les *marcayocc*, le fondateur, ou l'ancien du village, d'où vous êtes sorti. Il n'était

pas adoré par les Indiens d'un autre village, parce que
ceux-ci avaient un autre *marcayocc*. » Avant tout, remarquons que chez les races sédentaires d'Amérique, dont les
traditions sont mieux conservées, on peut voir, dans les
croyances qui y sont professées, leurs ancêtres les plus
éloignés se transformer en divinités. Chez les Amazulus,
le très-vieux, consacré par la tradition, encore que censé
le créateur de la race et de toutes choses, n'est pas l'objet
d'un culte : il a fini par mourir, et ses fils qui l'adoraient
jadis ont aussi fini par mourir, et le culte est le monopole
de ceux de ses descendants plus récents qui ont été les fondateurs des tribus et dont on conserve le souvenir à ce titre.
Mais chez ces peuples d'Amérique, plus avancés que les
autres, les hommes les plus anciens, censés encore vivants,
ont un culte auquel celui des ancêtres immédiats est subor-
donné ; c'est ce que fait très-bien voir le moine que Bobadilla met en scène dans un dialogue avec des naturels du
Nicaragua. Voici quelques-unes des questions et des réponses que cet auteur rapporte :

Le moine. — Savez-vous qui a fait le ciel et la terre?

L'Indien. — Mes parents m'ont dit, quand j'étais enfant,
que c'était Tamagastad et Cipattoval...

Le moine. — Qui sont-ils?

L'Indien. — Je ne sais pas; mais ce sont nos grands
dieux que nous appelons *teotes*...

Le moine. — Par qui les *teotes* sont-ils servis?

L'Indien. — J'ai ouï dire par des anciens qu'il y a des
gens qui les servent et que les Indiens qui meurent dans
leur maison vont sous la terre, et que ceux qui meurent
dans les batailles vont servir les *teotes*.

Le moine. — Qu'est-ce qui vaut le mieux, aller sous la
terre ou servir les *teotes?*

L'Indien. — Il vaut mieux aller servir les teotes, car alors on va auprès de ses pères.

Le moine. — Mais si les pères sont morts dans leur lit, comment peut-on les trouver auprès des *teotes?*

L'Indien. — Nos pères, ce sont ces *teotes.*

Voici quelques passages de l'interrogatoire d'un autre témoin, le cacique Avagoaltegoan :

Le moine. — Qu'est-ce qui a créé le ciel, la terre, les étoiles, la lune, l'homme et toutes les autres choses?

L'Indien. — Tamagastad et Cipattoval; le premier est un homme, la seconde une femme.

Le moine. — Qui a créé cet homme et cette femme?

L'Indien. — Personne; au contraire, tous les hommes et toutes les femmes descendent d'eux.

Le moine. — Ces dieux que vous nommez sont-ils faits de chair, de bois ou d'autre matière.

L'Indien. — Ils sont de chair : ils sont homme et femme, et jeunes, et restent toujours les mêmes; ils sont de couleur brunâtre, comme nous Indiens ; ils marchaient sur la terre habillés et mangeaient ce que les Indiens mangent...

Le moine. — De quoi vivent-ils maintenant?

L'Indien. — Ils mangent ce que mangent les Indiens : en effet, la plante (maïs) et tout ce qu'on mange viennent du séjour des *teotes.*

Un autre témoin, Taçoteyda, prêtre, qui paraît avoir soixante ans et qui refusa de se faire chrétien, disait la même chose de ses dieux. Voici ses réponses :

Le moine. — Sont-ce des hommes?

L'Indien. — Oui.

Le moine. — Comment le savez-vous?

L'Indien. — Mes ancêtres me l'ont dit.

Le moine. — Où sont-ils vos dieux?

L'Indien. — Mes ancêtres m'ont dit qu'ils sont où le soleil se lève...

Le moine. — Sont-ils venus à vos autels pour vous parler ?

L'Indien. — Mes ancêtres m'ont dit qu'il y a longtemps ils avaient l'habitude de venir auprès d'eux et de leur parler; mais maintenant ils ne viennent plus.

Le moine. — Ces *teotes* mangent-ils ?

L'Indien. — J'ai entendu mes ancêtres dire qu'ils mangeaient le sang et le cœur des hommes et des oiseaux; nous leur offrons de l'encens et de la résine; voilà ce qu'ils mangent.

Je ne citerai que les passages suivants, empruntés aux témoignages donnés par les treize caciques, chefs et prêtres :

Le moine. — Qui vous envoie la pluie et toutes les choses?

L'Indien. — L'eau nous est envoyée par Quiateot, qui est un homme et qui a un père et une mère; son père s'appelle Omeyateite, et sa mère Omeyatecigoat; et ils habitent... aux lieux où le soleil se lève dans le ciel.

On remplirait des pages avec des témoignages de ce genre. Ceux que nous avons donnés prouvent, comme les autres, que les ancêtres les plus lointains sont devenus des dieux, tout en restant hommes, comme toutes les divinités indigènes, à la fois par les attributs physiques et moraux, et ne différant de l'homme que par la puissance; que la tradition les considère comme les créateurs de tous les hommes actuels, et que, seuls créateurs connus, on les regarde tacitement comme les créateurs des autres choses [1];

---

1. Comme je corrigeais les épreuves de ce chapitre, j'ai rencontré un fait qui montre clairement comment les idées et les mots mal différenciés des peuples primitifs produisent des confusions de ce genre. Dans ses *Textes sanscrits*, le Dr Muir, s'occupant de montrer que les anciens Richis croyaient avoir composé eux-mêmes les hymnes védiques, groupe ensemble les divers passages où se trouve employé un mot impliquant l'idée de cette composition. Les divers mots qui s'y trouvent employés sont *faire, fabriquer, créer,*

enfin qu'ils résident dans la région d'où la race est venue, c'est-à-dire, comme nous l'avons vu déjà, dans l'autre monde, où les morts se rendent. Les témoignages précis de ces peuples impliquent directement la transformation des ancêtres en dieux, que nous avons vue impliquée indirectement dans le développement qui a transformé les rites funèbres en culte des morts et enfin en culte religieux.

§ 150. Mais, dit-on, ce culte des ancêtres est propre aux races inférieures. J'ai vu admise, exprimée dans la conversation, et j'ai maintenant sous les yeux imprimée, l'affirmation que « nulle nation indo-européenne ou sémitique, autant que nous sachions, ne semble avoir fait une religion du culte des morts. » On veut en conclure, paraît-il, que ces races supérieures, qui, dès les plus anciens temps dont il reste un souvenir, avaient des formes religieuses supérieures, n'avaient pas, même à une époque plus ancienne, pratiqué le culte des ancêtres.

Que ceux qui ont une autre théorie à soutenir donnent une telle interprétation aux faits, c'est assez naturel : les partisans d'une hypothèse ont de la tendance à s'emparer des faits qui l'appuyent et à rejeter les faits contraires. Mais que les partisans de la doctrine évolutioniste admettent et même affirment une différence aussi profonde entre les esprits des diverses races humaines, il y a lieu d'en être surpris. Ceux qui croient que la création est une œuvre de main peuvent sans contradiction admettre que les Aryens et les Sémites ont été dotés par voie surnaturelle de conceptions plus élevées que celles des Touraniens : si les espèces ani-

---

engendrer. Or si, dans une langue relativement perfectionnée, ces mots sont assez imparfaitement spécialisés pour qu'on puisse les appliquer indifféremment au même acte, il est facile de comprendre que des langues plus grossières soient incapbles d'exprimer une distinction entre *créer, faire, engendrer.*

males ont été créées avec des différences fondamentales,
pourquoi n'en serait-il pas de même des variétés humaines ?
Mais il faut une inconséquence rare pour affirmer que le
type humain est sorti par évolution des types inférieurs, et
pour nier ensuite que les races humaines supérieures soient
sorties par évolution, mentale aussi bien que physique, des
races inférieures, et qu'elles aient dû posséder jadis les
conceptions générales que les races inférieures possèdent
encore. N'eût-on aucune preuve de cette évolution, cette
inconséquence serait choquante ; elle l'est bien davantage
en présence des faits qui la combattent.

Si, aux époques les plus avancées de leur histoire, les
principaux groupes des Aryens avaient l'habitude, en
même temps qu'ils adoraient leurs divinités supérieures,
d'adorer leurs ancêtres, que l'on regardait comme divins,
semi-divins ou humains, d'après leur antiquité, devons-
nous admettre que, à mesure que leur civilisation progres-
sait, ils adoptaient les idées et les pratiques de races
inférieures ? Quand nous voyons que les Grecs honoraient
par des rites religieux les héros, à qui le peuple de chaque
ville faisait remonter son origine, tout comme les Péruviens indigènes et d'autres peuples, allons-nous dire que, à
mesure qu'ils se civilisaient, ils greffaient cette croyance
inférieure sur leurs croyances supérieures ? Quand nous
nous souvenons de faits que tout le monde connaît, à savoir
que les Romains sacrifiaient non-seulement à leurs morts
plus récents, mais aussi à leurs morts plus anciens, les fondateurs de leurs familles, ce que fait l'Amazulu de nos
jours, allons-nous conclure qu'ils n'ont pas connu ce culte
tant qu'ils sont restés nomades en Asie, et qu'au contraire
à cette époque ils adoraient seulement des forces de la nature qu'ils personnifiaient, et qu'à mesure qu'ils se civilisè-

rent ils adoptèrent la religion de peuples moins avancés qu'ils ne l'étaient eux-mêmes ? Ce serait impossible, quand même nous ne trouverions aucune indication sur les croyances primitives des Aryens ; ce l'est bien davantage, du moment que nous savons ce qu'étaient ces croyances primitives. Telles que leurs écrits sacrés nous les montrent, elles étaient essentiellement les mêmes que celles des barbares actuels. « L'Indra héroïque qui prend plaisir à la louange », et en l'honneur de qui l'on chante l'hymne au moment du sacrifice, dans l'espoir d'obtenir « l'assistance du Bien-équipé, du Tonnant, » n'est que l'ancêtre considérablement agrandi. Les paroles du richi aryen : « Ami, amène ici la vache laitière et apporte un hymne nouveau, » ne se trouveraient pas déplacées dans la bouche du chef zulu au moment du sacrifice. S'il faut de nouvelles preuves pour établir qu'Indra était primitivement un homme, nous en trouvons une dans la phrase relative au breuvage enivrant fait de la plante sacrée : « Le soma n'égaye point Indra, s'il n'est répandu en libation, » ce qui est exactement la croyance d'un Africain au sujet des libations de bière qu'il offre à un esprit d'ancêtre. Nous apprenons dans le Rig Véda que les hommes qui ont gagné l'entrée du ciel par leurs vertus jouissaient d'une existence semblable à celle des dieux ; enfin ces « anciens sages pieux » qui « partageaient la félicité des dieux » étaient suppliés de se montrer « propices » et d'accorder leur protection aux hommes. Les lois de Manou contiennent des passages encore plus spécifiques. Nous y voyons que les *manes* mangent le repas funèbre ; que le chef de la famille doit faire chaque jour une offrande pour gagner la bonne volonté des manes, et aussi une offrande mensuelle. Enfin nous retrouvons dans une autre prescription un exemple d'une analogie indéniable avec les idées des sau-

vages, dont les dieux supérieurs sont les esprits doués d'une
puissance supérieure : afin de conserver les offrandes ré-
servées aux *manes*, il faut que le maître de la maison commence par une offrande aux dieux, pour que ceux-ci ne
s'approprient pas ce qu'on destine aux *manes!*

Les races sémitiques font-elles donc exception ? Il faudrait avant de l'admettre en avoir des preuves, et il n'y en
a pas. Les faits positifs que nous recueillons donnent à
penser tout le contraire. Rappelons-nous que les habitudes de la vie nomade ne sont point favorables à l'évolution de la théorie spiritiste, et il devient évident pour
nous que si les anciens Hébreux, comme d'autres peuples
actuels, ne s'étaient pas élevés à la conception de l'existence perpétuelle des esprits, le culte des ancêtres ne
pouvait exister chez eux comme coutume établie, non pas
qu'il fût au-dessous d'eux, mais parce que les conditions
de son existence ne s'étaient pas produites. Ajoutons
que le silence de leurs légendes sur cette question n'a
qu'une valeur négative, et qu'on est exposé à le mal interpréter, comme toutes les autres preuves négatives.
Outre le motif général de croire que cette preuve est illusoire, nous en avons de spéciaux. En effet, chez d'autres
peuples, il existe des traditions qui ne rendent nullement
compte d'usages qui existaient et qui étaient même dominants : c'est que les légendes ne rapportent que les événements extraordinaires et non les ordinaires. Elles ont trait
à des aventures intéressantes de personnages, non aux habitudes sociales, qu'on ne peut guère découvrir qu'en les
devinant et qui peuvent bien n'avoir laissé aucune trace
dans un récit condensé. Ainsi, pour prendre un exemple,
les légendes des Polynésiens n'en disent guère plus que la
Bible sur le culte des ancêtres, et pourtant ce culte floris-

sait chez eux. On remarquera encore que les livres sacrés d'une religion officielle peuvent donner de très-fausses idées des croyances réelles de ceux qui la professaient. Nous en avons la preuve dans deux faits que nous avons déjà rapportés incidemment. Les Turkomans sont de rigides mahométans, ce qui ne les empêche pas de se rendre en pèlerinage aux tombeaux de voleurs canonisés : ils prient les esprits de ces brigands. Les Bédouins professent le mahométisme ; ils ne laissent pas pourtant de faire des sacrifices sur les tombeaux de leurs ancêtres. Dans ces deux exemples, nous voyons des usages à l'existence desquels nous n'aurions pas cru, si nous nous étions bornés à tirer nos conclusions des préceptes du Coran. Maintenant que nous sommes avertis, revenons aux protestations que les prophètes hébreux lançaient contre les diverses formes de culte que les Hébreux conservaient et qui étaient en usage chez d'autres peuples, et nous comprendrons que la religion qui est l'esprit de la Bible différait beaucoup de la religion du peuple. L'idolâtrie n'était pas le seul culte où la nation israélite persévérât en dépit de la réprobation de la Bible ; mais elle en avait encore trois autres ; et au nombre des cérémonies en usage, toutes dégradées chez les peuples à demi civilisés, il faut compter la prostitution dans les temples. En outre, le lien qui unissait l'usage des habits de deuil et la pratique du jeûne, ainsi que la prescription qui défendait aux Hébreux de verser leur propre sang et de se raser en l'honneur des morts, donne à penser qu'ils ont connu des rites semblables à ceux qu'on retrouve chez les peuples adonnés au culte des ancêtres. Ce n'est pas tout encore. L'Hébreu qui apporte une offrande des prémices à Jéhovah est tenu de dire qu'il n'en a pas « donné pour un mort » [1].

---

1. *Deutéronome*, XXVI, 14. *Ecclésiastique*, VII, 33. *Tobie*, IV, 17.

D'où l'on peut conclure que le culte des ancêtres était aussi
développé chez les Hébreux que les habitudes nomades le
permettaient, avant d'avoir été réprimé par un culte supérieur. Mais que cette raison soit suffisante ou non pour affirmer qu'il a existé chez les Hébreux un culte des ancêtres
imparfaitement développé, il y a des preuves que ce culte a
existé et qu'il existe encore chez d'autres peuples sémitiques. Nous en trouvons en abondance chez des peuplades
actuelles de l'Arabie. Dans un article intitulé : *le Culte des
ancêtres divinisés dans l'Yémen*, inséré dans les *Comptes-
rendus* de l'Académie française, M. Lenormant, après avoir
commenté certaines inscriptions, ajoute :

« Voilà répétée deux fois une liste complète de noms appartenant évidemment à des ancêtres, ou à des parents de
l'auteur de la dédicace. Après ces noms viennent des titres
que ces ancêtres portaient de leur vivant. Leurs descendants
les invoquent en même temps, sur le même rang, dans le
même but, que les dieux (cités dans la même formule) ; en
un mot, ils les mettent tout à fait sur le même niveau que
les habitants du ciel... Ce sont incontestablement des hommes divinisés, qui recevaient un culte de famille, et des
dieux ou des génies pour les gens de leur race. »

Nous trouvons une preuve de même valeur dans le passage suivant que nous empruntons à l'*Essai sur l'histoire
des Arabes* de M. Caussin de Perceval : « La plupart de
la nation, dit-il en parlant du temps de Mahomet, la plupart de la nation (c'est-à-dire de tous ceux qui n'étaient
ni juifs ni chrétiens) étaient païens... Ils avaient beaucoup
de dieux : chaque tribu, presque chaque famille en avait un
qu'elle faisait l'objet d'un culte particulier. On admettait
l'existence d'un dieu suprême (Allah), auprès de qui les
autres dieux jouaient le rôle d'intercesseurs... Les uns

croyaient qu'à la mort tout était fini ; d'autres croyaient à une résurrection et à une autre vie. »

Ce passage soulève plusieurs idées significatives. Le dernier fait qui y est cité nous rappelle la croyance des anciens Hébreux, ou leur non-croyance. De plus, cette divergence d'opinion chez les Arabes dont quelques-uns sont sédentaires et d'autres sont nomades, est d'accord avec l'idée que nous avons déjà avancée que les habitudes nomades sont moins favorables que les habitudes d'une vie sédentaire au développement d'un culte destiné à gagner la faveur des esprits, et de toutes les conséquences de ce culte. Quant à l'idée d'un dieu suprême qui existe chez eux à côté du culte des ancêtres, il est évident que des hordes nomades qui se trouvent fréquemment en contact avec de grands peuples relativement civilisés, doivent la leur emprunter. C'est ainsi que de nos jours les sauvages la reçoivent des Européens qui les visitent. Mais on voit bien chez les Bédouins que la croyance empruntée est vague et superficielle ; leur mahométisme, selon M. Palgrave, n'est guère qu'une ombre ; mais la réalité de leur culte des ancêtres est démontrée par les sacrifices qu'ils font « dévotement » sur les tombes. On ne peut donc, pas plus pour les Sémites que pour les Aryens, nier qu'ils aient pratiqué le culte des ancêtres.

§ 154. Cependant il paraît que les mythologues considèrent ces observances comme appartenant plutôt à un ordre moral qu'à un ordre religieux, comme n'appartenant pas à ce qu'on appelle proprement le culte. Examinons, dans les faits, la distinction qu'on prétend faire.

Quand nous apprenons que les naturels du Nicaragua ont adoré les *teotes,* qui, d'après eux, seraient les anciens

hommes, leurs aïeux, on nous permet d'accepter le fait tel
qu'il se présente, parce que ces peuples appartiennent à
une race très-inférieure ; mais quand nous lisons dans les
Lois de Manou que « les fils de Marichi et ceux de tous
les autres richis (anciens sages), rejetons de Brahma, sont
appelés compagnies des Pitris ou des aïeux [1] », il ne faut
plus entendre la paternité au sens littéral, mais en un sens
métaphorique : ces peuples étaient aryens. Si un Amazulu,
qui sacrifie un taureau, commence par inviter « le plus
ancien itonga connu » (le plus ancien esprit ancêtre), ou
s'il se montre attentif d'autres fois à nommer en premier
lieu un esprit qu'il croit irrité parce qu'il ne lui a pas
sacrifié, ces faits attestent les idées grossières d'une race
incapable d'arriver à une civilisation supérieure. Mais si
les *Lois de Manou* disent : « Qu'on fasse une offrande aux
dieux au commencement et à la fin du *srâddha* : il ne faut
pas qu'il commence et qu'il finisse par une offrande aux
ancêtres ; car celui qui commence et finit par un sacrifice
aux Pitris ne tarde pas à périr avec ses enfants [2] » ; il faut
y voir l'aptitude démontrée de l'esprit aryen à distinguer
le sentiment religieux qui inspire une partie du sacrifice,
du sentiment moral qui inspire l'autre. Les nègres qui vont
dans les bois, quand ils souffrent de quelque mal pour
implorer le secours des esprits de leurs parents morts,
révèlent par les conceptions impliquées dans ces pratiques
l'infériorité de leur race ; mais il ne faut pas confondre ces
conceptions avec celles des Iraniens rapportées dans le
Khorda Avesta, où l'on implore les âmes des aïeux par des
prières [3]. Évidemment, les sacrifices fréquents dont les

1. Sir W. Jone's Works, V. III. 161.
2. *Ibid.*, 147.
3. Spiegel, trad. du *Zend Avesta*, III, 131.

anciens Égyptiens honoraient leurs morts, à savoir, « trois
fêtes des saisons », douze « fêtes du mois » et douze « fêtes
du demi-mois », faisaient partie de leur religion; n'étaient-
ils pas, en effet, Touraniens et adorateurs des ancêtres?
Mais il faut interpréter autrement les offrandes que les
Romains faisaient à leurs Lares aux calendes, aux nones
et aux ides de chaque mois; en effet, ces offrandes n'étaient
pour les aïeux que des marques de respect. Quand un sauvage, à chaque repas, jette de côté un peu d'aliment et de
boisson pour les esprits des morts, c'est qu'il a l'intention
de gagner leur faveur; mais le Romain qui offrait une
portion de son repas à ses Lares n'avait pas du tout la
même intention. Enfin si, au moment de partir pour un
voyage, le Romain priait ses Lares de lui accorder un heureux retour, il ne leur attribuait pas la puissance que le
Veddah ou l'Indien reconnaissent aux esprits de leurs
parents, quand il leur demande leur secours en partant
pour la chasse. Encore moins devons-nous admettre la
moindre ressemblance entre les idées des peuples sanguinaires, les Mexicains, les Péruviens, les Chibchas, les
Dahomiens, les Achantis et autres, qui immolent des victimes aux funérailles, et les idées des premiers Romains qui
offraient des sacrifices humains sur les tombeaux [1]. Les
Romains appartenaient à l'un des plus nobles types de
l'humanité; nous devons donc conclure qu'ils ont emprunté
cette habitude à des peuples appartenant à un type plus
vil, qui vivaient dans leur voisinage.

Que penser de ces méthodes d'interprétation? Le moins
qu'on en puisse dire, c'est que, autorisé à en user de même
avec les faits, le plus faible dialecticien pourrait sans
crainte essayer de démontrer tout ce qu'on voudra.

1. Smith, *Dictionary of Greek and roman Antiquities*, 559, 560.

§ 152. C'est une affirmation sans fondement que de prétendre que les races supérieures n'ont pas passé par ce culte inférieur : pour en être assuré, il suffit de se rappeler que le culte des ancêtres a persisté jusqu'à nos jours chez les nations les plus civilisées, qui appartiennent à ces races. On le retrouve dans l'Europe entière, tantôt faible, tantôt fort, en dépit de l'influence répressive du christianisme.

Chez les protestants eux-mêmes, les idées et les sentiments primitifs, et quelques-uns des actes qu'ils inspirent, se laissent encore apercevoir. Je ne fais pas seulement allusion à l'usage de décorer les tombes avec des fleurs, qui nous rappelle les offrandes de fleurs que font à leurs aïeux aussi bien qu'à leurs dieux les peuples qui conservent le culte des ancêtres : cet usage, en effet, se répandant en même temps que la réaction ritualiste gagne du terrain, peut passer pour un des effets du réveil du catholicisme. Je veux plutôt parler de certains faits moins apparents. Évidemment, on se représente souvent chez nous les parents défunts témoignant leur approbation ou leur désapprobation. Les désirs qu'ils ont exprimés prennent un caractère sacré qu'ils n'avaient pas durant leur vie. Les survivants se figurent qu'ils savaient ce qu'il fallait faire, et qu'ils seraient offensés de voir leurs intentions négligées. Parfois, on croit voir un portrait lancer des regards de reproche à un descendant qui agit mal ; enfin l'envie de ne pas désobéir aux désirs d'un mourant joue certainement le rôle d'un motif d'abstention. Évidemment, si vagues qu'elles soient devenues, les notions primitives de subordination et de propitiation n'ont pas complétement disparu.

Toutefois, c'est chez les peuples catholiques d'Europe que cette religion primitive se montre de la manière la plus distincte. Les petites chapelles que les riches catholiques bâtissent dans les cimetières sont évidemment les analogues des tombes monumentales des anciennes races. Si c'est un acte d'adoration que d'élever une chapelle à la Vierge, il est impossible que le sentiment d'adoration ne soit pas pour quelque chose dans l'érection d'une chapelle sur la tombe d'un parent. Sans doute, les prières qu'on récite dans ces chapelles ou sur ces tombeaux ne sont le plus souvent faites qu'en faveur des morts ; mais je tiens de deux Français catholiques que, par exception, quand on a un parent pieux que l'on suppose dans le ciel et non plus dans le purgatoire, on lui adresse des prières pour obtenir son intercession. Un de nos correspondants français le conteste ; mais il reconnaît que l'opinion publique canonise des hommes et des femmes morts en odeur de sainteté, et qu'on les adore. « Ainsi, dit-il, j'ai vu en Bretagne le tombeau d'un prêtre très-pieux et très-charitable : il était couvert de couronnes ; on s'y rendait en foule pour le *prier* de procurer des guérisons, de veiller sur les enfants, etc. A n'ajouter foi qu'à ce dernier renseignement, j'ai la preuve que la religion primitive dure encore.

Une preuve plus manifeste qu'elle persiste, c'est l'usage encore existant de donner des vivres aux esprits, annuellement et aussi à d'autres époques. On nous parle des fêtes périodiques en l'honneur des morts qui avaient lieu chez les nations de l'antiquité, ou qui ont encore lieu chez les Chinois actuels, et nous y voyons un vestige de l'ancien culte des ancêtres ; nous apprenons que la fête des Trépassés et diverses observances du même genre existent encore dans diverses parties de l'Europe, tant chez les Teutons que chez les Celtes ; pouvons-nous donc nier qu'au fond de ces usages ne persiste le culte primitif des ancêtres [1] ?

1. « Les paysans catholiques n'oublient pas tout le long de l'année de prendre soin du bien-être des âmes de leurs morts. On ramasse toute la

§ 153. Voyons maintenant comment l'induction justifie la déduction et vérifie l'idée que nous avons mise en lumière dans le dernier chapitre.

Prenons l'ensemble des peuples, tribus, sociétés, nations, et nous voyons que presque tous, sinon absolument tous, ont une croyance vague et flottante, ou fixe et nette, au retour à la vie de l'autre soi du mort. Parmi ces peuples, c'est-à-dire à peu près dans tout le genre humain, nous trouvons une classe de peuples un peu moins étendue, qui supposent que l'autre soi du mort, à l'existence duquel ils croient nettement, existe pendant un long espace de temps après la mort. Dans cette classe s'en trouve comprise une autre presque aussi nombreuse : ce sont les peuples qui pratiquent la propitiation des esprits, non-seulement aux funérailles, mais quelque temps après. Enfin, dans cette dernière classe, s'en trouve une plus restreinte, celle des peuples plus sédentaires et plus avancés, chez qui le culte des ancêtres se perpétue à côté d'une croyance développée à un esprit existant à jamais. Il y a encore une autre classe de peuples, plus restreinte, mais non petite, chez qui le culte des ancêtres distingués s'élève au-dessus du culte des

---

semaine les miettes de la table, et dans la nuit du samedi on les jette dans le foyer, pour qu'elles servent d'aliment aux âmes durant le saint jour qui suit. S'il tombe de la soupe sur la table... on la laisse pour les pauvres âmes. Quand une femme prépare la pâte, elle jette derrière elle une poignée de farine, jette un morceau de pâte dans le fourneau. Quand elle fait de petits gâteaux, elle met un peu de graisse dans la pâte et jette le premier gâteau dans le feu. Les bûcherons mettent de petits morceaux de pain, devenus trop secs, sur des troncs d'arbres... le tout pour le bien des pauvres âmes... A l'approche du jour des Trépassés, l'attention en faveur des morts se manifeste plus vivement. Dans chaque maison, on entretient une lumière toute la nuit ; ce n'est plus de l'huile, mais de la graisse qu'on met dans la lampe ; on laisse une porte ouverte ou au moins une fenêtre ; le souper reste sur la table, et quelquefois on y ajoute quelque chose ; on se couche plus tôt, le tout pour que les chers petits anges puissent entrer sans que rien les dérange... Telle est la coutume des paysans du Tyrol, de la Vieille-Bavière, du Haut-Palatinat et de la Bohême allemande. » (Rochholz, *Deutscher Glaube und Brauch*, I, 323.)

ancêtres vulgaires. A la fin, cette subordination s'accentue
et devient le plus tranchée dans les pays où les ancêtres
étaient les chefs des races conquérantes.

Les mots mêmes dont on se sert dans les sociétés civilisées pour désigner les divers ordres d'êtres surnaturels
indiquent que c'est bien ainsi que les choses se sont passées, parce que, primitivement, ces mots avaient tous le
même sens. Nous avons déjà dit que chez les Tannais le
mot qui désigne un dieu veut dire à la lettre un homme
mort; ce fait est le type de ce qu'on rencontre partout.
Revenant, esprit, démon, sont des noms qui s'appliquaient
d'abord à l'autre soi, sans distinction de son caractère; on
en est venu à les appliquer avec des sens différents dès
que l'on commence à assigner aux autres sois des caractères différents. L'ombre d'un ennemi devient un diable,
l'ombre d'un ami un dieu, inférieur et local dans tel pays,
d'une puissance plus étendue et d'une autorité plus généralement reconnue dans tel autre. Quand les idées ne se
sont pas développées jusqu'à ce point, il n'existe aucun
terme différencié qui leur corresponde, et la langue ne
contient pas de mots pour exprimer les distinctions que
nous admettons. Les premiers missionnaires qui ont mis
le pied en Amérique furent embarrassés de trouver que
le seul mot de la langue du pays dont ils pussent se
servir pour désigner Dieu voulait aussi dire démon. En
grec, δαίμων et θεός sont équivalents. Eschyle nous montre
les enfants d'Agamemnon invoquant l'esprit de leur père
comme un dieu. Il en était de même chez les Romains.
Outre qu'ils faisaient du mot *dæmon* un usage non spécialisé pour désigner des anges ou des génies, bons ou mauvais, ils faisaient aussi du mot *deus* un usage non spécialisé,
l'employant pour désigner un dieu ou un esprit. Sur les

tombeaux, on appelait dieux les *manes*. Une loi prescrit que
« les droits des dieux-*manes* demeurent inviolables ». Même
chose chez les Hébreux. Isaïe (VIII, 19) dit qu'il a reçu
l'ordre de rejeter la croyance régnante qui impliquait cette
confusion. « Que s'ils vous disent : Enquérez-vous des esprits
de Python et des diseurs de bonne aventure qui marmot-
tent et qui parlent bas, répondez : Le peuple ne s'enquerra-
t-il pas plutôt de son Dieu? Quoi! aller aux morts pour les
vivants? » etc. Quand Saül consulte l'ombre de Samuel, la
sorcière dit : « J'ai vu des dieux (elohim) qui montaient de
la terre. » Dans cette phrase, dieu et esprit sont synonymes [1]. Même jusqu'à nos jours, la parenté de ces mots
se révèle encore. La proposition : Dieu est esprit, est l'application d'un mot qui, autrement appliqué, veut dire âme
humaine. Le sens du titre de Saint-Esprit ne se distingue
du sens d'esprit en général que par l'épithète qui le qua-
lifie. Nous désignons encore un être divin par un mot qui,
dans l'origine, voulait dire le souffle qui abandonne le corps
de l'homme au moment de la mort et qui était censé constituer la partie survivante de l'homme.

Ces divers faits ne nous autorisent-ils pas à penser que
de la conception, jadis uniforme, de l'esprit revenant,
sont sorties les diverses conceptions d'êtres surnaturels?
Au nom de la loi d'évolution, nous pouvons inférer, *à priori*,
qu'il y aura un grand nombre de conceptions de ce genre.
Les esprits des morts qui, dans une tribu primitive, forment

---

1. Pour le premier de ces passages, Cheyne (p. 33) explique le mot dieux
en l'appliquant aux esprits des héros nationaux morts. Pour le second, le
commentaire de Speaker dit : « Il est possible que *elohim* soit employé ici
avec un sens général, pour dire apparition surnaturelle, ange ou esprit. »
Pour le mot *elohim*, Kuenen remarque (I, p. 224) qu'il n'y a pas de doute
que dans le principe les êtres supérieurs, les objets de la crainte de l'homme
(*eloah*) recevaient ce nom (elohim), de sorte que ce nom est un argument
en faveur d'un polythéisme primitif.

un groupe idéal dont les membres ne se distinguent pas beaucoup les uns des autres, deviennent de plus en plus dissemblables. A mesure que les sociétés s'étendent, s'organisent, se compliquent, que les traditions locales et les traditions générales s'accumulent et se compliquent, les âmes humaines, jadis semblables, devenant dissemblables dans les croyances populaires, tant par le caractère que par l'importance, se différencient jusqu'au point où leur nature commune cesse d'être reconnaissable.

Aussi devons-nous nous attendre à rencontrer des modifications très-différentes de la croyance aux êtres surnaturels, et d'autant plus nombreuses que les populations augmentent, qu'elles se répandent toujours sur des habitats plus divers, et qu'elles tendent sans cesse à occuper tous les lieux que la nature leur ouvre. Examinons-en les types les plus saillants.

CHAPITRE XXI

CULTE DES IDOLES ET DES FÉTICHES

§ 154. Les faits que nous avons déjà rapportés font voir comment les sacrifices adressés à l'homme mort récemment deviennent peu à peu des sacrifices à son corps que l'on conserve. Nous avons vu (§ 137) un prêtre déposer chaque jour sur un autel des offrandes au corps d'un chef tahitien. Les anciens habitants de l'Amérique centrale accomplissaient des rites analogues devant des cadavres desséchés par une chaleur artificielle. Les Péruviens et les Égyptiens nous offrent la preuve que ces cérémonies devinrent un culte de momies, grâce à l'emploi d'un système perfectionné d'embaumement. Ce que nous avons à remarquer ici, c'est que, tout en croyant que l'esprit du mort était parti, ces peuples ne laissaient pas de croire confusément ou que cet esprit était présent dans la momie, ou que la momie elle-même était douée de conscience. La pratique suivie chez les Égyptiens de mettre quelquefois à table leurs morts embaumés implique évidemment cette croyance. Les Péruviens exprimaient la même croyance par la même coutume et aussi par d'autres manières. Quelquefois, on promenait

autour des champs le cadavre desséché d'un parent, comme
pour lui montrer l'état des récoltes. Une histoire que
Santa-Cruz nous a transmise nous fait comprendre qu'en
reconnaissant ainsi la présence de l'ancêtre, par cette coutume, on reconnaissait aussi qu'il exerçait l'autorité. Comme
sa seconde sœur refusait de l'épouser, « Huayna Capac, dit
Santa-Cruz, se rendit au tombeau de son père avec des
offrandes, le priant de la lui donner pour femme; mais le
cadavre ne rendit aucune réponse, tandis que des signes
effrayants se montraient dans les cieux. »

L'idée primitive que toute propriété caractéristique d'un
agrégat est inhérente à chacune de ses parties intégrantes
implique une conséquence qu'on peut déduire de la croyance
dont nous parlons. L'âme, présente dans le cadavre de
l'homme mort conservé tout entier, est aussi présente dans
les parties conservées de son corps. De là la foi aux reliques. Ellis nous dit que dans les îles Sandwich, les os des
jambes, des bras, et quelquefois le crâne des rois étaient
conservés chez leurs descendants, dans la croyance que les
esprits de ces rois exercent une certaine fonction de gardiens. Les Grecs conservent environ trois ans les cheveux
et les os des morts. Chez les Caraïbes et diverses tribus de
la Guyane, « les parents se distribuent les os bien nettoyés
des personnes qu'ils ont perdues ». Les Tasmaniens se
montraient « très-désireux de posséder un os du crâne ou
des bras de leurs parents décédés ». « Les veuves andamènes portent à leur cou le crâne de leur époux mort. »

Cette croyance à la puissance des reliques conduit dans
quelques cas à leur adresser un culte direct. Erskine nous
raconte que les naturels de Lifou, des îles Loyalty, qui
« invoquaient les esprits de leurs chefs morts, » conservent
aussi « des reliques de leurs morts, par exemple un ongle

des doigts, une dent, une mèche de cheveux.... et lui
accordent les honneurs divins. » — « En cas de maladie
ou d'autres calamités, nous dit Turner, parlant des naturels de la Nouvelle-Calédonie, ils apportent en offrande des
aliments aux crânes des morts. » Nous avons une autre
preuve encore, les conversations avec les reliques. « Dans
la hutte à fétiches privée du roi Adoli, à Badagry, le crâne
du père de ce monarque se trouve conservé dans un vase
d'argile posé à terre. » Le roi « le réprimande douce-
ment si le succès de ses entreprises ne répond pas à son
attente. » De même, Catlin nous apprend que les Mandans
mettent les crânes de leurs morts dans un cercle. Chaque
femme connaît le crâne de son mari ou de son enfant
mort, « et il ne se passe guère un jour qu'elle ne leur
rende visite, en leur apportant un plat de l'aliment le mieux
préparé..... Il ne se passe guère une heure dans un beau
jour qu'on ne voie un nombre plus ou moins grand de
femmes assises ou couchées auprès du crâne de leur enfant
ou de leur mari, lui parlant de la façon la plus aimable et
la plus tendre, comme elles avaient coutume de le faire autrefois, et paraissant en attendre une réponse. »

Ainsi la propitiation de l'homme qui vient de mourir
amène à la propitiation de son corps conservé, ou d'une
partie conservée de son corps, et l'on suppose que l'esprit
est présent dans la partie aussi bien que dans le tout.

§ 155. Si l'on voulait imaginer une transition du culte
du corps conservé ou d'une partie de ce corps, au culte des
idoles, on échouerait probablement ; mais les transitions
que l'imagination ne suggère pas existent réellement.

L'objet du culte est quelquefois une figure du mort, faite
en partie de ses reliques, en partie d'autres matières.

Landa dit que les naturels du Yucatan « coupaient la tête
des anciens maîtres de Cocom, après leur mort, et, comme
s'ils voulaient la faire cuire, la dépouillaient de la chair ;
puis ils emportaient à la scie la moitié du sommet de la
tête, laissant la partie antérieure avec les os maxillaires et
les dents, et ils remplaçaient la chair de cette moitié du
crâne par une espèce de ciment, et le façonnaient de manière à lui donner autant que possible la ressemblance de
celui à qui le crâne avait appartenu. En cet état, ils le gardaient à côté de statues et de cendres. Tous ces crânes prenaient place dans les oratoires domestiques, auprès des
idoles ; on les vénérait grandement et on veillait attentivement sur eux. A chaque fête, on leur offrait des mets...
D'autres fois, on faisait « en l'honneur des pères morts des
statues de bois dont le crâne était creux » ; on y déposait
les cendres du corps qu'on avait brûlé et on le recouvrait
de « la peau du crâne enlevée au cadavre ».

Les Mexicains avaient une autre façon d'unir une partie
de la substance du mort avec son image. Après qu'on avait
brûlé un grand seigneur mort, dit Camargo, « on recueil-
lait avec soin ses cendres, on les pétrissait avec du sang
humain, et l'on en faisait une image du mort que l'on con-
servait en mémoire de lui. » Camargo nous apprend encore
que l'on adorait les images des morts.

Nous rencontrons une combinaison d'usages d'un genre
un peu différent qui marque la transition. On conser-
vait quelquefois les cendres dans un vase d'argile auquel
on donnait la forme humaine. L'auteur que nous avons
déjà cité nous apprend que, chez les naturels du Yucatan,
« on brûlait les cadavres des grands et des personnes d'un
rang élevé. On plaçait leurs cendres dans de grandes urnes
au-dessus desquelles on élevait des temples... Si c'étaient

de grands seigneurs, on plaçait leurs cendres dans des statues d'argile creuses. » Dans d'autres circonstances, nous trouvons le culte des reliques uni à la figure représentant le mort; mais celle-ci ne contient pas les reliques : les reliques sont seulement déposées près de l'image. C'est ainsi que les Mexicains, d'après Gomara, « fermaient la boîte dans laquelle étaient déposés des cheveux et les dents du roi mort, et plaçaient au-dessus de cette boîte une figure de bois façonnée à l'image du mort et décorée comme sa personne. » Ensuite, « ils lui offraient des présents considérables, qu'ils déposaient au lieu où il avait été brûlé, ainsi que devant la boîte et l'image. »

Enfin on peut citer les Égyptiens, qui, d'après le témoignage de leurs fresques, adoraient souvent la momie, non pas exposée aux regards, mais enfermée dans une caisse façonnée et peinte de manière à représenter le mort.

§ 156. De ces exemples de transition, passons à ceux où les sacrifices funèbres s'adressent à une image substituée aux reliques.

Les Mexicains pratiquaient la crémation; et, quand on ne possédait pas les corps des guerriers tués dans la bataille, on en faisait des simulacres qu'on honorait et qu'on brûlait, puis on enterrait leurs cendres. Nous citons Clavigero et Torquemada : « Quand un des marchands mourait en voyage, ses parents fabriquaient une statue imparfaite de bois pour le représenter, et ils rendaient à cette image les honneurs funèbres qu'ils auraient rendus au cadavre véritable. » — « Quand un individu mourait noyé ou d'une autre façon qui ne permettait pas qu'on le brûlât et qu'on lui fît les funérailles accoutumées, on en faisait un simulacre, on le plaçait sur l'autel des idoles, et on lui offrait en abondance du pain et du vin. »

En Afrique, observances du même genre. Pendant qu'on embaume le cadavre d'un roi de Congo, dit Bastian, on dresse dans le palais une statue de bois pour le représenter, et on lui apporte chaque jour à boire et à manger. Parkins nous raconte que chez les Abyssiniens on fait les funérailles le troisième jour, et que le mort ayant été enterré le jour de son décès, une image qui le représente tient sa place aux funérailles. Earl dit que certains insulaires de race papoue, après avoir rempli de terre la fosse, se réunissent autour d'une idole et lui offrent des aliments. Nous savons par Raffles que certains Javanais font après le décès une fête où une figure de forme humaine, revêtue des habits du mort, joue un rôle important.

Ces pratiques nous paraissent étranges; mais ce qui l'est encore davantage, c'est que nous ayons sitôt oublié les pratiques analogues en usage chez des nations civilisées. Voici la description des funérailles de Charles VI, roi de France, que nous copions dans le Ier livre des *Chroniques de Monstrelet* : « Par-dessus le corps avoit une pourtraicture faite à la semblance du roi, portant couronne d'or et de pierres précieuses moult riches, tenant en ses mains deux écus, l'un d'or, l'autre d'argent; et avoit en ses mains gants blancs et anneaux moult bien garnis de pierres; et étoit icelle figure vêtue de drap d'or, etc. En tel état, comme dit est, fut porté en grande révérence jusque dans l'église Notre-Dame de Paris. » On observait le même usage pour les princes. Nous lisons dans les *Mémoires* de Mme de Motteville, à propos du père du grand Condé : « On servit l'effigie de ce prince mort durant trois jours, selon la coutume. » Autrefois, c'était pendant quarante jours qu'on offrait des aliments à l'effigie aux heures habituelles. Monstrelet décrit une figure du même genre dont on se servit aux funérailles de Henri V, roi d'Angleterre. Les effigies de plusieurs monarques anglais qui reçurent les mêmes honneurs à leurs funérailles se trouvent encore à l'abbaye de Westminster ; les plus anciennes tombent en pièces de vétusté.

Éclairés par ces exemples nous ne devrions avoir aucune peine à comprendre les idées qu'on attachait primitivement à ces simulacres. Quand nous lisons qu'en certaines localités les nègres de la côte d'Or « déposent des images de terre sur les tombeaux » ; que les Araucaniens mettaient sur une tombe une bille de bois dressée, « grossièrement entaillée pour représenter la forme humaine » ; qu'après la mort des chefs de la Nouvelle-Zélande, on érigeait en manière de monument des images de bois de 20 à 40 pieds de haut ; nous ne pouvons ne pas voir que l'image qui représente l'homme mort est un commencement d'idole. Si nous pouvions encore en douter, nous n'hésiterions plus quand nous trouvons l'image honorée d'un culte permanent. J. d'Acosta nous apprend que chez les Péruviens « chaque roi avait, tant qu'il vivait... une pierre qui le représentait, appelée guanqui (huanque), c'est-à-dire frère. On adorait cette image aussi bien que l'inca lui-même, pendant sa vie comme après sa mort. » De même aussi, d'après Andagoya, « quand un chef mourait, sa maison, ses femmes et ses serviteurs demeuraient comme au temps de sa vie, on faisait une statue d'or à la ressemblance du chef, on la servait comme un être vivant, et on lui allouait des villages pour pourvoir à son habillement et à ses autres nécessités. » De même encore, Cogolludo nous atteste que les naturels du Yucatan adoraient l'idole d'un personnage qui, disait-on, avait été un illustre capitaine.

§ 157. Pour mieux comprendre les sentiments avec les-quels un sauvage regarde une figure qui représente un homme, rappelons-nous les sentiments analogues que des représentations du même genre produisent chez nous.

Quand un amant baise le portrait de sa maîtresse, il est visible qu'il subit l'influence d'une association entre l'image et la réalité. Quelquefois même, les associations de ce genre agissent plus fortement. Une jeune dame de ma connais-sance avoue qu'elle ne peut dormir dans une chambre où il y a des portraits suspendus aux murs, et rien n'égale la répugnance qu'elle éprouve alors. C'est en vain qu'elle sait à merveille que les portraits ne se composent que de pein-ture et de toile : cette connaissance ne parvient pas à mettre en fuite l'idée qu'il y a dans le portrait autre chose encore. La vivacité de la représentation éveille si fortement l'idée d'une personne vivante, que celle-ci ne saurait être chassée de la conscience.

Supposons maintenant un état de société où la culture de l'esprit n'existe pas ; supposons qu'on n'ait aucune idée d'attribut, de loi, de cause, comme distinction entre le naturel et le non-naturel, le possible et l'impossible. L'aper-ception d'une personne présente, due à l'association, per-sistera. Comme il ne se produira aucun conflit avec une connaissance reçue, la suggestion, ne rencontrant point d'obstacle, deviendra une croyance.

Nous avons fait allusion à des croyances qui existent chez des sauvages et qui ont cette origine (§ 133). En voici en-core quelques exemples. Kane rapporte que les Chinouks croient que les portraits sont des êtres surnaturels et les traitent avec la même cérémonie que les personnes mortes. D'après Bancroft, les Okanagans se voient faire leurs por-traits « avec la même aversion que les gens de la côte

d'Or ». Nous apprenons de Catlin que les Mandans croyaient
que la vie mise dans un tableau n'était ni plus ni moins
que la vie ôtée à l'original. « Ils m'appelaient, nous dit-il,
le plus grand sorcier du monde, car ils disaient que
j'avais fait des *choses vivantes*, qu'ils pouvaient voir leurs
chefs vivants en deux endroits différents, que ceux que
j'avais faits vivaient *un peu;* ils pouvaient voir leurs yeux
remuer. » Les races plus avancées ne laissent pas de nous
offrir des faits analogues. A propos des Malgaches, Ellis
certifie que les amis du prince, en voyant une de ses pho-
tographies, ôtèrent leurs chapeaux et le saluèrent en lui
adressant quelques paroles.

Ce qui est vrai d'une représentation par la peinture l'est
aussi d'une représentation par la sculpture, bien plus naturellement encore, puisque la représentation par sculpture,
étant solide, se rapproche davantage de la réalité. Quand
l'image est peinte et avec des yeux enchâssés, l'idée qu'elle
participe de la vitalité de l'original devient très-forte dans
l'esprit sans critique du sauvage. Quiconque se rappelle
l'horreur que témoigne un enfant quand il voit une grande
personne mettre un masque hideux, même après qu'il a vu
le masque, peut se faire une idée de la terreur qu'une effigie grossière excite sur un esprit primitif. La figure sculptée
de l'homme mort éveille la pensée du véritable homme
mort, pensée qui devient une certitude de sa présence.

§ 158. Pourquoi ne serait-il pas présent? Si l'autre soi
peut quitter le corps vivant et y rentrer, si l'esprit peut
revenir et animer de nouveau le corps mort, si le Péruvien
embaumé, que va ressusciter l'être errant qui le double,
avait besoin de ses cheveux et de ses ongles conservés avec
soin; si l'âme de l'Egyptien, après ses transmigrations qui

remplissent quelques milliers d'années, devait s'introduire une fois encore dans sa momie; pourquoi un esprit n'irait-il pas dans une image? Un corps vivant diffère plus d'une momie par sa texture que celle-ci ne diffère d'une image de bois.

Les preuves que le sauvage croit le simulacre habité abondent. Lander, décrivant les mœurs des Yorubans, dit qu'une mère porte quelque temps une image de bois de son enfant mort, et que lorsqu'elle mange, elle approche des lèvres de cette image une partie de ses aliments. Les Samoyèdes, d'après Bastian, « nourrissent les images de bois des morts. » A la mort d'un Ostiak, ses parents « font une grossière image de bois représentant le mort, et pour l'honorer on la place dans la cour, où elle reçoit les honneurs divins plus ou moins longtemps au gré des prêtres... A chaque repas, les parents apportent des aliments à l'image, et, si elle représente un mari défunt, la veuve l'embrasse de temps en temps.... Cette espèce de culte des morts dure environ trois ans; au bout de ce temps, on ensevelit l'image. »

Erman, qui nous raconte ce fait, en ajoute un autre d'une grande signification : les descendants des prêtres conservent les images de leurs ancêtres de génération en génération; « et, au moyen d'oracles adroits et d'autres artifices, ils s'arrangent pour faire offrir à leurs pénates des offrandes aussi riches que celles qu'on apporte aux autels des dieux universellement reconnus. Mais ces derniers ont aussi un passé historique : ils furent dans le principe des monuments élevés à des hommes distingués, auxquels le temps et l'intérêt des chamans ont donné graduellement une signification et une importance arbitraire; cela me paraît hors de doute.

Ces Ostiaks nous montrent à l'évidence comment le culte

de l'effigie de l'homme mort se transforme en un culte de
l'idole divine ; entre ces deux cultes, il y a identité. A chaque
repas, ils placent devant le dieu domestique des mets, et
on attend que « l'idole, qui mange d'une façon invisible, en
ait assez. » En outre, Bastian nous apprend que, lorsqu'un
Samoyède va en voyage, « ses parents tournent l'idole vers
l'endroit où il est allé, pour qu'elle puisse le regarder. » Le
rapport suivant d'Erman sur les Russes d'Irkoutsk nous
fait supposer que, chez les peuples plus avancés qui habitent
les mêmes régions, l'idée persiste d'après laquelle l'idole du
dieu, autrefois effigie d'un homme mort, est la résidence
d'un être conscient : « quelque familiarité que se permettent des personnes des deux sexes, le seul scrupule qui re-
tienne infailliblement les jeunes femmes est une crainte
superstitieuse de se trouver seules avec leurs amants en
présence des saintes images. Toutefois, il n'est pas rare
qu'on mette fin à ce cas de conscience en couvrant ces témoins d'un rideau. »

On retrouve les mêmes croyances chez des races sans
rapport d'origine avec celles dont nous venons de parler.
Chez les naturels des îles Sandwich, nous dit Ellis, après
qu'un décès est survenu dans une famille, les survivants
adorent « une image à laquelle ils s'imaginent que l'esprit
est uni de quelque façon. » Oro, la grande idole nationale, passait généralement pour donner des réponses aux
prêtres. Fancourt, qui cite Cogolludo , nous dit que chez
les habitants du Yucatan, « quand l'Itzaex accomplissait un
trait de valeur, leurs idoles, qu'ils consultaient, étaient ha-
bituées à leur répondre. » Il nous raconte, d'après Villagu-
tierre qu'il cite, l'histoire d'une idole qui fut battue : elle
avait annoncé l'arrivée des Espagnols, mais elle avait trompé
les assistants sur le résultat de l'invasion. Cette supposition

se trouve encore plus fortement appuyée par la légende quichué. Nous citons Bancroft : « Et ils adoraient les dieux qui étaient devenus pierre, Tohil, Avilix et Hacavitz; et ils leur offraient du sang de bêtes et d'oiseaux; et ils perçaient leurs propres oreilles et leurs épaules en l'honneur de ces dieux, et ils recueillaient le sang avec des éponges, et l'exprimaient dans une coupe placée devant eux... Et ces trois dieux, pétrifiés, comme nous l'avons dit, pouvaient néanmoins reprendre une forme douée de mouvement quand il leur plaisait; ce qu'à la vérité, ils faisaient souvent. »

Ce n'est pas seulement chez les races inférieures qu'on rencontre des idées de ce genre. Dozy, dans son *Histoire des musulmans d'Espagne*, décrivant les pratiques et les idées des Arabes idolâtres, dit : « Quand Amrolcaïs entreprit de tirer vengeance de la mort de son père sur les Beni-Assad, il s'arrêta au temple de l'idole Dhou-'l Kholossa pour la consulter au moyen de trois flèches dites commandement, défense, attente. Comme il avait tiré d'abord défense, il recommença l'épreuve. Mais trois fois il tira défense. Là-dessus, il brisa les flèches et en jeta les morceaux à la face de l'idole, en s'écriant : « Misérable, si c'était ton père qui eût été tué, tu ne défendrais pas de le venger ».

Nous trouvons un exemple de croyances analogues dans les temps de l'histoire classique; c'est ce qu'on rapporte de la statue de Memnon qui rendait des sons. Parmi les inscriptions que les visiteurs ont mises sur son piedestal, il en est une signée Gemellus : « Autrefois le fils de Saturne, le grand Jupiter, t'avait fait roi de l'Orient, maintenant tu n'es qu'une pierre, et c'est d'une pierre que sort ta voix ». De même des croyances des auteurs chrétiens attestées par les miracles qu'ils attribuent à des apôtres dans les évan-

giles apocryphes. « Arrivé dans l'Inde, l'apôtre Barthélemy
entra dans un temple, où se trouvait l'idole d'Astaroth ». ...
Sur la demande du roi, il consent à chasser le démon et, le
jour suivant, il engage un dialogue avec lui... « Alors
l'apôtre lui commanda : « Si tu ne veux pas être précipité
dans l'abîme, sors de l'idole et brise-la, et va dans le désert. » (*Ev. de saint Barthélemy*, ch. 1-6.)

Nous avons donc à l'appui de notre thèse des preuves
nombreuses et décisives. Incapable de séparer l'apparence
de la réalité, le sauvage qui croit que l'effigie du mort est
habitée par son esprit, lui offre des sacrifices ; et comme
l'effigie du mort devient plus tard l'idole d'un dieu, les sacrifices qu'on lui fait sont inspirés par une croyance analogue à un esprit qui l'habite.

§ 159. Quel degré de ressemblance avec un être humain
faut-il pour suggérer la présence d'une âme humaine ? Les
images que fait le sauvage sont très-grossières. Le pieu en-
taillé qu'il plante sur une tombe, ou la figurine de pierre
qu'il pend à son cou au lieu d'une vraie relique d'un parent
ne ressemblent que de loin à un homme, et ne ressemblent
en rien à l'individu dont ils rappellent le souvenir. Pourtant cela suffit. Si l'on considère avec quelle facilité l'esprit
primitif, que le scepticisme n'arrête pas, accepte la suggestion la plus légère, on peut s'attendre que la plus légère
ressemblance suffira. Un arbre mort qui étend d'une façon
bizarre les branches qui lui restent, ou un rocher dont le
contour profilé sur le ciel rappelle une figure d'homme,
éveilleront l'idée qu'un être humain les habite. Mais pour le
moment contentons-nous de remarquer que ces ressemblances accidentelles contribuent à étendre à des objets
différents, la notion d'esprits résidant dans les objets maté-

riels, et passons à l'examen de causes plus puissantes des croyances fétichistes.

Nous avons vu (§ 54) comment la découverte de plantes et d'animaux fossiles prédispose l'esprit à supposer que certaines choses inanimées sont animées. Voici une coquille fossile, voilà les restes d'un poisson pétrifié. Si, comme on le voit dans un arbre incrusté de silice, le bois peut conserver son aspect fibreux tout en devenant une pierre dure, est-ce qu'un homme ne pourrait aussi passer sous la forme de cette substance dure? Si l'âme peut rentrer dans le corps sec et durci d'une momie, si elle peut hanter une image de bois, pourquoi ne pourrait-elle se trouver présente dans les masses pétrifiées qui ressemblent à des parties du corps humain? Voyez ces os extraits de la terre, lourds, pétrifiés, mais d'une forme assez semblable à celle des os de l'homme pour tromper le sauvage, comme ils ont dans le passé trompé réellement les hommes civilisés auxquels ils ont fait croire à des races de géants. Que faut-il en penser? Ne sont-ils pas, comme les autres restes des hommes, hantés par les doubles auxquels ils ont autrefois appartenu? Ne seront-ils pas quelque jour animés de nouveau?

Que telle soit ou non l'origine des hommages rendus aux pierres, ils s'accompagnent certainement dans certains cas de la croyance qu'elles étaient autrefois des hommes, et qu'elles revivront à la fin sous forme humaine. D'après Piedrahita que j'ai cité, les « Lachès adoraient toutes les pierres comme des dieux, parce que, disaient-ils, elles avaient toutes été des hommes. » Arriaga dit que les Péruviens « adorent certaines hauteurs et montagnes, et de très-grosses pierres... disant qu'elles ont été des hommes autrefois. » Avendagno leur disait : « Vos sages prétendent qu'autrefois dans le Purnupacha il y avait des hommes, et

maintenant nous voyons de nos yeux qu'il y a des pierres,
des collines ou des rochers, ou des îles de la mer... Si ces
huacas étaient autrefois des hommes, et s'ils avaient un père
et une mère comme nous, et que Contiviracocha les ait changés en pierre, ils ne valent plus rien. »

Ces pierres sont dans la même relation avec les esprits
qui les habitent que les momies : témoin le récit d'Arriaga
d'après lequel le Maracayac qu'on adore comme le patron
du village est « tantôt une pierre et tantôt une momie ».
Les pierres sont aussi dans la même relation avec les
esprits que les idoles : témoin le récit de Montésinos qui
nous apprend que « l'inca Rocca fut cause qu'elle se détacha
de la montagne (une certaine idole)... On dit qu'un perroquet
s'en envola et se logea dans une autre pierre, que l'on voit
encore dans la vallée. Les Indiens lui rendirent depuis ce
moment de grands honneurs, et l'adorent encore. » Cette
croyance trouve son expression définitive dans le récit que
nous fait Molina d'une réaction vers les anciennes croyances, qui se produisit en 1560, alors que les prêtres nationaux disaient que les esprits des ancêtres, ou huacas,
étaient furieux contre les Péruviens qui avaient reçu le
baptême, et répétaient que « l'ère des Incas serait res-
taurée, et que les huacas n'entreraient point dans les pierres
ou les fontaines pour parler, mais qu'ils s'incarneraient en
des hommes qu'ils feraient parler. » De même Winterbottom nous apprend que, dans certaines villes de Nègres de
la côte d'Or, lorsqu'une personne meurt, on prend une
pierre à une maison destinée à cet usage ; et que chez les
Bulloms, les femmes « font de temps en temps des sacrifices et des offrandes de riz aux pierres que l'on conserve
en mémoire du mort. Elles se prosternent devant ces pierres. » Ces faits, s'ils n'impliquent pas la croyance que le

mort est devenu pierre, supposent celle que son esprit est
présent dans la pierre.

Ce dernier fait nous amène à une autre méthode par
laquelle se forment les conceptions fétichistes. Déjà les pratiques des sorciers nous ont familiarisés avec la croyance
primitive que la nature de chaque personne est inhérente
non-seulement dans toutes les parties de son corps, mais
dans son habillement et dans les choses dont il s'est servi.
Il est probable que ce qui a conduit l'homme à cette
croyance c'est l'interprétation qu'il donne à l'odeur. Si le
souffle est l'esprit ou l'autre soi, l'émanation invisible qui
imprègne les habits d'un homme, et qui permet de le suivre
à la trace, n'est-elle pas une partie de l'autre soi? Divers
mots dérivés nous montrent encore la même relation d'i-
dées. *Parfum* et *fumée* viennent d'un mot employé à marquer la fumée ou vapeur, et entrent en relation avec la
vapeur visible du souffle. *Exhalation* exprime ce qui est
soufflé par expiration. En latin le mot *nidor* s'appliquait
également à la vapeur d'eau et à une odeur; le mot allemand *duft*, employé pour désigner une odeur délicate, si-
gnifiait dans le principe la vapeur. De même que nous
disons aujourd'hui « l'haleine des fleurs » comme synonyme de l'odeur suave qu'elles répandent; de même dans
le langage primitif, l'homme associait l'odeur à l'air expiré,
lequel s'identifiait avec l'âme. N'en sommes-nous pas venus
nous-mêmes à nous servir du mot *esprit*, avec l'idée de
souffle, pour désigner la vapeur odorante qui distille d'un
objet; et n'est-il pas naturel que le sauvage croie que l'esprit est entré dans l'objet où l'odeur s'attache? Quoi qu'il
en soit, nous avons des preuves certaines que ce n'était pas
l'habit seul, mais des pierres qu'on supposait imprégnées
par cette émanation invisible, soit souffle, soit odeur. Selon

Ximenez, à la mort d'un grand seigneur à la Vera-Paz,
« la première chose qu'on faisait, c'était de lui mettre une
pierre précieuse dans la bouche. D'autres prétendent que
ce n'était pas après la mort, mais aux derniers moments.
On voulait que la pierre reçût le souffle du mourant. » Une
notion analogue se trouve impliquée dans une pratique des
Mexicains, qui, à côté des restes d'un homme, « mettent une
perle de plus ou moins de valeur, qui, disent-ils, lui ser-
vira de cœur dans l'autre monde. » Les mots cœur et âme
sont synonymes chez quelques peuples d'Amérique. Nous
trouvons la même idée, sous une autre forme, chez les naturels de la Nouvelle-Zélande. M. White, qui incorpore beaucoup de superstitions de ce peuple dans *Te Raou*, rapporte
une discussion au sujet des esprits des morts, où il fait dire
à un vieillard ce qui suit : « Tout n'est-il pas sorti des dieux?
Est-ce que le Kumara n'est pas le dieu qui se cache par
peur? Ne mangez-vous pas le Kumara? Le poisson n'est-il
pas un autre dieu qui est entré dans l'eau? Ne mangez-vous
pas le poisson? Les dieux ne sont-ils pas des esprits (c'est-à-
dire des esprits d'hommes)? Pourquoi, donc, n'avez-vous
pas peur de ce que vous mangez? Tout ce qu'on cuit envoie l'esprit qu'il contient dans les pierres sur lesquelles
on le cuit. Pourquoi donc les vieillards dévorent-ils un
hangi, loin des pierres qui détiennent l'esprit de la nourriture qu'on a fait cuire sur elles? »

Ainsi la croyance originelle est que de même qu'un
cadavre, ou une momie, ou une effigie, peut être occupé
par un esprit, de même aussi une pierre peut l'être. Tous
les faits tendent à prouver que l'adoration d'objets inanimés hantés par des esprits est réellement l'adoration
des esprits qui les hantent; et que la puissance attribuée
à ces objets n'est que celle qu'on attribue à ces esprits.

§ 160. Naturellement, cette idée, une fois admise, se développe dans tous les sens. Avec elle on fournit sur-le-champ une explication de tout ce qui s'offre de remarquable. Quand on en vient à considérer comme une multitude d'êtres invisibles les esprits dont le nombre grossit et qui perdent une individualité dont on se souvenait fort bien autrefois, quand on se figure que les habitants de la maison les coudoient, qu'ils se rassemblent en foule dans les retraites des forêts, que leur nombre est tellement grand qu'on ne peut rien jeter sans craindre d'en toucher un ; comment des êtres qui pullulent à ce point qu'il y en a partout, ne deviendraient-ils pas les causes que l'opinion populaire assigne aux choses les plus communes ? Nous en avons des exemples chez toutes les races.

En Afrique, les Bulloms regardent avec terreur, comme un acte d'un esprit, « tout ce qui leur paraît étrange et rare. » Au Congo, on appelle les coquilles inconnues « enfants de Dieu » ; et les nègres de Nuffi (sur le Niger), étonnés des dimensions d'un navire d'Europe, l'adorèrent. On retrouve les mêmes faits dans la Polynésie. Ellis raconte qu'un traîneau abandonné par Cook ou ses compagnons recevait un culte des naturels. Il y avait aux îles Fidji un cocotier qui se divisait en deux branches ; « aussi était-il l'objet d'une grande vénération. » De même, en Amérique. « Tout ce qu'un Dacotah ne peut comprendre, nous dit Schoolcraft, il le tient pour surnaturel. » Les Mandans appellent surnaturelles toutes les choses qui n'arrivent pas habituellement. Les Chippeouais, nous apprend Buchanan, « lorsqu'ils ne comprennent pas quelque chose, disent que *c'est un esprit.* » La même idée régnait chez les anciens Péruviens, qui, d'après J. d'Acosta, adoraient tout ce qui dans la nature leur semblait remarquable et différent des autres choses,

parce qu'ils y reconnaissaient quelque divinité particulière.

Ainsi le caractère insolite qui fait d'une chose un fétiche
passe pour impliquer l'existence d'un esprit qui y réside,
d'un agent sans lequel la déviation qui la fait différer des
choses ordinaires ne saurait s'expliquer. Il n'existe pas de
tendance à supposer gratuitement la dualité ; c'est seulement quand on aperçoit une apparence, un mouvement, un
bruit insolites dans un objet, que se forme l'idée qu'il est
habité par un esprit. En parlant des Chibchas, Simon nous
apprend que beaucoup d'entre eux adressaient un culte
« à des lacs, à des ruisseaux, à des rochers, à des collines,
et à d'autres endroits dont l'aspect était saisissant ou seulement peu ordinaire. » Ils disaient que parfois « le
démon leur avait montré par des signes qu'ils devaient
l'adorer en ces endroits ». La vérité de notre supposition,
à savoir que les esprits invisibles, qui hantent les objets
matériels, sont les objets auxquels s'adresse l'adoration,
éclate dans ces faits. Les Hindous nous en fournissent d'autres exemples. M. Lyall, dans le travail cité plus haut, tout
en acceptant l'idée qu'on se fait généralement du fétichisme, résume le résultat de l'expérience qu'il a recueillie
dans l'Inde, dans une formule tout à fait d'accord avec
l'explication que nous venons de donner. « Il n'est pas difficile, dit-il, de comprendre comment l'adoration catégorique primitive d'objets qui paraissent étranges se modifie
en passant à l'ordre supérieur d'imagination superstitieuse.
D'abord, la pierre est la demeure d'un esprit : ce qu'il y a
de curieux dans sa forme ou sa position révèle la *possession*. Ensuite, cette forme ou cet aspect étranges accusent
quelque dessin, quelque plan, conçus par des êtres surnaturels, etc. »

Les preuves indirectes convergent donc de toutes parts
vers la conclusion que le culte des fétiches est le culte
d'une âme particulière qui y a pris résidence, à ce qu'on
suppose; et cette âme, comme tous les agents surnaturels
en général, est dans le principe le double d'un homme
mort.

§ 161. Mais nous n'avons pas besoin d'en rester sur les
preuves indirectes. Les preuves directes abondent.

Un peu plus haut, nous avons cité des faits prouvant que,
dans le principe, le fétiche n'est autre chose qu'un esprit.
Nous avons vu (§ 58) que les Abipones, saisis de terreur
à l'idée de l'esprit, s'imaginaient que « l'écho est sa voix ».
Nous avons vu aussi l'Africain, à qui l'on demandait pourquoi il faisait des offrandes à l'écho, répondre : « N'avez-
vous pas entendu le fétiche? » Burton nous dit que dans
l'Afrique orientale on dépose des aliments et de la bière
dans les huttes des fétiches, « afin de se rendre les esprits
propices. » Les nègres de la Côte d'Or adressent un culte
aux morts; ils se rendent « en pèlerinage à leurs tombeaux
pour y faire des offrandes et des sacrifices » ; ils modèlent
des figures d'argile à l'image de leurs chefs morts, ils placent
quelquefois des tuyaux aboutissant aux corps enterrés, où
ils versent chaque jour des libations : pouvons-nous douter,
aux diverses cérémonies qu'ils accomplissent, que le fétiche
ne soit la résidence de l'esprit? D'après Winterbottom, les
naturels des environs de Sierra-Leone « ne boivent guère
de spiritueux, de vin, etc., sans en verser quelques gouttes
sur le sol et sans en humecter leur gris-gris ou fétiche. »
Cruikshank dit qu'on s'abstient de certains aliments suivant
la position du fétiche. Beecham raconte que la maison du
fétiche forme une espèce de sanctuaire. Bastian parle d'un

homme-fétiche qui recourait à la ventriloquie pour rendre des oracles. Tous ces faits supposent des idées analogues à celles qu'on retrouve ailleurs à côté du culte des esprits.

Lander, parlant d'un village sur le Niger, où il y avait une image taillée, le fétiche, dit : « On désira que nous fissions rôtir notre bœuf au-dessous de lui, pour qu'il jouît de l'odeur de la viande. » Dans le Dahomey, d'après Wilmot, « les routes, les villages et les maisons sont pleins d'images, fétiches et d'offrandes aux fétiches. » Que le fétiche soit un ensemble de choses appartenant au parent décédé, ou une effigie de cette personne, ou une idole qui a perdu son individualité historique, ou quelque autre objet, l'esprit qui y réside n'est qu'une modification de l'esprit de l'ancêtre, dont il diffère plus ou moins d'après les circonstances. La certitude de cette conclusion apparaît avec toute la netteté possible dans la formule résumée que nous en donne Beecham. « On croit, dit-il, que les fétiches sont les esprits des êtres intelligents, qui font leur résidence dans des objets naturels qui ont quelque chose de remarquable, ou qui entrent parfois dans les images et dans d'autres produits de l'art, expressément consacrés par certaines cérémonies. C'est la croyance du peuple que les fétiches se rendent assez souvent visibles aux mortels... On croit qu'il y en a des deux sexes et qu'ils veulent des aliments. » Si ce pouvoir de se montrer de temps en temps aux yeux des mortels, ce besoin d'aliments, cette différence de sexe, ne suffisent pas pour montrer que le fétiche était d'abord humain, ce que Bastian nous dit des naturels du Congo le prouve d'une manière décisive. « Les naturels, dit-il, assurent que le grand fétiche de Bamba vit dans les bois, où nul homme ne le voit ni ne peut le voir. Quand il meurt, les prêtres du fétiche recueillent religieusement ses os pour les ranimer, et ils leur apportent des aliments jusqu'à ce qu'ils aient repris de la chair et du sang. » De sorte que le fétiche, s'il diffère de l'esprit, lui ressemble en ce qu'on suppose aussi qu'il reprendra pareillement la forme corporelle primitive.

§ 162. Nous allons tirer une conclusion de cette façon d'interpréter le fétichisme, et faire remarquer à quel point elle est d'accord avec les faits.

Nous avons vu qu'il existe des races humaines inférieures qui n'ont pas d'idée d'une réviviscence après la mort, ou qui n'en ont que des idées vagues et obscures : chez eux, l'idée d'un esprit est rudimentaire. Si, comme nous l'avons dit plus haut, le culte du fétiche est le culte d'un esprit résidant dans le fétiche, ou d'un être surnaturel dérivé du fétiche, il s'ensuit que la théorie fétichiste, dépendant de la théorie spiritiste, doit la remplacer à un moment donné. Le fétichisme n'existe pas quand il n'y a pas de théorie spiritiste; il naîtra après la naissance de la théorie spiritiste. Il y en a des preuves en abondance.

Parmi les tribus montagnardes de l'Inde, celle qui occupe le rang le plus inférieur, les luangs, n'ont pas de mot pour exprimer un être surnaturel, point d'idée d'une autre vie, point de culte des ancêtres ; le fétichisme n'existe pas chez eux. Il est remarquable aussi qu'on ne trouve point la sorcellerie chez eux. Les Andamènes, la race la plus dégradée du genre humain, n'ont aucune « notion de leur origine » et aucune notion « d'une existence à venir »; ils n'ont pas non plus le fétichisme : c'est au moins la conclusion qu'on peut tirer du silence des auteurs qui nous parlent d'eux. Cook n'avait pas trouvé trace de religion chez les Fuégiens; on ne dit pas non plus que le fétichisme existe chez ces sauvages. Les Austra-

liens, race très-inférieure de sauvages, croient aux esprits,
mais ils ne sont pas parvenus au degré où le spiritisme
donne naissance au fétichisme; ils ne font pas de sacrifices
aux objets inanimés. Les Tasmaniens, leurs voisins, race
aujourd'hui éteinte, dégradés comme eux, leur ressemblaient sur ce point. Les Veddahs mêmes, qui croient que
les âmes de leurs parents les entourent de toute part, et
chez qui le culte des ancêtres domine, ont l'intelligence
assez peu développée et un état social assez inférieur pour
ne pas nous offrir ce produit du spiritisme.

Les conséquences qu'une doctrine implique ne se montrent pas aux intelligences tout à fait stupides, mais elles
apparaissent à celles qui commencent à réfléchir. De là
vient que plus l'homme devient logique, plus le nombre
des conclusions erronées qu'il tire de prémisses erronées
est grand. Ainsi que nous l'avons montré (§ 57 et 96), ce ne
sont pas des sauvages dépourvus d'intelligence, mais des
sauvages très-intelligents, tels que les habitants des îles
Fidjis, qui croient qu'un homme a deux âmes, son ombre
et son image réfléchie, et qui admettent par voie de conséquence que, puisque les objets ont une ombre, ils doivent
aussi avoir des âmes. Les divers peuples d'Afrique, à ne
considérer qu'eux, suffisent pour montrer que le fétichisme
ne prend naissance que lorsque l'évolution mentale et
sociale est parvenue à un certain point. On ne parle pas de
fétichisme chez les Boschimans, la race la plus dégradée
de toutes celles d'Afrique qui nous soient connues. Les
Damaras, chez lesquels, d'après Anderson, l'intelligence est
« un phénomène insolite », et de la stupidité desquels Galton nous offre des preuves si frappantes, n'ont pas tiré de
leurs croyances spiritistes, faiblement accusées, les conclusions d'où le fétichisme prend naissance. « Il n'y a chez

eux, nous dit Galton, nulle trace de la superstition fétichiste. » Mais nous trouvons le fétichisme chez les peuples
d'Afrique plus avancés, les habitants du Congo, les nègres
de l'intérieur, ceux de la côte, ceux du Dahomey, les Achantis. Nous le voyons florissant dans les pays où il y a des villes
fortifiées, des gouvernements bien organisés, de grandes
armées permanentes, des prisons, une police, des lois
somptuaires, une division du travail assez avancée, des marchés à des époques périodiques, de vraies boutiques, et
tout ce qui dénote un progrès dans la civilisation. Cette
relation se montre avec encore plus de netteté en Amérique. Aucun récit ne parle de fétichisme chez les grossiers
Chirihuanas de l'ancien Pérou; mais il était très-avancé
chez les Péruviens civilisés. Avant comme après la conquête
des Incas, « ils adoraient des herbes, des plantes, des fleurs,
toutes les espèces d'arbres, de hautes collines, de gros
rochers, des fentes qui s'y trouvaient, de profondes cavernes, des cailloux, de petites pierres de différentes couleurs. »
Enfin, si nous voulons savoir où le fétichisme est parvenu
à son apogée, on nous indique un peuple dont la civilisation,
plus ancienne en date que la nôtre, a créé de grandes villes,
des industries compliquées, une langue d'une structure
avancée, de longs poëmes, des philosophies subtiles. Dans
l'Inde, « une femme adore le panier qui lui sert à porter ou
à serrer ses effets; elle lui adresse des sacrifices, aussi bien
qu'au moulin à riz et aux autres meubles dont elle se sert
dans sa maison. Le charpentier rend le même hommage à
sa hachette, à son herminette et à ses autres outils; il leur
adresse pareillement des sacrifices. Un brahmane en fait
autant au stylet dont il va se servir pour écrire; un soldat
aux armes avec lesquelles il doit combattre; un maçon à sa
truelle. » Le passage de Dubois, cité par sir John Lubbock,

se trouve d'accord avec ce que nous rapporte M. Lyall dans son ouvrage intitulé *Religion d'une province de l'Inde*. « Non-seulement, dit Lyall, le laboureur adresse des prières à sa charrue, le pêcheur à son filet, le tisserand à son métier; mais l'écrivain adresse un culte à sa plume, et le banquier à son grand livre. »

Ce qui fait voir clairement qu'on ne saurait soutenir l'idée que le fétichisme est, de toutes les superstitions, la première qui se montre, le voici : supposez les faits retournés, supposez que ce soit par les Iuangs, les Andamènes, les Fuégiens, les Australiens, les Tasmaniens et les Boschimans, que le culte des objets inanimés ait été porté au plus haut degré; que, chez des tribus dont l'intelligence et l'état social sont un peu plus avancés, le fétichisme se trouve plus restreint, qu'il diminue à mesure que la science et la civilisation font des progrès, et que chez les sociétés arrivées à un haut degré de développement, comme celles de l'ancien Pérou et de l'Inde moderne, le fétichisme ne se montre plus. Ne dirions-nous pas que ces faits prouvent péremptoirement que le fétichisme est la première forme religieuse? Mais alors il est clair, puisque les faits sont tout le contraire, que cette proposition est péremptoirement démontrée fausse.

§ 163. Maintenant que la déduction nous a montré la fausseté de ce dogme reçu, nous sommes préparés à voir avec quelle force la déduction la démontre.

Basée sur les faits racontés par les premiers voyageurs, qui s'étaient surtout trouvés en contact avec des races avancées et civilisées imparfaitement, l'idée que le fétichisme est primordial prit possession de l'esprit des hommes; et, comme la prévention fait les neuf dixièmes de la

croyance, elle est restée maîtresse du terrain à peu près
sans conteste; je l'ai moi-même acceptée, bien que, je m'en
souviens, avec un vague sentiment de mécontentement, qui
venait sans doute de l'impossibilité où j'étais de voir
l'origine d'une interprétation si étrange. Ce sentiment de
vague mécontentement devint du doute quand je fus mieux
renseigné sur les idées des sauvages. Du doute, je passai à
la négation, quand j'eus rangé sous forme de tableau les
faits empruntés aux races les plus dégradées; et, en y
réfléchissant, j'ai vu clairement que la proposition, démontrée fausse à *posteriori*, est contraire à la probabilité
à *priori*.

Nous avons vu, dans le chapitre sur les *Idées de l'animé
et de l'inanimé*, que le progrès de l'intelligence donne la
faculté de distinguer ce qui vit de ce qui ne vit pas; que les
animaux supérieurs confondent rarement l'un avec l'autre,
et qu'on n'est nullement autorisé à supposer que l'animal
qui dépasse tous les autres en sagacité confonde gratuitement ce qui vit avec ce qui ne vit pas. Si la corruption
fétichiste était primordiale, il serait possible de montrer
comment l'évolution de la pensée exigeait qu'elle apparût
nécessairement avant toutes les autres; et cette tâche, autant
que j'en puis juger, il est impossible de s'en acquitter. Voyez
l'esprit du sauvage que nous avons retracé dans les chapitres précédents, sans notion spéculative, sans critique,
incapable de généraliser, ne possédant guère que les
notions qui viennent droit des perceptions. Demandez-
vous ce qui pouvait l'amener à croire qu'un objet inanimé
contient un être autre que celui que ses sens lui font
connaître? Il n'a pas de mot pour exprimer des propriétés
séparées, encore moins un mot pour la propriété en général;
et, s'il n'est pas capable de concevoir une couleur à part des

objets particuliers colorés, comment peut-il imaginer qu'une
entité invisible, doublant la première, cause les actions de
celle-ci? Il n'a pas la tendance à penser qui doit précéder
une telle conception ; il n'a pas davantage la puissance
nécessaire pour la saisir. Ce n'est que lorsque le progrès
de la pensée a produit la théorie spiritiste, que l'idée d'un
agent animé dans un objet inanimé peut se former, quand
des circonstances la suggèrent. Je dis prudemment : quand
des circonstances la suggèrent ; car, au premier moment, le
sauvage ne suppose pas gratuitement qu'un objet est possédé
par un esprit. Il faut quelque chose d'anormal pour suggérer
la présence d'un esprit. Si plus tard, plus haut dans l'échelle
du progrès, l'homme donne de l'extension à ce genre d'interprétation, au point de penser que dans la multitude des
choses communes, chacune loge un esprit, c'est qu'il a dû
au préalable multiplier le nombre des revenants et admettre
des esprits dérivés pullulant partout.

On peut même soupçonner que le fétichisme est une
conséquence de la théorie spiritiste d'après des faits présentés par les peuples modernes. Je ne fais pas une allusion
spéciale à la doctrine encore existante de la présence réelle,
ni à la croyance impliquée dans une pratique tombée en
désuétude, celle d'exorciser l'eau dont on se servait pour
le baptême; ni aux idées des gens d'autrefois qui s'imaginaient que les objets d'un aspect étrange étaient « possédés »,
sans aller jusqu'à recourir à la possession pour expliquer
les propriétés ordinaires des objets. Je fais surtout allusion
aux faits que nous présente le spiritisme moderne. Quand
les tables tournent, quand les chaises se mettent en mouvement sans qu'un agent visible les pousse, on suppose que
des esprits les font mouvoir. En présence d'une action qu'il
ne comprend pas, l'homme revient à l'antique conception

fétichiste : il rapporte la cause de cette action à un être
surnaturel et fait de cet être surnaturel un esprit.

§ 164. Les sacrifices propitiatoires aux morts, d'abord
origine des rites funèbres, plus tard des observances qui
constituent le culte d'une manière générale, aboutissent donc,
entre autres résultats différents, à l'idolâtrie et au fétichisme. On voit tous les degrés par où ces deux formes
religieuses ont passé.

Ce sont des sacrifices offerts au corps mort récemment, au corps desséché ou momie, aux reliques; à
une figure composée en partie de reliques et en partie
d'autres matières ; à une figure placée sur un coffre
contenant les reliques; à une figure élevée sur la
tombe où gisent les reliques. Si donc la combinaison
de reliques et de figures représentatives a été l'objet
auquel des races civilisées, les Egyptiens, les Etrus-
ques, les Romains, et les chrétiens du moyen âge eux-
mêmes, ont offert des sacrifices, pourquoi ne verrions-nous
pas, dans la figure du saint qu'on adore sur son tombeau,
l'analogue de l'effigie taillée que le sauvage élève sur une
tombe et à laquelle il fait des sacrifices? Nous avons la
preuve évidente que cette image représentative du mort
devient l'idole de la divinité. Le culte dure plus ou moins
longtemps, et dans certains cas devient permanent; et alors
il constitue l'idolâtrie reconnue du sauvage, qui devient à
la fin par évolution cet ensemble compliqué de cérémonies
religieuses qu'on accomplit devant des statues respectées
et redoutées à l'intérieur de temples magnifiques. Allons
plus loin : l'homme primitif croit que la ressemblance
du dehors s'accompagne de la ressemblance de nature ; de
cette idée vient la croyance que l'effigie est habitée par un

esprit; et de cette croyance descend celle que les dieux entrent dans des idoles et parlent par leur bouche.

Entre l'idolâtrie et le fétichisme, pas de solution de continuité. En Afrique, le fétiche visible est souvent une figure de forme humaine ressemblant « on ne peut mieux à nos épouvantails »; quelquefois, c'est chose qui n'a d'humain que ses rapports avec l'homme : c'est une amulette, et la foi qu'on y attache provient (§ 133), comme nous l'avons vu, d'une foi en des reliques, et par conséquent de la théorie spiritiste. Les faits prouvent que le culte des choses qui ont quelque chose d'étrange, leur volume, leur forme, leur aspect, leur attitude, est une pratique dérivée et marche avec la croyance à la présence d'un esprit primitivement humain. Le fétichisme s'étend et s'accentue, comme nous le voyons, à mesure que l'évolution mentale fait des progrès et accompagne le développement et l'élaboration de la théorie spiritiste : on la retrouve partout où l'on suppose que des esprits sont les causes toujours présentes de maladies, de guérisons, d'accidents, de profits, etc.; c'est une hypothèse qui s'applique victorieusement à tout, qui paraît expliquer tout. L'idée que les ombres sont des âmes vient encore en aide aux croyances fétichistes. Ainsi que nous l'avons déjà vu (§ 96), on étend cette idée, où l'homme primitif est naturellement entraîné, à d'autres ombres que celles que projette le corps humain. Avec le progrès, la raison impose à l'homme primitif cette conséquence, qui, une fois acceptée, donne de la force aux idées d'âmes d'objets déjà formées par d'autres voies. Il a la preuve que l'objet qu'il adore dans l'objet qui se fait remarquer est un esprit; une autre preuve vient souvent lui imposer la croyance que cet esprit est celui d'un ancêtre. Au Pérou, les *huacas*, qui étaient à la fois les objets mêmes et les esprits censés habitants de ces objets et qui parlaient par ces objets, étaient les aïeux des Péruviens. « Un Indien, nous dit Garcilaso, ne passe pas pour honorable, s'il ne descend d'une fontaine, d'une rivière, ou d'un lac (ou même de la mer), ou d'un animal sauvage, par exemple d'un ours, d'un lion, d'un tigre, d'un aigle, ou de l'oiseau qu'ils appellent *cuntur* (condor), ou de quelque autre bête de proie, ou d'une montagne, d'une caverne ou d'une forêt. » Enfin, d'après Cieza, les Péruviens adoraient les huacas dont ils descendaient.

L'idolâtrie et le fétichisme sont des produits aberrants du culte des ancêtres. Je pense que nous l'avons vu clairement. Nous allons le reconnaître avec une évidence plus grande encore en passant aux groupes de faits de même genre qui suivent.

CHAPITRE XXII

§ 165. Dans le chapitre sur les *Idées primitives*, nous avons fait remarquer que dans le règne animal les métamorphoses réelles sont, à première vue, plus merveilleuses que celles dont beaucoup de gens supposent à tort l'existence ; que les différences qui séparent une larve d'une mouche, un œuf d'un oiseau, un têtard d'une grenouille, sont plus grandes que celles qui distinguent un enfant d'un petit chien, un homme d'un taureau.

Ainsi encouragé par les changements auxquels il ajoute journellement, sans avoir pour se détourner de son erreur les connaissances fixées par l'expérience accumulée durant des milliers d'années, le sauvage s'abandonne entièrement à toutes les illusions qui peuvent lui suggérer qu'un être vivant a pris une forme différente. Quelquefois il suppose que le changement qu'il imagine s'est opéré d'une forme animale à une autre ; au Brésil, par exemple, nous dit Burton, « on croit universellement que l'oiseau-mouche peut prendre la forme d'un sphinx qui porte le nom de l'oiseau-mouche. » Mais, le plus souvent, c'est l'homme qui se transforme en animal, ou les animaux en hommes.

Un coup d'œil sur les faits offerts par toutes les races nous permettra d'y choisir des exemples et d'en rechercher ensuite l'explication.

§ 166. La croyance que les hommes revêtent les formes d'animaux s'exprime quelquefois d'une manière générale ; les Thlinkits de l'Amérique du Nord, par exemple, ne « tuent un ours que dans un cas de grande nécessité, parce que l'ours passe pour être un homme qui a pris la forme d'un animal. » L'idée qui sert de pendant à celle-ci règne dans sa forme générale chez les Karens, qui croient « que les eaux sont habitées par des êtres dont la forme propre est celle des dragons (crocodiles?), mais qui se montrent de temps en temps sous celle de l'homme, et qui prennent les femmes des enfants des hommes. » D'ordinaire pourtant, il n'y a que les hommes et les femmes qui se distinguent par une puissance d'un ordre quelconque, ou qui passent pour la posséder, à qui l'on attribue cette faculté.

Divers peuples d'Afrique pour qui tous les genres d'adresse sont choses surnaturelles croient que le forgeron (qui vient après le sorcier) agit en vertu d'un esprit ; en Abyssinie on admet que « les forgerons peuvent se changer en hyènes ou en d'autres animaux ». Cette croyance est si forte, qu'elle infecte même les Européens : Wilkinson cite un voyageur qui affirmait avoir vu cette métamorphose. Mais, plus ordinairement, les sorciers sont les seuls à qui l'on attribue ce pouvoir. Campbell nous dit que les Khonds croient que « les sorcières ont le pouvoir de se changer en tigres ». D'après Winterbottom, lorsqu'un « alligator se saisit d'un enfant qui se baigne dans la rivière, ou quand un léopard emporte une chèvre, les Bulloms croient que l'auteur de la déprédation n'est ni un véritable léopard ni un véritable alligator, mais une sorcière qui a pris la forme de ces animaux. » Chez les Mexicains, dit Mendieta, « il y avait des sorciers et des sorcières qui passaient pour se changer en animaux. » Herrera, dans sa description des naturels du Honduras, nous dit qu'ils « punissaient les sorciers coupables de quelque dommage, et qu'on croit que quelques-uns de ces sorciers errent dans la montagne comme des tigres et des lions, tuant les hommes, jusqu'à ce qu'on les prenne et qu'on les pende. » Piédrahita et le P. Simon nous apprennent que les Chibchas « prétendaient avoir de grands sorciers qui pouvaient se transformer en lions, en ours et en tigres, et qui dévoraient les hommes comme font ces animaux. » On attribuait en certaines localités la même faculté aux chefs aussi bien qu'aux sorciers. Piédrahita rapporte que Tunja Thomogata, chef Chibcha, passait « pour avoir une longue queue à la façon des lions ou des tigres, qu'il traînait sur le sol. » Nous trouvons chez les Africains des exemples analogues. En voici un, dont toutefois je ne me rappelle pas l'origine. « Il y a aussi beaucoup de lions et de hyènes, et l'on ne fait rien pour empêcher la multiplication des premiers, car on croit que les âmes des chefs entrent dans le corps de ces bêtes ; on ne cherche pas à les tuer ; on croit même qu'un chef peut se métamorphoser en lion, tuer qui il veut et reprendre ensuite la forme humaine ; aussi, quand ils en voient un, ils se mettent à battre des mains, ce qui est leur manière ordinaire de saluer. » Dans certains cas, ce prétendu pouvoir s'étend aux parents du chef. Schweinfurth raconte qu'à Gallabat il lui arriva de tirer une hyène, ce que le cheik lui reprocha, parce que, disait-il, sa mère était une « femme hyène ».

D'autres fois, il n'y a pas changement de forme, mais pos-

session. Nous avons vu comment la théorie primitive du
songe qui admettait la migration d'un double qui quittait
le corps et y rentrait, entraînait, entre autres conséquences, la croyance que les doubles pouvaient dans leurs
migrations entrer dans d'autres corps que le leur. Le dernier chapitre nous a montré jusqu'où va cette doctrine ;
nous y avons vu la croyance que des esprits d'hommes se
logeaient dans des simulacres et même dans des objets inanimés sous forme humaine. Il est donc naturel que les animaux soient au nombre des choses où peuvent entrer les
âmes humaines. Livingstone raconte qu'à Titi le peuple
croit « que les âmes peuvent de leur vivant passer dans le
corps de lions et d'alligators et rentrer ensuite dans leur
propre corps ». Les tribus de la Guyane, nous dit Brett,
croient que les jaguars « sont possédés par des esprits
d'hommes ».

Naturellement, à côté de la croyance à la possession par
les doubles des personnes vivantes, il y a des croyances à
la possession par les doubles de personnes mortes. Marsden
dit que les naturels de Sumatra s'imaginent que « les
tigres sont animés par les esprits des morts, et rien ne saurait engager un naturel à chasser ou à blesser un tigre,
excepté pour se défendre ou pour venger la mort d'un
ami sur le moment même. » Parmi les races actuelles de
l'Amérique, les Apaches, selon Bancroft, « soutiennent que
tout serpent à sonnettes contient l'âme d'un homme mé-
chant ou d'un envoyé de l'Esprit du mal ; » et le même
écrivain atteste que « les Californiens des environs de San
Diego ne mangent pas la chair des gros animaux tués à la
chasse, parce qu'ils les croient habités par les âmes de gens
morts il y a longtemps : mangeur de venaison ! est pour
eux une sanglante injure. » Chez les anciennes races

d'Amérique, il en était de même. Entre toutes les autorités
qui l'attestent, nous pouvons citer Clavigero. « Le peuple
de Tlascala, dit-il, croyait que les âmes des gens de
marque allaient, après leur mort, habiter les corps
d'oiseaux beaux et doués d'un chant mélodieux et ceux
des plus nobles quadrupèdes ; tandis que les âmes des
gens de bas étage passent dans les corps des belettes, des
scarabées, etc. » Il y a chez les Africains des croyances
analogues. Lorsque Hutchinson révoquait en doute que les
âmes des hommes passassent dans le corps de singes et de
crocodiles, on lui répondait : « Ça être la mode de Calabar ;
homme blanc non sabé rien de ça. »

Sans parler d'autres modifications et d'autres développements de cette notion générale, sans parler, non plus, des
croyances dérivées de cette idée que les civilisations primitives nous présentent, telles que celles des démons dont
nous parle l'Écriture qui, expulsés du corps d'un homme,
entrèrent dans des pourceaux, ni des légendes des loups-
garous du moyen âge, arrivons à l'interprétation de ces
faits. Nous avons vu que le sauvage se trouve préparé par
son expérience à supposer des métamorphoses, si les circonstances en suggèrent l'idée ; mais nous ne devons pas
admettre qu'il les suppose sans motif déterminant. Quels
sont ces motifs ? Il y en a de trois sortes, aboutissant à
trois ordres de croyances de même famille, mais en partie
différentes.

§ 167. « Les Amatongos sont des serpents, » disent les
Zulus ; et, comme nous l'avons vu à plusieurs reprises,
amatongo est le nom qu'ils donnent aux esprits ancêtres.
Mais pourquoi ces peuples ont-ils résolu que les serpents
seraient leurs ancêtres métamorphosés ? Afin de préparer

le lecteur à la réponse, je vais mettre sous ses yeux quelques extraits d'un interrogatoire par Canon Callaway.

« Les serpents dans lesquels les hommes passent ne sont pas nombreux; ils sont bien connus. Ce sont le noir Imamba et le vert Imamba, qu'on appelle Inyandezulu. Les chefs passent dans ces serpents. Les gens du peuple passent dans les Umthlwazi.

« On sait que ce sont des êtres humains à les voir entrer dans une hutte. Ils n'y entrent ordinairement pas par la porte. Peut-être y entrent-ils quand il n'y a personne; ils vont se placer à la partie supérieure de la hutte et y demeurent enroulés.

« Si le serpent a une cicatrice sur le côté, celui qui connaît un homme mort de la localité qui avait aussi une cicatrice au même endroit s'avance et dit : Le voilà; ne voyez-vous pas la cicatrice qu'il porte à son côté? On le laisse, et on va dormir. »

« On connaît ceux qui sont hommes à ce qu'ils fréquentent des huttes, à ce qu'ils ne mangent pas de souris, et que le bruit que font les hommes ne les effraie pas. »

Joignez à ces déclarations les faits racontés plus haut (§ 110, 137), et vous voyez la genèse de la croyance. Partout dans le monde règne l'idée que l'esprit du mort hante son ancienne maison. Que signifie la venue de ces serpents dans les huttes? Ne sont-ce pas des parents morts? Est-ce que les signes particuliers qu'ils portaient n'en sont pas les preuves? De même que l'on concluait (§ 92) que le pionnier australien au bras fléchi était l'autre soi du naturel mort qui avait aussi un bras fléchi, de même aussi la cicatrice portée pareillement par l'homme et le serpent est une preuve d'identité. Lors donc que le Zulu dit que « un serpent qui est un Itongo n'excite pas la crainte chez l'homme.... que lorsque l'homme le regarde, il lui semble l'entendre dire : « n'aie pas peur; c'est moi, » nous voyons reparaître sous une autre forme la reconnaissance du serpent comme un être humain, motivé par certaines circonstances, dont la principale est la fréquentation de la maison. Les devins utilisent et confirment cette reconnaissance. Ainsi que le disaient des gens qui invoquaient par leur entremise l'assistance d'une puissance surnaturelle : « Nous étions surpris d'entendre sans cesse les esprits, que nous ne pouvions voir, parlant dans les branches et nous disant bien des choses sans que nous les vissions. » — « La voix, lisons-nous ailleurs, était comme celle d'un petit enfant; elle ne peut parler fort, car elle vient d'en haut, à travers les branches de la hutte. » On voit le procédé. Le devin a recours à la ventriloquie pour faire les réponses de l'esprit-ancêtre qui semble venir de l'endroit où les serpents familiers se cachent.

Si l'on suppose que la plupart des hommes passent dans les serpents inoffensifs qui fréquentent les huttes, il en est qui passent dans « l'imamba qui fréquente les endroits découverts ». Au sujet de ce serpent, on raconte que l'imamba est spécialement hanté « par l'âme des chefs; » c'est un serpent venimeux qui a « le regard d'un ennemi qui fait peur ». Nous pouvons en conclure que de même que des signes physiques spéciaux suggèrent l'identité de l'animal avec des hommes qui portaient des signes semblables, de même des traits de la conduite et du rôle des serpents d'une certaine espèce les font identifier avec une classe d'individus. Nous allons voir la vérification de cette conclusion ailleurs, en Afrique.

Chez les Amazulus, la croyance au retour des ancêtres sous forme de serpents n'a pas donné lieu au culte des serpents en qualité de serpents : les sacrifices qu'on leur fait demeurent confondus avec les sacrifices aux esprits-ancêtres. Nous trouvons encore chez d'autres peuples des idées analogues, formées probablement de la même manière, qui n'ont pas pris précisément la couleur religieuse ; ainsi Nugno de Guzman nous dit que « dans la province de Culiacan on trouvait des serpents apprivoisés dans les maisons des naturels, qui les craignaient et les honoraient. » Mais, à l'aide de cette clef, nous découvrons à côté d'une civilisation avancée le culte des serpents constitué. L'ophiolâtrie règne surtout dans les pays chauds ; là, certaines espèces de serpents se cachent dans les recoins obscurs des appartements et même dans les lits. L'Inde nous en offre un exemple évident. Les dieux-serpents y sont communs ; et le serpent représenté habituellement comme Dieu par la sculpture est le cobra. Soit dans sa forme naturelle, soit uni à un corps humain, le cobra, avec son capuchon étalé dans l'attitude de la lutte, reçoit l'adoration dans un grand nombre de temples ; et, si nous voulons savoir d'où cela vient, nous apprenons que le cobra s'introduit très-ordinairement dans les maisons. Nous avons une autre preuve de notre dire dans l'aspic d'Égypte, espèce de cobra. Il figure partout dans les peintures et les sculptures sacrées de l'Égypte ; on le révérait dans toute l'étendue du pays : c'était un hôte des jardins et des maisons, et il se montrait familier au point de venir sur un signe recevoir des aliments qu'on lui donnait de la table [1].

---

1. Depuis que ce passage a été écrit, j'ai relu l'essai de Mc Lennan sur le culte des animaux, et j'y ai trouvé un fait qui confirme cette opinion. J'ai souligné les mots caractéristiques du passage que j'en extrais :

« En preuve de cette superstition, il y a deux articles dans le traité conclu et ratifié par le consul de Sa Majesté Britannique pour l'anse de Biafra et l'île de Fernando Pô, le 17 novembre 1856 ; en voici un :

« Art. 12. Attendu que les blancs ont détruit par ignorance une certaine

Il en est de même pour quelques animaux qui hantent les maisons. Dans beaucoup de pays, les lézards se glissent dans le logement de l'homme; aussi voyons-nous que, chez les Amazulus, on croit que les vieilles femmes prennent la forme de « l'Isalukazama, » espèce de lézard. Je n'ai pas pu savoir si la croyance des naturels de la Nouvelle-Zélande que les esprits de leurs ancêtres reviennent les visiter sous forme de lézards a pour objet les lézards qui entrent dans les maisons. Nous devons aussi compter la guêpe au nombre des animaux dont les morts prennent la forme, d'après les Amazulus, et nous savons que la guêpe est un insecte qui se mêle souvent au cercle de la famille pour prendre sa part des mets de la table. A côté de cette croyance, je placerai un curieux passage tiré de la légende du déluge chez les Babyloniens. Hasisadra, décrivant le sacrifice qu'il offrit après le déluge, dit : « Tandis qu'il brûlait, les dieux se rassemblèrent, les dieux se rassemblèrent tandis qu'il brûlait en répandant une bonne odeur; les dieux, semblables à des mouches, se rassemblèrent autour du sacrifice. » Autre exemple, la colombe est un des animaux familiers auxquels on attache les mêmes idées. Mc Lennan, parlant de la zoolâtrie chez les anciens, remarque que « la colombe est en réalité..... un aussi grand dieu que le serpent ». Le symbolisme encore en vigueur du christianisme nous offre un exemple de la persistance de cette croyance à l'existence d'un *esprit* dans la colombe.

§ 168. Il y a des idées analogues qu'on n'aura plus maintenant de peine à comprendre. Dans les pays où l'on a l'ha-

espèce de boas constrictors, *qui visite les maisons*, et qui est ju-ju, ou sacré, pour les Brassmans, et qu'à la suite le commerce a été suspendu et que les naturels en ont conçu des sentiments hostiles, il est dès à présent interdit aux sujets anglais de faire du mal à ces serpents ou de les détruire. »

bitude d'enterrer des morts dans la maison, l'esprit n'a qu'une place à hanter. Ou bien l'on croit tantôt qu'il revient visiter l'habitation qu'il a laissée, tantôt qu'il réside à l'endroit où gît son corps. Si donc l'on suppose que les animaux qui fréquentent les maisons sont des ancêtres transformés, est-ce qu'on ne supposera pas que les créatures que l'on trouve ordinairement avec les corps sont des formes animales choisies par le mort pour sa demeure? Nous pouvons conclure qu'on adoptera cette croyance, et nous avons des preuves qu'on l'a adoptée.

Nous avons vu que la coutume d'enterrer les morts dans des cavernes régnait chez les peuples primitifs. Quels sont les animaux qui se rencontrent ordinairement dans ces sombres réduits? Surtout ceux qui fuient la lumière, les chauves-souris et les hiboux. Quand il n'y a pas de forêts ni d'arbres creux, etc., les crevasses et les cavernes sont les lieux dont ces animaux nocturnes tirent le mieux parti, et souvent ils y sont très-nombreux. Un voyageur qui a exploré la caverne d'Egypte à laquelle les momies embaumées qu'elle contient ont fait donner le nom de Crocodilopolis, m'a dit qu'il avait manqué d'être suffoqué par la poussière soulevée par les chauves-souris, qui faillirent éteindre les torches avec leurs ailes. Ajoutez à ces faits le passage suivant, tiré de la légende d'Izdubar, traduite par M. Smith : « Revenons de l'Hadès, la terre que je connais ; de la demeure des morts ; de la résidence du dieu Irkalla ; de la demeure qui n'a point d'issue ; de la route dont ceux qui l'ont parcourue ne reviennent pas ; des lieux où l'on soupire après la lumière, où l'on n'a pour nourriture que la poussière et pour aliment que la boue. Les chefs aussi, comme les oiseaux, portent des ailes. » Dans l'exposé que M. Talbot fait de la légende d'Ishtar, l'enfer est

représenté comme « une caverne d'énormes rochers », nous
voyons que c'est « le séjour des ténèbres et de la faim,
où l'on n'a d'aliment que la terre, de nourriture que l'argile ; on n'y voit pas le jour ; on reste dans les ténèbres ; les
esprits, comme les oiseaux, battent des ailes. » Au milieu
de différences légères, l'accord sur la nature du lieu, qui est
une caverne, sur l'obscurité qui y règne, sur le manque
d'aliments, sur la poussière qui le remplit, et sur la forme
ailée de ses habitants, indiquent clairement comment la
caverne sépulcrale et les animaux qui l'habitent sont devenus par l'effet d'un développement l'enfer avec les esprits qui l'habitent. De même que, comme nous l'avons déjà
vu, le mot *scheol*, signifiant d'abord une caverne, a fini par
s'étendre à un monde souterrain, de même nous voyons
que les créatures ailées que l'on trouve ordinairement
auprès des corps dans la caverne, et que l'on suppose être
des morts transformés, ont donné naissance aux esprits
ailés qui habitent le monde souterrain. Nous trouvons la
vérification de cette conclusion dans un passage de la Bible
déjà cité, où l'on dit que les sorciers auxquels il est fait
allusion, et qui consultent les morts, poussent des cris
comme les chauves-souris : c'est que leurs artifices, semblables à ceux des devins zulus, avaient le même but. « Ces
ventriloques, dit Delitzsch, imitaient les petits cris des
chauves-souris, qu'on croyait venir des ombres de l'enfer. »
Nous trouvons une autre vérification dans les légendes des
Grecs qui se formèrent dans des pays voisins dans les
mêmes conditions. Nous voyons dans l'*Odyssée* que les
esprits des morts murmurent comme des chauves-souris
et poussent des cris comme des oiseaux effrayés [1].

---

1. Depuis que ce passage est imprimé, j'ai trouvé dans les *Voyages aux Philippines* de M. F. Iagor un fait qui le confirme. Avant la conquête du pays

L'expérience qui a montré que les chauves-souris habitaient les cavernes à peu près constamment et en grand nombre, tandis que les hiboux faisaient leur demeure dans les recoins obscurs des maisons abandonnées, est peut-être la cause qui a introduit une différence entre les idées associées à la présence de ces animaux. En arabe, on appelle le hibou « la mère des ruines ». M. Talbot cite dans ses traductions des textes qui expriment les croyances religieuses des Assyriens la prière suivante qu'on faisait quand un homme mourait : « Puisse-t-elle (l'âme), comme un oiseau, s'envoler vers un lieu élevé ! » Ajoutons que les anciens Arabes, comme les modernes, aimaient mieux ensevelir les morts en des endroits élevés, quand ils le pouvaient. Ajoutons aussi le passage suivant, tiré de l'*Essai de l'histoire des Arabes* de Caussin de Perceval : « D'après eux, l'âme, en quittant le corps, s'envolait sous la forme d'un oiseau appelé *Hâma* ou *Sada* (espèce de hibou) et ne cessait de voler autour de la tombe en poussant des cris plaintifs. » Les Égyptiens eux-mêmes, qui connaissaient aussi ces animaux des cavernes et des ruines, croyaient que les âmes avaient des ailes. Sur une de leurs peintures murales que Wilkinson nous a fait connaître, on voit sur le cadavre un oiseau à tête d'homme, prêt à s'envoler, emportant avec lui le signe de la vie et le symbole de la transmigration. Ajoutons que sur leurs loges à momie, les Egyptiens représentaient un oiseau aux ailes déployées, ou un oiseau à tête d'homme, ou

par les Européens, les idées et les coutumes qui se rattachent au culte des ancêtres étaient très-développées chez les habitants : autrefois, ils ensevelissaient les morts dans des cavernes qu'ils regardaient comme sacrées. M. Iagor raconte sa visite à une caverne « habitée par une multitude de chauves-souris ». Le petit nombre de naturels qui osèrent y entrer « étaient dans un état de grande agitation et ne manquèrent pas avant tout de se recommander les uns aux autres le respect qu'il fallait montrer à *Calapnitun*, c'est-à-dire « au seigneur des chauves-souris » (p. 169).

un symbole ailé. Nous voyons donc qu'ils admettaient aussi
que les animaux qu'on rencontre fréquemment aux endroits
où les morts étaient déposés étaient des formes adoptées
par ces morts.

Il est possible que les anciens peuples de l'Orient n'eussent pas une connaissance suffisante des métamorphoses
des insectes pour être frappés de l'analogie illusoire dont les
théologiens modernes font tant de bruit; mais il y a une
variété de ces métamorphoses qui aurait pu leur fournir
une analogie parfaite, s'ils l'eussent observée. Chez un
grand nombre de phalènes, la larve a l'habitude de s'en-
fouir dans la terre, et quelque temps après on trouve tout
près de l'enveloppe de la chrysalide un animal ailé. Pourquoi donc ne croirait-on pas que l'animal ailé que l'on
trouve à côté du cadavre de l'homme qu'on a déposé dans
une caverne provient de ce cadavre [1]?

§ 169. Avant de nous occuper des transformations sup-
posées, qui formeraient un troisième genre et qui ressemblent aux précédentes en ce qu'elles établissent l'identité
d'animaux avec des hommes décédés, mais qui en diffèrent
en ce qu'elles proviennent d'un autre ordre d'idées, nous
avons deux choses à expliquer : le langage primitif et les
noms primitifs.

Le nombre des mots dont un sauvage se sert comme signe
de ses idées est très-petit. Par suite, si les choses et les

---

[1]. Dans le principe, les esprits, qu'on ne distinguait pas en bons et en mauvais, étaient regardés par les hommes comme des dieux, des démons, des
anges. La différenciation dont ils finirent par être l'objet, s'accompagna naturellement de croyances spécialisées touchant les formes ailées qu'ils prenaient.
Il ne semble donc pas improbable que si le hibou avec ses ailes couvertes
de plumes a donné lieu à l'idée de bon esprit ou d'ange, la chauve-souris
avec ses ailes membraneuses ait donné lieu à celle de mauvais esprit ou de
diable.

actes qui se passent autour de lui sont nombreux, il n'y en
a qu'un petit nombre qui peuvent avoir des signes, ou bien
il faut que ces signes puissent s'appliquer indistinctement à
des choses et à des actes différents. Si les Dacotahs, comme
nous le dit Burton, « expriment les couleurs par une comparaison avec quelque objet en vue, » il doit arriver souvent
qu'on prenne une affirmation portant sur une couleur pour
une affirmation portant sur l'objet auquel le langage se
réfère. Si dans le dialecte bongo, comme nous l'apprend
Schweinfurth, un seul mot signifie *ombre* ou *nuage*, un
autre *pluie* ou *ciel*, un autre *nuit* ou *aujourd'hui*, il faut de-
viner en partie le sens des phrases, et l'on est souvent exposé
à se tromper. Le défaut de précision impliqué dans la rareté
des mots se trouve en outre impliqué par le manque de
mots expressifs du degré. Quand on demande à un Damara,
en lui montrant deux distances, si la première est plus
longue que la seconde, il ne comprend pas. Il faut lui poser la
question de la manière suivante : La plus éloignée est petite ;
la plus rapprochée est-elle longue ? et la seule réponse qu'il
fasse, c'est : *Elle l'est*, ou : *Elle ne l'est pas*. Quelquefois,
chez les Abipones par exemple, le seul moyen d'exprimer les
superlatifs est d'élever la voix. Ensuite l'incertitude du sens
des phrases qui résulte de ce défaut de précision devient
plus grande encore par l'effet des changements qui s'opèrent rapidement dans les dialectes primitifs. Les superstitions donnent fréquemment lieu à la substitution de mots
nouveaux aux mots préalablement employés ; par suite, les
sentences en usage dans une génération, exprimées autrement dans la suivante, sont mal interprétées. L'incohérence
est une autre cause de confusion. Spitz et Martius nous
racontent que, dans les langues aborigènes du Brésil méri-
dional, « il n'y a ni déclinaison ni conjugaison, et moins

encore de construction régulière des phrases. On parle toujours à l'infinitif avec des pronoms et des substantifs, et la
plupart du temps sans s'en servir. L'accent, portant surtout sur la seconde syllabe, la lenteur ou la rapidité de la
prononciation, certains signes de la main, de la bouche, ou
d'autres gestes, sont indispensables pour compléter le sens
de la phrase. Si, par exemple, l'Indien veut dire : Je veux
aller dans le bois, il dit : *bois-aller*, en tournant sa bouche
vers le quartier qu'il veut visiter. » Il est évident que ces
peuples ne sauraient communiquer aucune proposition impliquant même un acte médiocrement précis de distinction.
L'homogénéité primitive du discours primitif que suppose
le manque de terminaisons modificatives des mots ou des
auxiliaires qui en tiennent lieu, est de plus impliquée par
le manque de mots généraux et abstraits. Dobrizhoffer nous
dit que les Abipones et les Quaranis « manquent du verbe
substantif *être*. Ils n'ont pas le verbe *avoir*. Ils n'ont pas de
mot pour exprimer homme, corps, Dieu, lieu, temps, jamais, toujours, partout. » Lichtenstein nous apprend que
la langue cafre n'a « pas d'article proprement dit, pas de
verbe auxiliaire, pas d'inflexion dans leurs verbes ou les
substantifs. La proposition abstraite simple *je suis* ne saurait s'exprimer dans cette langue. »

Avec cette vérification *à posteriori* de la proposition que
nous pouvions annoncer *à priori*, à savoir que le langage
primitif est maigre, incohérent, indéfini, nous pouvons
annoncer d'avance une quantité innombrable de croyances
fausses issues d'erreurs d'interprétation. Nous lisons dans
Dobrizhoffer que, chez les Quaranis, « *Abache* a trois sens :
je suis un *Quarani*, je suis un *homme*, je suis un *mari* ; et
c'est le cours de la conversation qui décide quel sens on
veut donner au mot. » Qu'arrive-t-il des traditions racon-

tées avec un tel langage? Assurément il se produira des
variations innombrables qui les défigureront.

§ 170. Les hommes n'ont pas toujours porté des noms
propres : le nom propre est un produit du progrès. Le sauvage sans esprit d'invention n'a jamais eu l'idée de distinguer telle personne de telle autre par des sons particuliers.
On a d'abord désigné un individu par quelque chose qui
avait avec lui quelque rapport, dont le nom rappelait le
souvenir de cet individu, un incident, un rapport de juxtaposition, un trait personnel.

On admet généralement que les premiers noms ont été
des noms descriptifs. Nous supposons que, de même que
les objets et les lieux de la Grande-Bretagne ont reçu leur
nom de mots qui n'étaient d'abord qu'une description
impromptu et qui ont été fixés par l'usage, de même les
noms de sauvages : Face large, Tête chauve, Tête frisée, Queue
de cheval, sont les sobriquets significatifs par où l'appella-
lation a commencé. Mais les choses ne se sont pas passées
ainsi. Pressé par le besoin de désigner un enfant qui n'a
pas encore de caractère particulier, on se rapporte à quelque
circonstance de sa naissance. Angas nous dit que les Australiens du Bas-Murray tirent leurs noms soit de quelque
événement banal, soit de quelque objet naturel aperçu par
la mère bientôt après la naissance de l'enfant. Voici un fait
typique. Selon Anderson, « les enfants des Damaras reçoivent des noms d'après de grands événements qui intéressent
le public ». Hodgson dit que « la plupart des Bodos et des
Dhimals portent des noms sans signification, ou que tout
événement qui passe peut suggérer une appellation significative. » Le nom que l'on donne à un enfant cafre bientôt
après sa naissance, dit Shooter, « se rapporte d'ordinaire à

une circonstance qui se rattache à cet événement ou qui est arrivée au même moment. » Park nous apprend la même chose des Mandingues. Schoolcraft nous dit que chez les Comanches « on donne aux enfants un nom d'après quelque circonstance de leurs jeunes années ». Hearne dit que les noms des enfants chippeouais « sont tirés généralement d'un lieu, d'une saison ou d'un animal. » Chez les Bédouins même, qui sont d'un type supérieur, la même chose se produit. « On donne, dit Burckhardt, un nom à l'enfant immédiatement après sa naissance. Le nom se tire de quelque accident banal, ou de quelque objet qui a frappé l'imagination de la mère ou des femmes qui ont assisté à la naissance. Ainsi, si un chien se trouve par là en ce moment, il est probable qu'on nommera l'enfant *Kelab* (de *kelb*, chien).

Cette vague façon d'identifier, qui se produit la première dans l'histoire du genre humain et survit longtemps comme appellation de naissance dans la vie de chaque individu, est peu à peu suivie d'une réappellation plus spécifique. Un trait caractéristique de la personne qui devient plus marqué dans le cours de la croissance, un accident étrange, un talent remarquable, fournit le second nom. Parmi les peuples que nous avons cités plus haut, les Comanches, les Damaras, les Cafres en fournissent la preuve. A propos des Cafres, Mann nous dit : « Ainsi *Umgodi* est simplement l'enfant qui est né dans un trou. » Voilà un nom de naissance. *Umginquisago* est le chasseur qui fait tomber le gibier. Voilà le nom de renommée. Nous laissons de côté de nombreux faits que nous pourrions citer, pour ne mentionner que ceux qui ont rapport à nous. Southey, parlant des noms additionnels dont les Tupis se décorent après leurs victoires, ajoute : « Ils choisissaient leurs appellations d'après certains objets qu'ils voyaient; l'orgueil ou la férocité dictaient leur choix. » C'est pour cela évidemment qu'on prend les noms d'animaux sauvages. A propos des Karens, Mason cite parmi les noms d'animaux « tigre, tigre jaune, tigre féroce, gaur, chèvre, antilope, bec à corne, héron, oiseau-prince, et poisson-mango » : on voit que la préférence pour les noms effrayants est marquée. Dans la Nouvelle-Zélande, un indigène rapide à la course s'appelle « Kaouau », oiseau. Parmi les noms qu'on donne aux femmes chez les Dacotahs, Burton nous cite « la martre blanche, le jeune vison, la patte du rat musqué. » Dans le monde entier, cette mode de donner des surnoms d'après les animaux est habituelle. Elle existe chez les Yorubans, selon Lander; chez les Hottentots, au dire de Thimberg, et tout le monde sait qu'elle règne dans l'Amérique du Nord. Comme nous pouvons le déduire de ce que nous avons dit, elle provient de l'honneur qu'on se décerne à soi-même ou que d'autres accordent. Livingstone nous dit que, lorsqu'un chef makololo arrive dans un village, le peuple le salue du titre de « Grand Lion ». Les auteurs du livre intitulé *Quatre Ans chez les Achantis*, nous montrent les serviteurs du roi Koffi s'écriant : « Regarde devant toi, ô Lion. » Dans le papyrus de Harris, le roi Men-cheperra (Touthmès III) s'appelle « Le lion furieux ». Dans les inscriptions primitives d'Assyrie, nous lisons : « Comme un taureau tu régneras sur les chefs; » comparaison qui passera vite à l'état de métaphore, comme nous le verrons ailleurs; ainsi, dans le troisième papyrus de Sallier, on dit de Ramsès : « Comme un taureau, terrible, avec des cornes pointues, il se leva. » Plus loin, dans un autre passage, des vaincus l'implorent en ces termes : « Horus, taureau vainqueur. »

Souvenons-nous que cette habitude subsiste parmi nous, de sorte que nous appelons renard une personne rusée, ours un homme grossier, crocodile un hypocrite, cochon un individu malpropre; que nous disons d'un homme à la vue perçante qu'il a un œil d'aigle, etc. Remarquons de plus que, chez les races anciennes qui avaient des noms propres d'un ordre assez avancé, les surnoms tirés d'animaux ne laissaient pas de dominer; et cherchons quelles ont été les conséquences de cet usage dans les temps primitifs.

§ 171. Il n'y a qu'à se rappeler l'extrême défaut de précision du langage primitif, et le problème sera résolu. Les signes verbaux sont d'abord tellement insuffisants, qu'il faut des signes-gestes pour suppléer à ce qui leur manque, de sorte qu'on ne saurait exprimer la différence qui sépare la métaphore de la réalité, et moins encore la conserver dans la tradition. Des exemples fournis par M. Tylor nous le montrent, les races supérieures mêmes commettent l'erreur de prendre la métaphore pour la réalité. Le passage du Koran où nous lisons que Dieu ouvrit et purifia le cœur de Mahomet se transforme en une croyance d'après laquelle le cœur du Prophète a été réellement extrait de sa poitrine, lavé et replacé. Il a suffi de dire d'une tribu qui n'avait pas de chef qu'elle était sans tête, pour propager chez des nations civilisées la croyance qu'il y a des races d'hommes sans tête. Dès lors nous ne devons pas nous étonner que le sauvage qui manque de connaissance, qui n'a qu'une langue grossière, ait l'idée qu'un ancêtre appelé *le Tigre* était un vrai tigre. Depuis l'enfance, il entend appeler de ce nom le père de son père. Personne ne croit qu'il puisse s'y tromper, puisque l'erreur est une notion générale que le sauvage n'a guère acquise. D'ailleurs, les mots manquent qui pourraient la corriger, si l'on en sentait le besoin. Il ne peut donc manquer de grandir dans la croyance que son père descendait d'un tigre, et de se considérer comme le rejeton d'un tigre. Nous rencontrons partout les effets de cette méprise.

« Un trait caractéristique des traditions de l'Asie centrale, dit Mitchell, c'est que chaque peuple fait dériver son origine de quelque animal. » D'après Brooke, les Dayaks des bords de la mer s'abstiennent superstitieusement de manger de certains animaux, parce qu'ils supposent que ces animaux sont unis par la parenté à quelques-uns de leurs aïeux qui ont été engendrés par ces animaux ou qui les ont engendrés. Livingstone nous dit que chez les tribus béchuanas « le mot bakatla signifie *ceux du singe;* le mot Bakuena, *ceux de l'alligator;* batlassi, *ceux du poisson;* et chaque tribu professe une crainte superstitieuse de l'animal du nom duquel on l'appelle. » Falkner dit que les Patagons possèdent « un grand nombre de dieux de ce genre, et croient que chacun d'eux préside à une caste ou famille particulière d'Indiens, dont on suppose qu'il a été le créateur. Les uns sont de la caste du tigre, d'autres de celle du lion, d'autres de celle du guanaco, et d'autres de l'autruche. » Laissons les faits nombreux tirés d'autres pays et examinons de plus près ceux qui nous viennent de l'Amérique. Les tribus du nord de la Colombie, dit Ross, « prétendent descendre du rat musqué. » Au dire de M. Powers, « tous les habitants aborigènes de la Californie, sans exception, croient que leurs premiers ancêtres ont été créés directement de la terre du pays qu'ils habitent, et beaucoup croient que leurs ancêtres étaient des coyotes » (loups des prairies). Voici des faits de même portée extraits du pré-

cieux ouvrage de M. Bancroft. Chez les Zapotèques, dit-il,
« ceux qui veulent se faire gloire de leur valeur se disent
les fils de lions ou d'autres bêtes féroces. » Les Haïdahs
« affirment gravement et soutiennent fermement qu'ils
descendent de corbeaux. » — « Chez les Ahst des îles
Vancouver, la notion la plus commune touchant leur origine
est peut-être que les hommes ont d'abord existé sous forme
d'oiseaux, de quadrupèdes et de poissons. » Les Chippeouais
« tirent leur origine d'un chien. Il fut un temps où ils étaient
si fortement imbus de respect pour leurs aïeux de race
canine, qu'ils cessèrent complétement d'atteler des chiens
à leurs traîneaux. » Les Koniagas « ont leur oiseau et leur
chien légendaires : le dernier occupe dans leur mythologie la place réservée par d'autres tribus au loup ou
coyote. »

Ces croyances sont si bien organisées que, dans certains
cas, on peut rendre compte des transitions. Les Indiens de la
Californie descendant du loup des prairies expliquent la perte
de leurs queues. « L'habitude acquise, disent-ils, de s'asseoir
le corps droit, a complétement détruit ce membre magnifique. » Certains Californiens du Nord, qui attribuent en partie
leur origine aux ours gris, affirment qu'autrefois ces animaux marchaient « sur leurs pattes de derrière, comme
les hommes, qu'ils parlaient, qu'ils portaient des massues,
qu'ils se servaient de leurs membres de devant comme les
hommes se servent de leurs bras. » Le récit de Franklin
sur les Indiens Côtes-de-chiens montre ces idées de parenté
sous un jour encore plus étrange. « Ces peuples, dit-il, prennent leur nom de leurs chiens. Un jeune homme est le père
d'un certain chien; mais, quand il est marié et qu'il a un
fils, il s'appelle lui-même père de l'enfant. Les femmes ont
l'habitude de réprimander leurs chiens très-tendrement

quand elles les voient se battre. N'avez-vous pas honte,
disent-elles, de vous quereller avec votre petit frère? »

§ 172. Ce dernier exemple nous met en présence des
diverses conséquences qui découlent de l'idée d'une généalogie issue d'animaux provenant d'erreurs commises sous
l'influence des surnoms.

Les animaux doivent penser et comprendre comme les
hommes; en effet, ne sont-ils pas dérivés des mêmes animaux d'où la tribu est issue ou dont d'autres tribus tirent
leur origine? C'est pour cela que les Papagos croient qu'aux
premiers jours « les hommes et les bêtes parlaient ensemble : un même langage les faisait tous frères. » De là
aussi vient la pratique des Kamtschadales, qui, d'après
Grieve, lorsqu'ils veulent pêcher, « supplient les baleines
et les morses de ne pas faire chavirer leurs barques, et qui
prient, à la chasse, les ours et les loups de ne pas leur faire
de mal. » C'est encore ce qui a donné lieu à l'habitude des
Dacotahs, qui demandent aux serpents leur amitié, et dont
Schoolcraft dit : « J'ai entendu des Indiens parler et raisonner avec un cheval comme avec un homme. » C'est encore de là que provient l'idée trahie par les serviteurs
nègres de Livingstone. « Je demandai à mes hommes, nous
dit ce voyageur, de quoi les hyènes riaient, parce qu'ils
attribuent aux animaux de l'intelligence. Ils me répondirent
qu'elles riaient de ce que nous ne pouvions pas tout prendre
(de l'éléphant) et qu'elles auraient autant à manger que
nous. »

Une seconde conséquence, c'est que les animaux, une
fois regardés comme parents des hommes, sont souvent
traités avec considération. Schoolcraft dit que les Chippeouais, croyant qu'ils auraient à se trouver dans l'autre

monde en présence des esprits des animaux qu'ils immo-
laient, demandaient pardon à un ours de le tuer, le priaient
d'oublier leur crime, et rejetaient la faute sur les Américains. Harris raconte que les Ostyaks, après avoir détruit
un ours, « lui demandent pardon » et lui disent que ce
sont les Russes qui l'ont tué. M. Culloch nous apprend aussi
que chez les Koukis « la capture d'un éléphant, d'un tigre,
d'un ours, d'un sanglier, ou de toute autre bête sauvage,
s'accompagne d'un festin destiné à apaiser ses mânes. »
Les Stiens du Cambodge, les naturels de Sumatra, les Dayaks,
les Cafres, les Siamois, et même les Arabes ont de semblables coutumes.

Naturellement, comme nouvelle conséquence, l'animal
particulier qui donne le nom à la tribu et que l'on regarde
comme un parent est traité avec des égards particuliers.
Puisque l'on admet que l'ancêtre de forme humaine est
capable de faire du bien ou du mal à ses descendants, on
admet aussi que l'ancêtre de forme animale le peut aussi.
C'est pour cela que, d'après le récit de Bancroft, « nul
Indien qui croit descendre de l'esprit-mère et de l'ours gris
ne tuera un ours gris. » Par la même raison, les Osages ne
détruiront pas le castor ; ils croient voir en lui un ancêtre.
« Jamais une tribu ne mange de l'animal dont elle porte le
nom, » dit Livingstone en parlant des Béchuanas. Mêmes
idées, mêmes principes, sous une forme moins arrêtée, en
Australie. « Un membre de la famille ne tuera jamais un
animal de l'espèce à laquelle appartient son kobong (homonyme animal), s'il le trouve endormi ; et c'est toujours avec
répugnance qu'il le tue, et jamais sans lui avoir fourni une
occasion d'échapper. » A côté de ces attentions pour l'animal homonyme considéré comme un parent, se place la
croyance à l'influence protectrice qu'il étend sur la tribu,

d'où dérive la foi, si répandue, aux présages tirés des
oiseaux et des quadrupèdes. On suppose que l'ancêtre de
forme animale a de la sollicitude pour le bien-être de ses
parents, et qu'il leur parle par signes et sons du danger
qui les menace.

§ 173. Est-ce que nous ne voyons pas dans ces observances le commencement d'un culte? Si les Africains de
l'est, selon Livingstone, croient que les âmes des chefs
morts entrent dans des lions et rendent ces animaux sacrés,
nous pourrons en conclure que le même caractère sacré
s'attache aux animaux dont les âmes humaines sont des
ancêtres. Les indigènes du Congo, qui ont au sujet des lions
la même croyance, croient que « le lion épargne l'homme
qu'il rencontre, quand il en est salué avec courtoisie » ;
c'est que, d'après eux, on se concilie la faveur de la bête-
chef qui a été l'auteur de la tribu. On peut prévoir que les
prières et les offrandes seront l'origine d'un culte, et que
l'homonyme animal deviendra un dieu.

Lors donc que chez les Indiens de l'Amérique du Nord,
qui ont encore l'habitude de donner des noms d'animaux,
et qui conservent des légendes si spécifiques sur les animaux
leurs ancêtres, nous voyons les animaux prendre le rang
d'un créateur et d'un dieu, quand nous lisons chez Bancroft
que *corbeau* et *loup* sont les noms des deux grands dieux
des Klinkits, « fondateurs supposés de la race indienne, »
nous trouvons dans ce fait le résultat que nous avions prévu.
Enfin, lorsque nous lisons plus loin que le « tronc corbeau
se subdivise encore en sous-tribus appelées la grenouille,
l'oie, le lion de mer, le hibou et le saumon, » et que la
« famille loup comprend les sous-tribus de l'ours, de
l'aigle, du dauphin, du requin et du pingouin, » nous voyons

que la divinisation de l'ancêtre de forme animale suit la
même marche que celle de l'ancêtre sous la forme humaine.
Dans l'un et l'autre cas, les ancêtres plus récents des sous-
tribus prennent un caractère sacré qui ne le cède qu'à
celui des ancêtres anciens de la tribu totale.

Armés de ces fils, nous ne saurions, je crois, hésiter à
conclure qu'une bonne partie du culte des animaux en
faveur chez les anciennes races historiques est provenue
de cette méprise sur les surnoms. Chez les peuples en
partie civilisés même, nous voyons la re-genèse de ce culte
apparaître. Dans l'appendice au livre intitulé *Quatre Ans
chez les Achantis*, nous lisons que des serviteurs du roi, dont
la fonction était de répéter ses louanges ou de « lui donner
des noms », lui criaient entre autres titres : « Bore (c'est le
nom d'un serpent venimeux), vous êtes beau, mais votre
morsure donne la mort. » Comme ces rois d'Afrique reçoivent ordinairement l'apothéose, comme ce titre d'honneur
« Bore » a bien pu survivre avec les autres titres et figurer
dans les prières propitiatoires, comme les Zulus, obéissant
à d'autres suggestions, croient que les morts deviennent
des serpents et appellent certains serpents venimeux des
chefs, nous sommes obligés d'admettre que ce surnom,
donné par flatterie à un roi qui est devenu dieu, a bien pu
donner lieu au culte d'un serpent, mais d'un serpent qui
avait une histoire humaine. Nous concluons de même à
propos du nom d'animal dont le roi est honoré à Madagascar. « Les expressions *Dieu est parti du côté de l'ouest,
Radama est un taureau puissant*, se retrouvent dans les
chants des femmes malgaches en l'honneur de leur roi qui
s'est absenté ou se trouve engagé dans une expédition
guerrière. » Nous trouvons dans cet exemple l'application
des trois titres : roi, dieu et taureau. Si donc nous appre-

nons que chez les Egyptiens, même dans les derniers temps
de leur histoire, on déifiait le roi ; si le même papyrus
nous montre Ramsès II invoquant son père comme un
dieu, et si nous y voyons Ramsès lui-même appelé « taureau
vainqueur » par les vaincus, pouvons-nous douter que le
culte d'Apis ne provienne de faits de ce genre en des temps
plus reculés ? Pouvons - nous douter que les divinités
bovines des Hindous , des Assyriens et d'autres peuples de
l'antiquité, aient pris naissance de la même manière ?

Ainsi étant une fois donnée la méprise à propos de titres
métaphoriques qui ne manque pas de se produire dans le
langage primitif, le culte des animaux en est une conséquence naturelle. Des mammifères, des oiseaux, des reptiles , des poissons donnent des surnoms ; on les trouve tous
quelque part regardés comme des ancêtres ; tous acquièrent chez tel ou tel peuple un caractère sacré qui va dans
quelques cas jusqu'à l'adoration. Même dans le cas où le
surnom est un terme de blâme, même quand l'animal est
de nature à inspirer le mépris plutôt que le respect, nous
voyons que l'identification de cet animal avec l'ancêtre en
explique le culte. Les Veddahs, qui sont surtout des adorateurs d'ancêtres, adorent aussi une tortue. Bien qu'on
n'en trouve pas la raison chez eux, on en découvre une
indication ailleurs. M. Bates, pendant ses explorations le
long du fleuve des Amazones, avait deux serviteurs sur-
nommés Tortues ; et leur surnom leur venait d'un père
qui devait ce surnom à sa lenteur. Nous trouvons là un
premier pas vers la formation d'une tribu des Tortues, qui
aurait une tortue pour ancêtre, pour totem, pour divinité.

§ 174. Nous pouvons ajouter quelques faits étranges qui
trouvent dans cette hypothèse une explication complète. Je

veux parler du culte d'êtres représentés comme moitié hommes et moitié bêtes.

Si, dans la généalogie des rois achantis de l'avenir, la tradition conserve l'affirmation que leur ancêtre était le serpent venimeux appelé « Bore » ; si le fait que « Bore » était un chef, un législateur, une personne parlant un langage articulé, passe à la postérité ; si la légende dit en même temps qu'il était serpent et qu'il était homme, qu'arrivera-t-il probablement ? Le sauvage ajoutera une foi implicite à tout ce que les anciens de sa tribu lui raconteront, et il acceptera les deux affirmations. Dans certains cas, il se pliera sans résistance à la contradiction qui s'y trouve ; dans d'autres, il essayera d'un compromis. Surtout, s'il tente de faire une image de cet ancêtre, soit graphique, soit sculptée, il sera amené à réunir du mieux qu'il pourra les caractères incompatibles de ces deux natures, et il produira une figure à demi humaine et à demi reptile. On ne saurait raisonnablement mettre en doute que, si des histoires et des chants malgaches parlent du vainqueur Radama comme « d'un taureau puissant », d'un roi et d'un dieu, le développement du culte qui en résulte, aidé par celui des arts plastiques, n'aboutisse à une représentation du dieu Radama, soit comme un homme, soit comme un taureau, soit comme un homme à tête de taureau ou comme un être ayant un corps de taureau et une tête d'homme.

L'erreur au sujet des titres métaphoriques peut encore suggérer d'une autre façon ce type de divinité. On peut supposer que les ancêtres qui survivent dans les légendes sous leurs noms d'animaux et qui, d'après ces légendes, auraient pris pour femmes des ancêtres portant d'autres noms d'animaux ou des noms humains, auront eu des reje-

tons unissant les attributs des deux parents. Un passage de
Bancroft sur les indigènes des îles Aléoutiennes nous
montre le degré initial de cette croyance. « Les uns disent,
raconte-t-il, qu'au commencement une chienne habitait
Unalaska, et qu'un grand chien alla vers elle à la nage de
Kadiak : de ce couple est sorti le genre humain. D'autres,
appelant la chienne mère de leur race Mahakh, parlent
d'un vieillard appelé Iraghdadagh, qui vint du Nord visiter
cette Mahakh. Le résultat de cette visite fut la naissance de
deux êtres mâle et femelle, en qui les éléments des deux
natures étaient mêlés d'une façon si extraordinaire qu'ils
étaient chacun moitié homme et moitié renard. » Or cette
légende, ou la légende analogue des Quichés qui fait descendre le genre humain d'une femme habitant une caverne
et d'un chien qui pouvait se transformer en un beau jeune
homme, ou encore la légende des Kirghiz Dikokamenni,
qui prétendent descendre « d'un levrier rouge et d'une
reine et de ses quarante suivantes », ces légendes ne peuvent manquer de donner lieu à l'idée qu'il y a des dieux
composés. Les peuples assez avancés pour transformer les
grossières effigies sépulcrales de leurs ancêtres en idoles
logées dans des temples, s'ils ont des traditions de ce genre,
représenteront probablement les auteurs de leurs tribus
comme des hommes à tête de chien ou comme des chiens à
tête d'homme.

Cela nous permet de comprendre l'origine des divinités
hybrides qu'ont vénérées un grand nombre de peuples civilisés. Les Chaldéens et les Babyloniens avaient un dieu
commun, Nergal, l'homme-lion ailé, et Nin, le dieu-poisson,
poisson qui portait à côté de sa tête une tête d'homme et
près de sa queue un pied d'homme. Les Philistins avaient
aussi leur dieu Dagon, dont le visage et les mains étaient

humains et qui avait la queue d'un poisson. En Assyrie, Nin
était représenté sous la forme d'un homme-taureau ailé.
En Phénicie, Astarté était quelquefois représentée moitié
sous forme humaine moitié sous forme bovine. L'Egypte
possédait un grand nombre de ces êtres surnaturels composites. Au dieu Ammon représenté sous la forme d'un
homme à tête de bélier, à Horus à tête de faucon, à la
déesse Muth et à Hathor, qui ont des têtes de lion et de génisse, à Thoth, qui a celle d'un ibis, à Typhon, qui a celle
d'un âne, enfin aux démons à têtes d'animaux, trop nombreux pour qu'on les cite, nous pouvons ajouter les sphinx
qui unissent une tête d'homme au corps d'un lion, d'un
bélier, d'un faucon, d'un serpent, etc. Nous trouvons
encore des composés plus compliqués, par exemple des animaux ailés à tête de faucon, des crocodiles ailés. Il y avait
même un dieu appelé Sak, qui, au dire de Wilkinson, « ras-
semblait en sa personne un oiseau, un quadrupède et un
végétal. »

Ces grotesques conceptions, dont il ne paraissait y avoir
autrefois aucune explication possible, peuvent s'expliquer
comme le produit d'une méprise dans l'interprétation des
noms métaphoriques portés par la même personne. Nous
avons vu que le roi actuel des Achantis reçoit comme des
titres d'honneur les noms de lion et de serpent, et nous
allons voir que les Égyptiens multipliaient beaucoup ces
titres d'honneur.

§ 175. Pour abréger autant que possible la fin de cette
longue exposition, je me bornerai à indiquer les autres
groupes de faits qui appuient notre thèse.

Les Égyptiens, dont les coutumes sont si persistantes et
chez qui le culte des ancêtres était poussé si loin, nous

offrent tous les résultats de ces fautes d'interprétation exactement comme nous pouvions nous y attendre. Ils avaient des clans dont les animaux sacrés différaient ét qui traitaient les animaux sacrés des autres comme des objets d'horreur et en ennemis. Ce fait nous indique une époque primitive où ces animaux donnaient leurs noms aux chefs de tribus ennemies. L'habitude de donner des noms d'animaux, dont l'usage primitif nous est indiqué par ces coutumes, s'est perpétuée jusqu'aux époques voisines de la fin de leur histoire. Quand les rois d'Égypte eurent des noms propres, ils y ajoutèrent encore des noms d'animaux. Les Égyptiens avaient des animaux sacrés ; et quelques noms de ces animaux étaient identiques à ceux que l'on donnait comme titre d'honneur. Les Égyptiens embaumaient les animaux comme ils embaumaient les hommes. Ils avaient des dieux-animaux ; ils avaient des dieux demi-bêtes, demi-hommes ; ils avaient des figures d'autres êtres composites.

Où nous trouvons le mieux établie la coutume de donner des noms d'après des animaux, et, comme conséquence, des légendes qui font descendre les hommes de certains animaux et regarder ceux-ci comme des dieux, là aussi nous trouvons très-développées les légendes qui font intervenir les animaux dans les affaires humaines. D'après les Indiens des États du Pacifique, nous dit Bancroft, « les bêtes, les oiseaux et les poissons rapportent sur un signe, ils parlent et agissent d'une façon qui laisse loin derrière eux les héros d'Ésope. » Notre hypothèse fournit une explication naturelle de la multitude de fables de ce genre que l'on rencontre chez tant de peuples.

Cette hypothèse explique aussi les faits où l'ordre de genèse se trouve interverti. « Les Salichs, les Nisquallis, les Yakimas, dit Bancroft…, prétendent tous que les bêtes, les poissons et même les racines comestibles descendent d'ancêtres humains. » Assurément, voilà une conception que l'erreur d'interprétation des surnoms peut faire naître. Si « l'ours » a été le fondateur d'une tribu, celui dont la tradition a conservé les exploits, il y a place pour deux interprétations : ou bien c'est de l'ours que l'homme est descendu, ou bien c'est de l'homme que les ours descendent. Plusieurs métamorphoses de la mythologie classique se sont probablement faites d'une manière analogue, quand les antécédents humains, tant de parenté que d'aventures, étaient assez nettement connus pour empêcher de croire l'opinion opposée.

Naturellement, la doctrine de la métempsycose, introduite par ces croyances, commence à se faire comprendre, et les développements qu'elle a pris cessent de paraître aussi grotesques. Quand on trouvait un homme qui avait porté plusieurs noms d'animaux, appelé aigle dans telle légende, et loup dans telle autre, on devait penser qu'il avait été tantôt aigle et tantôt loup, et il n'était pas étrange qu'une crédulité que rien ne venait jamais confondre, partant de cette suggestion, élaborât la croyance à des transformations successives.

Les contes où l'on voit des femmes mettre au monde des animaux trouvent pareillement leur place dans cette hypothèse. « Les Dayaks du continent, dit Saint-John, trouvent qu'il est mal de tuer le cobra capello, parce qu'un de leurs ancêtres du sexe féminin fut grosse pendant sept ans et enfin mit au monde deux jumeaux : l'un était un homme, l'autre un cobra. » Les naturels de Batavia, nous dit Cook, « croient que, lorsque les femmes mettent au monde un enfant, elles accouchent en même temps d'un jumeau, qui est un petit crocodile, et que la sage-femme le porte à la

rivière. » Ne pouvons-nous pas conclure que des jumeaux
dont l'un s'est acquis le surnom de crocodile a donné naissance à la légende d'où s'est formée cette monstrueuse
croyance?

Si la coutume de donner des noms d'animaux pour distinguer les individus a précédé celle de leur donner des
noms propres humains; si, quand celle-ci s'est établie, les
noms humains n'ont pas du premier coup supplanté les
noms d'animaux; s'ils se sont joints à eux; si, à une période
plus avancée, les noms d'animaux sont tombés en désuétude; et si les surnoms de convention l'ont emporté; on peut
induire, ce nous semble, que les bêtes-dieux ont paru les
premiers; que les dieux demi-bêtes et demi-hommes sont
venus plus tard, et que le dieu anthropomorphique est venu
le dernier. C'est un point qu'il est difficile de démontrer,
à cause de la complication qui résulte de la survie des
anciens cultes au milieu des nouveaux, et du mélange des
mythologies; mais il semble qu'il y a des raisons de croire
qu'il en a été ainsi parmi les peuples chez qui la coutume
de donner des noms d'animaux a fleuri.

§ 176. Divers groupes de faits de moindre importance se
joignent aux groupes qui en ont le plus pour appuyer la
croyance que le culte des animaux est une forme déguisée
du culte des ancêtres. L'homme primitif est arrivé de trois
manières à identifier l'animal avec l'ancêtre.

On suppose que l'autre-soi du parent mort revient habituellement ou de temps en temps à son ancienne demeure:
comment sans cela serait-il possible que les survivants, qui
dorment dans cette demeure, le vissent dans leurs rêves?
Voici des animaux qui viennent familièrement dans les
maisons, ce que ne font point les animaux sauvages en géné-

ral, et même y entrent secrètement la nuit. La raison en est évidente. Les serpents le font plus que les autres animaux ; les peuples d'Afrique, d'Asie et d'Amérique supposent qu'ils sont le mort qui revient. L'habitude de hanter les maisons est le trait commun des espèces de serpents qu'on vénère et qu'on adore ; elle est aussi celui de certains insectes et de certains oiseaux auxquels on rend le même hommage.

On croit aussi que l'esprit, quand il revient visiter la maison, prolonge son séjour dans le voisinage du cadavre. C'est pour cela que l'on prend, pour les nouvelles formes où sont entrées les âmes des morts, les animaux que l'on trouve d'ordinaire dans les cavernes dont on se sert comme lieux de sépulture. On admit que les chauves-souris et les hiboux sont des esprits ailés, et on en tira les idées de la tradition sur les diables et les anges.

Enfin, et surtout, l'identification de l'animal avec l'ancêtre résulte de l'interprétation littérale des noms métaphoriques. Nous avons vu que le langage primitif est incapable de transmettre à la postérité la différence qui sépare un animal d'une personne nommée du nom de cet animal. De là la confusion de l'homme et de l'animal ; de là l'idée que l'animal est l'auteur de la race ; de là l'origine d'un culte. Outre que cette hypothèse explique les animaux-dieux, elle explique nombre de croyances étranges : les divinités demi-bêtes, demi-hommes, les animaux qui parlent et jouent un rôle actif dans les affaires humaines, la doctrine de la métempsycose, etc.

De modification en modification, amenant des complications et des différences à l'infini, l'évolution met au jour des produits très-différents de leurs germes ; nous en avons un exemple dans la transformation des pratiques propitiatoires envers les esprits en culte des animaux.

CHAPITRE XXIII

CULTE DES PLANTES.

§ 177. Que ce soit le jeûne, la fièvre, l'hystérie ou la folie qui la causent, les peuples sauvages et à demi civilisés attribuent toujours une excitation violente à la possession de l'homme par un esprit : nous l'avons vu déjà (§ 123-131). Ils interprètent de même tout état mental insolite causé par un stimulant nerveux. On le croit produit par un être surnaturel contenu dans le liquide ou le solide ingéré.

« Ce qui me surprit le plus, dit Vambéry à propos des mangeurs d'opium, c'est que ces misérables étaient considérés comme des gens éminemment religieux : on pensait que c'était leur amour de Dieu et du Prophète qui les avait conduits à la folie, et qu'ils s'étaient rendus stupides, afin de s'élever dans leurs moments d'excitation plus près des êtres qu'ils aimaient si passionnément. » Bastian nous dit que les Mandingues s'enivrent pour se mettre en rapport avec la divinité : ils croient évidemment que l'exaltation qu'ils éprouvent est une inspiration divine. C'était l'opinion qu'exprimait nettement l'Alfarou (Papou insulaire), lorsqu'il disait du Dieu des chrétiens, dont on lui parlait : « Ce Dieu est assurément dans notre arrack, car je ne me sens jamais plus heureux que lorsque j'ai bu mon soûl. »

Ne pouvons-nous pas voir dans cette conviction l'origine de certaines croyances relatives aux plantes qui fournissent des liqueurs enivrantes? Évidemment, et ce ne sera pas sans résultat que nous en rechercherons la preuve.

§ 178. Comme exemple type, nous pouvons citer le culte du soma. Cette plante, qui croissait sur certaines montagnes, qu'on cueillait au clair de la lune et que l'on portait en cérémonie au lieu du sacrifice, on l'écrasait entre des pierres, on en exprimait et on en filtrait le suc. Une fois fermenté, ce suc, auquel certains passages attribuent une saveur douce, produisait une liqueur enivrante; les dévots qui en buvaient, appartenaient, si l'on en juge par ces mots « un richi, un buveur de soma, » à la classe sacerdotale. Comme nous l'avons indiqué plus haut, on attribuait les effets du breuvage, et la gaîté qu'il communique, à l'inspiration d'un être surnaturel, auquel on adressait en conséquence des louanges et des adorations. Dans son essai sur ce sujet, dont le D' Muir a traduit une partie, Windischmann appelle le soma « l'offrande la plus sainte de l'ancien culte de l'Inde », ou, comme le dit Muir lui-même, « les richis en étaient venus à regarder le soma comme un dieu et paraissaient dévoués avec passion à son culte. » Voici, d'après les *Textes sanscrits* de cet auteur, les passages où l'on voit la genèse de la croyance. Il faut citer d'abord ceux qui se rapportent à l'exaltation causée par la fermentation du suc du soma :

Rig Véda., VI, 3 : « Quand on l'a (le soma) bu, il stimule le discours (ou l'hymne); il évoque la pensée ardente. »

R. V. IX, 25, 5 : « Le soma vermeil qui engendre les hymnes et le talent du poëte. »

R. V. VIII, 48, 3 : « Nous avons bu le soma, nous sommes devenus immortels, nous sommes entrés dans la lumière, nous avons connu les dieux, etc. »

Les richis ne sont pas seuls inspirés par le soma; leurs dieux le sont aussi. « Les dieux boivent le breuvage de l'offrande » et « tombent dans une ivresse joyeuse ». — « C'est sous l'influence du soma » qu'Indra « accomplit ses hauts faits ». — Il est dit : « Nous évoquons son âme (celle de Varouna) avec du soma. » Ailleurs, l'hymne s'adresse personnellement à l'être surnaturel contenu dans le soma :

Rig Véda, LX, 110, 7 : « Les premiers (prêtres), ayant répandu l'herbe sacrée, t'offrirent un hymne, ô Soma, pour obtenir beaucoup de force et des aliments. »

R. V. IX, 96, 11 : « Car par toi, ô pur Soma, nos sages aïeux ont jadis accompli leurs rites sacrés. »

R. V., 96, 18 : « Soma, toi qui as l'esprit d'un richi, qui fais les richis, qui donne le bien, maître d'un millier de chants, le chef des sages. » Ce qui prouve à quel point on croyait à la lettre que le buveur de soma devenait possédé, c'est la prière suivante : « Soma... pénètre en nous, plein de bonté. » Nous avons encore un passage du Rig Véda (IX, 97, 7) qui montre que l'on regardait la puissance mentale qui en résultait comme un *afflatus* divin, révélateur d'une connaissance transcendante: «Exprimant, comme Usanas, la sagesse d'un sage, le dieu (Soma) proclame les naissances des dieux. » D'autres passages, à cette déification du soma, ajoutent une autre croyance; ils font penser que le dieu est présent dans le breuvage que se partagent les autres dieux et les hommes. Par exemple, nous lisons dans le Rig Véda (IX, 42, 2) : « Ce dieu, versé aux autres

dieux, avec un hymne ancien, purifie en coulant. » En
outre, on peut admettre que cet être surnaturel s'identifie avec une personne autrefois vivante. Un des exemples
les moins frappants se trouve dans le Rig Véda (107, 7) :
« Richi, sage, intelligent, toi (Soma), tu fus un poëte, le
plus agréable aux dieux. » Ailleurs, nous trouvons l'identité
exprimée d'une manière plus spécifique. Ainsi, dans le
Taittirya Brâhmana, II, 3, 10, 1, il est dit : « Prajapati
créa le roi Soma. Après lui, les trois Védas furent créés. »
Les légendes qui racontent que le roi Soma avait des femmes, et qui racontent les désaccords avec quelques-unes
d'entre elles, sont encore plus décisives. Mais le caractère
qui lui est attribué ailleurs est encore plus exalté : « Il est
immortel et confère l'immortalité aux dieux et aux hommes ; » — « il est le créateur et le père des dieux » ; — « le roi
des dieux et des hommes. » Néanmoins, à côté de cette
attribution de la divinité suprême existe la croyance à la
présence du dieu dans le suc du soma. Voici un passage où
tous les attributs se trouvent réunis :

Rig Véda, IX. 96, 5 et 6 : « Le Soma est purifié, lui qui
est le père des hymnes, de Dayus, de Prithivî, d'Agni, de
Surya, d'Indra et de Vichnou. Soma , qui est un prêtre
brahmane parmi les dieux (ou prêtres), un chef parmi les
poëtes, un richi parmi les sages, un buffle parmi les bêtes,
un faucon parmi les vautours, une hache dans la forêt,
passe au filtre avec bruit. »

L'origine de ces idées remonte à l'époque où les races
aryennes ne s'étaient pas encore dispersées au loin, car
nous en retrouvons d'analogues dans le Zend-Avesta. Au
lieu de Soma, le mot dont on se sert est Haoma, mais la
ressemblance est assez générale pour montrer l'identité de
la plante et du culte. Windischmann dit que le haoma

« n'est pas seulement une plante, mais aussi une puissante
divinité, » et que « dans les deux livres (Zend-Avesta et
Rig Véda) l'idée du dieu et celle du suc sacré se confondent
d'une manière surprenante. »

D'autres exemples nous permettent de croire qu'on en
vint aussi à regarder certaines plantes qui fournissaient des
agents enivrants comme contenant des êtres surnaturels :
le vin est un de ces agents. Le Dr Muir, qui appelle le soma
« le Bacchus indien », emprunte aux Bacchantes d'Euripide
des passages où l'on trouve des idées analogues.

« Il découvrit, y dit-on de Bacchus, et introduisit parmi
les hommes, le breuvage liquide du raisin, qui met fin aux
chagrins des misérables mortels...

« Né dieu, il est versé en libation en l'honneur des
dieux...

« Et cette divinité est un prophète, car l'excitation et le
délire bachique possèdent une grande vertu prophétique.
Car, lorsque ce dieu entre en force dans le corps, il fait que
ceux qui délirent prédisent l'avenir. »

Ce qui montre qu'il faut interpréter les faits de la sorte,
c'est qu'on trouve ailleurs des croyances analogues, bien
que moins développées. Garcilaso nous dit qu'au Pérou on
appelle le tabac « l'herbe sacrée ». On y regardait avec
respect un stimulant du système nerveux. De même pour
une autre plante à laquelle on attribuait un effet fortifiant,
le *coca*. Selon Markham, « les Péruviens ont encore pour le
coca des sentiments de vénération superstitieuse. A l'époque des Incas, on l'offrait en sacrifice au soleil ; le Huillac
Umu, ou grand prêtre, mâchait la feuille pendant la cérémonie. » Chez les Chibchas, les prêtres se servaient aussi
du *hayo* (coca) comme d'un agent d'inspiration, et certaines
gens mâchaient et fumaient du tabac pour se donner la

faculté de divination. Dans le nord du Mexique, nous trouvons la même idée représentée par un fait que Bancroft nous
rapporte. « Il y a, dit-il, des naturels qui ont une grande
vénération pour les vertus secrètes des plantes vénéneuses
et qui pensent que, s'ils venaient à en détruire ou à en écra-
ser une, il leur arriverait malheur. » Enfin, aujourd'hui
même, aux îles Philippines, selon le voyageur Iagor, on
porte comme une amulette la fève de Saint-Ignace, qui
contient la strychnine et qu'on emploie comme remède, et
on la croit capable d'opérer des miracles [1].

§ 179. Les raisons qui ont fait attribuer à une plante la
personnalité humaine, et qui ont donné par suite lieu à
la tendance à honorer la plante d'un culte, ont d'autres
origines. En voici une :

Après avoir donné (§ 148) quelques extraits de la cosmogonie des Amazulus, où l'on voit qu'Unkulunkulu, leur

---

[1]. Qu'on me permette d'essayer d'expliquer ce groupe de croyances par la
méthode déductive. Le soma, qui cause l'exaltation mentale, disent les hymnes védiques, donne le savoir. Nous y lisons : « soma d'une sagesse incompa-
rable ; » — « le soma vermeil » a « l'intelligence d'un sage ; » — « nous avons bu
le soma... nous sommes entrés dans la lumière. » Cela suppose que si le soma
ne reçoit pas le nom d'*arbre de la science*, il est au moins la plante de la
science. En outre, on dit que le soma a donné la vie aux dieux, et le cri de
joie des richis est : « Nous avons bu le soma; nous sommes devenus immortels. »
Source d'un breuvage vivifiant, le soma est donc l'*arbre de vie*; et ce qui
montre combien cette notion est l'effet naturel d'un stimulant nerveux, c'est
le nom d'*eau-de-vie* que l'on donne à l'alcool. A ces faits, ajoutez-en un
autre, l'interdiction faite par le supérieur à l'inférieur, au vaincu, à l'esclave,
au sujet, de faire usage du breuvage, quand il est rare. Ainsi, au Pérou, la
caste royale pouvait seule faire usage du stimulant du système nerveux appelé
coca ou *couca* : « L'Inca seul et ses parents, ainsi que quelques Curacas auxquels
il accordait sa faveur, avaient le droit de manger de l'herbe appelée *couca*. »
Nous voyons là un motif assez probable d'interdire l'usage d'une plante dont
le fruit ou le suc servait à préparer un stimulant capable de produire l'exaltation
mentale, et un motif plus aisé à comprendre que le désir de contraindre des
sujets à continuer à confondre le bien et le mal. Dès lors s'explique certaine
croyance antique. (Depuis que cette note a été écrite, j'ai trouvé que l'arbre
sacré des Assyriens, qu'on voit figuré dans leurs sculptures, passe aux yeux des
archéologues, indépendamment de toute hypothèse, pour représenter le palmier, et j'ajouterai que, même de nos jours, il est des pays où l'on tire du
suc du palmier une liqueur fermentée.)

créateur, descendait d'un roseau ou d'un lit de roseaux,
j'ai rapporté l'interprétation qui est venue à l'esprit de .
Canon Callaway, et j'ai ajouté la remarque que nous en
trouverions plus tard une plus naturelle. Nous ne pouvons
la tirer des données fournies par les Amazulus mêmes;
mais nous la découvrons dès que nous comparons leurs
traditions avec celles de races qui habitent dans le voisinage
de ce peuple.

Nous avons déjà vu que, dans l'Afrique méridionnale
comme dans d'autres parties du monde, les traditions
venues d'ancêtres troglodytes font des cavernes le lieu où
s'est opérée la création. A l'appui des exemples que nous en
avons donné, on peut en apporter d'autres. A propos des
Béchuanas, Moffat nous dit : « Morimo (le nom que les
naturels donnent à un de leurs dieux), aussi bien que
l'homme et toutes les espèces d'animaux , sortit d'une
caverne du pays de Bakone, allant vers le nord, où, dit-on,
on voit encore la trace de leurs pas dans la roche durcie,
qui était jadis du sable. » Voici encore, d'après Casalis, les
croyances des Bassoutos : « Une légende rapporte que les
hommes et les animaux sont sortis des entrailles de la terre
par un trou immense dont l'ouverture se trouvait dans
une caverne, et que les animaux parurent les premiers.
Une autre tradition, plus généralement reçue chez les Bassoutos, veut que l'homme soit sorti d'un endroit maréca-
geux où poussaient des roseaux. » Voyez maintenant comment ces deux traditions des Bassoutos se concilient d'une
manière inattendue, aussi bien qu'avec celles des Béchuanas
et des Amazulus. Je cite Arbousset et Daumas : « Cet endroit est très-renommé chez les Bassoutos et les Lighoyas,
non-seulement parce que le *likatus* des tribus s'y trouve, mais
à cause d'un certain nombre de mythes d'après lesquels

leurs ancêtres sont venus originellement de cet endroit. On y voit une caverne entourée d'un marécage limoneux où poussent des roseaux : c'est de là qu'ils se croient tous sortis. » Ainsi, ces diverses traditions désignent le même lieu, celui d'où Unkulunkulu « sortit au commencement, » où il « sépara les nations d'avec Uthlanga, » où les tribus se séparèrent (le mot employé signifie littéralement se séparer). Si dans certaines traditions on garda surtout le souvenir de la caverne, dans d'autres le lit de roseau demeura le trait principal ; leur langage imparfait leur fit confondre cet endroit avec un roseau. Les hommes sont sortis des roseaux ; les hommes descendent des roseaux : c'est ainsi que la légende se formula.

Chez les Amazulus, il ne paraît pas qu'elle ait donné lieu au culte du roseau ; mais, comme ils adorent leurs ancêtres les plus rapprochés et qu'ils n'adorent point leur ancêtre le plus éloigné Unkulunkulu, il est logique qu'ils n'adorent pas la plante d'où ils disent qu'il est sorti. Cependant il y a une autre race du sud de l'Afrique qui adore une plante que l'on regarde pareillement comme le premier ancêtre. Chez les Damaras, nous dit Galton, on « croit qu'un arbre a engendré tous les hommes ; deux arbres jouissent de cet honneur » (Andersson dit plusieurs). Ailleurs il ajoute : « Nous passâmes devant un arbre magnifique. C'était le père de tous les Damaras... Les sauvages dansaient en rond autour de cet arbre avec de grandes démonstrations de joie. » Dans un autre passage, le même auteur raconte la croyance des Damaras : « Au commencement des choses, il y avait un arbre, et de cet arbre sortirent les Damaras, les Boschismans, les bœufs et les zèbres. » L'arbre donna naissance à tout ce qui vit. Isolée, cette croyance paraît inexplicable. Mais une note que nous trouvons dans le

Ngami d'Andersson nous fournit le moyen de la comprendre. « Dans mon voyage au lac Ngami..., dit-il, je vis des forêts entières d'une espèce d'arbre appelé Omumborombonga, le prétendu père des Damaras. » Si maintenant nous faisons la supposition raisonnable que ces tribus descendaient de gens qui vivaient dans des forêts composées de ces arbres (et des races inférieures, telles que les Veddahs, les Juangs, et des tribus sauvages de l'intérieur de Bornéo, habitent des forêts), nous voyons qu'une confusion semblable à celle qui fait prendre un lit de roseaux pour un roseau a donné lieu à la croyance qui donne un arbre pour ancêtre à des hommes.

La conclusion que nous tirons de ces deux exemples analogues pourrait être contestable, si nul autre ne les appuyait; mais nous avons en sa faveur la conclusion qu'on tire d'un exemple bien plus décisif. Bastian nous apprend que « les nègres du Congo, d'après leurs propres traditions, sont sortis d'arbres; » et nous apprenons aussi que « la forêt d'où une ancienne famille régnante du Congo est, dit-on, venue pour subjuguer le pays, fut plus tard un objet de vénération pour les naturels. » Nous voyons ici la confusion entre deux faits : sortir d'une forêt, ou en naître, et en conséquence il existe un *quasi*-culte de la forêt et d'une certaine espèce d'arbre planté dans les marchés.

Si nous nous rappelons ce que nous avons vu (p. 313), que dans le sanscrit même on voit s'appliquer indistinctement au même acte les mots faire et engendrer, nous ne pouvons douter qu'une langue inférieure ne soit incapable de conserver dans la tradition la distinction entre sortir d'une forêt d'arbres et sortir des arbres eux-mêmes, et que le fait de sortir du milieu d'arbres d'une certaine espèce ne se confonde avec celui de sortir d'une certaine espèce

d'arbres. S'il restait un doute, il s'effacerait en présence
d'autres exemples où la localité de laquelle est venue une
race d'hommes se confond avec un objet qui se fait remarquer dans cette localité et qui devient par là même l'auteur présumé de la race.

§ 180. Avant de passer à la troisième origine du culte
des plantes, qui, comme la troisième origine du culte des
animaux, se trouve dans le langage, je dois encore parler des
défauts de la langue qui la produisent. Nous en avons déjà
signalé quelques-uns, mais il en reste encore à mentionner.

Quelques exemples nouveaux rappelleront au lecteur
comment la pauvreté, le vague et l'incohérence du langage
primitif doivent inévitablement donner lieu à des erreurs
dans la tradition. D'après Palgrave, « la langue vulgairement parlée chez les Arabes confond d'ordinaire les couleurs verte, noire et brune. » — « Le santali, dit Hunter,
dépourvu de termes abstraits, n'a pas de mot pour désigner
le temps. » Hill nous apprend que « les Kamtschadales n'ont
qu'un mot pour désigner le soleil et la lune, et n'en ont
guère pour les poissons et les oiseaux, qu'on distingue
seulement en disant la lune durant laquelle ils sont le plus
abondants. » Ces exemples viennent à l'appui de la conclusion qu'une langue rudimentaire ne peut exprimer la différence qui sépare un objet d'une personne qui a reçu le
nom de cet objet.

Seulement remarquons que cette inférence ne doit pas
nécessairement demeurer à l'état d'une chose implicitement reconnue : on peut y arriver directement. Aux premiers
pas du progrès des langues, aucun de ces mots abstraits
qu'on appelle noms ne saurait exister, encore moins un
mot pour désigner l'opération qui donne des noms : l'an-

tique langue de l'Egypte ne s'était même pas élevée assez pour exprimer une différence entre « mon nom » et « je donne un nom ou j'appelle ». Concevoir un nom en tant que nom, c'est le concevoir en tant que symbole de symboles. Il faut d'abord remarquer que les sons articulés spéciaux, qui s'appliquent aux choses particulières, soutiennent chacun avec ces choses des relations diverses. Avant qu'on puisse concevoir un mot en tant que nom, il faut qu'il ait été conçu non-seulement en tant que groupe de tons associés avec un certain objet, mais comme possédant un caractère que possèdent aussi d'autres groupes. Il faut que la propriété des noms de rappeler à d'autres les objets nommés soit reconnue comme une propriété générale des noms; et ensuite il faut que cette propriété soit abstraite par la pensée de ses manifestations concrètes avant que la conception d'un nom puisse prendre naissance. Or, n'oublions pas que, dans le langage des races inférieures, les progrès dans la généralisation et l'abstraction sont si légers que, tandis qu'il y a des mots pour les diverses espèces d'arbres, il n'y en a pas pour l'arbre; et que, chez les Damaras, où chaque bief d'une rivière a son nom particulier, il n'y en a point pour la rivière dans sa totalité, et encore moins pour exprimer la rivière en général. Remarquons, ce qui vaut mieux encore, que les Chérokis ont treize verbes différents pour exprimer l'acte de laver différentes parties du corps et diverses choses, mais qu'ils n'en ont point pour l'acte de laver distinct de la partie ou de la chose lavée. Ce sont là des preuves que la vie sociale a dû passer par diverses périodes, correspondant chacune à un progrès dans le langage, avant qu'il ait été possible de concevoir un nom.

Nous avons les moyens de le prouver indirectement. Par

malheur, les vocabulaires des peuples non civilisés n'ont
fourni aux voyageurs que les équivalents de nos mots
qu'emploient les peuples dont ils parlent, et ils n'ont pas
tenu compte des mots que nous possédons pour lesquels ils
n'ont pas d'équivalents. Cependant le vocabulaire des dialectes parlés dans les îles Nicobar et Andaman, rédigé par
M. F.-A. de Roepstorff [1], est exempt de ce défaut. Nous y
voyons que les tribus du grand Nicobar, du petit Nicobar,
de Teressa et des îles Andaman n'ont pas de mots correspondant à notre mot nom.

La conclusion à tirer de ces faits est donc inévitable. S'il
n'y a pas de mot pour le nom, il est impossible aux personnes qui racontent des légendes d'exprimer la différence
qui sépare une personne et l'objet dont on lui a donné le
nom. Nous allons maintenant voir les résultats de cette
confusion au point de vue du culte des plantes.

§ 181. Chez les Tasmaniens, nous dit le Dr Milligan, « les
noms des hommes et des femmes se tirent des objets de la
nature et des événements du moment de la naissance; par
exemple, on les appelle kanguroo, gommier, neige, grêle,
tonnerre, vent, fleurs épanouies, etc. » On trouve la même
chose chez les tribus montagnardes de l'Inde : chez les
Karens, des personnes portent le nom de *coton* et de *coton
blanc*. Pareillement en Amérique. Chez les Arraouaks, il y
a des gens qui portent le nom de *tabac*, de *feuille de tabac*,
de *fleur de tabac*, et, chez les anciens Péruviens, un des Incas
s'appelait *Sayri*, plante de tabac.

Si nous rapprochons de ces faits celui que nous observons
chez des Pueblos, dont une des tribus s'appelle « race de la

1. Calcutta. 1875.

plante du tabac », nous ne pouvons manquer d'y voir un
résultat de l'habitude de nommer les hommes d'un nom de
plante. D'autres clans de Pueblos portent les noms d'ours,
de loup des prairies, de serpent à sonnette, de lièvre,
et descendent chacun d'hommes qui portaient le nom de
ces animaux et qui ont fini par se confondre avec eux ; il y
a donc lieu de conclure que « la race de la plante du tabac »
descendait sans doute d'un homme appelé de ce nom et
qu'on a fini par confondre avec la plante du tabac. On doit
croire aussi que le nom de « race du jonc » que porte une
tribu du même peuple a la même origine ; de même pour
la race *Mandiocca* parmi les Indiens du Brésil.

Or, si l'on traite avec vénération un animal parce qu'on
le regarde comme un premier ancêtre, on peut prévoir
qu'il en sera de même d'un ancêtre végétal ; peut-être les
sentiments ne se montreront-ils pas d'une manière aussi
frappante, puisqu'on ne voit pas aussi bien les propriétés
qu'ont les plantes d'affecter la destinée des hommes. Mais
il est probable que l'idée du caractère sacré de certaines
plantes s'est ainsi formée, et qu'elle donne naissance à des
observances *quasi*-religieuses.

Il convient de faire remarquer ici un mode d'après lequel
une fausse interprétation des noms conduit à une croyance
qui fait naître de l'homme des plantes et des animaux et
qui ne tire pas les hommes d'animaux ou de plantes. Nous
avons déjà vu que les Salichs, les Nisquallies et les Yakimas
admettent que les oiseaux et les bêtes sauvages, et même
les racines comestibles, ont des ancêtres humains ; et nous
avons trouvé naturel de penser qu'une fausse interprétation
des noms pouvait mener à cette supposition aussi bien qu'à
l'inverse. Mais il existe une habitude qui conduit plus particulièrement aux croyances de ce genre. Il y a des peuples

qui ne sont pas de même race et qui ont coutume de donner
au parent le nom de son enfant; on l'appelle, à partir de la
naissance de cet enfant, le père ou la mère d'un tel : nous
en avons donné un exemple plus haut, § 171 ; les Malais et
les Dayaks nous en fournissent d'autres. Or, si l'enfant porte
un nom d'animal ou de plante, il suffirait que la tradition
exprimât à la lettre qu'un certain homme était « le père de
la tortue » ou qu'une certaine femme était « la mère du
maïs », pour faire croire que cet animal ou cette plante doivent la vie à un être humain. Quelquefois, l'usage de ces
noms de parenté en un sens figuré donne lieu à la même
erreur d'une manière plus étrange, ainsi qu'à beaucoup
d'autres erreurs analogues. Un individu est-il distingué
par quelque attribut, on croit qu'il le produit, qu'il l'engendre; on dit qu'il en est le père, et on exprime cette idée
soit directement, soit par métaphore. Voici, par exemple,
ce que Mason nous dit à propos des Karens : « Quand l'enfant grandit et accuse un trait quelconque de caractère,
ses amis lui donnent un autre nom auquel ils joignent les
mots *père* ou *mère*. Ainsi, quand un enfant se montre prompt
au travail, on l'appelle *père de la promptitude.* S'il tire bien
de l'arc, on l'appelle le *père du tir.* Quand une jeune fille
est adroite, on l'appelle *mère de l'adresse.* Si elle est prête
à parler, elle devient la *mère de la parole.* Quelquefois, le
nom se tire de l'extérieur de l'individu. C'est ainsi qu'on
appelle une jeune fille blanche *mère du coton blanc,* et qu'on
donne à une autre que distinguent ses formes élégantes le
nom de *mère du faisan.* »

Voilà des noms qu'on n'aura qu'à mal comprendre plus
tard, pour croire que des êtres humains sont des ancêtres
non-seulement de plantes ou d'animaux, mais aussi d'autres choses.

§ 182. Nous devons ajouter une autre preuve qui démon-tre que l'habitude d'attribuer un esprit aux plantes, et la phytolatrie qui en est la conséquence, s'est produite de l'une des manières que nous avons dites. Les faits ne permettent pas de douter que l'on n'identifie toujours plus ou moins la plante objet du culte et un être humain.

Si la phytolatrie provenait d'un prétendu fétichisme primitif, si elle n'était que le produit d'une explication animiste qui, dit-on, est l'effet naturel de la tendance des esprits grossiers à attribuer à tous les objets la dualité, rien ne saurait expliquer la forme que l'on donne à l'esprit-plante. Pour le sauvage, l'autre soi d'un homme, d'une femme ou d'un enfant ressemble à l'homme, à la femme ou à l'enfant par la figure; l'autre soi est même un double de l'individu qu'on peut reconnaître comme on reconnaît l'individu. Si donc la conception de l'esprit-plante était, comme on l'a prétendu, un résultat de l'animisme originel, une chose antérieure et non postérieure à la théorie spiritiste, on devrait concevoir les esprits-plantes sous des formes de plantes; on devrait les concevoir avec des attributs que possèdent les plantes. Il n'en est rien : on ne suppose pas qu'ils aient aucun caractère végétal; au contraire, on suppose qu'ils ont beaucoup de caractères entièrement différents de ceux des plantes. Il y en a des preuves directes et des preuves indirectes.

Dans l'Orient, il existe des légendes où des arbres parlent : les doubles qui les habitent sont dotés d'une faculté que les arbres eux-mêmes ne possèdent pas. Les naturels du Congo déposent des calebasses remplies de vin de palmier au pied de leurs arbres sacrés, en cas qu'ils aient soif : ils leur attribuent un goût que les arbres ne montrent pas, mais ils les traitent de même que leurs morts. Old-

field a vu, à Addacoudah, des oiseaux de basse-cour et
d'autres objets suspendus comme offrandes à un arbre
gigantesque. M. Tylor a trouvé un vieux cyprès où des Indiens mexicains avaient attaché des dents et des mèches de
cheveux noirs en grand nombre. Hunter raconte dans ses
Annales de la campagne au Bengale, que l'on fait une fois
par an, à Birbhoum, « des sacrifices à un esprit qui habite
un *bela*. » Ces faits prouvent que ce n'est pas à l'arbre,
mais à l'esprit qui y réside, qu'on offre des sacrifices, et que
cet esprit a des attributs tout à fait différents de ceux d'un
arbre et complétement semblables à ceux que l'on attribue
à l'autre soi d'un être humain. Ajoutons que l'on voit sur
certaines peintures murales d'Egypte des figures de femmes sortir d'arbres et répandre des bénédictions.

La preuve directe est plus concluante encore. Nous lisons
dans le *Saráwak* de Low que l'on croit dans ce pays que
des hommes sont quelquefois métamorphosés en arbres.
Ailleurs, il dit que « les Dayaks de l'intérieur vénèrent certaines plantes, qu'ils élèvent auprès d'elles de petits autels
de bambou où l'on met une échelle pour faciliter aux esprits
l'accès des offrandes, composées de nourriture, d'eau, etc.,
que l'on dépose sur l'autel aux jours de fête. » Tout aussi
probante est une opinion des Iroquois, que nous rapporte
Morgan. « Ils supposent, nous dit-il, que les esprits du blé,
des fèves, des pois, ont la forme de belles femmes. » Ceci
nous rappelle les dryades de la mythologie classique : on se
les figurait également sous la forme d'esprits féminins à
forme humaine, et on leur offrait des sacrifices de la même
manière qu'on en offrait en général aux esprits d'hommes.

Ces faits, qui sont en parfaite harmonie avec les explications précédentes, sont incompatibles avec les explications
animistes.

§ 183. Nous voyons donc que le culte des plantes, comme celui des idoles et des animaux, est une déviation du culte des ancêtres, sous une forme un peu plus masquée, mais au fond de même nature. Le tronc forme des jets dans trois directions différentes, mais il n'y a qu'une racine.

On assimile l'ivresse causée par certaines plantes, ou par des extraits qu'on en tire, ou par leurs sucs fermentés, à d'autres excitations nerveuses, qu'on attribue à des esprits ou démons. Lorsque la stimulation est agréable, on regarde comme un être bienfaisant l'esprit qui la produit, qu'on ingère avec la drogue et que l'on supposait habiter la plante auparavant; on l'identifie avec un être humain qui a existé, et on en fait un dieu auquel on adresse des louanges et des prières.

Des tribus ont quitté des lieux où croissaient certains arbres, certaines plantes ; elles changent sans s'en douter leurs légendes qui les faisaient sortir du milieu de ces arbres en des légendes qui leur donnent ces arbres pour ancêtres : les mots qui pourraient exprimer la différence de ces deux idées ne sont pas dans leur vocabulaire. Par suite, ils croient que ces arbres sont leurs ancêtres et les regardent comme sacrés.

En outre, l'habitude de donner à des individus des noms de plantes devient une cause de confusion. Pour qu'il fût impossible de les confondre, il faudrait employer des expressions verbales capables de les distinguer, mais qui ne sauraient exister dans les langues grossières. De cette confusion naissent les idées et les sentiments qui s'attachent à l'ancêtre-plante et qui sont de même nature que ceux que font naître l'ancêtre animal ou l'ancêtre sous forme humaine.

Ainsi la théorie spiritiste, qui nous donne la clef d'autres superstitions, nous donne la clef de celles-ci, qui sans cela impliqueraient des absurdités gratuites dont nous n'avons pas le droit d'accuser les hommes primitifs.

CHAPITRE XXIV

CULTE DE LA NATURE.

§ 184. Sous ce titre qui, pris à la lettre, comprendrait le sujet des deux derniers chapitres, mais dont on se sert ordinairement en un sens plus restreint, il reste à traiter des croyances superstitieuses et des sentiments qui se rattachent à des objets ou à des forces organiques plus frappantes.

S'il n'est pas déjà sous l'influence d'autres théories, le lecteur apercevra d'avance l'analogie qui existe entre la genèse de ces superstitions et de ces sentiments et la genèse des superstitions et des sentiments dont nous avons déjà parlé. Il trouvera fort peu probable qu'elles tirent leur origine d'ailleurs que des sources que nous avons décrites. Il verra même que certaines raisons qui portaient l'homme à confondre l'objet de son adoration avec un être humain qui avait cessé d'exister ne peuvent plus s'appliquer au culte de la nature. Le soleil et la lune ne viennent pas dans le vieux logis, ne hantent pas la caverne funéraire, comme le font certains animaux ; par suite, on n'a plus ce motif de les regarder comme les esprits du mort. Les mers et les

montagnes n'ont pas, comme certaines plantes, la vertu de
produire une exaltation nerveuse chez les gens qui en avalent des parties; et on ne peut pas expliquer par les mêmes
raisons pourquoi on leur attribue la divinité. Cependant il
nous reste des causes communes à ces divers genres de
croyances : les fausses interprétations d'expressions et de
noms. Avant de nous occuper des causes d'ordre linguistique qui produisent le culte de la nature, nous signale-
rons une imperfection du langage à sa période rudimentaire qui concourt à produire les mêmes effets que les
autres imperfections.

Nous lisons dans la vie de Mme Somerville que son
petit frère, à la vue du grand météore de 1783, s'écria :
« O maman, voilà la lune qui se sauve. » Cette manière de
décrire un mouvement inorganique par un mot qui ne
convient qu'à un mouvement organique est un exemple
d'un caractère propre au langage des enfants et des sauvages. Le vocabulaire d'un enfant se compose en grande
partie de mots qui se rapportent aux êtres vivants qui l'affectent principalement; et ce qu'il dit des choses et des
mouvements non vivants prouve qu'il manque des mots
libres de tout rapport avec la vitalité. Les paroles des sauvages présentent le même caractère. Les nègres de l'intérieur de l'Afrique qui accompagnaient Livingstone dans son
voyage vers la côte occidentale, et qui à leur retour racon-
tèrent leurs aventures, décrivaient leur arrivée au bord de
la mer par ces mots : « Le monde nous dit : Je suis fini; il
ne reste plus rien de moi. » Les réponses qui furent faites à
un correspondant chez les Achantis durant la dernière
guerre ont la même forme et supposent les mêmes habitudes. « Je m'écriai, dit-il : Nous devrions certainement être
à Beulah maintenant. Où sommes-nous? » Ce fut notre guide

qui répondit. « Ça, M'sieu, beaucoup d'eau vivre, nous marcher à travers elle. — Où donc est Beulah ? — Oh ! Beulah vivre autre côté d'elle grosse colline. » L'observation qu'un chef béchuana adressa à Casalis a le même sens : « Un événement est toujours le fils d'un autre, et nous ne devons jamais oublier la filiation. » Plus une langue est pauvre, plus elle est métaphorique ; par suite, comme c'est le premier instrument qui sert à exprimer les affaires humaines, il porte avec lui certaines idées humaines quand on l'applique par extension au monde matériel. Ce qui le prouve, c'est, par exemple, que l'on peut faire dériver le verbe anglais *to be* (être) d'un mot qui veut dire respirer (*to breathe*). Il est manifeste que ce défaut du langage primitif concourt avec ceux que nous avons déjà observés pour favoriser la tendance à personnifier les choses. S'il y a quelque chose qui donne l'idée qu'une masse inorganique fut jadis un être humain, ou qu'elle est habitée par l'esprit d'un être humain, la nécessité d'employer des mots qui font croire à la vie favorise cette idée. Réduit à lui seul, ce défaut n'a probablement qu'une faible influence. Encore qu'un système fétichiste logiquement constitué permette de conclure que l'eau qui bout est vivante, je ne vois qu'une seule raison qui explique pourquoi l'enfant, au spectacle du phénomène de l'ébullition, remarquant que l'eau « dit bou-bou », en vient, grâce à l'usage qu'il fait du mot « dit », à croire que l'eau est un être vivant. Rien n'indique non plus que le nègre qui faisait dire à la terre : « Je suis finie », conçût la terre comme une créature douée de la parole. Tout ce que nous pouvons dire sans nous tromper, c'est que d'autres raisons portent l'homme à ces personnifications erronées, et qu'ensuite l'usage de mots qui rappellent l'idée de vie les fortifie. Pour le culte de la nature, comme pour

celui des animaux et des plantes, les croyances décevantes
provenant du langage viennent de propositions positives
acceptées au nom de l'autorité et qu'on ne saurait éviter
de mal interpréter.

Comme je laisse entrevoir que le culte des objets et des
forces extérieures qui attirent l'attention de l'homme, et qu'il
conçoit comme des personnes, a pour cause des erreurs du
langage, on croira peut-être que je veux marquer un accord
de mes idées avec celle des mythologues. Mais, si les mauvaises interprétations des mots sont dans les deux hypothèses la cause attribuée à ce culte, elles sont dans les deux
cas d'un genre tout différent et dirigent les idées dans des
directions tout opposées. Les mythologues prétendent que
les forces de la nature, d'abord conçues et adorées comme
impersonnelles, finissent par être personnifiées à cause de
certains caractères attachés aux mots qu'on leur applique ;
et que c'est plus tard seulement que se forment les légendes
sur les personnes identifiées avec ces forces naturelles. Au
contraire, l'idée que je présente est que la personnalité
humaine est l'élément primitif ; que l'identification de cette
personnalité avec une force ou un objet naturel vient de
l'identité de nom, et que par conséquent le culte de cette
force naturelle prend naissance en second lieu.

Pour bien faire comprendre la différence de ces deux
modes d'interprétation, prenons un exemple.

§ 185. Tout l'hiver, la brillante Lumière du soleil, pour-
suivie par l'Orage sombre, n'a cessé de se cacher, tantôt
derrière les nuages, tantôt derrière les montagnes. A peine
pouvait-elle sortir de sa retraite un moment, que l'Orage
ne se mît de nouveau à sa poursuite d'un pas rapide et en
faisant retentir un bruit formidable de tonnerre ; elle devait

alors se retirer promptement. Pourtant, après plusieurs
mois, l'Orage la poursuivit moins ardemment et, la voyant
plus nettement, se montra plus doux; la Lumière du soleil,
prenant alors courage, se laissa voir de temps en temps
pendant de plus longs intervalles. L'Orage, qui n'avait pu
s'en emparer en la poursuivant, adouci maintenant par
ses charmes, lui fit des avances plus gracieuses. Finalement,
ils s'unirent. Alors la terre se réjouit dans une chaleur
humide; ils donnèrent naissance à des plantes qui la couvrirent et l'égayèrent par des fleurs. Mais, à chaque au-
tomne, l'Orage se met à prendre un air farouche et à
gronder; la Lumière du soleil s'enfuit, et la poursuite re-
commence.

Supposons que nous ayons trouvé les Tasmaniens dans
un état de demi-civilisation, avec un système mythologique avancé; avec une légende de ce genre, on n'hésiterait
pas à interpréter cette légende d'après la méthode aujour-
d'hui en faveur et à dire qu'elle exprime en langage figuré
les effets connus de l'association de la lumière du soleil
et de l'orage, et que la représentation définitive qui est
résultée de la lumière du soleil et de l'orage, sous forme de
personnes qui ont vécu autrefois sur la terre, est le produit
de la tendance naturelle à créer des mythes, qui obéit aux
genres des mots.

Au contraire, à supposer qu'on ait rencontré cette légende, comment l'expliquera-t-on conformément à l'hypothèse que nous avons exposée? Comme nous l'avons vu, les
noms de naissance chez les races non civilisées, tirés des
incidents du moment, se rapportent souvent au moment du
jour et du temps qu'il fait. Par exemple, nous dit Mason,
les Karens donnent à des enfants le nom de *Soir*, de *Lever
de la lune*, etc. Il n'y a donc rien d'étonnant ou d'excep-

tionnel à ce que *Plou-ra-na-lou-na*, qui veut dire Lumière
du soleil, soit le nom d'une femme tasmanienne ; il n'y a
non plus rien d'exceptionnel à ce que chez les Australiens
du voisinage on trouve les noms de *Grêle, Tonnerre* et *Vent*.
Par conséquent, la conclusion que nous tirons, qui s'accorde
avec toutes les conclusions précédentes, est que le premier
moment de la genèse de ce mythe doit être l'existence d'êtres
humains appelés Orage et Lumière du soleil ; que la confusion qui devait inévitablement se produire dans la tradition
entre eux et les agents naturels portant les mêmes noms a
donné lieu à cette personnification de ces agents naturels
et leur a fait attribuer une origine et des aventures humaines. Une fois que la légende a germé sous cette forme,
quelques générations suffisent à l'élaborer et à lui donner
la forme qui la met d'accord avec les phénomènes.

Examinons maintenant de plus près laquelle de ces deux
hypothèses s'accorde le mieux avec les lois de l'esprit et
avec les faits que les diverses races nous offrent à étudier.

§ 186. L'intelligence humaine, civilisée ou sauvage,
comme toute intelligence classe les objets, les attributs, les
actes, en mettant ensemble tous ceux qui sont de même
espèce. La nature même de l'intelligence nous interdit de
supposer que les hommes primitifs aient classé gratuitement des choses différentes comme semblables les unes aux
autres. La répugnance qu'on éprouve à les mettre dans le
même groupe doit être en raison de la grandeur de la dissemblance. Si les hommes primitifs ont mis dans un même
tas, comme si elles étaient de même nature, des choses tout
à fait sans ressemblance, il a fallu pour les y contraindre
la force d'un préjugé vigoureusement enraciné.

Quelle ressemblance pouvons-nous trouver entre un

homme et une montagne? L'un et l'autre sont formés de
matière; à part cela, on ne peut guère voir entre ces deux
êtres la moindre analogie. La montagne est grande, l'homme
est relativement petit; celle-là n'a pas de forme définie,
celui-ci est symétrique; l'une est fixée au sol, l'autre se
meut; la première est faite d'une substance compacte, le
second d'une matière toute molle; dans la montagne, il
n'existe guère de structure, encore ce qu'elle en a est-il
irrégulier; dans l'homme, la structure interne est compliquée
et arrangée dans un ordre précis. Aussi la classification qui
les réunit comme objets analogues est-elle une violation des
lois de la pensée; et il ne faut pas moins qu'une crédulité
sans limite pour accepter la parenté de ces deux êtres l'un
comme père, l'autre comme fils. Cependant il y a des propositions dont une fausse interprétation conduit à accepter
cette croyance.

Lisez, dans les *Races indigènes des États du Pacifique* de
Bancroft, les passages suivants :

« Ikanam, le créateur de l'univers, est un dieu puissant
chez les Chinouks ; dans le pays habité par cette peuplade,
il y a une montagne qui porte son nom, parce qu'on croit
qu'il s'y est changé en pierre. »

Les tribus californiennes croient..... que les Navajos
sont nés des entrailles d'une grande montagne près de la
rivière San Juan.

Les citoyens de Mexico et ceux de Tlatelolco avaient
l'habitude de visiter une colline appelée Cacatepec, car ils
disaient qu'elle était leur mère.

« Par une superstition puérile, écrit Prescott, les Indiens
regardaient ces fameuses montagnes comme des dieux, et
Iztaccihuatl comme la femme de leur plus formidable
voisin » le Popocatepetl. Chez les Péruviens, qui, d'après

Arriaga, adoraient les montagnes neigeuses, « il y a à
Potosi une colline plus petite, très-semblable à une autre
qui est plus grande ; les Indiens disent qu'elle est son fils
et l'appellent... le petit Potosi. » Voyez maintenant comment on peut se rendre compte de ces croyances au moyen
de la clef que nous fournit Molina. Il nous apprend
que le principal *huaca* des Incas était celui de la colline
Huanacauri, d'où, disait-on, leurs ancêtres étaient partis
pour leur voyage. Elle est décrite comme « une grande
figure d'homme ». — « Ce huaca était celui d'Ayar-caclli,
l'un des quatre frères qui seraient sortis de la caverne de
Tampou. » Molina rapporte une prière qu'on adressait à
cette colline : « O Huanacauri ! notre père, que... ton fils,
l'Inca, conserve toujours sa jeunesse; donne-lui de réussir
en tout ce qu'il entreprend. Accorde-nous aussi, à nous
tes fils, tes descendants, » etc....

Nous voyons dans cet exemple comment on en est venu
à adorer une montagne comme ancêtre. La montagne est
le lieu d'où la race est venue, l'origine, le père de la race :
les distinctions impliquées par les divers mots dont nous
nous servons en ce moment ne peuvent se rendre dans les
langues grossières. Ou bien les premiers parents de la race
habitaient des cavernes de la montagne, ou la montagne
s'identifie avec le lieu d'où ils sont sortis, parce qu'elle
marque d'une façon très-saisissante la région élevée qui
fut leur berceau. Nous avons vu ailleurs ce rapport d'idées.
Divers peuples de l'Inde, qui se sont étendus de l'Himalaya
sur les terres basses, désignent les pics neigeux comme le
monde où leurs morts retournent. Chez quelques-uns, la
migration dont la tradition a conservé la trace est devenue
une genèse et a donné lieu à un culte. Ainsi les Santals
regardent la partie orientale de l'Himalaya comme leur

berceau. Hunter nous dit que « le dieu national des Santals est Nurang-Buru, la grande montagne, la divinité qui veilla sur leur naissance et qu'on invoque en lui offrant des victimes sanglantes. »

Même aujourd'hui, un laird écossais, qui porte le nom du lieu qu'il habite, se confond avec ce lieu dans le langage, et il a bien pu, au temps où la langue était vague et où les idées étaient dans un état chaotique, se trouver confondu par la légende avec la forteresse élevée où il vivait. Même aujourd'hui, avec notre langue perfectionnée, le mot *descendre* s'emploie aussi bien pour dire venir d'un lieu élevé que pour dire venir d'un ancêtre, et le contexte seul en détermine le sens. Comment, en face des faits que nous rapportons, douter que le culte de la montagne ne vienne dans certains cas d'une erreur qui fait prendre le berceau de la race pour l'ancêtre de cette race. Cette interprétation vient à l'appui de l'interprétation analogue que nous avons donnée du culte des arbres dans le dernier chapitre, comme aussi elle en tire une certaine force.

On trouve encore dans le langage une autre cause de conceptions de ce genre. Les hommes primitifs ont pu se servir des mots *montagne* ou *grande montagne* comme de surnoms, pour exprimer par une métaphore un grand volume ou une grande importance. J'ai parlé ailleurs d'un chef de naturels de la Nouvelle-Zélande qui prétendait descendre du volcan voisin, le Tongariro, et j'ai fait pressentir que cette croyance pouvait bien venir de ce qu'un de ses ancêtres avait porté pour nom propre celui du volcan, expression, peut-être, de la férocité de son caractère et des éclats de fureur qui le distinguaient. Je n'ai qu'un fait positif à citer à l'appui de la croyance que le culte des montagnes provient de cette cause. Chez les Araucaniens,

écrit Thompson, « il n'y a guère d'objet matériel qui ne
leur donne un nom distinctif » d'une famille, et les « montagnes » servent aussi de noms de famille.

§ 187. La mer ressemble encore moins à un homme
qu'une montagne, sauf par son mouvement, qui diffère
pourtant complétement de celui de l'homme ; par sa forme,
par sa liquidité, par son défaut de structure, elle est encore
moins semblable à une personne. Néanmoins on a personnifié et adoré la mer, non-seulement dans l'antique Orient,
mais aussi en Occident. Les Péruviens, nous dit Arriaga,
« quand ils descendent de la montagne vers la plaine, ne
manquent jamais d'adorer la mer quand ils en approchent ;
ils s'arrachent les poils de leurs sourcils et les lui offrent ;
ils la prient de ne pas les rendre malades. » Comment
l'idée qui a donné lieu à cette pratique s'est-elle formée ?
Nous avons vu que les hommes avaient été amenés à
adorer les montagnes et les arbres des forêts où ils avaient
demeuré, parce qu'ils confondaient leur berceau avec leur
ancêtre. Il semble que le culte de l'Océan ait dans certains
cas une origine analogue. Sans doute, quand nous appelons
les marins « hommes de mer », notre connaissance organisée et notre langage perfectionné nous sauvent de l'erreur
que l'interprétation littérale pouvait causer ; mais un
peuple primitif qui voyait arriver sur les rivages de son
pays des hommes inconnus venant on ne savait d'où, et
qui se donnaient à eux-mêmes le nom d'*hommes de mer*,
pouvait très-bien croire qu'ils venaient de la mer, que la
mer les avait produits, et inaugurer une tradition où ils
étaient représentés ainsi. Il est facile de changer les mots
hommes de mer en *enfants de la mer ;* nous avons dans
notre langue des figures de même genre ; puis du nom

d'*enfants de la mer* une légende pouvait naturellement tirer l'idée que la mer avait donné naissance à ces hommes. Je ne saurais donner un fait digne de foi à l'appui de cette conclusion. Sans doute Benzoni, parlant comme un Espagnol, dit des Péruviens : « Ils croient que nous sommes une congélation de la mer et que nous nous nourrissons d'écume ; » mais on croit que cette phrase, qui rappelle le mythe grec d'Aphrodite, a été mal comprise par Benzoni. Pourtant on peut croire qu'un peuple sauvage ou à demi civilisé, qui n'a pas même l'idée qu'il puisse y avoir des terres au-dessous de l'horizon de l'Océan, puisse se faire une autre idée des envahisseurs marins, qui ne paraissent avoir d'autre origine que l'Océan lui-même.

Il ne semble pas improbable qu'une erreur d'interprétation des noms d'individus ait donné lieu à la croyance que la mer est un ancêtre. A l'appui de cette opinion, voici une preuve indirecte. Chez les Iroquois, vers 1800 parut un prêcheur (probablement un missionnaire) qui s'appelait « Lac-Joli ». Si le mot lac a pu devenir un nom propre, il est bien probable que l'Océan a pu l'être aussi. Mais nous avons une preuve directe. C'est le passage de Garcilaso que nous avons déjà cité à propos d'un autre sujet (§ 164), où l'on voit que certains clans péruviens prétendaient avoir la mer pour ancêtre.

§ 188. Si l'on nous demandait de dire un phénomène habituel, encore moins semblable à l'homme par ses attributs que la mer ou une montagne, nous pourrions après réflexion imaginer que celui dont nous allons parler, l'aube du jour, est peut-être le dernier auquel il faudrait penser, puisqu'il n'est point tangible, qu'il n'a pas de forme définie et qu'il manque de durée. Quelles sont donc

les nécessités de langage qui ont conduit l'homme primitif
à personnifier l'aube du jour? Quand il l'eut personnifiée,
est-ce sans motifs qu'il inventa pour elle une biographie
spécifique, ou même plusieurs biographies ? On fait à
ces questions plusieurs réponses, mais à mon avis peu
fondées.

Le professeur Max Muller, traitant du mythe de l'aube
de jour dans son ouvrage intitulé *Leçons sur la science du
langage*, prend d'abord Saramâ pour une des incarnations
de l'aurore. Il cite avec une approbation réservée la conclusion adoptée par le professeur Kuhn, « que Saramâ veut dire
tempête ». Il ne met pas en doute que « la racine de Saramâ ne soit *sar*, aller. » En admettant, dit-il, que Saramâ
« signifie primitivement le courrier, comment s'est-il fait que
le courrier ait signifié l'orage ? » S'appuyant sur ce qu'un
mot proche-parent signifie vent et nuée, il prétend que ce
dernier est ordinairement masculin en sanscrit ; mais il
admet que si le Véda avait donné à Saramâ les « qualités du
vent, cette incompatibilité ne serait pas une objection insurmontable. » Il rapporte alors les aventures de Saramâ à la
recherche des vaches, et trouve que cela ne prouve pas que
Saramâ « représente l'orage ». Il nous dit que, dans une
version plus complète de cette légende, Saramâ est donné
pour « le chien des dieux », envoyé par Indra « pour chercher les vaches » ; il nous apprend, d'après une autre source,
que Saramâ, refusant de partager les vaches avec eux, demande aux voleurs à boire du lait, qu'elle revient et dit un
mensonge à Indra, en reçoit des coups de pied et vomit
le lait ; puis il nous donne sa propre interprétation. « Tel
est à peu près dans son ensemble le témoignage sur lequel
nous devons former notre opinion de la conception originelle de Saramâ ; il n'y a donc pas lieu de douter qu'elle ne

signifie l'aube du jour, et non l'orage. » Voilà un exemple
de l'interprétation des mythes. On est d'accord sur le point
que la racine est *sar*, aller ; un savant philologue en conclut
que Saramâ veut dire le courrier et par conséquent l'orage,
puisque des mots proches-parents signifient vent et nuée ;
mais un autre savant philologue croit que cette conclusion
est erronée. Dans la légende, Saramâ est une femme, et
dans quelques versions c'est un chien. Toutefois l'on conclut que Saramâ est l'aube du jour, parce qu'une épithète
qu'elle porte signifie rapide, parce qu'une autre veut dire
fortunée, et parce qu'elle se montre avant Indra ; enfin
parce que diverses métaphores peuvent s'appliquer à
l'aube, du moment qu'on admet que les vaches représentent les nuées. Confiant dans la force de ces vagues concor-
dances, le professeur Max Muller ajoute : « Le mythe dont
nous avons recueilli les fragments est assez clair. C'est la
reproduction de la vieille histoire de la naissance du jour.
Les vaches brillantes, les rayons du soleil ou les nuées
chargées de pluie, car le même nom sert pour les deux
objets, ont été dérobés par les puissances de ténèbres, par
la Nuit et ses nombreux enfants, etc., etc. » Ainsi, malgré
tous les désaccords, toutes les contradictions, et bien que
la racine du nom ne donne aucune couleur à l'interprétation, on se fonde sur des métaphores, qui dans la langue
des premiers hommes servaient librement à signifier tout
ce qu'on voulait, pour nous demander de croire que les
hommes personnifiaient un phénomène passager aussi différent de l'homme que possible.

Quelque difficulté que rencontre notre méthode d'interprétation, elle ne s'appuie pas sur des hypothèses, mais sur
des faits. Il est possible qu'on ait donné quelquefois le nom
d'aurore en manière de compliment à une jeune fille aux

joues vermeilles ; mais je n'en saurais fournir une preuve.
Seulement, nous avons la preuve certaine qu'Aurore est un
nom de naissance. Nous avons vu figurer parmi les usages
primitifs celui de donner au nouveau-né un nom d'après les
événements survenus au moment de la naissance. Mason a
trouvé chez les Karens des noms de cette origine, par
exemple « Moisson, Février, Père revenu. » Nous avons
vu aussi (§ 185) qu'il a constaté que l'on se servait pareillement du moment du jour pour donner un nom à l'enfant,
et que parmi les noms de ce genre il cite « lever du soleil ». L'Amérique du Sud nous présente un exemple analogue. Dans le récit de la captivité de Hans Stade, publié
récemment par la Société Hakluyt, le narrateur dit qu'il
a assisté chez les Tupis à l'acte de donner un nom à un
enfant, qui fut nommé Koem, le matin (un de ses aïeux
avait aussi porté ce nom) ; et le capitaine Burton, qui
édite ce récit, ajoute en note que *Coéma piranga* veut dire
littéralement le rouge du matin ou l'aurore. Nous en trouvons un autre exemple dans la Nouvelle-Zélande : Thomson
rapporte que Rangihaéata, nom d'un chef maori, signifie
« aurore céleste ». Il cite aussi un autre nom d'un chef qui
s'appelait « éclair du ciel ». Si donc aurore est le nom
réel d'une personne, si dans les pays où règne cette manière de distinguer les enfants, on l'a peut-être donné souvent à ceux qui naissaient le matin de bonne heure, il se
peut que les traditions concernant une personne appelée
de ce nom aient conduit le sauvage à l'esprit simple, enclin
à croire à la lettre tout ce que ses pères lui disaient, à
confondre cette personne avec l'aube du jour. Par suite, il
aurait interprété les aventures de cette personne de la
façon que les phénomènes de l'aube rendaient la plus plausible. Ajoutons que dans les pays où ce nom a été porté

par des membres de diverses tribus adjacentes, ou par des membres d'une même tribu vivant à des époques différentes, il a pu se produire des généalogies incompatibles et des aventures contradictoires, ce qui est d'accord avec les faits.

§ 189. Le culte des étoiles a-t-il une semblable origine ? Peut-on aussi les identifier avec des ancêtres ? Il semble difficile de le concevoir, et pourtant il y a des faits qui nous autorisent à le soupçonner.

Nous lisons que les Juifs regardaient les étoiles comme des êtres vivants qui dans certaines circonstances péchèrent et furent punis ; nous savons que les Grecs entretenaient des idées analogues sur la nature animée des étoiles. Si nous voulons savoir les formes primitives de ces croyances, qui nous paraissent aujourd'hui si étranges, nous les trouvons chez les sauvages. « Aux îles Fidjis, nous dit Erskine, les grandes étoiles filantes passent pour être des dieux, les plus petites pour les âmes des hommes qui meurent. » D'après Angas, les Australiens du Sud croient que « les constellations sont des groupes d'enfants », et « on prétend que trois étoiles d'une des constellations ont été auparavant sur la terre : l'une est l'homme, une autre sa femme, et la troisième plus petite son chien ; ils s'occupent à chasser l'opossum à travers les cieux. » L'idée précise que les êtres humains arrivent dans le ciel de quelque manière, revient dans la tradition tasmanienne d'après laquelle le feu avait été apporté aux hommes par deux noirs qui le jetèrent au milieu des Tasmaniens, demeurèrent quelque temps dans leur pays, et devinrent les deux étoiles que nous appelons Castor et Pollux. Cette légende provient peut-être de ce que l'on s'imagina que les lumières géminées de ces étoiles étaient les feux éloignés que ces hommes avaient allumés après leur départ de Tasmanie. Ce qui nous montre que cette genèse n'est pas invraisemblable, c'est que nous retrouvons une idée analogue chez les Américains du Nord ; ils appellent la voie lactée « le *sentier des esprits*, la *route des âmes*, par où elles se rendent à la terre d'outre-tombe et où l'on peut voir leurs bivouacs briller comme des étoiles. » Elle se trouve encore en harmonie avec une croyance encore plus concrète de certains Américains du Nord, que leurs sorciers sont allés dans le ciel par des trous, qu'ils y ont vu le soleil et la lune marcher comme des êtres humains, qu'ils ont marché en compagnie de ces astres et regardé d'en haut la terre par leurs trous.

Il est très-difficile d'expliquer ces idées rien qu'avec des hypothèses. Mais ces mêmes peuples possèdent une légende qui nous fournit une solution plausible. Nous la trouvons dans le livre de Bancroft intitulé *Races indigènes des États du Pacifique* (vol. III, p. 138-9), cité dans le livre de Powers intitulé *Pomo*. Remarquez d'abord que, selon Robinson, « certains Californiens adorent comme leur principal dieu un coyote empaillé, » et lisez ensuite la légende du coyote qu'on raconte dans une des tribus de la Californie, les Cahrocs. Le coyote était « si orgueilleux qu'il résolut de danser dans le ciel même ; il choisit pour sa dame une étoile qui passait d'ordinaire tout contre une montagne où il restait une bonne partie du temps. Il alla demander à l'étoile de le prendre par la patte et de lui faire faire le tour du monde une nuit. Mais l'étoile se mit à rire, et lui fit signe de l'œil de temps en temps d'une façon excessivement provocante. Le coyote persévéra avec emportement dans sa demande ; il aboya et aboya à l'étoile dans toute l'étendue du ciel, jusqu'à ce que l'étoile scintillante, fatiguée de ce tapage, lui dit de demeurer tranquille et qu'elle le prendrait la nuit suivante. La nuit suivante, l'étoile passa contre le rocher où attendait le coyote, qui pouvait d'un saut l'atteindre. Ils partirent et dansèrent ensemble à travers le ciel bleu. Ce fut pendant quelque temps un amusement agréable ; mais, hélas ! il y faisait un froid trop piquant pour un coyote de la terre, et c'était un spectacle effrayant que de regarder d'en haut le large Klamath serpenter comme la corde détendue d'un arc, et les villages des Cahrocs semblables à des pointes de flèches. Pauvre coyote ! sa patte engourdie lâcha sa brillante compagne ; noire est celle qui danse avec lui maintenant : son nom est la Mort. Le coyote mit dix neiges à tomber, et, quand il heurta la terre, il *s'aplatit comme une natte de saule*. Il ne faut pas que les coyotes dansent avec les étoiles. » Si nous nous souvenons que toutes les races non civilisées ou à demi civilisées croient que le ciel repose sur le sommet des montagnes ou qu'il en est voisin, et que l'esprit crédule des hommes primitifs acceptait sans peine qu'on pût aborder le ciel de la façon indiquée dans la légende, nous ne trouverons plus incompréhensible qu'on ait identifié des étoiles avec des personnes. Sans doute l'histoire du coyote légendaire finit par une catastrophe, mais aucune nécessité n'oblige à attribuer aux autres animaux légendaires qui sont allés au ciel un sort aussi malheureux. Dès qu'on reconnaît les hauteurs et les groupes d'étoiles qui s'élèvent de derrière ces hauteurs, pour ceux dont parlent les légendes, on admet aisément que les animaux-ancêtres qui y sont montés sont devenus des constellations. Voilà au moins une explication plausible d'une chose qui nous paraît étrange, à savoir qu'on ait, dans les premiers temps, donné à des groupes d'étoiles des noms d'animaux et d'hommes que leur aspect ne rappelle nullement.

Il est possible qu'une erreur d'interprétation des noms propres et des titres métaphoriques, ait joué un rôle dans ce cas, comme dans d'autres. Wallace nous dit qu'une des tribus du fleuve des Amazones s'appelle « les Étoiles ». Le rajah Brooke traduit le nom d'un chef dayak par ces mots « l'ours du ciel ». Dans les inscriptions assyriennes, Tiglath-Pileser s'appelle « la constellation brillante », « le chef des constellations ». Il n'est pas improbable que, dans les premiers temps, on ait été conduit à identifier des hommes et des astres, parce qu'on avait admis à la lettre des légendes où ces noms figuraient.

Du moment que l'on identifie avec certaines étoiles l'ancêtre, animal ou homme, que l'on suppose monté au ciel, nous avons la clef des rêves de l'astrologie. On croira que le père d'une tribu, transporté dans le ciel, s'occupe encore de ses descendants ; au contraire, on regardera comme hostiles les ancêtres d'autres tribus (quand la conquête en a uni plusieurs pour former une nation). De là peut venir la bonne ou la mauvaise fortune qui s'attache à l'individu né sous le regard de telle ou telle étoile.

§ 190. Comme on croyait les cieux accessibles, on n'a pas eu de peine à croire que la lune s'identifiait avec un homme ou une femme. Nous pouvons donc nous attendre à rencontrer en abondance des légendes où la lune est représentée comme un être qui a une origine terrestre.

Quelquefois, on a cru que le personnage légendaire résidait dans la lune ; les Loucheux par exemple, rameau des Tinnehs, la prient de favoriser leurs chasses ; ils lui disent qu'elle « vivait jadis chez eux sous la forme d'un pauvre garçon déguenillé ». Mais la chose la plus fréquente, c'est de trouver le récit d'une prétendue métamorphose. D'après Hays, les Esquimaux croient que le soleil, la lune et les étoiles « sont les esprits des Esquimaux morts, ou d'animaux ». Angas nous apprend aussi que « les Australiens du Sud croient que le soleil, la lune, etc., sont des êtres vivants qui ont jadis habité la terre. » On voit donc que certaines races inférieures, qui n'ont pas le culte des corps célestes, les ont néanmoins personnifiés en les identifiant d'une manière vague avec les ancêtres en général. Chez elles, on ne rencontre pas de biographie de la lune; mais on en trouve chez d'autres races, spécialement chez celles qui sont assez avancées pour conserver des traditions. Les Chibchas disent que, lorsqu'elle était sur la terre, Chia enseignait le mal, et que Bochica, qui les a instruits et qu'ils ont divinisé, « la transporta au ciel, pour en faire la femme du soleil et éclairer les nuits, sans se montrer le jour (à cause des choses mauvaises qu'elle avait enseignées), et que depuis ce temps il y a une Lune. » Mendieta nous dit que les Mexicains expliquent la création de la Lune de la manière suivante : « Un homme se jeta dans le feu et en sortit Soleil; en même temps un autre entra dans une caverne et en sortit Lune. »

Est-ce que l'identification de la lune avec des personnes qui ont vécu autrefois a pour cause une erreur d'interprétation de noms? Il y a des raisons de le croire, alors même que nous n'en aurions pas de preuve directe. Dans les mythologies des peuples sauvages et demi civilisés, la lune est plus ordinairement représentée avec le sexe féminin qu'avec le masculin. On n'a pas besoin de recourir aux citations pour faire ressouvenir le lecteur qu'en poésie on a très-souvent comparé une belle femme à la Lune, ou qu'on lui a donné métaphoriquement le nom de Lune. On peut en

conclure que dès les premiers temps on s'est servi du mot
lune comme d'un terme flatteur pour une femme. Dès lors,
il a suffi d'une identification erronée entre la personne et
l'objet, pour donner naissance au mythe lunaire partout où
le souvenir de la femme, qui portait le nom de lune, s'est
conservé dans la tradition.

Ce n'est qu'une hypothèse; mais nous avons un fait précis
qui l'appuie. Que le nom de la lune ait ou non servi d'expression de flatterie, il a certainement fourni des noms
pour les enfants. Au nombre des noms énumérés par
Mason, que les Karens donnent à leurs enfants, se trouve
celui de « pleine lune ». On sait que les peuples accou-
tumés à désigner les enfants par un nom emprunté à un
accident de leur naissance, se servant, ce qui arrive en
Afrique par exemple, des noms des jours de la semaine et,
comme nous l'avons vu pour d'autres, des noms de moments du jour, ont dû aussi se servir des noms des phases
de la lune. Comme beaucoup de peuples ont cette coutume,
il est probable que les occasions où l'on a donné des noms
d'après les phases de la lune n'ont pas été rares, et que
celles où l'on a identifié des personnes avec la lune par
suite d'une fausse interprétation du nom n'ont pas été rares
non plus.

Enfin nous pouvons faire remarquer un fait correspondant qui a une grande signification. Les noms propres empruntés à la lune en rappelleront le lever ou le coucher, ou
l'une de ses phases, croissante, pleine, décroissante : ils
indiqueront un état de la lune plutôt que la lune elle-même.
Or, il paraît que la déesse égyptienne, Bubastis, a été la
nouvelle lune (d'après certains faits la pleine lune), en tout
cas une phase. Le symbole d'Artemis implique aussi une
restriction de ce genre, comme aussi celui de Séléné. Enfin,

dans sa *Mythologie Aryenne*, M. Cox nous dit que Iô est « la cornue par excellence » ou la nouvelle lune ; Pandia, au contraire, est la pleine lune. Comment ces faits s'accordent-ils avec l'interprétation admise ? La tyrannie de la métaphore s'étend-elle jusqu'à pouvoir d'elle-même imposer ce changement de personnes ?

§ 191. Naturellement, nous pouvons nous attendre à trouver que le soleil, ainsi que les étoiles et la lune, a été personnifié par identification avec un être humain traditionnel.

Quelques-unes des citations que nous avons faites à propos de la lune permettaient de le croire ; les faits que nous allons rapporter l'impliquent encore plus nettement. Le père primitif des Comanches, semblable à eux, mais d'une taille gigantesque, vit, disent-ils, dans le soleil. De même, « les Chichimicas appelaient le soleil leur père ». Nous lisons dans Bancroft à propos des Olchones : « On commence ici à trouver le soleil en rapport, ou identifié par le nom, avec ce grand esprit, ou plutôt ce gros homme, qui a fait la terre et qui la gouverne du ciel ; » il nous dit aussi qu'une partie des Tinnehs croient « à un bon esprit appelé Tihugem, *mon vieil ami,* que l'on croit résider dans le soleil et dans la lune ». Dans la langue des Salives, une des tribus de l'Orénoque, le nom du soleil est « l'homme de la terre de dessus ». Chez les peuples américains moins civilisés, tout ce qu'on trouve, c'est une croyance vague à la migration d'une personne vers le ciel après une existence passée sur la terre. L'idée qu'ils s'en font ressemble assez à celle des Barotsés, à qui Livingstone demandait si un halo qu'il avait vu autour du soleil annonçait de la pluie et qui lui répondirent : « Oh non, c'est le Barimo (dieux ou esprits

des morts) qui a convoqué un picho; ne voyez-vous pas
qu'ils font cercle autour du seigneur ? » Les Barotsés
croyaient sans doute que, de même que le reste de l'assemblée céleste avait autrefois vécu sur la terre, son chef y
avait aussi passé sa vie. Mais, chez les peuples plus avancés
en civilisation et dont les traditions sont développées en
proportion, la personnalité terrestre du soleil est affirmée
nettement. Au Mexique, nous dit Camargo, « d'après les
Indiens (de Tlascala), le soleil était un dieu tellement affecté de lèpre et tellement malade qu'il ne pouvait bouger.
Les autres dieux eurent pitié de lui et construisirent un
très-grand four où ils allumèrent un feu énorme, pour le
délivrer de son mal en le tuant, ou pour le purifier. »
D'après Bancroft, la tradition quiché dit qu'ensuite : « il n'a
pas existé de soleil pendant bien des années ». — « Les dieux
s'étant assemblés en un endroit appelé Totihuacan, à six
lieues de Mexico, se réunirent autour d'un grand feu et
dirent à leurs dévots que celui d'entre eux qui se jetterait
le premier dans ce feu aurait l'honneur d'être transformé
en un soleil. » Chez les Zapotèques, il existe une légende
concernant un cacique ancêtre d'Ulizteca, puissant archer,
qui « tira contre la grande lumière même jusqu'au moment
où elle baissa; alors il prit possession de tout le pays,
voyant qu'il avait grièvement blessé le soleil et qu'il l'avait
forcé à se cacher derrière les montagnes. » Il y a une légende
mexicaine plus curieuse encore et qui fait suite à l'une de
celles que nous avons déjà citées. Quand le Dieu qui était
devenu le soleil en se jetant dans le feu se leva, il demeura
tranquille; et alors les autres dieux lui envoyèrent un mes-
sager qui lui ordonna de marcher. « Le soleil répondit qu'il
ne marcherait pas, tant qu'il ne les aurait pas détruits.
Effrayé aussi bien qu'irrité de cette réponse, l'un d'eux,

appelé Citli, prit un arc et trois flèches et tira sur la tête enflammée du nouveau dieu; mais le soleil se baissa et évita le coup. La seconde fois, Citli blessa le corps du soleil, et aussi la troisième. Dans sa rage, le soleil prit une des flèches et tira sur Citli, qu'il perça au front et qu'il tua raide. » Les traditions mexicaines nous en apprennent bien d'autres. Waitz, après avoir exposé les mythes solaires, conclut que « Quetzalcoatl était primitivement un homme, un prêtre de Tula, qui se fit le réformateur de la religion des Toltèques, mais qui fut chassé par les adhérents de Tezcatlipoca. »

Les mythologues n'hésitent pas à dire que ces légendes, comme les légendes analogues des Aryens, sont l'effet de personnifications exprimant d'une manière figurée les actes du soleil; il semble qu'ils n'aient pas de difficulté à croire que des hommes n'ont pas seulement attribué gratuitement la nature humaine au soleil, mais l'ont gratuitement identifié avec un homme connu, avec un prêtre ou avec un chef. Sans doute la tradition mexicaine donnée par Mendieta « qu'il y avait une fois cinq soleils, et que les fruits de la terre ne poussaient pas, et que les hommes mouraient », cette tradition peut recevoir en quelque sorte une explication qui s'accorde avec leur hypothèse. Mais l'interprétation que nous adoptons, comme celles que nous avons présentées déjà, n'implique pas que ces légendes se sont formées sur de pures fictions; elle implique, en dépit des grandes transformations subies, des faits pour point de départ. N'y eût-il aucune preuve directe que les mythes solaires proviennent d'erreurs suscitées par des récits concernant des personnes réelles ou des événements réels de l'histoire d'un homme, les preuves tirées par analogie suffiraient pour légitimer notre opinion, mais les preuves directes abondent.

Une des sources de ces mythes solaires se trouve dans l'acceptation littérale d'expressions figurées concernant le quartier d'où la race est venue. Nous avons déjà vu que la confusion établie par la tradition entre le fait de sortir d'une forêt et celui de sortir des arbres qui la composent a été le point de départ du culte rendu aux arbres considérés comme des ancêtres ; nous avons vu aussi que le récit qui faisait partir d'une montagne éloignée une émigration d'hommes était devenu par l'effet de la pauvreté de la langue une légende qui faisait de la montagne l'ancêtre d'un peuple. Il est arrivé la même chose pour les peuples qui ont quitté une localité marquée par le soleil. Si l'on se reporte (§ 112) aux idées que les divers peuples ont de l'autre monde, d'où leurs aïeux sont venus et où ils espèrent retourner après leur mort, on trouve qu'il est supposé situé à l'orient ou à l'occident. C'est que les endroits du lever et du coucher du soleil, couvrant des angles considérables de l'horizon de chaque côté, servent de point de repère sur l'horizon, et que le sauvage avec son défaut d'exactitude se hâte d'en rapprocher les points situés plus au nord ou plus au sud, faute d'avoir des marques précises. « Où le soleil se lève dans le ciel, » dit l'Américain du centre, là est la demeure de ses dieux, là furent ses ancêtres (§ 149) ; même croyance chez d'autres races. Franklin, dans sa description des Dinnehs (ou Tinnehs), dit que chaque tribu, ou horde, ajoute à son nom une épithète distinctive tirée du nom d'une rivière, d'un lac, où l'on chasse, ou du pays d'où ils sont venus en dernier lieu. Ceux qui viennent au Fort Chippeouai s'appellent eux-mêmes « Sau-isau-dinnch, Indiens du soleil levant. » Or, ne pouvons-nous pas soupçonner que ce nom d'« Indiens du soleil levant » donnera lieu, chez un peuple à langage primitif, à des légendes

qui consacreront la croyance à une origine solaire ? Nous-
mêmes ne nous servons-nous pas des mots « enfant de
lumière » ? ne donnons-nous pas le nom d'« enfant du
brouillard » à un clan qui habite un pays brumeux? n'em-
ployons-nous pas l'expression « enfants du soleil » pour
désigner les races qui vivent sous les tropiques? Combien
plus l'homme primitif, avec son misérable langage, sera-t-il
porté à appeler « enfants du soleil » les hommes qui viennent des lieux où le soleil se lève ! Nous avons une preuve
évidente que des peuples avancés en civilisation, les Péruviens par exemple, le faisaient. Lisez ce passage de
Markham (*Narratives*, 12) : « La tradition universelle indi-
quait un lieu nommé Paccari-tampou, comme le berceau ou
le lieu d'origine des Incas. De Cuzco, c'était le point le plus
rapproché du soleil levant; et, comme on voulait que le
soleil fût le *pacarisca* (origine) des Incas, on fixa d'abord à
Paccari-tampou le lieu d'où ils étaient sortis. Mais, quand
leurs conquêtes s'étendirent au Collao, ils se rapprochèrent
du soleil et le virent se lever du lac Titicaca ; à partir de
ce moment, la mer intérieure devint dans la tradition un
second lieu d'origine de la race royale. » Si nous joignons à
cela que les Incas, qui portaient d'ailleurs le culte des ancêtres très-loin, étaient par excellence les adorateurs du
soleil considéré comme ancêtre, et que lorsqu'un Inca
venait à mourir il était « rappelé dans la demeure de son
père le soleil », nous aurons, je pense, le droit de conclure
que cette croyance qui leur faisait tirer leur origine du
soleil venait d'une fausse interprétation d'un fait traditionnel, la migration des Incas de la terre où le soleil se
lève. Un autre fait de même signification, c'est le nom que
les Mexicains et les Chibchas donnèrent aux Espagnols.
D'après Herrera, les Mexicains « appelèrent Cortez le rejeton

du soleil ». Comme les Espagnols venaient vers eux de la
région où le soleil se lève, nous trouvons dans ce fait une
cause semblable précédant un effet semblable. « Quand les
Espagnols, dit Herrera, envahirent pour la première fois le
royaume, les naturels tombèrent dans une grande conster-
nation ; ils les regardaient comme les enfants du soleil et
de la lune. » Le Père Simon et Lugo disent la même chose
en d'autres termes : dans leur langue, nous disent-ils,
« *Suâ* veut dire soleil, et *Suê* Espagnol. La raison pour laquelle ce mot *Suê* est dérivé de *Suâ*, c'est que les Indiens,
quand ils virent les premiers Espagnols, dirent qu'ils étaient
les enfants du soleil. »

Dans ce cas aussi, comme dans les précédents, l'erreur
des noms des individus est un facteur de la croyance générale. Dans l'essai qui contient une esquisse à grands traits
des idées que j'ai exposées dans les chapitres précédents,
j'ai soutenu que les sauvages et les peuples à demi civilisés
donnaient probablement le nom de soleil comme un titre
d'honneur à un homme illustre. J'invoquais à l'appui de
mon opinion l'emploi que les poëtes font de ces métaphores flatteuses ; je citais par exemple ces mots tirés du
Henry VIII : « Ces soleils de gloire, ces deux lumières des
hommes ; » mais j'aurais pu aussi y ajouter ces vers du
Jules César :

O soleil couchant,

De même qu'au milieu de tes rouges rayons tu plonges dans la nuit,
De même dans ton sang rouge le jour de Cassius s'éteint ;
Le soleil de Rome est couché !

Je prétendais que chez les peuples primitifs qui parlent
nécessairement un langage plus figuré que le nôtre, et qui
s'adonnent beaucoup à la flatterie, on a dû se servir fré-

quemment du mot *soleil* comme expression de louange. Je
n'avais pas pour le moment sous la main des faits qui jus-
tifieraient cette conclusion ; j'en ai maintenant. Voici une
phrase du *Mexique* de Prescott (liv. III) : « Les manières franches et joyeuses d'Alvarado lui gagnèrent le premier rang
dans la faveur des Tlascalans ; l'éclat et la franchise de son
visage, la beauté de ses formes et les boucles dorées de sa
chevelure lui firent donner le nom de *Tonatiuh*, soleil. »
Un passage de Garcilaso nous fait voir que les Péruviens,
pour des motifs analogues, donnaient un nom dérivé de
celui de soleil aux hommes d'une intelligence très-supé-
rieure : « ils étaient si simples, dit-il, que tous ceux qui
inventaient une chose nouvelle ne tardaient pas à recevoir
d'eux le nom de fils du soleil. » On donnait quelquefois ce
titre par flatterie, mais nous avons la preuve que quelquefois dans ce pays on se l'arrogeait. La légende historique
des Américains du centre, le *Popol Vuh*, parle de l'orgueil
de Vucub-Cakix, qui se vantait d'être le soleil et la lune.

Nous avons à revenir au nom de naissance, qui est aussi
l'une des origines du mythe solaire. Parmi les noms que,
selon Mason, les Karens donnent à leurs enfants, se trouve
celui de « Jeune Soleil levant » ; bien qu'il nous dise que la
personne ainsi nommée était « jeune et belle », ce qui semblerait dire que le nom exprimait un compliment, si l'on
considère que l'on se sert des mots « Soir, Lever du soleil,
Lever de la lune, Pleine-Lune, » comme noms de baptême,
il paraît probable que Soleil levant est un nom de baptême.
Il serait étrange que l'on se servît des phénomènes célestes
pour donner des noms et que l'on négligeât le plus saisissant.

Signalons maintenant un accord et un défaut d'accord
significatifs, analogues à ceux que nous avons fait observer

à propos des phases de la lune. Il faut que les noms de
naissance dérivés du mot Soleil se rapportent à quelque
partie de la course du soleil ; c'est le Soleil levant, le Soleil
au haut de sa course, le Soleil couchant, suivant l'heure de
la naissance ; en outre, les noms flatteurs tirés du mot
Soleil peuvent exprimer divers attributs de cet astre, par
exemple « la gloire du soleil, l'éclat du soleil, etc. » Nous
n'avons plus de peine à comprendre ce que nous dit Wilkinson, que « les Égyptiens ont fait du soleil plusieurs divinités distinctes : par exemple, le soleil intellectuel, l'orbe
matériel, la cause de la chaleur, l'auteur de la lumière, la
puissance du soleil, la cause vivifiante, le soleil du firmament, et le soleil au repos. » (Comparez avec les noms des
rois, page 412.) D'autre part, comment les mythologues
peuvent-ils concilier ces faits avec leur hypothèse ? La nécessité linguistique qui force à personnifier va-t-elle jusqu'à
obliger à faire huit personnes distinctes, pour incarner les
divers attributs et les divers états du soleil ? Faut-il admettre que les Aryens furent aussi conduits uniquement par
l'hypostase des descriptions à supposer qu'Hypérion, « le
Soleil au sommet de sa course », est un individu, et Endy-
mion, « le Soleil couchant », en est un autre : l'un et l'autre indépendants de « la divinité distincte appelée Phébus
Apollon » ? Est-ce que la pure nécessité de donner aux
abstraits des formes concrètes forçait les Grecs à penser
que, lorsque le soleil était élevé de trente degrés au-dessus
de l'horizon, il était une personne qui avait eu telles et
telles aventures, et qu'en arrivant à dix degrés au-dessus
de l'horizon il se métamorphosait et devenait une personne
dont la biographie était tout autre ? Je ne dis pas que les
mythologues ne le peuvent penser ; leur foi a de si riches
trésors ! Mais la foi des autres tombera, j'imagine, en

présence de ces difficultés, si elle ne s'est pas évanouie
déjà.

§ 192. Lorsque j'ai montré brièvement la genèse des
mythes solaires selon mes idées, en la rattachant à la doctrine générale exposée dans l'essai dont je viens de parler,
j'ai indiqué divers rapports qui en résultent, avec les traits
de ces mythes. Nous avons vu qu'une de leurs conséquences
était la conception qui donnait un sexe aux phénomènes
célestes frappants et les représentait comme mâles ou femelles. On voit dans certaines mythologies le soleil recevoir
divers noms, tantôt « le rapide », tantôt « le lion », tantôt
« le loup », que les attributs sensibles du soleil ne suggéraient point. Ce fait devenait explicable dans l'hypothèse
que ces noms étaient donnés comme titres flatteurs au
même individu, ainsi que font les peuples barbares, qui
multiplient ordinairement les métaphores flatteuses. En
outre, le mélange confus, si bizarre à nos yeux, des phénomènes célestes avec les aventures des personnes nées sur
la terre, s'est expliqué dès que nous y avons vu une conséquence inévitable des efforts qu'on faisait pour concilier
les données de la tradition avec le témoignage des sens.
Nous avons en outre émis l'idée que la fusion des légendes
locales relatives aux personnes qui portaient ces noms, en
une mythologie acceptée par toutes les tribus dont l'univers
a formé une nation, donnait lieu à des généalogies et à des
biographies contradictoires de la personne Soleil. J'étais
sans doute à ce moment peu en état de donner des exemples à l'appui de ces propositions, et je me suis borné à
indiquer les faits que je rencontrais. Je viens d'en donner
assez pour tenir la promesse implicite que j'avais faite, et
cela suffit pour légitimer l'inférence que j'en tire. Toute-

fois, tout ce que j'espérais, c'était de rendre l'inférence très-
probable. Mais, en rassemblant les matériaux des chapitres
suivants, j'ai rencontré un passage tiré des documents de
l'ancienne Égypte qui, je pense, donnera la victoire à nos
opinions. Il se trouve dans le troisième papyrus de Sallier,
traduit par le professeur Lushington, et publié dans les
Transactions de la Société d'archéologie biblique, vol. III. Ce
document rapporte les victoires de Ramsès II. J'en ai cité
une partie comme exemple de l'antique croyance à la force
surnaturelle que donne un esprit ancêtre devenu dieu ; plus
récemment, j'en ai cité une phrase qui montre l'emploi d'un
nom d'animal à titre de compliment en l'honneur d'un
monarque vainqueur. Voici en entier une phrase significative tirée du discours laudatif des vaincus qui demandent
merci : « Horus, taureau vainqueur, cher à Ma, prince qui
veilles sur ton armée, vaillant avec l'épée, rempart de ses
troupes au jour de la bataille, roi puissant par sa force,
grand souverain, *Soleil*, qui a la force de la vérité, approuvé
par Ra, fort de victoires, Ramsès Miamon. »

Nous voyons là se produire tous les temps de l'opération
que nous avons décrite plus haut comme probable. Voyez
l'analogie. Le dieu auquel Ramsès dit qu'il a sacrifié
30,000 taureaux, et auquel il demande une assistance surnaturelle, est son ancêtre : « J'invoque mon père Ammon, »
dit-il ; et le vaincu lui dit : « Véritablement ; tu es né d'Ammon, tu es sorti de son corps. » En outre, on parle de
Ramsès comme accomplissant les exploits d'un dieu, comme
d'un dieu : les vaincus l'appellent « celui qui donne la vie
à jamais comme son père Ra ». Ainsi regardé comme divin,
il reçoit, comme aujourd'hui encore les guerriers des peuples à demi civilisés et sauvages, un grand nombre de titres
d'honneur et de noms métaphoriques, qui, réunis sur le

même individu, contractent une union entre eux : Ramsès est à la fois le Roi, le Taureau, le Soleil. Enfin ce document, tout en racontant la généalogie humaine de Ramsès et ses exploits sur la terre, emploie des expressions qui font allusion à son apothéose subséquente et donnent à penser que ses exploits sont racontés comme ceux du « Taureau vainqueur » et du « Soleil ». N'oublions pas qu'à la mort des Égyptiens, même des hommes du commun, il y avait des cérémonies où des prêtres ou d'autres personnes faisaient leur éloge, et que plus tard, à certaines époques déterminées, on répétait ces louanges. Nous ne pouvons douter par conséquent que ces titres métaphoriques n'aient persisté définitivement dans les louanges d'un roi devenu dieu après sa mort, qu'on exprimait avec plus d'exagération encore que durant sa vie. Si donc, comme nous l'avons fait sentir plus haut, la langue égyptienne, même à l'époque historique, ne pouvait distinguer entre un nom et l'acte de nommer, il est évident que la distinction qui sépare la personne et la chose dont elle recevait le nom devait être difficile à exprimer et que, lorsque la langue était moins développée, on confondait la personne et la chose [1].

---

1. Un secrétaire, qui faisait de ces documents un examen plus approfondi que je ne le pouvais moi-même, a rencontré les faits suivants, qui vérifient mes idées :

Dans le grand papyrus de Harris (traduit par le prof. Eisenlohr), feuille 76, lignes 1 et 2, Ramsès III dit : « (Mon père) descendit dans son horizon comme les neuf dieux. Là, on lui fit les cérémonies d'Osiris naviguant dans sa barque royale sur la rivière. Il descendit vers sa demeure éternelle à l'ouest de Thèbes. »

Voici encore plusieurs noms de rois tirés de la préface de M. Edw. Hawkins, au second volume des *Select Papyri* :

Le roi, le fils du soleil, Hanna,

Le roi, le soleil de la création, le fils du soleil, Hannutf.

Le roi, le premier qui s'occupe de la terre, le fils du soleil, Sebakemchaf.

Le roi, le soleil qui devient victorieux, le fils des soleils, Ta-aa.

Le roi, le soleil qui met l'ordre dans la création, le fils du soleil, Kames.

Quoique le mot *soleil*, employé dans ces exemples comme titre ordinaire d'honneur en faveur des rois, ne puisse, à cause de son union avec d'autres noms propres dépourvus de sens, engendrer une tradition d'identité, on peut admettre

Il me semble évident que dans cette légende de Ramsès victorieux, roi, conquérant, taureau, soleil, et finalement dieu, nous trouvons les éléments qui, dans une première période de civilisation, ont engendré un mythe solaire comme celui d'Indra, qui unissait pareillement les rôles de héros conquérant, de taureau et de soleil. Pour nier qu'un récit de ce genre, transmis oralement durant des générations chez un peuple moins avancé, ne finit pas par devenir une biographie du soleil représenté comme un homme, il faut nier que les choses se soient passées comme nous les voyons se passer encore, et supposer que ce peuple apportait dans la tradition de ses légendes une précision historique impossible. Au contraire, pour soutenir que l'on a pu non-seulement rattacher le soleil à des parents humains, mais lui attribuer des faits d'armes comme à un roi sans qu'il cesse d'être un animal, et cela sans autre raison que des motifs tirés de la langue, il faut soutenir que les hommes sacrifiaient le témoignage de leurs sens à l'influence de motifs relativement peu importants.

§ 193. Donc, quoiqu'au premier abord les faits ne suggèrent pas cette idée, ils ne laissent pas d'attester que le culte de la nature, comme chacun des cultes déjà analysés, est une forme du culte des ancêtres, qui a perdu plus que les autres les caractères extérieurs de l'original.

Tantôt la confusion de l'origine de la race avec un objet en évidence qui marque la région natale de cette race, tantôt l'interprétation littérale des noms donnés par flatte-

que l'identification du roi et du soleil n'a rencontré aucun obstacle avant que les autres noms propres fussent usités.

Ce qui prouve que le « père Ammon » dont il est question dans le texte comme le Dieu suprême était l'ancêtre éloigné, c'est le passage de Brugsch : « Le culte d'Ammon du Ramesseum avait un caractère funéraire. »

rie, ont donné lieu aux croyances qui font descendre les peuples et les familles de montagnes, de la mer, de l'aurore, d'animaux devenus constellations, enfin de personnes qui vivaient jadis sur la terre et qui sont devenues la lune ou le soleil. Le sauvage ou l'homme à demi civilisé qui croient implicitement la tradition rapportée par leurs aïeux n'ont pu éviter la conséquence grotesque de combiner des pouvoirs naturels avec des attributs et des histoires d'hommes ; ils se sont trouvés ainsi amenés à des coutumes étranges par lesquelles ils recherchent la faveur de ces grands objets de la terre et du ciel, en leur offrant des aliments et du sang, comme ils faisaient ordinairement pour leurs autres ancêtres.

Entre ce groupe de phénomènes et les précédents, il y a donc accord complet, et la possibilité de leur appliquer à tous la même explication, en dépit d'une impossibilité apparente, est une nouvelle raison de regarder cette explication comme vraie.

CHAPITRE XXV

§ 194. Nous avons exposé si complétement d'une façon implicite la genèse des divinités dans les cinq chapitres précédents, qu'il ne semble pas nécessaire de consacrer un chapitre à traiter spécialement de ce sujet. Mais, quoique nous nous soyons occupés des divinités où la personnalité humaine se trouve considérablement déguisée, il nous reste à parler de celles qui résultent de la simple idéalisation et de l'extension de la personnalité humaine. En effet, tandis que, pour certains hommes, l'erreur d'interprétation des traditions a eu pour résultat d'absorber leur individualité dans celle d'objets de la nature, il en est d'autres dont l'individualité a survécu avec des attributs anthropomorphiques.

Cette dernière classe de divinités, qui existe toujours à côté des autres classes, finit par devenir prédominante : c'est probablement, comme nous l'avons déjà fait pressentir, par l'effet des noms propres, devenus de moins en moins connotatifs et de plus en plus dénotatifs. Tant qu'on a nommé les hommes d'après des objets de la nature, ils

n'ont pu survivre dans la tradition sous leurs formes
humaines ; et le culte qu'on leur rendait comme à des
ancêtres devenait un culte rendu aux choses avec lesquelles
leur nom les identifiait. Mais quand il s'est rencontré des
noms propres qui n'étaient pas en même temps des noms
d'objets, les hommes commencèrent à rester dans l'histoire
en qualité d'hommes. Il ne fut plus impossible aux esprits
des morts de garder leur individualité anthropomorphique
longtemps après l'extinction des contemporains : c'est
ainsi que s'est formé le panthéon anthropomorphique.

Déjà, dans le chapitre intitulé : *Culte des ancêtres en
général*, nous avons signalé les débuts de cette classe de
divinités ; maintenant que nous avons suivi l'évolution des
autres classes, nous allons suivre l'évolution de celle-ci, qui
est la plus importante.

§ 195. Semblable à l'animal, le sauvage craint tout ce
qui a une apparence ou une conduite étrange. Il voit une
qualité sans analogue, et il ne sait pas quelles autres qualités sans analogues peuvent s'y trouver associées. Il se sent
menacé par des qualités qui dépassent celles avec lesquelles
il est familiarisé, et se comporte envers celui qui les possède de façon à trahir le sentiment qu'il a d'un danger.
Comme nous l'avons vu, il regarde comme surnaturel tout
ce qu'il ne comprend pas. Nous avons un exemple excellent
de l'état de son esprit dans celui des deux Krumens
nommés par Thompson, qui, amenés sur un vaisseau,
dirent que ce navire « était certainement une chose non
créée, une chose venue d'elle-même, qui n'avait jamais été
faite par la main de l'homme. » L'inexplicable passe pour
surnaturel aussi bien dans un objet remarquable que dans
un homme remarquable. « S'il y a une chose que les

Chippeouais ne comprennent pas, ils disent que c'est un esprit, » et Buchanan, qui nous l'apprend, ajoute qu'un homme d'un talent extraordinaire, « ils l'appellent un esprit. »

Dans diverses circonstances, nous trouvons que l'équivalent primitif du mot dieu s'applique indifféremment à un objet incompréhensible et à une personne de facultés incompréhensibles. Le nom que les Fidjiens donnent à un être divin, *Kalaou*, signifie aussi « quelque chose de grand ou de merveilleux ». En conséquence de cette idée, les Fidjiens déclaraient qu'une presse à imprimer était un dieu, et ils appelaient du même nom leurs visiteurs européens : « Vous êtes un Kalaou ! » — « Vos compatriotes sont des dieux ! » Il en est de même chez les Malgaches, qui parlent de leur roi comme d'un dieu et qui, d'après Ellis, appellent dieu tout ce qui est nouveau, ou utile, ou extraordinaire. « La soie, le riz, la monnaie, le tonnerre et les éclairs, les tremblements de terre, on appelle tout cela des dieux. Ils appellent du même nom leurs ancêtres et un souverain mort. » Un livre aussi est un dieu. « Ils donnent au velours l'épithète singulière de fils de dieu. » Il en est de même des Todas, adorateurs de l'homme. Comme Marshall nous l'apprend pour les mots *Dêr* et *Swâmi* (dieux, seigneurs), qu'ils emploient, « il y a pour tout ce qui est mystérieux ou invisible une tendance à s'élever à la qualité de *Dêr* ; le bétail, les reliques, les prêtres se confondent dans la même catégorie, au point qu'il semble que *Dêr*, comme *Swâmi*, est en réalité un nom-adjectif exprimant la supériorité. »

Nous n'aurons plus de peine à comprendre que le titre de dieu soit, dans les premiers âges du progrès, donné aux hommes d'une façon qui nous paraît si mons-

trueuse. Ce titre ne signifie rien de ce qu'il veut dire pour
nous, et les sauvages l'appliquent à des personnes puissantes,
vivantes ou mortes, qu'on peut ranger dans divers genres.

§ 196. Il convient de commencer l'examen de ces genres
par les individus dont la supériorité est la moins définie,
des individus que d'autres regardent et qui se regardent
eux-mêmes comme meilleurs que les autres.

Nous en trouvons un exemple typique chez les Todas,
dont nous venons de parler. M. Marshall, décrivant le rôle
du pâlâl, espèce de laitier sacré ou de prêtre, rapporte une
partie d'une conversation qu'il a eue avec l'un d'eux.
« Est-il vrai que les Todas saluent le soleil? demandai-je.
— Lschâkh! répondit-il; ces pauvres gens, oui, mais moi
(se frappant légèrement la poitrine), moi, un dieu! pourquoi saluerais-je le soleil? » Sur le moment, je ne vis dans ces
paroles qu'un éclat de vanité et d'orgueil, mais j'ai eu
depuis l'occasion de vérifier la vérité de ce qu'il me disait.
Le pâlâl pour le moment n'est pas seulement l'écrin qui
renferme des attributs divins, il est *lui-même un dieu*.
M. Marshall nous dit encore que « le pâlâl, étant lui-même
un dieu, a le droit de dire les noms de ses *compagnons
dieux*, licence dont nul autre ne jouit. » Nous trouvons chez
les Américains du Centre un autre exemple de cette éléva-
tion à l'état divin d'un membre vivant de la tribu. M. Mont-
gomery dit que les Indiens de Taltique adorent un dieu de
ce genre avec toutes les cérémonies d'usage : « Il n'était
autre qu'un vieil Indien qu'on avait habillé d'une façon
particulière et installé dans une hutte ; on venait l'y
adorer et lui offrir les produits du travail comme un
tribut, et l'on accomplissait devant lui certains rites religieux, selon l'antique usage. »

Assurément des gens qui, pour une raison qu'ils ne spécifient pas, regardent un des leurs avec respect et lui offrent des sacrifices probablement avec l'idée qu'il peut faire du bien ou du mal, peuvent fort bien créer une divinité. En effet, si l'on craint tous les esprits, on craindra davantage l'esprit d'un individu qui s'est distingué durant sa vie. Il n'y a probablement pas de culte d'ancêtre qui ne montre cette tendance à l'évolution d'un esprit prédominant ayant son point de départ dans un être humain prédominant. Nous avons vu comment les Amazulus offrent surtout des sacrifices au fondateur connu de la famille ; ce qui veut dire que le fondateur était de quelque façon un homme supérieur. Nous avons vu aussi comment Tamagastad et Cipattoval étaient les plus anciens ancêtres connus des Américains du Centre. Leurs exploits étaient probablement assez peu ordinaires pour qu'on en ait gardé le souvenir.

Je peux ajouter ici le dieu des Kamtschadales, qui a évidemment la même origine. Grieves nous raconte que ce peuple « dit que Kut, qu'il appelle tantôt dieu, tantôt le premier père, vécut deux ans sur chaque rivière et laissa en héritage propre à ces enfants la rivière sur les bords de laquelle ils étaient nés. »

Ces faits nous montrent de la façon la plus générale comment la conception d'une divinité a commencé à se séparer de celle d'une personne remarquable, objet de crainte durant sa vie et plus encore après sa mort. Nous allons passer aux diverses formes sous lesquelles se montre la genèse de cette conception.

§ 197. Si le supérieur et le divin sont des idées équivalentes, le chef ou souverain tend à devenir un dieu pendant sa vie, et une divinité plus grande après sa mort. Cette conclusion se justifie par les faits.

J'ai déjà fait allusion au chef maori (§ 112) qui répudiait avec mépris une origine terrestre et se préoccupait de l'idée de rejoindre ses ancêtres, les dieux. Il en est de même ailleurs dans la Polynésie. « Je suis un dieu, » dit Tuikilakila, le chef de Somosomo. « Il est vrai, dit Williams, à propos des Fidjiens de cette île, qu'il y a très-peu de différence entre un chef d'un rang élevé et une divinité de second ordre. Le premier se regarde comme un dieu ; le peuple lui donne souvent ce nom, et, dans certaines occasions, il réclame pour lui-même publiquement le droit à la divinité. » Ellis, qui nous décrit le caractère sacré du roi et de la reine de Tahiti, rapporte des louanges usitées en leur honneur presque aussi exagérées que celles qu'on adressait dans le culte des dieux. « On appelait les maisons du roi les aorai, les nuages du ciel ; Anuanua, l'arc-en-ciel, était le nom du canot dont il se servait pour voyager ; sa voix s'appelait le tonnerre ; l'éclat des torches dans sa demeure s'appelait éclair ; et, quand les gens du peuple en passant près de sa demeure apercevaient ces torches, ils ne disaient pas qu'elles brûlaient dans le palais, ils faisaient remarquer que l'éclair brillait dans les nuages du ciel [1]. » De même, en Afrique, Bastian nous apprend que le roi de Benin n'est pas seulement le représentant de Dieu sur la terre, mais dieu lui-même ; que ses sujets l'adorent sous

[1]. Je recommande à l'attention des mythologues ce passage des *Polynesian Researches* d'Ellis, vol. III, p. 113-114 (nouvelle édition). Nous y voyons une autre voie par où le culte de la nature peut provenir du culte des ancêtres. Comme les flatteries à l'adresse d'un homme sont susceptibles de croître plutôt que de diminuer après sa mort, il est clair que cette glorification indirecte du roi tahitien, survivant dans la légende, fournira un témoignage de sa nature céleste ; et lorsqu'un roi loué en ces termes possède déjà un nom de flatterie tiré d'un objet céleste, une description des objets qui l'entourent conçue de cette façon concourra à produire un mythe naturaliste.

les deux natures. Nous savons par Battel que « le roi de
Loango est respecté à l'égal d'un dieu, qu'on l'appelle
Samba et Pongo, c'est-à-dire Dieu. » Suivant Krapf, le
peuple de Msambara dit : « Nous sommes tous esclaves
du Zumbe (roi), qui est notre Mulungu (dieu). » Nous rencontrons des déclarations analogues chez les anciens peuples de l'Amérique. Nous avons vu qu'au Pérou on adorait
les images des Incas encore vivants. F. de Xerès dit que
Huayana Capac « était tellement redouté et si bien obéi,
qu'on le regardait presque comme un dieu, et que son
image était exposée dans beaucoup de villes ; » et d'Acosta
nous raconte qu'il « fut adoré pendant toute sa vie comme
un dieu par son peuple ». Garcilaso affirme que, parmi
les divers chefs et petits rois, les bons étaient l'objet d'un
culte, et Balboa le confirme. Les races d'un type inférieur
ne sont pas les seules qui servent d'exemple à cette déification des hommes vivants : on la retrouve chez des races
d'un type supérieur. Palgrave la reconnaît chez les Sémites.
« Qui est votre dieu ? dit un voyageur arabe à un nomade
mésaleckh, non loin de Basra. — C'était Fâdi, répondit-il,
nommant un gouverneur de province puissant dans ces
pays, et mort récemment ; mais, depuis sa mort, j'ignore
qui est dieu pour le moment. » Les Aryens avaient des
idées semblables ; ce qui nous le rappelle, c'est que les rois
grecs de l'Orient, outre qu'on leur élevait des autels, faisaient frapper des monnaies avec le mot θεός, et que les
empereurs romains étaient adorés de leur vivant : ces faits,
au lieu d'être des anomalies, comme on le croit d'ordinaire, sont des effets de la survie, ou de la réviviscence de
pratiques qui avaient pris naissance chez les sauvages et
qui s'étaient développées chez les barbares.

Naturellement, comme nous l'avons déjà dit, l'identification du supérieur avec le divin, qui conduit à adresser des prières aux chefs et aux rois en vie en tant que dieux, conduit à leur offrir un culte encore plus prononcé après leur mort. Au Pérou, selon d'Acosta, « on regardait de suite comme dieu un roi qui venait de mourir; il avait ses sacrifices, ses statues, etc. » Cogolludo, nous parlant des naturels du Yucatan, nous dit d'Itzamat, un grand roi : « Ce roi mourut, on lui éleva des autels, et il devint un oracle qui donnait des réponses. » Mendieta écrit aussi à propos des Mexicains : « Le peuple de Cholula considérait Quetzalcoatl (le serpent à plumes) comme le plus grand dieu, » et encore : « Les Indiens disent que Quetzalcoatl, bien que natif de Tula, en était venu pour peupler les provinces de Tlaxcala. » Waitz ajoute « que Huitzilopochtli (oiseau mouche, laissé), plus tard dieu suprême des Astèques... était primitivement un homme, dont l'apothéose est facile à reconnaître. » En Polynésie, autres exemples. Ellis dit dans son *Hawaii :* « Les naturels des îles Sandwich regardaient l'esprit de l'un de leurs anciens rois comme une divinité tutélaire. » Mariner nous raconte que les Tongans croient « qu'il y a d'autres Hotouas, ou dieux, à savoir les âmes des nobles et mataboules morts, qui ont aussi le pouvoir de dispenser le bien et le mal, mais à un degré moindre. » Suivant Thompson, « les naturels de la Nouvelle-Zélande croyaient que plusieurs chefs supérieurs devenaient dieux après leur mort ; et que c'est d'eux que viennent tous les châtiments que les hommes reçoivent en ce monde. » En Afrique, même chose. Nous avons vu que chez les nègres de la Côte le roi Adoli demande le succès à l'esprit de son père mort, et qu'au Dahomey le roi vivant se fait un devoir de sacrifier des victimes qui portent au roi défunt, dans l'autre monde, des nouvelles de ce qui se fait dans celui-ci ;

cela veut dire que ces rois morts sont devenus des dieux.
Je peux encore ajouter, d'après Harris, que « le roi de Choa
prie à l'autel de son père », et, d'après Bastian, qu'à « Yo-
ruba, Chango, le dieu du tonnerre, passe pour un roi cruel
et puissant qui s'est élevé au ciel.

Avec de pareils témoignages, nous ne pouvons éviter
d'admettre que l'apothéose des souverains morts chez les
anciennes races historiques n'était que la continuation
d'une pratique primitive. Le professeur Eisenlohr nous
apprend que Ramsès Hek An (un des noms de Ramsès III)
veut dire « engendré par Ra (le soleil), prince de An
(Héliopolis) » ; nous lisons dans le papyrus de Harris que
ce même Ramsès III dit de son père : « Les dieux choisirent
leur fils, né de leurs membres, pour (être) prince de tout le
pays à leur place. » Nous ne pouvons nous empêcher de
reconnaître dans ces faits une forme plus développée des
conceptions que le sauvage et l'homme à demi civilisé présentent partout. Dans la légende babylonienne du déluge,
nous voyons, d'un côté, que « les dieux craignirent la tempête et cherchèrent un refuge », que « les dieux, comme
un troupeau de chiens, se couchaient par terre » (ce qui
suppose qu'ils ne différaient pas beaucoup des hommes par
leurs facultés et leurs sentiments); et, d'autre part, nous
voyons que le conquérant Izdubar, le héros de la légende,
devient un dieu, et que Bel, qui fait le déluge, était « le
guerrier Bel ». Nous ne pouvons pas davantage douter que
les premiers Babyloniens n'adorassent aussi des chefs,
dieux de leur vivant, mais qui après leur mort devenaient
des dieux plus grands encore [1].

1. Les dernières croyances babyloniennes de ce genre nous sont révélées
par le passage suivant de la traduction que Ménant a donnée de la grande inscription de Nabuchadnezar : « Je suis Nabu-Kudur-usur... fils aîné de Nabu-

§ 198. La puissance d'un chef de tribu, et, dans les périodes plus avancées de la civilisation, d'un roi, n'est pas le seul genre de puissance. Par conséquent, si, au début, le divin veut simplement dire le supérieur, les hommes qui se distinguent autrement que par la qualité de chefs de tribu seront regardés comme des dieux. Les faits justifient cette conclusion. On déifie les sorciers, et aussi les personnes douées d'une adresse sans pareille.

Les sorciers dont la prépondérance n'a pas d'autre origine que leur adresse sont-ils traités comme des dieux pendant leur vie ? Nous n'en avons pas de preuve directe. Quelquefois le sorcier est aussi un chef politique ; on lui offre un culte à ces deux titres ; au Loango, par exemple, le roi est dieu, et « l'on croit qu'il peut donner la pluie quand il en a envie. En décembre, le peuple se rassemble pour l'en prier ; chacun lui apporte un présent. » Mais nous avons des preuves que le sorcier devient dieu après sa mort. Il y a même des faits qui font soupçonner que son esprit est celui qui prend le premier la prépondérance, parce qu'il est le plus redouté. Les Fuégiens, à qui l'on n'attribue d'ailleurs aucune idée religieuse définie, croient à « un grand homme noir »... qui parcourt les bois et les montagnes... qui exerce une influence sur le temps suivant la conduite des hommes. « C'était évidemment un docteur ès vents décédé. » Falkner nous dit que les Patagons, voisins de la Terre-de-Feu, croient à des démons errants qui sont « les âmes de leurs sorciers ». Schoolcraft nous dit des Chippeouais quelque chose de bien plus décisif. Ils représentent Mana Bocho, un de leurs dieux, recourant à son

pal-usur, roi de Bab-Ilu, moi ! » — « Le dieu Bel lui-même m'a créé ; le dieu Marduk, qui m'a engendré, a déposé lui-même le germe de ma vie dans le sein de ma mère. »

tambour et à sa crécelle magique « pour évoquer des puissances surnaturelles et les appeler à son aide » ; il se sert dans l'autre monde des moyens qu'en sa qualité de sorcier il mettait en usage dans celui-ci. Enfin, Bancroft raconte que les Cahrocs ont « quelque idée d'une grande divinité appelée Chareya, le vieillard d'en haut... On dit qu'il porte une tunique serrée et un sac de sortiléges. » En Afrique, nous trouvons chez les Damaras un exemple précis. « Nous passâmes devant la tombe du grand Omakurn, nous dit Galton; les Damaras jetèrent tous des pierres sur le tas, s'écriant : Père Omakurn ! Il donne et retire la pluie. » Nous voyons en Polynésie l'apothéose du sorcier, et un passage d'Ellis l'atteste : « Les habitants des îles Sandwich ont une tradition d'après laquelle un certain homme qu'ils ont déifié après sa mort recevait des dieux toutes ses herbes médicinales. Les médecins adressent leurs prières à cet homme. » Dans le Mexique ancien, la puissance que montrait un sorcier était cause qu'on le déifiait; nous pouvons le conclure du passage suivant de Mendieta : « D'autres disent que ceux-là seuls ont été pris pour dieux qui se transformaient ou... apparaissaient sous une autre figure, pour dire et faire quelque chose qui dépasse la puissance humaine. » Mais les meilleurs exemples nous viennent de nos ancêtres scandinaves, à moins que nous ne traitions de pures inventions les récits réunis dans le *Heims-Kringla*. Tel qu'il est représenté dans cet ouvrage, chap. IV-X, Odin était évidemment un sorcier. Nous y lisons que lorsque « Odin d'Asaland marchait vers le nord et les dieux avec lui », il « était le plus adroit de tous, et tous les autres apprenaient de lui les arts magiques. » Nous lisons encore que, lorsque les gens de Vanaland coupèrent la tête à Memir, homme d'une grande intelligence, « Odin prit la tête,

la frotta d'herbes pour qu'elle ne pourrît pas, et chanta sur
elle des paroles magiques. Par là, il donna à cette tête le
pouvoir de lui parler et de lui révéler bien des secrets. » —
« Odin mourut dans son lit en Suède ; et quand il fut près
de sa mort, il se fit marquer avec la pointe d'une lance, et
dit qu'il allait à Godheim, et qu'il y saluerait tous ses amis,
et les Suédois crurent qu'il était allé à l'antique Asgard, et
qu'il y vivrait éternellement. Alors on commença à croire à
Odin et à l'invoquer... Odin fut brûlé, et son bûcher fut
orné avec une grande magnificence. » Au chapitre XI du
même ouvrage, il est dit que Niort continua les sacrifices
après Odin, et que les Suédois croyaient qu'il « réglait la
marche des saisons ». — « En ce temps, tous les diars ou
dieux moururent, et on fit pour eux des sacrifices sanglants.
Niort mourut sur un lit de maladie, et avant de mourir
il se fit marquer pour Odin avec une pointe de lance. Frey
prit le royaume après Niort ;... il y eut de bonnes saisons
dans tout le pays, ce que les Suédois attribuèrent à Frey,
en sorte qu'on l'adorait plus que les autres dieux... Or,
quand Frey mourut, on le porta secrètement dans le tertre,
mais les Suédois dirent qu'il était vivant ; ils veillèrent sur
lui pendant trois ans. Ils portèrent tous les impôts dans le
tertre... La paix et les bonnes saisons continuèrent. »

Ces extraits nous apprennent diverses choses instructives.
La race dominante, venue de l'Orient, y retournait après la
mort. Tant que ses membres vivaient, on les adorait,
comme nous voyons qu'ailleurs on adore et qu'on a adoré
les hommes supérieurs. Ceux qui passaient pour les meilleurs magiciens étaient le plus particulièrement vénérés.
Après leur mort, ils étaient mis au rang des grands dieux,
en vertu de leur réputation de sorciers ; et on les priait
pour obtenir qu'ils continuassent à prêter leur assistance

surnaturelle. Naturellement, pour les mythologues, ces
histoires circonstanciées des vies, des morts, des rites funéraires des individus réputés magiciens, ne signifient rien.
Ils n'y voient que l'effet d'une tendance mythopoétique ;
la ressemblance de ce qu'ils prennent pour des fictions
avec les faits que l'on observe chez les sauvages actuels
ne les étonne point. Je suppose qu'ils sont aussi bien préparés à repousser l'argument fondé sur ce que les descendants d'Esculape avaient pour lui un culte, comme pour
un dieu, et comptaient les chaînons de leur généalogie.
Mais, en présence de faits qui prouvent que même de nos
jours, dans les deux hémisphères, les docteurs ès temps et
les sorciers deviennent des dieux, nous devons conclure
que ces légendes ont leur source dans des événements
réels.

Entre le sorcier et l'homme qui enseigne des arts nouveaux, il n'y a qu'une distinction nominale : en effet,
comme nous l'avons vu, l'homme primitif croit que toute
habileté au-dessus de l'ordinaire est surnaturelle ; le forgeron même est une espèce de magicien pour l'Africain. Aussi
pouvons-nous nous attendre à trouver des exemples de
déification d'hommes qui ont témoigné de leur supériorité
par leur connaissance ou leur adresse supérieure ; nous
en trouvons en beaucoup d'endroits. Waitz dit que les Brésiliens « attribuent l'origine de l'agriculture à leur maître
Tupan, qui paraît le même que l'auteur... de la race et
que l'Être suprême, autant qu'ils aient l'idée de cet être. »
Selon Bancroft, les Chinouks croient qu'un « esprit puissant et bon, appelé Ikanam,... leur a appris à faire des
canots, ainsi que les autres engins et ustensiles ; qu'il a
précipité de gros rochers dans les rivières pour y faire
des cataractes et s'opposer à la montée du saumon, afin

qu'on puisse aisément le pêcher. » Le dieu mexicain, « Quetzalcoatl, était un dieu qui, durant son séjour sur la terre, apprit aux naturels l'art de se servir des métaux, l'agriculture et les arts du gouvernement. » Ajoutons que les Mexicains ont déifié Tchicomecoatl, la première femme qui ait fait du pain, Tzaputlatena, qui inventa l'huile d'uxitl ; Opuchtli, inventeur de quelques engins de pêche, Yiacatlecutli, le créateur du commerce, enfin Napatecutli, l'inventeur des nattes de jonc. Les Américains du Centre ont aussi leurs dieux et déesses : Tchac, Ixazalvoh, Itzamnaa, Ixchebelyax, qui furent les inventeurs de l'agriculture, de l'art de tisser le coton, des lettres, de la peinture, au dire de Cogolludo. Dans les plus anciens documents des peuples historiques, nous rencontrons des faits analogues. Les dieux égyptiens, Osiris, Ombte, Neph et Toth, ont enseigné les arts aux hommes. On représente également le dieu babylonien Oannès comme un instructeur. Il est inutile de dénombrer les divinités grecques et romaines auxquelles on attribue l'honneur d'avoir enseigné telle ou telle méthode, ou inventé tel ou tel instrument.

Voilà donc toujours la même vérité à un autre point de vue. Une puissance qui dépasse la puissance auparavant connue excite le respect ; et celui qui la possède, redouté durant sa vie, l'est encore plus après sa mort.

§ 199. Par mégarde, en parlant des individus qui, au sein de la tribu, en qualité de sorciers ou d'hommes d'une habileté exceptionnelle, ont acquis une réputation dont leur déification a été le résultat, j'ai abordé la classe de faits qui suit, ceux qui montrent que l'étranger membre d'une race supérieure, une fois naturalisé, devient un dieu chez une race inférieure.

De nos jours, des membres de notre race, des naufragés, des galériens échappés, etc., jetés au milieu des sauvages, prennent sur eux de l'ascendant, grâce à leur savoir et à l'adresse qu'ils montrent ; nous n'avons qu'à nous rappeler qu'après leur mort, leur puissance, exaltée par la légende, ne peut manquer de rendre leur esprit plus redouté que les esprits ordinaires, pour reconnaître une autre origine des divinités. Nous avons beaucoup de faits qui prouvent que les races inférieures placent encore aujourd'hui des étrangers d'un type supérieur au rang des dieux. En Afrique, nous dit Chapman, les Boschimans disent : « Ces blancs sont enfants de Dieu ; ils savent tout. » Livingstone dit que les Africains de l'Est s'écriaient en parlant aux Européens : « Assurément, vous êtes des dieux. » Tuckey et Bastian assurent qu'on dit la même chose des blancs au Congo. Un chef d'une tribu des rives du Niger, voyant des blancs pour la première fois, les appela « fils du ciel ». Lorsque Thompson et Moffatt voulurent voir une cérémonie religieuse particulière aux femmes béchuanas, celles-ci dirent : « Ce sont des dieux ; qu'ils entrent. » Même chez une race africaine aussi supérieure que celle des Fulahs, certains habitants de villages, dit Barth, « en vinrent à me faire l'honneur de me prendre pour leur dieu *Fete*, qui, pensaient-ils, avait bien pu venir passer un jour avec eux » (et rester à dîner, comme Zeus chez les Ethiopiens). D'autres races nous offrent des faits analogues. Les femmes khonds disaient de la tente de Campbell : « C'est la maison d'un dieu. » Barbe assure que « les habitants des îles Nicobar ont une si haute idée de la puissance des Européens, qu'ils leur attribuent la création de leurs îles et croient qu'il dépend d'eux de leur donner le beau temps [1]. » Erskine

1. On m'a apporté dernièrement des îles Nicobar une photographie des

remarque que les Fidjiens « ne paraissent pas connaître de ligne de démarcation entre les dieux et les hommes vivants », et il nous apprend qu'un des chefs disait à M. Hunt : « Si vous mourez le premier, je vous fais mon dieu. » M. Alfred Wallace, qui a eu beaucoup d'occasions d'étudier les hommes primitifs, dit des insulaires d'Aru : « Je ne doute pas qu'à la prochaine génération, ou même auparavant, je ne sois moi-même transformé en magicien ou en demi-dieu, en faiseur de miracles et en un être doué d'une connaissance surnaturelle. Ils croient déjà que tous les animaux que je conserve reviendront à la vie ; et ils raconteront à leurs enfants que cela est effectivement arrivé. Un beau temps insolite qui s'est produit juste à mon arrivée leur a fait croire que je suis le maître des saisons. » Enfin nous savons qu'une apothéose comme celle que M. Wallace prévoit a déjà eu lieu dans une île voisine. Law, dans son *Sarawak*, dit que les Dayaks attribuent une puissance surnaturelle au Rajah Brooke. On l'invoque avec les autres dieux.

Avec tant de faits qui prouvent qu'on fait aujourd'hui des dieux avec des étrangers supérieurs, nous aurions mauvaise grâce à traiter de fictions les histoires trouvées dans beaucoup de pays, d'après lesquelles certains dieux y auraient apporté d'ailleurs des connaissances et des arts. Mendieta rapporte que le principal dieu du Mexique, Quetzalcoatl, qui venait de l'Ouest, était « un homme blanc de haute taille, avec un front large, de grands yeux, de longs cheveux noirs, et une grande barbe ronde ; » il instruisit les habitants, réforma leurs mœurs et partit par le chemin par où il était venu. Nous lisons aussi que le grand dieu des

doles du pays, au nombre desquelles il y a des figures grotesques, mais parfaitement caractéristiques d'Anglais.

Chibchas, Bachica, était un homme blanc, barbu, qui leur donna des lois et des institutions et disparut après avoir longtemps demeuré à Sagamosa. Dans l'Amérique du Sud, la même chose. Humboldt raconte que « Amalivaca, père des Tamanacs, c'est-à-dire créateur de la race humaine (car toute nation se regarde comme la souche des autres nations), arriva dans une barque. » Ensuite il se rembarqua. « Amalicava était étranger comme Manco-Capac, Bachica et Quetzalcoatl. »

Dans certains cas les étrangers remarquables qui deviennent les dieux d'un peuple, passent pour les revenants des hommes remarquables de ce peuple. Originellement, la pensée ne distingue pas entre les esprits et les dieux ; et comme aucun d'eux ne saurait être toujours distingué d'une personne vivante, il arrive, comme on l'a vu (§ 92), que les Australiens, les Polynésiens et les Africains tiennent les blancs pour les doubles de leurs propres morts. Nous lisons que chez les Wanikas « le mot *Mulunga*, qui s'applique comme le mot cafre *Ulunga* au Suprême, s'applique aussi à tout revenant bon ou mauvais ; » nous voyons pourquoi des Européens sont appelés indistinctement esprits et dieux. Aussi trouvons-nous naturel que, d'après le récit d'Ellis, les naturels des îles Sandwich, « à l'arrivée du capitaine Cook, aient supposé et raconté que le dieu Rono était revenu, » et qu'en conséquence le peuple se prosternât devant lui. Nous ne nous étonnons pas non plus de la croyance que, « aussitôt que les Espagnols eurent débarqué, on annonça jusque dans les plus petits villages que les dieux étaient arrivés ; » ils attendaient en effet « le retour de leur dieu Quetzalcoatl » et de ses compagnons. Enfin nous nous expliquons le passage de Piedrahita au sujet des Chibchas, quand il dit qu'à Turmequé ils « témoignèrent aux Espagnols la même vénération et le même culte qu'aux dieux en brûlant de l'encens devant eux. »

Nous trouvons donc de nouveaux exemples sous des conditions différentes de la même vérité générale, que le dieu primitif est l'homme supérieur, soit indigène, soit étranger ; on l'invoque durant sa vie et plus encore après sa mort.

§ 200. De la déification d'individus appartenant à des races supérieures, on passe par une transition naturelle à celle des races conquérantes, non plus des individus, mais de la race tout entière. On comprend dès lors tout de suite l'expression : « les dieux et les hommes », que l'on rencontre dans les traditions des divers peuples.

Nous admettons, comme fait établi, que toute tribu de sauvages a un mot pour désigner l'homme, qui s'applique également aux membres de sa tribu et à ceux des autres ; mais, comme d'ordinaire nous nous trompons dès que nous assimilons leurs idées et leurs mots aux nôtres, souvent le mot qui désigne les hommes est le nom de leur tribu. Nous avons déjà vu que, chez les Guaranis de l'Amérique du Sud, le même mot signifie homme et Guarani. Dans l'Amérique du Nord, le peuple qui se donne le nom de Thlinkits n'a pas d'autre mot que ce nom pour désigner les êtres humains ; une race voisine, les Tinnehs, nous offre un exemple analogue. En Afrique aussi, le nom indigène des tribus cafres est *Abantu,* Bantu (pluriel de *Ntu,* homme) ; et celui des Hottentots est *Koi-Koin* (c'est-à-dire hommes des hommes, venant de *koi,* homme). En Asie, chez les Karens, d'après Mason, « quelques tribus ont un nom distinctif qui leur est propre, et toutes ces tribus, en parlant les unes des autres, se servent pour se désigner du mot qui veut dire l'homme. » D'après Kotzebue, les Kamts-

chadales « n'ont pas de nom pour se désigner eux-mêmes
ou pour leur pays. Ils s'appellent simplement hommes et
se regardent soit comme les seuls habitants de la terre, soit
comme supérieurs aux autres, en ce qu'ils sont seuls
dignes de ce titre. » Nilsson, plus explicite dans son livre
l'Age de la pierre, généralisant ces faits, dit que « toutes
les nations grossières réservent pour elles le nom des *hommes* et désignent les autres différemment. »

Voyons maintenant ce qui arrive quand les sauvages qui
s'appellent eux-mêmes *hommes* sont vaincus par des sauvages portant un autre nom, mais chez qui la conquête
révèle la supériorité qui dans l'esprit de l'homme primitif
équivaut à la divinité. Évidemment, les noms de vainqueurs et de vaincus deviennent équivalents pour le sens
aux mots « dieux et hommes ». Dans certains cas, même le
nom que les vainqueurs se donnent amène nécessairement
cet effet. Southey nous apprend que chez les Tupis « le
mot tupa veut dire père, Être suprême et tonnerre; il passe
facilement de la première de ces significations à la dernière,
et la vanité barbare de quelques tribus s'en est fait un
nom. » En sorte que si ces enfants de Tupa, ce qui veut
dire « enfants de Dieu », viennent à subjuguer un peuple
dont le nom est l'équivalent du mot « hommes », il ne saurait manquer d'arriver qu'on distingue les vainqueurs des
vaincus, les appelant « dieux et hommes ».

Maintenant, que penser du sens des mots « dieux et
hommes » que nous rencontrons dans les légendes des
races supérieures? Quand nous lisons, dans *l'Age de la
pierre* de Nilsson, qu'on trouve en Scandinavie des traces
distinctes d'un antagonisme entre des aborigènes et des
immigrants, aussi anciennes que les époques de la pierre
et du bronze, et lorsque nous voyons, dans les légendes

scandinaves d'Odin, de Frey, de Niort et des autres dieux, qu'ils sont venus de Godheim (la maison ou la terre des dieux) à Menheim (la maison ou la terre des hommes), qu'ils y ont régné et y furent adorés, qu'à leur mort on crut qu'ils étaient retournés à Godheim, tout comme les hommes des races primitives croient qu'après leur mort ils retournent dans leur patrie, nous concluons, en dépit de toute interprétation mythologique, que ces *dieux* et ces *hommes* n'étaient que les races conquérantes et les races conquises. Quand nous lisons dans Pausanias qu'une légende populaire chez les Grecs faisait des antiques Arcadiens « les hôtes et les convives des dieux », nous ne dirons pas que cette croyance vient d'une pure fiction inventée après que les dieux eurent été créés par la personnification des forces de la nature, mais nous conclurons que cette tradition tire son origine des conquêtes de races plus anciennes par de plus récentes, que permet de supposer Hésiode, conquêtes qui ont certainement dû avoir lieu et qui ont dû laisser des récits exagérés. Nous en dirons de même des « fils de dieu et des filles des hommes » du récit hébraïque. Si nous nous rappelons la réprobation qui a partout frappé des mariages entre une caste conquérante et la caste sujette, si nous nous rappelons que la croyance des Grecs voyait une transgression pour la race des dieux dans l'amour dont ils s'éprenaient pour la race des hommes; enfin si nous nous rappelons que, dans les temps féodaux de notre histoire, l'union de nobles avec des serfs était un crime, nous n'aurons pas beaucoup de peine à découvrir d'où vient l'histoire de la chute des anges.

Après ces faits, il suffit de ne pas oublier que les noms attribués par les peuples sauvages d'aujourd'hui aux Européens et l'idée qu'ils s'en font donnent lieu à des légendes

« d'hommes et de dieux » encore de nos jours, et l'on ne
saurait plus, selon nous, hésiter. S'il reste encore des
doutes, ils se dissiperont à la lecture de la légende des
Quichés, qui raconte assez clairement l'histoire d'une race
d'envahisseurs, qui, s'emparant d'une position dominante
et tenant sous la terreur les naturels du pays bas, sont
devenus les dieux des terres voisines, tandis que la montagne qu'ils occupaient devenait l'Olympe du pays. (Voyez
Appendice *A*.)

§ 201. Nous voici encore une fois en présence des dieux
aryens, mais considérés sous un autre point de vue. Afin
de juger laquelle des deux hypothèses s'accorde le mieux
avec les faits, voyons comment les premiers Grecs concevaient effectivement leurs dieux, sans nous occuper de la
question de savoir comment ils ont acquis leurs conceptions. Enfin comparons leur panthéon avec celui d'une
autre race, celle des Fidjiens.

Le dieu grec se présente partout à nous sous la forme
d'un homme puissant, comme le dieu fidjien. Chez les
Fidjiens, les dieux « prennent parfois la forme humaine et
se font voir alors des hommes »; combien ce genre de théo-
phanie était fréquent chez les Grecs, l'*Iliade* nous le montre
à chaque page. Un dieu grec ressemblait tellement à un
homme, qu'il fallait une pénétration toute particulière, un
don surnaturel, pour le reconnaître; et, comme nous l'avons
vu, il est difficile de trouver ce qui distingue un dieu d'un
chef chez les Fidjiens. Dans le panthéon fidjien, il y a des
grades, des fonctions distinctes, un chef-dieu, des dieux mé-
diateurs, des dieux pour diverses choses et divers lieux :
c'est l'analogue du panthéon grec, hiérarchie de dieux où
chaque dieu a son rang et sa fonction. On peut diviser les

divinités fidjiennes en dieux proprement dits et en mortels
divinisés, les uns dont l'apothéose est oubliée, les autres
dont l'apothéose ne s'est point encore effacée de la mémoire ; nous savons d'ailleurs qu'il y avait aussi parmi les
divinités grecques des mortels qui avaient reçu l'apothéose. Un des dieux fidjiens a pour titre « l'adultère » ;
on pourrait le donner à divers dieux de la Grèce. Un autre
s'appelle « le ravisseur de femmes », nom dont Zeus n'était
pas indigne. Un autre sobriquet que porte un dieu fidjien,
« Qui-sort-du-Carnage », conviendrait bien à Arès, qui porte
le nom de « sanglant ». Les dieux fidjiens aiment et haïssent, ils sont orgueilleux et vindicatifs, ils font la guerre, se
tuent et se mangent les uns les autres ; et si nous comprenons dans le panthéon hellénique les premières générations des dieux, nous voyons qu'on raconte d'eux les mêmes
atrocités. Sans doute, on ne les accuse pas de cannibalisme, mais Poseidon aime son fils le cannibale Polyphème ;
et, bien qu'on ne voie pas de trace de bataille entre les
dieux, nous savons que Zeus a été sauvé par Thétis d'une
conspiration, et que les dieux ne cessent de se quereller et
de s'adresser des reproches ; Zeus même est vilipendé par
sa fille Athéné, aussi bien que par la mégère divine Hêré.
Les dieux fidjiens se jouent l'un à l'autre des tours tout
comme ceux des Grecs. Quelquefois les Fidjiens « s'irritent
contre leurs dieux, les injurient et les provoquent au
combat ; » chez les Grecs, aussi, on injuriait les dieux, en
face même ; Hélène injurie Aphrodite ; s'ils ne se provoquent
pas au combat, ils prennent part à des combats et même
y sont vaincus, par exemple le combat de Diomède contre
Arès ; on trouve aussi des menaces proférées contre des
dieux, par exemple quand Laomédon refuse de payer à
Poseidon son salaire et le menace de lui couper les oreilles.

Les Fidjiens ont une histoire où l'on voit des dieux faire la culbute d'un canot dans la mer; une femme les recueille et les emmène dans la maison d'un chef pour s'y sécher; on peut y opposer celle de Dionysos, qui, effrayé par le Thrace Lycurgue, se réfugia dans la mer, y fut pris par des pirates, lié, et conduit à bord de leur navire. Dionysos, il est vrai, se délia lui-même; mais nous savons qu'en d'autres circonstances des dieux restèrent esclaves des hommes, par exemple Protée, et Arès lui-même, qu'Otus et Ephialte gardèrent en prison treize mois, et Apollon, qui le fut de Laomédon. Les dieux fidjiens sont donc matériels et humains : ils vivent, mangent, agissent comme des hommes ; ceux des Grecs ne le sont pas moins. Ils parlent, ils font bonne chère, ils boivent et se divertissent le jour et se mettent au lit au coucher du soleil : « le tonnant de l'Olympe, Zeus, s'étendit sur sa couche » et s'endormit. Ils sont blessés par les armes des hommes. Arès, blessé, est guéri par un « emplâtre adoucissant » ; et Aphrodite, après avoir perdu un peu de sang, folle de douleur, emprunte le char de son frère et remonte dans l'Olympe pour s'y faire traiter de la même manière. Tous les attributs, tous les actes des dieux grecs sont d'accord avec cette idée. Dans la bataille, Hêré prend la figure et la voix de Stentor ; Apollon crie de Pergame pour encourager les Troyens ; Iris arrive « accourant du haut de l'Olympe » ; enfin les chars du ciel, faits à la mode de ceux de la terre, avec des matériaux de ceux de la terre, sont traînés par des coursiers qu'on fouette et qu'on aiguillonne, à travers les portes du ciel qui grincent sur leurs gonds. Le fait seul que Zeus est en relation de visite avec « les hommes de Thrace qui se nourrissent de lait » suffit à faire voir quelle faible distance séparait le divin de l'humain, et quelle analogie il y a entre les conceptions

des Grecs et celles que nous trouvons de nos jours chez les
Fidjiens.

Ici se pose une question. Si semblables que soient ces
conceptions, ont-elles été produites de même ? Il est hors de
doute que le panthéon fidjien s'est peuplé par ce genre
d'apothéose d'hommes, qui avait lieu encore quand les
voyageurs les ont découverts ; et si nous disons que les
Grecs, qui ont aussi divinisé des hommes, ont créé un panthéon de cette manière, nous donnerons une explication
logique. Cependant on nous le défend. On veut que les
dieux grecs, avec leur forme, leurs penchants, leurs actes,
leur histoire d'hommes, soient le produit de la personnification des objets et des forces de la nature. En sorte que,
chose merveilleuse, des conceptions identiques seraient le
produit de méthodes diamétralement opposées ! Ici, nous
voyons des hommes s'élever à la dignité de dieux ; là, nous
voyons des forces de la nature descendre pour se condenser
sous forme de dieux ; et les deux catalogues de divinités,
produits de ces deux méthodes contraires, au fond n'en font
qu'un.

Quand même on ne saurait rien des faits des chapitres
précédents, ne devrait-on pas avouer, à moins de s'asservir
à une hypothèse, que pour démontrer une coïncidence aussi
étonnante il faut des preuves plus fortes et plus sérieuses
que celles que les mythologues nous apportent.

§ 202. Y a-t-il une seule exception que nous soyons
obligés d'admettre au principe général que nous voyons
vérifié partout ? Quand chez tous les peuples, dans tous les
pays, depuis les temps primitifs jusqu'à nos jours, l'idée de
divinité s'est naturellement produite d'après la méthode
que nous avons exposée, sommes-nous obligés de con-

clure qu'un petit clan de Sémites est arrivé par une méthode surnaturelle à une idée au fond absolument différente
de celle des autres peuples, encore qu'elle y ressemble par
le dehors.

L'éducation, la sanction sociale et une autorité que son
antiquité rendait irrésistible, des titres imposants enfin, ont
amené tout le monde à croire que la genèse de leur propre
idée de divinité diffère foncièrement de celle de toute
autre. Ils hésitent si peu à l'admettre, qu'ils trouvent de
l'impiété à demander s'il n'existerait pas entre ces idées une
analogie. Ils peuvent voir pour les autres croyances religieuses le mal qu'entraîne le refus de faire cet examen.
Lorsqu'Euripide dit en manière de conseil : « Il n'est pas
bon de permettre que des raisons captieuses soulèvent le
voile qui recouvre les choses divines, » on ne manque pas
d'en tirer la morale que, dans cette circonstance, une foi
assez profonde pour interdire la critique entretient la superstition. Quand on voit que les Fidjiens cannibales, hum-
blement soumis aux dogmes relatifs à leurs divinités sanguinaires, affirment que « le châtiment ne manquera pas
d'atteindre le sceptique », on reconnaît nettement, dans
un autre exemple, la bassesse d'une superstition qui se
protége en interdisant la recherche. Mais, comme on regarde
les autres croyances par le dehors dans un esprit d'opposition, et qu'on regarde la sienne propre par le dedans avec
faveur, on ne peut s'imaginer qu'une cause semblable
puisse dans ce dernier cas produire un dommage semblable. Quand on lit que, à l'arrivée des Espagnols au
Mexique, les indigènes, qui les prenaient pour des dieux,
leur offrirent des sacrifices humains, on se reconnaît le
droit de se demander si les idées et les motifs de ces peuples étaient analogues à ceux du roi scandinave On, quand

il immola son fils à Odin ; mais on s'interdit de rechercher si ces idées et ces motifs ne ressemblent pas à ceux qui portèrent Abraham au sacrifice d'Isaac. Nous avons déjà dit que le docteur Barth fut pris par les Fulahs pour leur propre dieu, Fete ; en présence de ce fait, il est permis de se demander si, après que, dans une querelle qui aurait pu s'élever entre sa suite et les Fulas, Barth eût été blessé par un de leurs chefs, il ne se serait pas formé une légende semblable à celle qui raconte comment Arès fut blessé par Diomède ; mais il est très-inconvenant de soulever la question de savoir si l'histoire de la longue lutte de Jacob avec le Seigneur n'aurait pas une origine analogue. Ici, pourtant, fidèles aux méthodes scientifiques, et sans nous arrêter à des conclusions surannées, nous devons traiter la conception hébraïque de Dieu comme toutes les autres ; et nous devons nous demander si elle n'a pas une genèse analogue.

Si nous voulons savoir en quoi consistait la notion primitive que les Sémites avaient d'une divinité, nous nous y préparerons en examinant la notion d'une divinité qu'on trouve encore aujourd'hui chez les Sémites nomades. J'ai déjà cité, d'après Palgrave, un fait qui nous le fait comprendre ; en voici un autre. « Que ferez-vous quand vous viendrez, en présence de Dieu, entendre votre jugement après une vie aussi dépravée ? disais-je un jour à un jeune homme ardent du pays des Cheravats. — Ce que nous ferons ? répondit-il sans hésiter ; nous irons à Dieu pour le saluer, et, s'il se montre hospitalier (s'il nous donne à manger et à fumer), nous resterons avec lui : si non, nous remonterons à cheval et nous le quitterons... Si je ne craignais de passer pour un impie, je pourrais raconter au moins cinquante histoires analogues. » Évidemment l'idée actuelle

de Dieu chez les Sémites ne s'élève pas au-dessus de celle
que nous avons trouvée chez d'autres races; et nous avons
à examiner si les anciens Sémites avaient une idée non-seulement absolument différente de celle de tous les autres
peuples, mais absolument différente de celle des Sémites
modernes.

Il est difficile de trouver une réponse claire et consis-
tante dans les traditions rapportées par divers écrivains à
diverses époques, et dans lesquelles se trouvent incorporées
des histoires et des conceptions provenant de peuples voisins plus civilisés. La difficulté qu'on y trouverait naturellement s'augmente encore de l'habitude de rattacher des
idées avancées à l'interprétation de croyances primitives,
comme par exemple lorsque certains commentateurs expliquent des actions divines d'un genre très-concret en disant
que ce sont des expressions « d'un langage anthropomorphique naturel qui convient à l'enseignement que pouvait
recevoir l'homme dans un état de civilisation simple et
partielle. » Toutefois, si nous rejetons toutes les interprétations non naturelles, et si, prenant le récit à la lettre, nous
nous fondons sur l'analogie pour conclure que les descriptions les plus crûment anthropomorphiques sont des
descriptions primitives, nous verrons diminuer la difficulté.

Nous voyons Abraham faire ce que les hommes primitifs, et surtout les nomades, sont toujours contraints de
faire par suite de l'augmentation de la population : quitter
ses parents, émigrer à la recherche d'une nouvelle demeure, se séparer des siens, comme Abraham s'est plus
tard séparé de Loth, à la recherche de pâturages. Le pa-
triarche se croit poussé par un motif surnaturel, une vision
apparemment; mais cela nous rappelle ce qui se passe chez

tous les peuples non civilisés, qui d'ordinaire cherchent ce genre de signes. Le nouveau territoire où il va s'établir, l'histoire nous dit qu'il lui est cédé en propriété; la question qui se pose est donc de savoir si Abraham avait affaire à un potentat de la terre ou à la puissance par laquelle les planètes gravitent et les étoiles brillent.

Les mots qui désignent ce donateur de territoire n'expriment que l'idée de supériorité. *Elohim*, qu'on traduit parfois par dieux, s'applique aussi à des personnages puissants, à des juges, et à d'autres choses grandes ou élevées. De même, *Adonaï* s'emploie indistinctement (comme le mot Seigneur chez nous) pour désigner un être considéré comme surnaturel et aussi pour un homme vivant. Selon Kuenen, le sens de *Shaddaï* est « le puissant », ou plus exactement peut-être « le violent », titre en harmonie avec ceux des rois d'Assyrie, qui aimaient à se comparer aux tempêtes et aux inondations. Les titres les plus exagérés trouvent leurs analogues dans ceux des princes voisins. Quand nous voyons dans les inscriptions cunéiformes Tiglath-pileser appelé « roi des rois, seigneur des seigneurs, » nous ne trouvons rien d'exceptionnel dans le titre « dieu des dieux, seigneur des seigneurs, dieu grand, puissant et redoutable, » titre qui suppose que le dieu des Hébreux n'est pas seul et qu'il se distingue des autres en ce qu'il est le dieu suprême.

Cet être, qui porte des titres semblables à ceux des potentats de la terre, promet à Abraham certains bienfaits en retour de son hommage. Abraham vient-il à se plaindre, à exprimer sa crainte que les promesses ne soient pas tenues, de nouvelles promesses l'apaisent. Finalement, un traité définitif est conclu, une alliance en vertu de laquelle Abraham doit posséder « toute la terre de Chanaan », et le

donateur « doit être un dieu pour » Abraham. Il y aurait
lieu de s'étonner qu'une alliance de ce genre ait pu intervenir entre la cause première des choses et un chef de ber-
gers ; mais cette supposition est interdite par les termes
mêmes : les mots « un dieu » excluent de part et d'autre
l'idée d'une puissance universelle suprême. Toutefois, si,
au lieu de supposer que les mots « un dieu » ne signifient
qu'un être surnaturel, nous admettons qu'il désignent,
comme chez les Arabes actuels, un maître puissant, le récit
devient consistant.

La cérémonie de la conclusion de l'alliance nous le montre encore plus clairement. Abraham, et chacun de ses descendants mâles comme aussi chacun de ses esclaves mâles,
est circoncis. Remarquez que le signe de l'alliance doit
être porté non-seulement par Abraham et les hommes de
sa race, mais aussi par ceux d'une race étrangère qu'il a
achetés. Le signe est étrange, et l'extension qui en est faite
est étrange aussi, si l'on admet que ce signe est imposé
par le Créateur de l'univers pour servir de marque à son
favori et à ses descendants ; et ce qui est non moins étrange,
c'est la croyance que la transgression, pour laquelle toute
« âme sera retranchée », n'est point un crime, mais l'omission de ce rite. Seulement il n'y a rien d'étrange dans une
cérémonie qu'un potentat vivant impose sous peine de
mort ; en effet, comme nous le verrons plus tard, la circoncision est une de ces nombreuses mutilations que les suze-
rains de la terre imposaient à leurs sujets en signe de vas-
selage.

Passons maintenant de la preuve indirecte à la preuve directe, et voyons l'idée que, d'après le récit biblique, Abraham
se fait de l'être avec lequel il a conclu une alliance. Comme
il était assis à la porte de sa tente « trois hommes parurent

près de lui » ; rien n'indique qu'ils différaient des autres
hommes ou qu'ils différaient beaucoup entre eux. « Il se
prosterna à terre » et dit à l'un d'eux : « Mon Seigneur. »
Il leur demande de se reposer et de se laver les pieds ; il les
invite en disant : « J'apporterai un morceau de pain, afin de
fortifier votre cœur. » En sorte que, ne voyant en eux que
des voyageurs fatigués, souillés de poussière et affamés,
Abraham traite ces « trois hommes » selon les rites de
l'hospitalité encore de nos jours observée chez les Arabes.
Rien ne fait croire qu'Abraham soupçonne un caractère
surnaturel chez aucun des trois ; et quand Sarah se met à
rire en entendant la promesse qu'elle aura un fils, il ne
paraît pas, non plus, qu'elle se croie en présence de personnages supérieurs aux hommes. Il est vrai qu'Abraham, en
donnant à ce visiteur un titre qu'on donnait à des personnes
d'un rang supérieur, le croit capable de faire des choses
que nous appelons surnaturelles, c'est-à-dire lui attribue le
caractère qu'ont tous les potentats des temps primitifs, magiciens aussi bien que chefs, c'est-à-dire encore une puissance analogue à celle que les sauvages de nos jours attribuent aux Européens. Seulement, si ce qu'Abraham lui dit,
en lui montrant le chemin de Sodome, implique cette
croyance, cela n'implique rien de plus. La question, remar-
quez-le, n'est pas celle que posent les théologiens : qui
étaient réellement ces « trois hommes » ? leur chef était-il
Jehovah ? ou l'un de ses anges ? ou son Fils ? La question est
de savoir ce qu'Abraham croyait, ou ce que les hommes qui
nous ont conservé la tradition pensaient qu'il croyait. Quelque parti qu'on prenne, on arrive à la même conséquence.
Si la personne qu'Abraham salue en l'appelant son seigneur,
avec qui il conclut une alliance, est un potentat de la terre,
comme la preuve indirecte le fait supposer, nous arrivons à

conclure que l'ancienne idée sémitique d'une divinité ressemblait à l'idée sémitique moderne que nous avons citée plus haut. Si, au contraire, Abraham prend cette personne non point pour un potentat, mais pour le créateur de l'univers, il croit que la terre et les cieux ont été créés par un personnage qui mange, boit et se sent fatigué après la marche; l'idée qu'il se fait de la divinité demeure identique à celle du bédouin moderne et à celle de tous les hommes non civilisés en général.

§ 203. Nous voyons donc que l'universalité de l'anthropomorphisme s'explique par une cause suffisante. La *conception* de l'homme divin a partout pour antécédent la *perception* d'un homme puissant. Nous avons déjà donné des preuves abondantes que l'esprit primitif forme la conception de cette manière; nous pouvons les fortifier encore par des faits prouvant qu'il ne réussit pas à former une autre notion.

Burton, alors qu'il campait chez les Isas, entendit une vieille femme qui souffrait du mal aux dents s'écrier : « O Allah, puisse ton mal aux dents ressembler au mien ! » Il nous raconte que des Bédouins du désert demanderont où ils peuvent trouver Allah pour le percer d'un coup de lance, « parce qu'il ravage leurs demeures et fait mourir leur bétail. » D'après Moffat, les Hottentots, en dépit de l'instruction que les missionnaires leur donnent, regardent le Dieu des chrétiens « comme un guerrier de renom d'une grande force physique ». Hunter rapporte qu'un Santal, répondant à ce qu'un missionnaire lui racontait de l'omnipotence de Dieu, disait : « Eh quoi! si avec sa force il allait me manger. » Tous ces faits nous apprennent que non-seulement l'esprit rudimentaire du sauvage conçoit Dieu comme un homme puissant, mais qu'il est incapable d'une conception plus élevée.

Nous retrouvons partout la même idée au fond de la croyance primitive : les dieux sont mortels. Nous lisons dans une légende quiché, citée par Bancroft, ces mots : « Ils moururent comme des dieux ; chacun d'eux laissa, aux hommes tristes et étonnés qui le servaient, ses vêtements en souvenir. » Les auteurs des hymnes védiques, dit Muir, « considéraient les dieux » comme étant « de leur aveu de simples créatures » ; ils devenaient, comme les hommes, immortels en buvant le soma. Dans la légende de Bouddha, on raconte que le prince s'enquérant au sujet d'un cadavre, son guide lui dit : « Voilà la destinée finale de toute chair : dieux et hommes, riches et pauvres, doivent pareillement mourir. » Nous avons vu que les dieux scandinaves mouraient, qu'on les brûlait, et qu'ensuite ils retournaient à Asgard. De même, les dieux égyptiens vivaient et mouraient : il y a à Philé des fresques qui représentent l'enterrement d'Osiris. Enfin, bien que le panthéon grec ne nous présente qu'un exemple de la mort d'un dieu, celle de Pan, les légendes font supposer qu'à l'origine ils étaient mortels ; en effet, comment se pourrait-il qu'Apollon eût été esclave de Laomédon, s'il avait possédé alors la puissance de prendre et de quitter la forme humaine à volonté, puissance que possèdent également les dieux grecs et les esprits des morts chez les hommes primitifs ?

Ce qui nous fait voir combien ces idées de divinités sont profondément enracinées, c'est la lenteur que la civilisation a mis à les changer. Jusqu'à l'époque de leur civilisation, les Grecs se sont figuré leurs dieux comme des personnes matérielles : environ 550 ans avant Jésus-Christ, ils croyaient à une femme vivante qui leur en imposait en se

donnant pour Athéné ; en 490 avant Jésus - Christ, Phi-
dippide, allant d'Athènes à Sparte, fit la rencontre de Pan,
qui se plaignit à lui de l'abandon où on le laissait. Mahomet
dut se défendre des adorations de certains de ses partisans.
Environ 1,000 ans après Jésus-Christ, le calife Hakem fut
adoré, quoique vivant, et les Druses l'adorent encore. Paul
et Barnabas furent traités comme des dieux par le peuple
de Lystre. Enfin, la sculpture, la peinture et la littérature
de l'Europe du moyen âge nous montrent la grossièreté de la
conception anthropomorphique de dieu qui a régné jusqu'aux siècles modernes. On connaît les mystères qu'on
priait à cette époque, et je n'ai qu'à rapppeler les vers
en vieux français qui parlent d'une maladie de Dieu qui fut
guérie par le rire qu'il fit en voyant danser un jongleur
(Appendice A). Chez certains peuples catholiques, les choses
ne vont pas beaucoup mieux. De même que le sauvage bat
son idole lorsque ses espérances sont frustrées, de même
que l'antique Arcadien, s'il revenait les mains vides de la
chasse, était capable « de fouetter et de piquer Pan » ; de
même un paysan ou un artisan italien soulage sa colère de
temps en temps en rouant de coups une statue de la Ma-
done, — il y en a eu des exemples à Milan en septembre
1873, et à Rome peu de temps auparavant. Loin que les
idées de divinité que professent les gens cultivés soient
innées, il est vrai, au contraire, qu'elles ne se produisent
qu'à une époque relativement avancée, comme résultat
d'une connaissance accumulée, d'une portée plus grande
de l'intelligence, et de sentiments plus élevés.

§ 204. Derrière l'être surnaturel de cet ordre, comme
derrière les êtres surnaturels de tous les autres ordres, nous
voyons donc qu'il y a toujours une personnalité humaine.

Le sauvage croit que tout ce qui dépasse l'ordinaire est surnaturel ou divin, l'homme remarquable comme le reste. Cet homme remarquable peut être simplement le plus ancien ancêtre dont on ait gardé le souvenir, l'ancêtre à qui l'on attribue l'origine de la tribu, peut-être un chef fameux pour sa force et son courage, peut être un sorcier d'une grande réputation, peut être l'inventeur de quelque chose nouvelle ; au lieu d'un membre de la tribu, c'est peut-être un étranger supérieur, qui apporte les arts et la science, peut-être un homme d'une race supérieure qui gagne son autorité par la conquête. C'est d'abord l'un ou l'autre de ces personnages : on le traite avec un profond respect durant sa vie ; on lui accorde un respect plus grand encore après sa mort ; enfin le culte qu'on rend à son esprit, devenant plus important que celui des esprits moins redoutés, se transforme en culte officiel.

Il n'y a donc pas d'exception. En donnant aux mots culte des ancêtres le sens le plus étendu, celui qui comprend tout culte rendu aux morts, qu'ils soient de même sang ou non, nous concluons que le culte des ancêtres est la racine de toute religion [1].

---

1. On trouvera dans les appendices des faits et des raisonnements importants qui viennent directement et indirectement à l'appui de cette conclusion ; l'appendice A contient de nouveaux faits, et l'appendice B une critique de la théorie des mythologues.

CHAPITRE XXVI

§ 205. L'ensemble des suppositions puériles et des conclusions monstrueuses qui composent la masse énorme de croyances superstitieuses qui existent partout, cet ensemble, qui nous paraît un chaos, s'éclaire et se régularise dès que nous cessons de le regarder dans le passé en nous plaçant à notre point de vue avancé, et que nous l'examinons dans l'avenir en nous mettant au point de vue de l'homme primitif.

Les interprètes des conceptions primitives commettent la même erreur que la plupart des maîtres de la jeunesse. N'ayant jamais étudié la psychologie, le pédagogue n'a que la plus vague notion de l'esprit de son élève; s'imaginant qu'une intelligence à son point de départ possède des conceptions que l'intelligence développée peut seule contenir, il lui présente des faits absolument incompréhensibles, des généralisations avant qu'elle contienne des faits à généraliser, et des abstractions tandis qu'il n'y existe encore aucune des expériences concrètes d'où elle puisse dériver ces abstractions : il y produit l'ahurissement et semble l'abêtir. De même, les narrateurs des légendes primitives, les interprètes des superstitions, des sauvages, portent avec eux les idées et les sentiments engendrés par la civilisation; ils les prêtent au sauvage, et tantôt ils manifestent un étonnement sans raison de voir le sauvage penser comme il le fait, tantôt ils cherchent à expliquer ses idées et lui prêtent des explications qui supposent des conceptions qu'il ne saurait avoir.

Cependant, dès que nous cessons de nous représenter l'opération mentale du sauvage dans les termes qui conviennent aux nôtres, la confusion disparaît. Lorsque, par une vérification *à priori* d'une preuve *à posteriori*, nous reconnaissons que l'homme primitif n'a pas les idées de naturel et de non-naturel, de possible et d'impossible, ni les idées de loi, d'ordre, de cause, etc.; que d'une part il ne témoigne ni l'étonnement de la raison, ni la curiosité qui porte à l'examen, et que d'autre part il manque des mots propres à exprimer la recherche, aussi bien que de la faculté de méditation continuée, condition nécessaire de la recherche; nous voyons que, au lieu de spéculer et de forger des explications, il ne fait guère que recevoir passivement les conclusions qu'on lui impose. En nous demandant quelles sont ces erreurs, nous découvrons que l'homme primitif est inévitablement victime d'une erreur initiale, ce qui donne lieu inévitablement aussi à un système erroné qu'il perfectionne de plus en plus.

Pour voir à quel point l'évolution de ce système d'idées est naturelle, nous n'avons qu'à récapituler sommairement les résultats auxquels nous sommes arrivés dans les chapitres précédents.

§ 206. Des changements surviennent dans le ciel et sur la terre, chaque jour, à des intervalles plus courts ou plus longs, sans que le sauvage sache pourquoi : ce sont des apparitions ou des disparitions, des transmutations, des métamorphoses inattendues. Ces changements semblent prouver que l'arbitraire est le caractère des choses qui se passent autour de l'homme, et entretiennent l'idée qu'il existe une dualité dans les choses qui deviennent visibles et s'évanouissent, ou qui se transforment; puis l'expérience répétée des ombres, de la réflexion et de l'écho vient confirmer cette croyance.

Ces impressions, produites par la vue du monde extérieur, viennent à l'appui d'une croyance provoquée par une expérience plus définie et plus familière, celle des rêves. L'homme primitif n'a aucune idée de l'esprit, il regarde un rêve comme un enchaînement d'événements réels : il a fait les choses, il a visité les lieux, il a vu les personnes de son rêve. Insensible aux contradictions, il accepte les faits comme ils se présentent; et, s'il y réfléchit, il se trouve amené à concevoir un double qui s'éloigne de lui durant le sommeil, et y rentre. Le somnambulisme, qu'il a quelquefois l'occasion de constater, paraît confirmer cette idée de sa propre dualité.

Ce qui semble la confirmer d'une manière encore plus décisive, c'est la production de certains autres phénomènes anormaux d'insensibilité. Dans la syncope, l'apoplexie, la catalepsie, et la perte de conscience après des blessures, il semble que l'autre soi, au lieu de revenir au premier appel, ne revient qu'après un temps qui peut aller de quelques minutes à plusieurs jours. Quelquefois, au sortir de l'un de ces états, l'autre soi rend compte de ce qui est arrivé dans l'intervalle, quelquefois on ne peut rien apprendre de ses aventures, et quelquefois aussi son absence prolongée donne à penser que peut-être il s'en est allé pour un temps indéfini. La différence qui sépare ces états d'insensibilité temporaire de l'état d'insensibilité définitive échappe souvent à l'homme instruit : le sauvage ne saurait donc la reconnaître. L'inconscience normale du sommeil, d'où l'autre soi revient promptement, se relie, au moyen de ces espèces anormales d'inconscience d'où l'autre soi ne revient qu'avec difficulté, à l'inconscience définitive d'où l'autre soi ne saurait plus revenir. Néanmoins, l'analogie amène le sauvage à conclure que l'autre soi finira par revenir. Songez à la remarque que nous avons souvent entendu faire auprès d'un mort, qu'il est difficile de croire qu'il ne reprendra point le mouvement au sortir d'un repos où le calme n'est pas plus profond qu'en d'autres circonstances, et considérez la force que devait avoir sur l'esprit de l'homme primitif l'association entre l'idée de ce repos qui ressemble au sommeil et l'idée du réveil qui suit habituellement le sommeil, association qui, seule, devrait suggérer l'idée de résurrection. La résurrection dont les races inférieures ont une image vague, attestée par un fait universel, la crainte des revenants, prend des formes nettes à mesure que la théorie du rêve donne de la netteté à l'idée de la migration du double humain.

Le second soi assigné à chaque homme ne diffère d'abord en rien de son original. On le croit également visible, également matériel ; il ne souffre pas moins de la faim, de la soif, de la fatigue, de la douleur. L'esprit ou âme qu'on ne peut d'abord distinguer de la personne même, qu'on peut tuer, noyer, détruire une seconde fois, prend peu à peu une nature différente. Dans sa tendance à mettre d'accord les conclusions auxquelles elle arrive, la pensée en progrès attribue à l'esprit des morts une nature matérielle de moins en moins grossière ; à mesure que l'esprit du mort, qui n'a d'abord une seconde vie que pour un temps, en acquiert peu à peu une pour toujours, la nature de sa substance se met peu à peu à différer de celle du corps, et à la fin devient éthérée.

Ce double de l'homme mort, que l'on a primitivement conçu comme semblable à lui à tous les autres points de vue, on le conçoit comme adonné à des occupations semblables après qu'il est parti au moment de la mort. S'il est d'une race de proie, il combat et chasse comme devant; si d'une race de pasteurs, il continue à s'occuper du bétail, et à boire du lait; si d'une race agricole, il reprend le travail des champs, il sème, il récolte, etc. Enfin, de cette croyance à une seconde vie qui ressemble aussi à la première par la forme du gouvernement et par les arrangements sociaux, proviennent les usages de laisser des aliments auprès des cadavres, ainsi que des boissons, des habits, des armes, et de sacrifier sur les tombeaux les animaux domestiques, les épouses, les esclaves.

Le lieu où l'on suppose que s'écoule cette vie après la mort diffère d'après les antécédents de la race. Souvent on a cru que les esprits viennent se mêler à leurs descendants, et on leur a réservé chaque jour une partie des aliments; quelquefois on s'est imaginé que les forêts voisines étaient leur demeure; et l'on a supposé qu'ils consommaient les offrandes alimentaires qu'on y déposait; ailleurs on a admis qu'ils retournaient au pays d'où la race était venue. On arrivait à cet autre monde par un voyage sur terre, ou en descendant une rivière, ou en passant la mer, en se dirigeant vers tel ou tel point de l'horizon, d'après les données des traditions. Aussi laissait-on auprès du tombeau les objets nécessaires au voyage, des canots ou des chevaux, des chiens de chasse, des armes défensives, de l'argent et des

passeports pour assurer la sécurité du voyageur. Lorsque
l'habitude d'enterrer sur une chaîne de montagnes donne
lieu à la croyance que cette chaîne est la demeure des esprits ancêtres, ou bien lorsqu'une race de conquérants a
pris possession de cette chaîne de montagnes, on en vient à
regarder les cieux, auxquels on pense qu'il est possible
d'arriver par ces sommets, comme l'autre monde ou l'un
des autres mondes.

Les doubles des hommes morts, auxquels on n'attribuait
d'abord la seconde vie que pour un temps, ne pouvaient
guère donner lieu à la croyance que les esprits deviennent
une foule toujours plus nombreuse ; mais, dès qu'on leur
attribue la seconde vie perpétuelle, ils ne peuvent manquer
de former une foule dont le nombre s'accroît sans cesse.
Pullulant partout, capables d'apparaître et de disparaître à
leur gré, agissant de façons impossibles à prévoir, on les
regarde comme les causes de tout ce qui semble étrange,
inattendu, inexplicable. On attribue à leurs actes tout ce
qui s'écarte de l'ordinaire ; on va même jusqu'à leur attribuer des effets où les causes ordinaires sautent aux yeux.

Auteurs présumés de tous les phénomènes remarquables
du monde extérieur, ils le sont aussi des actions insolites
des personnes vivantes. Lorsque le corps est déserté par
son autre soi durant un état d'insensibilité, normal ou
anormal, l'autre soi d'un autre individu vivant ou mort
peut y entrer ; par suite, on a attribué à la malignité des
doubles des morts l'épilepsie et les convulsions, le délire et
la folie. De plus, cette théorie de la possession, qui rend
compte de toutes les actions matérielles que l'individu ne
veut pas, fait comprendre des actes tels que l'éternument,
le bâillement, etc., les maladies mêmes et la mort, qu'on
attribue d'ordinaire à un ennemi invisible.

On désire et l'on demande par des prières l'entrée d'esprits amis dans les hommes, pour leur donner une force, ou une connaissance surnaturelle, mais par contre on redoute l'entrée d'esprits qui font subir des maux matériels ou mentals : lorsqu'on croit que ce malheur a eu lieu, il n'y a qu'un remède, il faut expulser ces esprits. L'exorciste prétend chasser le malin intrus en recourant à un tapage bruyant, à des grimaces effroyables, à des odeurs insupportables. A cette forme simple d'exorcisme succède une forme dans laquelle l'opérateur appelle à son aide un esprit plus puissant. De là sont sorties à la fin les pratiques du sorcier, qui, usant de contrainte sur les âmes des morts, les fait travailler à son œuvre détestable.

Mais si d'une part les hommes primitifs, se regardant comme à la merci des esprits qui les environnent, essayent de se défendre par le secours de l'exorciste et du sorcier, qui opposent les esprits les uns aux autres, d'autre part et en même temps on adopte envers les esprits une conduite opposée, on cherche à se les rendre favorables. La divergence de ces deux politiques opposées se révèle dans deux méthodes opposées de traiter le cadavre. Dans certains cas, le but avoué est d'empêcher le réveil du mort, pour qu'il ne vienne pas incommoder les vivants, motif qui peut produire des actes hostiles lorsqu'on suppose que le mort revient à la vie. Mais, dans la plupart des cas, le but avoué est d'assurer le bien-être des morts au moment de la résurrection : motif qui porte à des pratiques de propitiation.

De ces motifs et de ces observances viennent toutes les formes du culte. Le respect pour l'esprit rend sacrée la tombe, lieu qui lui sert d'abri; cet abri grandit et devient le temple, tandis que la tombe devient l'autel. Des provisions mises à part sur le tombeau du mort, tantôt habituellement, tantôt à des époques fixes, dérivent les oblations religieuses, ordinaires et extraordinaires, celles de chaque jour et celles des jours de fête. De l'immolation et des mutilations des victimes sur le tombeau, on passe à des sacrifices et à des offrandes de sang à l'autel d'une divinité. L'abstinence au profit de l'esprit du mort devient la pratique pieuse du jeûne; les voyages qu'on faisait au tombeau pour y déposer des offrandes se transforment en pèlerinages à l'autel. Les louanges en l'honneur du mort et les prières qu'on lui adresse, deviennent des louanges et des prières religieuses. Enfin tout rite religieux tire son origine d'un rite funèbre.

Après avoir trouvé que la conception primitive d'un être surnaturel, la conception qui demeure commune à toutes les races, est celle d'un esprit; que les moyens de se rendre favorable un esprit ont été partout les originaux des moyens de se rendre favorables les divinités; nous avons rencontré la question de savoir si l'esprit d'un mort n'est pas le type d'être surnaturel d'où tous les autres types sont sortis. Les faits cités à l'appui d'une réponse affirmative appartiennent à diverses classes. Nous en avons cité qui ont été recueillis de la bouche même de peuples primitifs, et qui prouvent que du culte de l'esprit en général est sorti le culte d'esprits ancêtres très-reculés, considérés comme créateurs ou divinités. Nous retrouverons dans les sociétés antiques des deux hémisphères un culte de divinités sorties de cette origine, coexistant avec un culte compliqué des individus morts récemment. Nous avons fourni des preuves que chez les races supérieures aussi bien que chez les inférieures le culte des ancêtres, pareillement pratiqué, a pareillement engendré des dieux; et nous avons vu qu'aujourd'hui même il survit chez les races supérieures, à l'ombre d'un culte plus développé. Alors, concluant que du culte des morts toute autre espèce de culte tirait probablement son origine, nous nous sommes mis à examiner les cultes qui ne ressemblent pas à celui des morts par les dehors, afin de rechercher s'il n'y aurait pas entre eux une analogie.

Du cadavre auquel on présente des offrandes quotidiennes avant l'ensevelissement, du corps embaumé dont on prend le même soin, et des figures formées en partie des reliques du mort et en partie d'autres choses, nous avons passé aux figures entièrement artificielles ; nous avons reconnu que l'on offrait des aliments à l'effigie d'un mort, etc., qu'on lui adressait même des prières au lieu du mort. Nous avons trouvé des preuves que l'effigie d'un mort devient quelquefois l'idole d'un dieu, tandis que la pratique destinée à gagner la faveur de ce mort devient le culte officiel de ce dieu. Comme d'ailleurs les doubles des morts, réputés présents dans les images qui les représentent, sont les objets réels auxquels on adresse les offrandes, il s'ensuit que toute idolâtrie qui découle de cette pratique est un produit dans un autre sens du culte des ancêtres. Comme cette croyance s'étend aux objets qui ressemblent grossièrement aux êtres humains et aux parties qu'on suppose leur avoir appartenu, aussi bien qu'à celles qui, au contact de leur corps, ont absorbé leur odeur ou leur esprit, on en vient à admettre que des esprits résident dans beaucoup d'autres objets que les idoles : surtout qu'ils hantent les choses qui ont un aspect bizarre, qui possèdent des propriétés rares ou qui sont le théâtre d'actions extraordinaires. Divers faits nous ont montré que la pratique tendant à capter la faveur des esprits qui hantent ces objets, pratique qui constitue le fétichisme, est un résultat collatéral de la théorie spiritiste; mais ce qui le prouve plus que tout le reste, c'est que le fétichisme n'existe point où le spiritisme n'existe pas, ou n'existe qu'à l'état rudimentaire, et qu'il s'étend dans la mesure où le spiritisme se développe.

Nous avons démontré que le culte des animaux est une autre forme religieuse dérivé du culte des ancêtres. Des métamorphoses, les unes réelles, les autres apparentes, qui se présentent à l'expérience du sauvage, favorisent la croyance aux métamorphoses, quand une cause quelconque vient en suggérer l'idée. Nous voyons chez toutes les races que la croyance à la transformation d'hommes en animaux et d'animaux en hommes est une idée très-répandue. Par suite, on a supposé que les animaux qui hantent les demeures de l'homme sont les morts qui reviennent sous des formes nouvelles; et que les créatures qui fréquentent le lieu de sépulture sont des formes sous lesquelles les âmes se déguisent. De plus, l'habitude très-répandue de donner aux hommes des noms d'animaux conduit, par une erreur inévitable dans l'interprétation des traditions, à des croyances qui donnent à des races d'hommes des animaux pour ancêtres. Ce qui fait que l'animal sacré, auquel on offre l'hommage d'un respect exceptionnel, auquel on adresse des vœux, auquel on offre un culte, tient son caractère divin de ce qu'il ne fait qu'un avec un ancêtre, proche ou éloigné.

De même pour le culte des plantes. C'est toujours le culte d'un esprit, originellement humain, censé contenu dans la plante, soit à cause des effets excitants qu'elle produit, soit parce qu'une tradition mal interprétée donne naissance à la croyance qu'elle est l'ancêtre d'où la nature est sortie, soit parce qu'un nom mal interprété l'identifie avec un ancêtre. Partout la forme humaine qu'on prête à l'esprit-plante, objet du culte, et les désirs humains qu'on lui attribue, sont des signes qu'il tire son origine d'une personne humaine.

Le culte des grands objets et des grandes forces de la nature a aussi la même origine. Lorsqu'une montagne marque l'endroit d'où une race est venue, la tradition en fait le lieu d'origine ou le père de la race ; de même probablement pour la mer dans quelques cas ; les montagnes et la mer donnent aussi des noms de famille : c'est donc par deux voies que le culte qui leur est rendu à titre d'ancêtres s'établit. Les faits permettent de penser que la conception qui personnifie l'aurore provient de ce que le nom d'aurore a servi de nom propre. Chez les races inférieures, nous voyons que la personnification des étoiles et des constellations existe à côté de la croyance que ces astres ont été jadis des hommes ou des animaux habitants de la terre. Il en est ainsi de la lune. Des traditions de peuples d'un rang inférieur attribuent à la lune une existence antérieure sous forme d'homme ou de femme ; la lune sert encore de nom propre chez les peuples non civilisés ; et l'on suppose que le respect qu'on lui témoigne est à l'adresse d'une personne défunte. Enfin le culte du soleil dérive de deux façons du culte des ancêtres. Tantôt ce sont les conquérants qui viennent du pays où le soleil se lève, et qu'on appelle pour cela « enfants du soleil » ; ils finissent par regarder le soleil comme leur ancêtre ; tantôt le soleil n'est qu'un nom métaphorique donné à un individu, soit pour son aspect extérieur, soit pour les actes qu'il accomplit, soit enfin pour le rang auguste qu'il occupe ; d'où l'identification avec le soleil dans la tradition, et par suite le culte du soleil.

Outre ces produits aberrants du culte des ancêtres qui résulte de l'identification des ancêtres avec des idoles, des animaux, des plantes et des forces naturelles, il y a des

produits qui en dérivent directement. Parmi la masse des
esprits des morts, il en est qui deviennent des divinités
et qui conservent leurs caractères anthropomorphiques.
Comme le divin et le supérieur sont des idées équivalentes
pour l'homme primitif, comme l'homme qui vit et l'esprit
qui revient ne font d'abord qu'un dans ses croyances,
comme les mots esprit d'un mort et dieu sont dans le principe des termes synonymes, il est aisé de comprendre
comment le dieu sort, par degrés insensibles, de l'homme
puissant et de l'esprit de l'homme puissant mort. Dans la
tribu, le chef, le magicien, l'homme doué d'une habileté
quelconque, traités avec respect durant leur vie, parce qu'ils
manifestaient une puissance d'origine et d'étendue inconnue, sont redoutés encore davantage quand, après leur mort,
ils ajoutent à leur puissance déjà connue celle que possèdent tous les esprits; il y a encore plus de raison de traiter
l'étranger, introducteur d'arts nouveaux, et le conquérant
qui appartient à une race supérieure, comme des êtres surnaturels durant leur vie, et de les adorer ensuite comme
des êtres surnaturels supérieurs. Les récits les plus merveilleux sont d'ordinaire ceux qui obtiennent le plus de
créance, et par suite, de génération en génération, on
enfle les exploits de ces personnages traditionnels d'exagérations que la crédulité publique accueille avidement; on
peut comprendre qu'avec le temps ces récits peuvent atteindre tous les degrés d'expansion et d'idéalisation.

On reconnaît donc qu'en partant du double voyageur
dont le rêve suggère l'idée, puis en passant au double qui
s'en va au moment de la mort, et en s'avançant ensuite
de cet esprit, auquel il n'attribuait d'abord qu'une vie temporaire, à des esprits qui existent à jamais et dont le nombre va toujours croissant, l'homme primitif en vient à peu-

pler peu à peu l'espace ambiant d'êtres surnaturels qui
deviennent inévitablement pour lui les auteurs de toutes
choses qui ne sont pas familières. Il n'a ensuite qu'à pousser logiquement cette méthode d'interprétation, pour s'en-
foncer dans les superstitions toujours plus nombreuses que
nous avons décrites.

§ 207. On verra que la genèse de ces croyances est entièrement naturelle en remarquant qu'elle est, autant que toute
autre opération naturelle, un exemple de la loi d'évolution.
Je n'entends pas seulement dire, comme nous l'avons vu,
qu'un système de superstition se forme par développement
continu, dont chaque époque sert d'introduction à la suivante; je veux dire que la genèse des croyances se conforme
à la formule générale de l'évolution.

Nous trouvons d'abord l'opération d'intégration dans l'accroissement simple de la masse. Chez les peuples les plus
inférieurs, qui n'ont que des croyances faibles et incertaines aux doubles des morts, on ne trouve pas de croyances
à des groupes reconnus d'êtres prétendus surnaturels.
Les peuples plus avancés tiennent que les esprits ont
des secondes vies temporaires, et ils s'imaginent que les
morts de leur race composent un groupe, toujours en voie
d'augmentation, mais aussi en voie de diminution, qui ne
devient pas plus grand parce qu'il perd des quantités égales
à celles qu'il gagne. Mais quand, plus tard, la croyance à un
esprit existant perpétuellement prend naissance, ce groupe
ne peut manquer d'augmenter; son augmentation grandit
en proportion de celle de la société et de la durée des traditions. De là une si grande multiplication d'êtres surnaturels
que l'on peut à peine compter ceux qui occupent parmi
eux les premiers rangs. Gomara nous apprend que « les

dieux de Mexique sont au nombre de 2,000 » ; et à ce nombre il faut encore ajouter le nombre bien plus grand des démons, esprits, revenants de personnages obscurs, reconnus dans chaque localité. On voit dans les mythologies anciennes un accroissement immense du même genre se faire par voie de simple intégration ; on les voit aujourd'hui dans celle de l'Inde aussi bien que dans celle du Japon. A côté de cet accroissement de masse, ainsi que le veut la loi d'évolution, on observe un accroissement de cohérence. Les superstitions de l'homme primitif sont lâches et inconsistantes ; dans la même tribu, tout le monde ne croit pas la même chose ; et le même individu donne de ces croyances des interprétations différentes suivant les circonstances. Mais, à la longue, les croyances subissent une élaboration qui en fait un système bien lié. De plus, l'hypothèse où nous conduit la théorie spiritiste, qui ne s'appliquait d'abord qu'à des circonstances exceptionnelles, s'étend enfin à tous les phénomènes ; en sorte que les propriétés et les actions des choses ambiantes, aussi bien que les pensées et les sentiments des hommes, se trouvent rapportées à l'action d'êtres invisibles, qui constituent dès lors un mécanisme combiné de causation.

A mesure que l'agrégat surnaturel augmente de masse et de cohérence, son hétérogénéité augmente. D'abord censés semblables au fond, les esprits deviennent dissemblables à mesure que le peuple se développe, prend une organisation plus compliquée et commence à avoir une histoire. La faune des esprits, presque homogène au début, se différencie. Originellement, les seules distinctions qui séparaient les doubles des morts en bons et en mauvais étaient celles que l'on trouve chez les vivants ; il n'y avait pas non plus d'autre différence dans leur puissance. Mais

il ne tarde pas à se former des idées de différences dans la
bonté entre les esprits des parents et ceux d'autres personnes, de même que des différences plus prononcées
entre des esprits bienveillants qui appartiennent à la même
race et des esprits malveillants qui appartiennent à d'autres. Dès, que l'institution de rangs sociaux s'est établie, il
en résulte des différences de rang et de puissance chez les
êtres surnaturels, qui deviennent de plus en plus prononcées
à mesure que les légendes prennent de l'expansion. A la fin
se forme par cette méthode une hiérarchie d'ancêtres en
partie divinisés, demi-dieux, grands dieux, et parmi ces
derniers un dieu suprême; de même se forme une hiérarchie analogue de puissances diaboliques. Alors se produisent de nouvelles différenciations, celles qui spécialisent les
fonctions et les habitats de ces êtres surnaturels, jusqu'à
ce que toute mythologie ait ses agents divins grands et
petits, depuis Apollon jusqu'à la dryade, depuis Thor jusqu'à une fée. De sorte que de l'agrégat d'êtres surnaturels
originellement petit et presque uniforme sort par degrés
un agrégat aussi multiforme qu'étendu.

Nous y voyons non moins clairement le changement qui
passe de l'indéfini au défini. L'époque primitive où les hommes témoignent de la crainte à l'égard des morts et pourtant
n'attendent pas pour eux-mêmes une existence à venir nous
atteste que le caractère de la théorie spiritiste est encore
très-peu défini. Même après que la théorie spiritiste s'est
bien établie, les croyances aux êtres surnaturels qui en
résultent, si fortes qu'elles soient, manquent de précision.
Le peuple d'Angola, encore que « constamment occupé à
détourner la colère des âmes des morts », ne laisse pas
« d'entretenir, nous dit Livingstone, des idées à demi formées et des traditions sur quelque chose dont ils ne savent

pas dire ce que c'est. » D'autres voyageurs nous parlent de même de races non civilisées qui habitent d'autres pays. Mais le progrès introduit toujours plus de clarté dans ces conceptions. La forme des différents genres d'êtres surnaturels devient plus définie; leurs dispositions, leurs puissances, leurs habitudes, le deviennent aussi, jusqu'à ce qu'enfin, dans les mythologies avancées, ils se distinguent par des caractères d'espèce et même par des caractères individuels, qui sont des attributs nettement exprimés.

Incontestablement, les croyances qui constituent un système de superstitions se développent de la même manière que toutes les autres choses. Par une opération d'intégration et de différenciation continue, elles forment un agrégat qui, en s'accroissant, passe d'une homogénéité indéfinie, incohérente, à une hétérogénéité définie, cohérente. Ce rapport est inévitable. La loi à laquelle obéit l'évolution de l'être humain, et à laquelle obéit aussi l'évolution de l'intelligence humaine, tous les produits de l'intelligence humaine y obéissent nécessairement. Du moment que cette loi s'exprime par des structures, et par suite par les fonctions de ces structures, elle ne peut pas ne pas s'exprimer aussi dans les manifestations concrètes de ces fonctions. De même que le langage, considéré comme produit objectif, porte l'empreinte de cette opération subjective, de même aussi le système d'idées qui concerne la nature des choses que l'esprit élabore peu à peu. La théorie du *Cosmos* qui commence par une notion mal conçue d'une force exercée par les esprits des morts, et qui aboutit à l'action ordonnée d'une puissance inconnue universelle, est un exemple de plus que les transformations ascendantes se conforment toutes à la loi d'évolution. En fait, l'hypothèse de l'évolution absorbe les hypothèses antagonistes qui l'ont précédée et se fortifie en s'en assimilant les éléments.

CHAPITRE XXVII

DOMAINE DE LA SOCIOLOGIE

§ 208. Il se trouvera sans doute des personnes difficiles en matière d'ordre logique, qui auront pensé que les chapitres précédents comprennent, avec les données de la sociologie, des matières qui font partie de la sociologie même. Nous reconnaissons que cette objection peut se justifier; mais nous répondons que jamais on ne peut formuler les données d'une science avant d'avoir acquis une certaine connaissance de cette science, et que l'on ne saurait procéder à l'analyse qui découvre les données sans faire allusion à l'ensemble des phénomènes qu'on y soumet. Par exemple, en biologie, l'interprétation des fonctions implique la connaissance des diverses actions physiques et chimiques qui s'accomplissent dans tout l'organisme. Cependant, on ne saurait comprendre ces actions et ces réactions chimiques qu'autant que l'on connaît les rapports de structure et la solidarité qui unit les fonctions; et de plus, on ne peut les décrire sans faire allusion aux actions vitales qu'elles servent à interpréter. Pareillement, en sociologie, il est impossible d'expliquer l'origine et le développement des

idées et des sentiments qui sont les facteurs principaux
de l'évolution sociale, sans faire des allusions directes ou
implicites, aux phases de cette évolution.

On verra qu'il était nécessaire de commencer par cette
exposition des données, et surtout par la dernière partie,
quand nous aurons rassemblé, généralisé et formulé les
résultats.

§ 209. Après avoir reconnu que les phénomènes d'évolution sociale sont déterminés en partie par les actions externes auxquelles l'agrégat social est exposé et en partie
par la nature de ses unités, après avoir observé que ces
deux séries de facteurs se modifient progressivement à
mesure que la société évolue, nous avons jeté un coup
d'œil sur ces deux séries de facteurs dans leurs formes primitives.

Nous avons esquissé les conditions inorganiques et organiques sur les diverses parties de la surface du globe ; nous
avons fait voir les effets du froid et de la chaleur, de l'humidité et de la sécheresse, de la conformation extérieure
du sol, de sa composition, des minéraux, des flores et des
faunes. Après avoir vu comment l'évolution sociale à ses
débuts dépend entièrement d'un concours de circonstances
favorables, et qu'alors même qu'avec le progrès l'évolution
sociale devient de plus en plus indépendante des circonstances, elles n'en demeurent pas moins des facteurs importants, nous avons annoncé que, en traitant des principes de
l'évolution communs à toutes les sociétés, nous négligerions
les facteurs externes spéciaux qui déterminent certains de
leurs caractères spéciaux.

Nous avons ensuite porté notre attention sur les facteurs
internes que les sociétés primitives nous présentent. Nous

avons expliqué l'*homme primitif physique*, montrant que par sa taille, sa structure, sa force, aussi bien que par son insensibilité et son défaut d'activité, il était mal propre à surmonter les difficultés qui hérissaient la route du progrès. L'examen de l'*homme primitif émotionnel* nous a permis de voir que son imprévoyance et sa nature explosive, mal contenues par ses qualités sociales et par ses sentiments altruistes, le rendaient impropre à la coopération. Enfin, dans le chapitre sur l'*homme primitif intellectuel*, nous avons vu que si son esprit est adapté à ses besoins primitifs par la vivacité et l'activité de ses perceptions, il manque des facultés nécessaires pour faire des progrès dans le savoir.

Après avoir reconnu que ces caractères sont les traits généraux de l'unité sociale primitive, nous avons vu qu'il restait à noter certains traits plus spéciaux, impliqués par ses idées et les sentiments qui les accompagnent. Ceci nous a conduit à rechercher la genèse des croyances touchant sa propre nature et celle des choses ambiantes, objet que nous avons résumé dans le dernier chapitre. Voyons maintenant la conclusion générale à laquelle nous arrivons. D'une part, la conduite de l'homme primitif se détermine par les sentiments avec lesquels il regarde les hommes qui l'entourent; d'autre part, elle se détermine par les sentiments avec lesquels il regarde les hommes qui ne sont plus. De ces deux groupes de faits résultent deux groupes extrêmement importants de facteurs sociaux. La *crainte des vivants* est le point de départ du gouvernement politique; la *crainte des morts* est le point de départ du gouvernement religieux. Rappelons-nous le grand rôle que le culte des ancêtres a joué dans la réglementation de la vie chez le peuple qui, dans la vallée du Nil, arriva le premier à un haut degré de civilisation; que les antiques Péruviens étaient soumis à un système social rigide, basé sur un culte des ancêtres si compliqué qu'on aurait pu dire que les vivants étaient les esclaves des morts; qu'en Chine, aussi, il y a eu, et qu'il y a encore, un culte analogue, source de prescriptions analogues, et nous reconnaîtrons que la crainte des morts est un facteur social qui, du premier coup, ne le cède point, si même il ne l'emporte pas sur la crainte des vivants.

C'est la raison qui nous fait comprendre la nécessité de commencer par expliquer l'origine et le développement du caractère des unités sociales, grâce auquel la coordination de leurs actions devient possible.

§ 210. La science de la sociologie part des unités sociales soumises aux conditions que nous avons vues, constituées physiquement, émotionnellement et intellectuellement, et en possession de certaines idées acquises de bonne heure et des sentiments correspondants, et elle a pour mission de nous expliquer tous les phénomènes qui résultent de leurs actions combinées.

Les plus simples de ces actions combinées sont celles qui produisent les générations successives d'unités, les élèvent, les rendent propres à la coopération. Nous rencontrons en premier lieu le développement de la famille. Nous avons à examiner la manière dont l'éducation du rejeton se trouve respectivement influencée par la promiscuité, la polyandrie, la polygynie et la monogamie, comme aussi l'influence des mariages exogames et endogames. Nous aurons à considérer ces conditions d'abord dans l'influence qu'elles exercent sur la conservation du nombre et de la qualité de l'espèce, ensuite dans celle qu'elles exercent sur la vie domestique des adultes. De plus, après avoir observé com-

ment les diverses formes de relations sexuelles modifient
la vie de famille, nous aurons à voir comment elles modifient la vie publique, sur laquelle elles agissent et dont
elles subissent la réaction. Ensuite, après les relations
sexuelles, il faudra traiter de la même manière les relations
des parents avec les enfants.

La sociologie aura à décrire ensuite et à expliquer la
naissance et le développement de l'organisation politique qui
règle directement les affaires de l'homme, c'est-à-dire qui
combine les actions des individus en vue de l'attaque ou de
la défense de la tribu ou de la nation, qui leur impose des
limites dans les actes qui les intéressent réciproquement, et
aussi dans ceux qui n'intéressent qu'eux-mêmes. Cette
science a à suivre les relations de cet appareil de coordination et de contrôle avec la surface sur laquelle il s'étend,
avec le chiffre et la distribution de la population, avec les
moyens de communication. Elle a à montrer les différences
de forme que cette cause présente dans les différents types
sociaux, l'état nomade, le sédentaire, le militaire et l'industriel. Elle a à décrire les relations variables de cet appareil
régulateur improductif avec les appareils qui produisent et
rendent possible la vie sociale. Elle a aussi à exposer les
relations qui subsistent entre les institutions sur lesquelles
repose le gouvernement civil et les autres institutions gou-
vernementales qui se développent en même temps, les institutions ecclésiastiques et les institutions d'étiquette, elle a
aussi à montrer l'influence réciproque de ces institutions.
Ensuite, il faut qu'elle tienne compte des modifications que
les freins politiques persistants provoquent toujours dans
le caractère des unités sociales, aussi bien que de celles
que les réactions des caractères modifiés des unités opèrent
sur l'organisation politique.

La sociologie a pareillement à décrire l'évolution des appareils et des fonctions ecclésiastiques. Il faut commencer par les appareils et les fonctions ecclésiastiques que l'on trouve unies aux appareils et aux fonctions politiques ou qui souvent en sont à peine distinctes, puis indiquer comment elles s'en séparent en se développant. Il faut exposer aux regards les faits qui montrent comment le rôle des forces ecclésiastiques dans les actions politiques devient graduellement moindre; comment, par réciprocité, les forces politiques jouent un rôle décroissant dans les actions ecclésiastiques. Il faut aussi s'occuper de montrer comment l'organisation interne du sacerdoce, se différenciant et s'intégrant à mesure que la société grandit, conserve un type en rapport avec les organisations existantes, politiques ou autres, et comment les changements de structure qui l'affectent, correspondent à des changements de structure dans ces autres organisations. De plus, il faut montrer comment le système de règles qui forme la loi civile, et le système de règles que l'organisation ecclésiastique impose, s'écartent progressivement l'un de l'autre, et il faut suivre, dans ce second système de règles, la séparation qui s'opère entre celles qui deviennent un code de cérémonial religieux et celles qui deviennent un code de préceptes éthiques. Enfin, la sociologie doit noter comment la force ecclésiastique, dans sa structure, ses fonctions, ses lois, sa foi et sa morale, est en rapport avec la nature mentale des citoyens, et comment les actions et les réactions de cette force et de cette nature mentale les modifient mutuellement.

La sociologie devra s'occuper ensuite du système de freins simultanément développés qui réglementent les actions de moindre importance des citoyens dans la vie ordinaire. Nous voulons parler d'un gouvernement soumis lui-même

aux gouvernements politiques et ecclésiastiques, dont il
n'était point séparable au début : c'est celui qui prend
corps dans les observances d'étiquette; il commence par
des règles fixées par la subordination des classes, puis il se
développe et devient un système de règles pour les relations
d'homme à homme. Les mutilations, sceau de la conquête et
qui deviennent des signes de servitude; les génuflexions,
originellement signes de soumission et de l'hommage que
rend le vaincu; les titres, mots qui attribuent expressément
ou en un sens métaphorique la souveraineté sur ceux qui
les prononcent; les salutations, qui sont aussi des témoignages flatteurs de soumission et d'une infériorité implicite; toutes ces choses et d'autres encore, la sociologie doit
en rechercher la genèse et aussi le développement qui en
fait un instrument régulateur supplémentaire. Enfin il
faudra décrire séparément le développement de l'appareil
qui conserve les observances de l'étiquette, la manière dont
elles s'accumulent, se multiplient, deviennent toujours plus
définies, le code de statuts qui en résulte et qui vient s'ajouter aux codes civil et religieux. Il faut aussi considérer ces
arrangements régulateurs dans leurs relations avec les
arrangements régulateurs coexistants, avec lesquels ils
conservent toujours un certain accord au point de vue de
la force de coercition. Enfin, il est nécessaire d'exposer les
influences réciproques que ces freins exercent sur les
hommes et que les hommes exercent sur eux.

Après avoir traité des appareils et des fonctions de coordination, il faut traiter des appareils et des fonctions coordonnées. Dans toute société, il y a deux divisions, les plus
tranchées de toutes, la régulatrice et l'opératrice; les études
les plus importantes de la sociologie portent sur les rapports
de ces deux classes. Il faut étudier les étapes que franchit

la classe industrielle à partir du moment de son union primitive avec la classe gouvernementale jusqu'à celui où elle s'en sépare définitivement. Un sujet d'étude tout analogue est le développement des appareils régulateurs que la classe industrielle développe dans son propre sein. Dans l'intérêt de la production, il faut que les actions des unités de la classe industrielle obéissent à une direction ; on a donc à s'occuper des diverses formes de l'appareil directeur, c'est-à-dire des genres de gouvernement sous lesquels agissent les groupes séparés d'ouvriers, les genres de gouvernement sous lesquels les ouvriers de même métier et de la même classe réunissent leurs efforts aboutissant à une différenciation sous forme de corporations et d'associations ; enfin le genre de gouvernement qui maintient l'équilibre entre les divers appareils industriels. Les relations entre les formes de ces gouvernements industriels et celles des gouvernements politique et ecclésiastique coexistants devront être examinées à chaque époque : il convient aussi d'étudier les rapports que soutiennent entre elles les formes de gouvernement et la nature des citoyens. Après la partie régulatrice de l'organisation industrielle vient la partie opératrice, où l'on retrouve pareillement les phases successives de différenciation et d'intégration. Une fois la séparation du système distributeur et du système producteur tracée, il faut suivre le développement de la division du travail entre chacun de ces systèmes, c'est-à-dire la formation des grades et des genres de distributeurs aussi bien que des grades et des genres de producteurs. Enfin, il faut ajouter les effets que les industries produisent les unes sur les autres en se développant et en se différenciant, c'est-à-dire le progrès que les arts industriels doivent aux secours qu'ils reçoivent des progrès d'un autre.

Après ces appareils et ces fonctions qui composent l'organisation et la vie de chaque société, il faut s'occuper de certains développements combinés qui viennent en aide à l'évolution sociale et sont aidés par elle, à savoir les développements du langage, du savoir, de la morale, de l'esthétique. Il faut suivre le progrès du langage d'abord dans la langue même qui passe d'un état relativement incohérent, indéfini, homogène, à des états successivement plus cohérents, plus définis et hétérogènes. Nous avons à noter comment une complexité plus grande de la société amène une complexité plus grande de la langue; et comment, à mesure qu'une société s'assoit sur des bases fixes, il devient possible à la langue de se fixer définitivement. Il existe une relation entre le développement des mots et des phrases, et les développements corrélatifs des idées qui en empruntent le secours et qui, à leur tour, contribuent au développement de la langue : cette relation devra être étudiée : il faudra suivre l'action réciproque des idées et de la langue dans la multiplicité, la variété et la précision croissantes qu'elles se doivent mutuellement. Il faut aussi traiter comme une conséquence du progrès social le progrès de l'intelligence associé par ce rapport au progrès de la langue : en effet, si le progrès de l'intelligence altère le progrès social, il en reçoit aussi une impulsion favorable. Des expériences qui s'accumulent et dont on tient note viennent des comparaisons qui conduisent à des généralisations d'un genre simple. Peu à peu, les idées d'uniformité, d'ordre, de cause, naissent et gagnent une clarté nouvelle à chaque vérité nouvelle qui s'établit. Si d'une part il y a à signaler la relation qui existe entre chaque phase de la science et la phase concomitante de la vie sociale, il faut signaler d'autre part les phases par lesquelles, dans le corps de la science même, il se fait un progrès allant d'un petit nombre de vérités simples, incohérentes, à un grand nombre de sciences spécialisées formant un corps de vérités nombreuses, variées, exactes, cohérentes. Il faut accorder aussi une attention et une étude à part aux modifications émotionnelles qui, ainsi que nous l'avons indiqué ci-dessus, accompagnent les modifications sociales tant comme causes que comme conséquences. Non-seulement il faut observer les effets que l'état social et l'état moral exercent l'un sur l'autre, mais nous avons à observer les modifications combinées de ces codes moraux où les sentiments moraux s'expriment sous forme d'idées. Le genre de conduite que chaque espèce de *régime* nécessite, trouve pour soi une justification qui prend un caractère éthique; par suite, il faut traiter de l'éthique dans ses effets sur la société. Viennent ensuite les groupes de phénomènes que nous appelons esthétiques, qui se manifestent dans les produits de l'art et dans les sentiments corrélatifs, et qu'il faut étudier dans leurs évolutions respectives considérées du dedans, et dans les relations de ces évolutions avec les phénomènes sociaux qui les accompagnent. Rameaux divergents d'une racine commune, l'architecture, la sculpture, la peinture, avec la danse, la musique et la poésie, seront l'objet d'une étude dans leurs rapports avec les époques politiques et ecclésiastiques, avec les phases du sentiment moral et avec le degré du progrès intellectuel.

Finalement, nous avons à considérer la dépendance réciproque des appareils, des fonctions et des produits, pris dans leur totalité. Non-seulement toutes les organisations énumérées ci-dessus, la domestique, la politique, l'ecclésiastique, la cérémonielle, l'industrielle, exercent l'une sur l'autre une influence par leurs actions respectives, et non-seulement elles subissent l'influence quotidienne des états de la langue, du savoir, de la morale, des arts ; mais celles-ci sont chacune influencées par elles et subissent chacune l'influence de toutes les autres. Entre ces groupes nombreux de phénomènes, il existe un *consensus ;* enfin le plus beau résultat qu'on puisse atteindre en sociologie, c'est d'embrasser le vaste agrégat hétérogène du genre humain, de manière à voir comment chaque groupe se trouve à chaque période déterminé en partie par ses propres antécédents et en partie par les actions passées et présentes que les autres groupes exercent sur lui.

§ 211. Mais, avant d'essayer d'expliquer des phénomènes si compliqués, il faut les étudier afin d'apprendre les relations actuelles de coexistence et de séquence qu'ils soutiennent l'un à l'égard de l'autre. En comparant les sociétés de genre différent et les sociétés à des périodes différentes, nous constaterons quels sont les caractères de grandeur, de structure et de fonction qui se trouvent associés d'ordinaire. En d'autres termes, avant de recourir à la déduction pour interpréter les vérités générales, il faut les établir par l'induction.

Ici donc finissent les préliminaires. Nous allons maintenant aborder les faits de la sociologie, afin de reconnaître dans quelles généralisations empiriques on peut les faire rentrer.

APPENDICE *A*

Pour éviter de surcharger le texte d'exemples à l'appui (il y en a peut-être encore trop), j'ai supprimé beaucoup de ceux que j'aurais pu ajouter, les uns parce qu'ils paraissaient super-flus, les autres parce qu'ils étaient trop longs. C'est en partie pour présenter les plus frappants de ces exemples que j'ouvre cet appendice ; mais c'est surtout pour faire connaître des faits qu'on a produits depuis, et qui vérifient certaines de nos conclusions qui n'avaient pas assez l'appui des faits.

Crédulité primitive. — Dans la genèse des superstitions, il y a un facteur qu'il est difficile de bien apprécier : c'est la foi aveugle du sauvage. Nous citerons un ou deux faits pour bien mettre au jour la nature d'esprit qui favorise les croyances absurdes et donne crédit aux traditions les plus grotesques.

Les noirs de la côte de Guinée, dit Winterbottom (I, 255), « sont si fermement persuadés de l'efficacité des moyens de protection (amulettes, etc.), qu'un Africain, homme d'un esprit très-supérieur, offrait de se laisser tirer un coup de pistolet chargé à balle, par un de mes amis dont on venait de vanter l'adresse. » Laird et Oldfield nous racontent qu'une femme d'une tribu de nègres de l'intérieur (II, 40) « s'imaginait qu'elle possédait un *maghoni* (charme), qui la rendait invulnérable à tous les instruments tranchants et piquants. Elle en était tellement convaincue, qu'elle consentit de bon gré à présenter sa jambe aux coups d'une hache. La roi de la ville l'apprit et résolut d'éprouver la puissance du charme ; il voulut qu'un homme saisît une hache et essayât si ce merveilleux *maghoni* protégerait la femme contre le tranchant de cette arme... La femme plaça sa jambe sur un bloc ; on frappa un coup vigoureux au-dessous du genou... La pauvre femme, saisie d'horreur et d'épouvante, vit sa jambe voler à l'extrémité de la chambre. »

On peut attribuer à cette foi absolue aux dogmes inculqués sur l'esprit des enfants par les personnes plus âgées, la facilité avec laquelle les serviteurs, les femmes et même les amis se tuent sur la tombe d'un mort afin de le rejoindre dans l'autre monde. Bancroft (I, 288) nous raconte que le chef Walla-Walla « se fit enterrer vivant dans la tombe du dernier de ses cinq fils », ce qui fait songer à ces Fidjiens et à ces Tannais, qui marchent avec gaîté à une mort volontaire, et nous montre jusqu'où peut aller la disposition mentale qui rend possibles les croyances monstrueuses.

Illusions naturelles. — J'ai déjà dit que probablement (§ 53) les illusions naturelles contribuent à affermir les conceptions que l'homme primitif se fait des choses. Le passage suivant, que nous empruntons à Vambéry (*Tableaux de l'Asie centrale*, 72, 73), montre comment elles jouent ce rôle :

« Comme nous traversions le haut plateau de Kaflan Kir, qui fait partie d'Ustyort, se dirigeant vers le nord-est, nous vîmes souvent l'horizon orné du plus beau mirage. C'est sans doute dans l'atmosphère chaude et sèche des déserts de l'Asie centrale que ce phénomène s'offre à nous dans toute sa beauté et qu'il déploie les plus brillantes illusions d'optique qu'on puisse imaginer. J'étais toujours ravi de ces tableaux de cités, de tours et de châteaux dansant dans les airs, d'immenses caravanes, de cavaliers combattants, et d'hommes gigantesques qui ne cessaient d'apparaître et de disparaître. Mes compagnons de route, de race nomade, ne regardaient pas sans respect la localité où ces phénomènes se présentaient. D'après eux, ce sont les esprits d'hommes et de villes qui ont jadis existé dans ces lieux et qui maintenant, à certains moments, exécutent des rondes dans les airs. »

Sommeil et rêves. — Depuis la publication de la livraison contenant le chapitre X de cet ouvrage, mon attention a été attirée par un de mes souscripteurs sur un vestige remarquable de l'idée primitive que l'âme quitte le corps durant le sommeil. On en trouve la description (p. 56) dans un ouvrage du révérend John Mills sur *les Juifs de la Grande-Bretagne*. « On regarde le sommeil comme une espèce de mort, pendant laquelle l'âme quitte le corps, où elle ne rentre qu'au réveil. Aussi le Juif, en se réveillant, répète-t-il les mots suivants : Je reconnais devant toi,

Roi vivant et éternel, que tu m'as rendu mon âme dans ta grande miséricorde et ta fidélité... Tandis qu'il dormait, alors que son âme s'était séparée du corps, les mauvais esprits, suivant l'opinion populaire, se sont reposés sur son corps ; en conséquence, en se levant, le Juif doit se laver les mains et le visage, c'est-à-dire, par une sorte de purification, se nettoyer des souillures de cette mort inférieure. »

Retour des corps à la vie. — On voit dans la Eyrbiggia-Saga que chez les anciens Scandinaves existait la notion primitive que le corps matériel, ranimé par son double voyageur, peut quitter le lieu de sa sépulture et faire du mal. Voici le passage résumé :

« Après la mort d'Arakell, Baegifot devint de nouveau incommode : il sortait de son tombeau, à la grande terreur et au grand dommage des voisins, tuant les troupeaux et les domestiques, et chassant les habitants du canton. On résolut donc de détruire sa carcasse par le feu, parce que... lui-même ou quelque mauvais démon à sa place se servait de sa dépouille mortelle comme d'un moyen de transport pour commettre ces désordres. Le corps fut brûlé. »

Sous ce récit se cache une croyance analogue à celle que nous avons vu régner chez les sauvages et les nations à demi civilisées : c'est que la destruction du corps empêche cette espèce de résurrection. Il s'y trouve encore une autre croyance dont nous avons vu des exemples, à savoir qu'une personne qui possède une partie d'un cadavre possède par là la puissance sur la personne décédée ; en effet, si la destruction du corps entier provoque l'esprit entièrement, une lésion faite à une partie de ce corps doit porter préjudice à l'esprit.

Sorcellerie. — Dans le § 133, nous avons suggéré qu'il existait une relation de la croyance précédente avec les pratiques à l'aide desquelles on supposait que les magiciens évoquent les morts et commandent aux démons. On a depuis lors mis au jour de nouveaux faits qui prouvent que les formes plus développées de la sorcellerie sont bien sorties de cette origine. Le passage suivant de sir George Grey (*Mythologie polynésienne*, p. 114) indique l'inquiétude d'un fils qui veut sauver les restes de son père des mains des enchanteurs.

« Rata, sans s'arrêter, rampa vers le feu et se cacha derrière quelques buissons épais du Harakeke ; il vit alors qu'il y avait des prêtres de l'autre côté des mêmes buissons, officiant au lieu consacré et qui, dans leurs artifices magiques, se servaient des os de Wahieroa ; ils les choquaient les uns contre les autres pour battre la mesure, en répétant une incantation puissante... Il

s'élança brusquement sur les prêtres. Il s'empara vivement des os
de son père, Wahieroa, et se hâta de les emporter à son canot. »

J'emprunte un autre passage à la page 34 du même ouvrage,
où se montre pareillement la croyance à la puissance conférée par
la possession d'une relique : « Quand l'estomac de Muri-ranga-
whenua fut lentement revenu à son volume habituel, la voix de
cette femme se fit entendre de nouveau. Es-tu Mani ? dit-elle,
et il répondit : Oui bien. Alors elle lui demanda : Pourquoi as-
tu trompé ainsi ta vieille aïeule ? et Mani répondit : Je désirais
vivement que ta mâchoire, qui peut opérer de grands enchantements, me fût donnée. — Prends-la, dit-elle, elle t'est réservée.
Mani la prit, et il revint au lieu où il demeurait avec son frère. »

Lorsqu'à ces faits et à d'autres que nous avons déjà donnés
nous ajoutons qu'en Italie encore aujourd'hui le peuple parle de
l'enfant qu' « on enlève et qu'on enterre jusqu'au menton, tandis
que des sorcières le font mourir dans les tourments pour fabriquer le *breuvage infernal avec son foie* » (*Fortnightly Review*,
fév. 1873, 200), on ne peut douter, selon moi, que la nécromancie
ne parte de la croyance primitive que l'esprit des personnes
vivantes tient à toutes les parties de leur corps, se trouve affecté
par les opérations qu'on fait subir à une partie de ce corps détachée du reste, qu'elle ne passe à la croyance que l'on maltraite
l'esprit d'un mort en maltraitant une relique, et qu'enfin elle ne
se fortifie de la croyance que le défunt aura besoin de toutes les
parties de son corps, et que son esprit peut être soumis à l'empire de quiconque possède une de ces parties.

Depuis que les paragraphes précédents ont été mis sous presse,
j'ai rencontré un témoignage qui confirme cette idée encore plus
fortement. Il existe dans un ouvrage publié récemment, intitulé
Histoires et Traditions des Esquimaux, par le docteur Henry
Rink, traduit du danois par l'auteur, et édité par le docteur Robert Brown. Je mets les extraits suivants dans un ordre qui montre
leur portée : « Quelques récits donnent à penser qu'il existait une
croyance d'après laquelle la façon dont les survivants traitaient
le corps du défunt est pour quelque chose dans la condition de
l'âme de ce dernier. » (P. 43.) « Mais on dit qu'un homme tué a le
pouvoir de se venger du meurtrier en *se précipitant dans lui*,
ce qu'on ne peut empêcher qu'en mangeant une partie de son foie. »
(P. 45.) Puis, parmi les ingrédients nécessaires aux opérations
de sorcellerie, on nomme d'abord « des parties de corps humains
ou d'objets qui se sont trouvés de quelque manière en rapport
avec des corps morts. » (P. 49.) Voilà les trois idées qui concourent : l'effet sur l'esprit du mort par l'action sur le corps qui
lui appartient ; la protection contre cet esprit, qu'on obtient en

s'assimilant une partie de son corps, ce qui établit entre l'esprit du mort et le vivant une communauté de nature; enfin la contrainte exercée sur l'esprit au moyen de mauvais traitements infligés à son corps.

Agents surnaturels. — J'ai suggéré l'idée (§ 118) que le fantôme des eaux était primitivement le fantôme d'une personne noyée qui hantait, à ce que l'on croyait, le lieu de la mort, et qu'il avait pour caractère la méchanceté qu'on attribuait d'ordinaire aux esprits dont on ne s'est pas assuré la faveur par les sacrifices funèbres ordinaires. Je ne connaissais encore aucun fait à l'appui de cette supposition; mais l'ouvrage de M. Bancroft sur les *Races indigènes des États du Pacifique* m'en a fourni un depuis cette époque. « En quittant cet endroit et ce sujet, dit Bancroft, je remarquerai que les naturels ont donné à la cascade de Pohono, située dans la même vallée, le nom d'un mauvais esprit. Beaucoup de gens y ont été emportés et mis en pièces. Aucun indigène n'osera vous montrer cette cascade quand vous irez dans cette vallée, et rien ne saurait les tenter de passer la nuit en cet endroit, car les esprits des noyés s'agitent dans les broussailles des environs, et leurs gémissements dominent le bruit des eaux. » (111-126.)

Fétichisme. — Je crois qu'Aug. Comte a exprimé l'opinion que les animaux supérieurs ont des conceptions fétichistes. Naturellement, je ne puis partager cette idée, puisque je soutiens, et je crois avoir de bonnes raisons pour le faire, que le fétichisme n'est pas une croyance primitive, mais une croyance dérivée. Néanmoins, je crois que la conduite des animaux intelligents jette du jour sur la genèse du fétichisme. J'ai moi-même observé sur deux chiens des faits qui peuvent servir d'exemples.

Parlons d'abord d'une formidable bête, demi-mâtin, demi-braque, qui appartenait à un de mes amis. Il jouait avec une canne qu'on lui avait abandonnée et qu'il avait saisie par le bout inférieur. Tandis qu'il faisait des sauts, la poignée de la canne porta sur le sol, et le bout que le chien avait dans sa gueule se trouva poussé contre le palais de l'animal. Il gémit, laissa tomber la canne et s'en éloigna rapidement à quelque distance. Là, il manifesta un effroi vraiment comique chez un animal d'un air aussi féroce. Ce n'est qu'après s'en être approché plusieurs fois avec prudence et beaucoup d'hésitation qu'il se laissa tenter encore de saisir la canne. Cette conduite montrait très-clairement qu'il ne regardait pas la canne comme un agent actif, quand elle ne présentait que les propriétés qui lui étaient familières, mais qu'il était tenté de la ranger dans la classe des êtres

animés et de la regarder comme capable de faire du mal, quand
la canne lui causait une douleur d'une façon dont il n'avait pas
encore eu l'expérience. La même chose a dû se passer dans
l'esprit de l'homme primitif, qui ne sait de la causation naturelle rien de plus qu'un chien, et la conduite insolite d'un objet
jusque-là classé parmi les objets inanimés a dû suggérer l'idée
d'un être animé. L'idée de l'action volontaire prend naissance;
l'homme se met à regarder l'objet avec crainte de peur qu'il
n'agisse d'une autre manière inattendue et peut-être avec un
effet fâcheux. La notion vague d'animation ainsi éveillée deviendra évidemment une notion plus définie, selon que le développement de la théorie spiritiste fournit une cause spécifique à
laquelle on peut attribuer la conduite anormale de l'objet.

Un épagneul très-intelligent et très-bon, qu'on choyait beaucoup dans la maison d'un autre de mes amis, avait une habitude
à laquelle j'emprunte le second fait dont je veux parler. Il rencontre un matin, ou après une absence de quelques heures, une
personne avec laquelle il était en bons termes; à son salut ordinaire, qui consistait à remuer la queue, il en joignit un qui
n'était pas habituel : il écartait ses lèvres de manière à dessiner
une sorte de sourire ou de ricanement; puis, une fois dehors, il
voulut faire d'autres démonstrations de fidélité. Comme il était
de son devoir de chien de chasse d'aller chercher le gibier et de
faire l'aimable avec la personne à qui il le rapportait, il avait
associé ces deux actes dans son esprit et les y avait confondus
en un même acte de propitiation; aussi, après avoir remué la
queue et ricané, il voulut accomplir cet acte de propitiation
autant qu'il était possible, puisqu'il n'avait pas d'oiseau mort à
apporter. Il chercha autour de lui une feuille morte ou un autre
petit objet qu'il rapporta avec un redoublement de manifestations amicales. C'est, je crois, un état d'esprit analogue qui
porte le sauvage à certaines observances fétichistes d'un genre
anormal. Quelquefois, le sauvage, en quête de quelque assistance
surnaturelle, saisit la première pierre qu'il a sous la main, la
colore en rouge et lui fait des offrandes. Voulant plaire à un
esprit, il éprouve le besoin de montrer ce désir, et il adopte la
pratique la plus à sa portée, dont il fait un acte de propitiation.
Des esprits, il y en a partout : il y en a peut-être un dans cette
pierre; oui, il y en a très-probablement un dans cette pierre.
C'est ainsi que l'homme primitif, chez qui le produit de l'imagination devient vite un objet de croyance, adopte cette manière
d'exprimer sa subordination. Nous voyons tous les jours parmi
nous des faits qui prouvent que le désir de *faire quelque chose*,
en présence d'une circonstance qui se produit, inspire des

actions qui n'ont aucun rapport avec le but. « Cela peut faire du
bien et ne peut faire du mal, » tel est motif qu'on donne pour
s'excuser d'une foule d'actes qui ne sont pas plus fondés que le
culte d'une pierre colorée.

L'esprit féliche. — Les faits que nous avons présentés
(§ 159-163) pour montrer que l'agent surnaturel censé contenu
dans un objet inanimé auquel le sauvage adresse son culte,
était primitivement un esprit d'homme, sont, je pense, assez
concluants. Toutefois j'en ai trouvé de plus décisifs encore dans
l'ouvrage du docteur Henry Rink sur les Esquimaux, dont nous
avons parlé déjà. Ces deux esprits se confondent sous un même
nom dans le passage que je cite : « La totalité du monde visible
est gouverné par des puissances surnaturelles, ou « possesseurs »,
au sens le plus large, dont chacune exerce sa domination dans
certaines limites, et prend le nom d'*inua*, c'est-à-dire son *inuk*,
mot qui veut dire *homme* et aussi *possesseur* ou *habitant*. »
(P. 37.) Ainsi l'agent censé possesseur auquel on rapporte les propriétés d'un objet s'appelle l'*homme de cet objet* : l'homme
qui y réside, c'est-à-dire l'esprit d'homme qui le hante. Les *inue*
de certains objets célestes étaient des personnes ayant chacune
un nom ; ce qui suppose que les *inue* des autres objets sont
aussi conçus sous forme de personnes, sans qu'on les distingue
individuellement.

Culte des reptiles. — Les faits rapportés dans le paragraphe 167 prouvent que, dans diverses parties du monde, le culte
du serpent provient de ce qu'on admet que les serpents qui fréquentent les habitations ne font qu'un avec les ancêtres revenus
à la vie. Nous avons parlé de lézards qui hantent les maisons et
qui acquièrent un caractère sacré de la même manière. Voici
encore un fait qu'on m'a indiqué : « La province de Samogitie
est couverte de bois et de forêts, où l'on peut quelquefois rencontrer des apparitions horribles ; un grand nombre d'idolâtres
y demeurent, qui prennent soin comme d'un dieu domestique
d'un reptile qui a quatre petites pattes comme un lézard, avec
un corps plat, noir, qui n'excède pas trois palmes de long (environ 23 centimètres). On appelle ces animaux *givoïtes*, et à certains jours on les laisse ramper par la maison à la recherche des
aliments qu'on a préparés pour eux. Ils sont l'objet de la vénération superstitieuse de toute la famille, jusqu'au moment
où, ayant apaisé leur faim, ils retournent d'où ils viennent. »
(Heberstein, *Res moscovit.* (trad. de Major).

Culte du lotus. — Dans le chapitre consacré au culte des
plantes, je n'ai rien dit du culte du lotus, parce que je ne vou-

lais pas compromettre ma thèse par un argument d'une valeur douteuse. Toutefois les faits suffisent pour autoriser à penser que le culte du lotus a pris naissance de la même manière que le culte du soma.

Il est clair qu'une plante, ou le produit d'une plante portant ce nom, a servi de stimulant nerveux pour amener un état de délicieuse indifférence; mais entre toutes les plantes qui ont reçu ce nom, on ne sait quelle est celle qui produisait ces effets. En outre, il existait en Orient une croyance à une divinité qui résidait dans une plante aquatique appelée lotus; et actuellement, au Thibet, le culte de ce dieu du lotus est la religion dominante. D'après Wilson (*Abode of Snow*), on y récite chaque jour, et chaque heure une prière, ainsi conçue : « Om mani padme haun, » qui veut dire littéralement : « O Dieu! joyau du lotus, amen. » Le mot *mani*, traduit par joyau, veut dire en général une chose précieuse, et s'applique à tous les objets sacrés, aux longues pierres des tombeaux, aux moulins à prières, etc., de sorte que la pensée primitive lue à travers les expressions figurées paraît être : « O Dieu! puissance précieuse ou sacrée du lotus. » Les difficultés qu'on rencontre quand on veut expliquer les anciennes légendes où il est question de lotophagie, aussi bien que cette superstition qui existe encore, proviennent de ce que la plante connue aujourd'hui sous le nom de lotus ne possède point de propriété toxique. Il y a cependant moyen de les résoudre. Le lotus a une racine douce, et aujourd'hui même, dans le Cachemir, on retire cette racine du fond des lacs et on la mange. Or une racine douce contient des sucs fermentescibles, du sucre et de l'amidon : ne fait-on pas aujourd'hui de l'alcool avec la betterave? Il est donc possible que dans les premiers temps le suc et la fécule de la racine du lotus aient été employés à faire une boisson enivrante, exactement comme on emploie en certains endroits de nos jours le suc du palmier; et il est possible que les croyances relatives au lotus aient survécu en des temps où le breuvage tiré de la racine de cette plante était remplacé par d'autres d'une fabrication plus aisée. Nous avons d'autant plus raison de le croire que, dans les premiers temps du culte du soma, le suc était soumis à la fermentation, mais que plus tard il ne le fut plus, parce que d'autres espèces de liqueurs enivrantes avaient passé dans l'usage. Quoi qu'il en soit, un fait demeure : une plante dont un produit causait un état mental agréable portait le même nom qu'une plante considérée comme sacrée, parce qu'elle était le séjour d'un dieu.

On dit, il est vrai, qu'en Égypte le lotus était sacré comme symbole du Nil, et que le lotus indien soutenait la même relation avec le Gange. Je rappelle cette interprétation afin de faire la remarque que je ne crois pas qu'un usage primitif ait jamais pris naissance par le moyen d'un symbole. C'est une des erreurs qui proviennent de ce qu'on attribue des idées avancées à des esprits rudimentaires. Quiconque, au lieu de s'imaginer comment les usages primitifs ont pu prendre naissance, se met à observer comment ils se forment, ne voudra pas croire que l'homme primitif ait jamais adopté délibérément un symbole, ou même jamais conçu un symbole comme tel. Toutes les actions symboliques sont des modifications d'actions qui dans le principe avaient des fins pratiques; on ne les a pas inventées, elles sont un produit de développement. Le fait des mutilations suffit à faire comprendre la marche de ce développement.

Hommes dans le ciel. — Nous avons déjà vu dans le texte, par un exemple tiré des Esquimaux, qu'une croyance faisait des étoiles, etc., des hommes et des animaux qui avaient dans le principe vécu sur la terre (§ 190). Dans l'ouvrage du docteur Rink déjà cité, je trouve un exposé circonstancié de leurs idées sur les rapports physiques qui unissent le monde d'en haut à celui d'en bas, et les routes qui les mettent en communication :

« La terre et la mer qu'elle porte reposent sur des piliers et recouvrent un monde inférieur où l'on peut arriver par divers accès que donne la mer, aussi bien que par des fentes de rochers. Au-dessus de la terre se trouve un monde supérieur au-dessus duquel le ciel bleu, voûte solide, s'arrondit comme une coquille extérieure et, selon quelques-uns, tourne autour d'une haute montagne située au loin dans le nord. Le monde supérieur est une véritable terre, avec des montagnes, des vallées et des lacs. Après la mort, les âmes humaines se rendent ou bien dans le monde supérieur ou dans l'inférieur. On doit préférer le dernier, où il fait chaud et où il y a abondance de nourriture. Là sont les demeures des morts heureux, appelés *arsissut*, c'est-à-dire ceux qui vivent dans l'abondance. Au contraire, ceux qui vont dans le monde supérieur souffrent du froid et de la famine. On les appelle *arssartut*, ou joueurs de balle, parce qu'ils jouent à la balle avec une tête de walrus, ce qui donne lieu à l'aurore boréale ou aux lumières septentrionales. En outre, il faut considérer le monde supérieur comme une continuation de la terre dans le sens de la hauteur, quoique les individus ou au moins les âmes, détachées temporairement du corps, qui, dit-on, les ont visitées, ont pour la plupart traversé les airs. On peut considérer, semble-t-il, le monde supérieur comme identique avec la montagne autour du sommet de laquelle la voûte du ciel

exécute son éternelle révolution ; la route qui y mène du pied
de la montagne est trop longue ou trop escarpée. Un des récits
parle d'un homme qui serait allé avec son kayak (bateau) aux
confins de l'Océan, où le ciel descend pour le toucher. » (P. 37.)

« Outre les âmes des morts, il y a aussi dans le monde supérieur divers chefs. Parmi ceux-ci, il y a les possesseurs ou les
habitants des corps célestes, autrefois hommes, mais qui furent
de leur vivant retirés de la terre, qui y restent encore attachés
de diverse manière et qui la visitent de temps en temps. On a
dit aussi qu'ils étaient les corps célestes mêmes, et non pas seulement leurs *inue*; les histoires disent l'un et l'autre. Le possesseur de la lune était autrefois un homme appelé Aningant, et
l'*inua* du soleil était sa sœur... L'*erdluvirsinok*, c'est-à-dire
qui prend les entrailles, est une femme qui réside sur le chemin
de la lune et arrache les entrailles de tous ceux qu'elle peut faire
rire. Le *siagtut*, ou les trois étoiles du Baudrier d'Orion, étaient
des hommes qui se perdirent en chassant sur la glace. » (P. 48.)

Il serait difficile de trouver des faits prouvant mieux que la
personnification des corps célestes vient du passage supposé des
êtres terrestres, hommes et animaux, dans le ciel. Le monde
supérieur est pris ici pour la continuation matérielle de l'inférieur,
auquel il ressemble ; le voyage par lequel on s'y rend après la
mort est l'analogue des migrations après la mort vers les
régions lointaines de la surface de la terre, que nous retrouvons
en général dans les légendes des races primitives. Alors que
rien ne nous atteste le culte de la nature, nous avons des
preuves évidentes de l'identification de corps célestes avec des
personnes traditionnelles. Cela veut dire que la personnification
des corps célestes *précède* leur culte au lieu de le suivre, comme
les mythologues le prétendent. Ces faits, joints à ceux qui sont
rapportés dans le texte, rendent, je crois, assez claire l'origine
des noms des constellations et la genèse de l'astrologie.

Dieux sidéraux. — Pendant que je corrigeais les épreuves de
cet appendice, j'ai eu l'occasion d'ajouter aux faits déjà cités un
fait d'une grande importance, à l'appui des conclusions tirées
dans le texte. Je le trouve dans une inscription babylonienne
(III, Rawl., 53, n° 2, ligne 36) que le professeur Schrader a traduite comme il suit :

> « L'étoile Vénus au lever du soleil est Ishtar parmi les dieux,
> L'étoile Vénus au coucher du soleil est Baalbis parmi les dieux. »

Nous y trouvons un autre fait de personnalité multiple dans un
corps céleste, analogue aux faits relatifs au soleil et à la lune.

que nous avons mentionnés, mais bien plus précis. En effet, des autres exemples on pourrait conclure à la pluralité des personnes, mais ici nous la trouvons nettement indiquée. Cette croyance, qui ne saurait s'expliquer d'après aucune théorie admise, s'explique parfaitement dès qu'on voit dans la personnification le résultat d'un nom propre.

Autres mondes. — Voici un passage à l'appui de l'idée émise dans le texte (§ 113), d'après laquelle la conquête qui assujettit une race à une autre donne lieu à des croyances à divers autres mondes où se rendent respectivement les inférieurs et les supérieurs :

« S'il existe des distinctions de caste profondément tranchées, les âmes des nobles et des chefs sont censées se rendre dans une région meilleure que celle où vont les autres. C'est pour cela qu'en Cochinchine le peuple ne prend pas pour fêter les âmes des siens le même jour des morts que la noblesse, parce que sans cela les âmes des nobles en revenant auraient leurs anciens serviteurs pour porter les dons qu'elles reçoivent. (Bastian. *Vergl. Psychologie*, 89.)

Divinités des montagnes. — J'ai suggéré (§ 114) deux manières d'après lesquelles le culte des ancêtres donne naissance à des croyances à des dieux qui résident sur les pics élevés et ont accès dans le ciel. J'ai indiqué que l'une de ces origines est l'usage d'ensevelir les morts sur les sommets des montagnes, et que l'autre est probablement dans l'occupation des hauteurs fortifiées par les races conquérantes. J'ai depuis rencontré des faits qui vérifient ces suggestions.

Le premier se trouve dans un ouvrage publié récemment (*Voyages aux Philippines*, par F. Iagor). L'auteur fait voir qu'avant l'établissement des Espagnols dans le pays, le peuple professait les idées ordinaires et pratiquait les coutumes du culte des ancêtres; et il décrit les cavernes sacrées qui servaient de sépultures : il donne des exemples de la survie du respect religieux avec lequel on regardait autrefois ces cavernes. Il en a visité quelques-unes à Nipa-Nipa. « De nombreux cercueils, dit-il, des meubles, des armes, des bijoux, protégés par une terreur superstitieuse, y sont demeurés paisiblement pendant des siècles. Aucun bateau n'aurait osé les traverser sans accomplir une cérémonie religieuse, dérivée des temps du paganisme et destinée à gagner la faveur des esprits des cavernes que l'on croyait attentifs à châtier l'omission de la propitiation par des tempêtes et le naufrage. » A l'appui de cette croyance, Iagor raconte que les bateliers qui vinrent à la caverne avec le pasteur de Basey, pour y chercher des reliques, considérèrent un orage qui éclata pendant leur voyage « comme une punition de leur attentat ». Une fois qu'il nous a fait voir les croyances populaires, telles qu'elles existent encore en dépit de l'enseignement catholique, il montre d'après les anciens auteurs en quoi consistaient ces croyances. Il paraît qu'en mourant on choisissait le lieu de sépulture où l'on voulait être porté, et, d'après une autorité, « les morts de qualité » faisaient quelquefois déposer leurs cercueils « sur un lieu élevé, un rocher par exemple, au bord d'une rivière, où les gens pieux pouvaient les vénérer. » Il raconte que Thévenot dit que ces naturels offraient un culte à « ceux de leurs ancêtres qui s'étaient le plus distingués par leur courage et leur génie, qu'ils regardaient comme des dieux... Les gens âgés même mouraient dans ces idées et choisissaient des endroits particuliers, un par exemple situé dans l'île de Leyté, où ils pouvaient se faire enterrer au bord de la mer, de sorte que les marins qui passaient près de là pussent les reconnaître comme des dieux et leur adresser leurs hommages. » Iagor cite aussi Gemelli Careri, qui dit que « les plus vieux d'entre eux choisissent un endroit remarquable dans les montagnes et en particulier des promontoires en saillie sur la mer, afin d'y recevoir un culte des navigateurs. » Ce concours de faits est, selon moi, très-significatif. Nous y voyons des personnages éminents devenir dieux après leur mort; nous voyons qu'ils font des préparatifs de leur apothéose, et qu'en un certain sens ils demandent un culte. Nous les voyons choisir des sépultures élevées et visibles pour faciliter ce culte; nous voyons que l'on regarde comme un sacrilége de s'approcher de ces lieux, et qu'on divinise les esprits des morts au point de croire qu'ils expriment leur colère par des orages. Voilà tous les éléments dont la combinaison peut donner naissance à un Sinaï des Philippines.

Le fait dont je veux parler, qui nous montre une race envahissante s'emparant d'une forte position sur une hauteur, peut être l'origine d'une hiérarchie céleste qui réside sur le sommet d'une montagne; je l'emprunte à la traduction que Bancroft nous a donnée de la légende quichée. Elle commence à une époque où il n'y avait pas encore de soleil (c'est peut-être un fragment d'une légende encore plus ancienne apportée dans le Midi par des habitants des régions arctiques), et elle raconte d'abord une migration à la recherche du Soleil.

« Ainsi les quatre hommes et leurs gens partirent pour Tulan Zuiva, autrement appelé les Sept-Cavernes ou les Sept-Ravins; et ils y reçurent des dieux; chaque homme, comme chef de

famille, reçut un dieu. Mais comme le quatrième, Iqui-Balam,
n'avait pas d'enfant et ne fonda pas de famille, on ne tient
d'ordinaire pas compte de son dieu... Ils subirent encore à
Tulan bien d'autres épreuves, des famines et d'autres désastres,
l'humidité et le froid; en effet, la terre était humide parce qu'il
n'y avait pas encore de soleil. Ils se décidèrent à quitter Tulan,
et la plupart d'entre eux, sous la garde et la conduite de Tohil,
partirent pour chercher où ils pouvaient fixer leur demeure. Ils
continuèrent leur route au milieu des plus extrêmes difficultés
provenant du manque de nourriture... A la fin, ils arrivèrent à
une montagne appelée Hacavitz, du nom d'un de leurs dieux, et
ils s'y arrêtèrent, parce qu'ils purent comprendre à certains signes
qu'ils verraient le soleil... Le soleil, la lune et les étoiles étaient
maintenant tous établis. Cependant le soleil au commencement
n'était pas encore comme aujourd'hui; sa chaleur manquait de
force, il n'était que comme un reflet dans un miroir (cela s'explique si nous supposons une migration vers le midi...). Autre
merveille quand le soleil se leva! Les trois dieux de tribus,
Tohil, Avilix et Hacavitz, furent changés en pierres, comme le
furent aussi les dieux du lion, du tigre, de la vipère et d'autres
animaux féroces et nuisibles... Et le peuple se multiplia sur ce
mont Hacavitz et y bâtit sa ville... Et il adora les dieux changés
en pierres, Tohil, Avilix et Hacavitz... Ils commencèrent à
arroser leurs autels avec le sang du cœur des victimes humaines.
De leur retraite élevée, ils guettaient les voyageurs isolés appartenant aux tribus voisines, fondaient sur eux, s'en rendaient
maîtres et les égorgeaient en sacrifice. Le cœur des habitants
des villages voisins s'épuisait à la poursuite d'ennemis inconnus.
Mais à la fin on sut parfaitement que la cause de tous ces enlè-
vements étaient Tohil, Avilix, Hacavitz et le culte qu'on leur
offrait. Aussi le peuple de ces villages conspira-t-il contre eux.
Ils firent contre les dieux nombre d'attaques à force ouverte ou
par ruse, ainsi que contre les quatre hommes, et leurs fils, et
leurs gens; mais pas une ne réussit, tant étaient grands la
sagesse, la puissance et le courage des quatre hommes et de
leurs dieux... A la fin, la guerre se termina... Et les tribus s'hu-
milièrent devant la face de Balam-Quitzé, de Balam-Agab et de
Mahucutah... Maintenant il arriva que le temps de la mort de
Balam-Quitzé, de Balam-Agab, de Mahucutah et d'Iqui-Balam
s'approcha... Et ils dirent : Nous retournons à notre peuple...
C'est ainsi que les vieillards prirent congé de leurs fils et de
leurs femmes... Alors tout d'un coup les quatre vieillards ne
furent plus; mais à leur place il se trouva un grand paquet...
On l'appela la Majesté enveloppée... et on brûla de l'encens

devant lui. » (On disait qu'un paquet de ce genre contenait les restes de Camaxtli, le premier dieu de Tlascala.) (Vol. III, 49, 54.)

Dieux et hommes. — Le *Récit chaldéen de la Genèse* de M. George Smith, qui vient de paraître, me fournit de nouveaux motifs de m'arrêter aux idées que j'ai émises (§ 200) sur les « dieux et hommes » de la légende hébraïque. Voici le passage : « Il parait, d'après la ligne 18 de la tablette, que la race d'hommes dont il est question est le *Zalmat-qaqadi*, ou race au teint foncé, et dans d'autres fragments de ces légendes on les appelle Admi ou Adami, exactement le nom donné au premier homme dans la Genèse... Sir Henri Rawlinson a déjà montré que les Babyloniens reconnaissaient deux races principales : les Adamu, ou race au teint foncé, et les Sarku, ou race au teint clair, probablement de la même manière que les deux races sont indiquées dans la Genèse, les fils d'Adam et les fils de Dieu. Il semble, d'après les fragments d'inscriptions, que ce fut la race d'Adam, la race au teint foncé, à qui une croyance attribua la chute. » (P. 85.) Ce passage nous apporte aussi une vérification de l'idée que nous avons avancée (§ 178, note) que le fruit défendu était le produit d'une plante qui donnait l'inspiration et dont la race conquérante défendait l'usage à la race subjuguée. On objectera peut-être que les mots « fruit » et « manger » n'autorisent pas cette interprétation. Mais ne nous servons-nous pas de ces mots en un sens métaphorique (ne dit-on pas le fruit des entrailles, manger de l'opium)? D'ailleurs on peut opposer une raison plus directe. Canon Callaway dit que chez les Zulus « on parle de la bière comme d'un aliment, on dit manger de la bière; ils appellent aussi la fumée de tabac un aliment et disent qu'ils la mangent. »

Dieux fidjiens. — Depuis que j'ai écrit la comparaison entre le panthéon grec et celui des îles Fidji (§ 201), un correspondant inconnu a eu la bonté de m'envoyer une note intéressante à ce sujet. On la trouve dans un document parlementaire, la *Correspondance relative à la cession des îles Fidji*, présentée le 6 février 1875, p. 57. Ce document se rapporte à la propriété originelle du sol; et le passage dont je veux parler y semble ajouté pour montrer comment l'idée de propriété est modifiée dans ce pays par la croyance des habitants.

« Note. Leurs pères ou leurs dieux. Il n'est pas hors de propos de rapprocher de la note précédente un ou deux faits en vue de montrer que le chef de la tribu, c'est-à-dire l'ascendant mâle vivant du rang le plus élevé, en était considéré comme le père.

Il avait une propriété absolue sur les personnes, la propriété et la vie des membres de la tribu, et avant comme après sa mort on le traitait avec le même respect qu'un dieu.

« La langue fidjienne ne fait aucune différence, dans les mots, entre les témoignages de respect et de vénération qu'on rend à un chef et ceux qu'on rend à un dieu. J'emprunte au vocabulaire fidjien de Hazelwood quelques mots avec leur sens. 1o Tama, père. 2o Tama-ka, vénérer, battre des mains, ou exprimer de quelque manière l'idée de dieu ou de chef. 3o Cabora, offrir ou présenter la propriété à un dieu ou à un chef. 4o Ai-sevu, les premières ignames déterrées, les premiers fruits, qu'on offre généralement aux dieux, et qu'on donne à un chef. 5o Tauvu et Veitauvu, littéralement avoir la même racine, venir de la même source, se dit des gens qui adorent le même dieu... »

La façon de jurer des Fidjiens ressemble à celle des peuples de la haute Asie. Deux hommes qui se querellent ne jurent jamais l'un contre l'autre ; ils ne prononcent pas même le nom l'un de l'autre. Ils lanceront des imprécations contre leurs pères, leurs grands-pères, ou leurs aïeux les plus lointains. C'est que lancer des imprécations contre le père d'un Fidjien, c'est maudire son dieu... La hiérarchie de l'autorité chez les Fidjiens est d'abord la famille ; puis l'association de beaucoup de familles, ce qui constitue le qali ; enfin l'union des qalis sous un chef héréditaire, ce qui constitue le matanitu. C'est de nos jours la répétition de la famille, de la *gens* et de la tribu, système social encore rigoureusement en vigueur en Polynésie.

Culte des ancêtres aryens. — Plus je considère les faits, plus je demeure surpris que les partisans de la théorie des mythes affirment pour la défendre que les Aryens se distinguent des races inférieures en ce qu'ils n'ont pas pratiqué le culte des ancêtres, et qui, ne pouvant en méconnaître l'existence chez eux, prétendent qu'ils l'ont emprunté à des races inférieures. Si l'aventurier américain Ward, aujourd'hui divinisé en Chine, y a un temple élevé en son honneur, on ne trouve pas la chose contre nature, parce que les Chinois ont le culte des ancêtres. Mais dans l'Inde, chez les Aryens, nous sommes obligés d'attribuer au mauvais exemple donné par les races inférieures l'érection d'un temple, à Bénarès, à l'aventurier anglais Warren Hastings (*Parliamentary History*, XXVI, p. 773-777).

Je ne trouve qu'hypothèse gratuite à opposer aux faits patents qui prouvent que le culte des ancêtres florissait chez les Aryens primitifs, qu'il a régné longtemps chez les Aryens civilisés, qu'il a survécu avec une rare vigueur dans le christianisme du moyen âge, et qu'il n'a pas encore péri. Nous apprenons que l'*Avesta* décrit les sacrifices destinés aux morts et contient des prières pour les invoquer. Nous lisons dans les lois de Manou (trad. de sir W. Jones, III, 203) que « une oblation faite par des Brahmanes à leurs ancêtres surpasse une oblation aux dieux, parce que celle qu'on fait aux dieux est censée l'ouverture et le complément de celle des ancêtres. » Si nous passons aux Aryens qui ont émigré à l'ouest, nous apercevons que les cérémonies de propitiation envers les morts étaient en honneur chez eux, et nous trouvons dans l'*Histoire de la Grèce* de Grote ces mots : « devoirs funèbres, sacrés par-dessus tous les autres aux yeux des Grecs. » Nous nous souvenons que les premiers Romains, qui attribuaient à leurs dieux-mânes le goût du sang humain, leur en fournissaient fidèlement. En présence de ces faits, il faut une bien grande témérité pour soutenir que le culte des ancêtres n'était pas indigène chez les Aryens, mais qu'ils l'avaient emprunté.

S'il était vrai que la nécrolâtrie n'avait pas des racines dans l'esprit primitif des Aryens, comme dans l'esprit primitif d'autres races (différence étonnante si elle a existé), il serait bien étrange qu'il eût été si difficile de l'extirper, encore qu'elle fût superficielle. Le christianisme est devenu la religion dominante sans l'étouffer. Dans un capitulaire de 742, Karloman interdit « les sacrifices aux morts ». Le christianisme moderne n'a même pas supprimé la nécrolâtrie, comme nous l'avons vu (§ 152). Voici encore un fait que je tire de Hanusch (*Slavischer Mythus*) (p. 408) : « D'après Gebhardi, les Misniens, les Lusaciens, les Bohémiens, les Silésiens et les Polonais, le 1er mars de grand matin, sortaient avec des torches, et se rendaient au cimetière pour offrir des aliments à leurs ancêtres. Selon Grimm, les Esthoniens laissent des aliments pour les morts la nuit du 2 novembre, et se réjouissent le lendemain matin quand ils voient qu'une partie de ces aliments a été consommée... Chez tous les Slaves, il y avait une coutume de servir un repas aux morts non-seulement le jour des funérailles, mais chaque année; le premier était destiné à un mort en particulier, les autres aux morts en général... On croyait que les âmes se rendaient personnellement à ces derniers. On jetait en silence de petits morceaux d'aliments pour eux sous la table. On croyait les entendre bourdonner et les voir se repaître de l'odeur et de la vapeur des mets. »

Je termine par le témoignage décisif d'un homme qui a eu des occasions exceptionnelles d'étudier les superstitions aryennes qui prennent naissance actuellement, et dont les articles, publiés dans la *Fortnightly Review*, montrent combien il est compétent à la fois pour bien observer et pour bien raisonner sur ces faits. Je veux parler de M. A.-C. Lyall. « Je ne sais pas, m'écrit-il, qui peut avoir dit ce que vous citez à la page 313 : qu'aucune nation indo-européenne ne paraît avoir fait une religion du culte des morts ; c'est une idée absolument insoutenable. Ici, dans le Radjpoutana, au milieu des tribus aryennes les plus pures, le culte des ancêtres fameux est le plus en honneur ; et tous leurs héros sont plus ou moins divinisés. »

Religion des Iraniens. — Au moment où j'allais envoyer cet appendice à l'imprimerie, le docteur Schepping a attiré mon attention sur des faits très-importants contenus dans l'ouvrage de Fr. Spiegel, intitulé *Eranische Alterthumskunde,* II (1873), 91, etc. Outre qu'ils fournissent une vérification nécessaire de ce que j'ai dit du culte des ancêtres dans le *Zend-Avesta,* ils nous font connaître les idées qui régnaient dans le rameau aryen des Perses sur les esprits (*fravachis*) et sur le rôle des esprits dans la création.

Nature du fravachi (p. 92). — « Le *fravachi* est en premier lieu une partie de l'âme humaine. C'est en ce sens que le mot est employé dans l'*Avesta.* Des ouvrages plus récents des Parsis nous donnent des informations plus exactes sur le rôle du *fravachi.* Le *frohor* ou *fravachi,* dit un de ces livres, le *Sadder Bundehech,* a pour tâche de rendre utile ce qu'un homme mange et d'écarter les parties les plus lourdes. En conséquence, le *fravachi* est intermédiaire entre le corps et l'âme ; mais on en fait une personne, indépendante d'une manière générale et particulièrement du corps. Le *Sadder Bundehech* reconnaît encore d'autres puissances pyschiques, la force vitale (*jân*), la conscience morale (*akho*), l'âme (*revân*), l'aperception (*bôi*). La force vitale est si entièrement unie au corps, que le dernier périt aussitôt que le premier s'est évanoui. Dans un corps ainsi condamné à périr, les autres forces psychiques peuvent demeurer : elles l'abandonnent ; la conscience morale, parce qu'elle n'a rien fait de mal, va droit au ciel, tandis que l'âme, l'aperception, et le *fravachi,* demeurant ensemble, ont à répondre pour les actes de l'homme et sont récompensés ou punis. »

Fravachis des dieux et des hommes (94). — « Tout être vivant a un *fravachi,* non-seulement dans le monde terrestre, mais dans le monde des esprits. Ahoura-Mazda (le dieu suprême) lui-même n'y fait pas exception ; on fait souvent allusion à son *fravachi* (*Vd.,* 19, 46 ; *Yt.,* 13, 80), aussi bien qu'aux fravachis des Amescha-çpentas et des autres Yazatas (*Yç.,* 23, 3 ; *Yt.,* 13, 82). Plus souvent, on trouve invoqués les *fravachis* des Paoiryot-kaechas, c'est-à-dire ceux des hommes pieux qui vivaient avant la promulgation de la loi. On y ajoute, en général, les fravachis des plus proches parents, et celui de la personne même... Il peut sembler étrange qu'on invoque les *fravachis* des personnes « nées et non nées ». (*Yç.*, 26, 20.) On peut en trouver la raison dans *Yt.*, 13, 17, où il est dit que les *fravachis* des gens pieux qui vivaient avant la loi et ceux des êtres qui apparaîtront dans l'avenir sont plus puissants que ceux des autres gens vivants ou morts. Nous voyons ici un mélange du culte des mânes et de celui des héros. Parmi ces *fravachis*, les ancêtres de la famille particulière, ou de la tribu particulière, recevaient un culte. » (P. 97.)

Les faits qui précèdent sont tirés de l'*Avesta*. Dans les monuments de l'Orient, le nom des fravachis ne se retrouve pas. Toutefois je ne doute pas que ceux qui les ont construits ne les connussent. Selon moi, ils correspondent aux divinités de clan (*vithibis bagaibis*), mentionnées plusieurs fois par Darius dans son inscription II ; ces divinités sont les θεοί πατρῷοι des anciens. »

Puissance des fravachis (p. 95). — « Les *fravachis* ne manquaient pas de puissance. Leur principale tâche était la protection des êtres vivants. C'est par leur splendeur et leur majesté qu'Ahoura-Mazda est en état de protéger l'Ardviçura Anáhita (*Yt.*, 13, 4) (une source et une déesse) et la terre, où coule l'eau, où les arbres poussent. Les *fravachis* protègent aussi les enfants dans le sein de leur mère... C'est d'eux que dépend surtout la juste distribution des avantages terrestres. C'est par leur assistance que le bétail et les bêtes de trait peuvent marcher sur la terre, et sans eux le soleil, la lune, les étoiles, l'eau elle-même ne pourraient trouver leur chemin, ni les arbres pousser. (*Yt.*, 13, 53, etc.) (P. 96.) « En conséquence, l'agriculture fera bien de s'assurer le secours de ces divinités puissantes. Il en est de même des guerriers ; en effet, les *fravachis* viennent en aide aux combattants ; Mithra, Rachun et le vent victorieux les accompagnent. Il est de grande importance que les *fravachis* demeurent étroitement unis avec leurs familles. Ils demandent de l'eau pour leur clan, chacun pour le sien, quand on la puise dans le lac Vourouskacha ;... chacun combat dans le lieu où il a à défendre un foyer, et les rois et les généraux qui ont besoin de leur aide contre des ennemis pressants, doivent surtout les invoquer. Alors ils viennent et prêtent secours, s'ils ont été satisfaits et non offensés. (*Yt.*, 13, 69-72.) Les *fravachis* ne prêtent pas leur secours seulement aux guerriers; on peut encore les invoquer contre les choses effrayantes, contre les hommes méchants et les mauvais esprits. »

Les fravachis et les étoiles (494). — « Nous lisons dans le

Minô-Khired : « Toutes les étoiles innombrables que l'œil peut apercevoir s'appellent les *fravachis* de ceux de la terre (des hommes ?), parce que, pour la totalité de la création, œuvre du créateur Ormuzd, pour les gens nés et ceux qui ne sont pas nés, un *fravachi* de même essence se montre. » D'où l'on voit que les *fravachis* ou étoiles forment l'armée qui... combat contre les démons. »

Culte des fravachis. — « Comme des autres génies de la religion de Zoroastre, on obtient bien des choses des *fravachis* quand on gagne leur faveur ; leur puissance et par suite leur activité dépendent des sacrifices qu'on leur adresse. Il est probable qu'on adorait le 19 de chaque mois : leurs fêtes principales, pourtant, avaient lieu durant les jours intercalaires ajoutés à la fin de chaque année. Pendant ce temps, les fravachis viennent sur terre et y restent dix nuits, y attendant les sacrifices habituels de vivres et de vêtement (*Yt.*, 13, 49). (Comparez avec les superstitions germaniques et slaves.) On ne saurait douter que le culte des *fravachis* n'ait joué un rôle considérable chez les Iraniens, mais peut-être plus dans le sein de la famille qu'en public. Il semblerait qu'il y en avait de deux sortes. Assurément le culte des héros était général, c'est-à-dire la vénération des Paoiryôtkaechas (hommes pieux avant la loi). Au culte s'unissait, à une certaine époque peut-être, le culte des *fravachis* de la famille royale. D'autre part, le culte des ancêtres avait un caractère exclusivement privé. »

Analogies chez les Aryens. — (P. 98.) « Il semble que la coutume d'honorer la mémoire des ancêtres par des sacrifices ait été le propre des Indo-Germains dès le commencement. C'est la raison pour laquelle on trouve des ressemblances si frappantes dans le culte de divers rameaux de cette race, culte qui sans doute remonte à une époque très-ancienne... On a justement fait remarquer que, de même que les Iraniens concevaient que les *fravachis* étaient les étoiles, les anciens Hindous croyaient que les bienheureux rayonnaient sous forme d'étoiles. (Justi, *Wörterbuch*, Fravachis.) Il ne faut pas oublier que ce culte des étoiles est très-semblable à celui de l'armée céleste dont il est question dans l'Ancien Testament. »

Ici encore, les plus hautes autorités contiennent des phrases qui prouvent directement l'existence d'un culte des ancêtres florissant, et qui donnent leur appui à plusieurs doctrines exposées dans la première partie de cet ouvrage. Le *fravachi* est l'une des âmes de l'individu (et nous avons vu que diverses races sauvages croient qu'il y en a plusieurs, deux, trois et même quatre), et c'est pour cela qu'il est l'esprit prépondérant, celui dont on veut obtenir la faveur. On suppose qu'il a besoin

d'aliments, comme l'autre soi du sauvage mort. Ce ne sont pas
les hommes ordinaires seulement qui ont un esprit; les dieux, y
compris le dieu suprème, en ont un, ce qui suppose que ces
dieux étaient primitivement des hommes : il y a le dieu et l'*esprit
du dieu*, comme chez les Hébreux. Nous voyons aussi que ces
fravachis, qui sont des esprits ancêtres, deviennent les agents
auxquels on assigne les forces des objets extérieurs, c'est-à-dire
des esprits fétiches. Nous voyons qu'ils ont peuplé le ciel, qu'ils
se sont établis dans le soleil, la lune et les étoiles qu'ils meuvent. Nous voyons enfin que leur culte, commençant par celui
des esprits ancêtres de la famille et du clan, donne naissance
avec le temps au culte des personnages les plus illustres de la
tradition, tels que les anciens héros ou dieux, comme chez les
Fidjiens et autres peuplades de nos jours.

L'anthropomorphisme au moyen-âge. — Je cite ici quelques vers de vieux français auxquels j'ai fait allusion dans le
texte (§ 203) et que M. Collier m'a signalés. Ils racontent comment Dieu est venu à Arras pour y apprendre les chansons du
pays (Diex volait d'Arras les motès aprendre), comment il tomba
malade, et comment il fut guéri par un *trouvère* qui le fit rire :

> Quant Diex fut malade, por lui rehaitier
> A l'ostel le prince se vint acointier ;
> Compaignons manda por estudiier ;
> Pouchins, li ainsnés, ki bien set raisnier
> De compleusion, d'astrenomier ;
> Je vi k'il fit Diu le couleur cangier,
> Car encontre lui ne se séut aidier.
> . . . .
> Bretians s'est vanté qu'à Diu s'en ira,
> Plus que tout li autre l'esbaniera :
> Il fit le paon, se brail avala,
> Celui de Bengin trestout porkia,
> Diex en eut tel joie, de ris s'escreva,
> De sa maladie trestous repassa.
>
> Or est Diex waris de se maladie,
> Gares vint laiens, ce fut vilenie,
> Et Baudes Becons, ki met l'estudie
> En trufe et en vent et en merderie.
> De leur mauvaisté Diex se regramie.
> Que se grans quartaine li est renforcie.
>   (Montmerqué et Michel, *Thédtre français
>   au moyen-âge*, p. 22-23.)

APPENDICE *B*

*En dirigeant dans le texte, contre la théorie mythologique,
la critique négative qui ressort d'une théorie opposée, je n'ai
pas laissé d'en faire un peu la critique positive. Mais je n'ai
pas voulu embarrasser mon sujet des objections que je pouvais y opposer. Je ne veux pas non plus exposer longuement
à cette place les raisons que j'ai de rejeter la théorie mythologique. Il faut voir dans les pages qui suivent des têtes de
chapitre que le lecteur aura soin de remplir.*

1. Il est évident à première vue qu'une science plus spéciale
ne saurait être parfaitement comprise tant que la science plus
générale qui la renferme ne l'est pas ; il en résulte qu'on ne
peut se fier aux conclusions tirées de la science plus spéciale
tant qu'on manque des conclusions tirées de la plus générale.
C'est pour cela que l'on ne peut ajouter aucune foi aux preuves
philologiques tant qu'elles ne reposent pas sur des preuves psychologiques. Lorsqu'au lieu d'étudier les faits de l'esprit directement
on les étudie par une méthode indirecte à travers les faits du
langage, on introduit nécessairement dans l'étude de nouvelles
causes d'erreur. Quand on veut interpréter des idées en voie
d'évolution, on est exposé à se tromper. Quand on veut interpréter
des mots et des formes verbales en voie d'évolution, on rencontre
d'autres causes d'erreur. C'est affronter deux ordres de difficultés à la fois que d'étudier le développement mental à travers
le développement du langage. Encore que les faits fournis par
l'évolution des mots aient l'utilité d'un témoignage auxiliaire,
ils servent peu par eux-mêmes ; et on ne saurait en comparer la
valeur avec celle des faits, tirés du développement des idées.
Aussi la méthode des mythologues, qui raisonnent d'après les
phénomènes présentés par les symboles, au lieu de raisonner

d'après les phénomènes symbolisés, est une méthode trompeuse.

Un exemple suffira. Dans une leçon faite à l'Institution royale le 31 mars 1871, le professeur Max Muller disait : « Les Zoulous appellent l'âme l'ombre, et *telle est l'influence du langage* que, même contre le témoignage des sens, les Zoulous croient qu'un corps mort ne saurait projeter une ombre, parce que l'ombre, ou, comme nous dirions, l'esprit, s'en est séparée. » On croit que cette explication ne repose que sur le langage. On laisse de côté le cours des idées qui, chez tant de races, a produit l'identification de l'âme et de l'ombre, et qui a pour corollaire le départ de l'âme ou de l'ombre au moment de la mort. Les lecteurs qui auront tiré profit des nombreuses preuves que nous avons fournies dans cet ouvrage reconnaîtront la profondeur de cette erreur.

2. La méthode des mythologues renverse la bonne d'une autre manière, différente sans doute, mais qui tient à la première. Ils partent des idées et des sentiments que les civilisés possèdent. C'est avec ces idées qu'ils étudient les sentiments des demi-civilisés. Ils passent de là par voie d'induction aux idées et aux sentiments des non-civilisés. Ils commencent par le complexe et en tirent les facteurs du simple. Une analogie fera sentir la gravité des erreurs qu'on peut attendre de cette méthode. Tant que les biologistes ont tiré leurs idées principales d'organismes supérieurs, ils sont arrivés à des conclusions tout à fait erronées ; ils ne sont entrés dans la bonne voie que lorsqu'ils se sont mis à étudier les organismes peu développés, les types inférieurs et les embryons des types supérieurs. Jamais un anatomiste occupé uniquement de l'étude de mammifères adultes n'eût imaginé que les dents, implantées dans les mâchoires, n'appartiennent pas au squelette, mais qu'elles sont des productions dermiques. Ce n'est là qu'un exemple des innombrables révélations que l'étude des animaux dans l'ordre d'une évolution ascendante nous a apportées. De même les phénomènes sociaux, y compris les systèmes de croyance que les hommes ont formés. Il faut suivre dans cette étude, comme dans la biologie, l'ordre de l'évolution ascendante. On ne peut trouver la clef de leurs croyances que dans les idées des races les plus inférieures.

3. Nous voyons dans le postulat du professeur Max Muller, qui suppose qu'il y a eu d'abord une conception élevée de la divinité que la mythologie est venue corrompre, un exemple des altérations que peut produire la méthode qui recherche la genèse des croyances en descendant au lieu de la rechercher en remontant. « Plus nous remontons dans le passé, dit-il,

plus nous examinons les premiers germes d'une religion, plus les conceptions de la divinité se montrent pures. » Or, à moins de supposer que le professeur Max Muller ignore les faits que nous avons réunis dans ce volume, nous devons reconnaître dans ce passage une perversion de pensée qui provient de ce qu'il ne les regarde pas dans l'ordre qu'il faut. Nous le devons d'autant plus que ses recherches linguistiques lui prouvent par de nombreux exemples que les rangs inférieurs de l'espèce ne possèdent point de mot qui puisse exprimer l'idée d'une puissance universelle et ne sauraient, d'après la propre doctrine de Max Muller, en avoir l'idée. Le sauvage manque de mots propres à exprimer même les idées générales et les abstractions d'ordre inférieur ; il est donc impossible qu'il en possède qui puissent servir à former une conception unissant une haute généralité avec une profonde abstraction. Il est très-improbable que les explications mythologiques du professeur Max Muller qui s'accordent avec un postulat aussi peu justifié, soient vraies.

4. La loi du rhythme appliquée à la sociologie suppose que les changements alternatifs d'opinion sont violents dans la mesure où ces opinions sont extrêmes. La politique, la religion, la morale en fournissent toutes des exemples. On a accepté sans réserve la foi chrétienne, et plus tard les hommes qui l'ont soumise à l'examen se sont mis à la rejeter sans réserve comme une invention de prêtres : faute des deux parts. Pareillement, après une période où l'on admettait la vérité absolue des légendes classiques, on s'est mis à les rejeter comme totalement fausses ; tantôt on y a vu des faits historiques, tantôt on les a mises au rebut comme de pures fictions. Il est probable que ces deux jugements sont erronés. Persuadés que l'impulsion de la réaction emportera l'opinion trop loin, nous pouvons conclure que ces légendes ne sont ni entièrement vraies ni entièrement fausses.

5. L'hypothèse qui admet la possibilité d'établir une démarcation entre la légende et l'histoire est absolument insoutenable. Il est absurde de supposer qu'à un certain moment nous passons subitement de la phase mythique à la phase historique. Le progrès, le développement des arts, l'augmentation du savoir, une vie mieux réglée, tout cela suppose une transition graduelle allant de traditions où il y a peu de réalité et beaucoup de fiction à des traditions où il y a peu de fiction et beaucoup de réalité. Il ne saurait y avoir de solution de continuité, de changement brusque. Par suite, toute théorie qui regarde les traditions comme absolument anhistoriques, avant l'époque où

on les a regardées comme historiques, est forcément fausse. Il faut admettre que plus le récit est ancien, plus le noyau historique qu'elle renferme est petit, mais qu'il contient pourtant un noyau historique. Les mythologues ne tiennent pas compte de cette nécessité.

6. Si nous considérons cet oubli à un autre point de vue nous en serons encore plus frappés. Une société qui grandit, arrivant enfin à l'époque où l'on commence à consigner les événements dans des documents, a dû passer par une longue suite d'événements qui n'ont pas été consignés. Les plus frappants ont été transmis par tradition orale. Cela veut dire que toute nation primitive qui a une histoire écrite a eu, auparavant, une histoire non écrite dont les parties les plus remarquables ont survécu plus ou moins altérées dans la tradition. Du moment qu'on admet que les prétendus actes des héros, des demi-dieux, des dieux, antérieurs à l'histoire positive, sont ces traditions altérées, tout va bien. Mais si nous disons que ce sont des mythes, une question se pose : Où sont les traditions altérées des événements réels ? Toute hypothèse qui ne fournit pas une réponse satisfaisante à cette question est hors de cour.

7. La nature des légendes préhistoriques soulève une autre objection. Dans la vie des sauvages et des barbares, les principaux événements sont des guerres. D'où vient que le trait commun à toutes les mythologies, indienne, grecque, babylonienne, thibétaine, mexicaine, polynésienne, etc., à savoir que les premiers exploits racontés, y compris même les événements de la création, prennent la forme d'un combat, est d'accord avec l'hypothèse qui donne ces légendes comme des récits idéalisés des affaires humaines? Mais ce trait ne s'accorde point avec l'hypothèse qui en fait des fictions destinées à expliquer la genèse et l'ordre de la nature. Le mythologue imagine que les phénomènes se formulent ainsi; mais rien ne prouve qu'ils ont dû se formuler ainsi dans un esprit primitif. Pour s'en assurer, il n'y a qu'à demander si un enfant à qui l'on n'a rien appris se représenterait le monde extérieur et les changements qui s'y passent comme les effets de batailles.

8. L'étude des superstitions par la méthode analytique descendante au lieu de la méthode synthétique ascendante conduit à d'autres erreurs; elle donne à supposer au culte de la nature des causes qu'il n'a pas. L'esprit rudimentaire de l'homme primitif n'a ni les tendances émotionnelles ni les tendances intellectuelles que les mythologues supposent.

Remarquez d'abord que les idées et les sentiments qui sont l'origine *réelle* de ce culte, et que nous avons montrés dans ce volume, se retrouvent dans toutes les formes de l'esprit rudimentaire, dans celui du sauvage, dans celui de l'enfant d'une race civilisée, dans celui de l'adulte civilisé, qui n'a pas reçu d'instruction. Tous ont la crainte des esprits. La frayeur qu'éprouve l'enfant quand il est dans l'obscurité, la crainte que ressent le paysan quand il a à traverser un cimetière la nuit, sont des exemples de la durée du sentiment qui est l'élément essentiel des religions primitives. Si donc ce sentiment, excité par de prétendus êtres invisibles, qui amène le sauvage à la pratique d'un culte, est un sentiment apparent parmi nous chez l'homme jeune et chez l'homme ignorant, il faut en conclure que si le sauvage a un sentiment analogue qui le porte à la pratique d'un culte, ce sentiment, évident chez lui, doit être pareillement apparent chez l'homme jeune et l'homme ignorant de notre race.

On peut en dire autant de l'élément intellectuel que les mythologues attribuent au sauvage. La tendance spéculative à laquelle ils rapportent les interprétations primitives de la nature, c'est une tendance dont le sauvage devrait faire preuve habituellement et que le moins développé des hommes civilisés devrait aussi montrer. Voyons les faits chez l'un et chez l'autre.

9. L'enfant qui a l'habitude de voir le soleil n'en éprouve aucun sentiment de crainte. Nul, reportant sa pensée sur son enfance, ne se rappelle un sentiment de crainte qui se rattache à cet objet, le plus frappant de tous ceux de la nature, ni aucun signe de ce sentiment chez aucun de ses camarades. Y a-t-il un paysan, y a-t-il une servante qui montre le plus faible sentiment de vénération pour le soleil? On le regarde de temps en temps, on l'admire peut-être à son coucher, mais c'est toujours sans qu'il s'y mêle même une ombre du sentiment appelé adoration. Le sentiment de ce genre qu'il fait naître, et ce n'est qu'un sentiment voisin de l'adoration, ne se produit que dans les esprits des gens instruits, auxquels la science a révélé l'immensité de l'univers. Il en est de même des autres choses familières. Un laboureur n'a pas même du respect pour la terre qu'il cultive; il a encore moins l'émotion qui le conduirait à voir dans la terre une divinité. Sans doute il arrive que l'enfant soit frappé de crainte par un coup de tonnerre, et qu'un ignorant regarde une comète avec une terreur superstitieuse; mais les coups de tonnerre et les comètes ne sont pas des phénomènes qui arrivent tous les jours et se produisent avec ordre. Des expériences quotidiennes prouvent que les objets et les forces

du monde extérieur, si grandes qu'elles soient, n'excitent aucune
émotion religieuse dans les esprits peu avancés, du moment
qu'ils sont communs et qu'ils ne passent pas pour dangereux.

Cet état que l'analogie nous permet d'attribuer au sauvage
est celui que les voyageurs décrivent. Les hommes des types les
plus inférieurs ne possèdent pas le sentiment de l'admiration.
Ainsi que nous l'avons vu (§ 45), ils ne s'étonnent même pas des
choses remarquables qu'ils voient pour la première fois, tant
que rien ne vient les alarmer. S'ils ne se trouvent pas surpris
par les choses avec lesquelles ils ne sont pas familiarisés,
encore moins le sont-ils par celles qu'ils voient tous les jours
depuis leur naissance. Qu'y a-t-il de plus merveilleux que la
flamme? Elle vient on ne sait d'où, elle se meut, elle rend des
sons, on ne peut la toucher, et pourtant elle endommage les
mains, elle dévore les objets qu'on y jette, puis elle s'évanouit.
On ne voit pourtant pas que les races inférieures aient pour
caractère l'adoration du feu.

Des preuves directes s'unissent donc à des preuves indirectes
pour montrer que dans l'homme primitif le sentiment que le
culte de la nature présuppose, n'existe pas. Longtemps avant que
l'évolution mentale le crée, la terre et le ciel sont déjà peuplés
d'êtres surnaturels, dérivés des esprits des morts, auxquels s'a-
dressent en réalité les craintes et les espérances des hommes, et
qui provoquent ses offrandes et ses prières.

10. Il en est de même de l'élément intellectuel que le culte de
la nature suppose. Chez nous, les ignorants ne sont point spécu-
latifs. Ils montrent à peine une curiosité raisonnable à l'égard
des phénomènes naturels les plus imposants. Est-ce qu'un cam-
pagnard fait jamais une question sur la constitution du soleil?
Quand lui arrive-t-il de penser à la cause des phases de la lune?
Où voit-on en lui le désir de savoir comment les nuages se forment? Quelle preuve a-t-on que son esprit se soit jamais posé la
question de savoir comment se fait le vent? Non-seulement il
n'a aucune tendance à poser des questions, mais il se montre
complétement indifférent à l'explication qu'on lui présente. Ce
sont des choses vulgaires; il les prend pour des choses qui sont
par elles-mêmes et qu'il n'a pas à s'embarrasser d'expliquer.

Il en est de même du sauvage. N'en eût-on aucune preuve,
on pourrait conclure que si la grande majorité des esprits
de notre race ne sont pas plus portés à spéculer sur le
monde, les esprits des races non civilisées doivent l'être
moins encore. Mais, comme nous l'avons vu (§ 46), nous en
avons des preuves directes. Les voyageurs ont généralement

fait la remarque que les sauvages manquent de curiosité à l'égard des raisons des choses. Les Esquimaux, nous dit le docteur Rink, « admettent l'existence comme un fait, sans s'occuper de spéculer sur l'origine de l'existence ». D'autres voyageurs disent la même chose sous des formes analogues des divers sauvages. Bien plus, les sauvages tournent en ridicule les questions sur le cours de la nature, ils les trouvent folles; quelque frappants que soient les changements qui s'y opèrent, cela n'y fait rien.

Ainsi le facteur intellectuel que la prétendue tendance mythopoétique suppose, fait défaut aux époques primitives; et l'intelligence en progrès ne commence à la manifester que longtemps après que la théorie spiritiste a créé un mécanisme de causes.

11. A ces deux hypothèses erronées se joint l'hypothèse erronée aussi d'après laquelle l'homme primitif serait adonné aux « fictions de l'imagination ». C'est encore une erreur qui provient de ce qu'on attribue aux natures primitives les caractères des natures civilisées. Le sauvage (§ 47) a pour caractère le défaut d'imagination ; et la fiction qui suppose l'imagination ne naît qu'à mesure que la civilisation progresse. L'homme des types inférieurs n'invente pas plus les légendes que les outils et les procédés de l'industrie. Mais, dans un cas comme dans l'autre, les produits de son activité se développent par des modifications légères. Chez les races inférieures, le seul germe de ce qui devient à la fin la littérature est le récit des événements. Le sauvage parle des événements de la chasse du jour, des détails du combat de la veille, des victoires de son père mort depuis peu, des triomphes de sa tribu dans la génération précédente. Il ne songe pas le moins du monde à faire des légendes merveilleuses, il les fait sans y songer. Il n'a qu'une langue grossière, remplie de métaphores; il se laisse emporter par la vanité, et ne se laisse point arrêter par égard pour la vérité; il est prodigieusement crédule, et ses enfants l'écoutent avec une foi absolue; aussi ses récits sont-ils d'une exagération monstrueuse et finiront par s'écarter si largement du possible, qu'ils nous paraîtront de simples boutades de l'imagination.

Quand on étudie les faits au lieu de se fier à des hypothèses, on voit que telle est l'origine des légendes primitives. A voir les faits sans idée préconçue (Descriptive Sociology) (Produits esthétiques), on reconnaît qu'il n'existe au début aucune tendance mythopoétique, mais que le prétendu mythe commence par un récit d'une aventure d'homme. Donc ce prétendu facteur manque encore.

12. On fait encore une autre supposition tout aussi gratuite. Les mythologues raisonnent d'après l'hypothèse que les peuples primitifs ont été inévitablement poussés à personnifier des noms abstraits. Ils possèdent certains symboles (en vertu d'une évolution ou autrement, paraît-il, qui aurait pour point de départ des racines octroyées par une puissance surnaturelle); ils ont, par conséquent, acquis une faculté de pensée abstraite qui correspond à ces symboles; et on prétend que le barbare est parti de là pour dépouiller ses symboles verbaux de ce qu'ils ont d'abstrait. Méthode digne d'attirer l'attention et dont on voudrait des preuves claires; mais on n'en donne point. Nous voyons, il est vrai, que, dans ses *Fragments*, etc. (II, 55), le professeur Max Muller affirme que « tant qu'on a pensé avec des mots il a été impossible de parler du soir et du matin, du printemps et de l'hiver, sans donner à ces conceptions un caractère individuel, sans les doter d'activité, de sexe, et enfin d'une personnalité (c'est-à-dire qu'après s'être élevé, d'une manière ou d'une autre, à ces conceptions sans l'aide de noms concrets, on n'a pu éviter de donner à ces noms une valeur concrète); »mais, pour démontrer que l'impossibilité dont on parle existe réellement, il faut quelque chose de plus qu'une affirmation autoritaire. Enfin, puisque la validité de la théorie des mythes repose sur la vérité de cette proposition, on aimerait à en trouver une démonstration sérieuse. Le langage des races incivilisées y devrait fournir des matériaux abondants. Au lieu d'en donner une, on met en avant des personnifications d'abstraits faites par nous. Le professeur Max Muller cite des passages où Wordsworth appelle la religion une *mère*, où il parle de notre *père le Temps*, où il dit que *la gelée est une dent inexorable*, où il représente l'*hiver sous les traits d'un vieux voyageur*, où il montre les *heures moqueuses*. Mais il faut d'abord remarquer que, lorsque ces expressions ne peuvent se rattacher directement à des personnages de la mythologie classique, elles proviennent évidemment d'une imitation consciente ou inconsciente des anciens modes classiques d'expression que nos poètes sont habitués dès l'enfance à admirer. En second lieu, nous ne trouvons aucune trace qui montre qu'une tendance à créer des personnes fictives engendre des croyances à des personnes réelles, et, à moins que cette tendance ne soit prouvée, rien n'est prouvé.

13. On dit, il est vrai, que le sanscrit fournit la preuve de cette personnification. Mais la preuve, loin d'être directe, n'est que le résultat d'un raisonnement par analogie et repose sur des matériaux arbitrairement choisis.

A voir comment on en use avec les passages des *Védas* on

peut comprendre quelle faible confiance on doit ajouter à la mé·
thode qui traite aussi la langue védique. On prétend invoquer
les idées de la plus haute antiquité, parce qu'elles sont, d'après
la théorie, franches de toute corruption mythopoétique. Mais on
ne prend que les idées qui s'accordent avec l'hypothèse, et on
laisse de côté celles qui appartiennent à une antiquité aussi
reculée, si elle ne l'est pas davantage. En voici un exemple, et
il y en a beaucoup. Le culte du soma se trouve dans le *Rig
Véda* et le *Zend-Avesta*, preuve qu'il existait avant la dispersion
des Aryens. En outre, comme nous l'avons vu (§ 178), le *Rig
Véda* appelle le soma « le créateur et le père des dieux », « le
père des hymnes, de Dyaus, de Prithivi, d'Agni, de Surya,
d'Indra et de Vichnou. » En vertu de cette autorité suprême,
ces prétendus dieux-nature n'étaient pas les premiers. Ils ont
été précédés par Soma, « roi des dieux et des hommes, » qui
« confère l'immortalité aux dieux et aux hommes ». C'est, y
est-il dit, sous l'inspiration de Soma que le prétendu dieu-soleil,
Indra, accomplit ses hauts faits. Donc si l'antiquité de l'idée,
prouvée à la fois par les témoignages directs du *Rig Véda* lui-
même et par la communauté qui le lie au *Zend-Avesta*, doit
servir de critérium, il est clair que le culte de la nature n'a pas
été le culte primitif des Aryens.

Si nous étudions de plus près les données tirées de ce « livre
aux Sept Sceaux » (c'est le nom que le professeur Max Müller
donne au livre d'où il tire ces conclusions positives d'une manière assez étrange) et si nous voyons ce qu'on en fait, nous ne
nous sentons pas rassurés. Le mot *Dyaus*, mot cardinal dans la
théorie mythologique, vient, dit-on, de la racine *dyu*, rayonner.
« Une racine, dit le professeur Max Müller dans ses *Essais sur la
mythologie comparée*, une racine d'un sens aussi riche et aussi
étendu, pourrait s'appliquer à beaucoup de conceptions : l'aurore,
le soleil, le ciel, le jour, les étoiles, les yeux, l'océan, la prairie. »
Ne pouvons-nous pas ajouter qu'une racine qui a des sens si
divers, aussi vagues qu'ils sont nombreux, prête à des interprétations tout aussi incertaines ? La même chose est vraie partout.
Un des dieux védiques personnifiés, censé un dieu de la nature
primitif, c'est la terre. On nous dit que la terre porte dans les
Védas vingt et un noms. On nous apprend aussi que ces
noms peuvent s'appliquer à divers autres objets, et qu'en conséquence, les mots, « terre, rivière, ciel, aurore, vache, langage
sont homonymes. » Nous dirons à notre tour que du moment
que ces mots homonymes par définition, sont équivoques et
ambigus, la traduction qu'on en donne dans certains cas particuliers doit être pour autant contestable. Sans doute des racines

aussi *riches* prêtent beaucoup à l'imagination et facilitent beaucoup la tâche de ceux qui veulent arriver aux résultats qu'ils désirent. Mais, comme avec elles toutes les conclusions deviennent possibles, avec elles aussi toutes ces conclusions n'ont qu'une faible probabilité.

Ce n'est pas tout. L'interprétation à laquelle on arrive en manipulant arbitrairement des matériaux mal compris est le résultat de l'application d'une doctrine contradictoire. D'une part, on dit que les antiques Aryens ont une langue formée de racines telles que l'idée abstraite de *protéger* précède l'idée concrète de *père*. D'autre part, on dit que les anciens Aryens, venus après ces Ayrens primitifs, « ne peuvent parler et penser » qu'avec des figures représentant des personnes ; que, par nécessité, ils ne disent pas le coucher du soleil, mais le « soleil devient vieux » ; non le lever du soleil, mais « la nuit met au monde un enfant brillant » ; non le printemps, mais « le soleil ou le ciel embrassant la terre ». De sorte que la race, qui a fait ses concrets avec des abstraits, en arrive à ces mythes naturalistes, par incapacité d'exprimer les abstraits autrement qu'en termes concrets.

Ne pouvons-nous pas dire que la doctrine de la personnification des abtraits, sans appui dans les faits que nous présentent les râces actuelles, ne tire aucune probabilité des conclusions autorisées par les faits offerts par les races anciennes ?

14. Mais nous n'en sommes pas à laisser la question en disant que l'hypothèse des mythologues ne s'appuie sur rien. Nous avons un critérium défini, qui, selon moi, la réfute complétement.

Comme raison qui explique en partie pourquoi on en vient à personnifier les noms abstraits et collectifs, le professeur Max Muller dit : « Dans les langues anciennes, chacun de ces mots a nécessairement une terminaison qui exprime un genre, ce qui produit naturellement dans l'esprit l'idée d'un sexe. » Cela supposerait que l'usage d'un nom emportant l'idée de sexe dans la chose que le nom désigne, a dû par conséquent emporter l'idée d'un être vivant, puisque les êtres vivants seuls possèdent les différences que les genres expriment. Voyez maintenant la réciproque. On suppose que, en l'absence d'une terminaison qui indique une nature masculine ou féminine dans un nom abstrait, il est possible de donner au sens de ce mot un caractère plus concret, sans qu'il soit pour cela possible de lui assigner un sexe. Il y aura une tendance à en faire un nom concret, mais non à le personnifier ; il deviendra un concret neutre. Incontestablement si une terminaison implique un sexe, par conséquent la vie, et par conséquent la personnalité,

lorsqu'il n'y a pas de terminaison qui implique le sexe, il n'y aura
rien qui fasse supposer la vie et la personnalité. Il s'ensuit que
les peuples dont les noms n'ont pas de genre ne personnifieront
pas les forces de la nature. Mais les faits contredisent directement cette conclusion. « Il n'y a pas de terminaison qui dénote
le genre en quiché, » langue des anciens Péruviens ; et pourtant
les anciens Péruviens avaient personnifié les objets et les forces de
la nature, les montagnes, le soleil, la lune, la terre, la mer, etc. ;
on ne trouve pas non plus de genres chez le Chibchas et les naturels de l'Amérique centrale, mais on y trouve, comme chez les
Péruviens, le culte de la nature. Nous avons donc une preuve
incontestable que la personnification des grands objets et agents
inanimés n'a pas la cause linguistique qu'on prétend.

15. Nous pouvons ranger en plusieurs groupes les interprétations que les mythologues nous présentent.

Il y a des interprétations à *priori*. La méthode des mythologues
est mauvaise à double titre ; mauvaise parce qu'elle veut trouver
dans les caractères des mots des explications qu'il faudrait chercher dans les faits mentaux que ces mots symbolisent ; mauvaise
aussi parce qu'elle cherche dans des idées et des sentiments développés le clef de sentiments non développés, au lieu du contraire.
Avec cette méthode va l'hypothèse qui veut que l'esprit humain
ait dès le principe l'idée *pure* d'une divinité, hypothèse directement contredite par les faits que nous observons chez les peuples non civilisés, et qui implique la supposition ruineuse qu'il
y avait des pensées abstraites avant qu'il y eût même une ébauche de mots assez abstraits pour les exprimer.

Il est un second groupe de raisons à *priori*. La théorie des
mythologues suppose tacitement qu'on peut établir une démarcation entre la légende et l'histoire, au lieu de reconnaitre que
dans les récits des événements le rapport que la vérité soutient
l'erreur a lentement changé à l'avantage de la vérité. Les partisans de cette théorie ne veulent pas voir qu'avant l'avénement
de l'histoire exacte, de nombreux récits en partie vrais avaient
cours, et ils n'admettent pas l'existence de nombreuses traditions déformées d'événements actuels. Alors, au lieu de voir dans
le caractère commun des prétendus mythes, à savoir dans des
combats que s'y livrent des êtres dont les mains portent des
armes, la preuve que ces récits ont pris naissance parmi les affaires humaines, ils supposent que l'ordre de la nature offre à l'esprit primitif l'aspect de victoires et de défaites.

Parmi les raisons à *posteriori* de rejeter la théorie des mythologues, nous trouvons d'abord celles qui consistent à nier les

prémisses sur lesquelles elle repose. Il n'est pas vrai, comme on l'a tacitement prétendu, que l'homme primitif regarde les forces de la nature avec crainte. Il n'est pas vrai qu'il spécule sur la nature et la cause de ces forces. Il n'est pas vrai qu'il ait de la tendance à forger des fictions. Chacun des prétendus facteurs de la méthode mythopoétique, présent dans l'esprit développé, manque dans l'esprit non développé, et manque là même où la théorie en suppose l'existence. »

Il y a encore d'autres raisons. On part de prémisses qui n'ont pas l'appui des faits, et l'on arrive à des conclusions en employant des procédés illicites. On suppose que les hommes ont possédé primitivement quelques signes exprimant des conceptions abstraites, et par suite la faculté de former de telles conceptions, et que plus tard ils ont été obligés de parler et de penser en termes plus concrets, changeant ainsi de marche, ce qu'on ne peut admettre sans une forte preuve. Il faudrait montrer, d'après les langues des races inférieures actuellement existantes, que les noms abstraits servent à former des personnes idéales. On ne le fait pas. Au lieu de cela, on raisonne par déduction, d'après un antique ouvrage sanscrit, à ce point inintelligible qu'on le dit fermé de sept sceaux; on en tire des conclusions qu'on déclare incontestable, et qu'on obtient seulement en faisant un choix de certains passages et en en rejetant d'autres, enfin en donnant à des mots qui ont plusieurs sens celui qui facilite le mieux la conclusion qu'on désire.

Enfin, alors même que les arguments des mythologues seraient aussi rigoureux qu'ils le sont peu, il y a un fait qui les ruine. La personnification des forces naturelles se trouve, dit-on, suggérée par les terminaisons verbales qui expriment les idées de sexe, mais on la trouve aussi chez des peuples dont les langues ne présentent point de ces terminaisons.

TABLE DES MATIÈRES

DU PREMIER VOLUME

PREMIÈRE PARTIE.

DONNÉES DE LA SOCIOLOGIE.

ERRATUM

Page   77,   ligne   9, *au lieu de* petites, *lisez* petits.
»   132   »   18   »   et par là de donner, *lisez* et par là donner.
»   161   »   30   »   dessein, *lisez* dessin.
»   182   »   13   »   s'envolent, *lisez* s'enroulent.
»   240   »   15   »   à y joindre, *lisez* d'y joindre.
»   383   »   7 (note) »   *ne commence*, lisez *ne commence pas.*

CATALOGUE

DE

LIVRES DE FONDS

—

OUVRAGES HISTORIQUES

ET PHILOSOPHIQUES

PARIS

LIBRAIRIE GERMER BAILLIÈRE ET Cⁱᵉ

108, BOULEVARD SAINT-GERMAIN, 108

Au coin de la rue Hautefeuille.

—

JUIN 1873

COLLECTION HISTORIQUE
DES GRANDS PHILOSOPHES

PHILOSOPHIE ANCIENNE

ARISTOTE (Œuvres d'), traduction de M. Barthélemy Saint-Hilaire.
— **Psychologie** (Opuscules) traduite en français et accompagnée de notes. 1 vol. in-8............ 10 fr.
— **Rhétorique** traduite en français et accompagnée de notes. 1870, 2 vol. in-8............. 16 fr.
— **Politique**, 1868, 1 v. in-8. 10 fr.
— **Physique**, ou leçons sur les principes généraux de la nature. 2 forts vol. in-8.............. 20 fr.
— **Traité du ciel**, 1866 ; traduit en français pour la première fois. 1 fort vol. grand in-8.......... 10 fr.
— **Météorologie**, avec le petit traité apocryphe : *Du Monde*, 1863. 1 fort vol. grand in-8.......... 10 fr.
— **Morale**, 1856, 3 v. gr. in-8. 24 fr.
— **Poétique**, 1858. 1 vol. in-8. 5 fr.
— **Traité de la production et de la destruction des choses**, traduit en français et accompagné de notes perpétuelles, 1866. 1 vol. gr. in-8.................. 10 fr.
— **De la logique d'Aristote**, par M. Barthélemy Saint-Hilaire. 2 volumes in-8............. 10 fr.

SOCRATE. **La philosophie de Socrate**, par M. Alf. Fouillée. 2 vol. in-8.................. 16 fr.
PLATON. **La philosophie de Platon**, par M. Alfred Fouillée. 2 volumes in-8.................. 16 fr.
— **Études sur la Dialectique dans Platon et dans Hegel**, par M. Paul Janet. 1 vol. in-8... 6 fr.
PLATON et ARISTOTE. **Essai sur le commencement de la science politique**, par Van der Rest. 1 vol. in-8............. 10 fr.
ÉCOLE D'ALEXANDRIE. **Histoire critique de l'École d'Alexandrie**, par M. Vacherot. 3 vol. in-8. 24 fr.
— **L'École d'Alexandrie**, par M. Barthélemy Saint-Hilaire. 1 v. in-8. 6 fr.
MARC-AURÈLE. **Pensées de Marc-Aurèle**, traduites et annotées par M. Barthélemy Saint-Hilaire. 1 vol. in-18.............. 4 fr. 50
RITTER. **Histoire de la philosophie ancienne**, trad. par Tissot. 4 vol. in-8.................. 30 fr.
FABRE (Joseph). **Histoire de la philosophie, antiquité et moyen âge.** 1 vol. in-18....... 3 50

PHILOSOPHIE MODERNE

LEIBNIZ. **Œuvres philosophiques**, avec introduction et notes par M. Paul Janet. 2 vol. in-8. 16 fr.
— **La métaphysique de Leibniz et la critique de Kant.** Histoire et théorie de leurs rapports, par D. Nolen. 1 vol. in-8.. 6 fr.
— **Leibniz et Pierre le Grand**, par Foucher de Careil. 1 vol. in-8. 1874................. 2 fr.
— **Lettres et opuscules de Leibniz**, par Foucher de Careil, 1 vol. in-8............... 3 fr. 50
— **Leibniz, Descartes et Spinoza**, par Foucher de Careil. 1 v. in-8. 4 fr.
— **Leibniz et les deux Sophie**, par Foucher de Careil. 1 v. in-8. 2 fr.
MALEBRANCHE. **La philosophie de Malebranche**, par M. Ollé Laprune. 2 vol. in-8...... 16 fr.
VOLTAIRE. **La philosophie de Voltaire**, par M. Ern. Bersot. 1 vol. in-18.................. 3 fr. 50

VOLTAIRE. **Les sciences au XVIIIᵉ siècle.** Voltaire physicien, par M. Em. Saigey. 1 vol. in-8.. 5 fr.
BOSSUET. **Essai sur la philosophie de Bossuet**, par Nourrisson, 1 vol. in-8............. 4 fr.
RITTER. **Histoire de la philosophie moderne**, traduite par P. Challemel-Lacour. 3 vol. in-8. 20 fr.
FABRE (Joseph). **Histoire de la philosophie, renaissance et temps modernes.** 1 v. in-12. (*Sous presse.*)
FRANCK (Ad.). **La philosophie mystique en France au XVIIIᵉ siècle.** 1 vol. in-18.... 2 fr. 50
DAMIRON. **Mémoires pour servir à l'histoire de la philosophie au XVIIIᵉ siècle.** 3 vol. in-8. 15 fr.
MAINE DE BIRAN. **Essai sur sa philosophie**, suivi de fragments inédits, par Jules Gérard. 1 fort vol. in-8. 1876............. 10 fr.

PHILOSOPHIE ECOSSAISE

DUGALD STEVART. **Éléments de la philosophie de l'esprit humain**, traduits de l'anglais par L. PEISSE. 3 vol. in-12.......... 9 fr.

W. HAMILTON. **Fragments de philosophie**, traduits de l'anglais par L. PEISSE. 1 vol. in-8.. 7 fr. 50
— **La philosophie de Hamilton**, par J. STUART MILL. 1 v. in-8. 10 fr.

PHILOSOPHIE ALLEMANDE

KANT. **Critique de la raison pure**, trad. par M. TISSOT. 2 v. in-8. 16 fr.
— Même ouvrage, traduction par M. Jules BARNI. 2 vol. in-8, avec une introduction du traducteur, contenant l'analyse de cet ouvrage.... 16 fr.
— **Éclaircissements sur la critique de la raison pure**, traduits par J. TISSOT. 1 volume in-8.................. 6 fr.
— **Critique du jugement**, suivie des *Observations sur les sentiments du beau et du sublime*, traduite par J. BARNI. 2 vol. in-8.... 12 fr.
— **Examen de la critique de la raison pratique**, traduit par M. J. BARNI. 1 vol. in-8........ 6 fr.
— **Principes métaphysiques du droit**, suivis du *projet de paix perpétuelle*, traduction par M. TISSOT. 1 vol. in-8......... 8 fr.
— Même ouvrage, traduction par M. Jules BARNI. 1 vol. in-8... 8 fr.
— **Principes métaphysiques de la morale**, augmentés des *fondements de la métaphysique des mœurs*, traduct. par M. TISSOT. 1 v. in-8. 8 fr.
— Même ouvrage, traduction par M. Jules BARNI avec une introduction analytique. 1 vol. in-8...... 8 fr.
— **La logique**, traduction par M. TISSOT. 1 vol. in-8..... 4 fr.
— **Mélanges de logique**, traduction par M. TISSOT. 1 vol. in-8.. 6 fr.
— **Prolégomènes à toute métaphysique future** qui se présentera comme science, traduction de M. TISSOT. 1 vol. in-8... 6 fr.

KANT. **Anthropologie**, suivie de divers fragments relatifs aux rapports du physique et du moral de l'homme, et du commerce des esprits d'un monde à l'autre, traduction par M. TISSOT. 1 vol. in-8. ... 6 fr.
— **La critique de Kant et la métaphysique de Leibniz**. Histoire et théorie de leurs rapports, par D. NOLEN. 1 vol. in-8. 1875. 6 fr.
— **Examen de la critique de Kant**, par SARCHI. 1 vol. grand in-8.................. 4 fr.

FICHTE. **Méthode pour arriver à la vie bienheureuse**, traduite par Francisque BOUILLIER. 1 vol. in-8.................. 8 fr.
— **Destination du savant et de l'homme de lettres**, traduite par M. NICOLAS. 1 vol. in-8.... 3 fr.
— **Doctrines de la science**. Principes fondamentaux de la science de la connaissance, traduits par GRIMBLOT. 1 vol. in-8..... 9 fr.

SCHELLING. **Bruno** ou du principe divin, trad. par Cl. HUSSON. 1 vol. in-8................ 3 fr. 50
— **Idéalisme transcendental**. 1 vol. in-8............ 7 fr. 50
— **Écrits philosophiques** et morceaux propres à donner une idée de son système, trad. par Ch. BÉNARD. 1 vol. in-8........ 9 fr.

HEGEL. **Logique**, traduction par A. VÉRA. 2e édition. 2 volumes in-8.................. 14 fr.

HEGEL. **Philosophie de la nature,** traduction par A. VÉRA. 3 volumes in-8................... 25 fr.
   Prix du tome II..... 8 fr. 50
   Prix du tome III..... 8 fr. 50

— **Philosophie de l'esprit,** traduction par A. VÉRA. 2 volumes in-8................. 18 fr.

— **Philosophie de la religion,** traduction par A. VÉRA. 2 vol. in-8. 20 fr.

— **Introduction à la philosophie de Hegel,** par A. VÉRA. 1 volume in-8................. 6 fr. 50

— **Essais de philosophie hégélienne,** par A. VÉRA. 1 volume in-18.............. 2 fr. 50

— **L'Hégélianisme et la philosophie,** par M. VÉRA. 1 volume in-18.............. 3 fr. 50

— **Antécédents de l'Hégelianisme dans la philosophie française,** par BEAUSSIRE. 1 vol. in-18............... 2 fr. 50

HEGEL. **La dialectique dans Hegel et dans Platon,** par Paul JANET. 1 vol. in-8............. 6 fr.

HEGEL. **La Poétique,** traduction par Ch. BÉNARD, précédée d'une préface et suivie d'un examen critique. Extraits de Schiller, Gœthe, Jean Paul, etc., et sur divers sujets relatifs à la poésie. 2 volumes in-8................. 12 fr.

— **Esthétique.** 2 vol. in-8, traduite par M. BÉNARD.......... 16 fr.

RICHTER (Jean-Paul). **Poétique** ou **Introduction à l'esthétique,** traduit de l'allemand par Alex. BUCHNER et Léon DUMONT. 2 vol. in-8. 15 fr.

HUMBOLDT (G. de). **Essai sur les limites de l'action de l'État,** traduit de l'allemand, et précédé d'une Étude sur la vie et les travaux de l'auteur, par M. CHRÉTIEN. 1 vol. in-18.......... 3 fr. 50

— **La philosophie individualiste,** étude sur G. de HUMBOLDT, par CHALLEMEL-LACOUR. 1 volume in-18. 2 fr. 50

STAHL. **Le Vitalisme et l'Animisme de Stahl,** par Albert LEMOINE. 1 vol. in-18.... 2 fr. 50

LESSING. **Le Christianisme moderne.** Étude sur Lessing, par FONTANÈS. 1 vol. in-18.. 2 fr. 50

PHILOSOPHIE ALLEMANDE CONTEMPORAINE

L. BUCHNER. **Science et nature,** traduction de l'allemand, par Aug. DELONDRE. 2 vol. in-18.... 5 fr.

— **Le Matérialisme contemporain.** Examen du système du docteur Büchner, par M. P. JANET. 2e édit. 1 vol. in-18.. 2 fr. 50

HARTMANN (E. de). **La Religion de l'avenir.** 1 vol. in-18.. 2 fr. 50

— **La philosophie de l'inconscient,** traduit par M. D. NOLEN. 2 vol. in-8. 1876...... 20 fr.

— **Darwinisme,** ce qu'il y a de vrai et de faux dans cette doctrine, traduit par M. G. GUÉROULT. 1 vol. in-18, 2e édit........ 2 fr. 50

— **La philosophie allemande du XIXe siècle dans ses représentants principaux,** traduit par M. D. NOLEN. 1 vol. in-8.
(*Sous presse.*)

— **La philosophie de M. de Hartmann,** par M. D. NOLEN. 1 vol. in-18. (*Sous presse.*)... 2 fr. 50

HÆCKEL. **Hæckel et la théorie de l'évolution en Allemagne,** par Léon DUMONT. 1 vol. in-18. 2 fr. 50

LANGE. **La philosophie de Lange,** par M. D. NOLEN. 1 vol. in-18. (*Sous presse.*)........ 2 fr. 50

LOTZE (H.). **Principes généraux de psychologie physiologique,** traduits par M. PENJON. 1 volume in-18. 2 fr. 50

STRAUSS. **L'ancienne et la nouvelle foi de Strauss,** par VÉRA. 1 vol. in-8............. 6 fr.

MOLESCHOTT. **La Circulation de la vie,** Lettres sur la physiologie, en réponse aux Lettres sur la chimie de Liebig, traduction de l'allemand par M. CAZELLES. 2 volumes in-18. Pap. vélin............. 10 fr.

SCHOPENHAUER. **Essai sur le libre arbitre,** traduit de l'allemand. 1 vol. in-18............ 2 fr. 50

— **Philosophie de Schopenhauer,** par Th. RIBOT. 1 vol. in-18. 2 fr. 50

PHILOSOPHIE ANGLAISE CONTEMPORAINE

STUART MILL. **La philosophie de Hamilton.** 1 fort vol. in-8, trad. de l'anglais par E. CAZELLES.. 10 fr.

— **Mes Mémoires.** Histoire de ma vie et de mes idées, traduits de l'anglais par E. CAZELLES. 1 volume in-8.............. 5 fr.

— **Système de logique** déductive et inductive. Exposé des principes de la preuve et des méthodes de recherche scientifique, traduit de l'anglais par M. Louis PEISSE. 2 vol. in-8........... 20 fr.

— **Essais sur la Religion**, traduits de l'anglais, par E. CAZELLES 1 vol. in-8............. 5 fr.

— **Le positivisme anglais**, étude sur Stuart Mill, par H. TAINE. 1 volume in-18............ 2 fr. 50

— **Stuart Mill et Aug. Comte**, par M. LITTRÉ, suivi de *Stuart Mill et la Philosophie positive*, par M. G. Wyrouboff. 1 vol. in-8..... 2 fr.

HERBERT SPENCER. **Les premiers Principes.** 1 fort vol. in-8, trad. de l'anglais par M. CAZELLES... 10 fr.

— **Principes de psychologie**, traduits de l'anglais par MM. Th. RIBOT et ESPINAS. 2 vol. in-8.... 20 fr.

— **Principes de biologie**, traduits par M. CAZELLES. 2 forts volumes in-8. 20 fr.

— **Introduction à la Science sociale.** 1 v. in-8 cart. 3e éd. 6 fr.

— **Principes de sociologie.** (*Sous presse.*)

— **Classification des Sciences.** 1 vol. in-18.......... 2 fr. 50

— **De l'éducation.** 1 volume in-8.................. 5 fr.

— **Essais sur le progrès**, traduit par M. BURDEAU. 1 vol. in-8. 7 fr. 50

BAIN. **Des Sens et de l'Intelligence.** 1 vol. in-8, traduit de l'anglais par M. CAZELLES 10 fr.

— **Les émotions et la volonté.** 1 volume in-8. (*Sous presse.*)

BAIN. **La logique inductive et déductive**, traduite de l'anglais par M. COMPAYRÉ. 2 vol. in-8.. 20 fr.

— **L'esprit et le corps.** 1 volume in-8, cartonné, 2e édition.. 6 fr.

DARWIN. **Ch. Darwin et ses précurseurs français**, par M. de QUATREFAGES. 1 vol. in-8.. 5 fr.

— **Descendance et Darwinisme**, par Oscar SCHMIDT. 1 volume in-8, cart.............. 6 fr.

— **Le Darwinisme**, ce qu'il y a de vrai et de faux dans cette doctrine, par E. DE HARTMANN, traduit par G. GUÉROULT, 1 vol. in-18.... 2 fr. 50

— **Le Darwinisme**, par ÉM. FERRIÈRE. 1 vol. in-18..... 4 fr. 50

CARLYLE. **L'idéalisme anglais**, étude sur Carlyle, par H. TAINE. 1 vol. in-18.......... 2 fr. 50

BAGEHOT. **Lois scientifiques du développement des nations** dans leurs rapports avec les principes de la sélection naturelle et de l'hérédité. 1 vol. in-8, 2e édit. 6 fr.

RUSKIN (JOHN). **L'esthétique anglaise**, étude sur J. Ruskin, par MILSAND. 1 vol. in-18 ... 2 fr. 56

MAX MULLER. **La Science de la Religion.** 1 vol. in-18.. 2 fr. 50

— **Amour allemand.** 1 volume in-18............... 3 fr. 50

MATTHEW ARNOLD. **La crise religieuse**, traduit de l'anglais. 1 vol. in-8, 1876.......... 7 fr. 50

FLINT. **La philosophie de l'histoire en France et en Allemagne**, traduit de l'anglais par M. L. CARRAU. 2 vol. in-8. 15 fr.

RIBOT (Th.). **La psychologie anglaise contemporaine** (James Mill, Stuart Mill, Herbert Spencer, A. Bain, G. Lewes, S. Bailey, J.-D. Morell, J. Murphy), 1875. 1 vol. in-8, 2e édition...... 7 fr. 50

BIBLIOTHÈQUE

DE

PHILOSOPHIE CONTEMPORAINE
Volumes in-18 à 2 fr. 50 c.

Cartonnés : 3 fr. ; reliés : 4 fr.

H. Taine.

LE POSITIVISME ANGLAIS, étude
sur Stuart Mill. 1 vol.
L'IDÉALISME ANGLAIS, étude sur
Carlyle. 1 vol.
PHILOSOPHIE DE L'ART, 2º éd. 1 v.
PHILOSOPHIE DE L'ART EN ITALIE,
2º édition. 1 vol.
DE L'IDÉAL DANS L'ART. 1 vol.
PHILOSOPHIE DE L'ART DANS LES
PAYS-BAS. 1 vol.
PHILOSOPHIE DE L'ART EN GRÈCE.
1 vol.

Paul Janet.

LE MATÉRIALISME CONTEMPORAIN.
2º édit. 1 vol.
LA CRISE PHILOSOPHIQUE. Taine,
Renan, Vacherot, Littré. 1 vol.
LE CERVEAU ET LA PENSÉE. 1 vol.
PHILOSOPHIE DE LA RÉVOLUTION
FRANÇAISE. 1 vol.
SAINT-SIMON ET LE SAINT-SIMO-
NISME. 1 vol.
DIEU, L'HOMME ET LA BÉATITUDE,
(Œuvre inédite de Spinoza.)
1 vol.

Odysse-Barot.

PHILOSOPHIE DE L'HISTOIRE. 1 vol.

Alaux.

PHILOSOPHIE DE M. COUSIN. 1 vol.

Ad. Franck.

PHILOSOPHIE DU DROIT PÉNAL.
1 vol.
PHILOSOPHIE DU DROIT ECCLÉSIAS-
TIQUE. 1 vol.
LA PHILOSOPHIE MYSTIQUE EN
FRANCE AU XVIIIº SIÈCLE. 1 vol.

Charles de Rémusat.

PHILOSOPHIE RELIGIEUSE. 1 vol.

Émile Saisset.

L'ÂME ET LA VIE, suivi d'une étude
sur l'Esthétique franç. 1 vol.
CRITIQUE ET HISTOIRE DE LA PHI-
LOSOPHIE (frag. et disc.). 1 vol.

Charles Lévêque.

LE SPIRITUALISME DANS L'ART.
1 vol.

LA SCIENCE DE L'INVISIBLE. Étude
de psychologie et de théodicée.
1 vol.

Auguste Laugel.

LES PROBLÈMES DE LA NATURE.
1 vol.
LES PROBLÈMES DE LA VIE. 1 vol.
LES PROBLÈMES DE L'AME. 1 vol.
LA VOIX, L'OREILLE ET LA MU-
SIQUE. 1 vol.
L'OPTIQUE ET LES ARTS. 1 vol.

Challemel-Lacour.

LA PHILOSOPHIE INDIVIDUALISTE.
1 vol.

L. Büchner.

SCIENCE ET NATURE, trad. de l'allem. par Aug. Delondre. 2 vol.

Albert Lemoine.

LE VITALISME ET L'ANIMISME DE
STAHL. 1 vol.
DE LA PHYSIONOMIE ET DE LA
PAROLE. 1 vol.
L'HABITUDE ET L'INSTINCT. 1 vol.

Milsand.

L'ESTHÉTIQUE ANGLAISE, étude sur
John Ruskin. 1 vol.

A. Véra.

ESSAIS DE PHILOSOPHIE HEGÉ-
LIENNE. 1 vol.

Beaussire.

ANTÉCÉDENTS DE L'HEGÉLIANISME
DANS LA PHILOS. FRANÇ. 1 vol.

Bost.

LE PROTESTANTISME LIBÉRAL.
1 vol.

Francisque Bouillier.

DE LA CONSCIENCE. 1 vol.

Ed. Auber.

PHILOSOPHIE DE LA MÉDECINE. 1 vol.

Leblais.

MATÉRIALISME ET SPIRITUALISME,
précédé d'une Préface par
M. E. Littré. 1 vol.

Ad. Garnier.

DE LA MORALE DANS L'ANTIQUITÉ, précédé d'une Introduction par M. Prevost-Paradol.   1 vol.

Schœbel.

PHILOSOPHIE DE LA RAISON PURE.   1 vol.

Tissandier.

DES SCIENCES OCCULTES ET DU SPIRITISME.   1 vol.

Ath. Coquerel fils.

ORIGINES ET TRANSFORMATIONS DU CHRISTIANISME.   1 vol.
LA CONSCIENCE ET LA FOI.   1 vol.
HISTOIRE DU CREDO.   1 vol.

Jules Levallois.

DÉISME ET CHRISTIANISME.   1 vol.

Camille Selden.

LA MUSIQUE EN ALLEMAGNE. Étude sur Mendelssohn.   1 vol.

Fontanès.

LE CHRISTIANISME MODERNE. Étude sur Lessing.   1 vol.

Mariano.

LA PHILOSOPHIE CONTEMPORAINE EN ITALIE.   1 vol.

E. Faivre.

DE LA VARIABILITÉ DES ESPÈCES.   1 vol.

Ernest Bersot.

LIBRE PHILOSOPHIE.   1 vol.

A. Réville.

HISTOIRE DU DOGME DE LA DIVINITÉ DE JÉSUS-CHRIST. 2e éd. 1 vol.

W. de Fonvielle.

L'ASTRONOMIE MODERNE.   1 vol.

C. Coignet.

LA MORALE INDÉPENDANTE. 1 vol.

E. Boutmy.

PHILOSOPHIE DE L'ARCHITECTURE EN GRÈCE.   1 vol.

Et. Vacherot.

LA SCIENCE ET LA CONSCIENCE. 1 v.

Ém. de Laveleye.

DES FORMES DE GOUVERNEMENT.   1 vol.

Herbert Spencer.

CLASSIFICATION DES SCIENCES. 1 v.

Gauckler.

LE BEAU ET SON HISTOIRE. 1 v.

Max Müller.

LA SCIENCE DE LA RELIGION. 1 v.

Léon Dumont.

HAECKEL ET LA THÉORIE DE L'ÉVOLUTION EN ALLEMAGNE. 1 vol.

Bertauld.

L'ORDRE SOCIAL ET L'ORDRE MORAL.   1 vol.
DE LA PHILOSOPHIE SOCIALE. 1 vol.

Th. Ribot.

PHILOSOPHIE DE SCHOPENHAUER.   1 vol.

Al. Herzen.

PHYSIOLOGIE DE LA VOLONTÉ.   1 vol.

Bentham et Grote.

LA RELIGION NATURELLE. 1 vol.

Hartmann.

LA RELIGION DE L'AVENIR. 2e édit.   1 vol.
LE DARWINISME.   1 vol.

H. Lotze.

PSYCHOLOGIE PHYSIOLOGIQUE. 1 v.

Schopenhauer

LE LIBRE ARBITRE.   1 vol.

Liard.

LES LOGICIENS ANGLAIS.   1 vol.

D. Nolen.

LA PHILOSOPHIE DE LANGE. 1 vol.
(Sous presse.)
LA PHILOSOPHIE DE M. DE HARTMANN.   1 vol.
(Sous presse.)

Les volumes suivants de la collection in-18 sont épuisés; il en reste quelques exemplaires sur papier vélin, cartonnés, tranche supérieure dorée :

LETOURNEAU. **Physiologie des passions.** 1 vol.   5 fr.

MOLESCHOTT. **La circulation de la vie.** Lettres sur la physiologie, en réponse aux Lettres sur la chimie de Liebig, trad. de l'allem. 2 vol.   10 fr.

STUART MILL. **Auguste Comte et la Philosophie positive.** 1 vol.   5 fr.

SAIGEY. **La physique moderne.** 1 vol.   5 fr.

BIBLIOTHÈQUE DE PHILOSOPHIE CONTEMPORAINE

FORMAT IN-8

Volumes à 5 fr., 7 fr. 50 et 10 fr. Cart., 1 fr. en plus par vol. ; reliure, 2 fr.

JULES BARNI. **La morale dans la démocratie.** 1 vol.   5 fr.

AGASSIZ. **De l'espèce et des classifications,** traduit de l'anglais par M. Vogeli. 1 vol.   5 fr.

STUART MILL. **La philosophie de Hamilton,** traduit de l'anglais par M. Cazelles. 1 fort vol.   10 fr.

STUART MILL. **Mes mémoires.** Histoire de ma vie et de mes idées, traduit de l'anglais par M. E. Cazelles. 1 vol.   5 fr.

STUART MILL. **Système de logique** déductive et inductive. Exposé des principes de la preuve et des méthodes de recherche scientifique, traduit de l'anglais par M. Louis Peisse. 2 vol.   20 fr.

STUART MILL. **Essais sur la Religion,** traduits de l'anglais, par M. E. Cazelles. 1 vol.   5 fr.

DE QUATREFAGES. **Ch. Darwin et ses précurseurs français.** 1 vol.   5 fr.

HERBERT SPENCER. **Les premiers principes.** 1 fort vol. traduit de l'anglais par M. Cazelles.   10 fr.

HERBERT SPENCER. **Principes de psychologie,** traduits de l'anglais par MM. Th. Ribot et Espinas. 2 vol.   20 fr.

HERBERT SPENCER. **Principes de biologie,** traduits par M. Cazelles. 2 vol. in-8. 1877-1878.   20 fr.

HERBERT SPENCER. **Principes de sociologie.**   (Sous presse.)

HERBERT SPENCER. **Essais sur le progrès,** traduits de l'anglais par M. Burdeau. 1 vol. in-8. 1877.   5 fr.

HERBERT SPENCER. **De l'éducation.** 1 vol. in-8.   5 fr.

AUGUSTE LAUGEL. **Les problèmes** (Problèmes de la nature, problèmes de la vie, problèmes de l'âme). 1 fort vol.   7 fr. 50

ÉMILE SAIGEY. **Les sciences au XVIIIe siècle,** la physique de Voltaire. 1 vol.   5 fr.

PAUL JANET. **Histoire de la science politique** dans ses rapports avec la morale. 2e édition, 2 vol.   20 fr.

PAUL JANET. **Les causes finales.** 1 vol. in-8. 1876.   10 fr.

TH. RIBOT. **De l'Hérédité.** 1 vol.   10 fr.

TH. RIBOT. **La psychologie anglaise contemporaine.** 1 vol. 2e édition. 1875.   7 fr. 50

HENRI RITTER. **Histoire de la philosophie moderne,** traduction française, précédée d'une introduction par M. P. Challemel-Lacour, 3 vol.   20 fr.

ALF. FOUILLÉE. **La liberté et le déterminisme.** 1 v. 7 fr. 50

DE LAVELEYE. **De la propriété et de ses formes primitives.** 1 vol., 2e éd., 1877.   7 fr. 50

BAIN. **La logique inductive et déductive,** traduit de l'anglais par M. Compayré. 2 vol.   20 fr.

BAIN. **Des sens et de l'intelligence.** 1 vol. traduit de l'anglais par M. Cazelles.   10 fr.

BAIN. **Les émotions et la volonté.** 1 fort vol.   (Sous presse.)

MATTHEW ARNOLD. **La crise religieuse.** 1 vol. in-8. 1876. 7 fr. 50

BARDOUX. **Les légistes et leur influence sur la société française.** 1 vol. in-8. 1877.   5 fr.

HARTMANN (E. DE). **La philosophie de l'inconscient,** traduite de l'allemand par M. D. Nolen, avec une préface de l'auteur écrite pour l'édition française. 2 vol. in-8. 1877.   20 fr.

ESPINAS (Alf.). **Des sociétés animales,** étude de psychologie comparée. 1 volume, 1877.   5 fr.

FLINT. **La philosophie de l'histoire en France,** traduit de l'anglais par M. Ludovic Carrau. 1 vol. in-8, 1878.   7 fr. 50

FLINT. **La philosophie de l'histoire en Allemagne,** traduit de l'anglais par M. Ludovic Carrau. 1 vol. in-8, 1878.   7 fr. 50

BIBLIOTHÈQUE
D'HISTOIRE CONTEMPORAINE
Vol. in-18 à 3 fr. 50.

Vol. in-8 à 5 et 7 fr. Cart. 1 fr. en plus par vol.; reliure 2 fr.

EUROPE

HISTOIRE DE L'EUROPE PENDANT LA RÉVOLUTION FRANÇAISE, par *H. de Sybel*. Traduit de l'allemand par Mlle Dosquet. 3 vol. in-8. . . 21 »
   Chaque volume séparément . . . . 7 »

FRANCE

HISTOIRE DE LA RÉVOLUTION FRANÇAISE, par *Carlyle*, traduite de l'anglais. 3 vol. in-18; chaque volume. 3 50
NAPOLÉON Ier ET SON HISTORIEN M. THIERS, par *Barni*. 1 vol. in-18. 3 50
HISTOIRE DE LA RESTAURATION, par *de Rochau*. 1 vol. in-18, traduit de l'allemand. 3 50
HISTOIRE DE DIX ANS, par *Louis Blanc*. 5 vol. in-8. . . . . . . 25 »
   Chaque volume séparément . . . . 5 »
HISTOIRE DE DIX ANS, 25 planches en taille-douce. . . . . 6 fr.
HISTOIRE DE HUIT ANS (1840-1848), par *Élias Regnault*. 3 vol. in-8.. 15 »
   Chaque volume séparément . . . . 5 »
HISTOIRE DE HUIT ANS, 14 planches en taille-douce . . . . 4 fr.
HISTOIRE DU SECOND EMPIRE (1848-1870), par *Taxile Delord*. 6 volumes in-8. . . . . 42 »
   Chaque volume séparément . . . . 7 »
LA GUERRE DE 1870-1871, par *Boert*, d'après le colonel fédéral suisse Rustow. 1 vol. in-18. . . . . 3 50
LA FRANCE POLITIQUE ET SOCIALE, par *Aug. Laugel*. 1 volume in-8. 5 »

ANGLETERRE

HISTOIRE GOUVERNEMENTALE DE L'ANGLETERRE, DEPUIS 1770 JUSQU'A 1830, par sir *G. Cornewal Lewis*. 1 vol. in-8, traduit de l'anglais 7
HISTOIRE DE L'ANGLETERRE depuis la reine Anne jusqu'à nos jours, par *H. Reynald*. 1 vol. in-18. . . . . 3 50
LES QUATRE GEORGES, par *Tackeray*, trad. de l'anglais par Lefoyer. 1 vol. in-18. 3 50
LA CONSTITUTION ANGLAISE, par *W. Bagehot*, traduit de l'anglais. 1 vol. in-18. . . . . 3 50
LOMBART-STREET, le marché financier en Angleterre, par *W. Bagehot*. 1 vol. in-18. 3 50
LORD PALMERSTON ET LORD RUSSEL, par *Aug. Laugel*. 1 volume in-18 (1876) 3 50

ALLEMAGNE

LA PRUSSE CONTEMPORAINE ET SES INSTITUTIONS, par *K. Hillebrand*. 1 vol. in-18. . . . . 3 50
HISTOIRE DE LA PRUSSE, depuis la mort de Frédéric II jusqu'à la bataille de Sadowa, par *Eug. Véron*. 1 vol. in-18 . . . . 3 50
HISTOIRE DE L'ALLEMAGNE, depuis la bataille de Sadowa jusqu'à nos jours, par *Eug. Véron*. 1 vol. in-18. . . . . 3 50
L'ALLEMAGNE CONTEMPORAINE, par *Ed. Bourloton*. 1 vol. in-18. . . . 3 50

AUTRICHE-HONGRIE

HISTOIRE DE L'AUTRICHE, depuis la mort de Marie-Thérèse jusqu'à nos jours, par *L. Asseline*. 1 volume in-18 . . . . 3 50
HISTOIRE DES HONGROIS et de leur littérature politique de 1790 à 1815, par *Ed. Sayous*. 1 vol. in-18. . . . . 3 50

ESPAGNE

L'Espagne contemporaine, journal d'un voyageur, par *Louis Teste*. 1 vol. in-18 . . . . 3 50
Histoire de l'Espagne, depuis la mort de Charles III jusqu'à nos jours, par *H. Reynald*. vol. in-18 . . . . 3 50

RUSSIE

La Russie contemporaine, par *Herbert Barry*, traduit de l'anglais. 1 vol. in-18 . . . . 3 50
Histoire contemporaine de la Russie, par *F. Brunetière*. 1 volume in-18. (*Sous presse.*) 3 50

SUISSE

La Suisse contemporaine, par *H. Dixon*. 1 vol. in-18, traduit de l'anglais 3 50

SCANDINAVIE

Histoire des Etats scandinaves, depuis la mort de Charles XII jusqu'à nos jours, par *Alfred Deberle*. 1 vol. in-18 . . . . 3 50

ITALIE

Histoire de l'Italie, depuis 1815 jusqu'à nos jours, par *Elie Sorin*. 1 vol. in-18 . . . . 3 50

AMÉRIQUE

Histoire de l'Amérique du Sud, depuis sa conquête jusqu'à nos jours, par *Alf. Deberle*. 1 vol. in-18 . . . . 3 50
Histoire de l'Amérique du Nord (États-Unis, Canada, Mexique), par *Ad. Cohn*. 1 vol. in-18 . . . . (*Sous presse.*)
Les Etats-Unis pendant la guerre, 1861-1865. Souvenirs personnels, par *Aug. Laugel*. 1 vol. in-18 . . . . 3 50

Eug. Despois. Le Vandalisme révolutionnaire. Fondations littéraires, scientifiques et artistiques de la Convention. 1 vol. in-18 . . . . . 3 50
Victor Meunier. Science et Démocratie. 2 vol. in-18, chacun séparément 3 50
Jules Barni. Histoire des idées morales et politiques en France au XVIIIe siècle. 2 vol. in-18, chaque volume 3 50
— Napoléon Ier et son historien M. Thiers. 1 vol. in-18 . . . 3 50
— Les Moralistes français au XVIIIe siècle. 1 vol. in 18 . . . 3 50
Émile Montégut. Les Pays-Bas. Impressions de voyage et d'art. 1 vol. in-18 . . . . 3 50
Émile Beaussire. La guerre étrangère et la guerre civile. 1 vol. in-18 . . . . 3 50
J. Clamageran. La France républicaine. 1 volume in-18 . . 3 50
E. Duvergier de Hauranne. La République conservatrice. 1 vol. in-18 . . . . 3 50

ÉDITIONS ÉTRANGÈRES

Éditions anglaises.

Auguste Laugel. The United States during the war. In-8. 7 shill. 6 p.
Albert Réville. History of the doctrine of the deity of Jesus-Christ. 3 sh. 6 p.
B. Taine. Italy (Naples et Rome). 7 sh. 6 p.
H. Taine. The Philosophy of art. 3 sh.

Paul Janet. The Materialism of present day. 1 vol. in-18, rel. 3 shill.

Éditions allemandes.

Jules Barni. Napoleon I, in-18. 3 m.
Paul Janet. Der Materialismus unserer Zeit, 1 vol. in-18. 3 m.
H. Taine. Philosophie der Kunst, 1 vol. in-18. 3 m.

BIBLIOTHÈQUE SCIENTIFIQUE

INTERNATIONALE

La *Bibliothèque scientifique internationale* n'est pas une entreprise de librairie ordinaire. C'est une œuvre dirigée par les auteurs mêmes, en vue des intérêts de la science, pour la populariser sous toutes ses formes, et faire connaître immédiatement dans le monde entier les idées originales, les directions nouvelles, les découvertes importantes qui se font chaque jour dans tous les pays. Chaque savant exposera les idées qu'il a introduites dans la science et condensera pour ainsi dire ses doctrines les plus originales.

On pourra ainsi, sans quitter la France, assister et participer au mouvement des esprits en Angleterre, en Allemagne, en Amérique, en Italie, tout aussi bien que les savants mêmes de chacun de ces pays.

La *Bibliothèque scientifique internationale* ne comprend pas seulement des ouvrages consacrés aux sciences physiques et naturelles, elle aborde aussi les sciences morales comme la philosophie, l'histoire, la politique et l'économie sociale, la haute législation, etc.; mais les livres traitant des sujets de ce genre se rattacheront encore aux sciences naturelles, en leur empruntant les méthodes d'observation et d'expérience qui les ont rendues si fécondes depuis deux siècles.

Cette collection paraît à la fois en français, en anglais, en allemand, en russe et en italien : à Paris, chez Germer Baillière et Cie ; à Londres, chez C. Kegan, Paul et Cie ; à New-York, chez Appleton ; à Leipzig, chez Brockhaus ; à Saint-Pétersbourg, chez Koropchevski et Goldsmith, et à Milan, chez Dumolard frères.

EN VENTE :

VOLUMES IN-8, CARTONNÉS A L'ANGLAISE A 6 FRANCS

Les mêmes, en demi-reliure, veau. — 10 francs.

J. TYNDALL. **Les glaciers et les transformations de l'eau**, avec figures. 1 vol. in-8. 2e édition. 6 fr.

MAREY. **La machine animale**, locomotion terrestre et aérienne, avec de nombreuses figures. 1 vol. in-8. 2e édition. 6 fr.

BAGEHOT. **Lois scientifiques du développement des nations** dans leurs rapports avec les principes de la sélection naturelle et de l'hérédité. 1 vol. in-8, 3e édition. 6 fr.

BAIN. **L'esprit et le corps.** 1 vol. in-8, 3e édition. 6 fr.

PETTIGREW. **La locomotion chez les animaux**, marche, natation. 1 vol. in-8 avec figures. 6 fr.

HERBERT SPENCER. **La science sociale.** 1 vol. in-8. 4ᵉ éd.　6 fr.

VAN BENEDEN. **Les commensaux et les parasites dans le règne animal.** 1 vol. in-8, avec figures. 2ᵉ édit.　6 fr.

O. SCHMIDT. **La descendance de l'homme et le darwinisme.** 1 vol. in-8 avec figures, 3ᵉ édition, 1878.　6 fr.

MAUDSLEY. **Le Crime et la Folie.** 1 vol. in-8, 3ᵉ édition.　6 fr.

BALFOUR STEWART. **La conservation de l'énergie,** suivie d'une étude sur la nature de la force, par *M. P. de Saint-Robert,* avec figures. 1 vol. in-8, 2ᵉ édition.　6 fr.

DRAPER. **Les conflits de la science et de la religion.** 1 vol. in-8, 5ᵉ édition, 1878.　6 fr.

SCHUTZENBERGER. **Les fermentations.** 1 vol. in-8, avec fig. 2ᵉ édition.　6 fr.

L. DUMONT. **Théorie scientifique de la sensibilité.** 1 vol. in-8. 2ᵉ édition.　6 fr.

WHITNEY. **La vie du langage.** 1 vol. in-8. 2ᵉ éd.　6 fr.

COOKE ET BERKELEY. **Les champignons.** 1 vol. in-8, avec figures. 2ᵉ édition.　6 fr.

BERNSTEIN. **Les sens.** 1 vol. in-8, avec 91 figures. 2ᵉ édit.　6 fr.

BERTHELOT. **La synthèse chimique.** 1 vol. in-8, 2ᵉ édit.　6 fr.

VOGEL. **La photographie et la chimie de la lumière,** avec 95 fig. 1 vol. in-8. 2ᵉ édit.　6 fr.

LUYS. **Le cerveau et ses fonctions,** avec figures. 1 vol. in-8, 3ᵉ édition.　6 fr.

STANLEY JEVONS. **La monnaie et le mécanisme de l'échange.** 1 vol. in-8. 2ᵉ édition.　6 fr.

FUCHS. **Les volcans.** 1 vol. in-8, avec figures dans le texte et une carte en couleurs. 2ᵉ édition.　6 fr.

GÉNÉRAL BRIALMONT. **Les camps retranchés et leur rôle dans la défense des États,** avec fig. dans le texte et 2 planches hors texte.　6 fr.

DE QUATREFAGES. **L'espèce humaine.** 1 vol. in-8. 4ᵉ édition, 1878.　6 fr.

BLASERNA ET HELMHOLTZ. **Le son et la musique,** et *les Causes physiologiques de l'harmonie musicale.* 1 v. in-8, avec fig. 1877. 6 fr.

ROSENTHAL. **Les nerfs et les muscles.** 1 vol. in-8, avec 75 figures. 2ᵉ édition, 1878.　6 fr.

BRUCKE ET HELMHOLTZ. **Principes scientifiques des beaux-arts,** suivis de l'**Optique et la peinture,** avec 39 figures dans le texte. 1878.　6 fr

WURTZ. **La théorie atomique.** 1 vol. in-8, 1878　6 fr.

OUVRAGES SUR LE POINT DE PARAITRE :

SECCHI (le Père). **Les étoiles.**

BALBIANI. **Les Infusoires.**

BROCA. **Les primates.**

CLAUDE BERNARD. **Histoire des théories de la vie.**

É. ALGLAVE. **Les principes des constitutions politiques.**

FRIEDEL. **Les fonctions en chimie organique.**

RÉCENTES PUBLICATIONS

Qui ne se trouvent pas dans les Bibliothèques.

Administration départementale et communale. Lois — Décrets — Jurisprudence, conseil d'État, cour de Cassation, décisions et circulaires ministérielles, in-4. 18 fr.

ALAUX. **La religion progressive.** 1869, 1 vol. in-18. 3 fr. 50

ARRÉAT. **Une éducation intellectuelle.** 1 vol. in-18, 2 fr. 50

AUDIFFRET-PASQUIER. **Discours devant les commissions de la réorganisation de l'armée et des marchés.** In-4. 2 fr. 50

BARNI (Jules). **Les martyrs de la libre pensée,** cours professé à Genève. 1862, 1 vol. in-18. 3 fr. 50

BARNI. Voy. KANT, page 3 et pages 10 et 23.

BARTHÉLEMY SAINT-HILAIRE. **De la Logique d'Aristote.** 2 vol. gr. in-8. 10 fr.

BARTHÉLEMY SAINT-HILAIRE. **L'École d'Alexandrie.** 1 vol. in-8. 6 fr.

BARTHÉLEMY SAINT-HILAIRE. Voyez ARISTOTE et MARC-AURÈLE, page 2.

BAUTAIN. **La philosophie morale.** 2 vol. in-8. 12 fr.

BÉNARD (Ch.). **De la Philosophie dans l'éducation classique,** 1862. 1 fort vol. in-8. 6 fr.

BÉNARD (Ch.). Voy. SCHELLING, page 3 et HEGEL, page 4.

BERSOT. **La philosophie de Voltaire.** 1 vol. in-12. 3 fr. 50

BERT (Jules). **Des conditions de recrutement des instituteurs et institutrices primaires.** 1 vol. in-4. 2 fr. 50

BERTAULD (P.-A.). **Introduction à la recherche des causes premières. De la méthode.** Tome Ier, 1 vol. in-18. 3 fr. 50

BLAIZE (A.). **Des monts-de-piété** et des banques de prêts sur gages en France et dans les divers États. 2 vol. in-8. 15 fr.

BLANCHARD. **Les métamorphoses, les mœurs et les instincts des insectes,** par M. Émile BLANCHARD, de l'Institut, professeur au Muséum d'histoire naturelle. 1 magnifique volume in-8 jésus, avec 160 figures intercalées dans le texte et 40 grandes planches hors texte. 2e édition, 1877. Prix, broché. 25 fr.
Relié en demi-maroquin. 30 fr.

BLANQUI. **L'éternité par les astres,** hypothèse astronomique. 1872, in-8. 2 fr.

BORÉLY (J.). **Nouveau système électoral, représentation proportionnelle de la majorité et des minorités.** 1870, 1 vol. in-18 de XVIII-194 pages. 2 fr. 50

BOUCHARDAT. **Le travail,** son influence sur la santé (conférences faites aux ouvriers). 1863, 1 vol. in-18. 2 fr. 50

BOURBON DEL MONTE (François). **L'homme et les animaux,** essai de psychologie positive. 1 vol. in-8, avec 3 pl. hors texte 5 fr.

BOURDET (Eug.). **Principe d'éducation positive,** nouvelle édition, entièrement refondue, précédée d'une préface de M. CH. ROBIN. 1 vol. in-18 (1877). 3 fr. 50

BOURDET (Eug.). **Vocabulaire des principaux termes de la philosophie positive,** avec notices biographiques appartenant au calendrier positiviste. 1 vol. in-18 (1875). 3 fr. 50

BOUTMY. **Quelques observations sur la réforme de l'enseignement supérieur.** 1 brochure in-8 (1876). 75 c.

BOUTROUX. **De la contingence des lois de la nature,** in-8, 1874. 4 fr.

BOUTROUX. **De veritatibus æternis apud Cartesium ;** hæc apud facultatem litterarum parisiensem disputabat. In-8. 2 fr.

CADET. **Hygiène, inhumation, crémation** ou incinération des corps.1vol. in-18, avec figures dans le texte. 2 fr.

CHASLES (PHILARÈTE). **Questions du temps et problèmes d'autrefois.** Pensées sur l'histoire, la vie sociale, la littérature. 1 vol. in-18, édition de luxe. 3 fr.

CLAVEL. **La morale positive.** 1873, 1 vol. in-18. 3 fr.

CLAVEL. **Les principes au XIXᵉ siècle.** 1 v. in-18 (1877). 1 fr.

Congrès international d'hygiène, de sauvetage et d'économie sociale. Session de Bruxelles, 1876. 2 forts volumes in-8. 25 fr.

CONTA. **Théorie du fatalisme.** 1 vol. in-18, 1877. 4 fr.

COQUEREL (Charles). **Lettres d'un marin à sa famille.** 1870, 1 vol. in-18. 3 fr. 50

COQUEREL fils (Athanase). Voyez page 7.

COQUEREL fils (Athanase). **Libres études** (religion, critique, histoire, beaux-arts). 1867, 1 vol. in-8. 5 fr.

COQUEREL fils (Athanase). **Pourquoi la France n'est-elle pas protestante ?** Discours prononcé à Neuilly le 1ᵉʳ novembre 1866. 2ᵉ édition, in-8. 1 fr.

COQUEREL fils (Athanase). **La charité sans peur,** sermon en faveur des victimes des inondations, prêché à Paris le 18 novembre 1866. In-8. 75 c.

COQUEREL fils (Athanase). **Évangile et liberté,** discours d'ouverture des prédications protestantes libérales, prononcé le 8 avril 1868. In-8. 50 c.

COQUEREL fils (Athanase). **De l'éducation des filles,** réponse à Mgr l'évêque d'Orléans, discours prononcé le 3 mai 1868. In-8. 1 fr.

CORBON. **Le secret du peuple de Paris.** 1 vol. in-8. 5 fr.

CORMENIN (DE)- TIMON. **Pamphlets anciens et nouveaux.** Gouvernement de Louis-Philippe, République, Second Empire. 1 beau vol. in-8 cavalier. 7 fr. 50

Conférences de la Porte-Saint-Martin pendant le siége de Paris. Discours de MM. *Desmarets* et *de Pressensé.* — Discours de M. *Coquerel,* sur les moyens de faire durer la République. — Discours de M. *Le Berquier,* sur la Commune. — Discours de M. *E. Bersier,* sur la Commune. — Discours de M. *H. Cernuschi,* sur la Légion d'honneur. In-8. 1 fr. 25

CORNIL. **Leçons élémentaires d'hygiène,** rédigées pour l'enseignement des lycées d'après le programme de l'Académie de médecine. 1873, 1 vol. in-18 avec fig. dans le texte. 2 fr. 50

Sir G. CORNEWALL LEWIS. Voyez page 9.

Sir G. CORNEWALL LEWIS. **Quelle est la meilleure forme de gouvernement ?** Ouvrage traduit de l'anglais, précédé d'une Étude sur la vie et les travaux de l'auteur, par M. Mervoyer, docteur ès lettres. 1867, 1 vol. in-8. 3 fr. 50

CORTAMBERT (Louis). **La religion du progrès.** 1874, 1 vol. in-18. 3 fr. 50

DAURIAC (Lionel). **Des notions de force et de matière dans les sciences de la nature.** 1 vol. in-8, 1878, 5 fr.

DAVY. **Les conventionnels de l'Eure.** Buzot, Duroy, Lindet, à travers l'histoire. 2 forts vol. in-8 (1876). 18 fr.

DELAVILLE. **Cours pratique d'arboriculture fruitière** pour la région du nord de la France, avec 269 fig. In-8. 6 fr.

DELBŒUF. **La psychologie comme science naturelle.** 1 vol. in-8, 1876. 2 fr. 50

DELEUZE. **Instruction pratique sur le magnétisme animal,** précédée d'une Notice sur la vie de l'auteur. 1853. 1 vol. in-12. 3 fr. 50

DENFERT (colonel). **Des droits politiques des militaires.** 1874, in-8. 75 c.

DESJARDINS. **Les Jésuites et l'université devant le parlement de Paris** au XVIᵉ siècle, 1 br. in-8 (1877). 1 fr. 25

DESTREM (J.) **Les déportations du Consulat,** 1 br. in-8 4 fr. 50

DIARD (H.). **Études sur le système pénitentiaire.** 1875, 1 vol. in-8. 1 fr. 50

DOLLFUS (Ch.). **De la nature humaine.** 1868, 1 v. in-8. 5 fr.

DOLLFUS (Ch.). **Lettres philosophiques.** 3ᵉ édition. 1869, 1 vol. in-18. 3 fr. 50

DOLLFUS (Ch.). **Considérations sur l'histoire.** Le monde antique. 1872, 1 vol. in-8. 7 fr. 50

DOLLFUS (Ch.). **L'âme dans les phénomènes de conscience.** 1 vol. in-18 (1876). 3 fr.

DUBOST (Antonin). **Des conditions de gouvernement en France.** 1 vol. in-8 (1875). 7 fr. 50

DUCHASSAING DE FONTBRESSIN. **Essai de physiologie et de psychologie.** 1 vol. in-18 (1874). 1 fr.

DUMONT (Léon). **Le sentiment du gracieux.** 1 vol. in-8. 3 fr.

DUMONT (Léon). **Des causes du rire.** 1 vol. in-8. 2 fr.

DUMONT (Léon). Voyez pages 4, 7 et 12.

DU POTET. **Manuel de l'étudiant magnétiseur.** Nouvelle édition. 1868, 1 vol. in-18. 3 fr. 50

DU POTET. **Traité complet de magnétisme,** cours en douze leçons. 1856, 3ᵉ édition, 1 vol. de 634 pages. 7 fr.

DUPUY (Paul). **Études politiques,** 1874. 1 v. in-8 de 236 pages. 3 fr. 50

DUVAL-JOUVE. **Traité de Logique,** ou essai sur la théorie de la science, 1855. 1 vol. in-8. 6 fr.

Éléments de science sociale. Religion physique, sexuelle et naturelle, 1 vol. in-18. 3ᵉ édit., 1877. 3 fr. 50

ÉLIPHAS LÉVI. **Dogme et rituel de la haute magie.** 1861, 2ᵉ édit., 2 vol. in-8, avec 24 fig. 18 fr.

ÉLIPHAS LÉVI. **Histoire de la magie,** avec une exposition claire et précise de ses procédés, de ses rites et de ses mystères. 1860, 1 vol. in-8, avec 90 fig. 12 fr.

ÉLIPHAS LÉVI. **La science des esprits,** révélation du dogme secret des Kabbalistes, esprit occulte de l'Évangile, appréciation des doctrines et des phénomènes spirites. 1865, 1 v. in-8. 7 fr.

ÉLIPHAS LÉVI. **Philosophie occulte.** Fables et symboles, avec leur explication où sont révélés les grands secrets de la direction du magnétisme universel et des principes fondamentaux du grand œuvre. 1863, 1 vol. in-8. 7 fr.

EVANS (John). **Les âges de la pierre**, instruments, armes et ornements de la Grande-Bretagne. 1 beau volume grand in-8, avec 467 fig. dans le texte, trad. par M. Ed. BARBIER. 1878. 15 fr.
En demi-reliure. 18 fr.

FABRE (Joseph). **Histoire de la philosophie.** Première partie: Antiquité et moyen âge. 1 v. in-12. 1877. 3 fr. 50
Deuxième partie: Renaissance et temps modernes. (*Sous presse.*)

FAU. **Anatomie des formes du corps humain**, à l'usage des peintres et des sculpteurs. 1866, 1 vol. in-8 et atlas de 25 planches. 2e édition. Prix, fig. noires. 20 fr.; fig. coloriées. 35 fr.

FAUCONNIER. **La question sociale**, rente, intérêt, société de l'avenir. 1 fort vol. in-18, 1878. 3 fr. 50

FERBUS (N.). **La science positive du bonheur.** 1 v. in-18. 3 fr.

FERRIER (David). **Les fonctions du cerveau.** 1 vol. in-8, traduit de l'anglais. 1878. 10 fr.

FERRON (de). **Théorie du progrès** (Histoire de l'idée du progrès. — Vico. — Herder. — Turgot. — Condorcet. — Saint-Simon. — Réfutation du césarisme). 1867, 2 vol. in-18. 7 fr.

FERRON (de). **La question des deux Chambres.** 1872, in-8 de 45 pages. 1 fr.

EM. FERRIÈRE. **Le darwinisme.** 1872, 1 vol. in-18. 4 fr. 50

FONCIN. **Essai sur le ministère de Turgot.** 1 vol. grand in-8 (1876). 8 fr.

FOUCHER DU CAREIL. Voyez LEIBNITZ, page 2.

FOUILLÉE (Alfred). **La philosophie de Socrate.** 2 vol. in-8. 16 fr.

FOUILLÉE (Alfred). **La philosophie de Platon.** 2 vol. in-8. 16 fr.

FOUILLÉE (Alfred). **La liberté et le déterminisme.** 1 fort vol. in-8. 7 fr. 50

FOUILLÉE (Alfred). **Platonis hippias minor sive Socratica**, 1 vol. in-8. 2 fr.

FOX (W.-J.). **Des idées religieuses.** 15 conférences traduites de l'anglais. 1876. 3 fr.

FRÉDÉRIQ. **Hygiène populaire.** 1 vol. in-12. 1875. 4 fr.

FRIBOURG. **Du paupérisme parisien.** 1 vol. in-18. 1 fr. 25

GASTINEAU. **Voltaire en exil.** 1 vol. in-18. 3 fr.

GÉRARD (Jules). **Maine de Biran, essai sur sa philosophie.** 1 fort vol. in-8. 1876. 10 fr.

GÉRARD (Jules). **De idealismi apud Berkleium ratione et principio.** In-8. 1876. 3 fr.

GOUËT (AMÉDÉE). **Histoire nationale de France**, d'après des documents nouveaux.
Tome I. Gaulois et Francks. — Tome II. Temps féodaux. — Tome III. Tiers état. — Tome IV. Guerre des princes. — Tome V. Renaissance. — Tome VI. Réforme. — Tome VII. Guerres de religion. (*Sous presse.*) Prix de chaque vol. in-8. 5 fr.

GUICHARD (Victor) **La liberté de penser**, fin du pouvoir spirituel. 1 vol. in-18, 2e édition, 1878. 3 fr. 50

GUILLAUME (de Moissey). **Nouveau traité des sensations.** 2 vol. in-8 (1876). 15 fr.

HERZEN. **Œuvres complètes.** Tome Ier. *Récits et nouvelles.* 1874, 1 vol. in-18. 3 fr. 50

HERZEN. **De l'autre Rive.** 4e édition, traduit du russe par M. Herzen fils. 1 vol. in-18. 3 fr. 50

HERZEN. **Lettres de France et d'Italie.** 1871, in-18. 3 fr. 50

ISSAURAT. **Moments perdus de Pierre-Jean**, observations, pensées, rêveries antipolitiques, antimorales, antiphilosophiques, antimétaphysiques, anti tout ce qu'on voudra. 1868, 1 v. in-18. 3 fr.

ISSAURAT. **Les alarmes d'un père de famille**, suscitées, expliquées, justifiées et confirmées par lesdits faits et gestes de Mgr Dupanloup et autres. 1868, in-8.　　1 fr.

JANET (Paul). **Études sur la dialectique** dans Platon et dans Hegel. 1 vol. in-8.　　6 fr.

JANET (Paul). **Essai sur le médiateur plastique de Cudworth**. 1 vol. in-8.　　1 fr.

JANET (Paul). Voyez pages 2, 4, 6 et 8.

JOZON (Paul). **Des principes de l'écriture phonétique** et des moyens d'arriver à une orthographe rationnelle et à une écriture universelle. 1 vol. in-18. 1877.　　3 fr. 50

LABORDE. **Les hommes et les actes de l'insurrection de Paris** devant la psychologie morbide. Lettres à M. le docteur Moreau (de Tours). 1 vol. in-18.　　2 fr. 50

LACHELIER. **Le fondement de l'induction**. 1 vol. in-8. 3 fr. 50

LACHELIER. **De natura syllogismi**. In-8.　　1 fr. 50

LACOMBE. **Mes droits**. 1869, 1 vol. in-12.　　2 fr. 50

LAMBERT. **Hygiène de l'Égypte**. 1873, 1 vol. in-18.　2 fr. 50

LANGLOIS. **L'homme et la Révolution**. Huit études dédiées à P.-J. Proudhon. 1867. 2 vol. in-18.　　7 fr.

LAUSSEDAT. **La Suisse**. Études médicales et sociales. 2e édit., 1875 1 vol. in-18.　　3 fr. 50

LAVELEYE (Em. de). **De l'avenir des peuples catholiques**. 1 brochure in-8. 21e édit. 1876.　　25 c.

LAVELEYE (Em. de). Voy. pages 7 et 8.

LAVERGNE (Bernard). **L'ultramontanisme et l'État**. 1 vol. in-8 (1875).　　1 fr. 50

LE BERQUIER. **Le barreau moderne**. 1871, 2e édition, 1 vol. in-18.　　3 fr. 50

LEDRU (Alphonse). **Organisation, attributions et responsabilité des conseils de surveillance des sociétés en commandite par actions** (loi du 24 juillet 1867). 1 vol. grand in-8 (1878).　　3 fr. 50

LEDRU (Alphonse). **Des publicains et des Sociétés vectigaliennes**. 1 vol. grand in-8 (1876).　　3 fr.

LE FORT. **La chirurgie militaire** et les Sociétés de secours en France et à l'étranger. 1873, 1 vol. gr. in-8, avec fig.　10 fr.

LE FORT. **Étude sur l'organisation de la Médecine** en France et à l'étranger. 1874, gr. in-8.　　3 fr.

LEMER (Julien). **Dossier des jésuites et des libertés de l'Église gallicane**. 1 vol. in-18 (1877).　　3 fr. 50

LITTRÉ. **Auguste Comte et Stuart Mill**, suivi de *Stuart Mill et la philosophie positive*, par M. G. Wyrouboff. 1867, in-8 de 86 pages.　　2 fr.

LITTRÉ. **Fragments de philosophie**. 1 vol. in-8. 1876. 8 fr.

LITTRÉ. **Application de la philosophie positive** au gouvernement des Sociétés. In-8.　　3 fr. 50

LORAIN (P.). **Jenner et la vaccine.** Conférence historique. 1870, broch. in-8 de 48 pages. 1 fr. 50

LORAIN (P.). **L'assistance publique.** 1871, in-4 de 56 p. 1 fr.

LUBBOCK (sir John). **L'homme préhistorique,** étudié d'après les monuments et les costumes retrouvés dans les différents pays de l'Europe, suivi d'une Description comparée des mœurs des sauvages modernes, traduit de l'anglais par M. Ed. BARBIER, 526 figures intercalées dans le texte. 1876, 2e édition, considérablement augmentée suivie d'une conférence de M. P. BROCA sur *les Troglodytes de la Vezère.* 1 beau vol. in-8, br. 15 fr.

Cart. riche, doré sur tranche. 18 fr.

LUBBOCK (sir John). **Les origines de la civilisation.** État primitif de l'homme et mœurs des sauvages modernes. 1877, 1 vol. grand in-8 avec figures et planches hors texte. Traduit de l'anglais par M. Ed. BARBIER. 2e édition. 1877. 15 fr.

Relié en demi-maroquin avec nerfs. 18 fr.

MAGY. **De la science et de la nature,** essai de philosophie première. 1 vol. in-8. 6 fr.

MARAIS (Aug.). **Garibaldi et l'armée des Vosges.** 1872, 1 vol. in-18. 1 fr. 50

MAURY (Alfred). **Histoire des religions de la Grèce antique.** 3 vol. in-8. 24 fr.

MENIÈRE. **Cicéron médecin,** étude médico-littéraire. 1862, 1 vol. in-18. 4 fr. 50

MENIÈRE. **Les consultations de madame de Sévigné,** étude médico-littéraire. 1864, 1 vol. in-8. 3 fr.

MICHAUT (N.). **De l'imagination.** Etudes psychologiques. 1 vol. in-8 (1876). 5 fr.

MILSAND. **Les études classiques** et l'enseignement public. 1873, 1 vol. in-18. 3 fr. 50

MILSAND. **Le code et la liberté.** Liberté du mariage, liberté des testaments. 1865, in-8. 2 fr.

MIRON. **De la séparation du temporel et du spirituel.** 1866, in-8. 3 fr. 50

MORER. **Projet d'organisation des collèges cantonaux,** in-8 de 64 pages. 1 fr. 50

MORIN. **Du magnétisme et des sciences occultes.** 1860, 1 vol. in-8. 6 fr.

MORIN (Frédéric). **Politique et philosophie,** précédé d'une introduction de M. JULES SIMON. 1 vol. in-18. 1876. 3 fr. 50

MUNARET. **Le médecin des villes et des campagnes.** 4e édition, 1862, 1 vol. grand in-18. 4 fr. 50

NOLEN (D.). **La critique de Kant et la métaphysique de Leibniz,** histoire et théorie de leurs rapports, 1 volume in-8 (1875). 6 fr.

NOLEN (D.). **Quid Leibnizius Aristoteli debuerit.** broch. in-8. 1 fr. 50

NOURRISSON. **Essai sur la philosophie de Bossuet.** 1 vol. in-8. 4 fr.

OGER. **Les Bonaparte** et les frontières de la France. In-18. 50 c.

OGER. **La République.** 1871, brochure in-8. 50 c.

OLLÉ-LAPRUNE. **La philosophie de Malebranche.** 2 vol. in-8.
16 fr.

PARIS (comte de). **Les associations ouvrières en Angle-terre** (trades-unions). 1869, 1 vol. gr. in-8.   2 fr. 50
  Édition sur papier de Chine : broché.   12 fr.
  —   reliure de luxe.   20 fr.

PELLETAN (Eugène). **La naissance d'une ville (Royan).**
Ouvrage couronné par l'Académie française. 1 vol. in-18 (1876).
2 fr.

PELLETAN (Eugène). Voyez page 24.

PÉREZ (Bernard). **Les trois premières années de l'enfant,**
étude de psychologie expérimentale. 1878, 1 vol. in-18.
3 fr. 50

PETROZ (P.). **L'art et la critique en France** depuis 1822.
1 vol. in-18. 1875.   3 fr. 50

POEY (André). **Le positivisme.** 1 fort vol. in-12 (1876). 4 fr. 50

PUISSANT (Adolphe). **Erreurs et préjugés populaires.** 1873,
1 vol. in-18.   3 fr. 50

Recrutement des armées de terre et de mer, loi de 1872.
1 vol. in-4.   12. fr.

Réorganisation des armées active et territoriale, lois de
1873-1875. 1 vol. in-4.   18 fr.

REYMOND (William). **Histoire de l'art.** 1874, 1 vol. in-8.
5 fr.

RIBOT (Paul). **Matérialisme et spiritualisme.** 1873, in-8.
6 fr.

SALETTA. **Principe de logique positive,** ou traité de scepticisme positif. Première partie (de la connaissance en général).
1 vol. gr. in-8.   3 fr. 50

SARCHI. **Examen de la doctrine de Kant.** 1872, gr. in-8. 4 fr.

SIEGFRIED (Jules). **La misère, son histoire, ses causes, ses
remèdes,** 1 vol. grand in-18 (1877).   3 fr.

SIÉREBOIS. **Autopsie de l'âme.** Identité du matérialisme et du
vrai spiritualisme. 2e édit. 1873, 1 vol. in-18.   2 fr. 50

SIÉREBOIS. **La morale** fouillée dans ses fondements. Essai d'an-
thropodicée. 1867, 1 vol. in-8.   6 fr.

SIÉREBOIS. **Psychologie réaliste.** Étude sur les éléments réels
de l'âme et de la pensée. 1 vol. in-18 (1876).   2 fr. 50

SMEE (A.). **Mon jardin,** géologie, botanique, histoire naturelle.
1876. 1 magnifique vol. gr. in-8 orné de 1300 fig. et 52 pl. hors
texte, traduit de l'anglais par M. Barbier. 1876. Broché. 15 fr.
  Cartonnage riche, doré sur tranches.   20 fr.

SOREL (Albert). **Le traité de Paris du 20 novembre 1815.**
Leçons professées à l'École libre des sciences politiques par
M. Albert Sorel. 1873, 1 vol. in-8.   4 fr. 50

THULIÉ. **La folie et la loi.** 1867, 2e édit., 1 vol. in-8. 3 fr. 50

THULIÉ. **La manie raisonnante du docteur Campagne.**
1870, broch. in-8 de 132 pages.   2 fr.

TIBERGHIEN. **Les commandements de l'humanité.** 1872, 1 vol. in-18.   3 fr.

TIBERGHIEN. **Enseignement et philosophie.** In-18. 4 fr.

TISSANDIER. **Études de Théodicée.** 1869, in-8 de 270 p. 4 fr.

TISSANDIER **Des sciences occultes et du spiritisme,** 1866, 1 vol. in-18 de la *Bibliothèque de philosophie contemporaine.*
    2 fr. 50

TYNDALL. **Les glaciers et les transformations de l'eau.** 1876. 1 vol. in-8 de la *Bib. scientifique internationale*, cart. 2e édition.   6 fr.

TISSOT. **Principes de morale**, leur caractère rationnel et universel, leur application. Ouvrage couronné par l'Institut. 1 vol. in-8.   6 fr.

TISSOT. Voyez KANT, page 3.

VACHEROT. **La science et la conscience.** 1870, 1 vol. in-18 de la *Bibliothèque de philosophie contemporaine.*
    2 fr. 50

VACHEROT. **Histoire de l'École d'Alexandrie.** 3 vol. in-8.
    24 fr.

VALETTE. **Cours de Code civil** professé à la Faculté de droit de Paris. Tome I, première année (Titre préliminaire — Livre premier). 1873, 1 fort vol. in-18.   8 fr.

VAN DER REST. **Platon et Aristote.** Essai sur les commencements de la science politique. 1 fort vol. in-8 (1876). 10 fr.

VÉRA. **Strauss.** L'ancienne et la nouvelle foi. 1873, in-8.
    6 fr.

VÉRA. **Cavour et l'Église libre dans l'État libre,** 1874, in-8.   3 fr. 50

VÉRA. **L'Hegélianisme et la philosophie.** 1 vol. in-18. 1861.   3 fr. 50

VÉRA. **Mélanges philosophiques.** 1 vol. in-8, 1862.   5 fr.

VÉRA. **Platonis, Aristotelis et Hegelii de medio termino doctrina.** 1 vol. in-8. 1845.   1 fr. 50

VÉRA. Voyez HEGEL, pages 3, 4 et 6.

VILLIAUMÉ. **La politique moderne,** traité complet de politique. 1873, 1 beau vol. in-8.   6 fr.

WEBER. **Histoire de la philosophie européenne.** 1871, 1 vol. in-8.   10 fr.

YUNG (EUGÈNE). **Henri IV, écrivain.** 1 vol. in-8. 1855. 5 fr.

ZIMMERMANN. **De la solitude,** des causes qui en font naitre le goût, de ses inconvénients, de ses avantages, et son influence sur les passions, l'imagination, l'esprit et le cœur, traduit de l'allemand par N. Jourdan. Nouvelle édition. 1840, in-8. 3 fr. 50

ENQUÊTE PARLEMENTAIRE SUR LES ACTES DU GOUVERNEMENT

DE LA DÉFENSE NATIONALE

DÉPOSITIONS DES TÉMOINS :

TOME PREMIER. Dépositions de MM. Thiers, maréchal Mac-Mahon, maréchal Le Bœuf, Benedetti, duc de Gramont, de Talhouët, amiral Rigault de Genouilly, baron Jérôme David, général de Palikao, Jules Brame, Dréolle, etc.

TOME II. Dépositions de MM. de Chandordy, Laurier, Cresson, Dréo, Ranc, Rampont, Steenackers, Fernique, Robert, Schneider, Buffet, Lebreton et Hébert, Bellangé, colonel Alavoine, Gervais, Bécherelle, Robin, Muller, Boutefoy, Meyer, Clément et Simonneau, Fontaine, Jacob, Lemaire, Petetin, Guyot-Montpayroux, général Soumain, de Legge, colonel Vabre, de Crisenoy, colonel Ibos, etc.

TOME III. Dépositions militaires de MM. de Freycinet, de Serres, le général Lefort, le général Ducrot, le général Vinoy, le lieutenant de vaisseau Farcy, le commandant Amet, l'amiral Pothuau, Jean Brunet, le général de Beaufort-d'Hautpoul, le général de Valdan, le général d'Aurelle de Paladines, le général Chanzy, le général Martin des Pallières, le général de Sonis, etc.

TOME IV. Dépositions de MM. le général Bordone, Mathieu, de Laborie, Luce-Villiard, Castillon, Debusschère, Darcy, Chenet, de La Taille, Baillehache, de Grancey, L'Hermite, Pradier, Middleton, Frédéric Morin, Thoyot, le maréchal Bazaine, le général Boyer, le maréchal Canrobert, etc. Annexe à la déposition de M. Testelin note de M. le colonel Denfert, note de la Commission, etc.

TOME V. Dépositions complémentaires et réclamations. — Rapports de la préfecture de police en 1870-1871. — Circulaires, proclamations et bulletins du Gouvernement de la Défense nationale. — Suspension du tribunal de la Rochelle ; rapport de M. de La Borderie ; dépositions.

ANNEXE AU TOME V. Deuxième déposition de M. Cresson. Événements de Nimes, affaire d'Aïn Yagout. — Réclamations de MM. le général Bellot et Engelhart. — Note de la Commission d'enquête (1 fr.).

RAPPORTS :

TOME PREMIER. M. *Chaper*, les procès-verbaux des séances du Gouvernement de la Défense nationale. — M. *de Sugny*, les événements de Lyon sous le Gouv. de la Défense nat. — M. *de Rességuier*, les actes du Gouv. de la Défense nat. dans le sud-ouest de la France.

TOME II. M. *Saint-Marc Girardin*, la chute du second Empire. — M. *de Sugny*, les événements de Marseille sous le Gouv. de la Défense nat.

TOME III. M. *le comte Daru*, la politique du Gouvernement de la Défense nationale à Paris.

TOME IV. M. *Chaper*, de la Défense nat. au point de vue militaire à Paris.

TOME V. *Boreau-Lajanadie*, l'emprunt Morgan. — M. *de la Borderie*, le camp de Conlie et l'armée de Bretagne. — M. *de la Sicotière*, l'affaire de Dreux.

TOME VI. M. *de Rainneville*, les actes diplomatiques du Gouv. de la Défense nat. — M. *A. Lallié*, les postes et les télégraphes pendant la guerre. — M. *Delsol*, la ligne du Sud-Ouest. — M. *Perrot*, la défense en province. (1re *partie*.)

TOME VII. M. *Perrot*, les actes militaires du Gouv. la Défense nat. en province (2e *partie* : Expédition de l'Est).

TOME VIII. M. *de la Sicotière*, sur l'Algérie.

TOME IX. Algérie, dépositions des témoins. Table générale et analytique des dépositions des témoins avec renvoi aux rapports (10 fr.).

TOME X. M. *Boreau-Lajanadie*, le Gouvernement de la Défense nationale à Tours et à Bordeaux. (5 fr.).

PIÈCES JUSTIFICATIVES :

TOME PREMIER. Dépêches télégraphiques officielles, première partie.

TOME DEUXIÈME. Dépêches télégraphiques officielles, deuxième partie. — Pièces justificatives du rapport de M. Saint-Marc Girardin.

PRIX DE CHAQUE VOLUME. . . . . **15 fr.**

PRIX DE L'ENQUÊTE COMPLÈTE EN 18 VOLUMES. . . . **241 fr.**

Rapports sur les actes du Gouvernement de la Défense nationale, se vendant séparément :

LES ACTES DU GOUVERNEMENT

DE LA

DÉFENSE NATIONALE

(DU 4 SEPTEMBRE 1870 AU 8 FÉVRIER 1871)

ENQUÊTE PARLEMENTAIRE FAITE PAR L'ASSEMBLÉE NATIONALE
RAPPORTS DE LA COMMISSION ET DES SOUS-COMMISSIONS
TÉLÉGRAMMES
PIÈCES DIVERSES — DÉPOSITIONS DES TÉMOINS — PIÈCES JUSTIFICATIVES
TABLES ANALYTIQUE, GÉNÉRALE ET NOMINATIVE

7 forts volumes in-4. — Chaque volume séparément 16 fr.

Les 7 volumes 112 fr.

Cette édition populaire réunit, en sept volumes avec une Table analytique par volume, tous les documents distribués à l'Assemblée nationale. — Une Table générale et nominative termine le 7e volume.

ENQUÊTE PARLEMENTAIRE

SUR

L'INSURRECTION DU 18 MARS

1° RAPPORTS. — 2° DÉPOSITIONS de MM. Thiers, maréchal Mac-Mahon, général Trochu, J. Favre, Ernest Picard. J. Ferry, général Le Flô, général Vinoy, colonel Lambert, colonel Gaillard, général Appert, Floquet, général Cremer, amiral Saisset, Schœlcher, amiral Pothuau, colonel Langlois, etc. — 3° PIÈCES JUSTIFICATIVES.

1 vol. grand in-4°. — Prix : 16 fr.

COLLECTION ELZÉVIRIENNE

MAZZINI. **Lettres de Joseph Mazzini** à Daniel Stern (1864-1872), avec une lettre autographiée. 3 fr. 50

MAX MÜLLER. **Amour allemand**, traduit de l'allemand. 1 vol. in-18. 3 fr. 50

CORLIEU (le D^r). **La mort des rois de France** depuis François Ier jusqu'à la Révolution française, études médicales et historiques, , 1 vol. in-18. 3 fr. 50

CLAMAGERAN. **L'Algérie**, impressions de voyage. 1 vol. in-18. 3 fr. 50

STUART MILL (J.) **La République de 1848**, traduit de l'anglais, avec préface par M. SADI CARNOT, 1 vol. in-18 (1875). 3 fr. 50

RIBERT (Léonce). **Esprit de la Constitution** du 25 février 1875. 1 vol. in-18, 3 fr. 50

NOEL (E.). **Mémoires d'un imbécile**, précédé d'une préface de *M. Littré*. 1 vol. in-18, 2° édition (1876). 3 fr. 50

PELLETAN (Eug.). **Jarousseau, le Pasteur du désert**. 1 vol. in-18 (1877). Ouvrage couronné par l'Académie française. 3 fr. 50

PELLETAN (Eug.). **Élisée, voyage d'un homme à la recherche de lui-même**, 1 vol. in-18 en caractères elzéviriens (1877). 3 fr. 50

PELLETAN (Eug.). **Un roi philosophe, Frédéric le Grand**. 1 vol. in-18 en caractères elzéviriens. 1878. 3 fr. 50

BIBLIOTHÈQUE POPULAIRE

BARNI (Jules). **Napoléon Ier**, membre de l'Assemblée nationale. 1 vol. in-18. 1 fr.

BARNI (Jules). **Manuel républicain**, membre de l'Assemblée nationale. 1 vol. in-18. 1 fr.

MARAIS (Aug.). **Garibaldi et l'armée des Vosges**. 1 vol. in-18. 1 fr. 50

FRIBOURG (E.). **Le paupérisme parisien**, ses progrès depuis vingt-cinq ans. 1 fr. 25

ÉTUDE CONTEMPORAINE

BOUILLET (Ad.). **Les bourgeois gentilshommes. — L'armée d'Henri V**, 1 vol. in-18. 3 fr. 50

BOUILLET (Ad.). **Les bourgeois gentilshommes. — L'armée d'Henri V**. Types nouveaux et inédits. 1 vol. in-18. 2 fr. 50

BOUILLET (Ad.). **Les Bourgeois gentilshommes. — L'armée d'Henri V**. L'arrière-ban de l'ordre moral. 1 vol. in-18. 3 fr. 50

VALMONT (V.). **L'espion prussien**, roman anglais, traduit par M. J. DUBRISAY. 1 vol. in-18. 3 fr. 50

BOURLOTON (Edg.) et ROBERT (Edmond). **La Commune et ses idées à travers l'histoire**. 1 vol. in-18. 3 fr. 50

CHASSERIAU (Jean). **Du principe autoritaire et du principe rationnel**. 1873. 1 vol. in-18. 3 fr. 50

NAQUET (Alfred). **La République radicale**. 1 vol. in-18. 3 fr. 50

ROBERT (Edmond). **Les domestiques** 1 vol. in-18 (1875). 2 fr. 50

ŒUVRES
DE
EDGAR QUINET

Chaque volume se vend séparément.

Édition in-8 .... 6 fr. | Édition in-18..... 3 fr. 50

I. — Génie des Religions. — De l'origine des Dieux. (Nouvelle édition.)
II. — Les Jésuites. — L'Ultramontanisme. — Introduction à la Philosophie de l'histoire de l'Humanité, nouvelle édition, avec préface inédite.
II. — Le Christianisme et la Révolution française. Examen de la Vie de Jésus-Christ, par STRAUSS. — Philosophie de l'histoire de France. (Nouvelle édition.)
IV. — Les Révolutions d'Italie. (Nouvelle édition.)
V. — Marnix de Sainte-Aldegonde. — La Grèce moderne et ses rapports avec l'Antiquité.
VI. — Les Romains. — Allemagne et Italie. — Mélanges.

VII. — Ashavérus. — Les Tablettes du Juif errant.
VIII. — Prométhée. — Napoléon. — Les Esclaves.
IX. — Mes Vacances en Espagne. — De l'Histoire de la Poésie. — Des Epopées françaises inédites du XIIe siècle.
X. — Histoire de mes idées. — 1815 et 1840. — Avertissement au pays. — La France et la Sainte-Alliance en Portugal. — Œuvres diverses.
XI. — L'Enseignement du peuple. — La Révolution religieuse au XIXe siècle. — La Croisade romaine. — Le Panthéon. — Plébiscite et Concile. — Aux Paysans.

Viennent de paraître :

Correspondance. Lettres à sa mère, 2 vol. in-18.... 7 »
Les mêmes, 2 vol. in-8..................... 12 »
La révolution, 3 vol. in-18.................. 10 50
La campagne de 1815, 1 vol. in-18............. 3 50
Merlin l'Enchanteur, avec une préface nouvelle, notes et commentaires, 2 vol. in-18. 7 fr.
ou 2 vol. in-8. 12 fr.

LOUIS BLANC

HISTOIRE DE DIX ANS
(1830-1840)
12e ÉDITION.

5 beaux volumes in-8............. 25 fr.
Chaque volume se vend séparément, 5 fr.

ÉLIAS REGNAULT

HISTOIRE DE HUIT ANS
(1840-1848)
4e ÉDITION.

3 beaux vol. in-8......... 15 fr.
Chaque volume se vend séparément......... 5 fr.

L'*Histoire de Dix ans* et l'*Histoire de Huit ans* réunies comprennent : l'Histoire de la Révolution de 1830 et le règne de Louis-Philippe Ier jusqu'à la Révolution de 1848.

— 25 —

BIBLIOTHÈQUE UTILE

60 centimes le vol. de 190 pages

I. — **Morand**. Introduction à l'étude des Sciences physiques.
II. — **Cruveilher**. Hygiène générale. 4e édition.
III. — **Corbon**. De l'enseignement professionnel. 2e édition.
IV. — **L. Pichat**. L'Art et les Artistes en France. 3e édition.
V. — **Buchez**. Les Mérovingiens. 3e édition.
VI. — **Buchez**. Les Carlovingiens.
VII. — **F. Morin**. La France au moyen âge. 3e édition.
VIII. — **Bastide**. Luttes religieuses des premiers siècles. 3e édition.
IX. — **Bastide**. Les guerres de la Réforme. 3e édition.
X. — **E. Pelletan**. Décadence de la Monarchie française. 4e édition.
XI. — **L. Brothier**. Histoire de la Terre. 4e édition.
XII. — **Sanson**. Principaux faits de la Chimie. 3e édition.
XIII. — **Turck**. Médecine populaire. 4e édition.
XIV. — **Morin**. Résumé populaire du Code civil. 2e édition.
XV. — **Filias**. L'Algérie ancienne et nouvelle. (Épuisé.)
XVI. — **A. Ott**. L'Inde et la Chine.
XVII. — **Catalan**. Notions d'Astronomie. 2e édition.
XVIII. — **Cristal**. Les Délassements du Travail.
XIX. — **Victor Meunier**. Philosophie zoologique.
XX. — **G. Jourdan**. La justice criminelle en France. 2e édition.
XXI. — **Ch. Rolland**. Histoire de la Maison d'Autriche.
XXII. — **E. Despois**. Révolution d'Angleterre. 2e édition.
XXIII. — **B. Gastineau**. Génie de la Science et de l'Industrie.
XXIV. — **H. Leneveux**. Le Budget du foyer. Economie domestique.
XXV. — **L. Combes**. La Grèce ancienne.
XXVI. — **Fréd. Lock**. Histoire de la Restauration. 2e édition.
XXVII. — **L. Brothier**. Histoire populaire de la philosophie. 2e édition.
XXVIII. — **E. Margollé**. Les phénomènes de la Mer. 3e édition.
XXIX. — **L. Collas**. Histoire de l'empire ottoman.
XXX. — **Zurcher**. Les Phénomènes de l'atmosphère. 3e édition.
XXXI. — **E. Raymond**. L'Espagne et le Portugal.
XXXII. — **Eugène Noël**. Voltaire et Rousseau. 2e édition.
XXXIII. — **A. Ott**. L'Asie occidentale et l'Egypte.
XXXIV. — **Ch. Richard**. Origine et fin des Mondes. 3e édition.
XXXV. — **Enfantin**. La vie éternelle. 2e édition.
XXXVI. — **L. Brothier**. Causeries sur la mécanique.
XXXVII. — **Alfred Doneaud**. Histoire de la Marine française.
XXXVIII. — **Fréd. Lock**. Jeanne d'Arc.
XXXIX. — **Carnot**. Révolution française. — Période de création (1789-1792).
XL. — **Carnot**. Période de conservation.
XLI. — **Zurcher et Margollé**. Télescope et Microscope.
XLII. — **Zaborowski-Moindron**. L'homme préhistorique.

REVUE
Politique et Littéraire
(Revue des cours littéraires,
2ᵉ série.)

REVUE
Scientifique
(Revue des cours scientifiques,
2ᵉ série.)

Directeurs : MM. Eug. YUNG et Ém. ALGLAVE

La septième année de la **Revue des Cours littéraires** et de la **Revue des Cours scientifiques**, terminée à la fin de juin 1871, clôt la première série de cette publication.

La deuxième série a commencé le 1ᵉʳ juillet 1871, et depuis cette époque chacune des années de la collection commence à cette date. Des modifications importantes ont été introduites dans ces deux publications.

REVUE POLITIQUE ET LITTÉRAIRE

La *Revue politique* continue à donner une place aussi large à la littérature, à l'histoire, à la philosophie, etc., mais elle a agrandi son cadre, afin de pouvoir aborder en même temps la politique et les questions sociales. En conséquence, elle a augmenté de moitié le nombre des colonnes de chaque numéro (48 colonnes au lieu de 32).

Chacun des numéros, paraissant le samedi, contient régulièrement :

Une *Semaine politique* et une *Causerie politique* où sont appréciés, à un point de vue plus général que ne peuvent le faire les journaux quotidiens, les faits qui se produisent dans la politique intérieure de la France, discussions de l'Assemblée, etc.

Une *Causerie littéraire* où sont annoncés, analysés et jugés les ouvrages récemment parus : livres, brochures, pièces de théâtre importantes, etc.

Tous les mois la *Revue politique* publie un *Bulletin géographique* qui expose les découvertes les plus récentes et apprécie les ouvrages géographiques nouveaux de la France et de l'étranger. Nous n'avons pas besoin d'insister sur l'importance extrême qu'a prise la géographie depuis que les Allemands en ont fait un instrument de conquête et de domination.

De temps en temps une *Revue diplomatique* explique au point de vue français les événements importants survenus dans les autres pays.

On accusait avec raison les Français de ne pas observer avec assez d'attention ce qui se passe à l'étranger. La *Revue* remédie à ce défaut. Elle analyse et traduit les livres, articles, discours ou conférences qui ont pour auteurs les hommes les plus éminents des divers pays.

Comme au temps où ce recueil s'appelait *la Revue des cours littéraires* (1864-1870), il continue à publier les principales leçons du Collége de France, de la Sorbonne et des Facultés des départements.

Les ouvrages importants sont analysés, avec citations et extraits, dès le lendemain de leur apparition. En outre, la *Revue politique* publie des articles spéciaux sur toute question que recommandent à l'attention des lecteurs, soit un intérêt public, soit des recherches nouvelles.

Parmi les collaborateurs nous citerons :

Articles politiques. — MM. de Pressensé, Ch. Bigot, Anat. Dunoyer, Anatole Leroy-Beaulieu, Clamageran.

Diplomatie et pays étrangers. — MM. Van den Berg, Albert Sorel, Reynald, Léo Quesnel, Louis Leger, Lezierski.

Philosophie. — MM. Janet, Caro, Ch. Lévêque, Véra, Th. Ribot, E. Boutroux, Nolen, Huxley.

Morale. — MM. Ad. Franck, Laboulaye, Jules Barni, Legouvé, Bluntschli.

Philologie et archéologie. — MM. Max Müller, Eugène Benoist, L. Havet, E. Ritter, Maspéro, George Smith.

Littérature ancienne. — MM. Egger, Havet, George Perrot, Gaston Boissier, Geffroy.

Littérature française. — MM. Ch. Nisard, Lenient, L. de Loménie, Édouard Fournier, Bersier, Gidel, Jules Claretie, Paul Albert.

Littérature étrangère. — MM. Mézières, Büchner, P. Stapfer.

Histoire. — MM. Alf. Maury, Littré, Alf. Rambaud, G. Monod.

Géographie, Economie politique. — MM. Levasseur, Himly, Vidal-Lablache, Gaidoz, Alglave.

Instruction publique. — Madame C. Coignet, MM. Buisson, Em. Beaussire.

Beaux-arts. — MM. Gebhart, C. Selden, Justi, Schnaase, Vischer, Ch. Bigot.

Critique littéraire. — MM. Maxime Gaucher, Paul Albert.

Ainsi la *Revue politique* embrasse tous les sujets. Elle consacre à chacun une place proportionnée à son importance. Elle est, pour ainsi dire, une image vivante, animée et fidèle de tout le mouvement contemporain.

REVUE SCIENTIFIQUE

Mettre la science à la portée de tous les gens éclairés sans l'abaisser ni la fausser, et, pour cela, exposer les grandes découvertes et les grandes théories scientifiques par leurs auteurs mêmes ;

Suivre le mouvement des idées philosophiques dans le monde savant de tous les pays,

Tel est le double but que la *Revue scientifique* poursuit depuis dix ans avec un succès qui l'a placée au premier rang des publications scientifiques d'Europe et d'Amérique.

Pour réaliser ce programme, elle devait s'adresser d'abord aux Facultés françaises et aux Universités étrangères qui comptent dans leur sein presque tous les hommes de science éminents. Mais, depuis deux années déjà, elle a élargi son cadre afin d'y faire entrer de nouvelles matières.

En laissant toujours la première place à l'enseignement supérieur proprement dit, la *Revue scientifique* ne se restreint plus désormais aux leçons et aux conférences. Elle poursuit tous les développements de la science sur le terrain économique, industriel, militaire et politique.

Elle publie les principales leçons faites au Collége de France, au Muséum d'histoire naturelle de Paris, à la Sorbonne, à l'Institution royale de Londres, dans les Facultés de France, les universités d'Allemagne, d'Angleterre, d'Italie, de Suisse, d'Amérique, et les institutions libres de tous les pays.

Elle analyse les travaux des Sociétés savantes d'Europe et d'Amérique, des Académies des sciences de Paris, Vienne, Berlin, Munich, etc., des Sociétés royales de Londres et d'Édimbourg, des Sociétés d'anthropologie, de géographie, de chimie, de botanique, de géologie, d'astronomie, de médecine, etc.

Elle expose les travaux des grands congrès scientifiques, les Associations *française*, *britannique* et *américaine*, le Congrès des naturalistes allemands, la Société helvétique des sciences naturelles, les congrès internationaux d'anthropologie préhistorique, etc.

Enfin, elle publie des articles sur les grandes questions de philosophie naturelle, les rapports de la science avec la politique, l'industrie et l'économie sociale, l'organisation scientifique des divers pays, les sciences économiques et militaires, etc.

Parmi les collaborateurs nous citerons :

Astronomie, météorologie. — MM. Faye, Balfour-Stewart, Janssen, Normann Lockyer, Vogel, Laussedat, Thomson, Rayet, Secchi, Briot, A. Herschel, etc.

Physique. — MM. Helmholtz, Tyndall, Desains, Mascart, Carpenter, Gladstone, Becquerel, Fernet, Bertin.

Chimie. — MM. Wurtz, Berthelot, H. Sainte-Claire Deville, Pasteur, Grimaux, Jungfleisch, Odling, Dumas, Troost, Péligot, Cahours, Friedel, Frankland.

Géologie. — MM. Hébert, Bleicher, Fouqué, Gaudry, Ramsay, Sterry-Hunt, Contejean, Zittel, Wallace, Lory, Lyell, Daubrée.

Zoologie. — MM. Agassiz, Darwin, Haeckel, Milne Edwards, Perrier, P. Bert, Van Beneden, Lacaze-Duthiers, Giard, A. Moreau, E. Blanchard,

Anthropologie. — MM. Broca, de Quatrefages, Darwin, de Mortillet, Virchow, Lubbock, K. Vogt.

Botanique. — MM. Baillon, Cornu, Faivre, Spring, Chatin, Van Tieghem, Duchartre.

Physiologie, anatomie. — MM. Chauveau, Charcot, Moleschott, Onimus, Ritter, Rosenthal, Wundt, Pouchet, Ch. Robin, Vulpian, Virchow, P. Bert, du Bois-Reymond, Helmholtz, Marey, Brücke.

Médecine. — MM. Chauffard, Chauveau, Cornil, Gubler, Le Fort, Verneuil, Broca, Liebreich, Lasègue, G. Sée, Bouley, Giraud-Teulon, Bouchardat, Lépine.

Sciences militaires. — MM. Laussedat, Le Fort, Abel, Jervois, Morin, Noble, Reed, Usquin, X***.

Philosophie scientifique. — MM. Alglave, Bagehot, Carpenter, Hartmann, Herbert Spencer, Lubbock, Tyndall, Gavarret, Ludwig, Ribot.

Prix d'abonnement :

Une seule revue séparément :	Six mois.	Un an.	Les deux revues ensemble :	Six mois.	Un an.
Paris	12 f.	20 f.	Paris	20 f.	36 f.
Départements	15	25	Départements	25	42
Étranger	18	30	Étranger	30	50

Prix de chaque numéro : 50 centimes.

L'abonnement part du 1er juillet, du 1er octobre, du 1er janvier et du 1er avril de chaque année.

Chaque volume de la première série se vend : broché...... 15 fr.
relié....... 20 fr.
Chaque année de la 2e série, formant 2 vol., se vend : broché.. 20 fr.
relié.... 25 fr.

Port des volumes à la charge du destinataire.

Prix de la collection de la première série :

Prix de la collection complète de la *Revue des cours littéraires* ou de la *Revue des cours scientifiques* (1864-1870), 7 vol. in-4. 105 fr.
Prix de la collection complète des deux *Revues* prises en même temps, 14 vol. in-4.................................. 182 fr.

Prix de la collection complète des deux séries :

Revue des cours littéraires et *Revue politique et littéraire*, ou *Revue des cours scientifiques* et *Revue scientifique* (décembre 1863 — janvier 1878), 20 vol. in-4...................... 235 fr.
La *Revue des cours littéraires* et la *Revue politique et littéraire*, avec la *Revue des cours scientifiques* et la *Revue scientifique*, 40 volumes in-4.................................. 418 fr.

REVUE PHILOSOPHIQUE
DE LA FRANCE ET DE L'ETRANGER
Paraissant tous les mois

DIRIGÉE PAR

TH. RIBOT

Agrégé de philosophie, Docteur ès lettres

La REVUE PHILOSOPHIQUE paraît tous les mois, depuis le 1er janvier 1876, par livraisons de 6 à 7 feuilles grand in-8, et forme ainsi à la fin de chaque année deux forts volumes d'environ 680 pages chacun.

CHAQUE NUMÉRO DE LA REVUE CONTIENT :

1º Plusieurs articles de fond ; 2º Des analyses et comptes rendus des nouveaux ouvrages philosophiques français et étrangers ; 3º Un compte rendu aussi complet que possible des *publications périodiques* de l'étranger pour tout ce qui concerne la philosophie ; 4º Des notes, documents, observations, pouvant servir de matériaux ou donner lieu à des vues nouvelles.

Prix d'abonnement :

Un an, pour Paris...........................	30 fr.
— pour les départements et l'étranger........	33 fr.
La livraison	3 fr.

REVUE HISTORIQUE
Paraissant tous les deux mois

DIRIGÉE PAR M.

GABRIEL MONOD

Ancien élève de l'École normale supérieure,

Agrégé d'histoire, Directeur-adjoint à l'École pratique des Hautes-Etudes'

La REVUE HISTORIQUE paraît tous les deux mois, depuis le 1er janvier 1876, par livraisons grand in-8 de 15 à 16 feuilles, de manière à former à la fin de l'année deux beaux volumes de 900 p. chacun.

CHAQUE LIVRAISON CONTIENT :

I. Plusieurs *articles de fond*, comprenant chacun, s'il est possible, un travail complet. II. Des *Mélanges et Variétés*, composés de documents inédits d'une étendue restreinte et de courtes notices sur des points d'histoire curieux ou mal connus. III. Un *Bulletin historique* de la France et de l'étranger, fournissant des renseignements aussi complets que possible sur tout ce qui touche aux études historiques. IV. Une *analyse des publications périodiques* de la France et de l'étranger, au point de vue des études historiques. V. Des *Comptes rendus critiques* des livres d'histoire nouveaux..

Prix d'abonnement :

Un an, pour Paris...........................	30 fr.
— pour les départements et l'étranger........	33 fr.
La livraison................................	6 fr.

TABLE ALPHABÉTIQUE DES AUTEURS

11743. — PARIS. — IMPRIMERIE DE E. MARTINET, RUE MIGNON, 2